复句研究丛书　总主编：朱 斌
Complex Sentence Study Series

华中师范大学中国语言文学一流学科资助

复句研究评论集

（上）

朱 斌◎主编

汕頭大學出版社

图书在版编目（CIP）数据

复句研究评论集 ： 全 2 册 / 朱斌主编 . -- 汕头 ：
汕头大学出版社， 2018.5
ISBN 978-7-5658-3646-6

Ⅰ. ①复… Ⅱ. ①朱… Ⅲ. ①汉语－复句－研究
Ⅳ. ① H14

中国版本图书馆 CIP 数据核字（2018）第 129123 号

复句研究评论集　　FUJU YANJIU PINGLUNJI

主　　编：朱　斌
责任编辑：宋倩倩
责任技编：黄东生
封面设计：黑眼圈工作室
出版发行：汕头大学出版社
　　　　　广东省汕头市大学路 243 号汕头大学校园内　邮政编码：515063
电　　话：0754-82904613
印　　刷：天津爱必喜印务有限公司
开　　本：889mm×1194mm　1/16
印　　张：32
字　　数：672 千字
版　　次：2018 年 5 月第 1 版
印　　次：2018 年 8 月第 1 次印刷
定　　价：96.00 元（全 2 册）
ISBN 978-7-5658-3646-6

目　录

复句研究天地宽

——《汉语复句研究》读后[①]

朱 斌

华中师范大学 文学院

引 言

邢福义先生的专著《汉语复句研究》，由商务印书馆于2001年1月出版，全书710页，50万字。1997年，先生承担了国家"九五"社科规划项目"现代汉语复句系统和复句句式"，承担项目后，"一边研究一些新的问题，一边把所写的有关书文进行增补、修订和整合，成为一本书"。这本书就是《汉语复句研究》。

邢福义（1935.05— ），海南省乐东县人，著名语言学家，汉语逻辑语法学派创始人[②]。1956年毕业于华中师范大学（原华中师范学院）中文系中文专修科，留系任助教，1978年越级晋升副教授，1983年晋升教授，1988年起担任华中师范大学语言学研究所所长，1990年由国务院学位委员会批准为现代汉语专业博士生导师，1999年任华中师范大学语言学系主任，2000年起担任教育部百所人文社科重点研究基地之一华中师范大学语言与语言教育研究中心主任，华中师范大学文科资深教授，《汉语学报》主编。为第八、九、十届全国政协委员，国家哲学社会科学研究规划语言学科组副组长，教育部人文社会科学研究专家咨询委员会委员，教育部高等学校教学指导委员会委员，中国对外汉语教学学会会长，中国语文现代化学会副会长，中国语言学会常务理事，曾任中国修辞学会副会长，湖北省语言学会会长。2010年11月

① 【基金项目】教育部人文社科重点研究基地重大项目"现代汉语因果表达的多层级研究"（15JJD740011）。

② 俄罗斯语言学刊物 *Вопросы филологических наук*（《语文学问题》）2010年第2期，第98—101页，译介了邢福义先生的名篇《复句格式对复句语义关系的反制约》（"Обратная обусловленность моделями сложного предложения смысловых отношений сложного предложения в китайском языке"），评价邢先生为"汉语逻辑语法学派创始人"（основоположник школы логической грамматики）。

16日，入选湖北省首批“荆楚社科名家”。

邢福义先生主攻现代汉语语法学，也研究逻辑、修辞、方言、文化语言学、国学和其他问题。主张“研究植根于泥土，理论生发于事实”，坚持走自我创新的道路，创立汉语逻辑语法学派。在语言学界影响最大的，可以概括为“小句中枢”理论和“两个三角”学说。曾承担国家级课题多个，发表学术文章470多篇，出版著作50多部（独著21部），代表性著作有：《词类辨难》（1981，2003）、《语法问题探讨集》（1986）、《语法问题发掘集》（1992）、《语法问题思索集》（1995）、《汉语语法学》（1997）、《文化语言学》（增订本，2000）、《汉语复句研究》（2001）、《汉语语法三百问》（2002）、《语法问题追踪集》（2008）、《语法问题献疑集》（2009）等，四次获得中国高校人文社会科学优秀研究成果一等奖。《汉语语法学》（修订本）于2017年由英国劳特里奇出版社（Routledge Press）出版英译本。

一、复句重要

汉语语法研究已经走过了100多年，取得了不少成绩，但是，汉语语法系统究竟是个什么样子，还很难说清楚。这其中的原因很多，但是很重要的一点恐怕与汉语语法系统各部类的研究不平衡有关。长期以来，词法研究、词类研究、结构研究、格式研究等静态研究一直是本体研究的主流，热点，焦点。与之比较，小句研究、复句研究、句群研究、篇章研究等动态研究比较薄弱，只是近期以来，才越来越受到学者的重视。邢先生是这方面研究的较早参与者，而且“咬定青山不放松”。吴启主指出：“国内外还很少有人像邢福义那样十数年来一直专注于复句研究，似乎也还没有哪位学者在复句研究领域里取得了如此丰硕的成果。”① 复句在语法系统中具有重要的地位。向内看，复句联系着一个个小句，一个个语词。对于语词、结构，讲功能、讲分布，离不开句子；讲规律、讲用法更离不开句子。交际要靠一个一个的小句联结来完成，而小句联结的最小存活空间是复句。因此，复句研究有利于语词、结构、句式的研究。向外看，复句联系着句群、篇章。复句的组织规律是句群、篇章的组织规律的缩影，复句研究有利于句群、篇章的研究，复句的熟练掌握有利于提高语文水平。

邢先生的复句研究，涵盖了词语、结构、句子成分、句式和句群等：

（1）语词研究。“NP的推移性”是在“NP了”句式充当分句的研究中发掘出来的。

（2）结构研究。“定名结构的表述性”是在“定名结构充当分句”的研究中得以丰富的。具有表述性的定名结构有特定的形式，与主谓结构分句、动宾结构分句发生关系，有特定的句法位置、表意功能等。定名结构的这些语法特性，不进入复句的框架内进行研究是不会发掘出来的。

① 吴启主，李胜昔．邢福义的复句研究的研究[J]．湖南师范大学学报，1993（5）：75.

（3）句子成分的研究。“意会主语”是通过研究“使”字句充当分句发掘出来的。“后分句主语的简省与意会”研究、“跟复句相关的双主语句式”研究使主语研究进一步深入。

（4）句式研究。《汉语复句研究》一书用了3编27章的宏大篇幅探讨各种关系类型的复句句式，充分展现了复句研究的思路和方法，就是“五重视”：一是重视语法事实的发掘；二是重视逻辑基础的考察；三是重视“语表—语里—语值”的三角验证；四是重视句法格局对语词运用的制约；五是重视若干问题的理论思考。

（5）句群研究。《汉语复句研究》有两章是探讨句群的。第五编第九章《选择问句群》和第五编第十章《“特指问＋选择问句群”同指性双重加合》，是突破复句辖域的两个个案分析。诚如该书第672页所说：“句群问题和复句问题有各自的研究范围，但二者之间又存在种种微妙的联系。句群研究，是复句辖域的突破。研究句群，对于更好地认识语法事实，特别是对于深化复句研究，很有好处。”

二、复句研究的“五重视”

邢先生所说的“五重视”，十分具有启示性。

重视语法事实的发掘，就是要从众多的语言事实中发掘出有价值的语法事实来。“但”类词在各种复句句式中的反映，是作者发掘出来的具有重要理论价值的语法事实。比方，“但”类词和“既p，又q”等句式，“但”类词和“无论p，都q”句式，“却”字和“既然p，就q”句式，“却”字和“如果说p，那么q”句式，等等。作者从这里面不但发掘出了一些推翻成论的语法事实，如“即使p，但q”；而且为后来升华为语法规律和语法理论作好了准备，如“复句格式对复句语义关系的反制约”“主观视点”“双视点”等著名论理都有“但”类词复句句式的语法事实的支撑。

重视逻辑基础的考察，就是把复句研究和逻辑结合起来。在这一点上，作者对语言学和逻辑学都作了贡献。逻辑学家、中国逻辑学会副会长李先焜评价说：“这里我特别推崇邢福义同志的语言研究工作。在吕叔湘先生为其《语法问题探讨集》所写的‘序’中有这么一句话：‘福义同志的长处就在于能在一般人认为没什么可注意的地方发掘出规律性的东西，并且巧作安排，写成文章，令人信服。’我认为吕先生这句话真是‘一语破的’。邢福义同志之所以能做到这一点，跟他善于运用逻辑方法去分析语言现象分不开（当然，并不局限于这一点）。邢福义同志是专门研究过逻辑学并写过逻辑学著作的，因此在他对语言现象的分析过程有意或无形中就使用了逻辑方法。”李先焜先生以《试论“A，否则B”句式》《“但”类词对几种复句的转化作用》《“但”类词和“无论p，都q”句式》《“越X，越Y”句式》《“如果……就……”和“只要……就……”》《“要不是p就q”句式及其修辞作用》《汉语复句格式对复句语义关系的反制约》《反递句式》《前加特定形式词的“一 X，就 Y”句式》《转折词和“如果说 p，那么 q”句式》《现代汉语的“要么 p，要么 q”句式》《“与其 p，不如 q”择优推断句式》《现代汉语的“即使”实言句》《让步句的考察》等等为例，指出所有这些文章“都体现出作者对复合命题逻辑分析方法的运用，而且，他并未受逻辑联结词单纯从‘真、假’二值来分析其语义特征的局限，而是找出自然语言中各种联结词之间的细微的语义差别，这又反过来丰富了逻辑学……”①。在语法学界，有关评说更多。比如邵敬敏指出：“邢福义的研究强项是复句，他非常重视复句内部各分句之间的逻辑关系，并且注意这种逻辑关系的微妙变化所引起的在语法形式或语法意义表达上相应的变化……”② 胡明扬指出：“就汉语而言，复句的语义逻辑研究在目前也许有更大的实用价值。邢福义这些年来在这方面的研究令人瞩目。”③ 施关淦指出：“邢侧重研究复句，最重视逻辑事理，其论文始终抓住语言成分之间的逻辑语义关系。”④

更为可贵的是，作者始终坚持辩证的观点对待语言和逻辑。一方面，重视逻辑基础、逻辑事理、语义逻辑的研究，重视逻辑对语法的制约以及曲线干预的研究；另一方面又清醒地认识到语法分类不能只看逻辑关系，更要重视语言运用的特点，强调指出：“复句分析问题是语法分析问题，判断复句关系固然不能不考虑复句构成的逻辑基础，但必须注重考察各种语言形式在语言运用中的不同之处。只有把逻辑关系和语言形式联系起来考察、考虑，才能从语法的角度对复句关系作出恰当合理的解释。”如第二编第五章《“如果 p，就 q”和“只要 p，就 q”》，集中体现了这种思想。从逻辑上看，“如果 p，就 q”和“只要 p，就 q”都表示假言判断，或称条件判断。从语言运用上说，二者是有区别的。首先，语意表达重点不同。“如果 p，就 q”重在表明所说的情况仅仅是假设；“只要 p，就 q”重在表明提出了某种特定条件。其次，在正反推论中用法有别。“如果 p，就 q”可以用于正反两面同时推论，即可以同时从正反两面提出假设，作出推断；“只要 p，就 q”一般不能同时从正反两面进行推论，往往在正反两面中有所选择和强调。再次，某些格式不能相互转换。“如果 p，就 q”的使用范围比“只要 p，就 q”的使用范围大，有些格式中的“如果”不能改用“只要”。比方，“如果说……（那么）（就）……”不能说成“只要说……（那么）（就）……”。又比方，“如果 p，那么 q 呢”可以简省为“如果 p 呢”，不管是完全式还是简省式，其中的“如果”都不能换成“只要”。因此，在复句分类上，把“如果 p，就 q”划归假设复句，把“只要 p，就 q”划归条件复句。

重视“语表—语里—语值”的三角验证，这是语法研究的方法论。作者无论是宏观研究复句系统，还是微观研究大大小小的复句句式，都贯穿着这种多角验证的思路和方法。以第四编第二章《“p，否则 q”句式》为例。这一章，从发端分句的语义特征出发，逐层剖析，发掘

① 李先焜．论语言学与逻辑学的结合 [J]. 湖北大学学报，1994（5）：5.

② 邵敬敏．八十到九十年代的现代汉语语法研究 [J]. 世界汉语教学，1998（4）：23.

③ 胡明扬．现代汉语语法研究的回顾和展望 [J]. 世界汉语教学，1991（2）：68.

④ 施关淦．八十年代现代汉语语法研究概说 [J]. 中国语文，1992（6）：464.

出各种语义关系，每种语义关系分别用典型句式和变换式控制，并且用表意重心加以辨察。“p，否则 q”基本有六种句式：释因式、推因式、条件式、选言式、祈使式、能愿式。释因式和推因式表示原因和逆原因的结果，释因式用来反证已然的原因，推因式用来反证推测的原因。释因式的典型格式有“幸亏 p，否则 q”“可惜 p，否则 q”“因为 p，否则 q”（“幸亏”小类重在说明某种不如意的情况的避免出现，“可惜”小类重在说明某种符合心意的情况的没有出现，“因为”小类重在说明事实情况的客观存在。），主要变换式是“要不是 p，就 q。（之所以非 p，就因为是 q）”；推因式的典型格式是“想来 p，否则 q”，主要变换式是“要不是 p，就 q（既然非 q，就肯定是 p）”。释因式和推因式重在表明 p 项原因具有决定性影响，重心在 p。条件式表示条件和逆条件的结果，典型格式是“除非 p，否则 q”，主要变换式是“除非 p，才＋q，否则－q（非 p 不可，否则 q）（除了因为 p，否则 q）”，表意上，提出需求性条件的重在强调条件的必不可少，重心在 p，提出析因性条件的强调结果的出现不受其他条件的影响，重心在 q。选言式表示情况的选择或交替，典型格式是“要么 p，否则 q”，主要变换式是“要么 p，要么 q”，基本的选择项是 p，重心在 p。祈使式表示祈求和逆祈求的结果，典型格式是“还是 p 吧，否则 q”，主要变换式是“要么 p，要么 q，q 不好，所以，还是 p 为好”，重在表明必须听从 p 项使令劝告，重心在 p。能愿式表示需求和逆需求的结果，典型格式有“不能 p，否则 q”“不能不 p，否则 q”，主要变换式是“要么不能（不）p，要么 q，q 不好，所以，不能（不）p”，重在表明必须满足 p 项的需求，重心在 p。这样工笔式的精细刻画复句语义关系已经不再是“并列、转折、因果、假设”地泛泛而谈，而是全面揭示具体复句格式的格式框架、语义特征、语义关系，这把复句研究推进了一大步。语法学界对作者这种研究风格和研究特色给予高度评价。比如邵敬敏指出：“他的研究风格是扎实、细腻、新鲜，常常以小见大，发人深思。”[①] 龚千炎指出：“邢福义的做法是‘归演结合，表里结合，求同察异’。”[②] 徐枢指出：“邢福义先生关于复句的研究，在精细入微这一点上，都大大超过了前人。”[③]

重视句法格局对语词运用的制约，这与作者极力主张的“小句中枢”理论有密切联系。汉语的句法格局，是以小句为中轴建立起来的。研究汉语语法，必须以小句为中轴，以句法机制为重点，重视句法规则对各种句法要素的制约和管控。每个关联词语的运用，每组关联词语的配置，都是在一个个句法格式中实现的。离开了句法格局，语词就无从存活，更难看清它们的真实面貌。比方，“但”类词不仅在转折复句中运用，而且也在非转折复句中运用。它们在这些复句中的运用是什么样子，必须考察复句格式对他们的反映。再比方，“要么”的使用。一般语法教科书说“要么……要么……”只表示“二者必居其一”，必须成对地用，不能单用一

① 邵敬敏 . 八十到九十年代的现代汉语语法研究 [J]. 世界汉语教学，1998（4）：23.

② 龚千炎 . 中国语法学史稿 [M]. 北京：语文出版社，1987：380.

③ 徐 枢 . 回顾与展望 —— 试谈 1980 年代和 90 年代的现代汉语语法研究 [J]. 语言教学与研究，1991（4）：7.

个。邢先生用语法事实证明“要么”可以双用、多用、单用，并且它们受句法格局控制。“要么”双用，引带 p、q，成为前后两个选择项的标记：“要么 p，要么 q”；“要么”多用，关联三个或四个选择项：“要么 p，要么 q，要么 r，要么 s”；“要么”单用，它所关联的选择项并未全都带有标记：“要么 p，q（要 / 既 VP 就 VP）”或“∅p，要么 q”。再比方，定名结构充当分句也好，“NP 了”句式充当分句也好，“定名结构”或“NP”的使用都要受句法格局的控制。定名结构充当分句，往往和主谓结构、动宾结构发生平列、分合、申说、连贯、因果、转折等关系，定名结构充当分句有特定的形式：A.“数量名”；B.“指代形（的）名”；C.“形名，形名”或“数量名，数量名”；D.“程度形（的）名”；E.“（好）数量形（的）”。各种形式的定名分句在复句里有一定的位置：A 式、B 式、C 式用在别的分句前边；D 式、E 式用在别的分句后边。“NP 了”充当分句时，“NP 了”前边常常用副词“都”。能进入“NP 了”句式的“NP”具有推移性。“NP 了”句式具有句法自足性，不需要补上主语，也不能直接补上主语，不能直接采用否定形式。重视句管控可以更好的揭示句法特点、语义特点。正如邵敬敏所指出：“九十年代以来，汉语语法研究明显的特点是开始摆脱盛行几十年的结构主义语法的影响和束缚，……更加注意汉语本身的特点，而不是让事实去迁就某种语法理论，即在对大量汉语语法事实研究的基础上，试图提出更加适应汉语语法特点的研究思路，其中胡明扬的‘语义语法’说、徐通锵的‘字（语素）本位’说、邢福义的‘两个三角’理论和‘小句中枢’说等都比较有影响。他们共同的特点就是对句法语义的高度重视。”①

重视若干问题的理论思考，就是要重视从语法事实的研究中提炼出语法规律和语法理论。这是作者复句研究的一大特色。邵敬敏等曾经这么评说：“邢福义对理论的概括不仅表现在宏观指导上，还表现在一些具体专题上。最典型的是关于复句的研究。……这种充满辩证观点的制约与反制约的认识，是作者对复句进行多年深入研究基础上的一种理论上的飞跃。”② 逻辑语法思想的核心内容是：逻辑是语法的基础，直接制约或曲线干预语法；“主观视点”反制约逻辑。逻辑语法，不仅切实反映汉语的特点，而且具有普通语言学的理论价值。重视静态和动态相结合，一方面，是“从关系出发，用标志控制”；另一方面，是重视关系标志的“显示”“选示”“转化”“强化”的动态作用，利用直断法、减除法、添加法、替代法判定分句，思考复句和单句的对立和纠结，充满了辩证法和相对论的思想精神。

三、“句序”研究

《汉语复句研究》没有用专门的章节来谈句序问题，而是在一些复句问题研究当中进行了

① 邵敬敏 . 八十到九十年代的现代汉语语法研究 [J]. 世界汉语教学，1998（4）：26.

② 邵敬敏，周有斌 . 评邢福义《语法问题发掘集》[J]. 语言研究，1993（1）：192.

必要的句序分析，纵观全书，关于“句序”的研究可以归纳为两个方面：一是句序与关系词语；二是句序与特定结构分句。

（一）句序与关系词语

句序是重要的复句联结手段，关系词语也是重要的复句联结手段，它们之间相互制约，可以配置成种种复句格式。主要表现在以下五个方面：

第一，能倒置与不能倒置。表示同一种复句关系的关系词语，有的能倒置，有的则不能倒置，这关系到复句格式的句序配置。比如，“因为”和“因”都能标示因果关系的原因，前者能倒置，但后者不能；“既然”和“既”都能标示推断性因果的推断依据，前者能倒置，但后者不能；“虽然”和“虽”都能标示容认性让步的让步前提，前者能倒置，但后者不能；“除非”和“只有”都能标示条件，前者能倒置，但后者不能。

第二，有的关系词语可以倒置，但需调配。比如“由于”，可以后置，但不能直接后置，必须在“由于”前加上“是 / 不是”等，例如：

（1）由于好奇，我接过她的身份证。

（2）* 我接过她的身份证，由于好奇。

（3）我接过她的身份证，（那）是由于好奇。

第三，同一种复句关系的不同关系词语，虽能倒置，但倒置前后的语里同中有异。比如，“因为”和“由于”都能倒置，但是“因为”倒置后可表示解释原因和补充说明原因，因此有“析因式”和“补因式”两种倒置句序格式，而“由于”倒置后只能表示解释原因，只有“析因式”。例如：

（4）我抽烟，是因为想念孩子们。（析因式）

（5）我抽烟，因为想念孩子们。（补因式）

（6）我抽烟，是由于想念孩子们。（析因式）

第四，句序不同，关系词语形成的复句格式的语里、语表同中有异。比较：

（7）别说是嫁妆，连一双草鞋都没穿出来。

（8）连一双草鞋都没穿出来，别说是嫁妆！

首先，从语里来看，“别说……，连……都 / 也”和“连……都 / 也，别说……”都能表示递进关系，但是两种句序配置格式的递进类型不同，前者表示顺递，相当于“不但……，连……都 / 也”，后者表示反逼递进，相当于“尚且……，何况……”。上例可分别说成：

（9）不但没有什么嫁妆，连一双草鞋都没穿出来！

（10）草鞋尚且没穿出来，何况是嫁妆！

其次，从语表来看，“别说”后置，属于递进内容，可加上标示递进的关联副词“更”，又由于“别说”分句处于句末，从而能加上句末煞尾助词“了”，例（8）可说成：

（11）连一双草鞋都没穿出来，更别说是嫁妆了！

第五，配对关系词语的单用影响句序配置。成双配对的关系词语有时只单用一个，可前可后，这从句序上看，是有关系词语分句和无关系词语分句的不同排列次序。

例证一：

Ⅰ. 一边 p，q

Ⅱ. p，一边 q

“一边”经常配对使用，说成“一边……一边……”，同时也有单用状况，造成两种句序配置。首先，它们的语表、语里有同有异。两种格式都能使用“在续式”“过程式”和“说引式”。例如：

A. 在续式：

（12）大娘一边笑着，连连点头。

（13）大娘连连点头，一边不停地笑 / 一边仍然笑着。

例（13）的后分句不能直接说“大娘笑着”，必须加上“不停”或“仍然”等。

B. 过程式：

（14）一边挥着鲜花，他们飞也似的冲了过去。

（15）他们飞也似的冲了过去，一边挥着鲜花。

C. 说引式：

（16）她一边采取措施止血，顺口问了句：“怎么伤成这样？”

（17）她问道：“怎么伤成这样？”，一边采取措施止血。

例（17）中“她问道……”在前分句，显然不能使用“顺口”之类的接续词语来修饰。

不同的是，“一边”前置式还可使用“已”字式、“突然”式和“内心”式。例如：

（18）一边吆喝，他已采取了守势。（“已”字式）

（19）一边表演，他突然变了花样。（“突然”式）

（20）一边朝里走，我内心越来越不安。（“内心”式）

其次，“一边”前置式和“一边”后置式的选用有语用原因。选用“一边”前置式，既能显示关系，又满足了句法变化的需要；选用“一边”后置式，前分句便于顺势叙述，后分句的“一边”又能显示与前分句的关系。例如：

（21）周用诚几步到门口，扶着哭得泪人似的七十四进来，一边让他坐了，说道："你先别伤心，……"

（22）……林则从抽屉里取出现金，交给了她，一边庄重地说："夫人，愿我们不断发展我们两国之间的贸易关系。"

例证二：

Ⅰ．要么p，q（要/既然VP就VP）

Ⅱ．p，要么q

"要么"经常配对使用，说成"要么……要么……"，同时，也有单用状况，造成两种句序配置，其中"p"和"q"都不能置换。"要么"前置式的后分句往往是"要VP就VP"或"既然VP就VP"结构，"要么"后置式可以表示并立式对立或者条件与结果的对立，例如：

（23）要么不来，既然来到长沙做官就一定要把旧游之地岳麓书院振兴起来，……

（24）我想回油田去，要么就提前退休，回老家，放放牛。

（25）公社能看上叫我去迎接，咱便要知趣，要么，就失礼了。

（二）句序与特定结构分句

复句是由小句分句化联结而成的，分句在语表、语里和语值上有不同的特性和类型，这些特性和类型相同或不同的分句相互联结，会形成种种配置格局，这里边自然包括句序的安排，以及句序框架下复句关系的表现和表述意旨的凸显。

例证一：定名结构充当分句

定名结构（AN）充当分句，与谓词性分句（VP）联结，句序有两种：

Ⅰ．AN，VP

Ⅱ．VP，AN

定名结构有不同的结构类型和表意功能，它们在与谓词性分句联结的时候，句序不尽相同。其中，"数量名"具有叙述性，"指代形（的）名"指明事实根据，"形名，形名"或"数量名，数量名"用于描写，这三种定名结构与谓词性分句联结时是前置的，在句序配置上是Ⅰ式；"程度形（的）名"具有咏叹性，"（好）数量形（的）名"表示申论，这两种定名结构与谓词性分句联结时是后置的，在句序配置上是Ⅱ式。

这六种定名结构与谓词性分句联结时的复句关系也不太一样。"数量名"前分句和谓词性后分句联结，可构成连贯关系和因果关系，例如：

（26）一阵汽笛，一队航船又沿着虎口滩的航标灯驶过来了。（连贯关系）

（27）半月春风，草绿了，桃花打苞了。（连贯兼因果关系）

“指代形（的）名”前分句和谓词性后分句联结，可以构成平列关系、因果关系和转折关系，例如：

（28）这么黑的天，又下着雨，也不带个手电筒。（平列关系）
（29）这么贵的票，咱们别看了吧。（因果关系）
（30）方伯伯，这么大的雪，您怎么出来了？（转折关系）

“形名，形名”或“数量名，数量名”前分句和谓词性后分句联结，可构成平列或分合关系，例如：

（31）黑沉沉的夜，黑沉沉的山、山……周围不断传来野兽的吼叫。（平列关系）
（32）蔚蓝的晴空，火红的彩霞，雪白的大地，苍绿的山林，炊烟袅袅的小燕村，山坡上蠕动的牛羊群，江山秀丽多姿。（分合关系）

“程度形（的）名”后分句和谓词性前分句联结，可构成申说关系，例如：

（33）我接过茶，喝了一口，多么香甜的罗汉茶啊！

“（好）数量形（的）名”后分句和谓词性前分句联结，可构成归总关系，例如：

（34）朝霞满山，泉流潺潺，好一个山区之晨！

例证二：“NP 了”充当分句

“NP 了”是名词性结构加助词“了”，与其他分句联结，句序配置有两种：
Ⅰ. NP 了，S
Ⅱ. S，NP 了

这两种句序配置的复句关系同中有异。“NP 了”充当前分句，可以和后分句构成因果式和转折式；“NP 了”充当后分句，可以和前分句构成倒置因果式、倒置转折式和归结按注式。例如：

（35）大姑娘了，要注意整洁！（因果式）
（36）大姑娘了，一件像样的衣服都没有。（转折式）
（37）要注意整洁，大姑娘了！（倒置因果式）
（38）一件像样的衣服都没有，大姑娘了！（倒置转折式）
（39）渐渐到了市中心，十字大路了！（归结按注式）

“句序”研究表明：①小句的排列次序不单单是语用表达的需要，在小句联结关系上、逻辑基础上，在关系词语的使用上都有条件限制；②句序和分句特性协调统一，这表现在小句的次序与小句的表、里、值特点是相互制约、相互协调的，是统一的；③小句的类型和小句的次序有联系，小句在结构、语气、功能等方面都有不同的类型，这些小句类型与句序配置是互动的，小句结构类型与句序的联系在《汉语复句研究》中已有所证明，分句语气类型与句序也有联系，比如祈使语气和陈述语气的小句相互组合可以表示因果关系，但是句序配置和因果式的类型有对应规律，“陈述＋祈使”型因果句是“因一果”式，而“祈使＋陈述”型因果句是“果一因”式；小句的表意功能与句序同样有联系，比如，肯定“是”字句和否定“是”字句联结，会产生“然一否”式和“否一然”式两种句序配置，但是它们表现出一系列的不对称性。

“句序”研究充分证明，不能机械地套用短语规则来解释句子，短语的语序规律并不能完全解释复句的句序规律，复句作为小句分句化的联结实体，其分句基点是不容忽视的。

结　语

汉语复句研究因为邢福义先生的研究而有了长足的发展，《汉语复句研究》是汉语复句研究的代表性成果。汉语复句研究是不是就没有什么问题了呢？邢先生说：“越研究，问题越多。”“这本《汉语复句研究》，其实内容很有限，遗留问题很多。且不说汉语包括现代汉语和古代汉语，现代汉语包括共同语和方言，这本书只把精力放在现代汉语共同语的复句研究上面。就是现代汉语共同语里的某些很普通的现象，我也没有作出甚至没有能力作出让自己满意的回答。”举了“还”的例子，举了“无论”“不论”“不管”的例子。这段话，我们体会有三层意思：一是先生对自己的复句研究还有诸多不满意的地方，这是一位严谨学者的科学态度；二是复句研究天地广阔，复句研究要撑开“表一里一值”小三角和“普一方一古”大三角，还有很多工作要做；三是启示了观察问题、研究问题的思路和方法。林立曾经指出：“邢福义能够成功地发表一组复句研究的系列文章，其原因在于他注重思想方法和研究方法。”① 吴启主也曾经指出：“邢福义的研究方法是丰富的，行之有效的。”②

复句研究天地宽，复句研究大有可为。

参考文献

[1] 龚千炎．中国语法学史稿 [M]. 北京：语文出版社，1987：380.

[2] 胡明扬．现代汉语语法研究的回顾和展望 [J]. 世界汉语教学，1991（2）：65-69.

[3] 李先焜．论语言学与逻辑学的结合 [J]. 湖北大学学报，1994（5）：1-6.

[4] 林立．现代汉语复句研究概观 [C]// 朱一之，王正刚．现代汉语语法研究的现状和回顾 [C]. 北京：语文出版社，1987：187.

[5] 邵敬敏．八十到九十年代的现代汉语语法研究 [J]. 世界汉语教学，1998（4）：22-27.

① 林立．现代汉语复句研究概观 [C]// 朱一之，王正刚主编．现代汉语语法研究的现状和回顾．北京：语文出版社，1987：187.

② 吴启主，李胜昔．邢福义的复句研究的研究 [J]. 湖南师范大学学报，1993（5）：75.

[6] 邵敬敏，周有斌 . 评邢福义《语法问题发掘集》[J]. 语言研究，1993（1）：190-193.

[7] 施关淦 . 八十年代现代汉语语法研究概说 [J]. 中国语文，1992（6）：462-467.

[8] 吴启主，李胜昔 . 邢福义复句研究的研究 [J]. 湖南师范大学学报，1993（5）：75-78.

[9] 徐枢 . 回顾与展望 —— 试谈 1980 年代和 90 年代的现代汉语语法研究 [J]. 语言教学与研究，1991（4）：4-15.

[10] 朱斌 . 复句研究天地宽 ——《汉语复句研究》读后 [J]. 江汉大学学报，2001（4）：105-109.

[11] 朱斌，伍依兰 . 说“句序”研究 [J]. 社会科学论坛，2010（6）：28-32.

[12] Син, Фу-и（邢福义）. Обратная обусловленность моделями сложного предложения смысловых отношений сложного предложения в китайском языке（《复句格式对复句语义关系的反制约》）[J]. Вопросы филологических наук（《语文学问题》），2010（2）：98-101.

夸克等《英语语法大全》的合成句观

朱　斌　李思玮

华中师范大学　文学院

引　言

伦道夫 • 夸克（R. Quirk）、西德尼 • 戈林鲍姆（S. Greenbaum）、杰弗里 • 利奇（G. Leech）和简 • 萨瓦特威克（J. Svartvik）合著的《英语语法大全》（*A Comprehensive Grammar of the English Language*）于 1985 年由英国朗曼集团出版公司（Longman Group Ltd.）出版，全书共 19 章，vi ＋ 1779 页。

夸克，英国著名语言学家，1920 年 7 月 12 日生于英国马恩岛的兰姆费尔。先后就读于威廉国王学院和伦敦大学学院，1947—1952 年任伦敦大学学院英语讲师，期间获得硕士和博士学位，1951 年赴美国耶鲁大学和密歇根大学从事博士后研究，1954 年任杜伦大学副教授，1958 年任教授，1960 年回伦敦大学学院任教授，1968—1981 年位居裘恩教授席，1985 年成为爵士，1985—1989 年任英国国家学术院院长，1994 年被授予布卢姆茨伯里男爵终身爵位。夸克的语言学贡献主要在语法学，《古英语语法》（1955）打破以语音和词形为中心的传统，从句法和构词的角度研究古英语语法。1959 年成立“英语语法项目组”（Survey of English Usage），采样 1955—1985 年书面和口头英式英语，为编写《英语语法大全》打下坚实的事实基础。夸克代表作品还有《英语语法（第 2 版）》（1962）、《当代英语语法》（合著，1972）、《英语与物体意象》（1972）、《英语会话语料库》（合著，1980）、《英语的文体与交流》（1982）、《使用中的词汇：文本结构讲义》（1986）等。[①]

西德尼 • 戈林鲍姆（1929—1996），英国语言学家，1929 年 12 月 31 日生于伦敦，1996 年 5 月 28 日于莫斯科逝世。1983—1990 年位居伦敦大学学院英语语言文学裘恩教授席，1983—1996 年任英语用法项目组主任，与夸克等合著《英语语法大全》（1985），还著有《牛

① 梅德明 . 语言学与应用语言学百科全书 [M]. 北京：北京大学出版社，2017：1040.

津英语语法》（1996）等。[①]

简•萨瓦特威克，瑞典语言学家，1961—1965年任英国伦敦大学学院英语系助理，1965—1970年任哥德堡大学英语系讲师，1970—1995年任隆德大学英语教授，自1995年起任荣誉教授，1976—1979年任瑞典应用语言学协会（ASLA）主席，1990年任瑞典皇家科学院院士。主要致力于语法、计算语言学和语料库语言学和普通语言学研究，语法代表作有《论英语动词中的语态》（1966）、《交际英语语法》（合著，1975，1994，2002）、《大学英语语法》（合著，1978）、《英语语法大全》（合著，1985）等，计算语言学与语料库研究著作有《语法分类中的计算实验》（合著，1969）、《英语会话语料库》（合著，1980），1975年起主持伦敦-隆德语料库建设，1980年与夸克合著《伦敦-隆德英语口语语料库》，还有《语言的可接受性调查》（合著，1966）、《伦敦英语：描述和研究》（1990）、《瑞典语言研究》（1992）、《英语的变迁——一种语言，多种声音》（合著，2006，2016）等著作。[②]

利奇（1936—2014），英国著名语言学家，1936年1月16日生于英格兰格罗斯特，2014年8月19日在兰开斯特去世。在伦敦大学学院学习，1953年、1963年和1968年先后获得学士、硕士和博士学位，毕业后任教于兰卡斯特大学，1974年起任英语语言学教授，2002年起任荣誉教授，1987年当选为英国国家学术院院士，1989年成为欧洲学术院院士。利奇的研究领域广泛，包括理论语言学、语法学、语义学、语用学、文体学、计算语言学和语料库语言学等，著述颇丰，专著近30部，论文有100多篇。语法代表著作有《意义与英语动词》（1971）、《当代英语语法》（合著，1972）、《大学英语语法》（1973）、《交际英语语法》（1975，1994，2002）、《英语语法大全》（合著，1985）、《朗文英语口语和书面语语法》（1999）、《朗文学生英语口语和书面语语法》（2002）、《英语语法术语》（2006）等，《语义学》（1974）、《语用学原理》（1983）和《英语口语和书面语词频：以英国国家语料库为基础》等。[③]

该书中文版由苏州大学《英语语法大全》翻译组王国富、贺哈定、朱叶等，译校，华东师范大学出版社1989年出版，2501页，250万字。许国璋先生在序中认为："这是最能体现二十世纪语言学特色的一部英语语法。"[④]这部语法书的特点是"本书不是一本语法教科书，而是一本'现代英语语法'理论概述和论证"。突出表现在四个方面：①本书具有客观论证的特色；②本书是分章节写的，每个单位是一篇研究报告；③本书的研究目标，不仅有传统的词法和句法，而且尽可能详尽地描述语言行为的诸方面，并加以形式和规则的描写；④因为本书

① https://en. wikipedia. org/wiki/Sidney_Greenbaum.

② http://www. sol. lu. se/en/person/JanSvartvik/.

③ 梅德明. 语言学与应用语言学百科全书 [M]. 北京：北京大学出版社，2017：1064.

④ 许国璋. 读后感•代序 [M]// 夸克等. 英语语法大全. 王国富，贺哈定，朱叶，等，译. 上海：华东师范大学出版社，1989：5.

是一部现代语法，它自然地也是逻辑地论及现代语言学的热门学科之一——篇章分析。[①]

该书将句子分为简单（simple）句和合成（multiple）句两类。（第 10 章）简单句由单一的独立分句构成。合成句包含一个或者多个分句作为直接成分。合成句可以是联合（compound）句，也可以是复合（complex）句。本文集中阐述该书有关合成句的章节内容，主要分布在第 13、14 两章，在第 7、15、18、19 等章也有相关论述。

一、合成句的类型：并列和主从

并列关系和主从关系的相关问题，主要在第 13、14、15 章进行讲述。

并列和主从都是连接同一种语法单位的，同一层次的语法单位连接在一起形成并列关系，具有上下等级关系的语法单位连接在一起形成了主从关系。并列、主从与意合连结、形合连结之间也有异同。

第 13 章指出了并列和主从的语义差别：第一，从属分句所含的信息处于领句信息的陪衬地位，语义上的不平等表现为位置和句法等级，例如某些状语分句所表示的信息为已知信息而非作为新信息：

（1）a. He has quarrelled with the chairman *and* has resigned.（他和会长吵了一架，已经辞职了。）

b. Since he quarrelled with the chairman, he has resigned.（由于他与会长吵架，他已经辞职了。）

例（1）a 为并列句，并列标记两侧都属于新信息，而（1）b 为主从句，从属分句部分属于已知信息，认为受话者已经知道这场争吵。

第二，并列关系中第二个单位由于它所处的位置而成为突出的中心，而主从关系中由位置形成的突出则是由于其形式上的不平等。

并列和主从关系分别对应作者在第 14 章提出的多重句（即合成句）的两大类型——联合句（compound sentence）和复合句（complex sentence）。联合句由两个或两个以上并列的主要分句组成，联合句内的分句是并列关系；复合句由一个主要分句和一个或一个以上的从属分句构成，句子和从属分句之间是主从关系，具有等级性。

① 许国璋．读后感•代序 [M]// 夸克等．英语语法大全．王国富，贺哈定，朱叶，等，译．上海：华东师范大学出版社，1989：5.

二、并　　列

第 13 章集中讲述了并列的相关问题。

（一）并列的类型

并列包括有连词并列和无连词并列，二者的区别在于有无明显的并列标记，如 and/or/but，这些可明确表示并列的连接词（linkers）称为并列连词（coordinating conjunctions）。鉴定是否为无连词并列可以看能否将 and 插入其中且很少改变原意。

除了由分句、谓体、短语和单词等单纯一种语法成分构成的简单并列外，还有一些比较少见的并列类型：①复杂并列（complex coordination）指并列部分不是单纯一种单位而是几种单位结合的并列结构，如分句句末位置上相邻结合成分的并列，如例（2）（3）（4）（5）分别是间接宾语＋直接宾语的并列，宾语＋宾语补语的并列、宾语＋状语的并列和状语＋状语的并列，而当复杂并列中的第二个或后面的连接部分在其句中位置就会出现留空（gapping）现象，如例（6）。②追加并列是一种结构松散的并列，即第二个连接部分追加于第一个连接部分所在的分句，这类并列往往具有非正式口语的特点，如例（7）。③插入并列（interpolated）指的是并列中的连接部分之一似乎是作为插入语而加到分句中间的，如例（8）。

（2）We gave [William a book on stamps], and [Mary a book on painting].（我们给了威廉一本关于邮票的书，给了玛丽一本关于绘画的书。）

（3）Jack painted [the kitchen white] and [the living room blue].（杰克画了一个白色的厨房和一个蓝色的客厅。）

（4）You should serve [the coffee in a mug] and [the lemonade in a glass].（你应该招待（他们）一杯咖啡和一杯柠檬水。）

（5）Paula is flying [to Madrid tonight] and [to Athens next week].（宝拉将于今晚飞往马德里并于下周前往雅典。）

（6）[One girl has written a poem], and [the other∆ a short story].（有个女孩写了一首诗，另一个则写了一则小故事）

（7）John writes extremely well—and SALLY, TOO.（约翰写得非常好，萨利也是。）

（8）John—and Sally, too—writes extremely well.（约翰和萨利都写得非常好。）

（二）并列的形式标记

1. 并列连词

第一，并列连词的识别。

作者认为，并列连词包括明确的并列连词、半并列连词（semi-coordinators）和准并列连词（quasi-coordinators）。明确的并列连词有 and，or 和 but，其中 but 与作为中心并列连词的 and 和 or 有所不同。在明确的并列连词和明确的从属连词之间的递差[①]有 for 和 so that，并列连词和联加状语 yet 和 so 之间也有递差。作者试图利用下面六条标准来说明并列连词、联加状语和从属连词之间的这种递差：

（a）它在它的分句前面的位置固定不变，如例（9）中 and 只能在分句的句首位置出现。

（b）以它开头的分句和前面的分句是按顺序先后定位的，因此不能移到那个分句前面的某个位置上，如例（10）互换位置后会改变原句的关系。

（c）它的前面不允许用连词，如例（11）中连词 but 和 for 与结果状语 so that 的前面不能再用 and 连接。

（d）它不仅连接分句，而且连接谓语和其他分句成分，如例（12）中的 and 和 or 连接两个谓语相当于省略了后面的主语。

（e）它可以连接从属分句，如例（13）。

（f）它可以连接两个以上的分句，这时除了最后一个连接词以外的其他所有连接词都可以省略，如例（14）。

表 1　并列连词、联加状语和从属连词的递差

		（a）	（b）	（c）	（d）	（e）	（f）
并列连词	and, or	+	+	+	+	+	+
	but	+	+	+	+	±	−
联加状语	yet, so, nor	+	+	×	+	−	−
	however, therefore	−	+	−	−	−	−
从属连词	for, so that	+	+	+	−	−	−
	if, because	+	±	−	−	−	−

半并列连词指的是具有并列连词的某些特征的词，包括 nor，so 和 yet 等，如根据上表，

① 递差（gradience），即“论述两个类别（如两种词类）之间在异同方面的一个极差，在极差的两端是清楚地属于两个不同类别的项目”。夸克等（1989：118）。

for 和 so that 与更典型的 if 和 because 相比比较近似并列连词。

准并列连词指的是有时候像并列连词，有时候又像从属连词或介词。准并列连词中最典型的是表示比较的词，如 as well as/as much as/rather than/more than 等。

（9）a. John plays the guitar, *and* his sister plays the piano.（约翰弹吉他，他的妹妹弹钢琴。）

b. *John plays the guitar, his sister *and* plays the piano.（约翰弹吉他，他的妹妹和弹钢琴。）

（10）a. They are living in England, *or* they are spending a vacation there.（他们要么是住在英国，要么就是在那里度假。）

b. *Or they are spending a vacation there, they are living in England.（他们要么是在英国度假，要么就是住在那儿。）

（11）a. *He was unhappy about it, *and but* he did what he was told.（他不太高兴，但还是照他说的话做了。）

b. *He asked to be transferred, *for* he was unhappy *and for* he saw no possiblity of promotion.（他要求调职，因为他不太开心，也没有看到有晋升的可能性。）

c. *We paid her immediately, *so*（*that*）she left contented and *so*（*that*）everyone was satisfied.（我们立即把钱给她了，所以她离开了，大家都很满意。）

（12）a. [I may see you tomorrow] *or*Δ [may phone later in the day].（明天我可能会见到你，或者也可以今天晚点的时候给你打电话]。）

b. The Polish athletes [have succeeded today], *but*Δ[may not repeat their success tomorrow].（虽然波兰的运动员们今天获得了成功]，但是明天不一定能重复成功。）

（13）I wonder *whether* you should go and see her or *whether* it is better to write to her.（我想知道你是不是应该去看看她，或者最好是不是给她写写信。）

（14）The battery may be disconnected, the connection may be loose, *or* the bulb may be faulty.（要么是电池断开，要么是连接松动，要么是灯泡出现故障。）

= The battery may be disconnected, *or* the connection may be loose, *or* the bulb may be faulty.（要么是电池断开了，要么是连接松动了，要么是灯泡出现了故障。）

第二，并列连词的句法特点。

作者指出，并列连词有 7 个句法特点：①分句并列连词限用于分句句首位置，但 though 等两三个从属连词可以在非句首位置出现；②由并列连词和联加状语连接的并列分句按先后顺序确定位置，位置不能互换，但大多数的从属连词却并非如此；③并列连词前面不带连词，包括并列连词 and/or/but/for 及一个从属连词 so that 前面都不能有其他连词，但联加连词和从属连词的前面一般都可以用连词；④并列连词可以连接分句的各个构成成分，and 和 or 都可以连接小于分句的成分，有时 but 也可以，但 for 和 so that 等其他连词和大多数联加状语都不可以；⑤ and 和 or 等并列连词可以连接从属分句，且第二个以及后面出现的任何从属连词通常都可以省略；⑥并列连词可以连接两个以上的分句，这种结构称为多并列（multiple coordination）；⑦多连词连接并列时，通常省略掉最后一个并列连词以外的并列连词。

第三，并列连词的用法。

第 13 章详述了并列连词 and、or 和 but 的用法。

并列连词 and 在逻辑上表示在陈述句中如果整句为真，那么其每个分句也都为真，但是 and 会受到来自语用的制约，语用上要求分句间有足够的共同之处。and 是含义和用法最广的并列连词，它有 8 种常见用法：①第二个分句是第一个分句的后果（consequence）/ 结果（result），分句语序有时间上先后关系，如例（15）；②第二个分句在时间上接续第一个分句，但无任何因果关系的含义，如例（16）；③第二个分句引导的是一种对比（contrast），如例（17）；④第一个分句带有让步（concessive）作用，如例（18）；⑤第一个分句是第二个分句的条件（condition），如例（19）；⑥第二个分句提出一个与第一个分句类似（similar）的观点，如例（20）；⑦第二个分句是对第一个分句的“纯”补充（addition），且两个分句所陈述的内容互不排斥，如例（21）；⑧其中第二个分句是对第一个分句所作的追加评述（comment）或追加解释（explanation），如例（22）。

（15）He heard an explosion and he（*therefore*）phoned the police.（他听到了爆炸声，所以给警察局打了电话。）

（16）I washed the dishes and（then）I dried them.（我把菜洗了，然后把它们给弄干了。）

（17）Robert is secretive and（*in contrast*）David is candid.（罗伯特很含蓄内敛，大卫很坦率。）

（18）She tried hard and（*yet*）she failed.（她努力地尝试过，但失败了。）

（19）Give me some money and（*then*）I will help you escape.（给我一些钱，然后我就帮你逃跑。）

（20）A trade agreement should be no problem, and（*similarly*）a cultural exchange could be easily arranged.（贸易的协定应该没问题了，同样文化的交流也很容易安排。）

（21）He has long hair and（*also*）he often wears jeans.（他是长头发，也经常穿牛仔裤。）

（22）They disliked John—*and* that is not surprising in view of his behaviour. [他们不喜欢约翰——这并不奇怪，因为他的行为（不讨人喜欢）。]

并列连词 or 在逻辑上与 and 相反，即若一个连接成分是真的，那么整个句子为真，语用上也要求分句间有足够的共同之处。有 3 种常见用法：① or 引导一个选择成分，一般是排他性（exclusive）的，排除了两个连接部分都是真的或者都能实现的可能性，如例（23），也可说 or 是兼容并包的（inclusive），即两个连接部分可能都是真的，如例（24）；②由 or 引导的选择成分也可能是对第一个连接部分的内容的复述或纠正（corrective），如例（25）；③ or 可以暗示有一个否定的条件（negative condition），如例（26）。

（23）You can sleep on the couch in the lounge *or* you can go to a hotel.（你可以在休息室的沙发上睡觉，也可以去酒店（睡觉）。）

（24）You can boil an egg,（*or*）you can make some sandwiches, or you can do both.（你可以煮个鸡蛋，或者做一些三明治，或者两个都做。）

（25）They are enjoying themselves, *or*（*at least/rather*）they appear to be enjoying themselves.（他们玩得很开心，或者（至少 / 更确切说）他们看起来玩得很开心。）

（26）Give me some money or（else）I'll shoot.（把钱给我，否则毙了你。）

当 or 暗示一个否定条件的时候，和表示条件的 and 在语义上是相反的，如例（27），与表示条件的 and 一样，表示条件的 or 所连接的第一个部分可以是无动词分句，如：Your money or I shoot. 甚至两个连接部分都没有动词，如：Your money or your life（要钱还是要命）[= Give me your money, or I'll take your life]。（把钱给我，否则弄死你。）

（27）a. Make a move, and I'll shoot!（敢动一下就毙了你！）

b. Don't make a move, or I'll shoot!（不许动，否则毙了你！）

and 和 or 含义相反，所以一方面，跟在一个否定成分后的 or 在某些方面就等于 and，如例（28），该句逻辑上等于是对两个否定陈述句的兼容性选择，相当于"或是……或是"；另一方面，or 往往能在我们称之为非断定的（nonassertive）语境中代替 and，当其在句子的从属性位置上出现或是在 can、may 以及其他表示允许或可能的词语后面出现时都可以有这种代替，如例（29）和例（30）。

（28）He doesn't have long hair *or* wear jeans.（他没有长头发，也没有穿牛仔裤。）

[= He doesn't（*both*）have long hair and wear jeans.]（他没有长头发，也没有穿牛仔裤。）

（29）Soldiers who mutinied *or* deserted were punished by death.（叛变和逃跑的士兵将被处死。

[= Soldiers who mutinied were punished by death, *and* soldiers who deserted were punished by death.]（叛变的士兵将被处死，逃兵也是。）

（30）If we complain *or* demand compensation, nothing happens.（如果我们是抱怨或要求赔偿，那么什么都不会发生。）

[= If we complainnothing happens, *and* if we demand compensation nothing happens.]（如果我们是抱怨的话就什么都不会发生，要求赔偿的话也是什么都不会发生。）

另外，or 可以看作是充当推理外加状语的 because 的否定对应词，并且加上 else 就可以加强 or 的含义，如例（31）。

（31）a. They（might have）liked the apartment, or（else）they wouldn't stay there the whole summer.（他们（可能）很喜欢这个公寓，否则他们不会在整个夏天呆在那。）

b. They（might have）liked the apartment, *because* they stayed there the whole summer.（他们（可能）很喜欢这个公寓，因为他们整个夏天都呆在那。）

but 表示一种通常可以由 and 加 yet 表示的对立，这种对立可能是由于第二个连接部分的内容按照第一个连接部分的内容看来是出乎意料的，如例（32）；这种对立，也可能是对第一个连接部分所表明或暗示的否定性内容，以肯定的词语再予以否认，如例（33）。

（32）John is poor, *but* he is happy.（约翰很穷，但他很开心。）

[= John is poor, *and yet* he is happy.]（约翰很穷，但他很开心。）

（33）Jane did not waste her time before the exam, *but* studied hard every evening.（简并没有在考试之前浪费时间，而是每天晚上都很努力。）

2. 关联连词

关联连词（correlatives）是由一个确认词项和一个并列连词组成的，如 either…or、both…and、neither…nor、not…but 和 not only…but 等。

either…or 是最简单的一对并列连词，强调 or 的排他含义，如例（34），连接部分可能是完整分句也可能是其省略形式，如例（35）和例（36）中的两句分别是并列谓语和并列主语。

（34）*Either* the room is too small *or* the piano is too large.（要么是房间太小，要么是钢琴太大。）

（35）You may *either* [stand up] *or* [sit down].（你要么站起来要么坐下去。）

（36）Either [Sylvia] *or* [her sister] will be staying with us.（西尔维亚或她的姐姐将会和我们一起。）

both…and 强调 and 的补充（addictive）含义，它把连接部分分隔开来放在同等重要的位置上，从而消除连接部分可能含有的因果或接续关系；both…and 还能突出 and 的分隔作用而非结合作用，如例（37）。Both…and 和 and 的关系与 either…or 和 or 的关系也是有区别的。

（37）a. David and Joan got divorced.（大卫和琼离婚了。）[即 from each other]

b. Both David and Joan got divorced.（大卫和琼都离婚了。）[即 so now they can get married]（所以现在他们可以结婚了）

neither、nor 既可以各自用作否定补充副词，也可以联合起来用作一对关联连词，是一对“混合”结构，如例（38）和例（39）。当它们各自用作否定补充副词时，一般预先假定前面的分句有明显的否定意义，或含蓄的否定意义。当 neither、nor 联合起来用作一对关联连词时，nor 就与 and 和 or 一样，充当中心并列连词，neither 则与 both 和 either 一样，充当确认词项。

（38）Sam *neither* has long hair, *nor* does he wear jeans.（山姆既没有长头发，也不穿牛仔裤。）

（39）Mary was neither happy, nor was she sad.（玛丽既不开心，也不难过。）

否定词 not/n't 或结合词 not/n't only 和后面出现的 but 可以成为关联连词，如例（40）和例（41）not/n't only…but 的基本含义是补充，它不是把连接部分等同起来，而是把它们区分开来，迫使我们把第一个连接部分看作是已知情况，暗示第一个连接部分的内容是出人意料的，第二个连接部分的内容常用 also 或 even 这样的副词强化，则更加出人意料。

（40）He didn't come to help, *but* to hinder us.（他没来帮忙，而是阻止了我们。）

（41）They *not only* broke into his office and stole his books, *but*（they）（*also*）tore up his manuscripts.（他们不仅砸了他的办公室，偷走了他的书，而且还撕毁了他的手稿。）

传统上，关联连词在使用的过程中，常常会受到一些限制：①当有三个或更多连接部分时，使用关联连词是不可接受的，如例（42）和例（43）；②关联连词必须引导功能和地位都相等的成分，即并列结构的连接部分必须是等同的，如例（44）；③第一个关联词 both、either 等只能在短语的开头出现。

（42）?We are both willing, able, and ready to carry out the survey.（我们都愿意，也有能力，并且准备开展调查。）

（43）?Either the Minister, or the Under-secretary,or the Permanent Secretary will attend the meeting.（部长或副秘书长或常务秘书将会出席会议。）

（44）Either [Jane is stupid], or [she pretends that she is].（要么简很蠢，要么她是假装很蠢。）

（三）分句成分的并列

1. 分句成分并列的类型

并列结构的连接部分在许多情况下是小于分句的单位，在有些情况下则必须是小于分句的单位。分句成分并列的类型有 3 种：①简单并列（simple coordination），比较常见，可用 and/or/but 连接单个分句或分句成分，简单并列的连接成分可以是任何一种成分，诸如谓语、谓体、短语或单词。但简单并列的每个结构的连接部分彼此之间在含义、功能以及形式上都是一致的。②复杂并列（complex coordination），则是一种不太简单、不太常用的并列类型，指并列部分不是单纯一种单位而是几种单位结合的并列结构。例如在分句中，不仅可以有宾语的并列或补语的并列，而且也可以有一个宾语和补语结合与另一个宾语和补语结合的并列。③追加并列（appended coordination），是一种结构松散的并列，其中第二个连接部分追加于第一个连接部分所在的分句，这种并列具有非正式口语的特点。

省略对于理解并列，特别是它的语义和语体是十分重要的。省略可看作是句子之间的一种系统对应关系。对分句作解释可以从省略的角度，也可以从分句成分并列的角度，这两种方法是互为补充的，一个强调句子结构，另一个强调句子之间的关系。利用省略来考虑简单并列的分句成分也有两种方法。一方面是把一个结构作为分句并列的省略形式来考虑，指出哪些是省略成分；另一方面则是根据那些完整无缺连接部分本身来考虑这个结构。这两种不同的方法反映了不同的分析原则。当然也不是所有的并列现象都可以用省略来分析，省略有时也会受到一定限制。

2. 简单并列的类型

简单并列包括分句的并列、谓语的并列和谓体的并列。①分句的并列。并列结构的成分在结构和含义上常常是相互对应的。因此并列的从属分句常常既属于同一种功能类型，又属于同一种语义范畴，或者常常合用一个从属连词。从属分句和非限定从属分句都可以并列，如例（45）是从属分句的并列，例（46）是非限定从属分句的并列。但是如果不同类型的非限定分句并列，或者限定从属分句和非限定分句并列，即使两个分句在语义上有紧密的联系，也很少能成立，如例（47）是把一个名词性不定式成分和一个“-ing”分句相并列，整个句子是不成立的。②谓语的并列。要使两个谓语并列，第一个谓语的主语和第二个谓语的主语必须有互指关系。在十分常见的谓语并列中，并列的谓语可以看作是合用同一个主语，如例（48）。③谓体的并列也是十分常见的，而且含有省略现象，如例（49）。

（45）I didn't know *who she are*, or *what she wanted*.（我不知道她是谁，也不知道她想要什么。）

（46）I've asked him *to come this evening*, or（*to*）*phone us tomorrow*.（我让他今晚过来，或者是明天给我打电话。）

（47）*George likes *going to the races* and *to bet on the horses*.（乔治喜欢比赛和赌马。）

（48）Peter *ate the fruit* and *drank the beer*.（彼得吃了水果，也喝了啤酒。）

（49）Most people will have *read the book* or *seen the film*.（大多数人会看书或看电影。）

名词短语的并列就是在名词短语出现的所有位置上（例如用作主语、宾语、补语），也有可能把两个或更多的名词短语连接起来，构成一个并列连接名词短语。这种并列一般用 and/or 连接，but 用作名词短语并列连词时受到一定限制。名词短语可以实现多项并列。而当 and 连接的短语在分句中发挥作用时，它们可以表达结合（combinatory）或分离（segretory）的含义。结合并列不适宜改写为并列分句，分离性短语并列则可以用分句并列来改写。正是基于这一点，名词短语中各部分的并列，包括并列的名词中心词、前置修饰语和后置修饰语在实际运用的过程中可能产生一些歧义。此外，还有限定词、数词、所有格、物主代词、所有格和物主代词以及名词短语中的其他省略并列这些情况存在。需要注意的是，一个特定的名词短语是单数还是复数的问题，主要看它是指某一类词语所指的实际存在的对象中的一个还是一个以上的成分。例如当两个名词短语用 and 连接时，即使它们都是单数，也构成一个复数的并列短语。除了名词之外，其他构成成分也可以构成并列，包括动词的并列和动词短语的并列、形容词的并列和形容词短语的并列、副词的并列和副词短语的并列、介词的并列和介词短语的并列、状语的混合并列、从属连词的并列、疑问词的并列和关系代词的并列。

并列总是受到其他各种限制。单词的构成成分，包括一些派生前缀和某些复合词的构成成分也能够并列，但是在并列中会受到一些限制。单词并列和短语并列中连接部分的语序受到节奏、语义和语音等因素的影响，常常是较长的单词列在第二个位置。虽然并列常常会受到诸多限制，但也有一些特殊的“不相称的”并列。如并列结构例（50）用语义方面不对称来表达一种幽默或修辞的效果，例（51）在语法方面不对称，例（52）在词汇方面不对称。

（50）Shemade up *her mind* and then *her face*.（她装点了自己的思想，其次是装扮自己的外表。）

（51）We have washed, dried, and put the dishes away.（我们把碗给洗完并沥干了后，把它们放好了。）

（52）He was *ashamed and alarmed at* the vengeful attitude of the War Cabinet.（他很羞愧，对这种对战争的复仇态度感到很羞愧。）

并列还有一些习惯用法和形象化用法。假拟并列（pseudo-coordination）就是指有一小类动词或谓体在 and 前面出现时，具有与链接结构相似的功能，如 try and come/nice and warm。并列的强化用法是说有些情况下，一个单词或一个短语可以重复出现自行并列以达到程度逐步增强的效果，如例（53）。此外，名词、作定语的形容词和程度强化语也可以重复出现，用来达到特殊的表达效果。

（53）She felt *more and more* angry.（她越来越生气。）

三、从　　属

第 14、15 章集中讲述了从属的相关问题。

（一）从属分句

复合句包含的两个分句是从属分句和领句（superordinate clauses），从属分句是领句的组成成分，领句因而也就是主要分句。一个分句可以构成不止一种关系，既可以从属于某个分句，又可以是另一个分句的领句。母句（matrik clause）指的是不包括从属分句的领句。从属分句与领句和母句的关系如下图 1 所示。

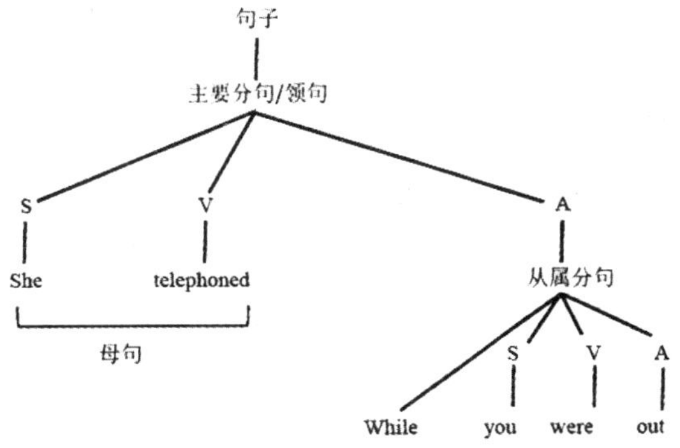

图 1　从属分句与领句和母句的关系

作者认为从属分句有限定性分句、非限定性分句和无动词分句这三种主要的结构类型：限定性分句（finite clause）如例（54），指的是含限定性动词成分的分句；非限定性分句（nonfinite clause）如例（55），指含非限定性动词成分的分句；无动词分句（verbless clause）如例（56），就是不含动词成分，但仍然可分析为分句成分的分句。

（54）I can’t go out with you *because I am studying this evening.*（我不能和你出去，因为今天晚上我要学习。）

（55）*Knowing my temper,* I didn’t reply.（了解我自己的脾气，我并没有回复。）

（56）*Although always helpful,* he was not much liked.（虽然总会有帮助，但他并不喜欢。）

（二）从属分句的形式标记

从属一般通过从属分句中的某个标记来表示。从属连词（subordinators）是从属的最重要的形式手段，对于限定性分句来说尤为如此。引导限定性分句的从属连词可分为三种：

简单从属连词如 after/although/as/because/before 等，复合从属连词如 but that/in that/assuming/considering/except/according as/as if 等，关联从属连词细分为 5 组，如 as…so/as…as/the…the/whether…or/although…yet 等。非限定性分句和无动词分句因为没有限定性动词作分句的动词成分而具有从属的性质，但它们有时由从属连词引导来表示分句是状语。不带 to 的不定式分句只能与两个同义的从属连词连用，即 rather than 和 sooner than，母句表示主语所喜欢的事。"to-" 不定式分句的从属连词可由好几个从属连词引导，如 as if/as though/for/in order/so as 等。"-ed" 分句和无动词分句的从属连词可由限定性分句的某些从属连词来充当。除了从属连词 where/ wherever/as[方式]/as soon as 以外，凡是用于 "-ed" 分词分句的从属连词都可引导 "-ing" 分句。此外，还有一些临界从属连词。除了从属连词，还有一些其他的从属标记，如放在句首的 "wh-" 成分、关系代词 that、主语功能词的倒装形式等。值得注意的是，当从属分句的动词短语使分句不能成为独立句子时，这种规定关系也是一种从属标记。

（三）从句的句法和语义功能

从句的句法功能表现在从句可以在领句中作主语、宾语、补语或状语，此外，从句还可在名词短语中的后置修饰语、介词补足语和形容词补足语等成分内起作用。从句的功能可分为名词（nominal）分句，状语（adverbial）分句，关系（relative）分句和比较（comparative）分句 4 类。

1. 名词分句

名词分句的功能类似于名词短语的功能，充当主语、宾语、补语、同位语和介词补足语。具体可分为 6 类：①"that-" 分句可充当主语、直接宾语、主语补语、同位语和形容词补足语，不能充当宾语补语或者介词补足语。②"wh-" 疑问分句具有名词性 "that-" 分句的所有功能，而且还有介词补足语功能；yes-no 和选择疑问分句和从属 "wh-" 疑问分句的功能完全相同，而且可以包括不定式分句。③感叹分句一般充任外置主语、直接宾语或介词补足语。④名词性关系分句和 "wh-" 疑问分句相似，除了起一般名词分句所能起的作用外，还可以起到间接宾语和宾语补语的作用。⑤"to-" 不定式分句可作主语、间接宾语、主语补语、同位语和形容词补足语。⑥"-ing" 分句可作主语、间接宾语、主语补语、同位语、形容词补足语和介词补足语。另外，不带 to 不定式分句的功能很有限，可以作主语补语或（罕见）在假拟分裂句中作主语。还有一类无动词分句则比较有争议，因为这类分句虽然表面上是名词短语，但在语义和结构上却具有分句的特征，如例（57）。

（57）*A friend in need is a friend indeed.*（患难见真情。）

2. 状语分句

状语分句的句法功能主要分为附加状语、下加状语、外加状语和联加状语 4 类。联加状语是所在分句的外缘成分，只有少数几个状语分句充当联加状语。名词性关系分句可作强化联加状语，如 What is more/What is most worrying ＋其他分句，有许多“to-”不定式分句作列举或总结性联加状语，如 to begin（with）/to cap it（all）/to conclude 等。下加状语不由分句充当，但观点下加状语例外。限定和非限定（分词）分句都可作观点下加状语，这些分句中的谓语动词是语义上有限制的词，如例（58）。因为附加状语指母句中情境的状况，外加状语则评注母句中所说内容的语体或形式（语体外加状语），或评述其内容（内容或态度）的外加状语，二者在语义上有不同，而句法上的差别主要是强调手段不同。有些语言学家提出限制性（restrictive）和非限制性（nonrestrictive）状语分句。限制性状语语义上把母句中的情境限制在该状语所描写的环境里，非限制性状语说的是另外一件事情，提供补充信息。

（58）*As far as the economy is concerned*, the next six mouths are critical.（就经济而言，接下来的六个月至关重要。）

状语分句的语义功能很丰富，大体有 13 种类型：

第一，时间分句，可由 after/as/before/once/since/till 等从属连词引导。时间状语的分句类型包括限定分句、“-ing”分句、“-ed”分句、“to-”不定式分句。时间分句的时间关系包括 3 种：用 until/till/before 表示母句中的时间在前，as/as long as/so long as/while 等引导的时间从句表示时间相同，after/as soonas/directly/immediately 等引导的时间从句表示母句的时间在后。

第二，条件分句，有些表示时间、地点或条件的从属连词，如 when/ whenever/where/ whereever 等，意义抽象后可用来表示某种条件，如例（59）。不带从属连词的非限定分句和无动词分句也可以表示条件，如例（60），带有“the-”分句的关联结构也带有条件义，如例（61）。条件分句还可以分为直接条件（direct condition）和间接条件（indirect condition），前者如例（62）表示母句中的情境以条件分句中的情境为直接条件，后者如例（63）则与母句中的条件毫不相关。直接条件可以是开放条件（open condition）也可以是假设条件（hypothtical condition），前者如例（64）中母句的真实性尚无定论，假设条件如例（65）中母句所述的判断可能是假的。条件分句的从属连词有 if/unless/as long as/so long as/assuming（that）/given（that）/ in case/in the event that 等，这些都可以用于限定分句，只有 if/unless 可以引导非限定性分句和无动词分句。另外，条件、让步和对照分句在语义功能上有一些交叠，从属连词用法上也有一些交错重叠，如 if 可以引导这三类分句，whereas 既可以引导对照分句又可以引导让步分句。

（59）*When（ever）there's smoke*, there's fire.（有烟处即有火。）

（60）The sentence is ambiguous, *taken out of context*.（这个句子是含混的，要结合下文（理解）。）

（61）*The harder he worked*, the happier he felt.（事情越困难，他就越高兴。）

（62）*If you put the baby down*, she'll scream.（如果你把宝宝放下，她就会叫。）

（63）She's far too considerate, *if i may say so*.（如果我可以这么说的话，她太体贴了。）

（64）*If Colin is in London*, he is undoubtedly staying at the Hilton.（如果科林在伦敦，他一定会住在希尔顿酒店。）

（65）*If he changed his opinions*, he'd be a more likeable person.（如果他改变了意见，就会更讨人喜欢。）

第三，地点分句，主要由 where/wherever 引导。

第四，让步分句，主要由 although/though/if/even if/when/whereas 等引导，除了 when/whereas 外的其他让步从属连词可以引导"-ing"，"-ed"和无动词分句。让步关系如例（66）表示母句中的情境与让步分句中的情形产生的预期情境相反，常常也隐含两种情境之间的对比。条件和让步有一些交叠关系，表现为选择条件—让步分句（alternative conditonal-concessive）和一般条件—让步分句（universal conditional-concessive）。

（66）No goals were scored, *although it was an exciting game*.（虽然这是一场让人激动万分的比赛，但是没有进球得分。）

第五，对照分句，由 whereas/while/whilst 等引导让步分句的从属连词引导。

第六，例外分句，由 but that/except（that）/excepting（that）/save that 等引导。

第七，原因（reason）分句，分为直接原因（direct reason）和间接原因（indirect reason）关系，直接原因语义关系有：①原因与效果关系，如例（67）表示人们认识到现实世界的一种固有客观联系；②前因与后果，如例（68）表示说话人对一种联系的推论；③动机与效果，如例（69）表示有效果的有生物的意图；④状况与后果，如例（70）表示从属分句中的前提和母句中的结论之间的一种关系。间接原因与母句中的情境无关而表示该话语言语行为的一个含蓄的动机，如例（71）中隐含着含蓄的动机。引导原因分句的有 because/since/as/for/in case 等。

（67）He's thin *because he doesn't fat enough*.（他很瘦，因为没有足够的脂肪。）

（68）*Since she is my friend*, she must have put in a good word for me.（因为她是我朋友，所以她肯定对我说好话。）

（69）You'll help me *because you're my friend*.（你会帮助我的，因为你是我的朋友。）

（70）*Seeing that it is only three*, we should be able to finish this before we leave today.（因为看到只有三个，所以我们应该能够在今天离开之前完成。）

（71）Percy is in Washington, *for he phoned me from there*.（珀西在华盛顿，因为他从那给我打电话了。）

[Since he phoned me from there, I can tell you that Percy is in Washington.]（因

为珀西给我打电话了，所以我可以告诉你他在华盛顿。）

第八，目的分句，常常用不定式分句而不用限定分句表示，常见的引导目的分句的有 in order to/so as to/so that/so 等。

第九，结果分句，由从属连词 so that/so 引导。结果分句和目的分句有所交错重叠，其主要语义区别在于结果分句是事实而非推定，两者均表示结果，但在结果分句中结果已经取得，而在目的分句中结果尚未取得，还是一种希望或谋求的结果。因此，结果限定分句不需要有一个情态助动词，如例（72）中 a 是结果分句，b 是目的分句带有情态助动词。

（72）a. We paid him immediately, so（that）he left contented.（我们立即给他结账了，所以他满意地离开了。）

b. We paid him immediately, so（that）he would leave contented.（我们立即给他结账了，所以他满意地离开了。）

第十，相似分句和比较分句均是谓体附加状语，前者常用 as/like 引导，后者由 as if/as though/like 等引导。

第十一，比例分句涉及一种比较，表示两种情境在倾向或程度上的比例或均等。常用 as 或用前置关联词“the ＋比较级……the ＋比较级”作形式标记。

第十二，优选分句主要用从属连词 rather than/sooner than 引导。

第十三，评述分句是插入性外加状语，如例（73）表示讲话人对母句内容的评述。

（73）There were no other applicants, I believe, for that job.（我相信没有其他申请人申请这个。）

3. 关系分句

句子关系分句（sentential relative clauses）不同于修饰名词的关系分句，后者的先行词是名词短语，而句子关系分句的先行词则是前面一个分句的谓部或谓体或者是前面的整个分句或句子，甚至是前面一系列的句子。句子关系分句与名词短语中的非限制性后置修饰分句相似，因为它们也用语调或标点符号与其先行词分隔开来。一般用关系词 which 引导。非限定分句和无动词分句里没有主语时，用以识别主语的依附规则（attachment rule）是一般认为领句的主语就是其主语，如例（74）。如果省略的分句主语并不与母句的主语一致而且在句中也许根本没有出现，那么这就被认为是一个语言失误，如例（75），这类有语言失误的分句称为无依附（unattached）分句。增补分句（supplementive clauses）就是不带从属连词的状语分词分句和状语无动词分句，虽然它并没有标明具体的逻辑关系，但是这种关系从上下文看一般是清楚的，如例（76），也就是说增补分句表示母句中所描述情境的一种伴随状况，对读者和听话人来说，这种伴随状况的实质得从语境中推得。无主语增补分句即那些没有自己明显主语的增补分句，例如（77），其形式上的特点首先表现为它们是分词分句或无动词分句，其次它们在领句中最典型的位置是在句首、句末和紧接在其先行词（即在领句中与它们所隐含的主语相一致的那个名词短语）之后。句末增比较分句在语调上无需与母句分开。

（74）The oranges, *when*（*they are*）*ripe*, are picked and sorted mechanically.（橘子熟了后就会进行机械化挑选和分类。）

（75）?*Driving to Chicago that night*, a sudden thought struck me.（那天晚上开车到芝加哥的时候，我突然就想起来了。）

（76）*Using a sharp axe*, Gilbert fought his way into the building.（吉尔伯特用一把锋利的斧头把大楼给砸了。）

（77）*Discovered almost by accident*, this substance has revolutionized medicine.（意外发现的这种物质带来了医学上的革命。）

4. 比较分句

比较结构中，母分句中的陈述就某个比较标准（standard of comparison）与从属分句中的陈述进行比较。广义的比较分为 3 种：等量（equivalence）比较，常用 as…as 表示；足量（sufficiency）比较，常用 enough 表示；超量（excess）比较，常用 too 表示。狭义的比较指的是非等量比较（comparisons of nonequivalence），即由母句中 more/less 或别的比较形式和从属分句中的 than 组成的关联词组所表达的可度量程度的比较。比较成分（comparative element）指的是母句中具体表示比较标准的那个分句成分，如例（78）中的 healthy。比较成分可以是动词外的任何成分，可以充当主语、直接宾语、间接宾语、主语补语、宾语补语、状语和介词补足语。比较分句中重复母句的部分可以省略，而如果是正常的最大限度的省略，比较分句中通常只留主语或宾语，残留下来的名词短语是主语还是宾语可能不太明确，例如（79）有两种理解，一种是 …than his children love his dog，一种是 …than he love his children，这就是因省略造成的歧义。关于比较分句的句法功能，传统分析方法认为比较成分本身是一个分句成分而比较分句是一个状语，另一种分析法则把比较分句连同前面的比较项看作是一个程度修饰语而不是认为它们是某种分句成分。作者提出由于严格意义上可以把这些分句看作目的或结果状语分句，所以在足量比较和超量比较中把比较分句分析为状语更为恰当。

（78）Jane is *as* healthy *as* her sister.（简和她妹妹一样健康。）

（79）He loves his dog more than his children.（他爱他的狗超过爱他的孩子。）

四、从信息构成看合成句

第 18 章对主位、信息中心和信息处理进行了详尽的说明。

从信息构成的观点来观察句子的结构即要把材料分割成若干有效的韵律单元，并且把各部分进行安排，以求取得期望的效果。这意味着要研究用何种手段使听者或读者正确无误地辨认出话语中的重点信息，并提供足够的补充资料以保证信息的完整性。语调单元（tone unit）即包含一个语调核心的一段言语，而且大多情况下一个语调单元就是一个信息单元。每个句子至少有一个语调 / 信息单元，这种单元通常与语法单元共同扩张。句子中的语调单位常与语法单位相对应，如例（80）中位于句首的可有可无的附加状语，例（81）中位于句首或句尾（尤其是多音节词的）的外加状语或联加状语，例（82）中联合句中的并列分句。

（80）After my ÍLLness I went to FRÀNCE.（生病之后我就去了法国。）

（81）a. FRĂNKly it has been disGRÀNCE.（坦白地说，它已经被忽略了。）

b. MoreŎVer the chairman may not be WÌLLing.（更多主席可能并不愿意。）

（82）She won the RÁCE and he was deLÌGHTed.（她赢了比赛，他感到很高兴。）

（一）新信息、信息中心与合成句

前文提过并列和主从的语义差别之一即从属分句所含的信息处于领句信息的陪衬地位，例如某些状语分句所表示的信息为已知信息而非作为新信息，而已知信息和新信息则把最少的和最多的传达动力（communicative dynamism）① 隔离开来，如例（83）中 seafood 这一词项居于两极之间，但对于知道 Joan 忌食海味的听者，seafood 就接近已知信息一极，而对于知道 Joan 患消化不良症的听者，seafood 可能更接近新信息一极。

与已知信息和新信息一样，主位（theme）② 和与之对比的信息中心之间也存在着一对一的关系。信息中心明显是一句话中关系最重要的部分，主位的重要性则处于第二位。在分句结构中，起首位置对于主位的呈现很重要，例（84）中前两例是陈述句中状语置于主位，第三句则是命令句中的状语放在这个位置，例（85）是连词放在这个位置凸显主位的重要性。

另外需要明确的是，已知信息和新信息是从语境角度确定的，是超语言的，而主位和信息中心则是分别根据各自的位置和韵律，从语言的角度得出的概念。信息中心和新信息有紧密的联系，信息中心表明新信息所在之处，而语调核心又转过来标明信息中心，并出现在最后一个适当的音节上，如例（86）的句尾状语 to the RÀCes 是新信息。

（83）Joan finds seafood indigestible.（琼发现海鲜很难消化。）

（84）a. *Yet* she studied the instructions.［最终她（还是）学习了该指示。］

b. *Usually* she studies the instructions.［通常她（会）学习该指示。］

c. *Please* study the instructions.（请学习该指示。）

---

① 信息的传达动力指的是一个句子各部分信息价值的大小。见夸克等（1989：1872）。

② 主位是从信息观点来考虑时给任何句子的起首部分所取的名称。见夸克等（1989：1878）。

（85）...*although* she studied the instructions.（……虽然她学习了该指令。）

（86）—Where are we going today?（今天你去哪儿？）

—We're going *to the RÀCes*.（我们要去比赛。）

（二）合成句信息构成中的语法手段

关于促成信息构成的语法手段，作者在书中主要提到了提前、倒装、分裂、移后和外位5种，此外还有宾语和转述、比较句中的关联词项、名词短语的隔离等语法手段。

1. 提　前

提前指的是把一个词项从它通常的位置移到句首位置以得到特示主位（marked focus）①。提前的原因可能是为了在主位上重复语境上的已知信息。提前的词项，像提前的后进先出的wh-成分有时是从句的一个成分，如例（87）中整个斜体部分是非限定性分句的宾语，这一非限定性分句本身是主句内不定式分句中的一个介词宾语。有时提前的只是分句成分中的一部分，而不是整体。例如（88）中主语补语的后置修饰语的介词短语充当主位。另外，在某些讲究辞藻以求达到强烈效果的语言中，如新闻语体中，可以找到一类更为显著的提前——常常用于强调分句中的两部分之间或相邻分句中两个互有关联但形成对立的部分之间的平行关系，提前的部分可以在韵律上标作特示主语或特示中心，它们在语法上可以是直接宾语或介词补足语、主语补语或宾语补语、谓体或谓体附加状语，例（89）就是谓体附加状语。

（87）*Everything-or nearly everything-that the Labour movement exists to stop the Tories from doing* Labour will be asked to support the Cabinet in doing.（现在工党试图阻止保守党所做的一切——或者差不多一切，人们很快就将要求保守党派支持内阁去了。）

（88）*Of all the early examples of science fiction*, the fantastic stories of Jules Verne are the most remarkable.（所有早期的科幻小说中，儒勒·凡尔纳的科幻故事是最引人注目的。）

（89）*Defiantly* they have spoken but *submissively* they will accept my terms.（尽管他们嘴巴很硬，但是最后他们一定会乖乖接受我的条款。）

2. 倒　装

语序的倒装（inversion）分为两类，一类是主语和动词的颠倒，一类是主语和功能词的颠倒。主语和动词的倒装如SVC和SVA类型的分句，这些分句大部分有必不可缺的第三成分，所以在信息处理需要把有关的第三成分提前时，为了避免不自然或者歧义现象会造成把主语置于句

① 特示主位即需要特别强调的信息中心。见夸克等（1989：1883-1885）。

末的倒装，把末端信息中心放在主语上，如例（90）c。常见的主语和功能词的倒装有四种情况：①位于句首的 so 或相应的否定形式 neither 或 nor 的省略分句，如例（91）；②如果具有否定形式或含义的短语提前，就使用主语和功能词的倒装，如例（92）；③在比较分句中，如果主语不是人称代词也可以有主语和功能词的倒装，如例（93）；④在条件和让步分句中，尤其在相当正式的用法中主语和功能词可以倒装，如例（94）。

（90）a. Her oval face was especially remarkable.（她的鹅蛋脸特别吸引人。）

b. ?Especially remarkable her oval face was.（特别吸引人的是她的鹅蛋脸。）

c. Especially remarkable was her oval face.（特别吸引人的是她的鹅蛋脸。）

（91）John saw the accident and so did Mary.（约翰看到了这起事故，玛丽也看到了。）[比较 ...and Mary did（so）, too.]

（92）Least of all is it in our interest to open negotiations now.（最重要的是，现在实行开放性谈判符合我们的利益。）

（93）Oil costs less than would atomic energy.（石油成本低于原子能成本。）

（94）Were she alive today, she would grieve at the changes.（如果她现在还活着的话，她会对这些变迁感到悲伤。）

3. 分　裂

有时单纯把一个词项提前还显得不够突出，因此习惯上使用分裂句结构，即把句子分成两个分句，每个分句有自己的动词来突出信息中心，如例（95）b 就是由例（95）a 分裂而来的。分裂句表明分裂的信息中心，而这两个有信息中心的词项中哪一个处于支配地位（即新信息）要根据语境而定。分裂句的手段很灵活，主语、直接宾语、附加状语等许多不同的部分都能方便地加以突出，如例（96）是时间附加状语作信息中心，例（97）是地点附加状语作信息中心。分裂句结构可以用于从属分句，如例（98）。分裂句中的第二个分句在结构上与一个限制性关系分句相似，但也有很大的差别。一方面用于关系分句的代词（who, that，“零”代词）也用来引导分裂句。把代词提前到句首也会使人联想到这是关系分句；另一方面和在关系分句中一样，代词可以从介词短语内某个位置提前到句首，或从作宾语的名词分句中的某个后进先出的位置上提到句首，如例（99）。

（95）a. *His callousness* I shall ignore.（我会忽视他的冷酷无情。）

b. It is his callousness that I shall ignore.（我会忽视他的冷酷无情。）

（96）It was last NÌGHT（that）John wore a white suit at the DÁNCE.（约翰是在昨天晚上的舞会上穿了一件白色西装。）

（97）It was at the DÀNCE（that）John wore a white SÚIT last night.（约翰是在昨天晚上的舞会上穿了一件白色西装。）

（98）He told me that it was *because he was ill* that they decided to return.（他告诉我是因为他病了，（所以）决定要回来。）

（99）*It's the girl* that I was complaining about.（我在抱怨的正是这个女孩。）[意即 not the boy]

4. 移　　后

分裂句中有类特殊的假拟分裂句能把说话内容中的已知信息和新信息两部分区分清楚。假拟分裂句实质上是一种 SVC 句子，句中包含名词性关系分句作主语或补语。假拟分裂句主要用来把信息中心移后到句末的位置，如例（100）就是用假拟分裂句把信息中心放在名词短语上。值得注意的是，对于及物分句，被动语态把主事主语变成被动结构中的施事，使主事主语后移。如果主事需要末端信息中心，就颠倒主事成分和受事成分的主动语态顺序，如例（101）轻易地把主动语态转换成被动语态后避免了使用限定性分句作主语。另外在 SVOC 和 SVOA 分句类型中，如果宾语是一个很长的复合短语，可以放在最末的位置，使之成为末端信息中心和末端重量的部分。

（100）The device was tested by the manufacturers.（该设备由制造商进行测试。）

（101）a. *That he was prepared to go to such lengths* astounded me.（他准备去这么长时间，让我感到很吃惊。）

b. I was astounded *that he was prepared to go to such lengths*.（我很惊讶，他准备去这么长时间。）

5. 外　　位

外位（extraposition）指的是一个成分移后之后，用一个代替的词项来接替它。外位几乎只对从属名词分句起作用。最重要的外位类型是分句式主语（即用一个限定性分句或非限定性分句充当主语）的外位，如例（102）。主语移到句尾，正常的主语位置由先行代词来填补。分句式主语移后的位置比在动词之前的通常位置更为常见。除了分句式主语的外位，“-ing”分句的外位在非正式说话范围比较常见，如例（103）。但“-ing”分句常常表现出自身不能完全胜任外位结构，这主要因为它不能承受主要的信息中心，如例（103）b 比例（103）a 常见得多。分句式宾语的外位是当 SVOC 和 SVOA 型分句中的宾语是一个“-ing”分句时，它可以置于外位，如例（104）；当宾语是一个“to-”不定式分句或“that-”分句时，它必须置于外位，如例（105）。还有一种特殊情况是当外位分句属于 SVC 型并包括一个宾语或介词补足语时，有关的名词短语有时可以提前到句首而成为代替 it 的主位，例如（106）：

（102）It surprised me to hear him say that.（听到他这么说，我感到很惊讶。）

（103）a. It's fun being a HÒSTess.（女主人很有趣。）

b. It's FÙN being a HÓSTess.（女主人很有趣。）

（104）a. You must find *it* exciting *working here*.（你必须找到在这里工作的乐趣。）

b. You must find *working here* exciting.（你必须找到在这里工作的乐趣。）

（105）a. I owe it to you *that the jury acquitted me*.（陪审团能宣布无罪都归功于你。）

b. *I owe *that the jury acquitted me* to you.（陪审团能宣布无罪都归功于你。）

（106）a. To teach Elizabeth is a pleasure.（很乐意来教伊丽莎白。）

b. It is a pleasure to teach Elizabeth.（很乐意来教伊丽莎白。）

c. Elizabeth is a pleasure to teach.（伊丽莎白很乐意教（她）。）

（三）信息构成中的存在句与合成句

从主位和信息中心的角度组织句子时，句子以已知信息开始，随后再提供新信息。但是在许多情况下，如果期望听话者把主位理解为全新的信息且与以前介绍的任何事物没有关系，常常需要供某种假位主位，使说话者能表明整个分句（包括主语）的新信息地位，就构成了存在句。存在句的作用是引起听话者注意整个陈述部分的存在，如例（107）的陈述部分。

存在句有一种很重要的类型，是由 there ＋ be ＋名词短语＋关系分句构成的，并且在修辞理据方面与分裂句相似，例如（108）b。含有关系分句的存在结构用作强调一个否定成分的手段，如例（109）。除此之外还有一些存在句与合成句有关，如例（110）是含有首位空间附加状语的存在句，例（111）是含有关系分句和非限定性分句的“have-”存在句 .

（107）A car is blocking my WÀY.（一辆车挡住了我的路。）

（108）a. Something keeps upsetting him.（有些事情让人不安。）

b. There's something（that）keeps upsetting him.（有些事情不断地打扰他。）

（109）There's *nothing* I can do about it.（没有什么是我可以做的。）[比较 … nothing *that/which* I can do]

（110）In the room（there）had staggered a total stranger.（房间里有个陌生人步履蹒跚。）

（111）There is a great deal for him to be thankful for.（他感到非常高兴。）

五、从篇章看合成句

第 19 章对从句子到篇章及篇章分析进行了详尽的说明。

这部分把篇章作为出发点进而研究构成篇章的语言。从篇章意义和篇章构造这两方面来讨论前面的语法程式的作用，也照顾到篇章结构的词汇特点和其他特点，在考虑语法作用的同时也考虑到语法以外的其他因素。这里提到的篇章这个术语不同于句子，它不是语法单位而是语义单位，也可以说是语用单位。

（一）篇章的连贯性

篇章作为一段话，它在实际运用中具有恰当的连贯性。语法对篇章所起的连接可能是显性的，也可能是隐性的。篇章具有的这种连贯性可以是无连词连接，也可以是有连词连接、主位连接或述位连接。

无连词连接是一种隐性连接，任何相邻的两个句子都可以看成是互相联系的纯粹的意合法构成的并列结构，例如（112）即使并列部分之间没有共同的语法或词汇特征，也表示一种连接关系。例如（113）这两句在语法上属于无连词连接，相互之间没有什么关联，但它们作为一篇章的一部分又是相互联系的。无连词连接的第一种情况是结构上的平行关系，这种平行关系往往是由词汇来证实的。有时语序不正常就会强烈表明了句子之间的联系，比如某一成分的前移具有指出句子之间对比的作用，例（114）中的空间附加状语处于句首而不是通常的句末位置就体现了语义上的对比。有时两个结构明显相似也能暗示句子之间存在平行关系，例如（115）；另一种是序列连接，并列关系作为一种纯粹的连接，也可能是连接的序列，例如（116）作为现实生活中发生的两件事在时间上是互相衔接的。有连词连接就是使用一个明显的连接词表示序列恰当和篇章连接紧密的方法，如例（117）就是使用并列连词 and 来表示篇章连贯性的。主位连接就是以一个主位单位开头，因而整个篇章就具有一种有节奏的韵律模式，例（118）就是按照顺序从已知信息进展到新信息。述位连接如例（119）的篇章联系就是通过句法结构（指 On Tuesday 和 On Friday 两个附加状语）的形式和意义（两个附加状语都表示时间 when）这两方面建立起来的。

（112）Go and visit your father; it's New Year's Day.（去拜访一下你的父亲吧，这可是元旦。）

（113）Roger's finished the thesis! Caroline arrived from New York last week.（罗杰完成了论文，卡罗琳上周从纽约回来了。）

（114）*In New York* it is hot and humid during the summer. *In Los Angeles* it is hot and dry.（纽约的夏天是炎热而潮湿的。洛杉矶的夏天则是炎热而干燥的。）

（115）*My paintings* the visitors admired. *My sculptures* irritated them.（我的画作令观众感到佩服。我的雕塑却激怒了他们。）

（116）The policeman held up his hand. The car stopped.（警察举起他的手后，车就停了。）

（117）Roger's finished the thesis and Caroline arrived from New York last week.（罗

杰完成了论文后，卡罗琳上周从纽约回来了。）

（118）*Mary* invited me to her birthday party. *It* was held in a west end hotel *where I met her* parents. The *father* is a retired dentist.（玛丽邀请我参加她的生日派对，在西区的一家酒店举行了会议。父亲是一名退休的牙医。）

（119）Caroline arrived *on Tuesday* and Roger finished the thesis *on Friday*.（卡罗琳星期二到了，罗杰星期五完成了论文。）

篇章固有的连贯性决定了其内部必然存在若干不断重复出现的关系，常见的篇章基本关系结构包括3类：①一般与特殊，如例（120）是从一般到特殊，这是篇章常用的方法，例（121）是从特殊到一般；②递进，在通过作指示，讲故事，进行辩论时说话人常常着意表现出在篇章的各个部分之间的时间关系和推论关系，例如（122）；③相容性，篇章各部分之间的相容性决定了对篇章能否作出解释，这种关系可能是例(123)的匹配(matching)关系，也可能是例(124)的对比关系。

（120）Working in wood calls for great manual skill.（做木工需要很好的手工技巧。）

（121）The ordinary household saw is not easy to use. In fact, any sort of woodwork calls for great manual skill.（普通的家用锯都是不容易使用的。事实上任何一种木制品都需要很好的手工技巧。）

（122）This must be the way. I remember that house on the corner.（一定是这样的。我记得那个房子在拐角处。）

（123）The ordinary saw is not easy to use; a plane demands years of practice.（普通锯子不好用；飞机需要多年的练习。）

（124）The ordinary hand drill is not easy to use; this electric type is something any novice can handle.（普通的手钻是不容易使用的，这种电气类型是任何新手可以处理的东西。）

（二）篇章连接手段

篇章各部分之间的联系是由语用上和语义上的意涵、词汇联系、韵律与标点符号和语法手段这四类连接特征建立的。

1. 语用和语义上的意涵

语用和语义上的意涵比较隐性，需要结合前后语境理解。例如（125）的两句之间的联系一方面依赖于一条常规，即一个疑问句暗示着说话人想把对方的注意力吸引到一件特别有趣的事物上来，另一方面是接在疑问句后面的陈述句，很可能是说话者对他在报纸上看到的一条消息的总结。

（125）Have you seen the paper? There's been a plane crash.（你看过这篇文章吗？有一架飞机坠毁了。）

2. 词汇联系

词汇联系可以通过 3 种形式呈现：①共有的知识和语法，词汇联系有时在形式上呈显性，如理解例（126）不仅要求熟悉隐性连接的单词和引喻，更需要有语义与语用方面的知识。②词汇再现，由于词项极易显得过分地突出，所以一般避免以原来形式的再现来构成词汇联结。如例（127）中第二个说话者所说的话具有讥讽意味，使我们注意到有一个词频率很高。③用一般的上位词来表示，许多词项用作上位词时类似代词和其他替代词，这些词因而也获得一种准语法功能，例如（128）：

（126）Steve and Deborah are both doctors. She is a surgeon.（史蒂夫和德博拉都是医生。她是外科医生。）

（127）—There was a delightful party at my office for the boss's fiftieth birthday. What I found particularly delightful were the speeches. They were delightfully witty.（我办公室里有一个令人开心的聚会，这个聚会是为了庆祝老板的五十岁生日。最令人愉快的是（大家的）发言。他们都很聪明。）

—It all sounds a bit too *delightful* for my taste.（就我的口味而言，这听起来太糟糕了。）

（128）The mayor's procession is very colourful and attracts many tourists and other spectators. The *event* always *occurs* on a Saturday.（市长的游行非常丰富，吸引了许多游客和其他的一些观众。活动总是在星期六举办。）

3. 韵律与标点符号

韵律，对于篇章连贯性而言，是一个至关重要的因素，一方面因为重音、节奏、语调这类韵律特征和信息处理有关，另一方面因为篇章各部分之间的联结反映了信息的组合。韵律在篇章连贯上所起的作用表现为 4 个方面：①词汇独立于韵律，韵律变体在某种程度上并不受所用的具体词汇的支配，实际上不需要使用真正的词，可以用升降调或语速等来表达某种意图。②标点符号，标点符号一般可视为一种供我们使用、用语音表达的整个韵律特征的代用符号，是一种相当欠缺的代用符号，因此在篇章研究中比在整个语言学的研究中更为重要。③段落，一个段落一方面具有较强的内部连贯性，另一方面又和前后相邻篇章材料的联系较为松弛。④句子，如何把一个段落分成符合正字法的句子，取决于作者希望读者怎样看待他所写篇章的较小部分之间的相互关系。

4. 语法手段

常见的与篇章结构有关的语法手段有下面几类：

第一，地点和时间相关词。

篇章结构要求在地点和时间方面有明确的定位。空间内的位移或差别常常用表示具体位置的词项名词（如地名）来表示。有时地点相关词在篇章结构中发生作用时，常常会出现省略，如例（129）省略了 of the car。地点相关词通常由两部分组成，它们在表示位置时常常成为习惯用法。时间和空间一样，也有具体标明“区域”和“位置”的词项。这些词也是一种习惯的准语法的用法。除了用作分句结构的主语和宾语之外，它们还充当状语在篇章结构中适于表示连接和转折，例如（130）。时间参照点一经确立，某些时间形容词和时间副词便可以根据这个时间参照点安排以后的信息次序。

（129）He examined the car. The *front* was slightly dam.（他检查了这辆车。前面有一个小水坝。）

（130）I've been working on this problem *all year* and I must find a solution *before January* when I'm due to go abroad *for a month or so*.（一年来我一直在研究这个问题，一月份之前必须找到解决方案，因为那个时候我要出国一个月左右。）

第二，时、体和叙述结构。

所有的限定分句（以及许多非限定分句）都带有表明各自不同的时和体的标志，它们对篇章的粘着性和篇章的递进有很大的作用。篇章中包含的时间照应关系常常比较复杂，这不仅使得表达形式丰富多彩，也获得了各种不同的效果。另外值得一提的是，篇章中现在时和过去时有某些特殊用法，可以表示一般的状态现在时，永恒的无时间性的状态现在时，能随时与过去时一起使用的习惯性现在时和指过去的历史现在时。例如（131）就是常见于一般性陈述且能随时与过去时一起使用的习惯性现在时。

（131）I had forgotten that they *dine* very early and I arrived at an awkward moment for both them and me.（我已经忘记了他们饭吃得很早，我和他们两人碰到了一个很尴尬的时间。）

第三，限定词、代用式和省略。

篇章联结常常伴有缩略，联结部分常常是通过缩略来实现的。例如（132），两个部分的连贯性是因为所有的手段都用来表示 broke（out）和 put 这两个动词的主语指的是同一件事。语法上可以通过的用法，还必须注意到篇章结构上代用式可能涉及的限制。

（132）An argument over unilateral disarmament broke out between them. The argument finally put an end to their friendship.（他们之间发生了有关单边裁军的争执。

这种争论最终让他们的友谊走到了尽头。）

第四，话语照应。

在讲的话与已经讲过的话之间的一致性有许多标志来表明。话语照应作为一种具有特殊价值的指示手段，所指的不是具体的实体而是话语本身的构成成分和方面。可以根据它们所指的单位类型将其分为两类，一类是句子或分句照应信号，分句照应中用于前照应和后照应的有here/it/this，只用于前照应的有 that/foregoing，只用于后照应的有 as follows/the following/thus。另一类是名词短语照应信号，有些限定词可用来表示一个名词短语在照应关系上等于上文的一个名词短语。例如（133）中的作为强化语前置修饰一个形容词时具有前指功能。此外某些人称代词也有照应功能，如例（134）里的 we 有名词短语照应关系。

（133）There were two thousands people in the theatre. I didn't expect it to be *so* full.（剧院里有两千人，我没想到会这么多人。）

（134）Will you stay here while *we* go for a policeman?（我们去找警察的时候你会待在这里吗？）

第五，状语的篇章功能。

状语在篇章结构中具有双重职能，一种是向听者或读者解释篇章（例如支持某种态度），这种职能主要由下加状语和外加状语担任，另一种表示篇章中一部分与另一部分的恰当连结，由联加状语担任。状语可以作为篇章结构的指示词，篇章基本结构关系对状语指示词的依赖性非常大。用于表示从一般到个别关系的有 for example/thus/even/indeed，例如（135）。根据篇章的递进方式是空间位置、时间还是逻辑递进，状语既可帮助指明递进的方向，又可标明递进过程的各个相继阶段。例如（136）。此外，状语对于标明一个篇章的两部分是否匹配，也就是相容性，常常也很重要。

（135）Many of the audience became openly hostile, *for example/thus/even/indeed* my uncle wroten a letter to the management next day.（许多观众开始有了明显的敌意，例如/所以/甚至/我的叔叔第二天就给管理层写信了。）

（136）*First*, boil the rice in well-salted water; drain it immediately. *Next*, warm the lightly buttered base of a small pie dish. You may now put the rice in the dish. *Then* add the cheese,tomato and onion. The pie is *at last* ready to be put in the oven.［首先，将米饭煮好，放入盐水中，立即沥干。接下来把一个小馅饼的奶油底部加热。然后就可以把米饭放在盘子里。再然后加入奶酪，番茄和洋葱。最后准备（把它）放在烤箱里。］

第六，并列关系和主从关系。

并列关系和从属关系常结合起来使用。虽然从语法观点来看，这两种分句关系只能选用一种，而且并列关系是连属方式的一种更为常见的形式，但是在任何篇章（或几秒钟话语）中，都能找到这两种关系的并用。在篇章中灵活地使用这两种连属方式，一方面能使篇章的表达丰富多彩，另一方面还能使信息的传达有条有理。这种结合还能使我们在一个完整的句子中表达一种高度复杂的思想。并列关系和从属关系常常相互作用于篇章连贯，一方面从属关系对于语法结构（因而也是篇章结构）连结的紧密和语言的简洁（特别是通过使用非限定分句）发挥了很大的作用，另一方面并列关系也容许使用大量的省略来使语言简洁，例如（137）：

（137）a. I had been getting hungry *and* my wife Δ anxious.（我一直饿着，我的妻子很着急。）

b. *I had been getting hungry *because* Δ my wife anxious.（我一直饿着，因为我的妻子很着急。）

[Δ = had been getting]

第七，问句的作用。

当说话人急切地希望自己讲话和告诉听话人什么事情（而不想听对方讲话或让对方告诉自己什么事情）时，常常以疑问句开头进行谈话，如例（138）常用作礼貌性谈话开场白。使用疑问句一方面可以凸显信息中心，另一方面，说话者想以提出听话者心目中必然产生或他认为应该产生的疑问，来使他的叙述更加生动和更具戏剧性。不论是直接疑问句还是间接疑问句，在话语中都具有一种可以作为有礼貌的请求用语的重要作用。此外，反问句作为一种特殊的不必回答的问句，不仅可以用于劝说性正式发言的高雅散文中，也常用于非正式的讲话中来暗示答案应是不言自明的，例如（139）：

（138）Are you free for a minute or two?（你有一两分钟的空吗？）

（139）It's a glorious day, *isn't it*?（这是光荣的一天，不是吗？）

第八，参与者的作用。

某种程度上说，任何篇章都是由某一个人对另一个人的讲话，双方的关系既可能是明确的，也可能是模糊的。有时篇章中并不提及受话者，而且讲话者或作者也不点明交际的主体人物，因为大家都对交际主体心知肚明。有时篇章结构中会不时地插入提及参与双方的词语，例如（140），这是出于礼貌和友好的需求。

（140）I'd like you to know…I think…I hear…I seem to remember…it occurs to me…I mean…（我想让你知道……我想……我听到……我似乎记得……发生在我身上……我的意思是……）

第九，信息处理。

在一定程度上，信息处理比语法组织的其他方面更为重要，它是使用并列和从属关系的一个至关重要的因素。一方面可以通过使用某些手段突出调核来强调主要信息，比如在口语中常常可以通过省略某些词语，来限制读者的选择余地从而指导读者决定调核所在。另一方面，信息处理过程中表达的先后次序具有相当重要的意义。无论是作前置修饰语的形容词，一组名词短语，一对独立的分句，一个由母句和从句构成的序列，还是一个分句内的各个成分的表达效果都可能受到序列的影响。例如（141）中如果篇章的前部分说的是“过去的危机”，作者的意图是接下去谈谈将来，那应该选用例（141）a，反之则选用例（141）b。一般情况下，任何放在句首位置相对来说总是起介绍和设置布景的作用，与此相反位于句末的成分将因认为带有结局性质而更加重要，并可能是高潮。当然有时序列问题是由礼貌、惯例或习惯用语所决定的，例如在正式场合中，妇女的称呼一般位于男子之前，说话者的自称位于最后。

（141）a. Our memories of past crises were being added to our uncertainties for the future.（我们对过去危机的回忆正在增加我们对未来的不确定性。）

b. To our uncertainties for the future were being added to our memories of past crises.（我们对未来的不确定性正让我们对过去危机的回忆变多。）

结　语

《英语语法大全》被誉为20世纪80年代末90年代初“最完备、最详尽、最伟大的当代英语语法书”①。许国璋先生在中文序中评价这部书“这不仅是一部英语语法参考书，也是一部语言学大著”②。这部书关于合成句的论述，尤其给我们深刻印象的，有这么三点：

第一，事实和理论结合的厚积厚发之作。本书经过了数十年充分的事实调查和理论准备，是众位功底深厚、治学严谨、经验丰富的高水平学者锲而不舍、精诚合作之作。正如许先生所说：“这是一部原文达一千七百多页的书，它经过几十年的准备，有各方学者合共几十部专著为之先导，可算是近时英国学术史上的一部力作。”③ 这样的厚重之作，许先生在序言中还提到了三部学术著作：历时一百多年的《牛津英语词典》（*The Oxford English Dictionary*），经四十年之功的《当代英语语法》（*A Grammar of Contemporary English*）和约有七十年历史的《英语发音词典》（*Everyman's English Pronouncing Dictionary*）。

第二，传统与现代相结合的大语法观。不仅有传统的词法、句法、语义和语用修辞视角的详尽分析，更是采用了信息构成、韵律、篇章等现代语言学的新角度。比如，句法和语义相结

① 梅德明．语言学与应用语言学百科全书 [M]．北京：北京大学出版社，2017：1040.

② 许国璋．读后感•代序 [M]// 夸克等．英语语法大全．王国富，贺哈定，朱叶，等，译．上海：华东师范大学出版社，1989：5.

③ 许国璋．读后感•代序 [M]// 夸克等．英语语法大全．王国富，贺哈定，朱叶，等，译．上海：华东师范大学出版社，1989：5.

合，把名词分句分为 6 类，状语分句分为 13 类；讨论并列对称不对称的语用修辞效果；重视信息构成与韵律和语法手段的结合分析；篇章的结合分析则包括由语用上和语义上的意涵、词汇联系、韵律与标点符号和语法手段这四类连接特征所建立的统一体。

第三，描述和论述相结合，研究方法丰富。比较法是本书的基本研究法，进行相似、相关和相反方面的比较，比如对 and，or，but，because 的比较分析。递差连续统分析，即使用多参数划分类别，比如把并列分为并列、半并列、准并列三种情形；多层面多实体类型分析，比如简单并列的类型，有分句、谓语、谓体、名词，以及限定词、数词、所有格、物主代词、所有格和物主代词以及名词短语中的其他省略并列。语法和逻辑相结合，结合逻辑说明连接词用法和句间语义关系，有大量结合逻辑分析的例释，如提出并列连词 and 在逻辑上表示在陈述句中如果整句为真，那么其每个分句也都为真；在讨论 and 和 or 区别时，提出跟在一个否定成分后的 or 在逻辑上等于是对两个否定陈述句的兼容性选择，相当于"或是……或是"。

最后，引用许先生序的最后一句话作为本文的结束："谁说今天研读这部书的青年，不会由此而产生研究汉语语法的兴趣甚至普遍语法的兴趣？"①

参考文献

[1] 夸克等 . 英语语法大全 [M]. 王国富，贺哈定，朱叶，等，译 . 上海：华东师范大学出版社，1989.

[2] 梅德明 . 语言学与应用语言学百科全书 [M]. 北京：北京大学出版社，2017.

[3] 邢福义 . 汉语复句研究 [M]. 北京：商务印书馆，2001：1-55.

[4] 许国璋 . 读后感 • 代序 [M]// 夸克等 . 英语语法大全 . 王国富，贺哈定，朱叶，等，译 . 上海：华东师范大学出版社，1989：5.

① 许国璋 . 读后感 • 代序 [M]// 夸克等 . 英语语法大全 . 王国富，贺哈定，朱叶，等，译 . 上海：华东师范大学出版社，1989：5.

1980年《俄语语法》复合句理论评述

乐 苓

黑龙江大学 俄语学院

引 言

1980年《俄语语法》（*Русская грамматика*）是苏联科学院俄语研究所语言学家们在对20世纪50年代和1970年代语法进行深入研究的基础上完成的一部集体巨作。1980年《俄语语法》包括两卷。《俄语语法·第一卷》（*Русская грамматика том* Ⅰ）包括语音学、音位学、重音、语调、构词学和词法学，《俄语语法·第二卷》（*Русская грамматика том* Ⅱ）包括句法学。

苏联科学院1980年《俄语语法》复合句部分是由克鲁奇尼娜（Кручинина И. Н.），利亚蓬（Ляпон М. В.）两人撰写完成的。克鲁奇尼娜撰写了绪论、非分解型主从复合句和句子的无连接词组合部分；利亚蓬撰写了分解型主从复合句和并列复合句部分。

克鲁奇尼娜，副博士，俄语语法专家，苏联国家奖获得者。其主要研究成果发表在苏联科学院出版的期刊上。1982年由于参加编写1980年《俄语语法》而获得苏联国家奖。1988年出版专著《俄语中并列联系的结构与功能》（*Структура и функции сочинительной связи в русском языке*）受到俄罗斯及国外语言学界的好评。

利亚蓬，语言学家，苏联国家奖获得者。1956年毕业于莫斯科大学语文系，师从著名语言学家、院士维诺格拉多夫（Виноградов В. В.），并于1971年通过副博士论文答辩，其论文题目为《俄语中情态意义研究的历史》（*Из истории выражения модальности в русском языке*）；1985年通过博士论文答辩，其论文题目为《复合句的意义结构与语篇》（*Смысловая структура сложного предложения и текст*）。1982年由于参加编写1980年《俄语语法》而获得苏联国家奖；她的科学研究涉足语言学及俄语语言学众多领域，如词法学、句法学、语义学、词汇学以及语篇理论等，出版多部科研著作，发表论文160多篇。

1980年《俄语语法》复合句部分从461页至633页，包括§2753—3156章节，共计405节，内容涉及绪论、主从复合句和并列复合句三部分。

一、内容述要

（一）绪论（§2753—2764）[①]

1. 复合句概念

1980年《俄语语法》不同于1970年《俄语语法》，首先从简单句和复合句在结构上和交际功能方面的区分视角明确界定了复合句概念。二者在结构上的区别在于：复合句是语法上成形的、以这样或那样方式互相协调的句子（分句）的组合，而简单句则是没有这种组合的单位。复合句各分句的特点是在语法上、语调上互相联系，在内容上互相制约。在交际方面，复合句和简单句的报道规模不同：非扩展的简单句报道一个单独的情景，而复合句报道几个情景以及它们之间的关系，或者报道一个情景以及参与者或说话人对它的态度。

1980年《俄语语法》根据复合句的特点，把复合句定义为：复合句是由若干个句子在语法上成型的组合所形成的完整的句法单位，其功能是报道两个或更多的情景以及它们之间的相互关系。

2. 复合句中分句的句法联系

1980年《俄语语法》主要是以联系手段的性质来界定复合句中各分句之间的句法联系，认为复合句各句子之间存在着并列或主从两种句法联系：用并列连接词形成的联系叫作并列联系，用主从连接词或关联词形成的联系叫作主从联系。根据联系的性质，复合句分成并列复合句和主从复合句两类。

主从连接词和并列连接词的表义能力不同。主从联系是以较多的区分形式，并列联系是以较少的区分形式表示句中的意义关系。在许多情况下，同一种意义关系既可以用并列连接词，也可以用主从连接词来表达，因此，从所表示的意义关系的性质看，复合句中的并列和主从不是绝对的，它们有比较密切的相互作用。

复合句中的并列联系是独立的，是形成句子的两大句法联系中的一种；并列联系既是句法上的，又是词汇上的联系方法。各并列句子之间的意义关系是在它们语义上相互作用的基础上形成的。并列复合句的各部分没有专门的标志。

在主从复合句中可分出主句和从句。主从复合句中含有主从连接词或代词性关联词的部分叫作从句；从句所连接的（或从句所关联的）那一部分叫作主句。

---

① Русская грамматика том II [M]. Москва : Наука, 1980: 461-467.

3. 复合句中分句的特点

复合句的分句在形式结构、情态意义、语调和内容各方面都相互顺应。作为复合句的组成部分，分句没有完整的语调，也没有完整的信息内容，这种完整性只有作为整体的复合句才具备。复合句中各分句的情态特征也发生了重要变化，主要体现在：①各分句的客观情态性互相影响，并在此基础上形成新的情态意义，表明整个复合句内容与现实的关系；②连接词，尤其是主从连接词，积极参与形成整个复合句的情态特征；③在复合句中，客观情态意义与连接词（包括功能上与其相似的词）自身可能具备的主观情态意义密切联系、互相制约。

（二）主从复合句（сложноподчиненные предложения）（§2765—3107）

1. 主从复合句的分类[①]

1980年《俄语语法》坚持形式与内容统一的原则，它对主从联系的描述主要基于以下两点：①从句与主句的关系性质；②从句与主句从属的方法，即连接词联系或代词联系。实际上，前者是以意义为主，而后者是以形式为主，主从复合句内部的各种关系正是在这两种因素共同作用下形成的。

根据这两个原则，1980年《俄语语法》把主从复合句划分为非分解型句（предложения нерасчленённой структуры）和分解型句（предложения расчленённой структуры）。非分解型句按照联系方式的不同分为连接词联系句和代词联系句；分解型句都是用连接词连接主句和从句的。

2. 非分解型句[②]

第一，非分解型句的特点。

1980年《俄语语法》指出非分解型句具有以下特点：这类复合句具有一些单句的特征，它是由单句向复合句过渡的特殊类型；非分解型句联系的方式及表达手段多样，这些手段相互联系，互相对立，可以彼此代换。

1980年《俄语语法》把附词联系（присловная связь）的原则作为划分非分解型句的基础。从句不是直接从属于主句，而是与主句中的基点词（опорное слово）发生联系，从句为附词联系。主句中可作为被扩展的基点词有动词、形容词、副词、名词、比较级等。тот，такой 等指示词经常参与形成主、从句联系，其作用是明确指出从句的句法地位，从而强调分句之间的联系。

非分解型句内部按主句和从句之间的联系性质分为连接词联系句和代词联系句两类。连接

① Русская грамматика том Ⅱ [M]. Москва : Наука, 1980: 466-467.

② Русская грамматика том Ⅱ [M]. Москва : Наука, 1980: 467-539.

词联系句内部按意义关系划分为说明句、比较级句、对比句、限定句。代词联系句内部分为代词疑问联系句和代词关系联系句两类；代词关系联系，即复指联系。代词联系句可表示说明、限定、不定、概括等意义关系。非分解型句分类体系如下：

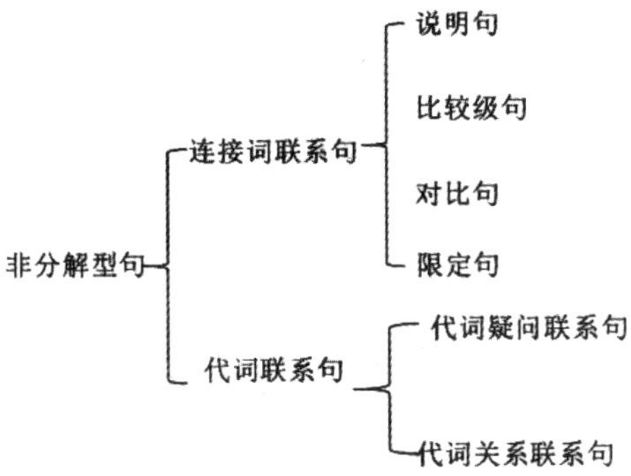

图 1　非分解型句分类体系

第二，连接词联系句（предложения с союзной связью частей）。

连接词联系句是用连接词和连接词性语气词连接的。连接词具有多功能性，即为几种主从关系服务。如连接词 что 可以形成说明、结果、比较等关系。

1）说明句（изъяснительные предложения）

说明句是表述的特殊形式，从句内含有的报道同时还指出报道的目的性（叙述、意愿、疑问）；表述的说明方面，包含在主句的结构范围内。说明句报道的交际目的性用词汇手段和各种说明连接词来表达。

1980 年《俄语语法》把说明连接词分成三种句法语义类别：叙述连接词 что，будто 及其词汇同义词，как；意愿连接词 чтобы（как бы），чтобы не（как бы не）；疑问连接词 ли 及其变体 или….или，то ли….то ли。例如：[①]

（1）Он сказал, что читал эту книгу.

（2）Он попросил, чтобы я прочитал эту книгу.

（3）Он спросил, читал ли я эту книгу.

（4）Я зрел во сне, что будто умер я.

（5）Я долго был убежден, будто нашел для каждого несчастного одинокого челоbека радостный выход в люди, в свет.

（6）Молотов и не заметил, как залюбовался ею .

（7）Мы хлопотали о том, как бы уцелеть —и сколько нас не уцелело!

（8）Одного боюсь —за вас и сам, —чтоб не обмелели наши души.

① 本论文例句均采自 Русская грамматика том Ⅱ [M]. Москва : Наука, 1980.

2）比较级句和对比句（компаративные предложения и сопоставительные предложения）

主句中有比较级形式，作主句的基点词，这样的主从复合句叫作比较级句。比较级句分为单比较级句和双比较级句。单比较级句是有一个比较级参与构成的句子，表示比较或对比意义关系；双比较级句是有两个比较级参与构成的句子，表示对比关系。在这两种情况下，比较关系或对比关系都用比较级和特殊连接词建立起来，表示不同、差异、不相似或等同的关系。比较级句、对比句分类及其连接手段如下：

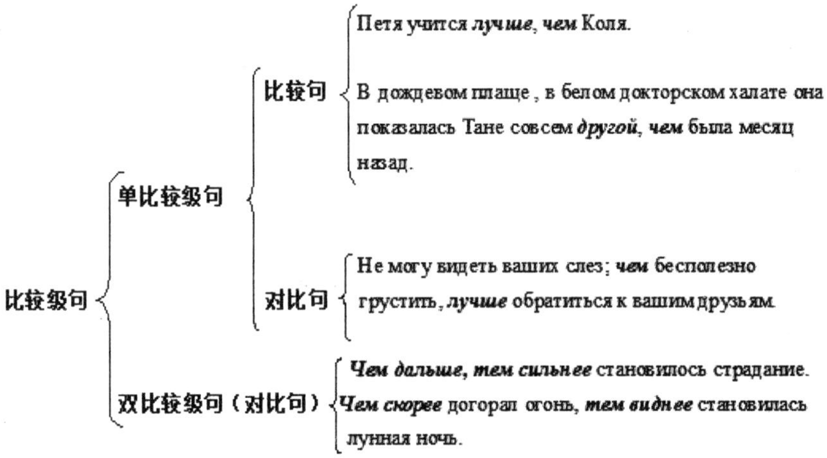

图 2　比较级句、对比句分类及其连接手段

3）限定句（определительные предложения）

限定句分为通过比较表示的限定关系句和通过指出结果表示的限定关系句。这两类限定关系句具体体现为数量关系（度量和程度限定）、性质特征关系（从性能和特征角度限定）和品评关系（从动作的外部表现或行为方式限定）。主句中通常有代形容词和代副词 такой，так，настолько，таким образом 等；基点词可能是表示数量的词形组合、名词、形容词、动词、副词或谓语副词。通过比较表示限定关系的连接词有 как、будто 及其同义词等；通过指出结果表示限定关系的连接词有 что、чтобы。限定句分类和常用的连接词如下：

- 限定句
  - 通过比较表示的限定关系句
    - 数量限定：
      - столько+名词第二格
      - такой +形容词长尾
      - так+形容词短尾、副词、谓语副词、动词等
      - (до того, до такой степени)
      - → + как (будто, как будто, точно, словно, будто бы)等
    - 性质限定：
      - столько+名词第二格
      - такой +形容词长尾
      - такой +名词
      - так+动词、谓语副词等
      - так
      - таков(такова...)
      - → + как
    - 品评限定：
      - так(таким образом, таким способом) + как, будто 等
  - 通过指出结果表示的限定关系句
    - 数量限定：
      - столько, так много, такое количество 等+名词第二格
      - такой +形容词长尾
      - так+动词、形容词短尾、谓语副词等
      - → + что
      - не так, не такой, не столько, не до такой степени...
      - довольно, достаточно...
      - слишком, чересчур...
      - → + чтобы
    - 性质限定：
      - такой
      - такого рода, такого вида, такого размера 等
      - таков(такова, таково, таковы)
      - → + что
      - не такой+名词...；动词+ так , + чтобы
    - 品评限定：
      - ... так , + что 或 чтобы

图 3　限定句分类和常用连接词

第三，代词联系句（предложения с местоименной связьючастей）。

1）代词疑问联系句（предложения с местоименно-вопросительной связью частей）

代词疑问联系句是由关联词 кто，что，чей，какой，каков，где，куда，откуда，когда，каким образом，сколько，насколько，отчего，зачем，что за，до чего 等词或词的组合形成；可以有语气词 ли。主句和从句间有说明联系，基点词是表示认识过程的词语。这类联系可以是纯疑问性句（предложения с собственно-вопросительной местоименной связью частей）或代词强化性句（предложения с местоименно-интенсификацирующей связью частей）。例如：

（9）Как думаешь, **чем** кончится тревога?

（10）**Кто** смеялся — было не понять.

（11）Он стал думать о том, **кому** бы нужны были эти произведения.

（12）Он спрасил ее о здоровье и **как** она провела утро.

（13）Посмотрите, **какой** хороший вечер!

（14）Ты не можешь вообразить, **как** тяжела мысль, что друзья нас забывают.

2）代词关系联系句（предложения с местоименно-относительной связью частей）

代词关系联系句又称代词复指联系句（предложения с анафорической связью）。疑问词用作关联词，具有连接和复指功能。复指联系分为定位复指（предложения с ориентированной анафорической связью）与非定位复指（предложения с неориентированной анафорической связью）两类。

在发生定位复指关系时，关联词所指的人、事物或事件已经由主句中的实词明确指称出来，关联词 какой，который，что，кто，куда，откуда，где 等形成限定关系句。在发生非定位复指关系时，关联词所指的人、事物或事件在主句中未被指称出来，只是用指示词 тот，то，там，туда，оттуда 等占有位置。非定位复指包括三种意义关系句：概括及概括—让步意义句，不定及不定—条件意义句，成语性意义句。例如：

（15）Комната, **в которую** вступил Иван Иванович, была совершенно пуста.

（16）Нет другой такой деревни, **где** бы так пели.

（17）По вечерам появлялись на улицах страшные люди, **каких** раньше никто и не видывал.

（18）Не было человека, **кто** бы ему не верил.

（19）О ты, **чья** дружба мне дороже Приветов ласковой молвы.

3. 分解型句[①]

第一，分解型句的特点。

分解型句是指从句在主句中没有基点词，而是通过主从连接词表明其对整个主句的从属关系的。连接词、类连接词具有连接分句和区分意义关系的功能。

在非成语性的分解型句中，两分句在信息分量上是相等的，它们各含一个潜在的独立信息报道。从句通常作为衡量标准，起参照物的作用，通过它来说明主句某一方面的内容；但主句也能起参照物的作用而不改变其形式上的独立性。

在分解型句中，两分句间在情态特征上可能各自独立，也可能互相依属；主句的情态特征有时取决于从句的相应特征。整个分解型句的情态意义就是两分句信息真实性的对应关系。

分解型句是根据各组成分句之间的意义关系及连接手段，同时考虑连接词的非区分性和区

① Русская грамматика том Ⅱ [М]. Москва : Наука, 1980: 539-615.

分性特点进行分类的。分解型句分为时间关系句、制约关系句（含条件、让步、原因、目的及结果）、比较关系句、对比关系句。分解型句分类体系如下：

- 分解型句
  - 时间关系句
  - 制约关系句
    - 条件关系句
    - 原因关系句
    - 让步关系句
    - 目的与结果关系句
    - 成语性结构句
  - 比较关系句
  - 对比关系句

图 4　分解型句分类体系

第二，时间关系句（предложения，выражающие временные отношения）。

时间关系句共分 14 类：用非区分意义的连接词连接的 3 类；用区分意义的连接词连接的 7 类；成语性结构句 4 类。具体分类及连接手段如下：

- 时间关系句
  - 用非区分意义的连接词连接
    - когда, пока, как（表示同时和异时关系）
  - 用区分意义的连接词连接
    - до того как, перед тем как, прежде чем
пока не, как вдруг
（表示主句发生在从句之前）
    - после того как, с тех пор как, как только
（表示主句发生在从句之后）
    - в то время как; в то время, когда
（表示主句和从句同时发生）
  - 成语性结构句
    - не успел..., как..
    - не прошло минуты..., как..(не проехали километра.., как)
    - не..., как...
    - не проходит дня, чтобы не...

图 5　时间关系句分类及连接手段

第三，制约关系句（предложения со значением обусловленности）。

制约关系句包括条件、原因、让步、目的及结果句。

1）条件关系句（предложения，выражающие условные отношения）

条件关系句连接手段有非区分意义连接词 если бы，когда бы，коли бы，когда бы，как бы，добро бы 等；区分意义连接词有 если，ежели，коли，ли…ли…ли，в случае если，при условии если 等。

2）原因关系句（предложения，выражающие причинные отношения）

原因关系句连接手段有非区分意义连接词 потому что，так как，поскольку，раз，ибо 等；区分意义连接词有 оттого что，из-за того что，ради того что，благодаря тому что，вследствие того что，в результате того что，в силу того что，на основании того что，исходя из того что，по причине того что，за счет того что，в связи с тем что，ввиду того что，под видом того что，под предлогом того что，тем более что 等。

3）让步关系句（предложения，выражающие уступительные отношения）

让步关系句连接手段有非区分意义连接词 хотя，хоть，пусть，пускай，а также，правда 等；区分意义连接词有 несмотря на то что，невзирая на то что，независимо от того что，при том что，при всем том что，вопреки тому что 等。

4）目的和结果关系句（предложения со значением цели и следствия）

目的关系句连接手段有 чтобы，лишь бы，только бы。

结果关系句连接手段有 так что。

5）成语性结构句（фразеологические конструкции）

成语性结构句具有双位连接词式的结构框架，如：стоит（стоило）—чтобы；стоит（стоило）—как；стоит（стоило）— и；достаточно — чтобы；достаточно — как；достаточно — и。其特征是：连接词不是表示语法联系的标志；两个分句结构固定，很难区分出主句和从句；前一个分句只限用完成体不定式；后一分句指出前一分句的必然结果或直接瞬间反应。

第四，比较关系句（предложения，выражающие сравнительные отношения）。

比较关系句连接手段有非区分意义连接词 как，что，словно как，все равно как 等；区分意义连接词有 так же как，точно так же как，прямо как，точь-в-точь как，подобно тому как，вроде того как，вроде как，как и，равно как（и）；как....так и，словно，словно бы，будто，будто бы，как будто，точно，точно бы，как бы，вроде бы；как если бы，если бы 等。

第五，对比关系句（предложения，выражающие сопоставительные отношения）。

对比关系句连接手段有非区分意义连接词有 если — то；区分意义连接词有 в то время как，между тем как，тогда как，по мере того как，чем — тем，насколько — настолько。

（三）并列复合句（сложносочиненные предложения）（§3108—3156）[①]

1. 并列复合句分类

1980 年《俄语语法》认为，并列复合句各部分用并列连接词连接，在语法上互不依赖，即处于平等的、等值的关系之中。并列连接词指明各分句有较大的自主性，它自身也有较大的独立性，它不属于某一分句。在两个或两个以上分句构成的并列复合句中，语法平等体现为有并列联系的部分或者从属于同一主句，或者被同一从句扩展。

并列复合句的分类标准：一方面按照各部分之间的关系性质及连接手段的性质，并列复合句分为联合、区分、对别、对比关系；另一方面按照连接词的单义性和非单义性特征，即按并列连接词的语义区分能力进行分类。并列复合句具体分类及连接手段如下：

- 并列复合句
  - 用非区分意义的连接词连接
    - и(и..и)（联合意义）
    - а, но, да 及同义词（对比、对别意义）
    - да, да и, же（联合、补述、对比意义）
    - или, либо, ли...ли, то..то, не то...не то, то ли...то ли, на то, а не то, не то, иначе
  - 用区分意义的连接词连接
    - то есть, а именно（解说意义）
    - однако, зато, просто, впрочем, все-таки, все же, тем немее, только, лишь 等（对立意义）
    - тоже, также, даже, в особенности, а в частности 等（附带评论意义）
    - потому(и), поэтому, значит, следовательно, и так 等（因果意义）
    - не только, но и; если не...то; по крайней мере не сказать чтобы..но（递进意义）

图 6　并列复合句分类及连接手段

2. 并列联系和并列连接词

并列联系可分为纯联合关系与非纯联合关系。联合关系可以具体化为各种关系：一方面能表示并列联系内的递进关系，另一方面可表示接近主从联系的内部制约关系。

---

① Русская грамматика том Ⅱ [M]. Москва : Наука,1980: 615-634.

并列连接词分为单义的与多义的。表示多义的并列连接词如 и，а，но，да，же，или 及其同义词。如 и 表示纯联合，но 表示对别，а 表示对比，但均有联合意义的成分，它们在一定条件下有可能成为同义词。因此，这些连接词明确表示特定意义的功能有限，其具体意义要根据上下文及连用的词来确定。

并列连接词本身不参与表示客观情态意义，即不指明分句内容与现实的关系，但某些并列连接词可以表示主观情态评价意义，使并列联系具有情态评价色彩，如 а，но，однако，и，все же 等可以表示否定情态意义。

二、简　　评

1980 年《俄语语法》既继承了俄国和苏联语法科学的优秀传统，充分体现了传统语法的语法思想，又反映了苏联语法科学发展的水平。该语法复合句部分全面而系统地阐释了俄语复合句理论，内容详实，同时大量的语料分析，理论联系实际，分析深入透彻，深刻揭示了俄语复合句的语法本质。

1980 年《俄语语法》分类原则和分析方法前后一致，贯穿始终。首先从复合句的结构特征进行分类，在结构特征相同的情况下再根据其语义上的特点分类。因此在同一层次的平面上都从同一个角度分析和分类。

1980 年《俄语语法》对主从复合句的分类采用综合性标准：①从句与主句的关系性质；②主从联系的方式：用连接词还是代词（关联词）。所有主从复合句分为非分解型句和分解型句。分解型句都是用连接词连接主句和从句的，但非分解型句按联系方式的不同分为连接词联系句和代词联系句。

1980 年《俄语语法》对并列复合句的阐述强调各种连接手段的表达在句法联系中的作用。对并列复合句的阐述和分类侧重于连接词的意义，而对其结构和语义上的特点考虑不够，这会影响到对并列复合句的理解。

1980 年《俄语语法》与以往的俄语语法，如 1970 年《俄语语法》对主从复合句的研究一样，继承并发展了语言学家别洛沙普科娃（Белошапкова В. А.）的复合句分类理论，把结构—语义原则看作是分类的基拙，该原则强调主从复合句中两个部分的结构特征，它们之间的句法联系手段，从属部分的语法意义。[①] 这两部语法都把主从复合句分为非分解型句和分解型句，但是，二者的分类原则有所不同，因而所包括的主从复合句的类别也不尽相同。

无论是 1970 年《俄语语法》还是 1980 年《俄语语法》对俄语主从复合句的分类无疑是对传统分类的突破，但分类标准考虑过窄，均存在一些问题：①理论概括力不强，同一层次的复

① Белошапкова, В. А. Сложеое предложение в современном русскоя языке[M]. Москва: Просвещение, 1967.

合句采用不同的分类标准；②对复合句的分类基本是按照连接手段的性质和特点以及意义关系进行的，但是把连接手段只理解为连接词或关联词，而对其他的联系手段（如时体的对应关系、某些具有语法意义的词序等）不加考虑；③意义相同而结构不同的复合句被划入不同的类型，而意义不同而结构相同的复合句被归入同一类型的复合句。

参考文献

[1] 李勤，杨明天，李磊荣 . 现代俄语复合句学 [M]. 上海：上海外语教育出版社，2002.

[2] 苏联科学院 . 俄语语法（下卷）[M]. 胡孟浩，主译 . 上海：上海外语教育出版社，1991.

[3] 信德麟，张会森，华劭 . 俄语语法 [M]. 北京：外语教学与研究出版社，2009.

[4] 吴贻翼 . 现代俄语复合句句法学 [M]. 北京：北京大学出版社，2015.

[5] 钟国华 . 苏联科学院 1980 年版《俄语语法复合句部分的内容介绍》[J]. 外语学刊，1984（4）：28-40.

[6] Грамматика. Современного русского литературного языка[M]. Москва: Наука, 1970.

[7] Русская Грамматика том Ⅱ [M]. Москва: Наука, 1980.

[8] Белошапкова, В. А. Сложное предложение в современном русском языке[M]. Москва: Просвещение, 1967.

[9] Белошапкова, В. А. Современный русский язык[M]. Москва: Высшая школа, 1989.

《日本语文法·形态论》中的复句思想述评[①]

沈书娟

上海外国语大学　日本文化经济学院

引　　言

《日本语文法·形态论》[②]（『日本語文法·形態論』，下简称《形态论》）是日本语言学家铃木重幸（鈴木重幸）所著的日语词法学著作，于1972年由麦书房（むぎ書房）出版。该书从理论上批判了日本的学校文法（「学校文法」，一称「橋本文法」），并用新方法较为系统地描述了日语的词法现象。作为小学教科书《日语4-上》（『にっぽんご4の上』，むぎ書房，1968）的教学参考书出版，同时期出版的还有《语法与语法指导》（『文法と文法指導』，むぎ書房，1972）。

《形态论》全书共两部分，17章节。复句相关内容主要出现在第一部分“序论”中。“序论”依次讨论了“句”（「文」，第1章，第43—60页）、“句子的结构”（「文のくみたて」，第2章，第61—126页）、“词”（「単語」，第3章，第127—162页）、“复句”（「あわせ文」，第4章，第163—169页）。因本书主要描述日语词法，复句相关内容仅寥寥数页，但其新语法体系体现的全新的复句思想与传统的旧语法体系截然不同，影响深远。

笔者拟从《形态论》中的复句分类系统、单复句界定思想、复句思想的继承、相关术语名称的使用等4个方面对《形态论》中的复句思想进行述评。

一、《形态论》中的复句分类系统

为配合小学教科书《日语4-上》的教学，铃木重幸在《形态论》第一部分“序论”的第4

① 【基金项目】上海外国语大学校级一般项目规划基金项目“基于语料库的日语主语从句类复句中的主从关系研究”（KX171367）。

② 笔者译，亦有学者译为《日本语法·词法学》（如，朱新华，1994）等。

章中简要阐述了复句分类系统。他认为包含一组主谓关系的句子为单句（ひとえ文），将单句连接在一起即构成复句（あわせ文）。[①] 相关例句如下（第164页）：

（1）雪が三日もふりつづいている。

（2）汽車はまだうごいている

（3）雪が三日もふりつづいているが、汽車はまだうごいている。

由此可见，铃木重幸认为单句和复句并非二元对立体，而是连续体。主谓关系是构成单复句连续体之基石。《形态论》对语法功能的重视由此可见一斑。

《形态论》指出，两个对等关系的单句连接构成联合复句（ならべあわせ文）[②]，如表“顺接”义的「……し、……」、表“转折”义的「……が（けれども、のに）、……」、表“中顿”义的「……し（して）、……」、表“条件”义的「……も……すれば、……も……する」等句型往往构成联合复句。可见“联合”的概念包括但不仅限于“并列”，还包含诸如“虽然……，但是……”，“……也，……也”等非并列意。两个单句之间是对等关系，从语法功能、语法意义上讲，两者地位平等。而一个单句从属于另一单句，或为另一单句的句子成分时，这两个单句连接构成偏正复句（したがえあわせ文）[③]。《形态论》从句子结构的角度，明确了偏正复句的下位分类：定语从句类复句、主语从句类复句、宾语从句类复句、谓语从句类复句、修饰语从句类复句、状语从句类复句等复句类型。相关例句[④] 如下（第167—168页）：

（4）エキモスが心をこめてふくあしぶえはとてもいいあらわせない美しいひびきをたてました。（規定語的なつきそい文）

（5）マアちゃんのすべるのがいちばんうまかった。（主語的なつきそい文）

（6）親は、子供たちが健康なのに満足していた。（対象語的なつきそい文）

（7）このおはなしは、わたしがおじいさんからきいたものです。（述語的なつきそい文）

（8）丑の顔がゆがんで、目がとびだすように、ギロギロひかった。（修飾語的なつきそい文）

（9）そういってイワヌシカはえぞいちごのしげっているところへでていきました。（状況語的なつきそい文）

---

① 「ひとくみの主語と述語をもっている文のことをひとえ文といいます。ふたつのひとえ文をむすびつけて、ひとつの文にすると、あわせ文ができます。」（1972：163）

② 「ならべあわせ文：ふたつのひとえ文が対等の関係で結びついてできた合わせ文。」（1972：166）

③ 「したがえあわせ文：一方の文が他方の文に従属していて、その文の部分としてはたらくあわせ文。」（1972：166）

④ 句后括号内为笔者括注。

其后又按照语法意义对修饰语从句类复句、状语从句类复句进行下位分类。特别强调了修饰语从句中表“引用、内容”的「と」引导的从句；并将状语从句分为表“场所”“时间”“原因”“理由”“目的”“条件”“逆接条件”[①]义的状语从句。

这种基于语法功能的复句分类法在复句研究史上可谓独树一帜。日语复句研究是随着日语句子结构的相关研究发展而来，可追溯到20世纪20、30年代。其中，既有参考了英语语法的传统日语学研究、参考了英语语法和德语语法的研究［如山田孝雄（山田孝雄，1922，1936）］、仅参考了德语语法的研究［如松下大三郎（松下大三郎，1928）］。其间，复句分类法大同小异，首先按照小句间是否有从属关系，将其分为联合复句与偏正复句。其次，将偏正复句的从句分为三类：名词性从句、形容词性从句、副词性从句。笔者姑且将其称为三分法，并以益冈隆志（益岡隆志，1997：1-67）、宫岛达夫・仁田义雄（宮島達夫・仁田義雄，2001：383-384）、日本语言语记述研究会（日本語記述文法研究会，2008：3-7）的研究为例，将三分法总结为下表。

表1　以往的偏正复句三分法

类别	例[②]
名词性从句：名词节（名詞節）/ 嵌入节（埋め込み節）/ 补足节（補足節）[③]	ソ連文化省のシャリドリン局長が、リュビーモフ氏を主任演出家の地位からはずす決定が下されたことを発表した。
形容词性从句：连体节（連体節）/ 连体修饰节（連体修飾節）/ 修饰节（修飾節）	約束通り元日の昼前にやってきた慎吾は、知子を一晩中看病した。
副词性从句：连用节（連用節）/ 从属节（従属節）/ 副词节（副詞節）	作業長は大声をあげたので、みんなが一斉に振り返った。

从上述命名中可以看出，偏正复句三分法的分类标准并不统一。如益冈隆志（1997，2002）的分类中存在3种不同层面的标准：“名词节”指从句是“名词”性，立足从句自身的性质；“连体节”注重的是从句与其后续名词的修饰与被修饰关系，归为从句内部的关系；“连用节”指的又是从句间的关系或从句与复句整体的关系。宫岛达夫・仁田义雄（2001）、日本语言语记述研究会（2008）的分类中也分别存在2种不同层面的标准。详见下表。

① 「場所をあらわすつきそい文、時をあらわすつきそい文、原因理由をあらわすつきそい文、目的をあらわすつきそい文、条件をあらわすつきそい文、逆条件をあらわすつきそい文。」（1972：168-169）

② 例句引自宫岛达夫・仁田义雄（2001：384）。

③ 三类分别来自于益冈隆志（1997：1-7）、宫岛达夫・仁田义雄（2001：383-384）、日本语言语记述研究会（2008：5-6），下同。

表 2　偏正复句三分法的分类标准

益冈隆志（1997：1-7）	宫岛达夫・仁田义雄（2001：383-384）	日本语言语记述研究会（2008：5-6）
名词节：从句自身的性质	嵌入节：从句内部的关系	补足节：从句间的关系或从句与复句整体的关系
连体节：从句内部的关系	连体修饰节：从句内部的关系	名词修饰节：从句内部的关系
连用节：从句间的关系或从句与复句整体的关系	从属节：从句间的关系或从句与复句整体的关系	副词节：从句间的关系或从句与复句整体的关系

因此，《形态论》的特别之处在于，这种基于语法功能的复句分类法与《形态论》第一部分“序论”第 2 章的“句子的结构”呼应，立足于单词（句子）在句中的语法功能，不受学校文法中的“文节”（文節）思想的干扰，使得复句分类得以在统一标准下进行，描绘了复句分类系统的轮廓，真正践行了语法功能与语法意义的统一。

但因《形态论》出版之初是作为小学教科书《日语 4- 上》的教学参考书，因而只勾勒了复句系统的轮廓，对定语从句类复句、主语从句类复句、宾语从句类复句、谓语从句类复句、修饰语从句类复句、状语从句类复句等复句类型的内涵并未做深入探讨。

二、《形态论》中体现的单复句界定思想

如“一、《形态论》中的复句分类系统”所述，《形态论》认为包含一组主谓关系的句子为单句，将单句连接在一起即构成复句。可见，《形态论》将主语和谓语看作句子的基本构成部分，包含两组（或以上）主谓关系是复句区别于单句的主要特征。文中所举例句无一不包含两组（或以上）主谓关系。相关例句如下（第 165—167 页）[①]。

（10）雨はふったし、風もふいた。（联合复句）

（11）ことしの米のでき高は、みんなが予想していたほど、おおくはなかった。（偏正复句）

上例中分别包含「雨が降る」「風が吹く」和「ことしの米のでき高はおおくはなかった」「みんなが予想していた」等两组主谓关系。正如“一、《形态论》中的复句分类系统”所述，铃木重幸认为单句和复句并非二元对立体，而是连续体，通篇只述典型复句的特征，未言及如何界定单复句等问题。抓住典型复句，分析其语法功能和语法意义才有现实意义。

另外，《形态论》指出，单句系统中句子区别于单词、词组的最大特征是情态（モダリテ

① 下划线引自《形态论》，表示该部分为从句。句后括号内为笔者括注。

ィー），句子因情态而具有“相对的分离性（相対的な分離性＝統一性）”。但在复句系统中，即使接续句（つづける文）与终止句（いいおわる文）中同时出现情态，接续句也并不能称为独立的句子，它以某种特定关系与终止句相连，单独不能构成完整的语言活动。[①]

三、《形态论》中复句思想的继承

高桥太郎在《日语语法》（『日本語の文法』，ひつじ書房，2008：251-273）一书中完整继承了《形态论》中的复句思想。他基于《形态论》的复句分类系统，进行了以下补充。①分别增补了联合复句中，表“顺接”义的「……し、……」、表“转折”义的「……が（けれども、のに）、……」、表“中顿”义的「……し（して）、……」、表“条件”义的「……も……すれば、……も……する」等句型的下位意义分类及其例句，并补充「……したり、……したりする」为联合复句句型。②偏正复句方面，归纳 6 类偏正复句（定语从句类复句、主语从句类复句、宾语从句类复句、谓语从句类复句、修饰语从句类复句、状语从句类复句）的定义，并基于句型细化其下位分类，如：「……との」「……という」为定语从句句型；主语从句 / 宾语从句的谓语后续「の」「か」，与格形式或凸显助辞（取り立て助辞）[②] 结合构成「……のは」「……のが」「……のを」「……のに」「……かも」「……かが」「……かを」「……かには」等主语从句 / 宾语从句句型；「……こと」「……もの」「……か」构成谓语从句句型；「……ように」「……とおり（に）」「……ほど」「……だけ」「……くらい（に）」为修饰语从句句型等。③将“条件”“逆接条件”义状语从句独立设章，详细探讨了主从句的语法结构、功能和意义。高桥太郎指出，“条件”“逆接条件”义状语从句可用于未来 / 过去事项及现实 / 非现实事项。[③] 从情态侧面（モーダルな側面）可分为“假定条件”“预定条件”“反事实假定”“既定条件”和“一般恒常条件”等 5 类[④]。从主从句的句义关系又可分为“广义的原因”“本质的外在表现”“时间 / 空间状况”“语言活动 / 思考活动的场景”“发现的场景”“事件成立的契机”等 6 类[⑤]。④补充了“复杂复句”部分。

---

① 「つづける文が独自のモダリティーをもっていても、独立の文でないのは、それがつぎのいいおわる文に対する一定の関係をつなぎのくっつきによって積極的にしめしていて、それだけでは言語活動の単位として完結していないからである。」（1972：166）

② 学校语法中的「副助詞」。

③ この関係さえなりたてば、未来のことでも、過去のことでも、また、現実のことでも、非現実のことでも、あらわすことができる。（日本語の文法，ひつじ書房，2008：264）

④ 「仮定的な条件」「予定的な条件」「反現実の仮定的な条件」「既定の条件」「一般的な条件」（『日本語の文法』，ひつじ書房，2008：264）

⑤ 「広い意味で原因になっているもの」「本質的なもの、評価的なものに対して、現象や徴候などになっているもの」「時間的、空間的な状況になっているもの」「言語、思考活動のばめんを設定するもの」「発見のばめんを設定するもの」「あるできごとが成立するばめんとなる、こちらの行動を設定するもの」（『日本語の文法』，ひつじ書房，2008：265）

值得一提的是高桥太郎对联合复句与偏正复句的连续性的论述，他以「……けれども」从句与「……のに」从句为例，比较了两者的陈述度的高低。他指出虽两者均属联合复句，但「……のに」从句更接近于命题本身因而更具从属性，「……けれども」则包含更高的陈述度因而更趋独立。可见，高桥太郎将陈述度的高低作为判断从句独立度的标准之一，从句陈述度越低，独立度越高，对主句的从属度越低。反之亦然。

《日语语法》对《形态论》中复句思想的继承与发展推动新语法体系由词法向句法、篇章法展开，为新语法体系下的复句研究提供了更清晰具体的思路。

四、相关术语名称的使用

值得注意的是，《形态论》中术语名称的命名与选择。篇幅所限，在此仅列出其中一部分供参考。

表 3　《形态论》中复句相关术语名称

《形态论》	常用名称	汉语对应名称
あわせ文	複合文	复句
ひとえ文	単純文	单句
つきそい文	従属文 / 従属節	从句
ならべあわせ文	重文	联合复句
したがえあわせ文	複文	偏正复句

表 4　《形态论》中从句相关术语名称

	《形态论》	汉语对应名称
つきそい文—从句	規定語的なつきそい文	定语从句
	主語的なつきそい文	主语从句
	対象語的なつきそい文	宾语从句
	述語的なつきそい文	谓语从句
	修飾語的なつきそい文	修饰语从句
	状況語的なつきそい文	状语从句

表 5 《形态论》中状语从句相关术语名称

状況語的なつきそい文—状语从句	場所をあらわすつきそい文	表“场所”义的状语从句
	時をあらわすつきそい文	表“时间”义的状语从句
	原因理由をあらわすつきそい文	表“原因、理由”义的状语从句
	目的をあらわすつきそい文	表“目的”义的状语从句
	条件をあらわすつきそい文	表“条件”义的状语从句
	逆条件をあらわすつきそい文	表“逆接条件”义的状语从句

可见，相较于以往的研究，《形态论》选择了非常易于日语母语者理解的学术术语名称。因其出版之初是作为小学教科书《日语 4- 上》（『にっぽんご 4 の上』, むぎ書房 ,1968）的教学参考书，因而在术语名称的选择上，《形态论》回避了「複合文」「単純文」「従属文 / 従属節」「重文」「複文」等对于小学生来说生涩难懂的名称，而选择立足意义与功能的解释性术语名称，更具实践性。这与学校文法，重视记忆活用形和接续方式，对语法功能与语法意义缺乏关注的态度完全不同，从侧面也体现了对传统学校文法的批判。

当然，对于外语学习者，特别是对复句已有一定了解的、以汉语为母语的中国高校本科外语学习者而言，或许「複合文」「単純文」「従属文 / 従属節」「重文」「複文」的学术名称更易于理解和记忆也未可知。

结　　语

《形态论》是一本实践性日语词法教材，它基于语法功能，以形态（句型）为抓手，兼顾语法意义，在统一标准下“三位一体”地勾勒了全新复句分类系统，不受学校文法中的“文节”思想的干扰，真正践行了语法意义与语法功能的统一。其使用的学术术语名称颇具特色，回避生涩难懂，选择了立足意义与功能的解释性术语名称。

当然，作为一本以日语母语者为教学对象的小学教科书的教学参考书，《形态论》止步于复句分类系统的轮廓，未能进一步言及复句的更多细节，诸如各类复句的具体内涵等问题。高桥太郎在《日语语法》中完整继承了《形态论》中的复句思想，细化了各类复句的下位意义分类，尤其是从情态侧面、主从句的句义关系方面对“条件”“逆接条件”义状语从句的补充说明为新语法体系下的复句研究提供了更清晰具体的思路。

参考文献

[1] 朱新华 . 铃木重幸与学校语法批判 [J]. 日语学习与研究，1994：14-17.
[2] 沈书娟 . 日语复句相关研究 [D]. 上海外国语大学博士学位论文，2013.

[3] 鈴木重幸 . 日本語文法・形態論 [M]. むぎ書房，1972：163-169.

[4] 言語学研究会 . にっぽんご 4 の上—文法 [M]. むぎ書房，1968.

[5] 鈴木重幸 . 文法と文法指導 [M]. むぎ書房，1972.

[6] 山田孝雄 . 日本口語法講義 [M]. 宝文館，1922.

[7] 山田孝雄 . 日本文法学概論 [M]. 宝文館，1936.

[8] 松下大三郎 . 改撰標準日本文法（徳田政信編，復刊）[M]. 勉誠社，1928.

[9] 益岡隆志 . 新日本語文法選書 2—複文 [M]. くろしお出版，1997：1-67.

[10] 益岡隆志 . 日本語文法の諸相 [M]. くろしお出版，2000.

[11] 宮島達夫・仁田義雄 . 日本語類義表現の文法（下）[M]. くろしお出版，2001：383-384.

[12] 日本語記述文法研究会 . 現代日本語文法 6—複文 [M]. くろしお出版，2008：3-7.

[13] 高橋太郎 . 日本語の文法 [M]. ひつじ書房，2008：251-273.

早期韩语复句研究评介

金海锦

湖南理工学院　外国语言文学学院

引　　言

早期韩语复句研究，我们选定朝鲜近代初期具有代表性的 4 位语法家，分别是俞吉濬、金奎植、周时经和金枓奉。[①] 他们的代表语法书收录在韩国塔出版公司"历代韩国文法大系"系列之一，1977 年出版。具体如下：

俞吉濬（1909），《大韩文典》（历代韩国文法大系，1-6），塔出版社
金奎植（1909），《大韩文法》（历代韩国文法大系，1-14），塔出版社
周时经（1910），《国语语法》（历代韩国文法大系，1-11），塔出版社
金枓奉（1916），《朝鲜话本》（历代韩国文法大系，1-22），塔出版社

上述语法家的语法书因为是近代初期出版的缘故，不完全具备现代书籍具有的目录、正文、参考文献、索引等形式。俞吉濬和金枓奉的语法书上正文前有序、目录；周时经的语法书正文前只有序没有目录；金奎植的语法书正文前没有序也没有目录，正文由语音、词类、句子三部分组成。语法书中涉及复句的内容包括复句的定义和分类。内容所占的篇幅从最少 5 页（如，俞吉濬），到最长 15 页（如，金枓奉）不等。下面依次陈述每位语法家对于复句的基本认识，复句的关系分类，然后作一个简要的评论。

① 俞吉濬、金奎植、周时经是同一个时代（开化期）的语法家，金枓奉是周时经的嫡系弟子，是继承和发展周时经学说的语法家。因此，选定上述语法家的著作作为早期语法研究的对象，具有代表性和可比性。另外，上述语法家的语法书不仅仅是引言中列举的那几个，除了俞吉濬的版本是最终版本以外，其他语法家的语法书后续版本存在部分删改，调整，但复句的部分基本上没有多大的改动。因此，本论文选用引言中罗列的这个版本作为评介的范文。

一、内容述要

（一）复句的定义

俞吉濬、金奎植、周时经、金科奉等语法家认识到句子可以分为单句和复句。他们的书中出现的与汉语“复句”相对的术语各有各的表述，因此，便于说明统一用了汉语的“复句”术语。俞吉濬在《大韩文典》中使用的术语有“单文、复文、重文”；金奎植在《大韩文法》中使用的术语有“单纯句语、复杂句语、连结句语”；周时经在《国语语法》中没有使用像其他语法家一样的复句有关术语，而是用句（“드（文）”[①]）统称单句和复句，金科奉在《조선말본（朝鲜话本）》中也是用“월（文）”统称单句和复句，但与周时经不同的是金科奉对复句下了定义，但，还是跟其他语法家一样，把复句和单句放在一个层面进行分类，如，“홋월（单文）、줄월（重文）、겹월（复文）、“덧월”、모월（混文）”。因此，可以说上述语法家对复句的认识还没有达到把包孕复句和接续复句作为复句的下位概念来理解的程度。因此，对复句的定义通过语法家分别对包孕复句和接续复句下的定义来梳理。

（1）a. 複文이라 는 者 文章의 組織上 附屬節 含 者 謂미라（复文是句子结构包含附属小句的句子）（俞吉濬，1909：121）

b. 重文이라 는 者 文章의 組織上 獨立節 含 者 謂미라．說明語의 語尾變化로 助動詞 中止段의（고）（며）等語로써 前節과 後節의 連絡 成는 者이라 或此聯搆文 又 雙關文이라 稱나니（重文是句子结构包含独立小句的句子。通过谓语的词尾变化，用助动词中止段的（고）（며）等接续前后小句而成。也可以称作联构文或双关文。）（俞吉濬，1909：122）

（1）中的 a 和 b 的定义可以了解俞吉濬是根据一个句子包含附属小句[②]还是独立小句[③]来区分包孕复句和接续复句。

（2）a. 複雜句語라 은 一個 元題目部와 一個 元說明部로 成立되되 其 說明部에 二個 以上의 確實 動詞가 有 거슬 云이니（复杂句是由一个元主题部和一个说明部成立，且说明部有两个实义动词的句子。）（金奎植，1909：99）

b. 連結句語라 은 一個 以上의 單純句語나 複雜句語를 同体로 連結 거슬 云이니（接续句是一个以上的单句或复杂句以相同的资格连接的句子。）（金奎植，1909：102）

---

① 金海锦（2017：184）。

② 俞吉濬认为附属小句包括现代韩国语学上讲的名词形语尾，冠词形语尾和副词形语尾。

③ 유길준（1909：118）獨立節이라 는 者 文章의 中에 在 야 他節과 對等의 資格 有 者 謂미라．俞吉濬认为独立小句是复句中与其他小句处于对等关系的小句。

（2）中的 a 和 b 的定义可以看出金奎植根据包含由一个主语和一个谓语构成的小句作为判定复句的依据。Choi Nak-bok（최낙복，2003：222）中已经探讨过金奎植的语法书上说的“复杂句语”是指包孕复句，“连结句语”是指接续复句。[①] 值得注意的是接续复句里面包括对等接续和主从接续，对此稍后阐述。

（3）周时经在《国语语法》中用“드”统称单句和复句，没有对复句下定义。周时经在对句子结构进行解释的过程中给出了对复句的解释。即，借用俞吉濬的术语来讲的话，包含附属小句的句子是包孕复句，包含独立小句的句子是接续复句。

（4）월에 임자와 풀이만 갖호아 한 생각을 다 낱아내는 것이든지 여러 마디를 갖호아 한 생각을 다 낱아내는 것이든지 어떠하게 된 것이든지 한 생각을 다 낱아내는 것은 다 월이니라（句子不管是由一个主语和谓语表达完整的意思，还是通过包含的几个小句来表达完整的意思，只要是表达完整意思的都可以叫作句子。）（金科奉，1916：170）

a. 줄월（重文）은 둘로 붙어 둘 더 되는 홀로마디들이 서로 줄달아 이루인 월을 이름이니（重文是由两个独立小句并列构成的句子。）（金科奉，1916：186）

b. 겹월（复文）은 조각마디를 갖흔 월들을 이름이니（复文是包含部分小句[②] 的句子。）（金科奉，1916：191）

c. 덧월은 붙음마디와 으뜸마디를 갖흔 월들을 이름이니（“덧월”是由附属小句和主句构成的句子。）（金科奉，1916：194）

d. 모월（混文）은 줄마디를 다시 홀로마디나 조각마디나 붙음마디나 으뜸마디로 삼든지 겹마디를 다시 홀로마디나 조각마디나 붙음마디나 으뜸마디로 삼은 여러 가지 월들을 다 이름이니（混文是指包含两个独立小句的分句作为该句的独立小句或者附属小句或者主句；亦或者包含两个部分小句的分句作为该句的独立小句或者部分小句或者附属小句的各种句子。）（金科奉，1916：199）

（4）中金科奉对复句定义及其类型下的定义中可以看出金科奉是把一个句子是否包含小句作为复句与否的判断依据。与上述 3 位语法家对复句的看法很相似。不仅如此，金科奉继承周时经不仅把单句和复句作为句子的下位概念来解释，进而把复句进行细致的分类，这说明金科奉对复句的理解比其他 3 位语法家更加深刻系统。但是，金科奉也没能超越像俞吉濬、金奎植和周时经把包孕复句和接续复句和单句在一个层面上分类的认识。

---

① Choi Nak-bok（최낙복，2003：222）。

② 조각마디는 월의 한 임자나 풀이 노릇하는 마디들을 이름이니.（部分小句是指在句子里充当主语或谓语成分的小句。）（金科奉，1916：167）

（二）复句的构成形式

上面我们了解了 4 位语法家对复句的认识，即，复句是包含小句的句子。他们观察的复句里面包括现代韩国语学上成共识的接续复句和包孕复句。接续复句根据后续连接语尾的种类可以分为对等接续和从属接续。其中，对包含从属型连接词尾的复句界定为从属复句还是包孕复句，周时经采取两者皆可的态度，而其他学者们认为是接续复句。[①] 小句和主句由两个主语，所谓双主格句的句子理解为单句还是复句，周时经采取两者皆可的态度，而金枓奉根据是否包含小句结构来认定复句与否。另外，上述语法家也认识到在一个复句里既包含接续，又包含包孕的多重复句的存在。下面分 5 个方面对 4 位语法家的复句认识进行梳理：①包含表示并列的连接语尾“- 고”的复句；②包含表示原因的连接语尾“- 매”的复句；③包孕复句；④所谓双主语句；⑤多重复句。

1. 对等接续复句

4 位语法家对由表示并列的连接语尾“- 고”构成的复句具有相同的认识。

（5）a. 새가 울고 이 퓌다（鸟叫花开）（俞吉濬，1909：123）

b. 해가 돗고 이슬이 져젓더라（太阳升起朝露湿树叶了）（金奎植，1909：202）

c. 이 소는 누르고 저 말은 검다（这头牛黄，那匹马黑）（周时经，1910：44）

d. 달은 밝고 별은 드물고나（月朗星稀）（金枓奉，1916：187）

除上述连接语尾“- 고”之外，4 位语法家对表示并列的连接语尾“- 며”也具有同样的认识。对此略述。

2. 从属接续复句

4 位语法家中俞吉濬和金奎植把由表示假设、前提、原因等连接语尾（“- 면，- 거든，- 니，매…”）构成的复句作为从属接续复句来理解。周时经在词法中将表示假设的（“- 면，- 거든”），表示前提的（“- 니”），表示原因的（“- 매”）等连接语尾在构成复句的时候，把它作为包孕复句和接续复句来解释。而金枓奉在词法中把“- 면，- 거든，- 니，- 매…”归类于副词形语尾，[②] 并把由它构成的复句作为包孕复句来理解。

（6）a. 네가 가면 나도 가마（如果你去，我也会去）（俞吉濬，1909：125）

b. 를 샀더니 그거시 진 거시더라（买了船，那是碎的）（金奎植，1909：96）

c. 바람이 불매 배가 가오（刮风，所以船行走）（周时经，1910：55-56）

① 金海锦（2017：220）。

② 金枓奉（1916：113）。

d. 거동길 닦아 놓으니 깍쟁이가 먼저 지나간다（修好皇帝走的路，小气鬼先路过）（金科奉，1916：198）

（6a）俞吉濬把“－면”解释为在一个句子里按顺序连接上下语句的词，即把上句作为下句的应从句来理解。（6b）金奎植把“－매，－더니”归类于“相属接续词”里，像俞吉濬一样把上一句作为下一句的应从句。把“를 삿더니”作为“거시더라”的应从句，即修饰成分。（6c）周时经把俞吉濬和金奎植用线性图勾画出来的上下句关系，通过层级结构表示语法关系，如，他用第一个图的层级结构解释为包孕复句，用第二个图的线性结构解释成从属复句。

图 1　包孕复句

图 2　从属复句

周时经用图 1 画出了金奎植所要表达的意思。用图 2 画出了俞吉濬的文字解释部分。

（6d）金科奉也通过图（与周时经的图 1 相同）画出来小句之间的关系，即包孕复句。

综上，周时经和金科奉把表示对等的连接语尾以外的连接语尾构成的复句解释为包孕复句，接下来了解一下包孕复句。

3. 包孕复句

4 位语法家都意识到韩语里有包孕复句。进而将包孕复句视为包含名词形语尾、冠词形语尾和副词形语尾的复句。

（7）a. 마암 어름의 맑음갓치 조쳘케 어라（把心像冰的清澈一样弄亮吧）（俞吉濬，1909：122）

b. 졍녕 나 말한 것과갓치 네가 후회하리라（诚如我说的那样你一定后悔的）（金奎植，1909：101）

c. 이마가 붉은 두름이 소리가 길게 울더라（额头红的鹤长鸣）（周时经，1910：49-50）

d. 발（이）빠르게 걸어라（腿脚麻利的走吧）（金科奉，1916：196）

（7a）俞吉濬把“어름의 맑음갓치”解释为副词性小句，并把包含这个小句的句子叫作“复

句”。（7b）从金奎植所举的例句“나 말한 것과갓치”来看跟俞吉濬类似，即把包含这个副词性小句的句子叫作“复句”。（7c）周时经把“소리가 길게”解释为“억드”（副词小句），并把包含此小句的句子叫作“드”（复句）。（7d）金科奉把修饰主句谓语的“발（이）빠르게”作为修饰小句，并把包含此小句的句子叫作“덧월”（包孕复句）。不仅如此，从属连接语尾，如，“－면，－거든，－니，－매…”等和“－게，－도록”等归属于副词形语尾，把包含此种副词形语尾的句子理解为包孕复句。

4. 所谓双主语句

4 位语法家中除了金奎植以外，其他 3 位都有谈论到双主语句。俞吉濬承认双主语，周时经画了 2 个图给出了 2 种解释，即单句和包孕复句。金科奉把所谓的双主语句解释为包孕复句。金奎植因为没有具体举出例句说明双主语存在，所以我们不得而知他对所谓双主语句的理解。

（8）a. 가을은 달이 밝소（秋天月亮明亮）（俞吉濬，1909：93）

b. 金奎植（1909）没有探讨。

c. 그 사람이 마음이 착하오（周时经，1910：50-51）

d. 매암이는 소리가 맑다（蝉的叫声清亮）（金科奉，1916：191）

（8）俞吉濬把“가을은 달이 밝소”中的“가을은”解释为总主语。[①] 对总主语下了定义。即總主語라 는 者 一主語가 他主語 以上에 在 야 他主語及其動作若形式을 統는 者이니 .（总主语就是一个主语出现在其他主语前面起到统一其他主语及其动作形式的主语。）

（8b）金奎植在语法书上没有谈及俞吉濬论到的“总主语”。（8c）周时经把此句通过图画来解释了 2 种可能性。图 3 解释为包孕复句，图 4 解释为单句。

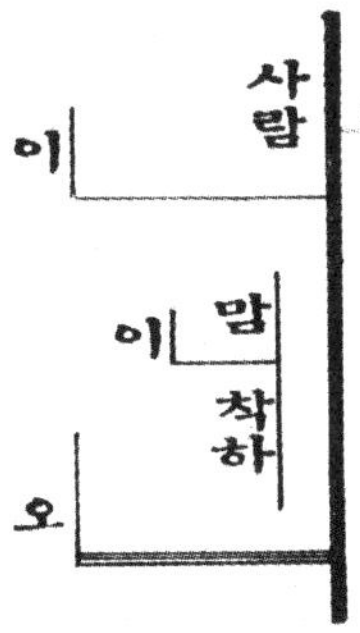

图 3　包孕句

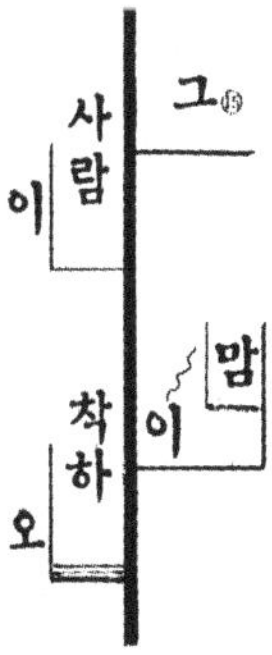

图 4　单句

如图 3、图 4 一样，周时经给出了该句子的 2 种可能的解释，但没有给出是什么结构。（8d）金科奉把主谓结构的小句出现在主语或谓语的位置的句子叫作“겹월”（复句）。因此，金科奉把（8d）的句法结构解释为复句。

① 南京完等（남경완 외，2003：107）。

5. 多重复句

4 位语法家意识到韩语里面有接续句和包孕句同时出现在长句的现象。俞吉濬没有给长句命名，金奎植把多重复句包括在“复杂句语”和“连接句语”里。周时经把多重复句命名为“미”，金科奉把多重复句命名为“混文”。

（9）a. 차이나 가 넓고사람이 만흐되우와 아래의 마암이 한갈갓이 아니 고로 나라의 힘이 굿세지 못 니라（中国地大人多上下不一心所以国力不强）（俞吉濬，1909：124）

b. 其 兵丁이 只今 잇다며 제 大將을 보앗다 을우리가 드럿다（我们听见说那个士兵现在在那里，又看到过那个大将）（金奎植，1909：99）

c. 周时经（1910）没有具体举例句。

d. 말이 쉽은 저런 사람도 있고 뜻이 굳은 이런 사람도 있고나（有说话很随意的那种人，也有意志坚定的这种人啊）（金科奉，1916：196）

（9a）俞吉濬在讲述完句子类型之后补充了单句、接连句、包孕复句的小句可以作为其他句子的一个成分存在。由此，我们可知俞吉濬理解的多重复句是包含连接小句又有包孕复句的小句结构的复句。对此类长句俞吉濬没有命名它是什么语法单位。（9b）金奎植所举的例句包含接连句和包孕复句的小句，这个复句是先连接后包孕的关系，所以金奎植把这种归类于包孕句里面。（9c）周时经没有具体举例句，把这种长句命名为“미”是大于句法单位的。①（9d）是金科奉所举的复句中的一个分支“混文”（混合复句）中的一个例句。它也是一个长句里面包含连接小句，包孕句的小句。

综上，4 位语法家意识到韩语里面有接续句和包孕句同时出现在长句的现象。俞吉濬没有具体命名长句属于什么层级的语法单位。金奎植通过小句之间的关系来界定是包孕句还是接续句。周时经把长句跟一般的句子区分开来给出了新的语法范畴。金科奉在复句的框架里，根据语法结构判定它的归属。

二、简　　评

俞吉濬、金奎植、周时经、金科奉等语法家认识到句子可以分为单句和复句。按照语法书出版的先后顺序来看俞吉濬和金奎植对句子的认识反映了当时几位语法家共有的语法知识。周时经也了解当时语法家对句子持有的看法。在此基础上周时经采用图表解读法来标示出了句子

① 周时经（1910）没有举出多重复句的例句，而他的嫡传弟子之一李奎荣的语法书上有举的例句，参见金海锦（2017：226）。

成分之间的语法关系，[①] 且给出了自己的想法。周时经的见解是开放式的，没有明确一个句子是什么结构，根据成分之间的关系和句子可以表达出来的几个语义给出了各种可能性的答案，这一点也证明了学界认为的周时经是分析主义语法家一说。直到他的弟子金科奉的出现把每一个句子进行画图解释归类于某一个复句名下。

上述语法家都意识到复句包含接续复句和包孕复句，并且认识到一个长句结构里包含接连句和包孕句。对此，语法家们都表达出了个人的思考。从最初俞吉濬对复句的分类与命名到金科奉的对复句的理解呈现出了认识的发展与深化。其中包含从属连接语尾的复句是从属接续复句还是包孕复句，双主语句还是包孕复句到现在学界还是各执一词，有待进一步论证。另外，现代韩国语把多重复句叫作复杂的复句或复合句。

以上语法家中周时经作为周时经学派的开创者，对复句进行了多角度的分析，周时经学派的嫡系弟子之一的金科奉对复句的认识趋于成熟，对复句的分类和命名，结构等进行了详细的说明。金科奉对周时经复句认识的继承和发展到了崔铉培趋于完备。有关崔铉培的复句研究，参看本卷《崔铉培〈吾话话本〉复句内容述评》。

参考文献

[1] 邢福义 . 汉语复句研究 [M]. 北京：商务印书馆，2001.

[2] 고영근 , 구본관 . 우리말 문법론 [M]. 서울：집문당 , 2008：483-521.

[3] 고영근 . 주시경 문법이론에 대한 형태· 통사적 접근 [J]. 국어학 1982,11：25-46.

[4] 고영근 . 국어문법의 연구 [M]. 서울：탑출판사 , 1983.

[5] 高永根 , 李贤熙 校注 . 주시경，국어 문법 [M]. 서울：탑출판사 , 1986.

[6] 김해금 . 주시경학파의 문법 연구에 대한 고찰 – 주시경，김두봉，이규영을 중심으로 [D]. 서울대 박사학위논문 , 2017.

[7] 남경완 , 이은영 , 박세영 , 성지연 , 이숙경 , 노석은 역주，최호철 감수 . 쉽게 풀이한 대한문전 [M]. 서울：월인 , 2003.

[8] 남기심 . 현대국어 통사론 [M]. 서울：태학사 , 2001.

[9] 남기심 , 고영근 . 표준국어문법론 (개정판) [M]. 서울：탑출판사 , 1985.

[10] 최규수 . 주시경 문법론과 그 뒤의 연구들 [M]. 서울：도서출판 역락 , 2005.

[11] 최낙복 . 김규식 문법의 통어론 연구 [J]. 한글 2003, 260：199-225.

[12] 최낙복 . 개화기 국어문법의 연구 [M]. 서울：역락 , 2009.

[13] 한영목 . 국어 구문 도해 연구 [D]. 충남대학교 석사학위논문 , 1988.

① 可以说，周时经是第一个尝试用图表解读法来解释各种角度分析句子的语法家。参见韩永牧（한영목，1988：8），金海锦（2017：210）。

崔铉培《吾话话本》复句内容述评

蒋灵卉

上海外国语大学　博士后科研流动站

引　　言

《吾话话本》（『우리말본』）是延禧专门学校（现延世大学）1937 年出版发行的韩语语法著作，1955 年发行了修正版。[①] 作者是韩国近现代语法的奠基人延禧大学（现延世大学）的崔铉培教授。全书共 1 283 页，由“语音学（소리갈）、词汇学（씨갈）、句法学（월갈）”3 大部分组成，系统地阐述了当时（日据时代）韩语的语法理论，几乎涵盖了韩语中的所有语法现象。作为韩国最具代表性的语法著作，其理论和语法体系至今都广泛使用，被认为是韩语语法学习最基本的教科书。有关复句的内容在第 3 大部分“句法学”中，此部分分为 6 章。第 5 章是句子的分类，其中第 1 节和第 2 节讨论分析了复句。下面依次陈述本书的背景介绍，有关复句的主要内容，介绍本书对韩国国内语法学界的影响以及其他学者对本书的评价，最后做一个简要的总结评论。

一、背景介绍

崔先生出生于甲午中日战争前后，生长在被日本殖民的朝鲜。在各种艰难的环境中求学，同时作为爱国运动者深受周时经先生“国语是民族精神的形成基础，支配我们的想法和行动”[②]

① 1937 年出版后，崔先生从未停止对韩语语法的思考和探索，一直致力于修正和完善此书。1955 年出版的修正版较之前版本相比有了很大的改变：竖书改为横书，文字全部以韩语本土词汇书写，页数改为 907 页。1959 年出版了修正版，术语做了些许调整，使叙述用语更为统一。单词和一些简短的内容做了稍许修改，也修正了几处笔误。1961 年和 1965 年相继出版了第三版和第四版。1970 年崔先生去世，去世前修改的内容发行于 1971 年的第五版（最终版）。第五版中，作者把之前的四个版本做了综合性的整理和总结，精简了部分内容，书的页数最终为 941 页。

② 沈在箕（심재기，1988）指出，受到此影响，崔先生认为语言创造了民族文化，也是人与人沟通时主要使用的工具。想要有效率地发挥这个工具的功能，就需要加入某些人为的修正。这些修正就是语言使用时的规律和规则。

的民主主义语言观的影响，一生致力于韩国国语运动和国语研究。在当时的朝鲜，日本为了巩固统治实行语言高压政策。国语变成日语，民族语言朝鲜语则成为外语。任何朝鲜语的学习和研究都会被处罚，人们在公开场合甚至在家里都要说日语。此时，朝鲜语已成为民族文化和精神的象征。20 世纪 20 年代，为了保存民族文化，为了防止人们因被迫说日语忘记自己的民族语言，崔先生开始了以创建朝鲜语语法体系为目的的朝鲜语理论研究。《吾话话本》的问世，不仅在精神上和行动上鼓励了当时的人们反抗日本的殖民统治和愚民政策，而且在维护民族语言整体性的同时，还全面系统地整理了朝鲜语，创立了最基本的语法体系。

《吾话话本》分析了前人的研究，在此基础上开创性地融合了作者自己的看法和视角。本文从叙述用语开始强调使用朝鲜语的本土词汇（固有词），尽可能地用本土词汇表示的用语解释分析语法现象。[①] 在分析解释当时朝鲜语的语法现象的同时，第一次系统地建立了朝鲜语语言学的体系，被誉为韩语语法的集大成者。语音学部分编入了作者 1929 年出版的《语音学》，《语音学》是韩语现代音声学最早的研究。这一部分有 3 大内容：发音、发声器官的构造和作用，音素（낱소리），连音（이음소리）。词汇学部分分为词汇的特点和运用两个内容。词汇的用语“씨”首先出现在周时经先生的研究中，指可独立使用的“낱말（单词）”。周时经先生之前以极具分析性的角度定义了词汇，把词汇等同于单词（낱말）。但是在本书中，作者以综合性的角度重新规范了单词的基础，并依据形式、功能和意义将词汇分为 10 类。有关词汇分类，本书最大的特色就是突出了谓词（풀이씨）的活用（끝바꿈），即在谓词的词干上添加各种有意义的语尾使其形态改变。谓词活用的体系可分为终结法（마침법），资格法（감목법），连合法（이음법）。这些内容和后面复句有很大关联，复句的判定和分类很大程度上依据谓词的活用。句法学有六大部分：第 1 部分介绍了句法学和句子的概念。第 2 部分谈及了句子成分的词汇，连词（이음말）和小句（마디）。第 3 部分分析了句子的成分和功能。第 4 部分讨论了前后呼应的句子成分的相应关系（상응관계），着重解释说明了语序、敬语体系和副词、谓词的体系。第 5 部分探讨了句子的分类，按照句子的结构分为单句和包有句（가진 월），并列句（벌린 월），连合句（이은 월）。后三种类型为复句，是本文的主要内容。第 6 部分附加说明了标点符号的使用。

本书在说明语法现象的同时列举了大量的例句，并用图表分析词汇和句子结构。从结构、功能和意义上剖析了使用上的特点，并归纳总结了其使用规律，在此基础上创建整理了韩语全面立体的语法体系。这本划时代的独创性著作是朝鲜日据时代国语研究中最显著的成就，影响

① 朝鲜语中有将近 70% 左右的汉字词，27% 的本土词汇（固有词），还有 3% 左右的外来语。一般正式场合和专业性的著作中，基本表达和术语主要使用汉字词。但是在崔先生的著作中，为了宣扬民族文化和保留民族语言，基本都使用本土词汇所描述的专业术语，在后面的括号内添加汉字词作为说明。这与前人的研究有很大不同，并对后来的韩语研究产生了很大的影响。但是这样的术语理解起来相当困难，所以现今的韩语语法中，专业术语还是以汉字词为主。

着后来无数的学者。

二、内容述要

作者在句法部分的第 5 章第 1 节介绍了句子的分类，即按照句子结构（짜임）可把韩语中的句子分为单句（홑월）、包有句（가진 월）、并列句（벌린 월）和连合句（이은 월）。在此基础上，根据句子结构的简单复杂程度分为单句和复句；根据句子结构的类型分为包有句、并列句和连合句。

第一节　单句的定义和特点

先阐述了单句的概念，再介绍了单句的 5 个特点，下面依次整理说明。作者明确地指出主语和谓语之间的主谓关系独立出现一次的句子是单句，着重强调了主谓关系是独立的并只出现一次。即主谓关系出现一次但不独立存在的句子不是单句。根据这个概念，作者总结并得出了韩语单句的 5 个特点：①单句最具代表性的特点是主部（主语部分）和说明部（谓语部分）各出现一次。②主语由几个名词组成时，只要和谓语的关系只出现一次，也可认为是单句。③谓语由几个动词或形容词组成时，只要和主语的关系只出现一次，也可认为是单句。④主语和谓语分别由几个词组成时，只要二者之间的主谓关系只形成一次，也可认为是单句。⑤单句是否成立与修饰语、补语的有无或多寡无关。作者逐一列举了对应的例句，旨在详细说明单句的特点并为后面复句的判定条件做铺垫。

第二节　复句的定义、分类及特点

该节是本章的核心内容，共有三个要点，主要讨论了两大问题：一是如何定义和判定复句，二是如何划分复句。为了突显韩语复句的不同结构和使用特点，作者经过苦心思考，并没有照搬其他语言的分类方式，而是从韩语复句中主谓关系的不同组合（조합원）出发，将主谓关系归纳为 3 种：并列关系（벌림）、合一关系（어우름）、主从关系（거느림）。作者用大量的例句和句子成分分析、句子结构说明图等多种方式，整理并揭示了 3 种分类的语法特点和使用条件。通过这些具体事实总结出一条规律：复句中无论修饰成分和句子结构有多复杂，主谓关系是判定复句类型的唯一标准。

第一，复句的定义。

作者明确给出了复句的定义：两个以上的单句在形式上（꼴）互相组合成（얽히어서）一个整体（덩이）时形成的句子。即在这类句子中，主语和谓语的相互关系出现两次或两次以上。作者强调用单句的叠加来定义复句，并阐述了理由：一个个的单句不仅在句子意义上有关联，

在句子形式上也互有关联。作者指出，一连串的单句在形式上不是相互分离的，而是相互连接组合成的一个整体。反之，两个以上的单句在意义上有关联，但在结构形式上没有关联的话，不能称为复句，而是将其看成几个各自独立的单句。文中举了不同句型组成的几种单句的例子：

（1）陈述句组成的单句　　　간다，간다，나는 간다，너를 두고 나는 간다.（4）[①]（走了，走了，我走了，把你留着我走了。）

（2）疑问句组成的单句　　　밥이 좋으냐，술이 좋으냐？（2）（喜欢吃饭，还是喜欢喝酒？）

（3）命令句组成的单句　　　덕수야，방 쓸어라，마루도 쓸어라.（2）（德秀啊，扫扫房间，也扫扫地板。）

（4）共动句组成的单句　　　놀자，놀자，젊어 놀자.（3）（玩吧，玩吧，趁年轻尽情玩。）

（5）感叹句组成的单句　　　채송화도 피었구나！당국화도 피었구나！（2）（草杜鹃也开了，菊花也开了。）

（6）两种不同形式组成的单句　복동아，수남이가 간다，너도 가거라.（2）（福东啊，秀南走了，你也走吧。）

以上例句中，几个单句组合成一个整体。但是在句子的形式上（형식적으로）几个单句之间没有任何关联。所以，这些句子都不能成为复句。

作者还指出了一种情况：在句子中加入作接续语（이음말）的副词后，两个单句看起来像互相组合的句子。例如：

（7）복동아，수남이가 간다. 그러니까，너도 가거라.（福东啊，秀南走了。所以，你也走吧。）

在例句（7）中，“그러니까（所以）”在两个单句之间起连接作用，使其看起来像互相组合成一个整体的样子。事实上，从句子结构上看，“그러니까（所以）”连接前一句并使两个句子产生因果关系，表示前句是后句的原因。因此，这一类的词只是让几个单句的意义有连接，并没有形成结构形式上的关系。

为了方便理解，作者还用结构图做了句子结构分析（图解，그림풀이）。以例（1）为例：

（1）간다，간다，나는 간다，（너를 두고）나는 간다.（4）（走了，走了，我走了，把你留着我走了。）

(나는) Ⅱ 간다　(나는) Ⅱ 간다　나 – 는 Ⅱ 간다　　나 – 는 Ⅱ 간다

例句（1）中有 4 个单句，下划线“——”表示一个句子。“Ⅱ”是划分句子的两大部分

① 括号内的数字表示单句的数量。

主语部分和谓语部分的标记，前面的“나는（我）”是主语，后面的“간다（走）”是谓语。四个明确的主谓关系可以非常直观地判定例（1）是4个单句。

第二，复句的分类依据及方式。

本小节详细陈述了复句的定义，以及单句和复句之间的关系。两个以上的单句在一定前提下可组成复句，这个前提有两个：一是主谓关系出现两次或两次以上，二是单句之间既要有意义上的连接，也要有结构形式上的连接。

有关如何划分复句的问题是本文的重要内容。作者按照复句中各单句之间的关系将其划分为：并列关系、合一关系和主从关系。这种划分方法主要遵循了两个宗旨：①鲜明地保留两个或两个以上的个体的所有特性。②便于将所有个体的特性组成一个整体。因此，从结构上看，暂时性地提取所需的某种结构形式是并列关系，两个个体互相影响组成一个新的个体是合一关系，两个个体中的其中一个包含并主导另一个则是主从关系。从意义上看，不同的理解形成各自独立存在的组合体关系是并列关系，不同的理解没有分离但完全融为一个更大个体的家族关系是合一关系，几个理解中需考虑其中一方理解并以其为主的上下级关系是主从关系。

作者对于这样的划分做出了较为详细的说明：句子的结合和语法中单词的形成方式类似，都有3种方式。先看3种单词组成方式：①由并列关系组合而成的“牛马（牛和马），春秋（春和秋）”等并列词（벌린 씨）。②由合一关系组合而成的“岁月（时间，时势），春秋（年纪）”等融合词（녹은 씨）。③由主从关系组合而成的“手指，孝子”等包涵词（가진 씨）。与此对应，句子的组成方式也与其相同，即并列句、连合句和包有句（有属句）。作者指出，虽然本文主张的句子三种结合关系和复句的三分法与日本学者山田孝雄的句子分类方式一致，但这并不是简单的模仿或照搬，而是尝试多种分类并充分考察韩语句子的各种实质特性后的结果。作者强调自己并不完全满意这样的分类，只是这样的分类更接近自己理想中的方式，同时会一直致力于探索更合理的分类方式。

第三，复句的三种类型及特点。

作者首先阐述了包有文（有属句，가진 월）及其特点。包有句中的小句（语节，마디）如句子成分那样充当句子的一部分并从属于此句子。这个如同句子成分的小句称为从属句（종속절，딸림마디），包含从属句的句子是主句（주절，으뜸마디）。包有句有主从结构，主句一定包含一个或一个以上的从属句。从属句根据谓语可从两个方面来看形成方式：一是资格法（감목법，자격법）[①] 的形式，有三种：副词性小句（副词节，어찌 마디）、定语性小句（冠

① 韩语语法中，资格法（감목법，자격법）是指动词通过改变其形态得到其他词类的资格的语法形式。例如：달이 밝기가 낮과 같다.（月光和白昼一样明亮。）句子中“달이 밝기（月光的明亮（程度））”是名词性小句（名词节，명사절），由句子“달이 밝다（月光明亮）”的动词词干“밝-”加上使其变成名词结构的名词型语尾“-기”转变而成，并在句子中充当主语。小句中的动词通过形态上的变化改变了词性，成为名词性小句。这种小句还有副词性小句，谓语性小句，定语性小句（冠型性小句），本书中将这种通过形态改变动词词性的语法形式称为资格法。

型节，매김 마디）、名词性小句（体言节，이름 마디），二是终结法（종결법，마침법）[①] 的形式，只有一种：谓词性小句（用言节，풀이 마디）。文中列举了很多例子：

（8）副词性小句　나무잎이，소리도 없이，떨어진다．（树叶无声地掉落。）

（9）定语性小句　향기가 좋은 꽃이 만발하였다．（香味好闻的花都开了。）

（10）名词性小句　그 이름을 모름이 가장 유감이다．（不知道他名字最遗憾。）

（11）谓词性小句　부지런한 학생이 성적이 좋으니라．（勤快的学生成绩好。）

上面例（8）中可以看出"소리도 없이（无声地）"作为一个小句，在句子中作状语。例（9）中的"향기가 좋은（香味好闻的）"在句子中作定语，充当主语"花"的修饰成分。例（10）中的小句"그 이름을 모름（不知道他名字）"具有名词性，在句子中作主语。例（11）中小句"성적이 좋으니라（成绩好）"作为一个整体出现在句子的谓语位置上，在句子中作谓语。

其次介绍整理了并列句及其特性。作者将意义上各自独立，结构上组成一个整体的两个或两个以上的小句组成的句子定义为并列句。同时强调，前小句的谓语加上连结法（이음법）中的罗列形（벌린꼴）连接语尾连接后小句，并使前后小句保持并列关系。前后小句是对立小句（맞선 마디），从意义上看各自独立没有关联，从结构上看互相连接。但是，前后小句在时间上，空间上和思想上相互呼应。作者特别指出，连接前后小句的语尾必须是罗列形连接语尾，反之则不能认为是并列句。参考以下例子：

（12）겨울은 춥고，여름은 덥다．（冬天冷，夏天热。）

（13）순은 누구이며，나는 누구이냐？（舜是谁，我又是谁？）

（14）청년은 인생의 봄이요，노년은 인생의 가을이다．（青年是人生的春天，老年是人生的秋天。）

（15）바람이 불다가，비가 오다가，또 비가 온다．（风（刮了一下）停了，雨（下了一下）停了，又下雨了。）

上面例句中的"－고""－며""－요""－다가"都是连接语尾，分别表示对等，列举，列举和中断，在句子中起承上启下的连接作用。前后小句的结构相似，意义上互相呼应。

最后详细介绍了连合句和其区别于其他复句类型的特点。作者认为，意义上相同的两个小句在结构上互相融合成一个整体并形成一个更大整体的句子是连合句（이은 월）。此句型的特点：前后小句在意义和结构上是等值的（같은 값어치），相互对立的（서로 대하되），并且在更大的整体中不偏重任何一方，作为整体的意义高于任何单独一方。为了区别并列句，作者着重强调了连接前后小句的语尾是除了罗列形连接语尾之外的其他连接语尾。因此，作者根

① 终结法（종결법，마침법）是指动词变位的具体使用中，动词词干后加上终结语尾表示句子结束的语法形式。

据接续法的不同用法逐一列出了具体的例子：

（16）放任形　언니는 부지런하지마는, 아우는 게으르다.（姐姐勤快，但是弟弟懒惰。）

（17）拘束形　봄이 오면, 꽃이 핀다.（春天到了的话，花就开了。）

（18）说明形　그애가 내 동생인데, 나이가 열 두 살이다.（那孩子是我的弟弟，年纪有 12 岁。）

（19）接续形　해가 지자, 나는 집으로 돌아왔다!（太阳一下山，我就回家了。）

（20）比较形　새도 양육의 은혜를 알거든, 사람이 부모의 은혜를 모를소냐?（鸟也知道养育之恩，人会不知道父母的恩情吗？）

（21）添加形　비가 올뿐더러, 바람조차 분다.（不但下了雨，还刮了风。）

（22）益甚形　비가 올수록, 보리가 잘 자라요.（雨下得越多,麦子就长得越好。）

（23）到及形　밤이 새도록, 나를 공부를 했다.（我学习到了熬夜的程度。）

（24）中断形　비가 오다가, 눈이 온다.（雨（下了一会）停了，下雪了。）

由上面的例句可以看出，连合句不能忽视任何一方的意义，前后小句作为独立的结构都是整体的一部分。句子的整体意义由前后小句共同组成。

第三节　分类的根据及原因

作者详细阐述了分类的依据，并强调是反复研究后的结果。英语语法、日语语法等语法中复句基本都是两分法：包有句（有属句）和并列句。作者指出大家都认为连合句从属于包有句，因为连合句的前句可看作句子的副词性小句（어찌 마디）。但是作者却认为连合句应单独成一类，并从 3 个角度陈述了三分法的原因。

首先说明了将连合句从包有句中分出的具体原因：①作者指出，连合句前后小句之间是对等关系，而不是主从关系。同时强调大家都认为连合句的前后小句是主从关系，但是仔细观察就可发现前句不是修饰后句的副词性小句，而是和后句等值的独立的小句。②连合句前后小句的等值性和对等性会稍有差异。部分句子中前小句的独立性会相对而言处于弱势，但是对于后小句而言是成立的条件（조건），也不是修饰成分。③连合句中前小句在一定程度上制约（금하는）后小句，前后小句互相关联。虽然连合句只能由罗列形连接语尾连接前后小句，但是不同的内容还是会产生些许对等性上的差异。④从句子结构形式上看，用连合法组成复句时必须遵循连合句和并列句的组成原则。有从属关系的复句是包有句，等值并互相影响的复句是连合句。⑤西方语言中有可直接划分两类复句的结构形式上的条件，但是韩语这些条件并不成熟。

西方语法中，复句普遍分为两类：并列句（compound sentence）和包有句（complex sentence）。作者介绍了分类标准：一是连接两个小句的接续词有两种：对等接续词

（coordinative conjunction）和从属接续词（subordinative conjunction）。对等接续词连接的复句是并列句，从属接续词连接的复句是包有句。二是可观察句中词汇位置配定（자리잡음）的不同。三是两种小句完结的句点（interpunction）不同。这三个因素使得英语语法容易区分复句的不同。其中，最重要的是第一和第二因素，第三因素是后来为了便于区分人为设置的标记。作者认为，依据语感（말맛）的差异可判断连词是表示对等还是从属。但是在韩语中没有语位的差异，分类的主要依据是前后小句所体现的语感和语意。这个语意是对等关系还是主从关系。韩语连合句中，前后小句所表现的语感和语意是对等关系，所以不能将其归入包有句。作者强调连合句的特点更接近并列句，并同时指出，由于这些因素，韩语复句的分类不能简单照搬英语语法，而是应该遵循韩语语法自身的特点。

其次阐述了连合句与并列句区分的原因。连合句和并列句的前后小句都是对等等值的关系，二者之间的区别在于前后小句是否存在密切的综合性的整体意义。并列句的小句各自独立并且前后没有紧密结合生成综合的意义。反之，连合句的两个小句相互作用生成一个新的整体性的意义。简而言之，前后小句之间的关系是最主要的判断依据，即是单纯的并列关系还是有综合意义的连合关系。作者做了简单明确的整理，具体内容如图 1：

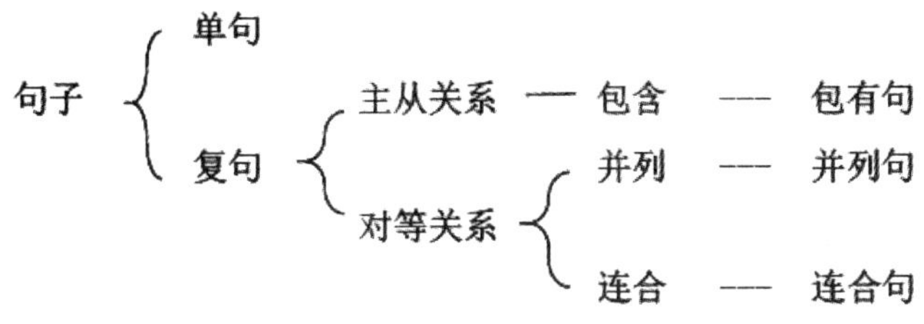

图 1　韩语句子的分类

最后概括了复句三种分类的结构形式。作者从尊重韩语语法特点的角度出发，本着结构形式化和分类经济性的原则，对复句的大量例句进行了整理分析。前后小句通过连合或包含成一个复句时，前句和被包含的小句的谓语是资格法中的形式并且以终结法的形式出现的复句是包有句。前句的谓语以连合法的罗列形连接语尾形式出现的复句是并列句，以罗列形连接语尾以外的形式出现的复句是连合句。此外，作者也指出了复句的其他特点。

第一，连合句的前小句可像状语从句那样出现在后小句中间。例如：

（25）나는 , <u>비가 와도</u>, 학교에 가겠다 .（我<u>下雨也</u>要去学校。）

“비가 와도（下雨也）”是连合句的前小句，但是没有出现在句子的前段，而是出现在后小句中。这是前小句特别的变形（특별한 변칙적）用法。变形后的前小句出现在状语的位置，像状语一样使用 。

第二，使用谓语的连合法来造句时，不同的连接语尾在句中的作用（구실）不同。作者整

理出了 4 种情况：①有部分连合法中的连接语尾总是连接单句的成分，反而不能连接复句。比如“－려 /－려고（表意图）”，“－러（表目的）”，“－락 －락（表动作或状态的连续）”。②有部分连合法中的连接语尾连接只连接复句，不能连接单句中的成分。比如“－거든（表假定或说明理由）”。③其他连合法中的连接语尾基本都可连接复句，也可连接单句的成分。作者整理了 11 个连接语尾，并逐一举例说明。④作为总结，作者强调了连合法中的连接语尾不是只能用于复句，其用法没有被句型所束缚，连接句子和句子成分都是其重要属性。这一点也是韩语和其他语言的不同之处。

综上所述，作者根据小句的类型和结构划分了复句的类型，如图 2：

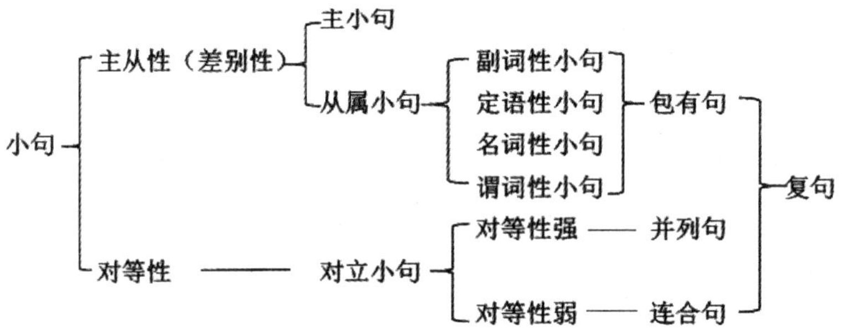

图 2　复句的类型

第四节　由复句组成的复句

作者补充说明了复杂的复句，同时详细列举了复句和复句之间的几乎所有重组关系。首先，复杂的包有句有 4 种情况：①并列句作为从句和主句一起组成复杂的包有句。②连合句作为从句和主句一起组成复杂的包有句。③从句中又包含从句，再组成复杂的包有句。④包含并列句的连合句作为从句组成复杂的包有句。

其次，复杂的并列句也有 4 种情况：①连合句分别组成两个对立小句，再组成复杂的并列句。②并列举句分别组成两个对立小句，再组成复杂的并列句。③包有句分别组成两个对立小句，再组成复杂的并列句。④包含并列句的几个包有句组成两个对立小句，再共同组成复杂的并列句。

最后，复杂的连合句有八种情况：①前小句由并列句组成的复杂连合句；②后小句由并列句组成的复杂连合句；③前小句由包有句组成的复杂连合句；④后小句由包有句组成的复杂连合句；⑤前后小句分别由包有句组成的复杂连合句；⑥前后小句分别由几个包含并列句的包有句组成的复杂连合句；⑦前小句由并列句组成，后小句由包有句组成的复杂连合句；⑧前小句由包有句组成，后小句由并列句组成的复杂连合句。

三、影响和评价

本书出版后随即在当时的韩语学界引起了巨大轰动，直到现在学者们还会分析和探讨本书所展现的韩语语法体系。和同一时代的语法著作相比，在本书问世之前，有关当时韩语语法的书籍有过不少。时间上看最早的是 1897 年出版的李凤云《国文整理》，但是无论内容还是体系都有非常大的不足，所以学界并没有把此书看作是最早的语法书籍，而是将其看成是韩语语法论最早的尝试。普遍而言，崔光玉和俞吉濬的《大韩文典》（1909）是公认的最早的语法论著作。后来，1910 年周时经先生的《国语文法》问世。和先前的语法书籍相比，周先生这本语法书具有相当的参考价值，探讨了韩语中多方面的内容，同时也是独创性的研究，并没有受到之前书籍的影响。此后，期间出现了一系列的书籍，但是可称为语法论或者语法专著的作品屈指可数。其中造诣最高，最具代表性的就是崔先生的《吾话话本》。综合整理了十几位语法学者[①]对本书的评价，大部分观点如下：

第一，（韩国）国语学史上划时代的伟大成果。

第二，不仅是知识面上的研究，也注重实用面上的研究。

第三，建立了语法的标准，统一规范了语言的使用。

第四，在最艰难的年代，用笔作为武器反抗日本殖民，保护民族文化。

从内容上看，本书总结吸收了前人的成果，在此基础上建立了以词汇为主轴的语法体系。崔铉培（1980）指出语法中最根本的问题是如何定义单词和如何划分词类。词汇之间的各种联系可扩大，分析小句和句子也可依据词汇之间的规则。因此，复句的分类也受了词汇分类的影响。本书将复句分为三类，包有句、并列句和连合句。作者强调此分类是为了突显韩语本身的特点，尤其是词干和语尾的结合。因此，刻意没有采用西方语法的两分法。但是现代标准韩语语法中，句子的分类在本书的三分法基础上参考了两分法，更倾向于两分法。整理了现代韩语语法最具代表的四本语法书有关复句分类的内容，和本书的分类方式做了对比：

表 1　代表语法论著的句子分类

语法论著	分类基准	句子的分类
崔铉培 （1937/1955）	句子结构 句中的主谓关系	单句 复句 —— 包有句 / 并列句 / 连合句

① 综合整理了서정수（1974），이기문（1976），백낙준（1979），곽종원（1980），남기심（1974），김계곤（1985），노대규（1989），허웅（1991），권재일（1995），성광수（1995），권재일（2000），김계곤（2001），서상규（2010），이관규（2014）等学者的看法。

续表

语法论著	分类基准	句子的分类
许雄 （1983）	句子结构	单句 复句 — 连合（이음）—按照连合法连接的几个句子 复句 — 内包（안음）—小句充当句子的主要成分
南基心和高永根 （1985）	句中的主谓关系	单句 复句 — 内包和包有—句子中包含句子 复句 — 接续—连接语尾接续前后小句
南基心 （2001）	句中的主谓关系	单句 复句 — 内包和包有—句子中包含句子 复句 — 接续—连接语尾的使用
高永根和具本宽 （2008）	句中的主谓关系	单句 复句 — 接续句—对等接续 从属接续 复句 — 内包句—名词性小句 冠型词性小句 副词性小句 引用性小句 谓词性小句

由表1可知，本书按照结构和主谓关系直接将句子分为四类，后三类是复句。作者强调复句是单句在形式上互相组合成的一个更大的整体。在结构上，单句和复句是一样的，只是主谓关系上有差别。其他语法书都是直接将句子分为单句和复句，更侧重主谓关系出现的次数，按照次数来分类。本书和其他语法论著最大的差别就是并列句，作者认为并列句虽和连合句一样，用连合法中的连接形式连接前后小句。但是连接形式只能是罗列形，其他的形式则属于连合句。此外，并列句中的小句都为对立小句，小句互相独立，在时间、空间上和思想上互相接近。而连合句中的小句有主从关系和对等关系，和对立关系不同。其他语法论著中，并列句也属于连接语尾连接前后小句的使用范畴，将其并入作者认为的连合句中。

四、简　评

本书作为近现代韩国语最重要的成果，强调韩语本土词汇的使用，以词汇学为重点，宏观立体地分析了词汇和句法，为现代韩国语学建立了完整的体系，打下了坚实的基础。词汇的分类和句子的分类基本没有直接引用任何前人的成果，而是开创性地从形式、结构和意义出发，创建了全新的理论体系。由于前面已整理了韩国国内学者对本书的评价，笔者从其他角度对本书和有关复句内容作一个简要评述，具体如下：

首先，理论分析全面且具体。作者跳脱了当时环境的限制，从宏观的角度分析探讨了韩语中语音、词汇和语法的几乎所有现象。无论从整体结构，还是章节结构，都体现了严谨的逻辑思维和尊重语言本身特性的研究精神。复句的结构亦是如此。从宏观的角度，依据结构和主谓关系把句子分为四类，将单句和复句放在同一个框架内，并详细阐述了单句和复句的相互关系。虽然复句分类与现今广泛认同的分类方式有较大不同，但是从理论的整体性和严谨性来看，作者直观且细致地说明了自己有关复句的想法和认识，突出了词汇分类和复句分类的承接关系。

其次，研究范围广，内容丰富且立体。本书逐一讨论了语音学、词汇学和句法学，研究对象范围相当广。本书从页数上看，更侧重词汇学的分析和研究，占了全部内容的2/3。语音学是第40—142页，词汇学是第143—732页，句法学是第733—892页。句子的分类参考了词汇的分类方式，着重突出了谓词词干和语尾的各种组合关系，通过句子主语和谓语的关系来判定句子的类型。组成复句的方式和形成词汇的方式一脉相承，前者强调谓词的词干和不同意义和功能的语尾，后者强调单词之间的结合方式。这种词汇连接句子的方式刻画了一个清晰立体的语法体系，突显了韩语语尾的发达和语尾对句子类型分析的巨大影响。

再次，解释说明严谨且清晰。全书篇幅大，内容多。在论证的过程中，作者列举了大量的例句，例句的类型丰富，语言生动形象，利于读者的理解。举例分析某一特性时，不会生硬地造句，而是在突出特性的同时充分体现了语言的优美。复句的例句就是典型的例子，例句浅显易懂还富有哲理。例如，在说明什么是并列句时，“인생은 짧고, 예술은 길다.（人生短暂，艺术留长。）”，“산은 수정 같고, 물은 거울 같다.（山如同水晶一般，水像明镜一样。）”，“뜨거운 것은 나의 가슴이요, 붉은 것은 나의 마음이요, 깨끗한 것은 나의 절조이외다.（炽热的是我的胸膛，鲜红的是我的心脏，纯洁的是我的节操。）”。此外，解释说明时还使用了各类图表分析句子成分和句子结构，不但一目了然地展示了作者的分析方式，还利于读者理解作者的分析思路。

参考文献

[1] 고영근. 구본관. 우리말문법론 [M]. 서울：집문당, 2008：483-512.

[2] 고영근. 국어문법의연구 [M]. 서울：탑출판사, 1983.

[3] 곽종원. 외솔선생님께드리는월 [J]. 나라사랑, 1980（35）：10-11.

[4] 권재일. 외솔의말본연구와말본연구가나아갈방향 [J]. 나라사랑, 2000（100）：38-54.

[5] 권재일 . 외솔의월갈연구와그영향 [J]. 한힌샘주시경연구 , 1995（7,8）：265-288.

[6] 김계곤 . 외솔선생의초기 “우리말본” 강의내용 [J]. 나라사랑 , 2001（101）：166-169.

[7] 김계곤 . 최현배 -[우리말본][J]. 한글 , 1985（190）：3-22.

[8] 김석득 . 외솔최현배선생의학문과정신시계 - “외솔관” 이름붙임을기리면서 -[J]. 인문과학 , 2001（83）：265-278.

[9] 남기심 . [우리말본] 의씨갈에대하여 [J]. 나라사랑 , 1974（14）：43-55.

[10] 남기심 , 고영근 . 표준국어문법론（개정판）[M]. 서울：탑출판사 , 1985：374-424.

[11] 남기심 . 국어문법연구사에서본 [우리말본][J]. 동방학지 , 1980（25）：1-35.

[12] 남기심 . 현대국어통사론 [M]. 서울：태학사 , 2001：211-289.

[13] 노대규 . 외솔의우리말본 [J]. 나라사랑 , 1989（69）：4-8.

[14] 백낙준 . 조용히자라는외솔 [J]. 나라사랑 , 1979（31）：1-1.

[15] 서상규 . 최현배의『우리말본』첫재매유인본연구 [J]. 한글 , 2010（289）：151-178.

[16] 서정수 . 우리말본의월갈연구 [J]. 나라사랑 , 1974（14）：56-76.

[17] 성광수 . 외솔문법 [우리말본] 의토씨분류방법론 [J]. 한힌샘주시경연구 , 1995(7, 8): 135-164.

[18] 심재기 . 최현배의 “우리말본” [J]. 나라사랑 , 1988（65）：3-6.

[19] 이관규 . 외솔문법과학교문법 [J]. 한글 , 2014（304）：177-211.

[20] 이기문 . 주시경의학문에대한새로운이해 [J]. 학국학보 , 1976（2-4）：4039-4058.

[21] 이주현 .『우리말본』유인본에나타난최현배의씨끝바꿈체계의성립과정연구 [J]. 한글 , 2014（304）：5-29.

[22] 이카라시고이치 . 고노로쿠로（河野六郎）의 [조선어]1955 의번역 [J]. 형태론 , 2007（9-2）：429-469.

[23] 주향아 , 강계림 . 외솔최현배의씨가름체계성립과정연구 [J]. 한민족어문학 , 2012（61）：521-552.

[24] 최현배 . 우리말본（수정판）[M]. 서울：정음사 , 1957.

[25] 최현배 . 우리말본 [M]. 서울：정음사 , 1937.

[26] 최현배 . 나의주장하는우리말의말본의기준 [J]. 나라사랑 , 1980（35）：132-140.

[27] 허웅 . 국어학 - 우리말의오늘・어제 -[M]. 서울：샘문화사 , 1983：265-269.

[28] 허웅 . 외솔선생의정신세계와그학문 [J]. 동방학지 , 1991（72）：1-31.

《韩礼德功能语法导论》复句研究述评

郑瑶菲

广东药科大学　外国语学院；香港理工大学　人文学院

引　言

韩礼德（M. A. K. Halliday，1925—2018），是享誉国际的英国著名语言学家，系统功能语言学创始人。1925 年 4 月 13 日生于英格兰约克郡利兹，就读于英国伦敦大学中文系，之后留学中国，师承罗常培和王力，1955 年以《分析中国元朝秘史的语言》获得剑桥大学语言学博士学位，曾任英国伦敦大学中文系系主任，1978 年移居澳大利亚，任悉尼大学语言学系主任，1978 年任悉尼大学和麦考瑞大学荣休教授。[①] 韩礼德先生于 2018 年 4 月 15 日在悉尼辞世，享年 93 岁。

韩礼德于 20 世纪 60 年代提出系统语法（system grammar）和功能语法（function grammar），创立系统功能语法学。在 50 多年的发展过程中，韩礼德语言学一直致力于语言的系统与功能这两方面相结合的整体性研究。系统指语言被用来创造意义的潜势（potential），即各层次的可供人们不断选择的可能性，包括语境（context）、语义（semantics）、词汇语法（lexicogrammar）、书写 / 音系（graphology/phonology）等互为实现关系的各层次选项（choices）。复句属于词汇语法（lexicogrammar）层，直接实现上一层的语义（semantics）并由下一层的字位 / 音系（graphology/phonology）层实现。功能指语言在意义创造过程中所实现的社会功能，可以高度抽象为三大元功能（metafunction），即意指人们使用语言来构建现实的概念（ideational）功能；意指人们使用语言来建立人际关系的人际（interpersonal）功能以及语言本身固有的组织话语的语篇（textual）功能。复句研究所涉及的系统属于概念功能中的逻辑（logical）功能（另一概念功能指经验（experiential）功能），特指复句中各小句之间怎样通过一定的逻辑规律组合为一体从而实现语义。

韩礼德最具影响力的代表作是《功能语法导论》（*Introduction to Functional Grammar*），

① 梅德明 . 语言学与应用语言学百科全书 [M]. 北京：北京大学出版社，2017：995-996.

1985 及 1994 版由韩礼德著述及修订，2004 及 2014 版由香港理工大学英文系首席教授马西森（Matthiessen）参与修订。《韩礼德功能语法导论（第四版）》（*Halliday's Introduction to Functional Grammar 4th*）为劳特里奇出版社（Routledge）于 2014 年在美国及加拿大同时出版的"系统功能语言学（Systemic Functional Linguistics，以下简称'SFL'）"重要著作，全书正文部分共 10 章 739 页，其中复句部分是第七章共 129 页。下面我们详细介绍 SFL 中的复句逻辑语义系统。

一、内容述要

（一）复句的概念

复句指两个以上的小句（clause）按照排序关系（taxis）、逻辑语义（logico-semantic）关系和递归（recursion）原则构成的小句复合体（clause complex）。作者分三步循序渐进阐述这种系统功能复句概念。

第一步是感知。书中首先提供了口笔头两类介绍性语料让读者从语义的层面理解复句怎样构建事件的流动及其组织方式怎样取得编排效果（choreographing effect）。文中（Table7-1、Fig.7-1）通过对一篇叙事笔头语篇的分析分别展示了复句在这两方面的作用。值得注意的是，对于事件的构建属于语言的经验功能，而流动（序列）的构建以及编排效果的体现就需要逻辑功能的配合了，所以经验功能与逻辑功能合二为一被称为概念功能。

第二步是类比阐述复句系统中最重要的逻辑语义关系。逻辑语义关系指意义的内在联系规律在语法上的显现，这些规律可以体现在语言各个层面上。作者以本书第五章阐述过的小句中的环境成分及物性（circumstantial transitivity）来类比小句之间的语义关系——投射（projection）与扩展（expansion），并用一个表格（Table7-2）示例出逻辑语义关系分别在小句与复句中的显现。需要说明的是，英语中"transitivity"一词翻译为"及物性"，"transit"指的是一种从一边移动到另一边的关系，比如小句"He walked to the market with a dog."中的环境成分"with a dog"与小句的主体"He walked to the market"之间的逻辑语义关联是环境成分**扩展**小句主体所构建的经验内容；同样地，如果我们使用一个复句来表达类似的意义时，我们可以说"He walked to the market and the dog did too."，在这个复句中第二个小句与第一个小句之间的关系也是**扩展**，两个小句之间使用了"and"这个连接词从形式上把这种逻辑意义关系表示出来。本小节的 Fig.7-2 以制图的形式把复句在 SFL 的层次（stratification）、元功能和级阶（rank）这三个理论框架中的位置清楚地显示出来，充分体现了 SFL 语言分析三视角（trinocular vision）原则："从上"（from above）、"从周围"（from roundabout）、"从下"（from below）（Halliday, 1996；黄国文，2017）。三视角分析体现在复句研究的具体做法是：复句位于词汇语法层（Table7-3），分析时上观语义下看物理实现；“从周围”指立足于语法词汇分析的元功能一体化分析，即复句主要实现的是逻辑功能，但是连带的经验意义，人际意义及语篇意义都必须根据具体情况进行分析和描写；级阶的概念也与元功能分析有关，复句的下一级阶是小句而每一个小句本身就是三大元功能的实现体，比如小句的下一级构成成分，如连接词（conjunctive link），就是实现语篇功能的有效资源。

最后是阐述复句中小句之间的相互关系和递归原则。韩礼德认为传统语法中的句子（sentence）是书写系统中的以句号为标志的单位，并不能反映小句或复句的语法特征和功能。SFL 对复句的分析涉及书面语和口语两方面，书面语以句号为复句或小句之间的界限，但口语中的复句就必须通过调群序列（tone sequence）去辨识，而现实中口语复句的句法复杂度（intricacy）远比书面语高。相互关系和递归原则指小句之间以并列（paratactic）或从属（hypotactic）的线性循环结构出现。这一点要区别于词组（group）的组织方式：复句是小句以单变量结构（univariate structure）组成，即复句是由同一种变量的重复形成的；而词组则是经验成分以多变量结构（multivatiate structure）组成，即词组的各个组成单位的性质功能不一样，例如名词词组可以由“指示词＋数量语＋描述语＋事物（中心词）”等构成而这些成分是表达整个词组意义的不同变量。

（二）小句之间的关系类型

小句之间的关系类型反映在复句的逻辑系统网络图（Fig.7-3），由三大互为合取关系的子系统构成。SFL 呈现系统网络图的基本制图标记是：大括号表示合取关系（both...and），指可供选择的若干个子系统中对每一个子系统都要同时进行选择；直角括弧表示析取关系（either...or...），指在可供选择的项目中只能选其一。Fig.7-3 的基本意思是：对小句复合体的分析有三个合取选项子系统，即排序关系、逻辑语义关系和递归关系，而三个子系统里面的可供选项是析取关系。第三个子系统递归是由单变结构所决定的，是逻辑元功能在各级阶所体现的基本特征，在复句的这一章里没有过多赘述，本章重点阐述的是根据不同排序关系和逻辑语义关系结合所产生的各种小句关系组合体。

排序关系指小句之间语法上的关联——并列或从属之间的不二选择，也就是析取。这种相互关系因依赖程度而产生归类上的变化，即一个小句依赖于另一个小句［从属关系，见（1a）］或者两个小句地位相同互相依赖［并列关系，见（1b）］。排序关系中另一个需要注意的因素是主次排序（primary and secondary clauses），并列关系中的主次句分别叫起始句（initiating clause 用“1”表示）和接续句（continuing clause 用“2”表示），而主从关系的两个小句叫主控句（dominant clause 用“a”表示）和从属句（dependent clause 用“ß”表示）。Table7-4 及 Fig.7-4 分别论述了这两种排序关系。

（1a）As Kukul crouched low to the ground, he moved slowly.

（1b）Kukul crouched low to the ground and moved slowly.

逻辑语义关系指从语义的角度考察小句之间的关联规律。在复句的小句之间可以有很多不同的逻辑语义关系，这些关系可以高度概括为两大基本类型：扩展和投射，用以区分意义在现实层面（order of reality）上不同的变化状况。扩展是意义在同一现实层面上的意义拓展，指接续句或从属句在起始句或主控句所构建的经验现象的基础上拓展经验意义，根据所拓展的内容再细分为详述（elaboration 用“＝”表示）、延伸（extension 用“＋”表示）和增强（enhancement 用“X”表示）三个小类；而投射是指意义在两个现实层面之间的转移，指起始句或主控句通过接续句或从属句转述或重复由语言代表的符号意义，即经验现象（说话 say 或思考 think）把更高一层的符号现象（人们所说的话语和所思考的观点）投射出来，由此生成话语（locution 用”表示）和思想（idea 用’表示）这两小类投射关系。文中 Fig.7-5 用四张系列漫画来辅助解释拓展与投射这两类意义移动的区别，而 Fig.7-6 和 Fig.7-7 则以例句的方式展示了五种逻辑语义关系在复句中的体现。

在语言的实际运用中，两种排序关系和五种逻辑语义关系是同时交叉使用的，可以据此总结出十种不同类型的关系组合体，例如平行详述、从属详述等（见 Table7-5）。2014 版《导论》区别于以往版本的一个显著特点是新增了真实语料的规律性统计，Fig.7-8 在一个有 6 832 个复句的语料库里统计了各种关系及关系组合体的出现频率，得到如下初步发现：平行关系与从属关系的出现频率相近（大约 52% 和 48%）；拓展关系的出现远高于投射关系（大约 80% 和 20%）；投射关系中的话语比思想略高（大约 57% 和 43%）；拓展关系中的大部分关系是增强（49%），而详述和延伸分别只占 24% 和 27%；三个明显常用的关系组合体是从属思想、平行延伸和从属增强；平行思想是出现频率最低的组合关系。作者在语料库研究的基础上指出量化规律统计可以结合质化分析来具体分析系统的属性特征。除了十种基本组合体以外，还有包含“两种以上相互关系＋两种以上逻辑语义关系”的更多组合体类型，Fig.7-9 提供了 5 个例句展示了这种复句内部嵌套现象（internal nesting）。

（三）排序关系：平行与从属

复句的排序本质上是关系性的，即小句这一单变量被多次选择而产生的相互关系。与单变量结构相对应的是多变量结构，即结构中的每一个成分承担着不同的功能。Table7-6 列出这两种变量结构在四种元功能意义模式下的运作模式与具体例子：只有逻辑意义是以单变量重复（iterative）结构出现的；经验意义各种变量（参与者、动作过程、环境成分）的组织方式为分段式（segmental）；人际意义各种变量（主语、限定成分等）的组织方式为韵律式（prosodic）；语篇意义各种变量（主位、述位）的组织方式为推进式（culminative）。

并列关系和从属关系实际上是语言中任何级阶中的普遍关系。两种关系的不同特点和模式在文中由 Table7-7 表示。平行排序涉及两个地位相同的小句之间的前后顺序关系，从属关系涉及两个地位不平等的小句之间的主从顺序关系，但主从不等于前后顺序是固定的，在具体语言使用中，为了语篇意义推进的需要经常有从句放在主句前面的现象出现。两种排序关系结合体可以由多种方式制图，书中主要介绍四种：表格（box diagram，见 Fig.7-10）、树形图（tree diagram，见 Fig.7-11）、关联图（dependency diagram，见 Fig.7-12 abc）、备选图（alternative diagram，见 Fig.7-13）。

作者还特别提醒读者：对于语言现象的逻辑意义解读需要与非语言现象的逻辑关联有所区分。比如 bread and butter 是一个固定搭配表示“以面包为主奶油为辅的食品”，可是当某个场合我们说 butter and bread 时所暗含的意思是“面包上的奶油过量”，这是因为语言具备逻辑与语义相混合的表意功能，具体来讲 and 这个连词除了表示两种物品相结合以外，还表示第二个符号（bread/butter）对第一个符号（butter/bread）起到**拓展**意义的作用。因此，研究小句关系体系时如果把逻辑与语义结合起来分析就可以看清楚各种关系，这是韩礼德语法在传统语法研究基础上的重要突破和贡献。

事实上，各种“排序＋逻辑＋语义”关系已经被证明是篇章重要的组织方式，可以作为一种多维度规律（fractal pattern）适用于不同层面不同级阶的语言分析，这在本书修订者麦西森教授从 20 世纪 80 年代就开始着手研究的修辞结构理论（Rhetorical Structure Theory，简称“RST”）中得到了充分体现。

（四）三类拓展关系：详述、延伸与增强

对拓展关系和投射关系的具体阐述是 2014 版《导论》复句章（Chapter 7）的核心部分，是对系统中各类逻辑语义配合排序关系的详细阐述，也就是上文所讲的可应用于多维度语言规律分析框架。

拓展系统里的三个子类并不是泾渭分明的，而是语义空间的一个连续体，正如拓展与投射本来也都是指意义的移动变化。在口语使用中这种一体化现象尤为明显，比如当一位讲话者把接续句或者从属句放弃不说时，也许就是因为意识到有意义重叠现象发生了。事实上，只要有小句存在就有拓展意义的可能性，这种拓展有时是重复首句所讲的内容，即详述（elaboration）；有时是对首句内容的增加，即延伸（extension）；有时是在时空、条件、方式、因果等方面对首句所描述的事件给予补足说明使意义表述更全面更强大，即增强（enhancement）。下面详细介绍这三种拓展方式。

1. 详述：平行详述和从属详述

在详述关系中，一个小句用进一步具体说明或者描述的方式详细阐述另一个小句，例如：

（2）|||〔a〕Is there any way of disputing ||〔xß1〕when a priest, any priest, say, ||〔xß"21〕"This is my conviction, ||〔xß"2 = 2〕 this is [[what the god [[I serve]] thinks about this."|||

（3）|||〔a〕Moo, however, and the novel I am writing now,《〔= ß:〕which is a racehorse novel,》 are comic. |||〔1 a〕They are set in a more stable time, ||〔1 = ß:〕where things aren't crushed and lost, ||〔= 2〕they simply go on. |||

在上面两例中，次句没有给首句增添新元素，而是提供首句中提到的元素的进一步特征，重申、澄清、提炼或者增加描述及评论。在例（2）中，小句“this is what the god I serve think about this”重申了另一个小句“This is my conviction”。在例（3）中，小句“which is a racehorse novel”详述了小句“Moo, however, and the novel I am writing now are comic.”的部分内容。上面这两个例子同时也说明了，详述可以发生在平行关系之间也可以发生在从属关系之间，Table7-8 归纳了这两种详述形式。

平行详述主要有三种形式：**阐释**（expostion），即“换言之”；**示例**（exemplication），即“例如”和**澄清**（clarification），即“确切地说”。

（4）阐释 |||She wasn't a show dog; || I didn't buy her as a show dog. |||

（5）示例 |||We used to have races|| —We used to have relays. |||

（6）澄清 |||They weren't show animals; ||We just had them as pets. |||

从属详述产生**非限制性关系从句**（non-defining relative clause）的范畴，主要起描述功能，形式上可分为**限定性小句**（finite clause）与**非限定性小句**（non-finite clause），非限制性关系从句前面一般会有一个逗号与主句隔开，而非限定性小句经常以传统语法所描述的不定式、分词等形式出现，下面例（7）和例（8）分别示例了这两种情况。

（7）限定性小句 ||He talks down to people, || which automatically puts people's backs up. |||

（8）非限定性小句 |||It's my own invention|| -to keep clothes and sandwiches in. |||

例（8）跟密集型归属类关系句（intensive attributive relational）是同宗关系（agnation），只不过在这里表示关系过程（relational process）的动词“is”被隐蔽了，相当于完整的带限定的关系过程小句“My own invention is to keep clothes and sandwiches in.”。

2. 延伸：平行延伸和从属延伸

在延伸关系中，一个小句通过附加新的东西来延伸另一个小句的意义。所延伸的意义可以有三种不同的种类：**附加**（addition）、**变化**（variation）和**选项**（alternation）。在延伸关系中，平行和从属不像在详述关系中那么明显，也就是说，三种延伸类别在两类排序关系中都出现，所以可以用同一个范畴系统来讨论两者中的各类延伸关系的表现形式（Table7-9）。但是，平行延伸与从属延伸有两方面区别：首先是在实际运用中的频率分布方面的极大差别，根据 Fig.7-8 的统计数字，平行延伸占了大部分的延伸关系（94%）而从属延伸只占 6%。另一个区别是标记词（marker）的使用，平行延伸复句里基本采用延伸类核心标记词——and，or，but，nor，in contrast；从属延伸复句里所采用的标记词来源比较混合，大多数来自其他领域的语法标记词，比如增强关系中经常使用的捆绑词（binder）while，if in if…not（…then）等；或者一些紧接着 that 的连接词（linker）except that，but（for the fact）that 等；或者一些连介词（conjunctive preposition）及介词词组（preposition group）besides，without，apart from，instead of，other than 等；另外，限定小句（finite clause）的两个常见附加标记词（addictive marker）while，whereas 可以在从属延伸中被使用来表示肯定附加（addictive：positive）相当于 and 或者表示转折（adversative）时相当于 but。

延伸与平行组合关系产生了小句间的联合（co-ordination），通常由 and，nor，or，but 等表示，我们基本上可以在这种组合关系中辨识到 Table7-9 所总结的三种平行延伸类型。第一种是**附加**，指一个过程与另一个相互结合，不存在任何相互因果关系或者时间关系等。附加又可细分为三个此类：肯定附加［addictive: positive（and）］、否定附加［addictive: negative（nor）］、转折关系［adversative（but-and conversely）］。下面例（9）—（10）例句分别示例说明了这三种附加关系。第二种是**变化**，指一个小句被另一个整个或者部分替换。变化又可细分为两个次类：替换［replacive（instead）］和排除［subtractive（except）］。第三种是**选项**，指一个小句是另一个小句的选择项，通常由 or 或者 either…or 作为连接词。这三类六次类分别由以下例（9）—（14）句子示例。

（9）附加：肯定 |||He'd been a medieval student in college || and I was interested in medieval literature, too. |||

（10）附加：否定 ||| He could neither explain the whole situation to the editor || nor could he accept his rebuke. |||

（11）附加：转折 ||| We like that breed of dog, || but we felt || we won't in a position [[to own one at the time]]. |||

（12）变化：替换 ||| Witnesses said || the sand dredger seemed to go past the Marchioness|| but suddenly smashed into the side || and went right over it. |||

（13）变化：排除 ||| Nelly looked rather put out || and replied || that he was quite all right, || only the poor little chap was highly strung. |||

（14）选项 ||| Either you go ahead || and take the plunge || or you wait || till you think || you can afford it, || which you never will. |||

从属延伸呈现的是小句间的主从（sub-ordination），一样包括附加、变化与选项这三类，区别在于延伸部分是限定性或非限定性从属句。以下例（15）—（21）句子分别是几种从属延伸与两种限定性小句结合体例句。

（15）限定类附加 |||And yet Frank grows up, || while Huck never grew up. |||

（16）限定类变化 |||Camera pulls back to show Kane and Susan in much the same positions as before, || except that they are older. |||

（17）限定类选项 |||If they are not in the usual place, || they could have fallen through onto the- |||

（18）非限定类附加：肯定 ||| We used to go away at the weekend, || taking all our gear with us. |||

（19）非限定类附加：转折 ||| The arrow changed it course || and fell to the ground || without harming anyone. |||

（20）非限定类变化：替换 ||| Instead of finding the perpetrators, || they criminally charge the Earth First! activist, || who was left crippled for life. |||

（21）非限定类变化：排除 ||| We call him a murderer, || but for him there is no way out || other than doing the deed. |||

3. 增　　强

第一，平行增强和从属增强。

在增强关系中，一个小句用进一步具体说明或者描述的方式详细阐述另一个小句，可能的做法是交待时间、地点、方式、因果、条件等。与延伸一样，平行增强和从属增强的各种子类别相近，可以用同一个范畴系统来讨论两者中的各类增强关系的表现形式（参见Table7-10）。延伸与增强关系的另一个共同点是：长序列（long sequence）倾向于以平行关系的形式构建。在以事件顺序为主要组织原则的各种语类（故事、叙述、程序等）中，平行时间序列发挥了重要的构建作用。而且，在平行关系中的各增强子类经常保持一致。从属增强这种组合也会被采用，但这类复句中的增强子类有时保持一致有时会有所变化。

增强与平行组合关系也会产生小句间的联合，但包含情景特征（circumstantial feature），往往是时间或者因果因素。这些情景特征通常由以下几种方式表达出来：①连词（conjunction）then，so，for，but，yet，still；②由 and 组成的连词词组：and then，and there，and thus，and so，and yet；或者③由 and 与非结构性但带粘连性的（cohesive）连接词（conjunctive）组成的词组：at that time，soon afterwards，till then，in that case，in that way。另外在现代英语特别是口语中，下面这些连接词（conjunctive）的使用呈增长趋势：meanwhile，otherwise，therefore，however，nevertheless，但发音时不重读。下面是一些平行增强的子类及示例：时间（time）、

空间（space）、方式（manner）、因果—条件（causal-conditional）。

（22）时间：同时 ||| It's the Cheshire Cat: || now I shall have somebody to talk to. |||

（23）时间：后来 ||| I served in World War II || and then I went to Yale. |||

（24）空间：同一地点 ||| He fell onto a sea of emerald grass || and there he died. |||

（25）方式：手段 ||| Keep on subtracting the difference, || and in that way you will arrive at the correct figure. |||

（26）因果—条件：因 ^ 果 ||| Your body goes on changing every instant ||and so does your mind. |||

（27）因果—条件：果 ^ 因 ||| It is amazing [[how effective this system is]] , || for the tower stays as stiff as a ram-rod even in the most blustery conditions. |||

（28）因果—条件：肯定条件 ||| I have stress at work, || and then I sail and fly. |||

（29）因果—条件：否定条件 |||This is very much essential, ||otherwise a lot of time is usually wasted for sighting the staff. |||

（30）因果—条件：让步 ^ 结果 |||Though mounting irritation I kept telling him that I needed a cure for my son and nothing for myself; || still I answered his questions with all the politeness I could muster. |||

（31）因果—条件：结果 ^ 让步 ||| I was an English major, || but I took courses in biology and ornithology. |||

增强与从属结合构成了传统语法称为“状语从句”的现象。与平行增强一样，这些状语从句表示时间、方式、地点、因果和条件（参见 Table7-10）。典型的从属增强由两个小句组成，一个增强另一个。从属增强也有限定性和非限定性之分，示例如下：

（32）限定类时间：||| By the time I was to page sixty, || I felt a certain click. |||

（33）限定类空间：具体 ||| Arrows never fall || where he places himself. |||

（34）限定类空间：抽象 ||| As a result, disagreement is carried out in the absence of an audience, || where ideological and performance changes may be made without the threat of damage to the goals of the team, as well as the character of the individual. |||

（35）限定类空间：抽象空间渐变时间 ||| As far as it can, || the Zoo tries to be self-supporting, || and you will notice the names of companies and individuals on many of the cages [[who sponsor the animals]] . |||

（36）限定类方式：质量 |||As it happens, || Margo was an extremely rich woman. |||

（37）限定类方式：比较 ||| He just shakes his head || and shoves it at her again || and says || ‘Give Massin,’ || as if he knew | there'd f be no problem at all. |||

（38）限定类方式：手段 ||| These theories include the solar theory, || whereby periodically the amount of nitrogen compounds is enhanced. |||

（39）限定类因果：原因 ||| The problem isn't simply going to go away || because people are laughing. |||

（40）限定类因果：目的 ||| Everyone at VES is working hard || to change the law || so that we will have voluntary euthanasia legalized in England within the next five years. |||

（41）限定类因果：结果 ||| After that, the ozone hole developed rapidly, especially after September 5, || so that by October 5, the ozone over the middle of Antarctica had dropped from 320 Dobson units（DU）to 120 DU. |||

（42）限定类因果：让步 ||| Even though it was a somewhat silly book about the grand passions of college students, || it really was a novel. |||

（43）限定类因果：肯定条件 ||| If I had a different view, || then perhaps I would write more novels. |||

（44）限定类因果：否定条件 ||| You will cherish them on your bookshelves for a long time — || unless, of course, someone borrows them || and somehow 'forgets' to return them. |||

非限定类从属增强的连接方式有两种：（a）有明确结构连词（when，while；if；although，though）或连接介词（before，after，since；because of；without；by）为标记；（b）没有明确连接标记。

（45）非限定类（a）时间 ||| The issue was raised by elderly presidential adviser Sun Yun-suan, || whom Chen visited || while making traditional courtesy calls to influential figures in the current government. |||

（46）非限定类（a）让步 ||| Despite having himself been under investigation by the CBI || and having been listed as a suspect in the Directorate of Revenue Intelligence. |||

（47）非限定类（a）条件 ||| I've found || that I can't go more than three days || without doing something physically invigorating, || because it makes me uptight and tense. |||

（48）非限定类（a）方式：手段 ||| Bacteria can also aid chemical precipitation of calcite || by making the water more alkaline. |||

（49）非限定类（b）时间 ||| Leaving the Gardens, || walk through Tumbalong Park with its fountains and groves of native eucalypts. |||

（50）非限定类（b）因果：原因 ||| This view was not empirically based, || having arisen from an a priori philosophy. |||

（51）非限定类（b）因果：目的 ||| He grew up in an orphanage || and ran away from it || to seek Freedom and Adventure. |||

（52）非限定类（b）因果：结果 ||| He was taken away from the city, ||| never to be seen again. |||

第二，未标示逻辑语义关系的扩展。

某些扩展标记是多用的，既可以用以标记详述，也可以标记延伸；既可以标记延伸，也可以标记增强。例如 but 有三种意义：（i）转折、（ii）替换和（iii）让步，在例（53）的三个复句中只有（iii）里两个小句之间存在逻辑对照，同宗结构可以是：Although I don't look after them they still grow. Table7-11 总结了可用于表示多种扩展关系的连接标记。

（53）（i）They're pretty, but I can't grow them（but ＝ 'on the other hand'）;
（ii）Don't drown them, but give them just enough（but ＝ 'instead'）;
（iii）I don't look after them, but they still grow（but ＝ 'nevertheless'）.

由具有两个以上意义的连词引导的小句很难分析。最好的方法是寻找接近的同宗句，看是否有详述、延伸和增强。没有连词引导的小句则挑战性更强。作者分析了两种情况：限定性小句中的扩展［见例（54）］与非限定性小句中的扩展［见例（55）］。

（54）1	At the last meeting somebody almost got drowned;
＝21	he was practising rescuing somebody
＝2＋21α	'but' no one had really shown
＝2＋21'β	how to do it,
＝2＋2×2	'so' he had to be dragged out by some of the older lads.
1α	Nobody really thought
1'β	it was that bad;
＝2α	they just thought
＝2'β	he'd got cramp or something.

（55）He left the house, closing the door behind him.
And closed the door.... [延伸]
I worked for a local firm, selling office equipment;
I sold ....（'I was doing some work, which was ....'）[详述]
Not wanting to offend, Mary kept quiet.
Because she did not want... . [增强]
Having said goodbye, John went home.
After he had said .... [增强]
Some precipitation is expected, falling as snow over high ground.
Which will fall .... [详述]

The Sonora road was opened by Mexican explorers,

supplanting the Anza trial, and supplanted .... [延伸]

第三，嵌入扩展。

排序关系（平行与从属）指小句之间的相互关系，另一种小句不是跟小句直接发生联系，而是一个小句在另一个小句的成分中做成分，也就是说小句降级（rank-shifting）为词组成分（见 Fig.7-14），这种现象叫嵌入（embedding），嵌入句用 [[ ]] 标注而嵌入成分用 [ ] 标注，如：

（56）the man [[who came to dinner]] / [[coming to dinner]]

the man [at the next table]

嵌入句的功能是在名词词组中作后置修饰成分［见例（57）］，同时也可以作名词词组中的主词［见例（58）］，或者作副词词组的修饰语［见例（59）］，例如：

（57）||| The only person [[who was kind to him at all]] was the Skin Horse, || who had lived longer in the nursery than any of the others. |||

（58）||| It's not nice [[what's happening to him]] || but he is creating the situation just as much as [[what they are]] , || because he's been caught || drinking on the job, ||（whisper）which is no good you know. |||

（59）||| He left Weeks as quickly [[as he could]] . |||

各种嵌入句类型见 Table7-12。但同时要注意，名词词组中的嵌入包括那些把形容词修饰语（epithet）作为中心词（head）的句子，如例（60）：

（60）||| His face grew very flushed || and his little body was so hot [[[that it burned the Rabbit || when he held him close]]] . |||

嵌入是语义上的拓展，典型的嵌入现象是限制性关系从句［defining relative clause（also called 'restrictive'）］。嵌入虽然不是独立句，但我们也可以用 SFL 小句分析系统（及物系统、语气系统、主位系统等）对嵌入句进行句法功能分析。Fig.7-15 展示了怎样对一个嵌入句作语气分析 , 这种分析模式同样适用于其他系统功能分析。

与排序关系一样，嵌入对语义的拓展同样包括详述、延伸和增强这三种，而且也区分限定小句与非限定小句，由此产生各种不同的嵌入小句类型，见以下例（61）—（65）例句；同时书中 Fig.7-16—Fig.7-18 分别对各种嵌入情况作了制图分析；Table7-13 总结了作为环境成分的嵌入增强情况；Table7-14 对于增强语义（环境成分）在中心词名词而嵌入句只是修饰语的情况作了总结。

（61）限定类嵌入详述 ||| she said || 'Do you know of anyone else [[who's taken any photos of me at the fancy dress]] ?' |||

（62）非限定类嵌入详述 ||| There was an affair [[going on between the cook and this other girl]] , you know. |||

（63）限定类嵌入延伸 In the case of other writers [[[= who fail, || + whose late work is a falling-off rather than a gathering-in,]]] it's a failure of connection.

（64）限定类嵌入增强：环境成分 the house [[×（which（（/that ||）she lived in _ / where she lived]]

（65）非限定类嵌入增强：环境成分 the solution [[now being experimented with]]

第四，行为句。

还有一种嵌入是由小句的名词化过程形成的。这种小句是行为（act）的一种名称，可以在小句中做后置修饰或者主词等，如例（66）—（68）所示。另外，行为句的各种过程类型环境在 Table7-15 进行了展示；本部分的最后作者还提供了 Table7-16 来总结拓展在不同情况下的显现，包括平行拓展、从属拓展与嵌入拓展。

（66）归属关系过程（attributive relational）It was careless of him [[= to put another man's helmet on.]]

（67）识别关系过程（identifying relational）[[= Restoring an attractive retirement program for all active duty members]] is therefore my top legislative priority in the FY 2000 Budget.

（68）行为＋心理过程（behavioural + mental）We were watching [[= the catch being brought in]] and you could see [[[= the boats turn || × as they rounded the headland.]]]

（五）三类投射：报告、思想与事实

与第四部分一样，第五部分也是 2014 版《导论》复句章（chapter 7）的核心部分，是对系统中另一大类逻辑语义关系——投射的详细阐述。

本文第二部分已经提过投射的概念，指一个小句不是直接表达经验，而是对语言表达的再次表达。对投射系统里的各种类型的投射形式的研究涉及三个不同子系统：（i）投射层次：思想 vs. 话语，（ii）投射模式：从属报告 vs. 平行引用，（iii）话语功能：命题 vs. 提议。Table7-17 列出了包含投射层次和投射模式的各种组合；Table7-18 在 Table7-17 的基础上增加了言语功能与前面两个子系统的组合；Fig.7-19 是整个投射系统图。在语料库数据统计方面，Table7-17 显示：1392 个投射联结（nexus）中（845 口头语料 557 笔头语料）只有 15 次平行投射思想，也就是说 97.5% 的 595 次投射思想都是报告类而不是引用类；相比之下，投射话语在引用（占 46%）和报告（占 54%）之间平均分布；口头语料统计显示平行引用话语（占 53%）仍然比从属报告话语（占 47%）分布频率高，而笔头语料统计显示的结果刚好相反，平行引用话语（占 39%）比从属报告话语（占 61%）少很多。

1. 引用（直接引语）：话语过程（verbal process），平行

这是一种最简单的投射方式［见例（69）］：投射句是一个话语过程小句；被投射句是所说的话。投射句和被投射句之间的关系是平行关系；被投射句保留了所有小句作为交换时间的交流特征；所有的语气特征、呼语、语调、接续语等。在笔头语中，这种被投射句通过引号表示。在口语中，这种情况的投射句的发音表现没有被投射句那么突出，Table7-19 列举了一些例子以及相应的语调选择。

（69）|||'What is REAL?' || the Rabbit asked the Skin Horse one day. |||

值得思考的是，投射句与被投射句的本质各是什么？上例中的投射句“the Rabbit asked the Skin Horse one day.”所代表的是一种普通的经验现象也称宏现象（macrophenomenon），是第一层面的现实构建，对这个句子产生疑问时可能发问的形式是与原句时态一致的“Did the Rabbit really ask so?”。而被投射句“What is REAL?”是措词（wording），所代表的是一种词汇语法现象，也就是超现象（metaphenomenon），对这个措词产生疑问时可能发问的形式是与原句时态不一致的“（The rabbit did not know）what was real?”。两个小句的结构是一种平行排序的复句，逻辑语义联系是投射，被投射句是直接引用的措词。投射句中用来表示引用的言语动词是 ask，Table7-20 列出了类似的可以被使用来表示引用的其他言语动词。

2. 报告（间接引语）：心理过程（mental process），从属

言语（说话）不是使用语言的唯一方式，我们同时也使用语言来进行思考，所以另一种投射层次是把心理所思投射出来［见例（70）（71）］。投射句是一个心理过程小句，而心理过程又可以细分为主动（'like' type）和驱动（'please' type）；投射句和被投射句之间的关系一般是从属关系，但有时候也会有平行关系（直接引用）出现。Table7-21 列举了两种表示心理过程的动词及使用例句。这些投射类型的应用包括：（i）表示讲话者在对话中的思想；（ii）表示听话者在对话中的思想；（iii）表示叙述中人物的思想；（iv）在科学论文和新闻报道中表现专家和指导者的意见和信念；（v）表现科研论文中讲话者的角度。

（70）主动心理过程 |||So you believe || that the short story is better at dealing with real-life, human emotions. |||

（71）驱动心理过程 |||It strikes me || that Eve's disloyalty and ingratitude must be contagious! |||

与投射言语一样，投射思想包括这样的联结：表示宏现象的投射句和表示超限现象的被投

射句。区别在于：（i）投射句是心理过程，特定的认知心理过程而不是言语过程；（ii）被投射句代表一种意义（meaning）而不是措词，也就是思想与言语的区别，理论上讲思想先于措词，所以措词是一种“重复加工（twice cooked）”，反映在书写系统上直接引用思想用单引号‘’而直接引用话语用双引号“”。

3. 报告话语，引用思想

话语不但可以被直接引用，而且可以转化为意义被报告，也就是传统语法所称“间接引语”。作者用两个图表（Fig.7-21，7-21）清楚显示报告话语［见例（72）］的句法分析和从心理到言语的现象转换过程。

（72）创意语篇（Recreating）——戏剧对白：节选自莎士比亚戏剧 *Julius Caesar*

Brutus: As Caesar loved me, I weep for him; as he was fortunate, I rejoice at it; as he was valiant, I honour him: but, as he was ambitious, I slew him.

Mark Antony: The noble Brutus Hath told you Caesar was ambitious. If it were so, it was a grievous fault.

报告话语涉及转变原话的语气特征（见 Table7-22），即原话的话语功能会被转化到投射句中的报告类动词（reporting verb），比如在引用时我们经常使用 say 来投射每一种话语功能，而在报告类我们会使用 say、ask 和 tell。Table7-23 列出了投射句中用来表示报告命题和提议的各种不同动词的使用情况。

引用思想的出现频率很低，在 Fig.7.8 的柱形图中只占了 2.5%。在这种情况下，大脑中的想法（thought）以一种措词的形式代表出来，如以下句子所示：

（73）|||‘The gods must watch out for Kukul,’ || he thought to himself. |||

（74）||| So I figured ||‘Well, then obviously it’s going to be a nineteenth-century American novel’. |||

上面两例句子表明人类用语言进行思维的现象，相当于“He said to himself...”或者“I said to myself....”，但英语中只有少数心理过程动词会被使用在报告思想，比如 think，wonder，reflect，figure，surmise 等。

4. 投射提供和命令

提供（offer）和命令（command）属于话语功能的两大类中的提议，另一大类为命题（陈述和提问）。上面三种投射类型的内容都是命题类的，这里开始谈论提议类内容的投射，分为引用和报告两方面来阐述。

提供和命令两者相结合产生建议（suggestion），比如：提供“‘I’ll do it”与命令“you do it”结合起来意思就是建议“let’s do it”。引用提议（提供、命令、建议）与引用命题类似［见例（75）—（77）］，即可用言语过程（verbal process）来投射，可选择使用的动词选项比较多，参见 Table7-20 的“提议”栏。

（75）提议：命令 ||| I said to Peter, || ‘Don’t say anything.’ |||

（76）提议：提供 ||| He said, || ‘I could fix that hot-water heater!’|||

（77）提议：建议 |||‘Let’s celebrate today, || because beginning tomorrow || there’s a lot of work [[to do]],’ || he said. |||

与命题相同，提议也可以用报告的模式来投射：把言语过程小句投射为间接引语（indirect speech）或者把心理过程小句投射为间接思想（indirect thought）。前者涉及间接命令、提供和建议，后者涉及现状的想法，但两者的共同特点是都涉及“非现实性（irrealis）”或者说是还未实施的（non-actualized）事件，而投射句代表了一种言语或心理实现（actualization）的力量。与报告命题不同的是，报告提议可以是限定性小句也可以是非限定性小句［见例（78）—（81）］，而报告命题只采用限定性小句。值得注意的是，报告提议经常与传统语法中的虚拟语气（subjunctive mood）有关［见例（79）］。

（78）限定类言语过程投射提议 ||| The doctor ordered || that all the books and toys [[that the Boy had played with in bed]] must be burned. |||

（79）限定类心理过程投射提议 ||| I wish || you’d do something about that wall, Jane. |||

（80）非限定类言语过程投射提议 ||| I tell people || to say thank you. |||

（81）非限定类心理过程投射提议 ||| Do you want || me to explain that? |||

5. 引用与报告；自由间接引语

第一，作为投射模式的引语和报告。

引语和报告不仅仅是形式上的变体，同时也有意义上的差别，这种差别源自平行与从属在投射情况下的的语义区别。引用原话时被投射因素有独立地位所以比较直接和逼真，而报告时被投射句与投射句相互依赖，虽然被投射句还保留语气痕迹但不保留它在交际中的语步功能，也就是说讲话者不对所说的话负责。在很多语篇中，引用与报告会被合用进行投射，这表明了两种模式的互补性。例如，在新闻报道中，报告通常在引用之前出现［见例（82）］。

（82）新闻报道—— 纪事语篇（书面，独白）

A car bomb exploded during the evening rush hour Monday in the busy center of the Israeli city of Netanya, wounding more than 40 people, hospital officials said.

‘There was a boom, boom and another boom,’ said a witness who gave his name only as David as he wept. ‘All the windows were blown out. It was terrifying.’

从上例可以看到，报告命题呈现“间接引语”的一系列转变特征：所有的指示语都会根据情景产生变化，比如第一、第二人称转化为第三人称；指示地点由近处转为远处。除了指示语，另一发生变化的方面是时态，Table7-24 列举了集中时态变化方向包括情态动词的时态变化。

第二、第三种投射模式：自由间接引语（free indirect speech）。

自由间接引语指在一个复句里同时实现引语和报告这两种投射模式。引语和报告虽然是两种不同的投射方式，但它们只代表与源话语距离程度不一样。在特定话语中，人们可以先使用“that”引导间接引语（报告）然后在被投射小句的生成过程中引入直接引语［见例（83）］。

（83）||| Narayan is today a Hindu || and says || that he ‘can’t write a novel without Krishna, Ganesa, Hanuman, astrologers, pundits, temples and devadasis, or temple prostitutes.’|||

为了把自由间接引语引入描述系统，Table7-25 在 Table7-18 的基础上增加一栏，表示这种投射模式适用于言语过程和心理过程、命题和提议、报告和引用等形式。

6. 嵌入话语和思想

嵌入话语和思想是一种特殊的投射现象［见例（84）］。其形成机制如下：首先是表示言语过程或者心理过程的动词被名词化（例如 argue-argument），或者有些名词本身带言语或心理活动含义的（例如 rumour，news，idea 等），然后被投射句作为嵌入句级转移成这些名词的后修饰语（qualifier）。Fig.7-22 展示了这种带嵌入投射的名词词组分析，Table7-26 列举了此类表示话语和思想的投射名词。

（84）I was very intrigued by your take on Huck Finn in that piece, and your argument [[that the great American novel of that century was Uncle Tom’s Cabin]].

事实投射也是一种嵌入投射，但被投射内容不是话语和思想而是某种不确定来源的事实［见例（85）］。在事实投射中，没有言语过程中的说话者（sayer）或者心理过程中的感觉者（senser），也没有隐喻化名词词组中的带言语或心理含义的中心名词。事实投射所发生的名词词组中心词称为事实名词，可以细分为四子类：cases、chances、proofs、needs，Table7-26 有一栏列举了这几类事实名词。Fig.7-23 展示了带事实嵌入的归属类关系过程小句分析。

（85）The fact [[that Lear never even alluded to that at the end]] is a sign [[that he didn’t learn very much through the course of the play]].

事实投射发生的典型情景是密集型关系过程小句，包括归属类（attributive）和识别类（identifying）。在归属类小句中［见例（86）］，事实小句充当属性（attribute），载体（carrier）是形容词或名词充当中心词的名词词组，常用句型是 It is...that...（参见 Table7-27）。在识别类小句中［见例（87）］，事实小句充当标记（token），价值（value）是中心词为名词的名词词组，这些名词大多是 Table7-26 所列举的那些事实类名词比如 case、chance 等。事实小句也有可能在心理过程小句中出现，充当现象（phenomenon）［见例（88）及 Fig.7-24 的句法分析］。另外，Fig.7-25 分析了心理过程驱动类（'please' type）的事实投射小句情况；Table7-28 归纳了各种过程类型小句的从属投射与事实小句的情况。

（86）In that article, it's no coincidence [[that I have a big fight with Twain and Eliot]], || because I disagree with them on issues [[that concern all of us]].

（87）Perhaps the most important point of all is the fact [[that capital was available for expansion as required]].

（88）I just love [[that he is my dad]].

7. 投射小结

关于投射形式组合：被投射内容可以是言语也可以是思想，平行关系（引用）经常组合言语而从属关系（报告）组合思想。但这种规律也可以倒转过来，如果我们报告言语，我们对所报告的内容无需负责。总之，选择不同形式会实现不同功能。

关于嵌入投射：言语行为和心理行为都有名词，比如 statement、query、belief、doubt 等，这些名词也可以投射，这种情况是被投射句以嵌入小句的形式充当名词后置修饰成分。嵌入投射与详述类嵌入拓展中会有所重叠，所以有时会造成语义解读上的模糊性，例如：

（89）The report that he had submitted disturbed everyone.

嵌入投射表达的意义：有关他已经提交的消息让人心烦。

嵌入拓展表达的意义：他所提交的报告让人心烦。

关于被投射句的话语功能：命题与提议都可以以平行、从属及嵌入的关系形式实现投射，命题和提议的投射过程可以是言语过程也可以是心理过程，区别在于投射命题的心理过程是认知类（cognitive）而投射提议的心理过程是愿望类（desiderative），具体心理动词参见 Table7-28 的列表，对命题和提议的投射情况参见 Table7-29。

（六）复句的语篇功能

复句是最广泛的语法规律——关于措词的逻辑递归系统与结构。这种规律性研究对发现篇章的组织架构及修辞实现具有重要意义。通过研究复句实现“编排效果”的语法资源，向上我们可以管窥篇章的修辞关系生成系统，向下可以关联词组甚至词汇的组织结构（马西森（Matthiessen），2002）。另外，在 SFL 的分析框架中，复句主要实现的是逻辑功能，但复句作为信息复合体（message complex）在语篇功能方面也有重要表现，主要体现在从主位推进的角度，具体来说复句里小句的排序具有语篇功能，比如在叙事语篇，位于主控句前面的从属句通常都是叙事过程预测及上衔下联的线索和标记，感兴趣的读者可详读书中各种篇章例句分析以及 Fig.7-26、Fig.7-27 的制图分析。

二、简　　评

首先，从系统的角度看，复句研究充分体现了韩礼德语言理论的精细和深入。本文所重点介绍的逻辑语义系统是一个多维度分析框架，不但适用于复句分析，还被运用在宏观语类（macrogenre）研究［马丁和罗斯（Martin & Rose），2008］、语篇语义修辞结构研究（RST，参考 www. sfu. ca/rst）、多模态语篇分析［贝特曼（Bateman），2008］、词组结构分析（2014《导论》第六、八章）等等。随着 SFL 的不断发展和进步，相信在不久的将来，逻辑配合语义这个强大的分析框架不但可以应用到语言分析，还可以进一步把分析结果应用到指导相应的操作实践比如语言教学实践。当今的语言教学研究大多采用社会科学的统计等研究方法配合社会学心理学教育学理论来设计并实施教学实验，但语言教学活动的最主要教学内容是语言本身，我们可以更加关注怎样立足语言学理论研究本身更好指导语言教学，以深刻的语言知识背景带动学习者更加有效地掌握语言技能。复句研究所代表的 SFL 可以很好地呈现语言系统本身的生态性以及语言生成机制，语言教师可以把基于系统选择的语言分析结果带到具体的语言教学场景中指导学习者更加自然地使用语言。

其次，复句研究充分体现了基于功能的语言分析的强大解释力，对于补足传统语法的规定性倾向起到了很好的调节作用。与本书其他章节一样，作者在不同地方提到、应用并比较传统语法的一些术语和描述，例如书中 530 页，作者认为传统语法对直接 | 间接引语的转换陈述（statement）所暗含的一一对应原则对描写千变万化的语言使用现象不够客观，比如句子“Mary said she had seen it.”中的间接引语“… she had seen it”并不止有一种直接引语的可能性，而是有一系列的可供选择的选项（I have seen it., I had seen it., I saw it…）。SFL 强调语言选择方面的系统与功能因素，提出“选择就是意义”，但这种选择不一定是发话者产出话语时的自主下意识选择，而是找出“发话人在特定语境中使用特定措辞的原因”［汤普森（Thompson），黄国文导读，1996：F16］。所以我们做语言分析的时候，可以把视野尽量拓宽，采用上观下看的“三视角分析法”，从系统和功能的角度客观看待语言现象及规律。

最后，复句研究充分体现了 SFL 的研究特色及发展进程中的与时俱进。SFL 是一个处于发展期的焕发生命力的语言理论，是一门适用语言学（Appliable linguisitcs）（黄国文，2010；马西森，2013），这在本章大量采用口笔头真实语料进行分析的做法上可见一斑。2014 版《导论》在真实语料的基础上还增加了定量数据统计并以各种图表形式把定量数据与分析框架及各种选项结构同时呈现，一目了然，高效例示了如何把以理论框架构建配合质性分析为基础的

SFL 与语料库定量统计技术相结合的符合新时代技术发展趋势的研究方法方向。与其他章节一样，复句章节（第七章）充满了大量的表格、系统图、树形图、柱状图、饼状图等图表，本文鉴于篇幅所限没有把这些图表展示出来，读者可以看原著印刷本或者参考同步发行的网上资源 www. routledge. com/cw/halliday，除了图表，这些网上资源还包括大量文本和视听语料供读者对照书中所阐述的理论框架进行对照分析及练习分析。对于本章中出现的大量文本语料，我们在此文中只是每个知识点引用 1—2 句例句或者语篇，读者可以对照原著印刷版获取更多语料分析例子。

参考文献

[1] 胡壮麟，朱永生，张德禄，等 . 系统功能语言学概论 [M]. 北京：北京大学出版社，2005：196-233.

[2] 黄国文 . 韩礼德系统功能语言学 40 年发展述评 [J]. 外语教学与研究，2000（1）：15-21.

[3] 黄国文 . 语篇分析与系统功能语言学理论的建构 [J]. 外语与外语教学，2010（5）：1-4.

[4] 黄国文 . 从系统功能语言学到生态语言学 [J]. 外语教学，2017（5）：1-7.

[5] 梅德明 . 语言学与应用语言学百科全书 [M]. 北京：北京大学出版社，2017：995-996.

[6] Bateman, J. A. Multimodality and Genre: A Foundation for the Systematic Analysis of Multimodal Documents[M]. New York: Palgrave Macmillan, 2008.

[7] Halliday, M. A. K. On grammar and grammatics[C]// In Hasan, R., Cloran C. & Butt, D. (eds.). Functional Descriptions: Theory into Practice. Amsterdam: John Benjamins Publishing Company, 1996:1-38.

[8] Halliday, M. A. K. & Matthiessen, C. M. I. M. Construing Experience through Meaning: A Language-based Approach to Cognition[M]. London: Continuum, 1999.

[9] Martin, J. R. & Rose, D. Genre Relations: Mapping Culture[M]. London: Equinox, 2008.

[10] Matthiessen, C. M. I. M. Combining clauses into clause complexes: a multi-faceted view[C]// In Bybee, J. & Noonan, M. (eds.) . Complex Sentences in Grammar and Discourse: Essays in Honor of Sandra A. Thompson. Amsterdam: John Benjamins Publishing Company, 2002: 237-322.

[11] Matthiessen, C. M. I. M. Appliable discourse analysis[C]//. In Yan, F. & Webster, J. J. (eds.). Developing Systemic Functional Linguistics: Theory and Application. London: Equinox, 2013: 135-205.

[12] Thompson, G. Introducing Functional Grammar[M]. London/Beijing: Arnold/Foreign Language and Research Press, 1996/2000.

范瓦林的子句联结理论述评[①]

王玉红　朱　斌

华中师范大学　文学院

引　言

范瓦林（Robert D. Van Valin Jr.）[②]，加利福尼亚大学伯克利分校语言学博士，先后任教于美国亚利桑那大学、加利福尼亚大学戴维斯分校、纽约州立大学等多所知名大学，现在德国海涅大学普通语言学系。范瓦林曾访学于斯坦福大学、加利福尼亚大学伯克利分校、墨西哥索诺拉大学、克罗地亚萨格勒布大学等。2006年，范瓦林获得洪堡特基金会杰出语言学者研究奖。

范瓦林主攻理论语言学，尤其是句法理论、句法习得理论以及句法理论在句子处理模式中的作用。范瓦林是角色参照理论的主要发起者，研究过两种美洲印第安语言：北美印第安苏族人（Siouan）的拉或他语（Lakhota）；中美洲的萨波特克语（Yatee Zapotec）。这种研究经历正是角色参照语法（RRG）产生的重要原因。此外，范瓦林与曼彻斯特的丹尼尔•L. 埃弗雷特（Daniel L. Everett）一起合作研究了一些亚利桑那语言的信息结构与句法；还与德国海涅大学普通语言学系马克普朗克人类认识与脑科学研究所一起开展了一项神经类型学的项目，其中就牵涉到角色参照语法与语言处理。此外，范瓦林在句法学、普遍语法、语言类型学、语言习得及神经语言学方面均有著作发表。

本文主要以范瓦林发表于1984年、1997年、2005年及2007年的相关论著为依托，梳理评介RRG的子句联结研究成果。

---

①　【基金项目】教育部人文社科重点研究基地重大项目“现代汉语因果表达的多层级研究”（15JJD740011）；湖北省社科基金一般项目“现代汉语常用段位数词多维研究”（2015045）；2017年度教育部哲学社会科学研究后期资助（一般）项目（17JHQ054）。

②　范瓦林相关介绍参见：http://www. mpi. nl/people/van-valin-robert/cv。

一、理论背景

角色参照语法（RRG）是功能语法领域比较重要的理论之一，由范瓦林和威廉姆·A. 弗雷（William A. Foley）在 20 世纪 80 年代创立，现已被广泛用于记录分析各种不同的语言。范瓦林（2006）还将 RRG 应用到语言生产和语言理解的心理语言学范畴，以及神经语言学领域。RRG 试图回答两个问题：①如果脱离对英语的依赖，仅仅依据在类型上与英语差别甚大的其他语言[①]，语言理论会是什么样子？②如何才能更好地描述和解释不同语法系统中句法、语义和语用三方面的互动？（范瓦林，2005）。由此可见，RRG 从英语为主的视角，转向于以跨语言类型的语料为研究对象；RRG 从句法为中心的视角，转向于综合考量各语言层面，包括句法结构呈现、语义结构呈现和信息（焦点）结构呈现。句法结构呈现及语义结构呈现由联结规则系统串联，在联结的过程中会受到来自话语—语用的影响。由此可见，RRG 的联结规则系统是非常重要的。具体如下图：

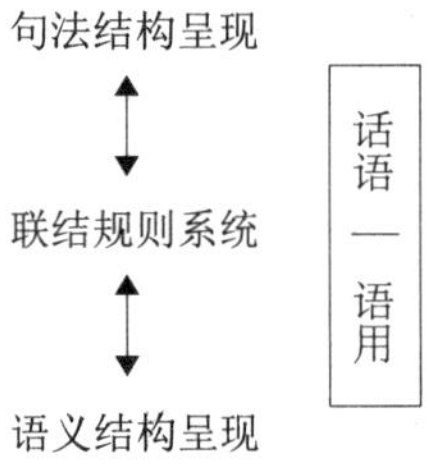

图 1　RRG 的基本组构

首先，需要阐释的就是 RRG 的子句概念。

RRG 提倡要采用结合句法、语义和语用的方法来研究跨语言的语言现象。这种研究目标决定了现有的语法理论并不适合范瓦林的设想。于是，RRG 提出了与众不同的（非关系）子句结构概念——子句阶层结构（layered structure of clause，简称“LSC”）。子句阶层结构由小到大分为：小核心（nucleus）、大核心（core）和子句（clause）。各个阶层都有各自的语义成分。子句以上可以有句子。在此，句法结构和语义关系完全相连。比如：

（1）I did homework last night at home.

我昨晚在家做了家庭作业。

在这个例子中，小核心是 did，I 和 homework 是大核心论元，last night at home 是周边附加语，大核心论元和周边附加语共同组成子句 clause。每一个句法成分都有对应的语义成分。

① 其他语言指的是拉或他语（美洲印第安）、塔加洛（Tagalog，菲律宾）、狄尔伯语（Dyirbal，澳洲）、巴赖语（Barai，新几内亚）等语言。

子句阶层结构中的三个层级都由一个或多个运算符（operator）来修饰[①]。大核心与周边单位之间的区别建立在论元与非论元的区别上。因为子句阶层结构建立在两种对立的基础上：述语成分与非述语成分之间的对立；名词与介词短语作为述语的论元成分和非论元成分之间的对立。RRG 认为，任何语言都会有这些对立。子句阶层结构具体如下图所示[②]：

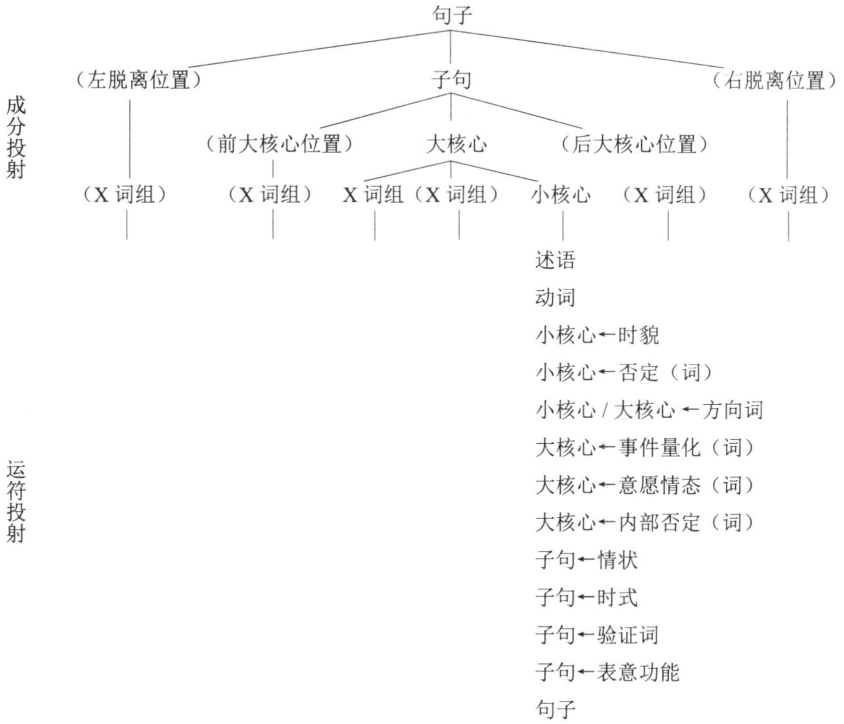

图 2　了句阶层结构图

子句阶层结构最重要的特征是：小核心不与任何特定的词汇范畴和句法范畴相连。小核心的述语可以是动词、形容词、名词短语或介词短语，在复杂句中，小核心的述语还远不止于此。子句阶层结构最有趣的地方是整个分析里没有主语，没有 VP，动词和论元形成了新的成分——大核心，没有状语（修饰语）。这种分法是因为英语中发现的主语—宾语不对称现象具有语言的普遍性。作者认为这种分法是基于语义，但实际上这种分法是句法概念（比如左脱离位置（Left-Detached Position）和前大核心位置）和语义概念（论元、述语、周边）的混合体（哈斯普马特（Haspelmath），1995）。运符投射更是带有语义范畴，比如体、情态、否定、时态和言外之力，可以跨子句分享，对子句联结尤为重要。

这种解释带有语言的普遍性，可以说每种语言都有这些成分及单位。但作者也认为某种语言在子句阶层结构上还有一些特殊的位置，比如英语或冰岛语的前大核心位置（pre-core slot，简称

① 运算符指的是没有词汇内容的语法功能词类（grammatical/functional categories）。

② 本图引用自吴静兰 . 角色指称语法简介 [J]. Language and Linguistics，2007（8）：9.

“PrCS”），用来投射“wh-”疑问词一类的词。在不同语言中，这些成分和单位组成的句型模板（syntactic template）并不完全一样，这就使得 RRG 能够采用不同的句型模板来记录不同的语言。

二、《子句联结中句法关系的类型学》（1984）

1984 年，范瓦林发表了《子句联结中句法关系的类型学》（“A typology of syntactic relations in clause linkage”），这篇文章收录于《伯克利语言学会第十届年会会议论文集》（*Proceedings of the Tenth Annual Meeting of the Berkeley Linguistics Society*）第 542—588 页。

在这篇文章中，范瓦林首先探讨了子句联结的两种句法关系：并列（coordination）与从属（subordination）。不管是传统语法、结构语法还是生成语法都承认这两种句法关系的存在。这两种句法关系的对立来自于子句联结中的依赖（dependence）与嵌入（embededness）。在并列关系中，每个子句都是独立的，所以凡是子句皆可独立成句。在从属关系中，其中一个子句在功能上是另一个子句的一部分。前者称为依赖，后者称为嵌入。如：

（2）I arrived home, and I cultivated the shamba a little, and I ate.

我回了家，耕了一点儿地，我吃了。

（3）Fred quickly forgot that he has lost the race.

弗莱德很快忘记了他输了比赛。

例（2）是典型的并列关系的句子，例（3）是典型的从属关系的句子。在例（3）中，子句 he has lost the race 在功能上是 forgot 的宾语。

范瓦林接着探讨了并列与从属之间的模糊现象，并提出了语法范畴的独立。研究巴布亚岛新几内亚语言的语言学家发现，有一些巴布亚岛语言的子句链非常有趣，比如：

（4）Yai kuba i-re kei si-re fu-m-e.（Chuave）

Man stick get-SEQ. SS dog hit-SEQ. SS go -3sg-INDIC

人 棍子得到 - 连动 . 同一主语 狗 打 - 连动 . 同一主语 走 - 第三人称单数 - 陈述

The man got a stick, hit the dog and went away.（那人得到了一根棍子，打了那只狗然后走掉了。）（范瓦林，1984：543）

（5）Yai kuba i-re kei su-n-goro

Man stick got-SEQ. SS dog hit-3sg-SEQ. DS

人 棍子 得到 - 连动 . 同一主语 狗 打 - 第三人称单数 - 连动 . 不同主语

fu-m-e.

go-3sg-INDIC

走 - 第三人称单数 - 陈述

‘The man got a stick, hit the dog and it went away.’（那人得到一根棍子，打了

那只狗，狗走掉了）（范瓦林，1984：546）

这两个句子之间的对比揭露了语法范畴层面的依赖。比如连动的语法标记在一定程度上解释了从句和主句之间的关系。由此，引发了以下的探讨与思考：

[− dependent][− embedded]　coordination
[＋ dependent][＋ embedded]　subordination
[＋ dependent][− embedded]　??
[− dependent][＋ embedded]　??

在此基础上，范瓦林认为子句联结中的依赖（dependence）、嵌入（embededness）说明子句联结至少有三种句法关系：并列（coordination）；附属（subordination）；并附（cosuboridnation）。由此，产生了后来所谓的子附属关系和周边附属关系的区分。在此基础上，范瓦林根据子句结构的层级概念，又提出了句法层次的有界性（Syntactic Bondedness Hierarchy，简称“SBH”）。SBH 带有类型学意义，可以从根本上解释复句中所要联结的子句中动词曲折的可能性为什么会大量减少，对分析格标记、话语同指机制等形态句法现象至关重要，也为自然语言中子句联结研究提供了新的理论框架。

但还是有学者哈斯普马特（1995）对子句联结提出了两点疑问：①子句联结中的并列关系、从属关系和从属并列关系之间的区别不是非常明显；②并列的定义自相矛盾。比如从属和从属并列之间的区别及何时前者可以嵌入，后者不能嵌入。但是嵌入到底是什么，依据什么标准来判断嵌入，并没有得到清晰有力的解释。

三、《功能句法与普遍语法》（1984）

1984 年，范瓦林和威廉姆 •A. 弗雷（William A. Foley）出版了著名的《功能句法与普遍语法》（*Functional Syntax and Universal Grammar*），这是“剑桥语言学研究”丛集中的第 38 本。在这本书中，范瓦林从角色参照语法的角度阐释了“功能”（functional）与“普遍”（universal）的意义。角色参照语法体系下的“功能”与“普遍”区别于布龙菲尔德（Bloomfield）和乔姆斯基（Chomsky）。角色参照语法只有两种结构：语义逻辑结构与形态句法形式。前者指的是子句述语部分及其论元；后者指的是语序、介词类型、从句的结构等。范瓦林特别强调，不管如何看待语法系统中的句法、语义和语用因素，所有的语言都能完成相同的交际。

由此，范瓦林认为，格鲁伯（Gruber，1965）和菲尔墨（Fillmore，1968）的研究工作最为引人深思的地方在于发现了不管句子的句法表现如何相异，句子始终都存在有稳定的语义关系，例如：

（6）a. The hunter shot the bear.

b. The bear was shot by the bear.

在本书中，范瓦林详细阐释了行动者（actor）the hunter 和承受者（undergoer）也就是所谓的语义大角色（semantic macrorole），区别于菲尔墨的各种格。

范瓦林详细阐释了子句联结理论。第三章详细论述了三分的子句结构（周边单位、大核心、小核心）。小核心是最里面的部分，对应相应的述语部分，大部分是动词；大核心包括动词的大核心论元，一般是中枢（pivot）及其他的论元；周边单位是最外围的成分，包括子句的其他一切成分。具体如下所示：（第 187 页）

p[(Oblique NPs)c[NP(NP)$_N$[Predicate]N]C]P

PERIPHERY　　CORE　　NUCLEUS

这部分搭建了句子的语义逻辑结构与子句的联结规则，可以直接用于子句的内部联结描述。范瓦林进一步认为，这种联结可发生在子句阶层的任何层面，创造了接合单位（juncture）和接合关系（nexus）：产生了各种不同接合单位的接合关系，有周边单位接合、大核心接合和小核心接合（第五章）；产生了并列联系关系（coordination nexus）、附属联系关系（subordination nexus）与并附联系关系（cosubordination nexus）（第六章）。

以小核心接合单位为例，最能说明大核心和小核心层面接合单位的例子就是连动结构（serial-verb construction），这种结构在很多语言中都很常见，比如一些非洲西部语言、东南亚语言、亚洲语言以及巴布亚新几内亚语言等。当然，汉语中也存在。连动结构一般包含两个或更多的述语，共享一个大核心论元。连动结构中的动词享有相同的行动者，但有不同的承受者。比如：（第 189 页）

（7）Thai（迪勒（A. Diller）, personal communication）

Dek　khiin nansli hay khruu.

Boy　return book give teacher

'The boy returned the book to the teacher.'（小男孩还书给老师了。）

这样一来，连动结构其实就拥有两个基本类型：由小核心接合形成的结构；由大核心接合形成的结构。范瓦林详细讨论了两者的区别与联系。

在子句联结关系部分，范瓦林还详细讨论了子句联结的语义关系和形态句法效应。

总之，《功能句法与普遍语法》从角色参照语法的角度详细阐释了语义、句法和语用是如何紧密相连的。

四、《句法：结构、意义与功能》（1997）

1997 年，范瓦林和罗仁地（Randy J. Lapolla）在剑桥出版社出版了《句法：结构、意义与功能》（*Syntax: Structure, Meaning and Function*）一书。这本书可以看作是角色参照语法及句法理论分析的教科书，从语言类型的角度展示了更多的句法问题。在这本书中，范瓦林探讨了语言理论的目标有三：描写语言现象、解释语言现象与了解语言的认知基础。探讨了句法结构表征、语义表征、信息结构、语法关系、简单句及复杂句的联结系统。

在简单句与复杂句的联结系统中，范瓦林指出，语义表征和句法表征之间的关系不是相互派生的，而是彼此独立相互联结的。语义表征中的论元变量与句法表征中的所指表达相互关联，反之亦然。时态、格标记与一致关系在子句联结中有着非常重要的地位和作用，子句联结分为两个部分：①逻辑结构中论元在语义大角色中的投射；②语义大角色及其他论元在句法中的投射。这种分法的原因是语义改变会带来表面相似的句法的语法变化。

同时，范瓦林还指出，子句联结具有语言普遍规则，但同时也有语言个性特征。逻辑结构系统和行为者—经验者（Actor-Undergoer）层级在语义大角色中的论元投射是普遍部分，而语义大角色及动词的其他论元在句法中的投射（包括格标记及“wh-”词在前大核心位置中的投射）具有语言个体差异性。同时，联结中生命性（animacy）的角色也非常重要。

在复杂句的联结中，范瓦林提出了接合单位理论（theory of juncture）和联系关系理论（theory of nexus）。四种结合单位（小核心、大核心、子句和句子）和三种联系关系（并列、附属、并附）共可产生 11 种复杂句结构。附属关系中的子附属与周边附属均可出现在四个接合单位。缺失的一种是句子并附关系的复句，因为句子阶层的运符并不存在。不同种类的复句可以形成接合单位句法结构关系的紧密程度，范瓦林提出了著名的子句间关系紧密度阶级（Interclausal Relations Hierarchy）。如下图 3：

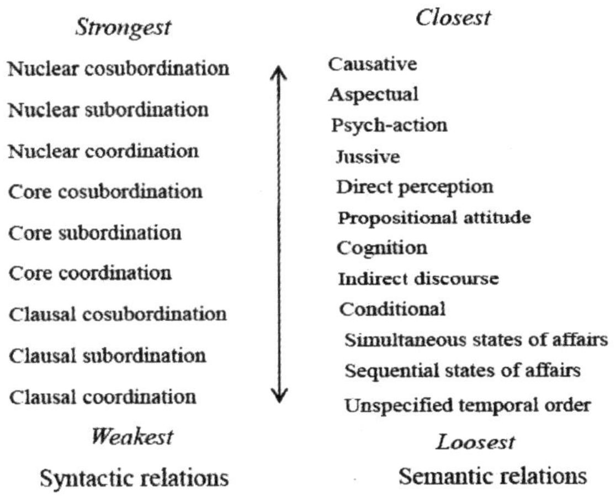

图 3　子句间关系紧密度阶级（1997: 481）

作者指出，大部分句法模板都适合各种关系的联结。附属关系的联结，不管是子附属关系（daughter subordination）还是周边附属关系（Peripheral subordination），尤其不需要特定的句法模板。

五、《句法语义接口探究》（2005）

2005年，范瓦林在剑桥大学出版社出版了《句法语义接口探究》（*Exploring the Syntax-Semantics Interface*），研究如何将句法结构、语义结构与信息（焦点结构）三个层面连接起来以解释单一语言或跨语言间的构词句法现象。这本书可以看作是《句法：结构、意义与功能》的修订本与升级版。

在简单句的联结部分，本书主要探讨了联结子句结构、语义表征、语义角色、句法功能和焦点结构被联结在一起的联结规则系统（linking algorithm），这一阶段集中展示了句法—语义—语用接口的相互作用；可以分为词汇阶段（lexical prase）联结和句法阶段（syntactic phrase）联结。词汇阶段联结主要是逻辑结构中的位置及语义大角色的选择，具有语言普遍性；而句法阶段联结则牵涉如何将语义大角色及其他论元联结形成表面的句法结构，体现了语言的个体性。每一个联结阶段都是双向的：语义层面到句法层面是语言的产生过程，表示说话人如何将大脑概念通过语言结构传递出去；而句法层面到语义层面是语言的理解过程，表示听话人如何接受理解听到或看到的语言信息。语义表征和句法表征联结之间的联结受完整性约束（completeness constraint）制约。

总的来说，从语义层面到句法层面的联结过程是：首先建构句子的语义表征部分，从词汇库中根据动词的语义和类别分别找出主要动词的逻辑结构，并将句子中的各个成分各归其位，这就是句子的语义表征；其次，根据逻辑结构中的论元位置及行动者—承受者选择阶级来为相应的论元指定大角色，最左边的论元是最自然的行动者选择，而最右边的论元是最自然的承受者选择；再次，决定这些论元在构词及句法上的标记形式并从句型目录中找出该句适用的句型模板；最后将带有语义表征的各个成分联结至句法表征的各个位置。

而从句法层面到语义的联结过程相对复杂，这个过程首先要诠释句子在构词和句法上的信息，然后根据词汇库去追溯述语的逻辑结构并确定语义大角色的论元位置，然后再用之前的诠释去推论句子中各个成分的语义功能，最终建构出完整的语义表征。

在复杂句部分，探讨了复句的句法结构，复句的信息结构以及复杂NP的结构，重点讨论了复句在结构中的接合单位（juncture）和联系关系（nexus）。复句接合的基础是子句阶层结构中的各个阶层，有小核心接合、大核心接合、子句接合和句子接合。联系关系一共有三重：并列关系（coordination）、附属关系（subordination）及并附关系（cosubordination）。这几种接合单位和联系关系一共可产生11种复句结构和23种复句关系，见图4：

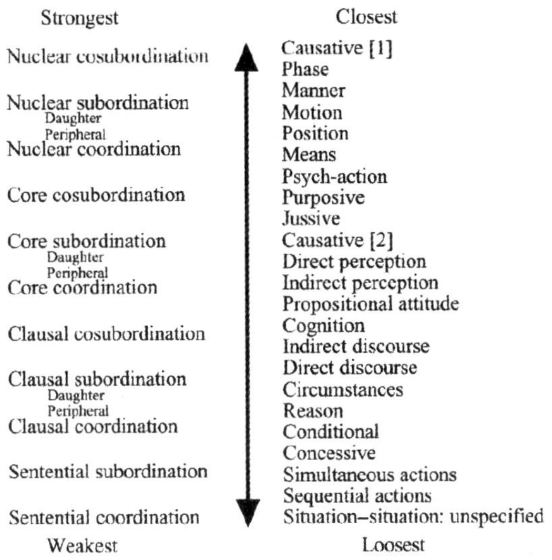

图 4　子句间关系紧密度阶级（2005: 209）

本书还指出，复杂结构之间的联结一般有两种：自然的无标记的对称联结（symmetrical linkage）与有标记的不对称联结（symmetrical linkage）。前者指的是同一接合单位水平的自然联结，如小核心与小核心的联结、大核心与大核心的联结、子句与子句的联结以及句子与句子的联结；后者指的是把更大的单位联结到更小的单位上，比如把子句联结到大核心上。

本书从更广阔的角度看待复杂句的联结规则，从语言类型的角度给我们提供了更多的现象与分析。而最重要的创新就是，范瓦林在本书中认为，周边单位修饰句子的每一个层面。

六、《角色参照语法之子句联结理论的最新发展》（2007）

大堀（Ohori，2001）指出，RRG 的子句联结理论从 1984—1997 年，几乎没有改变过。2007 年，范瓦林在语言学刊物《语言与语言学》（*Language and Linguistics*）第 71—93 页，发表了《角色参照语法之子句联结理论的最新发展》（“Recent developments in the RRG theory of clause linkage”），阐述了子句联结理论的最新发展，比如句子接合、从属关系的类型（附加语修饰语、对称联结 & 不对称联结）、并附关系中的非强制性运符（optional operator）、子句间语义关系阶层与子句间关系阶层等。

在句子接合部分，范瓦林肯定了周边单位在句子每个层面的修饰作用，探讨了并附关系中的非强制行运符。在并附关系中，范瓦林提出了两种并附关系：对称并附关系与不对称并附关系。对称并附关系指的是接合单位在同一联结层面的联结，而不对称并附关系指的是大一点的接合单位联结在小一点的接合单位上。比如：

（8）That she arrived late shocked everyone.（Asymmetrical）（范瓦林，2007：77）

（9）It shock everyone that she arrived late.（Symmetrical）（范瓦林，2007：77）

范瓦林在本文结尾处还幽默地写到，乔姆斯基指出要用有限的机制来描写人类语言无穷尽的句子，角色参照语法的复杂句理论能够很好地描写这种语言的创造性：小核心、大核心、子句和句子可以递归使用生成人类语言的各种句子。

七、简　评

角色参照语法的研究主要包括五个层面：句法结构；信息结构；逻辑结构；句法关系；子句联结。其中，最为重要最为原创的部分就是子句联结理论（哈斯普马特，1995：289-290）。子句联结理论脱离了经典句法中表层结构、深层结构的表达，转而使用小核心、大核心、子句及句子等接合单位，在结合单位相互联合的过程中，加入语义（逻辑结构）表征和信息（焦点）表征，在更广阔的语言类型中描写和解释相关语言现象。

总之我们必须认识到，RRG 是自成一统的，RRG 认为语言不是自治的，坚持语言只有在语义和交际的基础上才能被阐释被理解，RRG 具有精细的语言类型基础，也非常重视跨语言的适应性，并且避免任何由英语分析带来的偏见。这一研究理念对汉语尤其重要。正如哈斯普马特（1995）所说，任何一位对句法理论感兴趣的研究者都会对 RRG 感兴趣。

参考文献

[1] 吴静兰 . 角色指称语法简介 [J]. Language and Linguistics（语言暨语言学），2007，8（1）：5-70.

[2] Foley, W. A. & Van Valin Jr., R. D. Functional Syntax and Universal Grammar [M]. Cambridge: Cambridge University Press, 1984.

[3] Haspelmath, M. Book review: Advances in Role and Reference Grammar[J]. Lingua, 1995, 97(4): 287-292.

[4] Ohori, T. Some Thoughts on a New Systematization of Interclausal Semantics[C]. Paper presented at the 2001 RRG Workshop. Santa Barbara: University of California, 2001, Jul. 27-19.

[5] Van Valin Jr., R. D. A typology of syntactic relations in clause linkage[A]. In Brugman C. et al. (eds.）. Proceedings of the Tenth Annual Meeting of the Berkeley Linguistics Society[C]. 1984: 542-588.

[6] Van Valin Jr., R. D. Exploring the Syntax-Semantics Interface[M]. Cambridge: Cambridge University Press , 2005.

[7] Van Valin Jr., R. D. & Lapolla, R. J. Syntax: Structure, Meaning and Function[M]. Cambridge: Cambridge University Press , 1997.

[8] Van Valin Jr., R. D. Recent developments in the RRG theory of clause linkage[J]. Language and Linguistics（语言暨语言学）, 2007, 8(1): 71-93.

《语言类型学与句法描写》（第二卷：复合结构）述评[①]

叶　子

上海外国语大学　语言研究院

引　言

由澳洲国立大学已故语言学高级讲师蒂莫西·肖彭（Timothy Shopen）主编的《语言类型学与句法描写》（*Language Typology and Syntactic Description*）三卷本第 1 版于 1985 年在剑桥大学出版社出版。此次我们将述评的第 2 版第 2 卷于 2007 年出版。该第三本第 2 卷主题为复合结构（complex constructions）。该书共 xxii ＋ 465 页，全书共设 7 章，由马丁·哈斯普马特（Martin Haspelmath）、迈克尔·努南（Michael Noonan）、马修·S. 德赖尔（Matthew S. Dryer）、艾弗里·D. 安德鲁斯（Avery D. Andrews）、桑德拉·A. 汤普森（Sandra A. Thompson）、罗伯特·E. 朗埃克（Robert E. Longacre）、黄申子（Shin Ja J. Hwang）、爱丽丝·加尔盖能（Elise Kärkkäinen）、马尔娅－蕾娜·索尔约能（Marja-Leena Sorjonen）、马尔娅－丽萨·海拉斯沃（Marja-Liisa Helasvuo）等 10 位作者参与编写。本书的定位是一本关于语言类型学的手册。近年来，各大语言学出版社争相推出手册系列，掀起了一阵"手册热"（handbook-mania）[②]。肖彭主编的这本著作虽然不是"剑桥语言与语言学手册"系列中的一本，但从内容上来看，它的定位既不是原创性研究的专著或论文集，也不是教材[③]，而是一本汇总该领域研究成果并向

① 【基金项目】上海外国语大学"导师学术引领计划项目"："基于跨语言数据库的人称范畴研究"（201601016）。

② 其中以威利·布莱克维尔出版社（Wiley-Blackwell）和牛津大学出版社（OUP）最为领先，两个出版社的手册系列目前都已出版了 50 本左右；而剑桥大学出版社（CUP）推出手册的时间较晚，但后来居上、奋起直追，在短短 10 年里出版了 24 本手册（其中最近 3 年就出版了 11 本）。其他也在出版手册的出版社包括德古意特（de Gruyter）、劳特里奇（Routledge）、肯提纽恩姆 / 布鲁姆斯伯里（Continuum/Bloomsbury）等。

③ 相比于原创性的专著或论文集，教材与手册更接近，都带有介绍性的成分。但其评价标准应当有所不同，比如教材需要考虑到启示性和训练性的部分，而手册需要考虑到各章节内容及顺序安排的合理性、全书格式体例的一致性以及查阅的便利程度。

读者进行介绍、方便查阅的货真价实的手册。因此，评价本书应当以手册的标准来衡量。

本文从类型学范畴研究框架的角度进行述评。从当代类型学的角度来看，范畴（category）的本质是某些语言学功能的聚类，当提高解析度（resolution）时，又会呈现出更小的聚类，即子范畴（subcategory），通过语义地图和概念空间模型可以得到可视化的表征（范晓蕾，2017）。然而，目前子范畴的划分有时仍然沿袭传统研究中人为主观的分类。比如本书的主题——复合结构在类型学话语体系中大致对应传统语法所说的复合句（简称“复句”，complex sentence）。在传统的复句研究中，将复句首先分为并列句与从属句，后者又分为补足语从句、关系从句和状语从句三类。类型学界沿用该分类，有时将并列直接与后面三类放到同一层面上，即一般认为并列句、补足语从句、关系从句和状语从句是复句或复合结构的四个子范畴，在本书中分别单设第 1、2、4、5 章介绍。这种主观分类体现出部分理据性（partial rationality），而类型学的目标是将这些语义语用范畴的客观本质揭示得更清楚。我们认为范畴描写应当包含以下一些内容（部分参考迪克森（R. M. W. Dixon）的基本语言学理论）：范畴的内部语义构件、各种语义结构的跨语言编码形式、子范畴、交互范畴（interactive categories）和邻接范畴（adjacent categories）、语法化来源和去向等。

本书剩余的章节介绍名词短语结构（第 3 章）、语篇结构（第 6 章）和作为小句组合的句子（第 7 章）。其中第 5 章分为两部分，事实上，只有第 1 部分是关于状语从句的类型学的，第 2 部分“句子层面以上的状语从句”和第 6、7 章一样，本质上都是语篇分析学科的内容加入了一些跨语言的视角。

一、各章述评

第 1 章　并列

第 1 章《并列》由原德国马克思 • 普朗克进化人类学研究所（Max Planck Institute for Evolutionary Anthropology）教授、现莱比锡大学（Universität Leipzig）语言学系教授马丁 • 哈斯普马特撰写，较详细地罗列了各种并列结构，为初次接触本领域的学习者以及学者提供了手册式的概念介绍，该章共 51 页（第 1—51 页），由引言、7 节正文部分、1 节术语介绍和 1 节延伸阅读组成。作者的行文逻辑大致是每提出一个概念，然后举一些例子。如果某些概念具有特殊的性质（如跨语言概括）就进行一下详述，若该概括只是一条倾向而不是绝对共性的话，作者还会自己给出反例。

引言部分首先介绍了并列结构中最重要的两个组成部件：并列标记（coordinator）和并

列肢（coordinand）[①]，从语义上区分了三类最基本的并列结构：合取（conjunction）、析取（disjunction）以及转折（adversative coordination）[②]，并对后文各小节的内容进行了概述。本章介绍了并列的跨语言编码形式（第 1、6 节）、具体的结构类型（第 3、4 节）、与并列相关的交互范畴（第 2 节）、与并列相关的邻接范畴（第 4 节部分内容以及第 5、7 节），并对文献中使用的术语进行探讨（第 8 节）。

根据不同并列肢的数量、并列标记的数量、位置以及黏附方向可以罗列出所有逻辑上的组合。以所有的逻辑可能性为纲，考察自然语言在各个逻辑空位上的分布情况并从中发现跨语言普遍规律，是类型学中的一种常见做法，第 1 节便对普通并列结构进行了这样的考察。以两个并列肢的并列结构为例，并列标记共有三个可能出现的位置，每个位置上分别有两种选项（显性 / 隐性），总共存在 8 种逻辑可能性的结构。其中，当只有位于 A、B 之间的一个并列标记时，根据其依附于 A 或是 B，又可以分为两种不同的类型。

（1）（co）A（co）B（co）　$2 \times 2 \times 2 = 8$

有时，不光并列标记可以省略，由于并列结构中前后有可能涉及具有相同指称的论元，因此从经济性的角度来说，并列肢也可以省略或缩合，第 6 节描述的正是并列结构中的省略问题。第 2 节介绍的是与普通并列结构相对的强调并列结构（emphatic coordination），如英语中的 both ... and ...、either ... or ...、neither ... nor ... 等，这些实际上是带焦点的结构，本质上属于并列结构与信息结构的交互范畴。第 3 节介绍并列肢的句法类型，根据佩恩（Payne，1985）的分类可以分为 S、VP、AP、PP、NP 五类，并且相互间存在一个等级序列 S ＞ VP ＞ AP ＞ PP ＞ NP，也就是说，比如某一个语言中若存在 NP 并列，一定存在左侧各语类的并列。第 4 节根据语义再将三种最基本的并列结构进行细分，也和第 5 节一起都介绍了多种特殊并列结构。所谓特殊结构，往往是一些与并列有关，但在并列范畴不处于核心地位的边缘成员。第 7 节中，作者又回顾了并列的定义，并且试图将其与其他概念，如从属（subordination）等区分开来，从理论的角度反思如何界定并列结构。本质上来说，和第 5 节一样，讨论的是一些边缘现象。此外，作者细心地设置了第 8 节特意探讨术语问题，梳理前人使用这些术语的脉络。第 9 节与本书的后面几位作者一样推荐了延伸阅读。

本章的优点是作者对于大部分已经成熟的研究成果介绍十分清晰，行文流畅，通过“概念—举例”的结构循环推进，环环相扣。但仍有至少以下两个问题有待解决：

① 此外，并列肢的组合成的整体叫作并列结构体（conjunct），但该概念对于剖析并列结构帮助不大，故不详述。

② 引言部分中作者实际上区分了四种并列结构，第 4 种是原因并列，如英语 *for*。

（一）并列肢的不同句法类型的语义本质及相互间的关系是怎样的？

在形式语义学中，以 *and* 为例，小句间的 *and* 与名词短语间的 *and* 具有不同的语义类型，前者是$\langle t, \langle t, t\rangle\rangle$，后者则是$\langle\langle e, t\rangle, \langle\langle e, t\rangle, \langle e, t\rangle\rangle\rangle$。也就是说，从语义学的角度并看不出两者之间的联系，然而经验性地跨语言来看，各种类型的并列使用同一种标记是很常见的。这一点是需要解释的，究竟是形式语义学的理论不合理，还是我们应当换一个角度看问题？

除了上述两类外，并列肢的类型根据佩恩（Payne，1985）[①]共可以分为 S、VP、AP、PP、NP 五类，并且相互间存在一个等级序列 S ＞ VP ＞ AP ＞ PP ＞ NP。这个等级序列是可以理解的，当 NP 并列结构不存在的时候，一定可以通过 VP 并列来表达；当 VP 并列不存在的时候，一定可以通过 S 并列来表达，如例（2）：

（2a）Do you want [tea]$_{NP}$ or [coffee]$_{NP}$?（你想要茶还是咖啡？）

（2b）Do you [want tea]$_{VP}$ or [want coffee]$_{VP}$?（你想要茶还是想要咖啡？）

（2c）[Do you want tea]$_{S}$ or [do you want coffee]$_{S}$?（你想要茶，还是你想要咖啡？）

S、VP 和 NP 的情况较为清晰，符合生成语法中的投射等级序列（阿杰（Adger），2003）。PP 并列和 NP 并列类似，往往是编码一个论元或附加语。但当 NP 并列和 PP 并列在同一个语言中并存时，可能有不同的含义（（3a）和（3b）摘自哈斯普马特，2007：ex.38）：

（3a）I bought a present for [Joan and Marvin].

（3b）I bought a present [for Joan] and [for Marvin].

（3c）I bought [[a present]$_{i}$ for John] and [[another present]$_{j}$ for Marvin].

例（3a）句表达的含义是“我买了一份礼物给两个人”，而例（3b）句表达的含义是“我给两个人各买了一份礼物”，相当于例（3c）的缩合。当然，佩恩的等级序列只对一个语言中某种结构的合法性做出预测，并未声明其语义一定是等价的，但这种预测需要建立在类型学抽样统计的基础上。AP 的情况文中未做出说明，读者不得而知。

最后，哈斯普马特提到一个文献中记载的例子对该等级序列构成反例：据大隅（Osumi，1995）报道，在南岛语族的汀林语（Tinrin）中，存在 S 并列和 NP 并列，但并不存在 VP 并列。不过这些小语种的资料可信度还有待进一步核实。

（二）转折是否是与合取、析取一样的并列结构？

合取和析取一般都被认为是并列结构，在逻辑中是两种典型的二元运算，而转折并列却只

---

① 佩恩（1985）是手册第 1 版中的章节，在第 2 版中没有保留。

是由于英语的传统原因被看作并列结构。引言部分中所举的转折并列的例子（4a）只是句法上的转折，但语义上与 *although* 相对，可以转述为例（4b）。事实上，英语中 *but* 有多种用法，原文第 4.3 节进行了详细讨论，主要分为三类：表示违反、表示对比和表示对偶。如例（4c），这种情况下，如果转述为 *although* 引导的状语从句，语义上和原句会有些出入。这两种情况在英语中不宜区分，但在汉语中则很容易区分，对应的汉语翻译有所不同，前者译作“但是”，后者译作“而是”。

（4a）The dwarfs were ugly but kind.（小矮人不好看但友善。）

（4b）Although the dwarfs were ugly, they were kind.（尽管小矮人不好看，他们很友善。）

（4c）He didn’t drink cola but beer.（他不喝可乐而喝啤酒。）

（4d）?Although he didn’t drink cola, he drank beer.（尽管他不喝可乐，他喝啤酒。）

形式语义学中最常见的两种逻辑关系是合取和析取（其他三种常见的逻辑关系是否定、实质蕴涵和双向蕴涵，如果有第六种被提到的，一般是排斥析取（exclusive or），排斥析取在第 4.2 节中也有提到。这些关系中，否定是一元运算，其他都是二元运算[①]），却没有转折，为何会存在这种不对应是需要解释的。

上文已经提到，英语中 *and*、*or* 本身在语义上并不是同一的，转折更为复杂，牵涉到信息结构的问题。因此作者贯穿全文使用的一个基本三分模式（合取、析取和转折）并不是一种逻辑上的排他穷尽的分类，而是从个别语种的语言形式出发得到的经验性的分类，这种分类显然是从以英语为代表的印欧语出发的（*and*、*or*、*but*）。比如若从汉语出发，可能就不会得出这种三分模式（汉语中区分疑问析取“还是”和标准析取“或者”，也区分对比转折“但是”和并列转折“而是”）。根据作者的介绍方式，可以认为第 4 节中三种并列的子类应该都是英语中 *and*、*or*、*but* 的某一种功能，但是作者也没有自始至终贯彻这一标准，比如所谓的增大合取（augmentative conjunction）并不是合取的一种，增大合取大致对应英语中的 *more and more*，实则只是英语的结构中存在一个部分与合取并列标记 *and* 同形而已。作者声称“他不知道有哪个语言使用（不同于普通合取标记的）特殊增大合取标记”，事实上，汉语中对应的 [越来越 ADJ] 构式恰构成一个反例。我们认为这个概念显然与程度范畴关联更大，不应归入此类。另外，合取子类中的代表性合取（representative conjunction）和析取子类中的时间交替（temporal alternation），前者在英语中无对应形式，后者对应英语中的 *now … now …*，压根不包含英语中的 *and* 或 *or*。因此，第 4 章的处理逻辑并不是很清晰，而更像是一个堆放特殊现象的“杂物箱”，但如此一来，又与第 5 章的主题重复。

① 事实上，根据排列组合，二元运算的真值表共有 16 种可能性，合取、析取、实质蕴涵、双向蕴涵和排斥析取只是几种比较符合直觉的特例而已。

其他还存在一些次要的问题。比如作者在引言部分将原因并列（英语 *for*）也看作并列结构的一种（第 2 页），但是在第 4 节中却又只提到并列的常见的三种语义是合取、析取和转折，对于第四种并列为何凭空消失以及是否应当划入并列结构的大类未作说明，造成了前后不一致。另外，我们认为第 6 节的内容设置在第 1 节后更合适，因为并列肢的省略与缩合本质上也是并列结构的形式编码的问题。而第 7 节“界定并列结构的范围”事实上讨论的也是该范畴中的边缘现象，与第 5 节“特殊并列结构”的内容更接近，适合安排在一起。两者的区别是，第 5 节中的内容由于比较零散、不便处理，目前更倾向于被划入该范畴内讨论，而第 7 节中讨论的现象更成系统，倾向于被划出该范畴独立出来。但上述问题不影响本章是一篇比较清晰的介绍并列结构的文章。

第 2 章　补足

时任威斯康辛大学密尔沃基分校（University of Wisconsin-Milwaukee）英语系教授的语言学家迈克尔•努南撰写了本书的第二章《补足》，即补足语从句。努南是东非的尼罗语族（Nilotic）中兰戈语（Lango）的专家，出版过兰戈语的参考语法（努南，1992），在本文中也可以看到其经常引用兰戈语的例子。

本章有 99 页（第 52-150 页），是本书中最长的一个章节，共分为引言、6 节正文部分以及 1 节延伸阅读。部分章节设置上略有不合理之处，第 1.1 小节和 1.3 小节都是关于补足语类别的，而插在中间的第 1.2 小节的内容是关于标句词这个概念的，与介绍概念的引言部分更一致，因此我们将先介绍引言部分和第 1.2 小节，随后再介绍第一章剩下的部分。此外，第 2.4 小节的内容本质上也是 1.3.3 小节的拓展。

在引言中，作者首先定义了一些关于补足语结构的核心概念。他将补足（complementation）定义为一个语义上的句子或述谓结构在句法上实现为一个谓词的论元；这个谓词称为带补足语的谓词（complement-taking predicate，简称“CTP”），如记得、看见、想、导致等等；作者虽然没有明确定义补足语，但显然可看出，补足语（complement）是句法上做 CTP 的论元的那个成分；补足语往往还带有一个成分来帮助识别其补足语的身份，即标句词或补足语标记（complementizer）[①]。紧接着作者将其与关系从句和状语从句进行区分，界定了本章讨论的范围是句法上的补足语，而非语义上的。在第 1.2 小节中，作者依次介绍了一个语种中标句词的数量、标句词的强制性及其制约因素以及标句词的来源。作者特别提到英语中的“*-ing*”不是补足语标记，认为其只是一个词类转类（conversion）的标记，但理由不是特别充足。笔者认

① 标句词的定义实则在原文第 1.2 小节中引入，这里作为核心概念一起先罗列出来，与原文的介绍顺序稍有出入。

为英语中的“*-ing*”至少可以分为两类，在下例（5a）中是转类标记，即名物化标记[①]，而例（5b）中则是一个典型的补足语标记[②]。

（5a）Please clean up the pigeon dropp**ing**s.（请清理鸽子的粪便。）

（5b）I saw him clean**ing** the room.（我看到他打扫教室。）

随后在第 1 章中，作者对补足语进行分类。第 1.1 小节是几个具体语种（英语、爱尔兰语、兰戈语）的案例，但作者并未说明如此分类的理由。作者在第三章中提到，即使同一个标签的补足语类型在句法和形态上也未必相同（第 101 页），既然如此，那不同语言中被归入同一个标签的补足语类型有何共同的特点或语义原型？[③] 假若调查一门未知语言中的补足语，其归类标准是什么？作者没有给出这样的答案，只是在第 1.1 小节末尾粗略提到了三个判别标准：①动词的形态；②动词和其论元的句法关系的类型；③补足语结构作为一个整体和句子中其他部分的句法关系。然而这三个标准形同虚设，第一条形态标准是单语特有的（language-specific），在跨语言对比时无法起作用，而后两条所涉及的句法关系也是依赖框架而定的（framework-dependent），不如语义关系有客观标准。上面提到的这一问题如果上升到理论高度的层面，便是史塔生（Stassen，2011）所描述的跨语言对应（cross-linguistic identification）的问题，即如何确定 A 语言中的 *x* 项目和 B 语言中的 *y* 项目对应。这也是整个比较语言学（无论是历史比较语言学、类型比较语言学 / 语言类型学还是对比语言学）在进行跨语言比较的一个经典问题，理想的方法是引入一个第三方标准（tertium comparationis，简称“TC”），但在类型学研究的实际操作中有不少研究者在这一点上并不严谨。第 1.3 小节中深入探讨了分类，作者对补足语从句的分类进行了一个两层的区分，第一层先根据是否存在显性主语分成 S 型和 VP 型，随后 S 型分为陈述和虚拟，VP 型分为联合（parataxis）[④]、不定式（infinitive）、名物化（nominalization）和分词（participle）。该分类被总结在原文表 2.2 中，简略归纳如表 1。

表 1　补足语的分类

S 型补足语	VP 型补足语
陈述　　虚拟	联合　　不定式　　名物化　　分词

① 这里取广义的名物化概念，狭义的名物化是针对事件名词的，而这里 *dropping* 实际上是 *drop* 的结果名词。

② 当然并不只有这两种功能，其他功能还包括形容词化标记、状语小句标记和进行体标记等。

③ 如英语中的动名词与爱尔兰语种的动名词是否是一类事物，英语中的不定式和兰戈语中的不定式又是否是同一类事物。

④ 英语术语 parataxis 在中文中的词典义为“并列、意合”，前者已用于第一章的并列结构，而后者用词太宏大，容易让人联想到“英语是形合的语言，汉语是意合的语法”这种缺乏科学理据、刻板印象式的说法，不适合用于此处，故选用“并列”的同义术语“联合”。

对这一部分的内容进行如下讨论：①关于第一层分类，作者文中的术语是 s-like 和 verb-like，前者是 sentence-like 的简称，而后者事实上更准确地说应当是动词短语 VP，而不是一个动词。故本文中沿用生成语法的语类名称称为 S 型和 VP 型。②这部分的分类大多使用了以英语或一般印欧语语法为基础的分类，套用到其他语言就可能会产生削足适履的问题。③第二层切分存在标准不一致的问题，对 S 型来说，是根据情态（现实 / 非现实）的语义进行分类的；而对于 VP 型来说则是根据形式类来区分的。这种分类可能会导致的一个问题是，英语中的虚拟严格意义上来说并不是一个专用形式，而只是借用了过去时而已，却被当成了一个单独的分类；此外，这里的大部分跨语言例子中所使用的术语常常都是个别语言中的形式类，直接取自参考语法或传统语法，跨语言角度来看并不存在严格的对应关系，也就是说，A 语言中的虚拟式和 B 语言中的虚拟式实际所表达的语义可能并不是一回事，却容易被误当作同一类事物。这在类型学中是一个经典的问题。④对于具体类别的定义也存在一些争议。如在本书中，作者对不定式的定义不随主语变化，然而在许多语言中，不定式由于其不变的性质，往往被当作词典形的存在。另外，作者提出的一种类型——联合（parataxis）在中文里根据词典义翻译成“意合、并列”，而这里实际上从形式上来说和连动是一种形式，只不过对应的语义不同。但这一部分例句非常少。从意义上来看，是一种现实情态，在英语和汉语中，这些句子意义通常需要通过另一句独立的小句来补充。第 2.4 小节是关于这两个概念的进一步辨析。

本章的第 2 节是关于补足的句法操作，常见的句法操作有等同删除、提升等等。在开始本章的介绍与讨论前，需要先重申一下句法操作的本质。句法的本质类似于数学定理的证明与推导。对于一种非强制的句法操作来说，本质上也就是说执行该句法操作前的结构和执行了该句法操作后的结构都是合法的；而对于强制的句法操作来说，只有执行该句法操作之后的结构才是合法的。根据乔姆斯基的形式语法理论，转换规则是改写规则的一种，而规则的数学本质是一种二元关系，将这些概念铭记于心有助于我们更好地理解句法操作的本质。第 2.1 小节讨论了等同删除（equi-deletion），第 2.2 小节介绍了提升，而第 2.3 小节则探讨补足语缩合。2.4 小节重新讨论了联合和连动之间的关系。第 2.7 小节是关于否定提升的，典型的例子是英语中的 *I don't think*。作者没有详述否定提升的问题，但很容易联想到的问题是，存在否定提升的语种如何表达两种不同的含义？

等同删除是指当主句主语和补足语小句的主语同指时，删除补足语小句的主语。在英语中这种操作是强制的。关于等同删除有这样一些概括：当等同删除发生时，一般是强制的。有一个相关的现象是反等同删除（counter-equi），但存在一定的争议。

提升（raising）操作是将一种 S 型补足语转换为一种非 S 型补足语。一般有 S-O、S-S、O-S 和 O-O 四种类型，英语中缺乏最后一种，最后一种在爱尔兰语中存在。不过，如科姆里（Comrie，1989）所说，由于主、宾语概念跨语言存在问题，因此这种定义是否可行还值得打一个问号。

作者给出了几条概括：跨语言来看，提升没有等同删除使用得广泛，甚至有的语种完全不具有提升手段。而最常见的提升是 O-S 提升。一个非常好的问题是，像英语句子中的下列情况（努南，2007：ex.129-130）是否算作提升？

（6a）*I want that the man steal the chicken.（*我想那个人偷鸡。）

（6b）I want the man to steal the chicken.（我想要那个人去偷鸡。）

（6c）I hope that the man steals the chicken.（我希望那个人去偷鸡。）

假如认为例（6b）是从例（6a）变回来的，那确实存在提升。从类型学的角度看，也可以进行另一种定义，即某种语义结构选择一种形式编码方式。

第 2.3 小节中，作者提到了三种补足语的缩合，分别是简单小句缩合、小句融合和词汇融合，然而从他举的例子来看，本质上都是致使结构的不同编码表达手段。

第 3 节中，补足语的语义类型根据五点因素被进行区分，这 5 个因素分别为情态、缩合程度、补足语标记的选择、与主句的句法关系以及语义上的动作通过哪种词类来实现。作者首先提到了三种依存关系（dependency），即时态依存、真值依存以及语篇依存，其中以时态依存最为重要。我们认为依存关系属于一种广义的一致关系，都是一种成分对另一个成分的制约。时态与现实性紧密相关，存在表 2 中三缺一模式的四分表关系（“将来—现实”为空缺）。而且这是一种逻辑上成立的关系，不是经验性的（也就是说，逻辑上不可能存在反例）。

表 2　时态与现实性的四分表

现实性 \ 时态	将来	非将来
现实	×	√
非现实	√	√

因此，许多动词会要求他们的补足语小句中的动词使用相对更偏向将来的时间，其实就是更偏向非现实。

第 4 节介绍各个具体语种中的补足语系统在数量和类型上的差异，以及类型学上的普遍规律。跨语言规律有：所有的语言都有 S 型补足语；所有的语言都存在缩合型补足语；二分系统中，最常见的对立是 ITR/DTR 的对立。作者还罗列了三分（俄罗斯语、波斯语、劳瑞语（Lori）、东亚美尼亚语和希伯来语）、四分系统（加泰罗尼亚语及其他西罗曼语、兰戈语及其他尼罗语以及英语的大部分方言）和罕见的五分系统（古希腊语和英语）的例子。但鉴于不同语言的记录者对个别语种的处理不一定一致，本节的跨语言描述和结论值得更细致的观察和进一步验证。

正文最后的第 5 节简要讨论了名词补足语（noun complementation），即有时所说的同位语从句（appositive clause）。在英语中，大部分名词都有对应的动词形式，而在爱尔兰语中，有的名词却缺乏相对应的动词形式，因此只存在名词的补足语。值得注意的是，由于补足的对象是名词，看似不符合补足语的定义，但该名词一般为事件名词，在语义上仍和动词是一样的，因此也可以看作补足语的一种。

第 6 节给读者指明了应该如何对一门新语种进行补足语从句的调查。第一步是先罗列一些 CTP，第二步是选择一句简单的带补足语的及物句，第三步是使用这些 CTP 来创造更复杂的句子并请发音人来翻译，注意需要留意语义上的区别。第四步是拓展动词的列表，尤其是需要加入一些可能会产生不规则的形式（即语言中最高频固化的形式，如 *be*、*come*、*go* 等等）。最后一步是提出假设并验证假设。本章的第 7 节是延伸阅读。

本章的一大问题是对小小句（small clause）的讨论不足，小小句是一类典型的存在主语，但使用非限定形式来编码的结构。此外，本章的大部分跨语言归纳作者并没有给出数据来源，读者无法得知是作者的直观印象，还是基于实证研究得出的结论。

第 3 章　名词短语结构

本书的第 3 章《名词短语结构》由纽约州立大学布法罗分校（University at Buffalo, the State University of New York）的老牌类型学学者马修斯 •S. 德赖尔教授撰写，分为引言、4 节正文与 1 节延伸阅读，共 55 页（第 151-205 页）。复合句是句法上的小句担任主句的句法成分的结构，名词短语结构不属于复合句，编者安排在这里的原因我们不得而知。但名词短语结构中确实有一些复杂结构，如领属结构、关系结构等。

德赖尔将名词短语分为三类，分别是简单名词短语、复杂名词短语和无核名词短语。本章即以此分类为纲进行各小节的论述。

第 1 节主要介绍了名词短语中的各种修饰语，包括冠词、指示词、数词、形容词、名词修饰语、位置副词、疑问词修饰语和复合名词修饰语。而且这些修饰语可以根据其距离核心名词的位置远近，列出一个表（德赖尔，2007：ex.176），我们重新罗列如表 3。这个表格大致符合类型学轨层结构（陆丙甫，2015）与秦奎的制图理论（Cinque，2005）的发现。

表 3　名词短语中的各种修饰语

名词	形容词	数词 不定量化词	关系从句	指示词

本节大部分内容与一般关于名词短语结构的介绍差别不大，这里不再详述。其中第 1.2 小节和第 1.5 小节做了一些有趣的探讨。

第 1.2 小节讨论了限定词（determiner）这个概念。限定词在英语语法中曾经作为一个词类出现（Quirk 等，1985），是一个大类的名称，包含冠词、领属词和指示词。而将其单独作为一个词类的原因，是通过结构主义的分布原则（而并不考虑语义）。然而，在有些语言中，似乎这些概念可以共现。如在科伊拉 - 奇伊尼语（Koyra Chiini）中定冠词和指示词可以共现（德赖尔，2007：ex.30）。

（7）*har*　*woo*　*di*　*yo*
man　DEM　DEF　PL
人　指　定　复
'these/those two men'（这两个人）

此外，还有其他语言中，领属词也与定冠词可以共现，即类似于英语 *the wife of yours* 这类结构。在这种英语结构中，*of yours* 本质上也是领属词，只不过有的语言中只有相当于英语中 *your* 的这种形态形式，而没有 *of yours* 这种迂回手段。因此，作者得到结论：并不需要限定词这样一个语法概念，限定词更不等于指示词。我们赞同这一分析。这一点也值得所有熟悉了传统语法中有限定词这个词类的学者在做跨语言研究时注意。换而言之，限定词没有一个固定的语义内核，这是其之所以不构成一个独立的范畴最主要的原因。

第 1.5 节较为特殊地将复数词（plural word）单独列出。作者认为，有些语言使用复数后缀，而另一些语言中使用的是独立词来表达数的概念［如科伊拉 - 奇伊尼语（Koyra Chiini）、阿罗普 - 罗克普语（Arop-Lokep）以及瓦努阿图语（Lenakel）］，因此将后者作为独立的一类词叫作复数词。然而从类型学的角度看，各个语义语用的范畴，在世界语言中会采用不同的编码手段，如词缀、附着词、独立词、图式结构、框式结构等等。而像词缀和独立词往往只是融合度的不同。因此，复数词和英语中的复数后缀本质上是相同的一类范畴。而这些带有复数义的独立词，可以看作与英语中 *some* 类似的存在。此外，数词（numeral）编码的才是更具体的数量概念，而数范畴（number）与性 / 类（gender/class）、格（case）、人称（person）一样，往往表达是实词的部分信息，比如在只有单—复数区别的语言中，复数表达的概念其实是数量大于等于 2，但具体是多少，这个信息是未知的。因此，复数词最多看作数量修饰语的一种，而不应单独为一种修饰语。

在第 2 节复杂名词短语部分，作者列举了四种结构：领属结构、关系附置词短语、关系从句和名词短语并列结构。其中领属结构有大量专著讨论，关系从句（第 4 章）和并列短语（第 1 章）在本书中专设章节讨论，此处不再赘述。这里仅讨论关系附置词短语（adpositional phrases）。事实上，作者的英文原文中并没有“关系”一词，而仅仅是附置词短语，也就相当于生成语法中的 PP，但这里的 PP 的功能不是做状语（动词或句子修饰语），而是做定语（名词修饰语），表达的是两个名词之间的关系，故我们翻译时增译为“关系附置词短语”。具体例子如例（8）（德赖尔，2007：ex.133-134）：

（8a）[*in*　*sungah*]　*mi*　*tlâ*

[house in] man PL
房子 里 人 复
'the people in the house'（房子里的人）

（8b）*hajwan-r-ikaj* *tir* *max-ar*
animal-PL-about be. PTCP story-PL
动物—复—关于 系 . 分词 故事—复
'fairy tales about animals（lit. fairy tales which are about animals）'（关于动物的寓言故事）

尽管德赖尔没有给予这一节很多的篇幅，但这一部分的研究在文献中是较为稀缺的，在之前的类型学研究中没有受到很大的关注，因此值得后来的研究者补充。

在第3节无核名词短语部分，第3.2小节无核关系从句是关系从句的一种（第4章），而第3.3小节介绍的名词性从句本质上就是补足语从句（第2章），此处不再赘述。第3.1中的无核“修饰语—名词”短语结构是个很有趣的结构。根据作者介绍，常见的策略有光杆形容词、定冠词/指示词＋形容词、领属词＋形容词、领属标记＋形容词、形容词＋泛指代词等等。不过这块内容一般会放到与形容词和领属结构有关的范畴中探讨。

德赖尔的这一章虽然不是典型的复合结构，但是写作条理清晰，体现了一位有经验的学者的素养。

第4章　关系从句

本章由澳洲国立大学（Australian National University）的艾弗里•D.安德鲁斯撰写，共31页（第206—236页），是本书中最短的一章。关系从句是一个较成熟的研究领域，一般简称“RC”（relative clause 或 relative construction）。在引言部分，作者首先给出如下定义：

（9）关系从句（RC）是通过明确名词短语在从句中扮演的角色来限定名词短语的指称的一种从属句。

随后，作者进行了一些术语和符号上的规定。在本章中将主句中包含关系从句的名词短语简记为 NP_{mat}，将该语义所指在关系从句中的部分称为 NP_{rel}，将关系小句记为 S_{rel}。作者还定义了一个术语叫作域名词（domain nominal）[①]，大致相当于传统术语中的先行词（antecedent）或者类型学界在关系从句领域使用的术语——核心名词（head）。这几个概念的关系是，NP_{mat} 包含域名词、S_{rel} 以及其他修饰成分，S_{rel} 又包含 NP_{rel}。此外，在关系从句中，有几个通用的专门术语。以英语为例，若 NP_{rel} 在小句中没有得到显性编码，那就是一个空位（gap）。

① 域名词的概念实则在文中第1.1小节提出，这里一并放入术语部分介绍。

一般来说，从句中很少直接重复主句中的NP，即使需要重复，也往往会使用一个复指代词（resumptive pronoun）[①]。因此，复指代词与空位常呈互补分布。[②] 本章中作者排除了几个不在讨论范围内的现象，如英语传统语法中所说的非限定性关系从句（nonrestrictive relative clause）以及隐性疑问句（concealed question），分别如例（10a）和例（10b）所示。可以看出，作者本章讨论的关系结构中，作为修饰语的 S_{rel} 必须是限定性，而不能是描述性的[③]，并且 NP_{mat} 必须是定指的。

（10a）The Japanese, who are industrious, now outcompete Europe.（勤奋的日本人现在超过了欧洲。）

（10b）John always knows the horse that will win.（约翰总是能知道哪匹马会赢。）

作者简要地提出了关系从句的类型主要考虑以下几个参数：S_{rel} 的位置、NP_{rel} 在从句中的编码形式、对 NP_{rel} 与从句动词间语义关系的限制、S_{rel} 的编码形式。本章其余各章节主要根据这几个参数为大纲展开。第 1 节中首先根据关系从句是紧贴着核心名词还是与核心名词不连续（并且往往占据主句的两头中某一个固定的位置）将关系从句分为嵌套关系从句和附加关系。嵌套关系从句又根据核心名词在关系从句中的编码位置分为外置关系从句、内置关系从句和自由关系从句。第三种类型作者称为自由关系从句（free RC），但本质上，这种关系从句更常被称为无核关系从句（headless relative clause，如见原书第 3 章第 3.2 小节），而不是理解为自由语序。由于没有了先行词，这里的关系化标记有时会被看作是先行词与关系化标记的融合形式，如英语中的 *what*，大致可以转述为 *the one/thing that*。外置 RC 有三种顺序上的逻辑可能性，即关系从句前置、后置或自由语序（这里所说的自由语序是针对一个语言系统来说的，而对具体某一例句来说，只有前置或后置两种可能性）。附加关系从句中，关系从句在线性关系上与 NP_{mat} 不连续，下文的例（11）（安德鲁斯，2007：ex.2）便是一个典型例子。这一类关系从句往往放在句首或句尾，有时受重度制约但作者提到往往没有特殊的语用效果（如信息结构上的差异）。

（11）Somebody lives nearby who has a CD-burner.（住在附近的某人有CD刻录机。）

作者还描述了一些跨语言倾向性，如关系从句前置（RelN）与 OV 语序存在相关性（但存在反例，如汉语是 VO & RelN，波斯语是 OV & NRel）；使用前置关系从句的语言往往不使用“关系代词”（relative pronoun），而使用连接词（linker）或者与形容词相同的标记（如汉语中的“的”、他加禄语中的“*-ng*”）。内置 RC 有这样一些特性，如允许内置 RC 的语言也往往允

① 复指代词的概念实则在文中第 2.2 小节提出，这里一并放入术语部分介绍。

② 下文中会提到一种在从句中重复核心名词的策略。

③ 同样地，形容词也可以分为限定性与描述性的，如“一位聪明的德国人”与“严谨的德国人”。前者是从｛德国人｝的集合中取出｛聪明｝的一部分，后者是整个｛德国人｝的集合都包含于｛严谨｝的集合中。

许 RC 后置。总的来说，这一小节对关系从句进行了分类，分类大致整理如图 2。

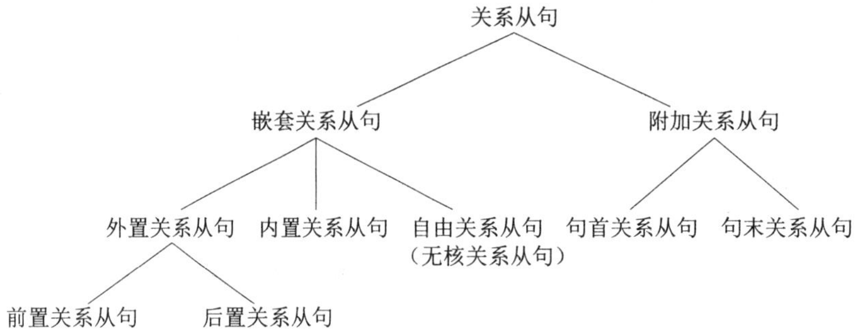

图 1　关系从句的分类

第 2 节介绍了所谓的 NP_{rel} 的四种编码策略。其中，省略（omission）大致对应文献中的空位；代词缩合（reduction to a pronoun）或代词化（pronominalization）其实就是文献中的复指代词。至于另外两种，特殊标记（special marking）和移位（movement），我们认为所谓的特殊标记其实就是关系代词，本质上是关系化标记（relativizer）的一种[①]。使用关系代词策略基本上蕴涵着移位，而移位又意味着存在空位。只不过本文中的省略 / 空位更严格，是指连关系化标记也不存在的情况。因此，本小节所讨论的编码策略实际上包含两个维度：①关系化标记（编码的是被关系化的论元和从句动词的语义关系）；②该论元在从句中的实现形式（重复 / 复指代词 / 空位）。在从句中重复主句中的名词非常罕见，这在类型学上被称为双核心关系从句（double-headed relative clause），而更多的是使用后两种形式，文中提到了一个藏语的例子[例（36）]，但该例句的标注存在错误，语料可信程度低，想必是还存在其他制约因素。德赖尔则提到康拜语（Kombai）存在这种形式，这是唯一记录到的一种语言（德赖尔，2013）。

（12）[doü adiyano-no]	*doü*	*deyalukhe*
sago give. 3PL. NFUT-REL	sago	finish. PTCP

'The sago that they gave is finished.'（他们给的西米吃完了。）

第 3 节讨论了对 NP_{rel} 与从句谓词之间语义关系的约束形式。所谓对关系从句的约束，其实是关系从句与该小句的语义结构所对应的主句表达之间的关系。本章介绍了两种理论，一个是生成语法提出的复杂名词短语约束，另一个是类型学界提出的可及度等级序列。但前者从跨语言来看并不成立。

第 4 节介绍了关系小句的编码形式。作者首先花了一定篇幅来处理关系化标记。关系化标记在某些语言中是专用的（如现代希腊语），但另一些语言中与补足语从句、结果从句同形（如

① 书中作者没有使用 relativizer 一词来表示关系化标记，而称作 relative marker，也在有一些地方称作 complementizer of the relative clause，本文中选用更通用的 relativizer 这一术语。

英语）。关系化标记有时也体现在动词形态上，但作者未给出具体例子。不过这一节实际介绍的是一些特殊的关系从句形式，即名物化或缩合关系从句，两者都不是以该语言中一句完整的小句形式来表达，而是使用领属结构（领属者也可以不出现）或分词形式来表达。但名物化的例子并不是非常清晰；缩合形式，以英语为例，则常常出现在核心名词与关系从句的主语同指的时候，但使用上会有一些时体方面的限制。

本章在编排上细读起来还是有一定条理的，各小节设置以作者提出的关系从句的 4 种类型学参数为纲，不过假如将引言中介绍该部分的内容放到这一小节的最后也许会更好。但是第一次阅读的读者可能会有艰深晦涩、不知所云的感受，这是因为内容上作者使用了许多自己定义的术语，有一些不符合关系从句文献中的常用说法且容易引起误解（如作者完全没有提到“无核关系从句”“关系化标记”等），这一方面需要读者在阅读时自己去发觉这些生僻的术语背后的实际含义（比如对照一门自己熟悉的语言中的关系从句），另一方面需要未来的手册撰写者注意并吸取经验，提供手册阅读时更好的用户体验。此外，作者在一开始给出的关系从句的定义存在一些循环的地方（“名词短语的指称”和“关系从句”都两次出现）。尽管所有使用自然语言的定义都难免会有漏洞，但科学研究的目标是得到一个形式化的理论，从形式化的语义模型[①]出发来定义也许会更好。在关系从句的界定上，非限定性（描述性）关系从句为何被排除在外是值得打一个问号的，比如形容词也可以区分限定性与描述性，但这不妨碍我们将它们都视作形容词。倘若将非限定性关系从句排除在外，这类句子的归属便成了一个问题。本章部分谈到了一些与关系从句相关的边缘现象，但没有专门谈关系化标记的来源与去向。事实上，就连关系化标记是否真正存在这一点，从文中的内容可推理出，作者认为在部分情况下存在关系化标记，而另一些例子中，如英语的关系代词不属于关系化标记的一种。我们不赞同这种分析，我们认为关系代词既承担了关系化标记的作用，同时又编码了被关系化的论元与从句中谓词的关系，只不过所谓的关系代词是一种可变形式，而有些语言中被认可为关系化标记的是不可变形式罢了。

这一章的格式上，S_{rel} 中的 S 有时使用大写字母，有时使用小型大写字母，编排不统一。有一类特殊的关系从句有时称为 co-relative，有时又称为 corelative，名称不一致（有时在文献中还称为 correlative）。这些不统一有时会引起读者的疑问，即看似有细微差别的术语究竟是表达了不同的概念，还是只是印刷错误，这种不一致会降低阅读效率。

① 比如抽象语义表征（Abstract Meaning Representation，简称 AMR）模型，这是一种表示语义关系或语义角色非常好的手段，以新戴维森事件语义学（Neo-Davidson event semantics）为基础，使用数学中的图论进行表征。

第5章　状语从句

本章分为两个部分，由加州大学圣芭芭拉分校（University of California - Santa Barbara）的桑德拉•A. 汤普森、德州大学艾灵顿分校（The University of Texas at Arlington）的罗伯特•E. 朗埃克以及达拉斯应用语言学研究生院（Graduate Institute of Applied Linguistics, Dallas）和美国国际语言暑期学院（SIL International）的黄申子撰写，共64页（第237—300页）。第1部分是状语从句的类型，第2部分是句子层面以上的状语小句。首先，作者们介绍了从属句的一般分类，即本文开头提到的补足语从句、关系从句和状语从句三分，并指出这几者又构成一个连续统，相互之间的界限并不是很清晰。随后作者们提出了三种从属句的编码形式：从属标记、特殊动词形式以及语序。作者们用了整个第1节讨论从属句的问题，进行了背景的铺垫。

随后第2节中，作者分出了12种状语从句，分别为：时间、地点、方式、目的、原因、情景（circumstantial）、同时（simultaneous）、条件、让步、替代（substitutive）、添加（additive）以及绝对(absolutive)。作者认为前面3种可以用单个的词替代(第2.1节)，而后面9种不行(第2.2节）。但这只是从英语中得出的结论，我们认为是值得商榷的。可用单个的词来替代的本质是这三个范畴的词汇化程度比较高，其意义往往浓缩于一个单词内部。基于这一标准也导致作者将明显在意义上与时间有关联的同时状语从句划入了第二大类，与第一大类中的时间状语从句分开，没有反映语义上的接近性。需要注意的是，这里的分类是语义上的分类，而不是编码策略上的形式分类。也就是说，所有的语言都需要表达这些意义，而并不是有些语言使用这种手段，另一些语言使用另一部分。

在第2.1节中，作者提到了状语从句和关系从句之间的模糊地带，如下面的汉语句子有两种分析方法，例（13a）中的分析是关系从句，“时候”是核心名词，“的”是关系化标记，相当于英语中的 *at the time when*。例（13b）中是时间状语从句，“的时候”整体是一个连接词，相当于英语中的 *when*，而两者的演变关系，可以推测出是关系从句发生了重新分析——“的时候”凝固成一个整体后向状语从句发展而来的。作者还提及了豪萨语、斯瓦希里语、匈牙利语、韩语、土耳其语也存在类似的情况，说明以“时间”义词汇为核心名词的关系化从句是时间状语从句的一个常见来源。

（13a）[[[他来] 的][时候]]，我们都走了。

（13b）[他来][的时候]，我们都走了。

这一模糊现象在地点状语从句和方式状语从句中也很常见，汉语几乎必须借助于这种手段来表达。可以看到例（14b）（15b）的汉语例子和例（15a）的英语例子中都使用了关系从句的策略，但例（14a）中的英语例子却直接使用了一个从属化标记。英语中时间和地点都可以直接表达，不需要借助核心名词。

（14a）You’re sitting where he sat.

（14b）你正坐在他坐过的位子上。

（15a）Tell him（in）the way（that）I told you to.

（15b）用我告诉你的方式和他说。

在第二大类不可以用单个单词替换的状语从句中，大部分术语是传统语法体系中十分常见的固定说法，但也有几个术语是平时不常见的，下面分别以英语的例子做出说明，相应的介词/连词使用黑体标出：

（16a）情景状语从句（circumstantial）：

He got into the army **by** lying about his age.（他通过谎报年龄入了伍。）

She carried the punch into the living room **without** spilling a drop.（她把潘趣酒拿进起居室而没有洒出一滴。）

（16b）同时状语从句（simultaneous）：

As I was cutting my hair, the scissors broke.（我剪头发的时候，剪刀坏了。）

While she was in Wewak, she died.（她在威瓦克的时候去世了。）

（16c）替代（substitutive）：

We barbecued chicken **instead of** going out to eat.（我们在家烤鸡而不是外出去吃。）

Harry decided to eat the salad **rather than** send it back to the kitchen.（哈里决定把沙拉吃掉而不是端回厨房。）

此外，还有最后一种特殊的绝对状语从句（absolutive clause），作者列举了三个判断标准：

（17a）小句被标记为从属句；

（17b）主句和从句间没有明显表明关系的记号；

（17c）两句小句间的解读需要从语境中推测出来。

我们认为绝对状语从句不能算作与之前几种同等地位的分类，它的特点本质上是一种缩合的、依赖语境去推测语义关系的状语从句，但其意义仍然可以被归入上述的十几种情况。比如作者提到格里诺（Greenough et al.，1903）的拉丁语语法中就提到离格绝对状语从句可以表达时间、原因、让步、条件和情景等 5 种含义。通常，其使用的形式可能是补足语从句中的几种策略（如分词、名物化等）。

第 3 节介绍了一种有趣的形象，其本质是形义错配，即形式上看起来像状语从句，但事实上表达的是一些话语功能，如例（18）所示（汤普森等，2007：ex.113）。在该例子中，“湖人队赢了”是一个事实，并不是当“你感兴趣”的条件满足后的结果。

（18）If you're interested, the Lakers just won.（如果你感兴趣的话和你说一声，湖人队刚刚赢了。）

第 4 节作者列举了一些从属标记的借词来源。分析了为何一个语言需要从另一个语言借用从属化标记，其中有三个主要因素：①是权威语言的社会政治影响；②是借用语言的语义结构本身；③是双语者倾向于使用两种语言中都有的平行结构。

本章有两点值得注意。第一点是状语从句涉及大量形式错配现象，这也值得引起我们关注。关于形义错配的一个问题是，我们往往可以无争议地分析出某一句句子背后的真实含义，但是为何我们会解读出其表面的含义（比如将例（16）看作表面上是条件状语从句），即使该标记在这里不表达这个含义。是否人脑的语言处理机制中存在一种默认的设定，而真实的语言处理又是在这种默认设定上展开的？这种默认设定又是如何来确定的（比如根据先前输入历史的频率）？是否会更改以及更改的条件是什么？这是十分值得进一步研究的。

第二点是：与补足语从句以及关系从句不同的是，前两者的标记 / 从属语素一般都有独立的名字，比如补足语标记 / 标句词和关系化标记等等，但状语从句涉及的类别太多，在使用标注时，也往往会标注更具体的信息，如时间、原因等。

本章第 1 部分中，对编码手段的探讨不是很多，大部分策略已在补足语从句部分与关系从句部分介绍过。由于论元与附加语之间的界限是模糊的，补足语从句和状语从句的抽象语义表征（AMR）本质上是类似的。因此，抓住这些特点也许可以引导我们走向一个更统一的跨语言形式编码的理论。

本章第 2 部分的讨论是在第 7 章的框架下进行的，内容本质上是关于语篇分析的，此处不再赘述。

第 6 章　语篇结构

本章的作者是三位芬兰的学者，分别是来自奥卢大学（University of Oulu）的爱丽丝・加尔盖能、芬兰语言研究院（Research Institute for the Languages of Finland）的马尔娅 - 蕾娜・索尔约能以及图尔库大学（University of Turku）的马尔娅 - 丽萨・海拉斯沃。这一章由引言、5 节正文以及附录组成，共 71 页（第 301—371 页）。本章重点关注语篇结构中互动的机制（话轮转换、序列、自我修正、共建结构）以及一种特殊的现象（主观性）。作者们声称关于语篇结构的类型学是一个还在襁褓之中的领域，目前他们的研究只涉及 7 种语言（英语、芬兰语、德语、日语、印尼语、西语、瑞典语）。作者在引言部分介绍了语篇（discourse）、会话（conversation）以及话轮（turn）的基本概念，并反复提到了互动（interaction）这一术语，标志着功能学派中的互动语言学的兴起。这一章的写法更像是一篇综述，在每个部分作者都挑选出了一些节点文献进行细致的介绍。

第1节中讨论了互动中的两个最基本的机制：话轮转换（turn-taking）以及序列（sequence）。关于话轮转换，萨克斯等（Sacks et al.，1974）是本领域开创性的研究。话轮转换的机制主要分为话轮构建部分（turn-constructional component）以及话轮分配部分（turn-allocation component）。对前者来说，最重要的部分是话轮构建单位（turn-constructional unit）。这些会话中的概念存在一些形式表征手段，如韵律和语用等。作者提到一种常用手段是嘎裂声（creaky voice），但令人不解的是，这是一种常见的语音学发声态，不知作者为何将其归为韵律手段（常常指超音段的手段，如重音、声调、语调、时长、音强等）。并且作者区分了所谓的语法、韵律和语用这些非常宏大而泛泛的术语。

而序列研究中，谢格洛夫和萨克斯（Schegloff & Sacks，1973）是奠基之作。有一个基本概念叫作相邻语对（adjacency pair），是两个话轮的序列，作者给出了四条标准。常见的相邻语对有：提问—回答、提出要求—接受/拒绝、提供帮助—接受/拒绝、打招呼—打招呼（回应）等。作者在讨论完一些相关问题后便进行了两个个案分析，一个是芬兰语中的医生—病人对话雷瓦拉（Raevaara，2001），另一个是芬兰语中打电话时的第一声问候哈库利宁（Hakulinen，1993）。后者可以抽象出例（19）这样的一个结构（第320页）。尽管无法穷尽所有案例，但跨语言研究中可以针对同一个事件情景在不同语言中的表达方式进行对比。

（19）小品（＋问候语）（＋地点副词＋动词）＋打电话的人的姓名（＋地点副词）＋问候语

第2节回顾了语言学文献中的主观性（subjectivity）研究，作者将主观性定义为说话人的态度和信念在其产出的话语中的体现，如例（20）（加尔盖能等，2007：ex.11）。

（20a）Guess what! I hcard hc got it! Isn't that great!（你知道吗？我听说他得到了那份工作！是不是很棒！）

（20b）Eric got a job.（埃里克找到了一份工作。）

例（20a）和例（20b）的真值条件相同，但例（20a）中传达的信息显然更多。作者提到例（20b）中的表达实际上在日常对话中非常罕见，也就是说，大部分话语都是带有说话人的主观性的。此外，作者提及了主观性与传信范畴和认识情态的关联，并列举了一部分这方面的参考文献。总体上来说，正如作者所承认的那样，主观性研究目前处于一个朦胧的初步阶段。是否具备独立的语言学地位、是否可以还原为其他的语用概念值得进一步探讨。

第3节介绍了自我修正（self-repair），自我修正发生在同一个话轮中，是同一个说话人对自己之前说的话的补充和修复。第3.1小节首先简要描述了这个现象。3.2小节回顾了目前对于触发自我修正的条件的研究。自我修正可以发生在不同层面上，比如形态等等（第3.3小节）。最后一小节介绍了三种形式上的手段：延迟、形态修复以及改变辖域。正如作者所提到的那样，自我修复和话轮转换、序列是同等重要的机制（第 337 页），我们认为，三者应当以同等地位依次各设章节。而主观性本质上并不是一种机制，可以放在最后探讨，而不是插入中间。

第 4 节介绍了跨语言视角下的共建结构（co-construction），这是指第一位说话人说一半，由第二位说话人补充。案例依旧大部分来自芬兰语、日语和英语。作者从会话语境、语法、韵律等方面进行了综述。会话语境主要包括引文、括号插入、列举、辅助解释和旁白等。

语篇结构是目前类型学领域所忽视的一个领域，然而功能主义语言学流派（如系统功能语言学、互动语言学等）早已关注到了一些更高层次的功能，这些都是可以和主流功能—类型学派的理论相结合，作为概念空间中的功能点被语言使用者认识到并进行形式上的编码。本章写作的一个优点在于，核心的概念数量不是非常多（不超过 10 个），清晰地向读者传达了本领域最重要的内容。但也存在一些次要的瑕疵。由于这一章涉及的是篇章概念，而篇章往往非常长，作者光是针对一个例子的分析有时也需要占据好几页的版面，容易造成读者阅读上的困难。如何更好地呈现给读者并且使读者不容易失去注意力和兴趣是介绍篇章研究时作者们需要注意的。本章最后部分设立了一个附录解释语篇研究中的一些符号，便于读者查阅。此外，大量的个案分析显示出本领域的研究尚处有待兴盛的阶段，作者还没有办法汇总出十分确定的跨语言概括的研究结论展示给大家，只好先进行案例的精选。

第 7 章　作为小句组合的句子

本章的作者仍然是第 4 章的合作作者之一罗伯特 •E. 朗埃克。朗埃克早年接受的是宗教与神学方面的教育，博士在宾州大学师从蔡里格 • 哈里斯（Zellig Harris）与亨利 • 霍尼希斯瓦尔德（Henry Hoenigswald）攻读，主攻墨西哥语言的历史语言学研究，后来又从事语篇分析方面的研究。本章共 49 页（第 372—420 页），由引言及 7 节正文组成。作者描述了小句层面以上的句子结构。第 1 节中，作者首先给出了关于句子三个最重要的部分核心（nucleus）、基底（base）以及边缘（margin）的定义，并界定了本章讨论范围。第 2 节开始是对各种句子结构的分类，基本上是对全书内容的一个总结，不过作者采用了他自己的一套分类方式。第 3 节介绍同阶结构（co-ranking structures），并举了英语、伊瓦洛伊语（Ibaloi）和契克瓦克斯拉特里克语（Chicahuaxtla Trique）三种语言的例子。第 4 节和第 5 节分别是两种结构，一种称为承上—终止链接（medial-final chaining）结构，另一种称为起始—启下链接（initial-consecutive chaining）结构。第 6 节中，作者提出在某些语言中，句子并不需要作为一个独立的层面存在。

作者在第 1 节中首先给出核心、基底和边缘三个概念。以（21）中为例（改编自朗埃克，2007：373 中的表 7.1）。

（21a）[When they heard the news]$_{margin}$, [[Mary was elated]$_{base}$ but [John was sad and thoughtful]$_{base}$]$_{nuclei}$.（当他们听到这个消息时，玛丽很高兴但约翰很沮丧。）

（21b）[When they heard the news]$_{margin}$, [[Mary was elated]$_{base}$ and [so was John]$_{base}$]$_{nuclei}$.（当他们听到这个消息时，玛丽很高兴，约翰也是。）

（21c）[When they heard the news]$_{margin}$, [[Mary was so elated]$_{base}$ that [she danced a jig]$_{base}$]$_{nuclei}$.（当他们听到这个消息时，玛丽高兴得挑起了舞。）

但本章中作者使用了很多自己使用的术语，如将连词 *but*、*and*、*for*、*so* 等有时称为承上连词（medial），本质上就是第 1 章中哈斯普马特写为 A co-B 中的连词。合取并列句被称作并列句（coordinate sentences），析取并列句被称为选择句（alternative sentence），转折并列句被称为对立句（antithetical sentence）。随后的第 1.3 小节中，作者提出句子结构一般可以根据动词的限定性[①] 分为同阶（co-ranking）和链接（chaining）两种主要结构，而连接结构又根据限定动词和非限定动词的位置分为中间—句尾链接和句首—顺承连接两种类型，这几部分将分别在后面的第 3 节、第 4 节与第 5 节介绍。作者认为不同的语言具有不同的结构。比如在例（22）中，假如使用同阶表达，则两个动词具有相同的地位。如果使用链接表达，则中尾连接结构中 arrive 将完整的屈折。第 1.4 小节主要是关于衔接度（degree of cohesion）。

（22）Kawa left and the patrol officer arrived.（卡瓦走了，巡逻队员到了。）

第 2 节是对书中前面几个章节的一个总结，不过作者提出了一个他自己关于句子结构的分类，详见图 3，此处不再详述。

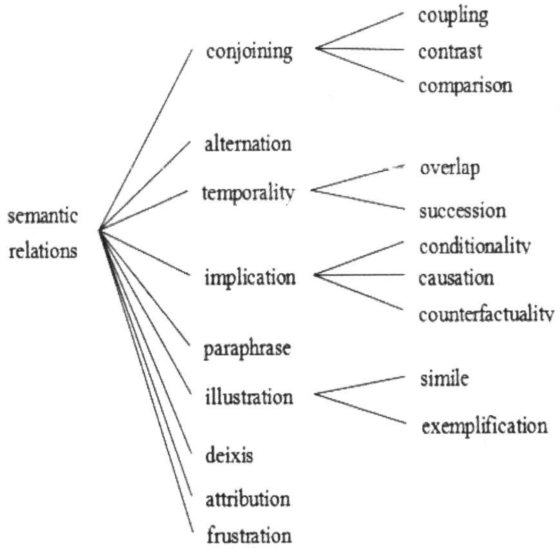

图 2　朗埃克对小句间语义关系的分析

总体上来说，作者论述的逻辑较为清晰，除了第 2 节的内容与本书前面几章有所重复，其

① 作者没有直接使用限定性（finiteness）的说法，而是使用了各种范畴的形态屈折变化来描述，本质上和限定性是一样的。

余各小节的顺序即按照作者提出的分类体系依次介绍。但最大的问题是作者使用了大量自己的术语。包括第 2 节关于句子内部结构更细致的分类中，作者使用的术语也较为混乱，如第 3 节同阶结构中分类的逻辑关系不清晰。此外，我们认为本章并没有跳出前几章经典的复句范畴的内容，只不过涉及几种不同复合结构的组合。这种组合是否有必要单列一章值得商榷，但我们认为即使单列的话，应当与前面的章节保持术语和框架的一致，以免造成读者的阅读困难。同时，本章的分类视野也停留在把形态和屈折变化作为第一标准，这种视角对于从语义出发的跨语言比较来说是不利的。但本章的贡献在于，补充了很多作者熟悉的南美地区和巴布亚新几内亚的语言的例子，并且考虑到了许多形态融合的问题，这是第 1 章所考虑不足的。

二、全书评论

（一）本书的优点

肖彭的这本手册在复合结构研究领域有几方面重要的意义。首先，肖彭将目光不仅仅局限于传统的四类复句，而是向下拓展到了短语结构层面，向上拓展到了语篇层面，这是其他类型学手册所不具有的（见第 3.4 小节），同类著作中也未有将复合结构重视至如此高度的。其次，语篇层面的类型学在当时更是一种首次尝试，尽管涉及的语种不多、跨语言的描写框架还不清晰且大多为个案分析，但可以作为后续研究的基础。最后，本书也对汉语的复句和语篇研究有所启发。

（二）关于跨语言概括

由于本书是一本介绍性的手册，书中的大部分跨语言概括并没有引用其实证考察的出处，让人无法得知是作者本身的经验还是通过直觉或仅仅根据常见的语种样本得出。比如我们统计了第 1 章第 1 节（第 1—14 页）中所有跨语言概括（cross-linguistic generalization）式的描述，共有 22 条，绝大部分跨语言概括没有引用其实证考察的出处（16 条），有一些引用了其他作者的概括（6 条），但追溯原文，被引作者仍然没有提供数据（4 条），只是印象式地下结论。最后剩余下 2 条的论断格式都是“存在”或“不存在”某形式的存在量化命题，是一种较弱的论断。

跨语言概括是一句命题，应当是可以证伪的。其中最容易被证伪的，即形如“某种……不存在”的论断。这种论断是一条绝对共性，可能只是目前调查的语种或样本库所限，但当扩大范围后，很有可能会找到推翻该结论的。相反，统计倾向性的共性并不害怕反例，只要相对的比例大小没有变化，这些结论仍然是正确的。而某一些形式“……似乎很少”的论断则体现出作者的不确定，这也是应当避免的。

另一些论述则连命题都称不上，因为是不可证伪的。比如在第 12 页上，哈斯普马特说“英语和其他欧洲语言非常喜欢省略并列标记”，然而由于“其他欧洲语言”包括哪些并不确定，无论举出反例还是给出欧洲语言中整体比例的数据，都无法将其推翻，作者都可以给自己留一条后路开脱，因此这句论断无法证伪。这类论述常见的标记有 *some*[①]、*other* 等模糊限制语。

现代类型学本质上是一种统计学，没有确定总体和样本，仅凭枚举几个例子就进行推断是不科学、不严谨的。在这样不严谨的基础上，即使后人对其进行了反驳或补充，也是没有意义的。这显示出目前类型学大厦的根基不稳：大部分结论并没有数据支持，是不可靠的。虽然经验丰富的类型学家不借助于数据的论断也许是正确的（或者仅仅是由于本书是一本介绍性的手册，所以没有引用数据），但严谨的学术研究中不应当不以数据为支撑就下结论，这也值得所有后来的类型学家注意。

（三）内容编排

全书编排上略有令人难以理解的地方，如将名词短语结构也看作复合结构的一种，并且安排在第 3 章的位置，插在经典的四类复合结构中间（第 1、2、4、5 章）。可以试问：如果名词短语结构是一种复合结构的话，那动词短语结构呢？这种处理显然不够合理。另外，类型学发展至今已形成自己独有的一套范式，并不是所有举几个语言的例子进行比较的研究都能称作类型学。类型学的一大特点，是研究具有专门编码形式的语义语用概念，对某些特定功能的编码形式进行跨语言比较。本书第 5 章第 2 部分、第 6 章和第 7 章内容实则属于语篇分析的范围，和目前类型学关系并不密切，还属于萌芽阶段。即使讨论语篇，也应当讨论篇章中具有某些特定功能的形式，而不是整个照搬语篇分析学科的体系或者将所有涉及语篇的内容都讨论一遍。本书中第 3 章、第 7 章中的内容和其他部分有所重叠，也从侧面印证了编排的不合理。合理的分类应当是既不重复也不遗漏的。[②] 如此编排，有可能是因为已故的编者蒂莫西•肖彭是一位出生于 30 年代的老牌学者，对于类型学的一些新的发展和体系的认识不是特别清晰。我们都知道，根据经典的结构主义小句以下的语法单位可以分为语素＞词＞短语＞小句 4 级，而朗埃克在第 7 章中提到，小句以上的单位可以按小句＞句子＞段落＞语篇来排列。因此，根据这个语言层级的顺序，我们建议本书的阅读顺序可以为：3 ＞ 1 ＞ 2 ＞ 4 ＞ 5 ＞ 7 ＞ 6。第 3 章是小句以下的层面，第 1、2、4、5 章是小句及句子层面，第 7 章也是句子层面，而第 6 章是语篇层面的内容。

在整本书中，术语或首次引入的概念在第 1 章中使用粗体；第 2 章中使用斜体；第 4 章中

① 这里的 *some* 表示“有些”“一些”而不仅仅是“有的”，尽管前者也蕴含存在量词，但同时也包含数量上的模糊限制语。存在量词可以被推翻证伪，而模糊限制语不行。

② 考虑到范畴的原型效应，最多是一些边缘成员存在争议。

使用引号；第3、5、7章中，有时没有使用专门的记号，有时又使用引号或斜体；第6章中甚至无标记、引号、斜体和黑体四种形式混用。全书体例不一致，如此一来会令读者感到困惑，无法分辨究竟哪些是术语。

此外还有一些次要的问题，如第1章中S、NP、VP、PP、AP等符号，以及第2章中基本语序类型（如VSO等）都使用了小型大写字母，和通常的书写习惯不太一样。另外，第6章和第7章没有补充阅读，与前五章的体例不符。另外第3章的推荐阅读前面漏掉了节号5，而在目录中没有这个错误。

（四）类型学手册的比较

本小节将肖彭编著的这套三卷本与同类的《剑桥语言类型学手册》（*The Cambridge Handbook of Linguistic Typology*）、《牛津语言学类型学手册》（*The Oxford Handbook of Linguistic Typology*）以及德古意特出版社（Mouton de Gruyter）的“语言学与通信科学手册”系列中的《语言类型学与语言共性》（*Language Typology and Language Universals*）进行比较。此外，澳大利亚詹姆斯库克大学的迪克森（R. M. W. Dixon）凭借一人之力汇聚了毕身成果的《基本语言学理论》（*Basic Linguistic Theories*）三卷本也是一套堪比手册级的巨著。前马克思·普朗克进化人类学研究所的德赖尔、哈斯普马特等人还完成了WALS这一巨大工程，邀请了不少作者描述了许多类型学的特征。

《语言类型学与语言共性》是一本大部头的手册，有上下两册，有1800多页，出版于2001年，由哈斯普马特等人编著。每一个词条内容都较为短小精悍，在10—20页。主题涵盖理论基础、类型学的历史、研究现状、各个类型学分支（音系、形态、句法、词汇）、范畴研究、类型学解释、历时共性等各个方面，是百科全书式的一本手册，几乎所有需要的都可以在里面查询，包括一些其他手册中不太提到的新兴的词汇类型学领域。唯一的缺点是该书过大，可能不少读者会丧失阅读的兴趣。

《剑桥语言类型学手册》出版于2017年，是所有同类资料中最新的，由詹姆斯库克大学的亚历山德拉•Y. 艾兴瓦尔德（Alexandra Y. Aikhenvald）和迪克森编著，分为类型学的分支、范畴研究、语言谱系和语言区域三个部分。这本手册没有提及理论背景和方法论方面的问题，在范畴研究设立的专题也较少，不过第三部分是一个亮点，即世界各区域语言的类型学特点，一般来说会被认为是历史语言学或接触语言学的领域，但对于类型学学者希望做采样前的初步研究（pilot study）很有好处。

《牛津语言类型学手册》出版于2011年，编者是已故的韩国类型学者宋在晶（Jae Jung Song）。该书分为4部分：基础（历史、理论和方法）、理论研究、经验研究、类型学与其他学科的关系。最后一个部分是其他手册中都没有的，只有在《语言类型学》（*Linguistic*

Typology）期刊 2017 年第 3 期上再次有过一次大讨论。如上文中提到过的，这本书中史塔生撰写的《跨语言对应问题》一章是类型学中的一个经典问题，值得所有无论是否属于功能—类型学派的跨语言比较工作者注意。

迪克森的《基本语言学理论》是一套了不起的著作，前两册出版于 2010 年，第三册出版于 2012 年。该书的优点是作者使用的描写体系尽可能切近传统语法，不像生成语法等理论框架使用了复杂的术语概念，并且区分了各个范畴中语义语用 / 功能层面和形式 / 句法 / 语法层面的概念（比如将言语行为定义为功能层面的概念，将语气定义为形式层面的概念）。不过本书也有一些缺点，比如上述区分没有在所有章节贯彻到底。此外，章节安排上的逻辑性不是特别强，经常连续的章节间的主题十分跳跃。又如作者在自己熟悉的领域上安排了大量章节进行了详述，如变价手段在第 4 册中足足用了 4 个章节来介绍；而另一些领域则没有设立单独的章节介绍，如名词分类系统、语义角色与格等，而时、体、情态、传信范畴、言语行为等重要的内容都被挤在了第 19 章一个章节里。最后，作者作为一位老牌学者，有一些传统思想还是残留比较严重，如作者仍然十分计较词类问题（名动之分），不过这套书也体现了新老结合，从旧思想向新思想过渡的转变过程。

WALS 于 2013 年上线。与纸质资源相比，WALS 的一个最重要的特点是其配套的数据以及地图。第 3.1 小节提到类型学的专著中不少跨语言共性并没有引用出处，因此会令读者难以信服。然而 WALS 上每一条特征及其章节都有非常清楚的分类以及相关数据，并且所有的语种的语料都给出了来源。标注方面，每一个标注符号将鼠标放上去都可以显示其语法范畴的全称，对不熟悉标注的人来说非常友好。不过，WALS 上的范畴研究部分算不上全面，还值得进一步补充。此外，WALS 有一些小瑕疵，比如每位作者的采样不同，而在电子数据库的时代，其实可以作为尽可能“取总体为样本”，将所有能搜集到的资料都汇总起来。另外，分类标准的处理还值得商榷。在标注方面，有时候没有使用莱比锡标注，最好是在莱比锡标注的基础上将其使用的标注符号都汇集起来列成一张表。

与上述这些手册类的类型学著作相比，本书的第 1 版出版时间比其他手册都要更早，第 2 版也比除了德古意特之外的手册都要早，在当时是一本领先的著作，不过部分章节的主题选择较为随意且有重复，还存在名实不副的现象（比如第 3 册中由认知语言学家伦纳德 • 泰尔米（Leonard Talmy）编写的第 2 章《词汇类型学》实际讨论的是如今称作“运动事件”的范畴）。当然，作为一本早期的著作来说，这些都是可以理解的，比如马林森和布莱克（Mallinson & Blake，1981）、科姆里（Comrie，1989）以及宋在晶（2001）等早年编写的教材也都是挑选了一些当时研究较为成熟的范畴进行个案介绍，还无法做到像后来的维卢皮赖（Velupillai，2012）、莫拉夫契克（Moravcsik，2013）等那样全面。

参考文献

[1] 范晓蕾 . 语义地图的解析度及表征方式——以“能力义为核心的语义地图”为例 [J]. 世界汉语教学，2017，31（2）：194-214.

[2] 陆丙甫 . 核心推导语法 [M]. 上海：上海教育出版社，2015.

[3] Adger, D. Core Syntax: A Minimalist approach[M]. Oxford: Oxford University Press, 2003.

[4] Aikhenvald, A. Y. Classifiers: A Typology of Noun Categorization Devices[M]. Oxford: Oxford University Press, 2000.

[5] Aikhenvald, A. Y. & Dixon, R. M. W. (eds.). The Cambridge Handbook of Linguistic Typology[C]. Cambridge: Cambridge University Press, 2017.

[6] Cinque, G. Deriving Greenberg's universal 20 and its exceptions[J]. Linguistic Inquiry, 2005, 36(3): 315-332.

[7] Comrie, B. Language Universals and Linguistic Typology (2nd)[M]. Chicago: The University of Chicago Press, 1989.

[8] Dixon, R. W. M. Basic Linguistic Theory. Vol. 1.Methodology[M]. Oxford: Oxford University Press, 2010a.

[9] Dixon, R. W. M. Basic Linguistic Theory. Vol. 2.Grammatical Topics[M]. Oxford: Oxford University Press, 2010b.

[10] Dixon, R. W. M. Basic Linguistic Theory. Vol. 3.Further Grammatical Topics[M]. Oxford: Oxford University Press, 2012.

[11]Dryer, M. S. Order of relative clause and noun[OL]// In Dryer, M. S. & Haspelmath, M. (eds.). The World Atlas of Language Structures Online. Leipzig: Max Planck Institute for Evolutionary Anthropology, 2013. (Available online at http://wals. info/chapter/90.)

[12] Dryer, M. S. & Haspelmath, M. (eds.). The World Atlas of Language Structures Online[OL]. Leipzig: Max Planck Institute for Evolutionary Anthropology, 2013. (Available online at http://wals. Info.)

[13] Greenough, J. B., Kittredge, G. L., Howard, A. A. & Benj, L. D'Ooge (eds.). Allen and Greenough's New Latin Grammar[C]. Boston: Ginn, 1903.

[14] Haspelmath, M., König, E., Oesterreicher, W. & Raible, W. (eds.). Language Typology and Language Universals. Vol. 1[C]. Berlin: Mouton de Gruyter, 2001a.

[15] Haspelmath, M., König, E., Oesterreicher, W. & Raible, W. (eds.). Language Typology and Language Universals. Vol. 2[C]. Berlin: Mouton de Gruyter, 2001b.

[16] Mallinson, G. & Blake, B. Language Typology: Cross-linguistic Studies in Syntax[M]. New York: North-Holland Publishing Company, 1981.

[17] Moravcsik, E. A. Introducing Language Typology[M]. Cambridge: Cambridge University Press, 2013.

[18] Noonan, M. A Grammar of Lango[M]. Berlin: Mouton de Gruyter, 1992.

[19] Osumi, M. Tinrin Grammar[M]. Honolulu: University of Hawaii Press, 1995.

[20] Payne, J. R. Complex phrases and complex sentences[C]//. In Shopen T. (ed.). Language Typology and Syntactic Description, Vol. II. Cambridge: Cambridge University Press, 1985: 3-41.

[21] Quirk, R., Greenbaum, S., Leech, G. & Svartvik, J. A Comprehensive Grammar of the English Language[M]. New York: Longman Group Limited, 1985.

[22] Sacks, H., Schegloff, E. A. & Jefferson, G. A simplest systematics for the organisation of turn-taking for conversation[J]. Language, 1974, 50(4): 696-735.

[23] Schegloff, E. A. & Sacks, H. Opening up closings[J]. Semiotica, 1973, 8(4): 289-327.

[24] Song, J. J. Linguistic Typology Morphology and Syntax[M]. London and New York: Routledge, 2001.

[25] Song, J. J. (ed.). The Oxford Handbook of Linguistic Typology[C]. Oxford: Oxford University Press, 2011.

[26] Stassen, L. The problem of cross-linguistic identification[C]// In Song, J. J. (ed.). The Oxford Handbook of Linguistic Typology. Oxford: Oxford University Press, 2011: 90-99.

[27] Velupillai, V. An Introduction to Linguistic Typology[M]. Amsterdam/Philadelphia: John Benjamins Publishing Company, 2012.

《主从复合句的结构语义分类兼其混合性》述评[①]

王　翠

陕西师范大学　外国语学院

引　言

《主从复合句的结构语义分类兼其混合性》（*Структурно-семантическая классификация сложноподчиненных предложений с учетом синкретизма*）为俄罗斯奥廖尔国立农业大学出版社 2007 年出版的个人专著。作者是德鲁日尼娜 • 斯维特兰娜 • 伊万诺夫娜（Дружинина Светлана Ивановна），语文学博士，俄罗斯奥廖尔国立大学（Орловский государственный унивреситет имени И. С. Тургенева）言语和教学技术教研室副教授，俄语语言与文学教师，主要教授言语文化、言语和修辞文化、俄语等课程。

德鲁日尼娜 • 斯维特兰娜 • 伊万诺夫娜于 2001 年通过副博士论文答辩《19 世纪 20—30 年代到 20 世纪末带有比较语法标记的句子在语义和结构上的变化》（*Изменения в семантике и структуре предложений с грамматическими показателями сравнения с 20-30-х годов XIX века до конца XX века*），2010 年通过博士论文答辩《现代俄语复合句中的混合性》（*Синкретизм в системе сложноподчиненных предложений современного русского языка.*）并被授予语文学博士学位。德鲁日尼娜 • 斯维特兰娜 • 伊万诺夫娜的研究兴趣是俄语句法、混合性、功能语义场、混合主从复合句、带有比较语法标记的句子。共有 90 篇（部）科研成果，其中包括 3 本专著，论文发表于高级鉴定委员会推荐的、同行评议的、领先的学术期刊或出版物，另外还有在全俄或国际会议上所做的报告，受到俄罗斯教育学院普通中等教育研究所推荐的教材等成果。

其中具有重要意义的科研成果有：

[1] 主从复合句的结构语义分类兼其混合性（Структурно-семантическая классификация сложноподчиненных предложений с учетом синкретизма: монография[M]. Орел: Издательво Орел ГАУ, 2007.）

① 【基金项目】中央高校基本科研业务费专项资金项目“俄罗斯语言类型学发展研究”（16SZYB13）。

[2] 复合句外围位置的相互关系（Взаимосвязи периферийных сложноподчиненных предложений позиционной природы[J]. Вестник Челябинского государственного университета. Филология. Искусствоведение, 2008(12): 35-44.）

[3] 复合句系统中的混合性（Синкретизм в системе сложноподчиненных предложений: монография[M]. Орел: Издательво ОрелГАУ, 2008.）

[4] 练习识别含多义从句的主从复合句（Упражнения на распознавание сложноподчиненных предложений с многозначными придаточными[J]. Русский язык в школе, 2008(9): 20-22.）

[5] 复合比较句中的某些混合结构（О некоторых синкретичных конструкциях в системе сравнительных сложноподчиненных предложений[J]. Вестник Ленинградского государственного университета им. А. С. Пушкина. Серия: Филология, 2009 (2): 140-151.）

[6] 现代俄语复合句的混合性，边缘相互影响的分析（Синкретизм сложноподчиненных предложений современного русского языка. Анализ взаимодействия их периферий[M]. Saarbrücken, Deutschland: LAPLAMBERTAcademicPublishingGmbH & Co. KG, 2011.）

[7] 综合体 *как*（Омокомплекс *как*[J]. Международный журнал прикладных и фундаментальных исследований, 2014(4): 173 - 177.）

[8] 再谈复合句的分类问题（Еще раз о проблемах классификации сложноподчиненных предложений[J]. Русскийязыквшколе, 2015(2): 59 -66.）

[9] 关于含固定搭配结构 не кто иной, как, не что иное, как 的句子（О предложениях с фразеологизированными сочетаниями типа не кто иной, как, не что иное, как[J]. Современные научные исследования и инновации, 2016(1). http://web. snauka. ru/issues/2016/01/62776.）

《主从复合句的结构语义分类及其混合性》正文部分共214页，由2章组成，第1章包括2节，第2章包括3节。正文前有序言，文后有引用或提及的参考文献（共23页）。下面依次陈述正文各章主要内容，然后作简要的评论。

一、背景介绍

国内俄语学者李勤等（2002：55）曾指出："纵观主从复合句学说的发展历史 —— 从形成于19世纪的斯拉夫传统语法到20世纪80年代的苏联科学院《俄语语法》，主从复合句研究的一个重要的、中心的任务就是分类。"本书提出了对主从复合句进行结构语义分类的新方法，并用语义方法进行补充和确切。全书包括两大章内容，第一章为复合句研究的理论问题，主要的理论概念包括复合句的不同层面，过渡理论的主要概念和功能语义场；对复合句的历史分类。第二章是对复合句的结构和语义分类，从语义方面予以补充和确切。首先，主要分析了含限定意义的复合句：含原因关系从句、含条件关系从句、含目的关系从句、含让步关系从句、含结果关系从句的主从复合句。其次，分析了具有位置特点的主从复合句，含说明从句的、修饰从句的主从复合句，并分析它们的语义场，第三，分析前两类复合句之间的过渡类型，含时空、比较和接续意义的主从复合句。对每种类型的复合句，作者不但从结构入手进行分析，而且还结合功能语义场概念，分析核心和边缘的语义表达。

俄语主从复合句的语法特点复杂，因为其中存在许多含有混合意义的变体形式，德鲁日尼娜•斯维特兰娜•伊万诺夫娜主要从语言的功能作用视角进行研究：对主从复合句的分类以混合性理论——巴巴埃采娃（В. В. Бабайцева）的共时过渡性理论和邦达尔科（А. В. Бондарко）的功能语义场理论为基础。功能语义场可以将同一层面和不同层面的语法意义联合，最终建立特殊的混合性语义。专著认为主从复合句结构是一个复杂的系统，存在主从复合句的功能语义场，将它与其他同样有核心和混合边缘的场相区分，分析属于不同功能语义场的主从复合句边缘领域之间的相互作用。

为了实现上述目标，需要完成几个任务：①理解共时过渡理论和功能语义场理论的基本观点；②明确主从复合句分类的相关理论争议问题；③研究结构语义分类法的基本原则；④描述不同种类主从复合句的结构和语义，主从复合句不同结构的语法特点，阐明核心和边缘结构；⑤通过与其他类型边缘主从复合句结构和语义场的相互作用，明确某些边缘主从复合句的特点。

本书使用的语言材料出自19—20世纪俄罗斯作家的散文体作品。之所以选择文学作品是因为其中聚积了所有功能语体的语言手段。共选用了75位作家的作品，每位作家平均200个主从复合句结构，共计15 000个边缘混合性主从复合句结构。此外，为了更全面地描写主从复合句系统，还另外选了5 000个核心结构的例子及不同类型的边缘主从复合句。

对语言材料的分析采用不同的方法，其中包括语料收集、处理和分析法；其次为描写法和归纳法。

二、内容述要

（一）第一章　主从复合句研究的理论问题，基本理论概念

1. 第一节　理论基础

在对复合句进行结构语义分类时，首先根据句子之间的联系方式（有连接词：主从和并列；无连接词），其次根据述谓结构之间的抽象意义关系，划分出复合句的结构语义类型：主从复合句（СПП）、并列复合句（ССП）和无连接词复合句（СБП）。复合句系统中的核心是主从复合句，因为其中有丰富的表达各种细微语义色彩的语言手段，有抽象的主从连接词，它们也是主要的句法意义标记。根据别德纳尔斯卡娅（Беднарская，1994：43-44）的统计，主从复

合句的平均使用频率如下：19 世纪 20—30 年代主从复合句占全部复合句的 40.2%，19 世纪 90 年代时为 42.3%，20 世纪 80 年代时为 40.3%。对并列复合句和无连接词复合句的理解类似于对主从复合句意义的理解。三类复合句均可表达因果意义、让步意义、时间意义等。无连接词复合句类似于主从复合句，可以区分出条件意义、目的意义、比较意义、程度意义、说明意义等。主从复合句的结构语义类型可以划为以下各种分类：说明类、定语类、程度类、地点类、时间类、比较类、原因类、条件类、目的类、结果类等。多种功能语义分类构成复合句的结构语义种类。例如，含比较意义的主从复合句内部可以划分出以下的功能语义分类：纯比拟比较意义、纯假定比较意义、对比比较意义、相反比较意义、行为方式与比较意义的混合、程度比较意义、行为方式与程度及比较意义的混合、比较与度量意义的混合、说明与比较意义、限定与比较意义、比较与限定及行为方式意义的混合、比较与限定及程度意义的混合、插入与比较意义等。比较意义的多种分类与比较结构中隐喻意义的激活、伴随有丰富的情态色彩意义、比较结构中有区别联系和无区别联系等有关。

作者提出目前分析俄语语法结构，主从复合句的复杂系统需要新的客观的研究方法，其中最有效的是在现代过渡理论和语义场理论的框架内进行。谢尔巴（Щерба，1958：35-36）也曾提出，语言中不仅有典型的语言事实，还有许多过渡性的语言现象，这是摇摆不定的，不明确的现象，应该更能吸引语言学家的注意。边缘的语言现象是典型的现象，集中了完整的区分性特征，两个边缘之间的部分为过渡区域，也是混合性区域。过渡性的语言现象不能构成传统经典的的系统，因为其中的语言材料有复杂性和多义性。

巴巴埃采娃（Бабайцева，1967，2000）系统而详细地分析了过渡理论。她对自己理论当中的核心概念作出了以下的定义："过渡性是一种语言特性，它将语言事实连成一个连贯的体系，反映它们之间的共时联系和相互作用，决定历时变化的可能性。"因此，过渡性可以分为共时的和历时的。共时过渡和历史过渡的最重要后果是混合性。巴巴埃采娃指出术语混合性（синкретизм）的两个意义：①语言发展过程中，不同功能语法范畴重合为相同的形式，导致产生语法的同音异义现象，比如格的混合性，俄语中某一种词尾是第一格和第四格相同的形式，第二格和第六格形式相同等，即同一种词尾表示不同的性、数、格意义等。②语言体系中与过渡性相关的，有差别的结构和语义特征的综合。

混合性有两种分类：可分解混合性和不可分解混合性。可分解混合性是由语法手段和词汇手段构成的语言和言语现象的多义性。不可分解混合性则不是通过这些手段表达的语言和言语现象的多义性。有时句法单位的特点是有半混合性的特点，即一些意义成分由语义手段构成，而另一些意义成分则通过句子的词汇意义表达（Бабайцева，2000：269-270）。

主从复合句的特点是有可分解混合性。例如：

（1）Наконец вся толпа, насмотревшись на Париж и окрестности с того места, где стояли союзные государи, начала спускаться под гору... 该句含有地点—限定混合意义，借助 того 和 где 表达。

（2）... села на стул с такой стремительностью, будто у нее подкосились ноги. 该句则含比较—限定混合意义，借助 стремительность 和 будто 表达。

对于俄语主从复合句的混合现象，巴巴埃采娃（Бабайцева，1967：21-22；2000：132-134）提出了用过渡性标尺进行研究。这是一个通用型的模型，借助它不仅可以研究语言要素之间的相互关系，还可以研究其他系统中要素之间的相互作用。语言或言语事实的相互作用，它们的位置可以表示为以下交叉的圆，每个圆都有自己的核心与边缘，见图 1：

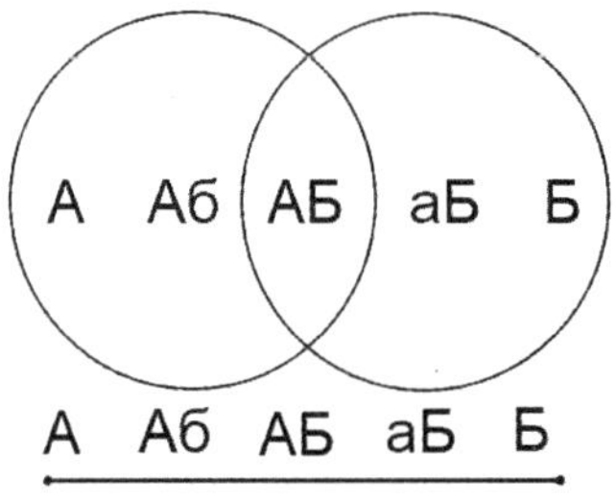

图 1　过渡性标尺

巴巴埃采娃的这一思想是谢尔巴关于语言现象过渡性思想的逻辑性发展。过渡性标尺，即轴线 А —Аб —АБ —аБ — Б 很直观地展示了被比较现象在特征方面的关系。点 А 和点 Б 是相互对立的核心。在这些点上聚集了相互对立的语言事实的全部区别性特征。符号 Аб、АБ、аБ 是过渡性的环节，它们构成混合区域，其中对立的语言事实的区别性特征同时并存。这些混合现性是不均质的：在 Аб 区 А 为优势类型，而在 аБ 区则 Б 为优势类型，在 АБ 区则可为两种属性均衡。主从复合句的混合性也可以借助过渡性标尺进行分析。

共时过渡理论在某些方面接近邦达尔科提出的功能语义场理论。20 世纪 90 年代在邦达尔科的带领下出版了系列书籍《功能语法理论》（*Теория функциональной грамматики*，1987，1990，1991，1992，1996）研究了体、情态、领属、存在、时间、因果关系、方位等。邦达尔科将功能语义场定义为“语言多级手段（形态学、句法学、构词、词汇及词汇—句法的联合）的体系，它们以共同的语义功能及其相互作用为基础”（Бондарко，1984：21-22）。语法范畴最主要的成分是功能，其次是结构。结构为功能服务，二者之间紧密相关（Бондарко，1984：38，1984：47），因此对句法结构的分析应该遵循从功能到形式的顺序。语义场也区分核心与边缘。核心区是区别特征的总和，边缘的功能负载则减少，边缘的结构总是混合性的，附加语法范畴其他的细微意义。

功能语义场观点与共时过渡观点相互关联，在分析个别区域时彼此补充，它们有共同的概念和术语：核心与边缘。功能语义场多连接不同层级的语言单位，而在混合性理论则连接的是同等层级的语言单位。

2. 第二节 主从复合句的划分历史

19—20世纪对主从复合句有不同标准的划分方法。

19世纪中期将分句类比为句子成分，即从句是扩展的主要成分。以语义（逻辑）标准为基础的逻辑（传统的、经典的）分类法奠基人有沃斯托科夫（Востоков，1831，1859），格列奇（Греч，1834），巴西斯托夫（Басистов，1848），达维多夫（Давыдов，1854），布斯拉耶夫（Буслаев，1869，1959）等人。以布斯拉耶夫（Буслаев，1959：279-280）为代表，主要将从句分为主语从句、定语从句、宾语从句、地点状语从句、时间状语从句、行为方式状语从句、程度、原因、目的、让步从句。别洛沙普科娃（Белошапкова，1967：105-107），克留奇科夫和马克西莫夫（Крючков & Максимов，1977：54），巴巴埃采娃和马克西莫夫（Бабайцева & Максимов，1987：188），费多罗夫（Федоров，2000：84），科洛索娃（Колосова，2002：1-2）等人指出这种分类方法的矛盾性。这种类型的缺点之一就是不能包括某些从句，如结果从句、接续从句，因为他们没有相对应的句子成分。用比较连接词连接的从句则被视为行为方式从句。另外这种分类方法没有考虑到句子结构与语义的等同。例如что从句有的被划分为程度状语，有的被划分为谓语从句等。到20世纪逻辑语法（传统的、经典的）分类法思想的继承者有鲁德涅夫（Руднев，1968），格沃兹杰夫（Гвоздев，1973），巴巴埃采娃（Бабайцева，1995），巴巴埃采娃和切斯诺科娃（Бабайцева & Чеснокова，2006）等学者。

另一种主从复合句的分类方法是形式分类法，即根据结构的述谓部分的联系手段进行划分。这主要是根据连接词或关联词的意义进行分类。代表学者有佩什科夫斯基（Пешковский，1956：480-500），佩捷尔松（Петерсон，1923），布拉霍夫斯基（Булаховский，1952：337-373）。这种分类方法的不足在于将形式绝对化，未能考虑句法单位的意义。该方法的继承者主要有夏皮罗（Шапиро，1937：13-36），切列德尼琴科（Чередниченко，1951：33-45）。

20世纪50年代则提出了结构语义分类法，代表学者有博戈罗季茨基（Богородицкий），波斯佩洛夫（Поспелов），别洛沙普科娃（Белошапкова），马克西莫夫（Максимов）等。波斯佩洛夫（Поспелов，1959：19-27）提出，在分析主从复合句的时候，需要考虑从句从属于什么，要描写主从复合句各部分的关系，它们的联系特点，从句部分的用途，并且提出两个术语表示主从复合句的两种主要类型：一元句子和二元句子。如果从句内容与主句完全相对应则为二元句子，这其实是指从句从意义上扩展整个主句，例如因果、时间、条件和让步结构；如果从句是主句内容的组成部分，也就是从句从意义上扩展主句的部分，从属于主句中的某一成分则为一元句子，例如，定语、代词关系、述谓说明类型的主从复合句。别洛沙普科娃（Белошапкова，1967，1977）、马克西莫夫（Максимов，1971，1977，1987，1999，1980），瓦尔金娜（Валгина，1978，2003）根据一元和二元理论，继续发展出主从复合句的结构语义分类法。后来结构语义分类法在1970年和1980年语法中得以发展，将主从复合句分为非分解结构（包括展词和代词对应句）和分解句（限定语句）。

结构语义分类法的优点是它的多方面性，综合了结构、语义、交际等标准，其中涉及逻辑、结构和结构语义方面。一元和二元分类法也被广泛用于教材中，受到许多语言学家的支持。但这种分类法的缺点是可分解主从复合句和不可分解主从复合的区分并不明显，因而出现破坏语义完整性的现象，相同意义的主从复合句被划分为不同类别的主从复合句，例如含 словно、будто 比较从句的主从复合句。这种分类法综合了语义原则和语法形式（结构）原则，根据形式原则区分出不可分解结构，根据语义原则区分出可分解结构，不同的标准和分类使二者之间有时产生矛盾。

主从复合句和功能语义场的交叉和相互影响产生了大量的混合性的边缘结构，对它们可以借助过渡性标尺和功能语义场进行分析。

（二）第二章　在语义方面进行补充和确切的主从复合句的结构语义分类

在语义方面进行补充和确切的主从复合句的结构语义分类之一就是考虑到混合性的主从复合句分类。

1. 第一节　含制约关系的主从复合句

制约关系在词汇层面主要借助以下词汇实现，如：原因（причина），条件（условие），让步（уступка），目的（цель），结果（следствие）等，而在句法层面则主要借助语法手段实现，如名词间接格形式的状语、副词构成的状语、动词原形表达的状语和复合句结构。含有制约语义的句子中有两个相关的情景，其中一个取决于另一个。这类句子表达原因、条件、让步关系，同时也表达目的和结果关系。主从复合句、并列复合句和无连接词复合句都可以表达制约关系的语义。叶夫久欣（Евтюхин，1997：141-142）清晰地表明句法层面的制约性意义的特点是述谓结构带有制约性语义，制约意义是情景性的，是双情景意义，具有非对称性，其中一个情景是制约性的，另一个情景则是被制约性的。

制约语义的核心是带有原因意义的主从复合句，此外还有条件、让步、目的、结果意义的从句。另外需要指出，含制约语义的句子有鲜明的两种情态性——客观情态性（所报道的内容与现实的关系，现实 / 非现实 / 可能 / 不可能 / 必要 / 或许性）和主观情态性（说话者对所报道内容的态度，相信 / 不相信 / 同意 / 不同意 / 感情评价等）。

第一，含原因意义的主从复合句的功能语义场。

含原因意义的主从复合句有两种类型：①从句包含导致主句中所发生现象的原因，②从句中包含主句得出结论的理由。第二种类型的主从复合句在俄语语言学历史上有多种不同的命名，如带论据从句的主从复合句、反向从属结构、原因论据结构，逻辑原因结构，结论根据句子等。

语法方面的区别特征有：使用一系列的原因连接词；主句表示状态语义，同时含有主观情态意义，其中包括情态评价意义；含有客观情态意义。表示原因的语法标记有以下的连接词或关联词：потому（，）что；оттого（，）что；так как...（то，так）；из-за того（，）что；благодаря тому（，）что；ввиду того（，）что；в силу того（，）что；вследствие того（，）что；поскольку...（то）；по той причине，что；потому как；за то（，）что；ибо；тем более（，）что；благо；затем（，）что；как...（то，так）（旧词）；понеже（旧词）等。其中最主要的原因关系的标记是 потому（，）что，它的使用没有修辞限制，具有最大的语义潜力，即可以表达各种细微的原因关系。

含原因意义的主从复合句的核心是纯原因结构，从句只表达现象的原因，再无其他附加的色彩。主句当中可能会有限定和确切的语气词，也可能有表达主观评价意义的插入语，如：только，именно，очевидно 等，在纯原因主从复合句中还可能会使用其他的连接词或连接词组，如：ибо，оттого，что，так как，поскольку 等。

含原因意义的主从复合句的边缘则是混合性的结构，除了含有原因意义，还有其他的意义，如原因结果意义、原因说明意义等。这类结构是原因结构和说明结构之间的过渡结构类型。连词组给 за то，что 还没有完全语法化，没有变为纯粹的连接词。

第二，含条件意义主从复合句的功能语义场。

含条件意义主从复合句指结构中一个情景决定另一个情景。两个事件之间的联系建立在决定成分的必则其一的基础之上，多表示假定的、非现实的意义。这类结构的区别特征是有条件连接词；动词的体、时、式之间有特定的关系，多使用将来时或假定式、过去时；具有现实 / 非现实的客观情态意义。在这类结构中经常使用的连接词有 если，если бы（б），коли，коли бы（б），ежели，ежели бы（б），когда，когда бы（б），кабы，раз，с тем（，）чтобы（чтоб），ли（ль）等。主导连接词是语法标记 если。连接词还分为现实和非现实类。核心区域为表纯条件意义，使用连接词 если 的主从复合句。连缘区域则为除条件意义之外，还表达原因、让步、插入主观情态、说明、限定等意义。

第三，含目的意义主从复合句的功能语义场。

含目的意义主从复合句中从句指出行为目的或主句所说的事物的用途。从句中事件的原因和结果之间有紧密且牢固的联系。如果结果意义是指行为或现象的现实结果，那么目的意义是指希望的结果。含目的意义主从复合句的区别性特征有：目的连接词；主句述谓表达或通过语境表达积极的行为且含有必须、应该的情态意义；含有现实 / 非现实的客观情态意义。常用的连接词或词组有：чтобы（чтоб）；для того，чтоб（ы）；с тем，чтоб（ы）；вместо того，чтоб（ы）；затем，чтоб（ы）；дабы（旧词）等，其中主导连接词是 чтобы。含目的意义主从复合句的核心是纯目的结构，多用 для того，чтоб（ы）连接词组合。边缘性的含目的意义主从复合句除了表达目的意义之外，还附加表达原因、条件、比较、限定等意义。

第四，含让步意义主从复合句的功能语义场。

让步情景中的原因和结果之间的关系十分复杂，因为这里的原因并不与结果直接相关。结果的实现与另一原因或条件相关。含让步意义主从复合句的从句表示非充分的原因或条件，与结果不符或主句所提出的条件相对立。让步意义的区别性特征有：让步连接词或关联词；述谓的时、式有一定的关联；有现实 / 非现实的客观情态意义；接近于并列复合句。含让步意义主从复合句可以分为让步结构和概括让步结构。使用的连接词或词组有 хотя（хоть）（бы），несмотря на то（，）что，пусть（бы），пускай（бы），даром（，）что，невзирая на то（，）что. Встречаются также двойные союзы хотя… но（однако，а，зато，тем не менее），пусть… но（однако，а，зато，тем не менее）等。其中的主导连接词是 хотя。概括让步结构中有概念的语义色彩，借助让步语气词 ни 实现，因此也有研究者将它们称为强调让步结构，主要的关联词有 кто（бы）ни，что（бы）ни，как（бы）ни，какой（бы）ни，где（бы）ни，куда（бы）ни，когда（бы）ни，сколько（бы）ни，最常见的概括让步意义的标记是关联词 как ни。让步意义的语法标记可以分为两类：①是不含语气词 бы 的连接词和关联词，②是含语气词 бы 的连接词和关联词。从句中使用将来时或命令式表达条件不够的语义色彩。含让步意义主从复合句与表达语义对立的并列复合句很相似。

含让步意义主从复合句的核心是纯让步结构，其连接词是不带 бы 的让步连接词。表示条件不足意义时，常伴随现实情态意义，从句当中的谓语常用过去时、将来时、分析形式的命令式。此外还使用带 бы 的让步连接词，带让步语气词 ни 的结构，如：кто（бы）ни，что（бы）ни，как（бы）ни，какой（бы）ни，где（бы）ни，куда（бы）ни，когда（бы）ни，сколько（бы）ни 等，主句中多使用对比连接词 но，а，однако。含让步意义主从复合句的边缘是各类概括让步结构。

第五，含结果意义主从复合句的功能语义场。

含结果意义主从复合句中常用的连接词有 что，так что，чтобы，такчтобы，句中有现实 / 非现实的客观情态，其核心区域是纯结构结构。表示现实结果时用 так что，表示非现实结果时用 такчтобы 和 чтобы。从句位于主句之后，表结果不回答任何问题，也不对应于主句中的任何一成分。含 чтобы 的结构有很多是固定搭配，如 достаточно…，чтобы；довольно…，чтобы；слишком…，чтобы；стоит（стоило）…，чтобы；не…，чтобы не 等。含结果意义主从复合句的边缘结构除了包含结果意义，还包含程度、度量、行为方式等意义。

2. 第二节　具有空位性的主从复合句

具有空位性的主从复合句中，主句中的某项句子成分的内容需要从句予以填充，这些句子成分往往是主语、宾语和定语，少数情况下是谓语。具有空位性的主从复合句有含说明意义、限定意义、度量意义、程度意义和行为方式意义的主从复合句。

第一，含说明意义的主从复合句的功能语义场。

含说明意义的主从复合句扩展主句中的基础词或词组，其区别特征是主句中应有起谓语功能的基础词；使用与先行词对应的说明词 то，это，один；主句中的主语或宾语有空缺；基础词有配价；基础词有一定的语义；从句用于填补基础词；会使用体现说明意义的连接词或关联词：что，как，чтобы，будто（бы），ли，что，кто，какой，чей，как，сколько，где，куда，откуда，когда，зачем，отчего，почему 等。按照语义，基础词主要分为以下几类：表思维活动的词，表言语的词，表感觉感受的词，表感情和内心状态的词，表评价的词，表意志的词，表必须可能情态的词，表希望 / 不希望情态的词，表存在、发现、联系和关系的词，其他的词。含说明意义的主从复合句的核心是纯说明意义的主从复合句，边缘则是除说明意义之外，还含有其他的语义，如说明及行为方式、说明及原因、说明及目的、说明及时间主从复合句。

第二，含限定意义的主从复合句的功能语义场。

含限定意义的主从复合句中从句扩展主句中名词或名词词组和代词词组表达的基础词。结构中存在限定关系，即从句部分指出主句中事物或现象的特征。连接主从句的连接词或关联词有 который，какой，каков，кой，чей，где，куда，откуда，когда，что，кто，что，когда，чтобы 等，主句中往往有指示词 тот，такой 等。含限定意义的主从复合句的核心是表达纯限定关系的主从复合句，此时最常用的关联词是 который（占所有关联词的 83%），其次是 какой（占所有关联词的 4.3%，具有类比意义）。含限定意义的主从复合句的边缘则是混合性的结构，不但包含限定意义，还包含说明、结果、原因、让步意义。在限定—说明主从复合句中，主句中的基础词是以下的动名词：表通知类的名词；表思维类的名词；表意志的名词；表理解或感情的名词；表存在的名词。主从句中存在代名词、代副词与关联词相对应的关系。

3. 第三节　含制约关系的主从复合句与具有空位性的主从复合句之间的过渡复合句类型

含制约关系的主从复合句与具有空位性的主从复合句之间的过渡复合句类型是时间与限定意义的混合类型、时间与说明的混合类型、空间与限定的混合类型、比较与说明的混合类型、比较与限定的混合类型等。

时间与空间紧密结合，二者都有一系列的语法、词汇等表达手段。具有相同的形容词手段 близкий，далекий，前置词手段 в，на，с，до，за，к。表空间意义主从复合句的核心类型是表达纯空间意义的主从复合句，常用的关联词有 где，куда，откуда，主句中常用带有空间意义的代副词，如 впереди，сзади，вдали，внизу，вверху 等，主导关联词是副词 где，表空间意义主从复合句的边缘类型是空间意义与条件、空间意义与原因、空间意义与让步等意义的混合。如前所述，这些核心类型都有相应的区别特征与表达手段，而时间与限定意义的混合类型、时间与说明的混合类型、空间与限定的混合类型、比较与说明的混合类型、比较与限定的混合类型等边缘类型则是核心意义与各种附加意义的混合，例如：

（3）Судили их в той же крепости, куда заключили после ареста, судили быстро и глухо, как делалось в то беспощадное время.（Л. Андреев）

该句中的 как 可理解为比较与行为方式意义的综合，即 ... судили быстро и глухо, так, как делалось в то беспощадное время，也可理解为比较与性质程度意义的综合体现，即 ... судили так быстро и глухо, как делалось в то беспощадное время。

三、结　　论

该书对俄语主从复合句的结构语义分类进行了探讨。在描述主从复合句时使用了共同过渡理论和语义场理论，从而将主从复合句以完整的场结构形式表现出来，指明其语义较单一的核心区域和多种混合语义构成的边缘区域。由于主从复合句比较复杂，因此在分析时主要以语义为依据，其次是以结构为依据。首先根据主句中是否有句法空缺的基础词，区分出具有空位性的主从复合句，再根据是否有指明空缺句法位置的成分，在语法和语义的基础上划分有制约意义的主从复合句。最后在具有空位性的主从复合句和有制约意义的主从复合句之间，划分出二者之间的过渡类型。具有空位性的主从复合句中有说明主从复合句、定语主从复合句、度量主从复合句、程度主从复合句、行为方式主从复合句；有制约意义的主从复合句中则有原因主从复合句、条件主从复合句、目的主从复合句、让步主从复合句、结果主从复合句。具有空位性的主从复合句和有制约意义的主从复合句之间的过渡类型则有空间结构、时间结构、比较结构、接续结构。主从复合句的场结构中，核心是有制约意义的主从复合句，边缘是具有空位性的主从复合句，二者之间的过渡区域也是这两种类型之间的过渡结构类型。

对主从复合句的结构语义分类并考虑到其混合性的做法是对主从复合句的现代分类方法之一。这种分类包括了主从复合句的各种类型和子类，系统化并且详细地分析了各种类型的使用情况。全面、系统和详细地对主从复合句进行了分析。运用共时过渡性理论和语义场理论分析主从复合句的每种类型，从中区分出核心区域类型和边缘区域类型，并能详细分析每种类型的语义和句法结构及手段。句法作为一个系统的进化潜能非常巨大，因为句法结构是开放性的，其资源永不枯竭，在言语过程中总是被重新理解。通过分析可以发现，主从复合句在表达新的意义时，需要新的语法或词汇手段，即新的形式。主从复合句主要按照有制约意义的主从复合句和具有空位性的主从复合句，这两个大方向发展。为了更准确、详细地分析各个混合类型的主从复合句，分析各种类型的相互交织和影响，则应该借助过渡标尺进行研究。

四、简　评

首先，作者的研究非常细致、深入。从现有的研究成果看，对俄语主从复合句的研究成果众多，但能将宏观分类与微观的细致分析相结合的研究却不多。作者多年来致力于俄语主从复合句的研究，能另辟蹊径，与传统的语法研究不同，结合语义和结构，共时与语义，将较成熟的理论用于主从复合句的分析，使得本研究具有新意和一定的价值。

其次，全书理论与语料分析结合，主次清晰。首先是讲述理论依据，简明扼要，只占篇幅36页，剩下的近150页内容都是进行各个类型主从复合句的语义与结构的分析。每种结构都是按从大到小的分类，从核心到边缘的类型进行语义和语法结构特点的分析。观点明确，例证详实。全书引用75位经典作家的例句，引用文献达305种，引用他人的理论和观点贴切自然。对语料有总结和阐释，得出的结论具有较强的可靠性和普遍性。

参考文献

[1] 李勤，杨明天，李磊荣 . 现代俄语复合句学 [M]. 上海：上海外语教育出版社，2002.

[2] Бабайцева, В. В. Переходные конструкции в синтаксисе[М]. Воронеж: Центрально-Черноземное книжное издательство, 1967.

[3] Бабайцева, В. В. Русский язык. Теория[М]. Москва: Просвещение, 1995.

[4] Бабайцева, В. В. Явления переходности в грамматике русского языка[М]. Москва: Дрофа, 2000.

[5] Бабайцева, В. В. & Максимов, Л. Ю. Современный русский язык[М]. Москва: Просвещение, 1987.

[6] Бабайцева, В. В. & Чеснокова, Л. Д. Русский язык. Теория[М]. Москва: Просвещение, 2006.

[7] Басистов, П. Система синтаксиса[М]. Москва: Тип. Т. Рис, 1848.

[8] Беднарская, Л. Д. Основные закономерности в развитии сложного предложения в языке русской художественной прозы XIX – XX столетий[М]. Москва: Флинта, 1994.

[9] Бондарко, А. В. Функциональная грамматика[М]. Ленинград: Наука, 1984.

[10] Булаховский, Л. А. Курс русского литературного языка[М]. Т. 1.Киев: Радянська школа,1952.

[11] Буслаев, Ф. И. Историческая грамматика русского языка[М]. Москва: Типография Э. Лисснера и Ю. Романа, 1869.

[12] Буслаев, Ф. И. Историческая грамматика русского языка[М]. Москва: URSS, 1959.

[13] Востоков, А. Х. Русская грамматика[M]. Санкт-Петербург: Тип. Глазунова, 1831.

[14] Востоков, А. Х. Русская грамматика[M]. Санкт-Петербург: Типография императорской академии наук,1859.

[15] Гвоздев, А. Н. Современный русский литературный язык[M]. Москва: Просвещение, 1973.

[16] Греч, Н. И. Практическая русская грамматика[M]. Санкт-Петербург: в типографии издателя, 1834.

[17] Давыдов, И. И. Опыт общесравнительной грамматики русского языка[M]. Санкт-Петербург: Императорская академия наук, 1854.

[18] Евтюхин, В. Б. Категория обусловленности[M]. Санкт-Петербург: Издательство Петербургского университета, 1997.

[19] Крючков, С. Е. & Максимов, Л. Ю. Современный русский язык. Синтаксис сложного предложения[M]. Москва: Просвещение, 1977.

[20] Петерсон, М. Н. Очерк синтаксиса русского языка[M]. Москва: Госиздат, 1923.

[21] Пешковский, А. М. Русский синтаксис в научном освещении[M]. Москва: Просвещение, 1956.

[22] Руднев, А. Г. Синтаксис современного русского языка[M]. Москва: Высшая школа,1968.

[23] Федоров, А. К. Кистории классификации сложноподчиненных предложений и придаточных предложений[J]. Русский язык в школе, 2000(2): 83-87.

[24] Чередниченко, И. К. Кизучению придаточных предложений в средней школе[J]. Русский язык в школе, 1951(6): 33-45.

[25] Шапиро, А. Б. Опринципах классификации подчиненных предложений[J]. Русский язык в школе, 1937 (2): 13-36.

[26] Щерба, Л. В. Избранные работы по языкознанию и фонетике[M]. Ленинград: Издательство Ленинградского университета, 1958.

《格鲁吉亚语和阿布哈兹语从句的类型学研究》述评

周晨磊

中央民族大学　中国少数民族语言文学学院

《格鲁吉亚语和阿布哈兹语从句的类型学研究》（*The Typology of Subordination in Georgian and Abkhaz*）是德国的德古意特出版公司（Mouton de Gruyter）“语言类型实证研究”（“Empirical Approaches to Language Typology”）系列之 5，1987 年出版，作者是布雷恩 •G. 休伊特（Brain G. Hewitt）。本书是在作者 1981 年年底提交的博士论文《格鲁吉亚语和阿布哈兹语从句句法的比较研究》的基础上修改而成的。作者 1975—1976 年在格鲁吉亚的第比利斯国立大学做研究生，并于 1979—1980 年继续研究格鲁吉亚语。

本书的安排如下：首先是引言，介绍格鲁吉亚语等语言的概况，本研究的目标等；接下来进入主体部分，分成状语从句，形容词从句，名词性从句来全面讨论几种语言中的从句表现；最后是结论。各个主体部分又分为若干章节。每一章节分为四小块，分别介绍格鲁吉亚语、古格鲁吉亚语和阿布哈兹语的情况，最后是小结。

引言介绍

格鲁吉亚语是一种南高加索语言。阿布哈兹语属于西北高加索语。南高加索语内部的四种语言关系紧密，西北高加索语的问题则比较复杂，传统的语音对应的比较难以得出结论。所以建立西北高加索语和其他高加索语的关系就很有风险。

作者提出本研究目标如下：

第一，阿布哈兹语以辅音多而元音少闻名，格鲁吉亚语则因为格系统和在动词上的互指而出名。但两种语言的句法一直没有被完整地研究，故本书的研究将在一定程度上填补此空白。

第二，高加索语言大致有三或四个语系，各个语系之间的结构差异很大。南高加索语系在诸多方面处于西北高加索语系和东北（中部）高加索语系之间。对南高加索语系的代表格鲁吉亚语的研究可以很好地观察这一类型上的过渡特征。

第三，格鲁吉亚语的文献自 15 世纪以来就没有断过，格鲁吉亚语也成为少数有文献的非印欧语。对其共时状况的研究不仅有助于共时的类型比较，也有助于历时的类型比较。

随后介绍了阿布哈兹语和格鲁吉亚语的语法概况。

第一，阿布哈兹语是典型的作格语言，基本语序是SOV，领属语居前（GN），形容词居前（AN），使用后置词。

第二，格鲁吉亚语，中性语境下的语序为SOV或SVO，短句中以OV为主。形容词和领属语都前置，使用后置词。和其他高加索语系不同，南高加索语言有独立的从属连词这一词类。格鲁吉亚语有七个格尾。动词的时—式可以分为3个系列。系列I：包括现在直陈式、现在虚拟式、将来直陈式、将来虚拟式、未完成直陈式、条件式；系列II：不定过去直陈式、不定过去虚拟式；系列III：完成时、过去完成时、第III虚拟式。三个系列都有完整的主动和被动态。

一、各部分述要

（一）第一部分　状语从句（第21—182页）

第一章　目的（第23—46页）

1. 格鲁吉亚语

（i）小句表现

现代格鲁吉亚语使用连词*rom*来引出目的从句。*rom*是一个多功能从句连词，包括用作通用的补足语标记，比更加书面的*ra-ta*使用得更多。后者历史上来源于*ra-yta*，是关系—疑问（—无定）代词*ra-y*“which//what?（//anything）”的工具格形式。

乍看起来，格鲁吉亚语和拉丁语一样，都有“时标记排列顺序”的规则，但情况不是那么简单。如果次要动词是非过去的，则依存于此的目的小句是尚未实现的；如果次要动词（主句中的动词）是持续体，那么从句动词是现在虚拟式；如果次要动词是非持续性的，则从句动词是过去虚拟。

（ii）非小句表现

如果目的是积极性的（或非消极的），并且主语和主句中的主语或直接宾语交互参照，则目的最常用的方法是将目的实现为次要动词，并赋予状语（谓语）格，以-（*a*）*d*结尾。

还可以用名词“目的”的工具格形式。

2. 古格鲁吉亚语

主要使用连词*ra-yta*引出目的小句，位于主要动词之后，和现代格鲁吉亚语一致。次要动词为虚拟式，现在或过去，取决于体是持续的还是非持续的。

3. 阿布哈兹语

最直接的方法是用“purposive”义的连词。

4. 总　　结

对两种语言的目的小句的表现进行了比较和总结。在小句层面，两种语言的显著差别是格鲁吉亚语（现代和古代）使用过去完成直陈式。在非小句层面，两种语言同样都使用和“将来”有关的成分。在口语中的直接引语转述时，两种语言都有特定的表达手段。但在阿布哈兹语中，话语小词发展成从属连词，这一现象不见于格鲁吉亚语。

第二章　结果（第47—58页）

1. 格鲁吉亚语

rom 是唯一的引出结果从句的连词。用于从句的开头，从句位于主句之后。结果小句所表达的结果可能是事实上的，也可能仅仅是可能的。前者使用非虚拟语气，后者对应于第一章讨论的目的小句。还有一个变体，相当于英语用“without”引介出的成分。这种变体中，*rom* 不再位于句首，而是紧贴于动词之前或动词短语之前。

2. 古格鲁吉亚语

表达方式比现代格鲁吉亚语丰富，主要有四种常见的连词。

3. 阿布哈兹语

最常用的标记是 *-r-t*。并且一般情况下，后面还要接上后置词 *-ay-pş*“like, as”。如果结果小句包含否定能力，那么现在时的通格将被使用，当然也可以不使用。阿布哈兹语还使用相当于英语副词 too 的成分，即用于动词中间的中缀 *-ca-*。动词是否是静态的，使用的手段还略有不同。

4. 总　　结

动作的结果不会先于动作，阿布哈兹语的结果小句使用和将来时有关的成分，就可以理解了。但使用现在时的通格的原因不那么直接。可能与它用于否定的能力这一语境有关。做某事的能力（尽管是否定的）并不是立刻就要实现的，而这一特性可能就是使用现在时通格的原因。因为该标记主要用来标注和主要动词相伴的从属行为。

第三章　原因（第59—72页）

1. 格鲁吉亚语

格鲁吉亚语的原因从句只使用直陈式。最常用的连词是 *ra-d-gan*，它是从 *ra-yt-gan 演变而来，后者是词根 *ra-*“what?//which”和后置词 *-gan*“from”的工具格形式。该连词有时还可

以后附附缀 *-c*“and/also”，常构成 *ra-d-gana-c*。书面语常用的连词是 *vi-na-yd-an*，它是从古格鲁吉亚语的 *vi-na-yd-gan* 演变而来。如果原因位于主要动词之后，并且由名词小句表达，则该小句常伴有并列连词 *li-m-i-t'om*，表示“由于这个原因”。在特定的动词之后，*rom* 初看起来可以独自扮演从属连词的角色。但实际上由 *rom* 单独引出的小句是名词小句，*rom* 的作用仍然是标句词“that”。

另一个引出原因小句的连词是 *-k'i*，它相当于 indeed，是一个表示强调—对比—确认的小词。

最后一个用于原因小句的连词是 *ra-xam*，它可能源自 *ra-* 和 *xan-i*“time”的结合。这个连词最早用于中古格鲁吉亚语，有时也可以用如表示时间的“when”，在现代格鲁吉亚的一些方言中，它也可以同时表示 when 和 because。

作者还提到一个有趣之处，即英语的 I did not go because I was afraid 有两种解读：① I went, but not because I was afraid, and ② I did not go, and the reason was that I was afraid. 上述介绍的各种策略都优先具有②解读，而要想获得①的解读，则需要另外的手段。

2. 古格鲁吉亚语

古格鲁吉亚语有两套主要的原因连词，分别是 *vi-ma-yt-gan* 和 *ra-me-tu*。二者的区别在于前者引导的句子常出现在主要动词之前，后者引导的句子常位于主要动词之后。*ra-me-tu* 还可以作为标句词，引出名词性小句。

3. 阿布哈兹语

阿布哈兹语最常见的表示原因的方式是后置词 *-ze*“for”或复合后置词 *-q'e-n-t*“from”。这几个后置词都有第三人称单数的非指人代名词标记 *a-* 为前缀。如果原因小句能够带来有益的结果，则阿布哈兹语还可以用另两种格式的后置词。如果主句所示的是没有益处的结果，则名词化的从属小句后将带有另一个状语。

在否定结构中，如果仅仅想否定原因的可行性，而不否定主要动词，则唯一的办法是使用“假性分裂”结构“[That// Because X] is not [why Y]”。

4. 总　结

原因是行为的发起或动因，因此，语言很自然地会选择某种程度上和离格—从格的表示手段接近的方式来引导原因小句。前文分析的语言中就多采用此方法，如格鲁吉亚语表达原因小句的六种策略中，有四种和离格—从格标记 *-gan* 有关。

上述分析的语言中，也可以看到原因和受益标记的联系，如古格鲁吉亚语的后置词 *-twis* 是“for”的意思，还有阿布哈兹语的 *-ze* 也是此意。

另一个比较微妙的联系是原因和工具格的标记：*vi-* 是工具格标记的代名词词根，而它可以构成原因小句的连词 *vi-t-ar*，*vi-t-ar-igi* 和 *vi-t-ar-ca*。

第四章　条件（第 73—96 页）

1. 格鲁吉亚语

条件句首先大致可以分为生动条件（或真实的，立刻的或开放的）和模糊条件（或不真实的，遥远的或封闭的），在格鲁吉亚语中，这种区分很有必要。生动条件小句的主要连词是 *tu*“if”，而模糊条件小句使用 *rom*“if”。

2. 古格鲁吉亚语

古格鲁吉亚语没有 *tu* 和 *rom* 的对立，因为后者不存在。但生动条件和模糊条件的区别还是存在的。生动条件小句由 *tu* 或者复合的 *uk'ue-tu* 引出。模糊条件小句也由 *tu* 或 *uk'ue-tu* 引出，但需要加上后缀 *-mca*。

3. 阿布哈兹语

阿布哈兹语的条件小句几乎总是位于主句之前。条件小句用后缀标记，主要有三个① *-r*；② *-za-r* 和③ *-z-t-g'e*。阿布哈兹语尽管有几种后缀来标记条件小句，但它们并没法体现生动条件和模糊条件的区分。

4. 总　　结

格鲁吉亚语（古代或现代）都对生动条件和模糊条件进行区分，而阿布哈兹语没有这种显著的区分。

第五章　让步（第 97—110 页）

1. 格鲁古亚语

作者首先以英语为参照，将让步分为“although”类（或事实类）和“even if”类（或假设类）。格鲁吉亚语也有此区分。事实类的让步从句使用连词 *tu-mc*（*a*），假设类的让步从句使用连词 *tu-nd-a-c*。作者又指出让步和条件的密切联系，这从二者都使用的连词中含有的 *tu* 可以看出。

2. 古格鲁吉亚语

tu“if”是古格鲁吉亚语让步连词的基本形式。在 *tu* 前最多有三个前缀，其中必有的是 *Ɣa-*，意思是“仍然、甚至”。这一复合连词常用 *da*“and”于句首引出。在 *Ɣa-* 和 *-tu* 之间也可能出现 *-ca*“and, also, even”。古格鲁吉亚语在形式上没有事实类和假设类让步从句的区分。

3. 阿布哈兹语

阿布哈兹语有两种策略表达让步。其一是和英语的 even if 字面上对应的 *-r-g-'ə*，*-ʐa-r-g'ə* 和 *-ʐ-t-g'ə-g'ə*。事实类让步从句则将后缀 *-g'ə* 附在非限定形式后，并加入中缀 - ʂ（ə）-，后者相当于 how 或 that。

4. 总　　结

让步从句和条件从句关系密切，无论从语义还是从形式（使用的连词）上。比如现代格鲁吉亚语中，表让步的 *ma-in-c* 就是从表条件的 *mas̆-in* 加上 -*c*“and, also, even”演变而来。作者随后又讨论了古格鲁吉亚语、阿布哈兹语中让步关系连词的来源。

第六章　方式（第 111—128 页）

1. 格鲁吉亚语

方式状语从句由连词 *ro-gor-c*“as, how”引出，该连词源自 *ra-gvar*（*a-*）*c*（*a*），包括定语性质的 *ra-*“which”，名词性词根 *gvar-i*“type, sort, kind: surname”和表并列的附缀 -*c*（*a*）“and, also, even”。方式状语从句和主句的相对位置不定，从句动词为非虚拟的。如果从句动词和主句动词一致，则可以省略。连词 *ro-gor-c* 有两个变体，其一是 *ra-gvar-ada-c*，另一个是 *ra-nair-ada-c*，其中含有 *nair-*“sort, type”。

上述讨论主要针对简单（或事实类）方式状语从句，而如果考虑假设类方式状语从句，情况就比较复杂了。假设类方式状语从句使用的主要的连词是 *t-i-t*-o*（*-s*），其源自 *tu i-t*v-a-s*“if it were（//will）be said”，*i-t*v-a-s* 是不定过去虚拟式被动的“to say”的第三人称单数形式。

2. 古格鲁吉亚语

引出方式从句的有三个连词，分别是 *vi-t-ar*，*vi-t-ar-igi* 和 *vi-t-ar-c*（*a*）。其中第三连词应用最广。

假设类方式状语从句由连词 *vi-t-ar-mca* 引出。

3. 阿布哈兹语

使用小品词 -*ȿ*（ə）-“how”来标记方式状语从句，其通常位于主要动词之前。其后也可以附上后置词组 *[a-]ay-pȿ*“it-like”，整个表达类似于英语的“like how S”。当该后置词组出现时，主要动词前也可以加上连词 *wəbas*“thus”，但不太常见。

假设类方式状语从句主要由后缀 -*sv̩*“as if// though”来标记。从句一般在主句之前。

4. 总　　结

作者解释了上述语言中的方式状语从句的标记为什么可以这么用。比如古格鲁吉亚语引出方式状语从句的连词中含有词根 vi-，其可以标记工具。这种用工具来表示方式的情况很好理解，因为用某种工具来做某事可以扩展地理解为用某种方式实现某事。

第七章　时间（第 129—182 页）

时间状语从句涵盖的面比其他状语从句广，本章考察几类时间状语从句：“when”类；“as soon as”类；“after// since”类；“while// until// before”类。

1. “when”类

（i）格鲁吉亚语

有两个连词只表示“when”，分别是 *r-o-ca* 和更加书面化的 *r-o-de-sa-c*。它们处于所在句的句首。从句既可以在主句前，也可以在主句后。*ra-k'i*“because”和 *ro-gor-c*“how”有时也可以用于时间状语从句。另一个常用的标记是表“每当”的 *rom*。“when”这一概念也可以由非小句来表示：当动词是不及物或虽及物动词但施事不出现时，使用工具格和 *dro*“time”的与格形式的搭配，表示“at the time of X// when（//while）X”。

最后一个构造时间从句的策略是使用代词性的 *ra*“what?// which”作为连词。

（ii）古格鲁吉亚语

连词 *o-de-s*（字面义是“on which day”→“when”），通常在小句句首。从句可以在主句前，也可以在主句后。该连词后还可以接 *-igi*，或 *-ɣa*。

另一个常用连词是 *vi-t-ar* 及其变体 *vi-t-ar-ca*。

最后一种连词是 *ra-y*，其词根是 *ra-*“what?// which”。

（iii）阿布哈兹语

时间小句常在主要动词之前，表达手段是在动词复合体（指动词及所附的各类标记）的第二个位置上插入 *-an*（ə）“when”。

2. “as soon as”类

（i）格鲁吉亚语

共有四种手段可以表该意义，三种用于限定式，一种用于非限定式。最常见的表达是在从句句首加上 *ro-gor-c k'i*，字面义是“just as”。第二种表达是在从句的动词之后附上 *tu ara*“or not”，并且从句一定位于主句之前。第三种表达是在从句前加上连词 *ra-c'am-s*。第四种表达是使用复合后置词 *-tana-ve*。

（ii）阿布哈兹语

使用 -ş（ə）-“as, how”和后缀 *-c'q'a*（-）“indeed, really”的组合，其可以作为动词复合体的最后一个要素或者紧随着动词词根出现。后置的 *[a-]ay-pş*“like it”也可以出现在动词之后。

3. “after// since”类

（i）格鲁吉亚语

格鲁吉亚语并没有一个意思为“after”的连词，要表达相应的意思则使用分析性的词组 *ma-s še-m-deg*“after it, which”。其中，*še-m-deg* 是后置词，意思是“after”，*ma-s* 是代词“it”，*ra-c* 则是“which”义。

要表示 since 义，也可以使用上述词组，而 *še-m-deg* 也可以换用为 *ak-et*“on this side of”

或者 *uk'an*“behind”。

（ii）古格鲁吉亚语

古格鲁吉亚语并没有特定的手段从形式上将“when”，“as soon as”和“after”区分开来。要表达“since”义，使用工具格的 *vi-na-*，后附相关成分，如后置词 *-gan*“from”。

（iii）阿布哈兹语

阿布哈兹语表达“after”义时，主要使用表“when”义的词，并后附表“after, behind it”的后置词组。

4. “while// until// before”

（i）格鲁吉亚语

本节讨论的 while 等时间概念属于三种类型，但格鲁吉亚语并没有形式上的区分，都使用连词 *vi-d-re* 和 *sa-na-m*。初看起来，用同样的连词表示逻辑上有区分的时间概念很让人惊讶，但这一现象并不罕见，比如英语在某些场合下“until”和“before”可以互换（如“Don't go until// before I return.”）。

（ii）古格鲁吉亚语

古格鲁吉亚语表上述三种时间概念的连词以 *vi-d-re* 为核心。

（iii）阿布哈兹语

阿布哈兹语用 *na-c'ə* 表“while”义，用 *-aa-nʒa* 兼表“until”和“before”。

（iv）结语

本节对提及的连词的演变进行了讨论。

（二）第二部分　形容词小句（第 183—212 页）

第八章　关系小句（第 185—212 页）

1. 格鲁吉亚语

格鲁吉亚语有三个关系代词，分别是 *vi-n-c*“who”，*ra-c*“which”和 *ro-mel-i-c*“who, which”。前两者只有单数，分别用于指人和非人，且常用于核心名词不出现，或先行词是指示代词 *i-s*“that one”或非确指的一些词，如 *q'vela*“everyone”等。第三个关系代词有单数和复数之别，常用于核心名词出现时，但如果核心名词前有指示词 *i-s*“that”或形容词 *q'vela*“all”时，必须使用该关系代词。关系代词通常和先行词在数上有一致关系。核心名词的角色在关系小句中不受限制，它可以是主语、直接宾语、间接宾语等等。

2. 古格鲁吉亚语

古格鲁吉亚语的情况和现代格鲁吉亚语基本一致，本节主要在比较的基础上，介绍古格鲁吉亚语的关系小句如何表达。

3. 阿布哈兹语

阿布哈兹语关系小句的主要构成方式为：动词不再保持有定，结尾处用无定标记，而在动词复合体中和核心名词对应的代词性的词缀被相应的关系词缀替代。

4. 总　　结

主要讨论了三种语言关系小句上的一系列区别。比如格鲁吉亚语可以基于从句动词的式来区分非类指和类指关系小句。而阿布哈兹语则没有这种区分。

（三）第三部分　名词性小句（第213—254页）

第九章　名词性补足语小句（第215—254页）

1. 格鲁吉亚语

补足语小句可以由 *rom* 引出。*rom* 通常占据小句句首的位置，但也不必然如此。本节随后介绍了不同语义和时态等条件下小句的各种表现形式。

2. 古格鲁吉亚语

格鲁吉亚语 *rom* 的功能在古格鲁吉亚语中由两个标句词（complementiser）*ra-me-tu* 和 *vi-t-ar-me-d* 分担，而又以后者更为常见。本节后介绍了两个标句词的来源和使用场合。

3. 阿布哈兹语

阿布哈兹语的情况较为复杂，它没有一个专用的标句词，而要在不同场合使用不同的手段来表达。作者罗列并分别讨论了六种表达策略。

4. 总　　结

古格鲁吉亚语的两个标句词都可以在古希腊语中找到对应的语源。本节详细讨论了三种语言中标句词的来源和演变。

（四）第四部分（第255—270页）

第十章　总结（第257—270页）

前九章全面探讨了格鲁吉亚语等的状语从句、形容词从句和名词性从句，本章则将以前述内容为基础，讨论从属关系的相关理论问题。博松（Bossong，1979）给出了从属关系的分层分析，如下图1：

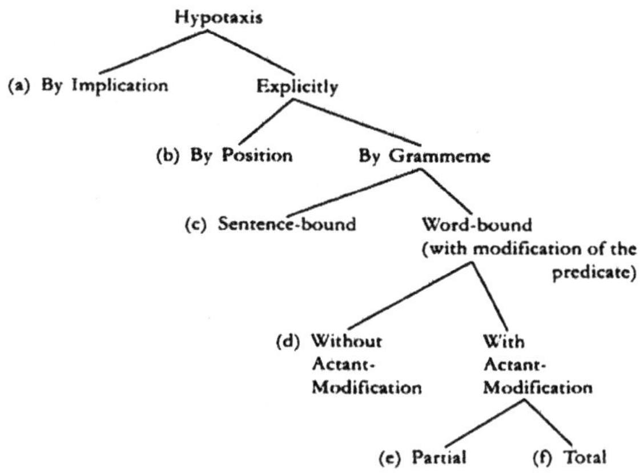

图 1　从属关系分层

作者指出，阿布哈兹语是典型的“语素类（morphemic）”从属关系，处于 d 层级；格鲁吉亚语是“短语类（phrasemic）”从属关系，处于 c 层级。作者随后从从属关系类型入手，讨论了阿布哈兹语、格鲁吉亚语和印欧语的联系。随后比较了古格鲁吉亚语和现代格鲁吉亚语的从属句的各个方面的差异。作者最后指出，本研究是第一次系统地对关系不很紧密但相邻的两种高加索语言的从属句的讨论，对高加索语言学有所贡献，对研究古格鲁吉亚语的研究有所借鉴，也对语言类型学的研究有所助益。

二、简　　评

本书系统地介绍了（古）格鲁吉亚语和阿布哈兹语各类从句的情况，材料丰富，分析细致。一方面，对从句类型进行了详细的分类，比如状语从句就分成了八大类，下又有若干小类。涵盖面很广。另一方面，注重对几种相关语言的相应结构的比较分析。此外，作者的历史语言学功底颇深，对构成从句的关键性连词的来源多有深入的追踪。总体而言，本书完成了作者自己提出的写作目标：在一定程度上填补几种语言句法研究上的空白，对研究高加索语言和周边语言提供了可资比较的重要资料。

本书的题目涉及类型学研究，类型学研究的一个重要环节就是比较，尤其是将待研究的语言放在更大的语言背景下进行观照。而本书略显不足的地方是往往只拿英语作为参照来比对格鲁吉亚语等语言的情况，在类型广度上还可以加强。

参考文献

[1] Bossong, G. Typologie der hypotaxe[J]. Folia Linguistica, 1979 (13): 33-54.

[2] Hewitt, Brain G. The Typology of Subordination in Georgian and Abkhaz[M]. Berlin, New York & Amsterdam: Mouton de Gruyter, 1987.

《韩国语副词从句的设立》述评①②

谢　礼

国立首尔大学　国语国文系

引　言

《韩国语副词从句的设立》(《국어 부사절의 성립》)一书2003年由韩国太学社出版社出版，作者系韩国国立首尔大学名誉教授李翊燮（이익섭）先生。李翊燮先生现为韩国国立首尔大学名誉教授，1938年出生于江陵，本硕博均就读于国立首尔大学；历任国语学会会长（1996—1997）、国立国语院院长（1997—1999）和韩国语世界化财团理事长（2000—2004），2003年获第1届一石国语学赏；主要著作有《岭东岭西的语言分化》（《영동 영서의 언어 분화》，1981）、《国语文法论》（《국어문법론》，共著，1983）、《方言学》（《방언학》，1984）、《国语学概论》（《국어학 개설》，1986/2000）、《国语表记法研究》（《국어 표시법 연구》，1992）、《社会语言学》（《사회언어학》，1994）、《韩国的语言》（《한국의 언어》，共著，1997）、《国语文法论讲义》（《국어문법론 강의》，共著，1999）、《韩国语语言》（*The Korean Language*，共著，2000）等，研究领域涉及韩国语语法、方言、社会语言学等。③

《韩国语副词从句的设立》一书由作者简介、序言、目录、正文、参考文献、索引（韩文、英文）组成，共195页。其中正文由七章构成，下面依次对各章主要内容进行陈述，最后作一个简要评论。

① 【基金项目】国家留学基金委的“国家建设高水平大学公派研究生项目”（学号：201408260053）。

② 本文的“副词从句”或“副词小句”对应英语中的“adverbial clause”。汉语中有将其翻译成“状语从句”，但考虑到韩国语中没有“状语”一词，所以本文决定使用“副词从句”或“副词小句”等说法。

③ 该内容主要节选自书中的作者简介部分。

一、内容述要

第1章　序论

韩国语有没有副词从句？作者首先指出，韩国语学界在这个问题上陷入了相当长时间的混乱，甚至可以说是迷失。作者抛出了一连串的问题，例如为何如此简单的问题却经历了如此长时间的彷徨？问题究竟起源于何处？到底是什么让我们在这个问题上一直含糊其辞、模棱两可，不能痛快地下定一个明确的结论？特别是为何偏偏会在副词从句上出现这样的问题？作者表示，该书将就此逐一展开探讨。

不过作者明确表示，该书的重点在于回顾副词从句相关术语是如何被随意使用或误用，甚至是滥用的。作者认为，该书也算是对韩国语副词从句“受难史”的回顾，因此作者想借此为韩国语副词从句“正名、发声”，确立副词从句在韩国语合成句（multi-sentence）[①] 体系中应有的地位。

第2章　开端不顺：《吾话话本》[②] 中的副词从句

本章共有8节内容[③]，作者首先介绍了《吾话话本》中的语尾（어미）分类体系及以此为基础进行的句子分类。作者指出，之所以选择首先回顾《吾话话本》，是因为之后韩国语学界经历的混乱几乎都根植于此。作者还指出，韩国语的句子是通过语尾进行连接后扩大的，换言之，韩国语的语尾种类决定着句子的类型，因此一直以来学界都是先对语尾进行分类，然后再以此为基础对句子进行分类，所以该书对副词从句的考察工作也将在这一框架内进行。

首先，作者对《吾话话本》中设定的活用语尾（활용어미）进行了如下梳理。这三类语尾中，只有“资格法语尾”［자격법어미，即转成语尾（전성어미）］和“接续法语尾”［접속법어미，即连接语尾（연결어미）］涉及句子与句子的接连和扩大。[④]

---

① 此处的“合成句”（multi-sentence）是与“单句”（simple sentence）相对的概念，其下位概念包括“重句”（compound sentence）和“复句”（complex sentence）。

② 这里所说的《吾话话本》是指1937首次出版的崔铉培先生所著的《우리말본》一书。该书由“声音学（소리갈）”“品词论（씨갈）”“统辞论（월갈）”组成，之后历经五次修订，不断完善，是韩国语学界首部集大成的语法著作，对后世学者的研究产生了深远的影响。详细内容可参考本卷蒋灵卉所撰写的“崔铉培《吾话话本》复句内容述评”一文。另外，作者书中所引内容以1955年的修订版为准。

③ 为了便于讨论，本文将对书中部分小节内容的先后顺序进行适当的调整，而非按照原文顺序逐一进行陈述。

④ “终止法语尾”［종결법어미，即终结语尾（종결어미）］用于句子的结束，因此不涉及句子的连接与扩大。

（1）《吾话话本》中的活用语尾分类：

① 终止法语尾：叙述形语尾、疑问形语尾、命令形语尾、请诱形语尾；

② 资格法语尾：副词形语尾、冠形词形（连体形）语尾、名词形语尾；

③ 接续法语尾：拘束形语尾、放任形语尾、罗列形语尾、说明形语尾、……、反复形语尾。

对于《吾话话本》的上述分类，作者首先指出副词形语尾“－아 /-a”“－게 /-key”“－지 /-ci”“－고 /-ko”[①] 其实是有名无实的“残缺者”，因为《吾话话本》最终将“－아 /-a”“－지 /-ci”“－고 /-ko”语尾的相关句子归为了单句。相关例句如下（第 22 页）：

（2）a. 날씨가 춥**지** 아니하다 .（天气不热。）

b. 나도 한 번 그 활을 쏘**아** 보자 .（我也试试那把弓箭。）

c. 나는 시골로 가**고** 싶다 .（我想去乡下。）

作者指出，因为《吾话话本》认为这些例句中的“－아 /-a”“－지 /-ci”“－고 /-ko”语尾与后面的辅助谓语（보조용언）一起作为一个整体充当句子的谓语，因此将上述例句归为了单句。

接着作者将焦点转向了（2）中未提及的由“－게 /-key”语尾引导的句子。相关例句如下（第 20 页）：

（3）a. 나는 이제는 한 마디 말도 못하**게** 되었습니다 .（现在我已无话可说了。）

b. 온 천하의 사람이 다 제 먹을 것을 얻**게** 하겠다 .（我会让天下所有人都得到他应得的东西。）

作者首先指出，虽然《吾话话本》中没有言明，但按照其处理办法，（3）中的例句也会像（2）那样被归为单句，因为（3）中的语尾“－게 /-key”也与后面的辅助语尾（如：“되다 /toyda”“하다 /hada”）一起作为一个整体充当整个句子的谓语。但《吾话话本》为何在（2）中未列举（3）中那样的“－게 /-key”相关例句，作者认为这并非偶然，但却找不相关的说明，令人困惑。

如此一来，副词从句似乎给人一种空中楼阁的感觉，因为虽然有可构成副词从句的副词形语尾，但它们实际上却没有引导副词从句的功能。作者接着补充道，但令人诧异的是，其实在《吾话话本》中可以零散地找到一些痕迹，证明副词从句的确是存在的。这些例句正是由“－게 /-key”语尾构成，相关例句如下（第 25—26 页）：

（4）a. 그 사람이 , <u>낯이 뜨뜻하**게**</u>[②], 그런 말을 하였어요 .（那人说了那番话，<u>让人面红耳赤</u>。）

---

① 此处的耶鲁拼音为笔者自行标注，目的是为了方便非韩国语学习者的读者阅读。下同。

② 本文的例句中，画有下画线的部分为小句本身，粗体部分为语尾。下同。

b. 큰 물머리가 , 사람이 견디지 못하게, 밀어왔다 . (汹涌的潮水涌来，让人招架不住。)

c. 모래펄이 , 눈이 부시게, 희다 . (沙滩白得刺眼。)

(5) a. 그 사람이 , 낯이 뜨뜻하게, 그런 소리를 잘해요 . (那人总爱说那样的话，让人面红耳赤。)

b. 한바다가 , 우리의 눈힘이 모자라게 넓어 있다 . (海面无边无际，让人触目难及。)

c. 그 사람이 , 아무도 못 말리게 야단법석을 하오 . (那人大动干戈，谁也拦不住。)

(6) a. 그 일이 , 그 사람은 한 푼도 못 얻어먹게, 되었다네 . (那件事情最后让他一无所获。)

b. 오늘은 , 정신이 바짝 나게, 춥다 . (今天特别冷，让人顿时精神了起来。)

作者指出，其实上述例句涉及“－게 /-key”语尾的另一用法，即（3）中的“－게 /-key”语尾基本不具备引导正常的副词从句的功能，一般情况下需要依赖后面的辅助动词，但（4）—（6）例句中的“－게 /-key”语尾却能引导正常的副词从句。但作者指出，《吾话话本》并未对此进行单独说明，且从一开始就明确规定副词形语尾不具备引导正常的副词从句的功能，因此最终使得上述有可能成为副词从句的句子变成了“私生子”，无处可去。

接着，作者对《吾话话本》的句子分类进行了探讨。在正式探讨之前，作者首先引用柯姆（Curme，1931）、托马斯（Thomas，1993）、夸克等（Quirk et al.，1972，1985）的观点，对国外学界的句子分类进行了简单的回顾。作者指出，以英语为代表的印欧语语法主要采用两分法体系，将合成句分为“重句（compound sentence）”和“复句（complex sentence）”；对于句与句的连接方式，重句与复句分别采用“并列（coordination）”和“从属（subordination）”的方式；而重句和复句中被连接的部分又分别被称作“对等小句（coordinate clause）”和“从属小句（subordinate clause）”。

作者表示尤其需要特别注意的是，合成句的下属分类只有重句和复句，并列（对等接续）和从属（从属接续）分别是其采取的句子组合方式；从属从句所在的句子只能是复句，不可能是重句；从属从句又被细分为名词从句、形容词从句和副词从句。作者指出，明确这些基本术语的准确含义后，就可发现韩国语学界（包括作者本人在内）在从属从句、副词从句、从属接续等问题上展开过多么毫无意义，甚至是荒唐至极的争论。

作者在简单梳理了印欧语语法的两分法体系后，再次将焦点转向了《吾话话本》，尤其将焦点对准其中的连合句。因为作者指出，《吾话话本》中设立的连合句对副词从句之后的“不幸遭遇”负有不可推卸的责任。《吾话话本》以（1）的语尾分类为基础，对韩国语的复句进行了如下分类（第 51 页）：

- 复句
  - 包有句
    - 副词从句
    - 冠形词从句
    - 名词从句
    - 谓语从句
  - 并列句
  - 连合句

图 1　《吾话话本》的复句分类

如图 1 所示，《吾话话本》首先将句子分为单句和复句（即本文的合成句），然后将复句分为三大类，即包有句（포유문）、并列句（병렬문）和连合句（연합문）。而副词从句是包有句的一个下位分类。

对于上述分类，作者首先就《吾话话本》中连合句的设立依据进行了探讨。《吾话话本》中关于连合句的主张可简单整理如下：连合句的先行小句（선행절）一般带有很强的对等性（대등성），有时即使对等性不强，但因很难被视作是对后行小句（후행절）的修饰，所以不能被视为副词从句，因此不是包有句（即印欧语法中所说的复句 /complex sentence），但也不能因此就将其归为并列句（即印欧语法中所说的重句 /compound sentence）。最终，《吾话话本》将其视为第三类复句——连合句，即前后两个句子紧密联系在一起表达或传递一个思想或信息。相关例句如下（第 38 页）：

（7）언니는 부지런하**지마는** 아우는 게으르다 .（姐姐很勤劳，弟弟很懒惰。）

（8）a. 그애가 내 동생인데（이＋**ㄴ데**）나이가 열두 살이다 .（他是我弟弟，12 岁。）

b. 비가 오**다가** 눈이 온다 .（下了一会儿雨，后来下起了雪。）

c. 해가 돋**자** 나는 집을 떠났다 .（天一亮我就出门了。）

d. 새도 양육의 은혜를 알**거든** 사람이 부모의 은혜를 모를소냐 ?（连动物都知道养育之恩，人怎么会不知道父母的恩情呢？）

（9）a. 봄이 오**면** 꽃이 핀다 .（春天一到，花就会开。）

b. 봄은 왔**으나** 꽃은 피지 않았다 .（春天已经来了，但花还没有开。）

c. 봄이 올수록（오＋**ㄹ수록**）나의근심은깊어져간다 .（越临近春天，我就越担心。）

d. 밤이 새**도록** 나는 공부를 하였다 .（我熬夜学习到天明。）

e. 비가 오**니** 풀이 잘 자라오 .（下雨了，小草长得不错。）

对此，作者首先对《吾话话本》的“对等性”标准提出了质疑，认为其所出示的例句很难为其提供支持，如例句（8c）中前后两个小句是否属于对等关系令人质疑。其次，《吾话话本》认为只要先行小句不能被视作副词小句，整个句子就可被视为连合句，但作者指出《吾话话本》

甚至都未就副词小句（副词从句）的成立条件进行过探讨，那又何谈判定一个句子是否是连合句呢？再者，作者还指出《吾话话本》在语尾的判定标准上也存在前后矛盾及循环论证的问题。

除了在连合句的设立依据上存在问题外，作者还指出了《吾话话本》存在的其他问题。《吾话话本》未能单独为连合句的先行小句确定一个合适的名称，而是与并列句一样，将其称为对等小句，且强调此时的小句与并列句相比对等性较弱（비교적 박약한 것）。《吾话话本》还指出，在（1）中展示的14种连接语尾中，只有罗列形语尾（나열형어미）中的空间罗列形语尾（공간적 나열형어미）才能构成并列句，其他连接语尾构成的句子全部为连合句。[①] 作者认为，《吾话话本》的这些处理办法均有失妥当。首先，作者认为，未能单独为连合句的先行小句命名这隐约说明了连合句本身就缺乏较强的独特性，因此是否有必要单独将其归为一类值得商榷。另外，作者认为，通过对等性的强弱来区分连合句与并列句，这一切入点首先在方向上就有失偏颇，因为被视为可引导连合句的接连语尾之后几乎全被重新归入了引导从属句的语尾中。换言之，《吾话话本》的初衷既然是想将包有句的一部分句子（除去名词从句和形容词从句的副词从句）分离出来，将其单独归为连合句，那么至少应该将其与包有句进行比较，找出二者的区别，确立连合句自身的独特性，而不是煞费苦心地将其与并列句进行比较。

鉴于上述原因，作者指出，《吾话话本》虽然摒弃了传统的“包有句—并列句”两分体系，提出“包有句—连合句—并列句”三分体系，希望借此将韩国语复杂的句子体系进一步明确化，但遗憾的是，在具体的阐述过程中存在诸多不妥，最终未能提供设立连合句所需的有力依据。

之后，作者就连合句的设立对韩国语副词从句体系造成了何种影响进行了分析。作者的结论是，正是因为连合句的出现才造成了副词从句的崩溃。换言之，之后韩国语学界对待《吾话话本》中连合句的态度及方式阻碍了韩国语副词从句的前行之路。例如，之后韩国语学界使用的“从属从句”（종속절）、“从属接续”（종속접속）的术语都彻底偏离了其原本的意义，引发了各种混乱。但作者同时也明确指出，这样的混乱局面当然不能归咎于《吾话话本》，其责任完全在于后来的学者缺乏对术语的准确理解与把握，从而造成了各种误用与滥用。

在此，我们简单总结一下第2章的内容。首先，关于《吾话话本》的副词形语尾问题，作者认为《吾话话本》中虽然划分了副词形语尾，并让读者期待这些副词形语尾可引导副词从句，但作者在实际的考察过程中却发现它们只是徒有虚名，因为《吾话话本》判定它们其实不具备引导正常副词从句的功能。另外，作者还认为，《吾话话本》虽然零散地列举了副词从句的例子，但在阐释过程却含糊其辞，未能给出明确的结论，导致这类句子悬浮于空中，没有得到应有的归类。而对于《吾话话本》中设立的连合句，作者首先指出其缺乏单独成类的有力依据，

① 这部分内容作者在第2节进行了详细探讨。罗列形语尾（나열형어미）分为空间罗列形语尾（공간적 나열형）和时间罗列形语尾（시간적 나열형），而时间罗列形语尾又可分为同时罗列形（동시 나열형）和顺次罗列形（순차 나열형）。

并不足以将韩国语的句子体系设定为“包有句—连合句—并列句”的三分体系。另外，建立在此基础上的连合句引发后世学者在术语问题上犯下各种错误，使得韩国语的副词从句体系彻底崩溃。接下来的章节将就副词从句的各种混乱和奇特“遭遇”展开正式讨论。

第 3 章　在探索中前行的副词从句

本章共有 6 节内容，作者先后回顾了《吾话话本》之后出现的三本著作，即南基心和高永根（남기심 • 고영근，1985）、许雄（허웅，1983）、权在一（권재일，1992）是如何看待及处理副词从句问题的[①]，借此窥探副词从句的命运。

作者首先介绍了南基心和高永根（1985）的相关内容。[②] 该书对韩国语的语尾进行了如下分类（第 55 页）：

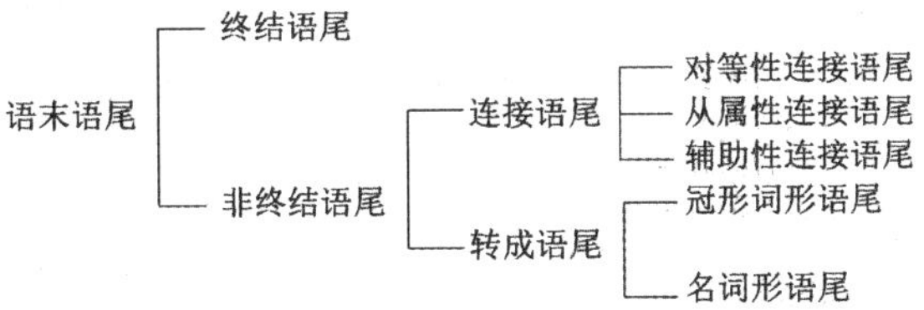

图 2　南基心和高永根（1985）的语尾分类

作者指出，南基心和高永根（1985）的分类中，副词从句“不见了踪迹”，因为如图 2 所示，该书并未设立副词形语尾（副词形语尾原本是转成语尾的下位概念之一）。另外作者还指出，对于《吾话话本》中设立的副词形语尾“- 아 /-a”“- 게 /-key”“- 지 /-ci”“- 고 /-ko”，南基心和高永根（1985）将其归入辅助式连接语尾（보조적 연결어미），用于连接主要谓语（본용언）与辅助谓语。换言之，在南基心和高永根（1985）的语尾分类中，“- 아 /-a”“- 게 /-key”“- 지 /-ci”“- 고 /-ko”不仅不是副词形语尾，甚至都不再是转成语尾，而是被归入了连接语尾。作者指出，南基心和高永根（1985）唯一承认的副词从句是由副词派生后缀“- 이 /-i”[③] 引导的特殊副词从句（如：“그 사람이 말도 없이 떠나 버렸구나.”（那人都没留下一句话就离开了。）），由此可知，在当时的学校语法（학교문법）中，副词从句的范围被严重压缩，甚至可以认为其“不见了踪迹”。

但是作者同时也指出，其实南基心和高永根（1985）并没有放弃对副词从句的思考，只是思考的过程有些复杂与纠结。因为南基心和高永根（1985）虽然没有单独设立副词形语尾，但却表示下列句子有被看作副词从句的可能性（第 58 页）。

---

① 对于作者为何没有按照三本著作的时间先后顺序展开讨论，本文将在简评部分进行评述。

② 作者指出，该书在 1993 进行了修订，但内容上基本与初版保持一致，因此引用例句时标注了修订版的页码。

③ 对于此时的“- 이 /-i”是否为副词派生后缀，作者在第 6 章第 6 节进行了深入探讨。

（10）a. 소나기가 바가지로 물을 퍼붓듯이 쏟아졌다.（阵雨袭来，如瓢泼大雨一般。）

b. 그의 얼굴이 몹시 험상궂게 생겼다 .（他的脸长得凶神恶煞。）

c. 그 사람에게 내일 열 시까지 이곳에 오도록 일러라 .（请告诉那个人，让他明天 10 点来这儿。）

这里的例句主要涉及“- 듯이 /-tusi”“- 게 /-key”“- 도록 /-tolok”三个语尾。作者指出，南基心和高永根（1985）认为上述例句有被看作副词从句的可能性；尤其是对于“- 듯이 /-tusi”语尾引导的句子，南基心和高永根（1985）明确主张应该将其视为副词从句，并花了大量篇幅就此展开讨论。

如此一来，读者不免会提出一个问题：是否可以认为南基心和高永根（1985）也承认副词形语尾，并且承认由其引导的句子是副词从句？对于这个问题，作者表示很难准确回答。因为正如前述，南基心和高永根（1985）根本没有设立副词形语尾。最后作者表示，如此复杂与纠结过程从侧面说明了一个事实：副词从句虽然引发了学界的激烈探讨，但最终仍然“难产于腹中”，没能成功“出世”。

结束对副词从句的讨论后，作者还对南基心和高永根（1985）的句子分类体系展开讨论。南基心和高永根（1985）的句子分类体系如下（第 62 页）：

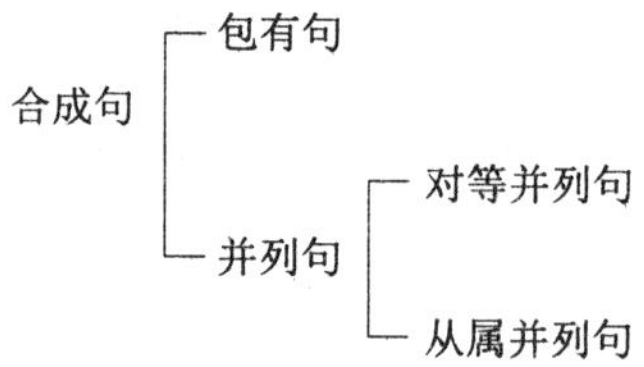

图 3　南基心和高永根（1985）的句子分类

作者指出，这与《吾话话本》的体系大同小异，主要区别在于《吾话话本》采取了三分体系，而南基心和高永根（1985）采取两分体系，将合成句（겹문장）分为包有句（안은 문장）和并列句（이어진 문장），而后再将并列句分为对等并列句（대등하게 이어진 문장）和从属并列句（종속적으로 이어진 문장），两者分别对应于《吾话话本》的并列句和连合句。

但是作者同时指出，南基心和高永根（1985）在此犯下了一个严重的错误：使用了“从属并列句”这一错误用语。因为如果是“从属”，即如果前后两个句子属于主从关系，那么整个句子就只能是包有句，不可能是并列句。换言之，“从属并列句”这个用语本身在理论上就是不成立的，因为“从属”与“并列”是不共戴天的关系，不可能“生活在一个屋檐下”。因此，“从属并列句”应该表述为“从属包有句”（종속적으로 안긴 문장），应归入包有句旗下。简言之，南基心和高永根（1985）的上述句子分类体系从理论上就很难站稳脚跟。

接着，作者提及了另外一本著作，即许雄（1983）。作者认为，韩国语的副词从句在该书中初现萌芽状态。因为作者认为，虽然该书的句子分类体系与《吾话话本》及南基心和高永根（1985）大同小异，但却明确设立了副词形语尾和副词从句。书中列举的例句如下（第 65 页）：

（11）a. 혀가 닳도록 타일렀다 .（劝得嘴皮都磨破了。）
b. 꽃이 아름답게 피었다 .（花儿开得很漂亮。）
c. 눈물이 비 오듯이 쏟아졌다 .（泪如雨下。）

作者认为，虽然许雄（1983）设定的副词形语尾仅有三个，数量有限，且其中的“－게 /-key”“－듯（이）/-tusi”在其他著作已被提及，只有“－도록 /-tolok”是新增的，但它对副词形语尾具有非常明确的认识，这样的态度在其他著作中是不曾有过的。因此作者认为，仅从这点来看就可认为副词从句的处境在许雄（1983）中向前迈进了一步，让人慰藉。

但作者同时也指出许雄（1983）的句子分类体系存在问题。首先，作者指出许文中的“接续句”一词存在“败絮其中”的嫌疑。作者表示，许雄（1983）对合成句采取两分体系，将其分为“接续句（이은 겹월）”和“包有句（안은 겹월）”，之后未对接续句作进一步的细分，因此让人感觉这与英文语法中的二分体系基本一致，即接续句对应 coordinate clause，包有句对应 subordinate clause。但是深入考察就会发现许文中的接续句并非如此，它仍然错误地将包有句中的部分从属从句包括其中，“传承”了韩国语学界一直犯下的误用惯例。接着，作者指出许雄（1983）句子分类体系的第二个问题在于将“－아 /-a”“－지 /-ci”“－고 /-ko”看作是连接语尾[①]，而非像《吾话话本》那样将其看作是副词形语尾。许文中并未就这样的处理方式有何益处进行阐释，令人费解。最后，作者指出许雄（1983）漏掉了对接续句的特征及其相关内容的说明。作者认为，许文中的接续句是一个非常庞大的类别，因为除包有句以外的其他合成句全被归入了接续句，但对于接续句的先行小句叫什么、接续句中前后句之间属于什么关系等诸多问题，文中却找不到太多的相关说明。

作者最后介绍的第三本著作是权在一（1992）。该书的句子分类体系如下（第 74 页）：

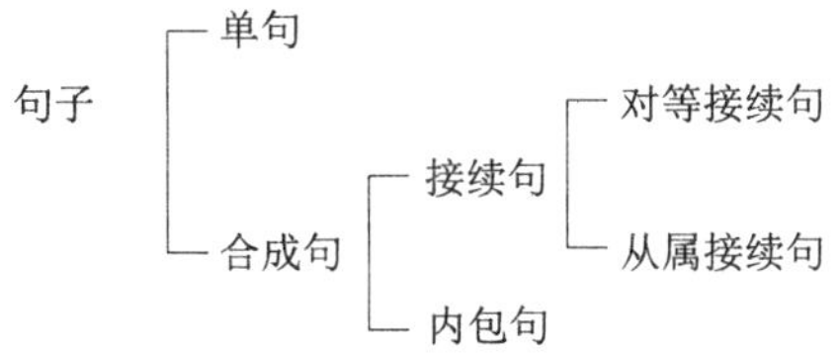

图 4　权在一（1992）的句子分类

作者指出，权在一（1992）除了在术语的使用上稍微有所不同外，基本延续了许雄（1983）及南基心和高永根（1985）的句子分类体系。不过作者也指出，权在一（1992）的一大显著特点

① 作者指出，许雄（1983）中唯独排除了“－게 /-key”语尾，但对于为何将其排除，许文中并未作任何解释；另外，对于“－게 /-key”语尾的认识，许文中也多处存在前后不一的地方。

在于对副词从句漠不关心的态度。具体来讲，权文不仅没有尝试对前人研究中经常提及的有可能被看作是副词从句的句子进行探讨，甚至通篇找不到副词形语尾这样的用语，副词从句的地位被彻底忽视了。作者认为，从权在一（1992）对副词从句的处理方式可以发现，韩国语的副词从句直至当时仍在经历着漫长的隐忍岁月。

第 4 章　在混乱中生存的副词从句

本章共有 6 节内容。在第 1 节中，作者首先指出副词从句迎来了新的“受难时代”，主要介绍了李翊燮和任洪彬（이익섭・임홍빈，1983）中的相关内容。笔者把该书的句子分类体系整理如下：

- 方式
  - 内包（embedding）
  - 接续（conjunction）
    - 等位接续 / 对等接续（coordinate conjunction）
    - 从属接续（subordinate conjunction）

图 5　李翊燮和任洪彬（1983）的句子分类

李翊燮和任洪彬（1983）将从属接续的先行小句称作副词从句；副词从句根据语尾的不同被分为时间副词从句、理由或原因副词从句、让步副词从句、反意副词从句等 14 个小类；这些语尾在《吾话话本》或许雄（1983）中被归为接连语尾，但在李翊燮和任洪彬（1983）中却被视为可引导副词从句的语尾。

作者指出，李翊燮和任洪彬（1983）在以下两个方面显得与众不同：①副词从句的范围被史无前例地扩大了；②副词从句的小句连接方式被划入了“接续（conjunction）”，而非“内包（embedding）”。作者指出，李翊燮和任洪彬（1983）其实是认为《吾话话本》连合句的先行小句具有副词从句的性质，因此将其视为副词从句，这点是值得肯定的；但是在将其视为副词从句后并未将其归入内包旗下，而是仍然置于接续旗下，这反而让副词从句开始遭遇另一种不合理的待遇。作者分析认为，造成这种局面除了存在术语混乱问题外，还在于李翊燮和任洪彬（1983）将传统语法与生成语法体系错误地交织在一起所致。作者认为，在引入接续和内包这类新概念时，本应明确它们与重文及复文、对等接续及从属接续这些传统概念存在怎样的对应关系，但自始至终未能看到这样的努力与尝试，最终酿成了上述后果。

因此在第 2 节中，作者对“从属接续”（종속접속）及“内包”（내포）这两个概念进行了深入分析。作者引用克里斯特尔（Crystal，1985：134）、巴斯曼（Bussmann，1996：145）、兰盖克（Langacker，1972：137）、阿克马吉安等（Akmajian et al.，1995：194）、法恩根（Finegan，1999：145）、托勒曼（Tallerman，1998：71）的观点，明确了“从属接续（subordination）”与“内包（embedding）”，“从属从句（subordinate clause）”与“内包

从句（embedding/embedded clause）”是可以相互替换的关系。作者指出，但是由于韩国语学界没能准确把握这层对应关系，犯下了一些荒唐的错误，下图 6（b）就是很好的证明。

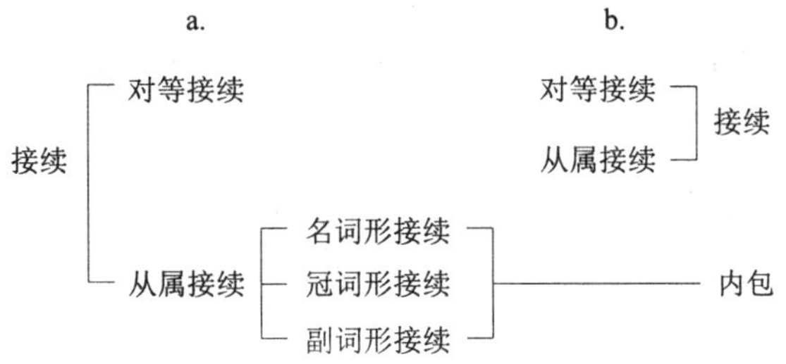

图 6　韩国语学界使用的概念（a）及其对应术语（b）

作者指出，如图 6 所示，“从属接续”原本与“内包”是同一概念，但在图 6（b）中“从属接续”却变成了与“内包”相对立的“接续”的一个下属概念。

接着作者指出，如此一来，“从属从句”与“内包从句”（或叫“包有从句”）也不可避免地经历了混乱。“从属从句”原本包括名词从句、冠形词从句及副词从句，但韩国语学界的“从属从句”却与之完全无关；而“从属从句”的同义词——“内包从句”却被定义为只包括名词从句和形容词从句。换言之，“从属从句”与“内包从句”原本属于同一概念，但韩国语学界不仅没有把握住这层关系，反而错误地将它们用成不同的概念，分别赋予它们不同的内涵。

接着在第 3 节中，作者探讨了“接续”（접속）和“conjunction”两个概念。首先，作者指出“conjunction”一词既被用指各类连词，也被用指接续这一方式本身，甚至有时还被狭义地用指 coordination。韩国语的“接续”一词被用来统称句子与句子之间的所有结合方式，因此将其用作与 embedding 相对的 conjoining 的译语有失妥当，相比之下“对等接续”“并列”“并合”等译语更加准确。

在第 4 节中，作者介绍了任洪彬和张素媛（임홍빈 • 장소원，1995）中的内容。作者指出，虽然该书也基本沿袭了李翊燮和任洪彬（1983）的句子分类体系，但却对副词从句进行了相当详尽的描述，因此整个分类体系不仅更加鲜明，而且存在有别于前人研究的特别之处。该书对句子进行了如下分类（第 94 页）：

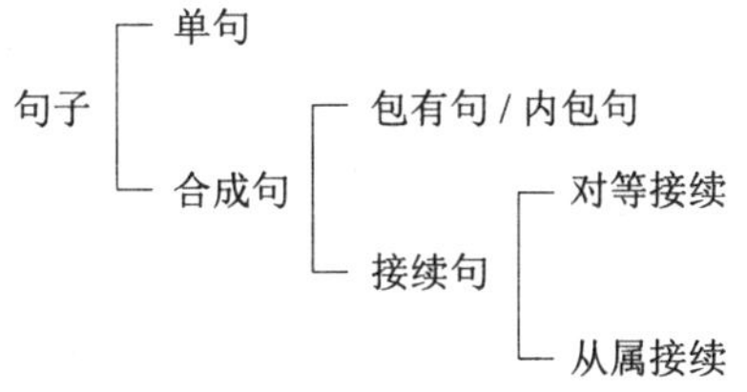

图 7　任洪彬和张素媛（1995）的句子分类[①]

① 图中“合成句”原文为“복문（复句）”，但它其实并非是指 complex sentence，而是指 multi sentence。为了避免出现术语混淆问题，笔者决定按照本文的术语习惯将其调整为“合成句”，与“单句”概念相对。

作者指出，任洪彬和张素媛（1995）的特别之处在于，根据被修饰部分的性质的不同，明确地将副词从句细分为三类：修饰句子的副词从句（문장부사절）、修饰动词短语的副词从句（동사구부사절）、修饰动词的副词从句（동사부사절）。作者认为，对副词从句的这一细分处理可理解为韩国语的副词从句迎来了一个新局面，至少可以借此认为关于副词从句的研究更加缜密与细化了。

鉴于此，作者在接下来的第 5 节中对这一细分处理进行了深入探讨。该书相关例句列举如下（第 99 页）：

（12）a. 난초가 죽고 말았다 .（兰草最终枯死了。）

b. 나는 집에 가고 싶다 .（我想回家。）

（13）a. 철수가 집에 가려고 짐을 꾸렸다 .（哲洙整理好了行李，准备回家。）

b. 철수는 점심을 먹으러 식당에 갔다 .（哲洙去了食堂吃午饭。）

（14）철수가 오면 이 일을 할 것이다 .（如果哲洙来，会做这件事。）

例（12）—（14）分别列举了修饰动词的副词从句、修饰动词短语的副词从句和修饰句子的副词从句。作者在对其进行一番介绍后将焦点放在了这样一个问题上：像这样将副词从句进行三分后，有关副词从句的阐释有发生怎样的变化吗？作者发现，对于上述三类副词从句，任洪彬和张素媛（1995）给出了不同的处理办法：修饰动词的副词从句例（12）和修饰动词短语的副词从句例（13）被划入内包范畴，而修饰句子的副词从句例（14）被划入接续范畴。

作者认为，这样的处理办法让人难以理解，同样是副词从句，为何被归入不同的类别？作者指出，其原因可能是任洪彬和张素媛（1995）也受到了传统固有观念的影响，认为“内包”一词从字面意思来看就带有从句深入主句内部被包孕的含义，而修饰句子的副词从句不具有这一特征，因此就被理所当然地排除在了内包范畴之外，被划入了接续范畴。但是作者指出，这样的传统固有观念本身就是错误的，所以任洪彬和张素媛（1995）对修饰句子的副词从句的处理方式最终也只能被认为是不可取的。

最后，作者对截至本章的内容进行了简单总结。作者指出，《吾话话本》中连合句的设立导致韩国语副词从句失去了自己的疆土，之后由于后世学者缺乏对术语的准确理解，让副词从句走上了不断荒废的道路，一度连副词从句这个名称都不见了踪影。之后，副词从句这一名称又突然在李翊燮和任洪彬（1983）、任洪彬和张素媛（1995）中被大量提及并讨论，似乎迎来了欣欣向荣的美好春天，但事实证明这只是一种表象，此时的副词从句仍然命运坎坷、充满荆棘。

第 5 章　副词从句的绽放

本章共有 4 节内容。作者首先介绍了南基心（남기심，1985）一文。作者指出，这篇论文虽然简短，但却重新找回了迷失已久的副词从句，可被视为是韩国语副词从句研究中的一大转

折点。该论文认为：①其间一直被讨论的“- 아 /-a”“- 게 /-key”“- 지 /-ci”“- 고 /-ko”并非副词形语尾；②从属接续句与对等接续句具有不同的句法特征，例如从属接续句的从句可移至主句内部、从句的名词与主语一致时可反向省略（역행생략）、也可使用反身代词等，但对等接续句不具有这样的句法特征；③从属接续语尾引导的句子构成内包句，该内包句正是副词从句，因此一度被划分为从属接续语尾的语尾应该被视为是副词形语尾。

接着，作者介绍了刘贤敬（유형경，1986）一文，并表示该论文与上述南基心（1985）观点基本一致。刘贤敬（1986）中出现的句子分类体系如下：

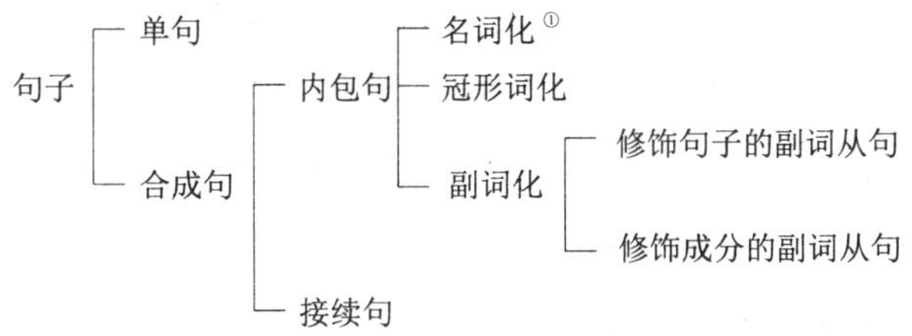

图 8　刘贤敬（1986）的句子分类[②]

作者表示，南基心、刘贤敬的论文几乎是韩国语学界首次就副词从句提出明确主张，并承认韩国语副词从句的地位及范围：此前被划分为从属性连接语尾的语尾应该被划分为副词形语尾，这类语尾引导的从属从句正是副词从句，更进一步讲是下属于内包句的副词从句。作者表示，上述句子分类体系虽然在印欧语的语法中比较“陈旧”，但对韩国语学界来说却是一种“新体系”，尤其是确立了副词从句应有的地位，最终让副词从句迎来了“美丽的绽放”。此后，李宽珪（이관규，1990），金英熙（김영희，1991），徐正洙（서정수，1996），李翊燮和蔡琬（이익섭 • 채완，1999），李翊燮（이익섭，2000），安明哲（안명철，2001）均沿用了这一新体系。[③]

不过作者同时指出，新体系也存在一大缺陷，那就是没有意识到术语的误用问题。例如，对于“从属接续句”这样的用语，作者并未指出任何问题，也未就此展开探讨就径直使用。作者认为，只有意识到术语误用问题并对其进行纠正，才能让新体系拥有坚实的基础。作者表示，但令人遗憾的是，不仅南基心、刘贤敬的论文没有关注到这一问题，之后采用这一新体系的其他后续研究同样也是原地踏步，对此只字未提。

接着，作者详细介绍了徐正洙（1996），指出该书虽然采用了新的体系，但却存在旧体系

① 作者指出此处的“名词化”表述有失妥当，应补充“名词化句”或“名词化内包句”；“冠形词化”和“副词化”同样如此。

② 此处的分类体系也存在图 7 中存在的问题，因此相应的处理办法请参照图 7 分类体系的脚注。

③ 作者指出，此外，张奭镇（장석진，1993）和张奭镇（Chang & Suk-jin，1996）虽然只是纯粹地记述，没有展开讨论，但却非常准确地把握了从属从句和副词从句的关系。

的残存，让人混乱。徐正洙（1996）中设定的句子分类体系如下（第 113 页）：

- 句子
  - 单句
  - 合成句
    - 对等句（/ 对等接续句）
    - 非对等句（/ 包有句）
      - 副词从句包有句（/ 从属接续句）
      - 冠形从句包有句
      - 引用从句包有句

图 9　徐正洙（1996）的句子分类

作者指出，徐正洙的这一体系虽然与刘贤敬的体系（参照图 8）大同小异，但却在部分术语的使用和体系的内容上留有旧体系的残存。首先，在术语的使用上没能摆脱旧体系的束缚。图 9 中副词从句包有句后面附括号表示其同时也被叫作“从属接续句”就是很好的佐证。作者指出，正如前文反复强调的那样，“从属（종속）”与“内包（내포）”本是同义的概念，但韩国语学界一直将其误用为对立关系，所以“从属接续句”这一说法本身就是旧体系的象征，但是徐正洙（1996）并未意识到术语的误用问题，所以在采用新体系同时仍然使用旧体系中存在问题的术语。作者指出，另一个例证是对“对等接续句”这一术语的迷恋。徐正洙（1996）一边指出现代语言学中“接续句”这一术语其实指的就是“对等接续句”，但一边却将“对等接续句”而非“接续句”看作是与包有句相对的概念。

其次，作者指出术语问题导致徐正洙（1996）在体系的内容上也出现了混乱。典型的例子就是将“副词从句包有句（从属接续句）”归入包有范畴时附加了奇怪的条件：徐正洙认为，只有当小句被视为是修饰动词短语的副词从句时，整个句子才可被看作是副词从句包有句。换言之，若从句出现在句首，就属于接续句（重句），而非包有句（复句）。徐正洙的这一观点与任洪彬和张素媛（1995）同出一辙，但与自己在图 9 中设定的句子分类体系却自相矛盾。不过作者指出，但是纵观徐正洙的观点，可以发现他其实主要还是采用了新体系，只是在部分内容上没能摆脱旧体系的影子，引发了一些不必要的混乱。

最后，作者指出了徐正洙（1996）的句子分类体系的另一个问题：名词从句的失踪。作者指出，这部分内容虽然与副词从句无关，但涉及整个句子的分类体系，所以在此一并提及。根据作者的观察，徐正洙（1996）的句子分类体系中并未提及名词从句，而是将其放在了“名词化补足小句（명사화 보족절）”这一标题下进行了论述。如图 9 所示，徐正洙的包有句并未包括名词从句，而是加入了引用从句包有句（인용절 포유문），这又让整个句子分类体系出现了一种新的扭曲。

第 6 章　普遍性与特殊性

本章共有 6 节内容，主要针对前面章节的内容进行整理，同时就一些未尽事宜作补充说明。

在第 1 节中，作者表示，从韩国语学界对副词从句的处理过程来看，有必要清楚地认识到这样一个问题：是要制定韩国语特有的语法体系？还是要遵从普遍化的、泛语言化的语法体系？作者采纳了第二种观点。作者认为，尤其是术语问题，即使想要构建韩国语特有的体系，也应在括号内标注原语，并使用其原本的、被普遍接受的意义。作者还强调，应该以普遍的语法体系为出发点，然后再在其基础上根据韩国语的特性做出适当的调整；在调整过程中，如果没有充足的证据就打破现有框架，忙于构建所谓的新框架，只会助长混乱，无利于学问的长足发展。

作者表示，在副词从句这个问题上同样如此，在主张韩国语没有副词从句时，必须谨之又谨、慎之又慎。作者表示，汤姆森和朗埃克（Thomson & Longacre，1985：171）指出世界上任何一种语言都存在副词从句，因此若想主张韩国语中没有副词从句，就应该找出有力的证据来证明来这一点，而不是仅仅停留在主张上，让人误以为韩国语是一种奇特的语言。

接着，作者介绍了三种构成从属句的语法手段：①从属接续形态素（subordinating morphemes）；②特殊的动词形态（special verb forms）；③语序（word order）。[①] 作者表示，朗埃克（Longacre，1985：238）将世界语言的句子结构分为同列结构（co-ranking structure）和连锁结构（chaining structure），而从属接续形态素和特殊的动词形态正是以此为基础进行的分类。具体来看，同列结构是指两个句子可独立成句，即各句子的动词都是定式（finite）形式，具有同等的资格，此时各句子通过连词进行连接。相反，连锁结构是指只有一个句子的动词是定式，其余句子的动词则采用特殊的形态变成小句，依附于带有定式动词的主句。作者同时指出，韩国语副词从句的构成手段属于第二种，即通过特殊的动词形态来构成，而这种特殊的动词形态又叫作“句中动词（medial verb）”或“副动词（converb）”。[②]

在第 2 节中，作者整理了其在上文所主张的句子分类体系及相关用语，且一并展示如下（第 131 页）：

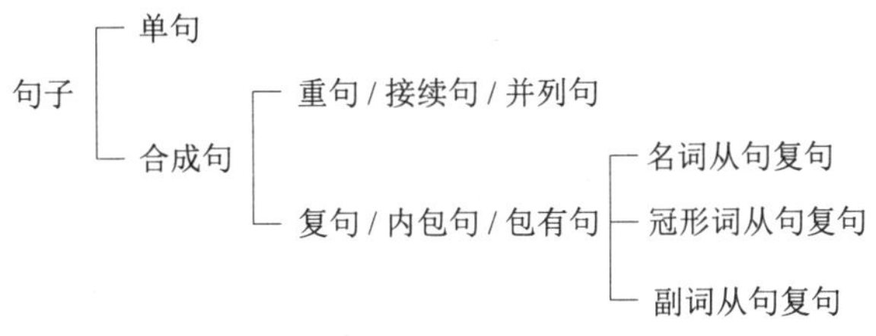

图 10　作者主张的句子分类体系及相关用语一览

① 援引自汤姆森和朗埃克（1985：171）。

② 作者指出，“句中动词（medial verb）”这一说法主要用于巴布亚语（Papua），“副动词（converb）”主要用于阿尔泰语。另外，作者认为这点可在毕桑（Bisang，1998，2001）的类型学研究成果中得到进一步的确认。毕桑（1998，2001）指出，从类型学的角度来看，小句的组合方式有“欧洲型（European type）”“亚欧型（Eurasian type）”或“副动词型（converb type）”“极东型（Far East type）”或“动词连续型（verb serialization type）”。换言之，正如“亚欧型”又被叫作“副动词型”一样，其小句是通过副动词这一方式来连接的。

作者对句子分类体系中使用的各类术语进行了逐一探讨。首先，如前所述，作者把“合成句”这一术语用作是与“单句”相对的概念，然后再对其下位概念进行分类。对于“重句”和“复句”这组概念，作者认为虽然属于旧式用语，但因暂时找不到合适的名称代替，所以可保留使用。而“接续句”和“内包句”是最新且最常用的术语，不过作者指出要注意将“接续”一词区别于韩国语学界一直沿用的“并列接续”“从属接续”中的“接续”概念[①]；因此如若担心出现术语混乱问题，可使用“并列句”或“并合句”的名称代替“接续句”。另外作者表示，根据个人喜好，可用“包有句”代替“内包句”，但不管是“包有句”还是“内包句”，均指整个句子，而其拥有的小句被称为“包有小句”或“内包小句”。而对于复句的下位分类，作者指出，韩国语学界一直以来都是以“○○小句 / 从句”的名称来进行划分的，但作者认为有必要将其补充完整，最好将其称为“○○小句 / 从句复句”，当然“○○小句 / 从句内包句”或“○○小句 / 从句包有句”也是不错的选择。

对上述术语进行一一探讨后，作者从中选定了其认为是最适合的术语确定了最终方案，现展示如下（第 134 页）：

- 句子
  - 单句
  - 合成句
    - 并列句
    - 内包句
      - 名词从句内包句
      - 冠形词从句内包句
      - 副词从句内包句

图 11　作者最终确定的句子分类及其名称

对于术语的最终选择，作者给出的解释如下：考虑到“接续”一词长期被误用或滥用，因此选择“并列”一词代替；虽然“包有”一词无可挑剔且更具格调，但“内包”一词更普遍，更容易被理解与接受。

接着，作者就为何上述体系中未包含韩国语的另两类句子 —— 引用从句和谓语从句（서술절）进行了说明。为了便于讨论，笔者在此随意各举一个典型的例句以供参考，例（15a）为引用从句，例（15b）为谓语从句。

（15）a. 동생은 밥을 먹었다고 했다 .（弟弟说他已经吃过饭了。）

b. 동생은 키가 크다 .（弟弟个子很高。）

作者表示，若要将这两类句子也纳入上述分类体系，必须首先明确其（参考画线部分）相当于何种词性、在整个句子中充当何种句子成分；如果不能明确这一点就冒然纳入分类体系，那么

① 换言之，此处的“接续”对应于 conjoining 或 coordination，但韩国语学界在此之前都将其用作是所谓的对等接续和所谓的从属接续的上位概念，其外延要大于此处。

分类体系的设定标准就会遭到篡改，这其实是对分类体系的一种破坏。作者认为，引用从句的构成方式与一般的复句不同，它是在句末语尾后加上“－고 /-ko”后形成的，而一般的内包句则是在词干后加上接连活用语尾形成的，因此引用从句很难在上述分类体系中自成一类与其他内包句“平起平坐”。而谓语从句的情况又稍有不同。这里的谓语从语是指双重主语句中的小主语从句。作者指出，小主语从句首先很难被视作是一个小句；其次其用法受限，很多常用的谓语都不能用作小主语从句；最后，谓语从句这一名称本身也存在问题：因为在韩国语里，其他内包句都是根据小句相当于何种词性来命名的，如“名词从句内包句”或“副词从句内包句”，而非根据小句用作何种句子成分来命名，换言之不会因为名词小句出现在主语位置就称其为“主语从句内包句”。[①] 鉴于此，作者只是将引用从句视作名词从句内包句的一种，而将谓语从句视作双重主语句，未将其纳入上述分类体系。

在第 3 节中，作者对韩国语的语尾进行了分类。作者认为，虽然上述句子分类体系已在某种程度上蕴涵了有关语尾的分类体系，但在此有必要进一步明示并就部分名称进行说明。作者将旧的语尾分类体系（第 136 页）与自己主张的语尾分类体系（第 137 页）一并展示如下：

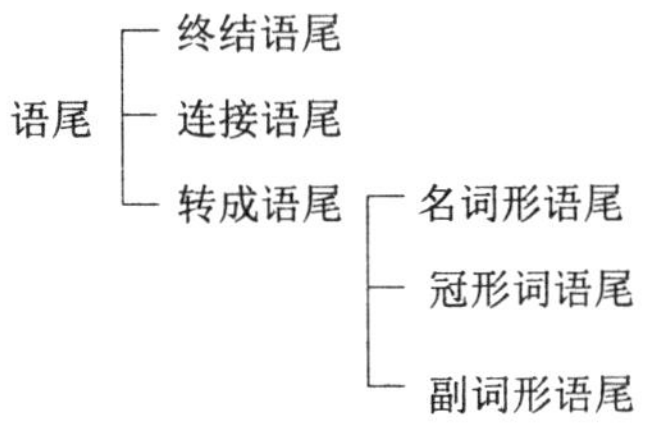

图 12　韩国语学界已有的旧的语尾分类

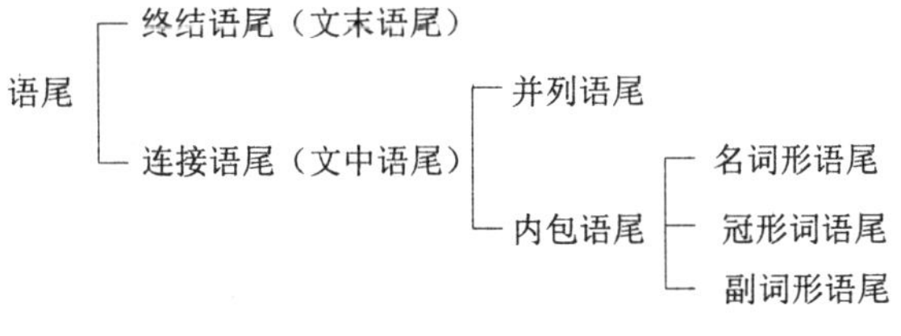

图 13　作者提出的新的语尾分类

相较图 12 旧的三分体系，作者在图 13 的新体系中首先将语尾进行两分，将“连接语尾”用作与“终结语尾”相对的概念，且其下位分类包括“并列语尾”和“内包语尾”。作者认为，这样的处理与上述图 11 的句子分类体系中的术语遥相呼应，显得更加合理。

之后，作者提出这样一个问题：这样的语尾分类能否从泛语言或类型论的角度获得支持？

① 这一情况似乎与汉语学界的句子分类有所不同。汉语学界正是按照从句在整个句子中担当的句子成分来命名的，如主语从句、定语从句、状语从句、宾语从句等。

作者将希望寄托在converb这一概念上。因为作者认为，这一概念可以为韩国语的副词形语尾及副词从句提供类型论方面的支持，因此作者在书的最后部分花了较多篇幅深入探讨了这一概念。作者表示，converb一词最早广泛用于阿尔泰语学界，由兰司铁（Ramstedt）创造并使用，且范德奥维拉（van der Auwera，1998：273）和蒂卡宁（Tikkanen，2001：1112）中也明确指出兰司铁（1903）中第一次使用了这一术语。接着作者表示，兰司铁（1939：87-105）将韩国语的并列语尾“-ko”“-ni”“-ke”“-torok”“-mj nẹ̌”等众多副词形语尾放在“converbalia”这一标题下进行讨论[①]。韩国语学界中接受converb这一概念并将其称为“副动词”的代表论著是李基文（1972）。李基文（1972）指出，阿尔泰语的一大共性是拥有副动词，以此来弥补阿尔泰语缺乏像印欧语中那样的连词，因此先行小句的动词采用副动词的形态，从而构成副动词。这一概念一开始并未受到多大关注，直到20世纪后半叶类型论的兴起才让其正式进入人们的视线。但是作者指出，虽然这一概念不同的学者有不同的界定，但它的存在为韩国语提供了很好的启示与支持：韩国语中动词词干与副词形语尾构成的词形正是上面所述的副动词；韩国语的副词形语尾分类在其他语言，尤其在阿尔泰语中也大量存在；如此一来设立韩国语副词形语尾及副词从句的基石可被进一步巩固。

最后，作者探讨了应该用什么术语去命名动词词干与终结语尾（句末语尾）及连接语尾（句中语尾）结合后形成的词形。作者认为，动词词干与终结语尾（句末语尾）结合后形成的词形可被称作“句末动词形”，可简称为“句末形”；与连接语尾（句中语尾）结合后形成的词形可被称为“句中动词形”，可简称为“句中形”。另外，若想重点突出能否独自成句的能力，“句末动词形/句末形”又可被称为“独立动词（independent verb，简称‘独立形’）”，“句中动词形/句中形”则可被称为“依存动词（dependent verb，简称‘依存形’）”。

在第4节中，作者对为何并列句在数量上明显少于内包句进行了解释。作者指出，构成并列句的并列语尾大概只有五个左右，而作为内包句之一的副词从句内包句，其副词形语尾的种类却非常多，是并列语尾无法企及的。但是作者同时指出，但我们不能因此就认为分类体系本身存在问题，正如词性分类中所看到的那样，名词、动词等词类数量庞大，而冠形词的数量却非常有限。不过作者表示，并列句数量少这一事实与其所表示的意义有关。因为并列句表示的对等关系比较简单，相反副词从句中的主从关系却很复杂，根据汤姆森和朗埃克（1985：

① 古斯塔夫·约翰·兰司铁（Gustaf John Ramstedt，1873-1950），也译为拉姆斯泰特。芬兰语言学家、阿尔泰学奠基人，其关于韩国语的研究为韩国语学的发展作出了巨大贡献，代表性的韩国语著作有 *A Korean Grammar*（MSFOu 82, 1939）、*Studies in Korean Etymology*（Ⅰ. MSFOu 95, 1949; II. 1953）。参考：① http://terms. naver. com/entry. nhn?docId=689123&cid=41708&categoryId=41711；② https://baike. baidu. com/item/%E5%8F%A4%E6%96%AF%E5%A1%94%E5%A4%AB%C2%B7%E7%BA%A6%E7%BF%B0%C2%B7%E5%85%B0%E5%8F%B8%E9%93%81/4571144?fr=aladdin；③ https://en. wikipedia. org/wiki/Gustaf_John_Ramstedt；④ https://en. wikipedia. org/wiki/Converb。

177)的调查，世界上大部分语言的副词从句根据其意义可分为基本的12类，分别是时间(time)、方所（location）、方式（manner）、目的（purpose）、原因（reason）、状况（circumstantial）、同时（simultaneous）、条件（conditional）、让步（concessvie）、替代（substitutive）、添加（additive）、独立（absolutive）。

之后，作者对并列句的独立性进行了详细阐述。作者指出，其间韩国语学界一直试图将并列句（即旧时的“对等接续从句”）与副词从句内包句（即旧时的“从属接续从句”）并为一类，于是才有了前面我们看到的各种句子分类体系，但遗憾的是，在这个过程中韩国语学界未能提供有力证据来证明将两者统合的必要性，因此旧时的句子分类体系被证明并不可取。作者认为，并列与内包是依据语义标准，即各句子之间是独立的关系还是主从的关系来划分的，这种语义层面的区别在韩国语中当然也存在，但问题在于其是否被反映在语法上。

对于这个问题，作者表示，韩国语的并列句与副词从句内包句在句法上存在区别，韩国语学界对此进行了较为深入的探讨，因此作者相信韩国语并列句的独立地位已得到了充分的认可。但是作者同时也指出，当然也存在界于两者之间、难以下定论的情况。作者认为，韩国语的并列句和副词从句内包句的这一关系与韩国语的动词和形容词的关系较为相似：韩国语的动词和形容词拥有很多共性，特别是在活用语尾上极为相似，因此甚至有人主张应将两者统合为动词。作者认为，导致并列句和副词从句内包句难以区分的原因似乎也与二者的活用方式极为相似有关，因为两者的小句都是通过句中语尾进行连接的；相反在英语中，and、but 等构成并列句的连词只能被置于两个句子之间，而 although、if、since 等构成副词从句内包句的连词既可置于句子之间，也可置于句首，因此两者的区别一目了然。最终，作者给出了明确的结论：虽然并列句与副词从句内包句拥有很多共性，但二者也存在各自的特性，有必要将其各自归类。

在第 5 节中，作者对韩国语句子分类是否存在三分体系，即是否存在除并列和内包以外的第三种组合方式进行了分析。作者首先介绍了弗雷和范瓦林（Foley & Van Valin，1984）的三分体系。弗雷和范瓦林（1984）根据“[embedded（内包）]”和“[dependent（依存性）]”两大特征将句子的组合方式分为了“coordination（并列）”“subordination（内包）”“cosubordination（依存并列）”三种，且“cosubordination（依存并列）”带有“[− embedded，＋ dependent]”的特征。这里所说的“依存性”是指是否共用一个论元（argument）或共用时体、语式（mood）、句子类型等动词的屈折范畴。书中以下例句就被视为是典型的依存并列的例子（第 155 页）。

（16）a. Max went to the store and bought some beer.

b. John went to work but forgot his briefcase.

c. What did Max go to the store and buy?

上述例句中，第二个句子的主语或时态受第一个句子的管束，因此具有依存性，属于依存并列。作者指出，弗雷和范瓦林（1984）主要是将焦点放在依存并列与并列的区别上，而非依存并列与内包的区别上。

接着，作者将讨论的焦点重新转向韩国语，开始探讨韩国语中是否也存在依存并列，如果存在，哪些情况可列入其中。[①] 最终，作者得出的结论是，如果在韩国语中设定依存并列这样的范畴，结果会得不偿失，引发不必要的混乱，因此作者坚持应采用只有并列与内包的两分法体系。

在最后的第 6 节中，作者对“소리도 없이”中的“－이 /-i”是否可被看作是活用语尾进行了探讨。作者在书中讨论的例句如下（第 165 页）：

（17）a. 군사들이 비호보다 빨리（＝빠르＋리[②]）뛰어다녔다 .（士兵们跑得比飞虎还要快。）

b. 연이 남산만큼이나 높이 올라갔다 .（风筝飞得如南山一般高。）

c. 황금을 돌과 같이 보아라 .（请视金钱如粪土。）

虽然“－이 /-i”是代表性的副词派生后缀，但作者认为上述例句中的“－이 /-i”并非副词派生后缀，而是活用语尾。例如，（17c）例句中的“같이”不是形容词“같다”的副词用法，而是其副词形活用形态，换言之，“－이 /-i”将“돌과 같다”这一整体变成副词小句，从而使得整个句子变成了副词从句内包句。最终，作者认为应该将“－이 /-i”列入副词形语尾的目录中，而且其是众多副词形语尾中最为确定的一个。

第 7 章　结论

作者在结论部分总结了六大点，再次梳理了全书的内容。下面依次进行简单的陈述。

第一，作者表示首先就涉及副词从句的相关术语进行了深入且缜密的探讨，重点针对前人研究中引发混乱的术语进行了深度的梳理。作者表示，这些混乱都是在从传统语法框架向生成语法框架转变的过程中，由于缺乏对相关用语的准确理解与把握而引发的。被误用的代表性术语有“从属接续”“接续”“从属从句”“内包从句”等，尤其是“从属接续”和“从属从句”的误用导致韩国语的副词从句走上了受难之路。

第二，作者对韩国语副词从句是如何长期“受难”以致未能获得应有待遇的过程进行了仔细的追踪。在这个过程中，重点探讨了崔铉培《吾话话本》、南基心和高永根（1985/1993）、权在一（1992）、许雄（1983）、李翊燮和任洪彬（1983）、任洪彬和张素媛（1995）等的主

① 作者明确指出，截至目前韩国语学界出现的所谓的三分体系与弗雷和范瓦林（1984）的三分体系完全不同，因为不论是崔铉培《吾话话本》中的连合句，还是之后出现的从属接续句，都是将内包句中的副词从句占为己有才有的概念，但是弗雷和范瓦林（1984）的依存并列范畴与此并无任何关联，因此从根本上有别于韩国学界已提出的相关概念。

② “－리 /-li”是代表性的副词派生后缀“－이 /-i”的语素变体（allomorph），主要用于以“르 /lu”结尾的形容词和带“ㄹ /l”收音的部分形容词。

张。在此我们将探讨结果整理如表 1：

表 1 《吾话话本》等著作中关于副词从句的主张

著作	主张
《吾话话本》（崔铉培，1937）	①辅助谓语前出现的“－ 아 /-a”“－ 지 /-ci”“－ 고 /-ko”视为副词形语尾，但却判定其没有实际引导副词从句的能力，把由其引导的句子判定为单句；将“－ 게 /-key”引导的部分句子［参考例句（4）—（6）］视为副词从句，但并未就此展开过多的论述； ②设立“连合句”，将副词从句归为旗下，最终造成副词从句被荒废，同时引发后世学者设立了“从属接续句”这一分类。
南基心和高永根（1985/1993）	①未设立副词形语尾，也不承认副词从句的存在； ②虽对“－ 듯이 /-tusi”“－ 게 /-key”“－ 도록 /-tolok”等可引导副词从句的几个语尾进行了探讨，但最终也未将其视作副词形语尾。
权在一（1992）	未就有可能被视作副词形语尾或副词从句的例子进行探讨，甚至通篇都未使用副词形语尾或副词从句这样的术语，副词从句被彻底忽视。
许雄（1983）	承认“－ 게 /-key”[①]、“－ 듯（이）/-tusi”“－ 도록 /-tolok”为副词形语尾。
李翊燮和任洪彬（1983）	①将《吾话话本》中构成连合句的语尾，即构成所谓的从属接续句或从属从句的语尾全部视为副词形语尾，并将其分为 14 类； ②将由这些副词形语尾构成的副词从句归入接续句范畴，而非内包句范畴。
任洪彬和张素媛（1995）	①将副词从句分为三类：修饰句子的副词从句、修饰动词短语的副词从句、修饰动词的副词从句； ②将后两类归入内包范畴，而修饰句子的副词从句仍被归入接续范畴。
南基心（1985/2001）	①将所谓的从属接续语尾视为副词形语尾，由其构成的句子被视为内包句的一种，即副词从句内包句； ②揭示了副词从句与对等从句在句法上的区别。
刘贤敬（1986）等	与南基心（1985/2001）的主张基本类似。

第三，在梳理副词从句研究史的过程中，作者重点梳理了韩国语的句子分类体系。作者将最典型的错误的分类体系大致归纳如下（第 173 页）：

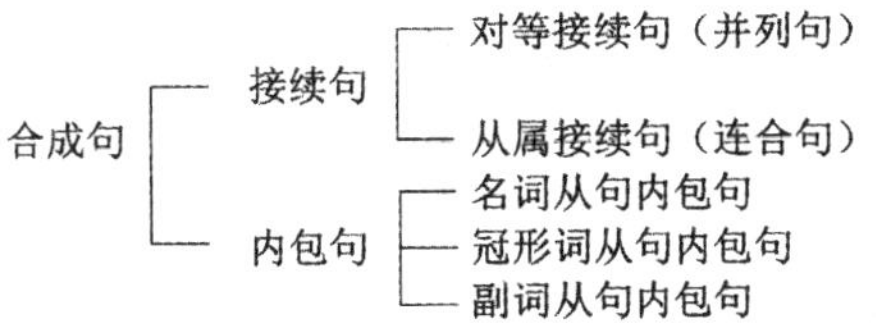

图 14 韩国语学界存在的典型的错误句子分类体系

① 作者在结论部分并未提及“- 게 /-key”，但笔者认为这是作者的疏漏，因此决定在此添加，以便与前文内容保持一致。

作者强调“从属接续句”是无中生有被捏造出来的分类。作者肯定地评价道，至少《吾话话本》在进行“连合句”分类时不存在概念混用问题：《吾话话本》清楚地认识到“从属从句”是包括名词从句、冠形词从句、副词从句的概念，然后在此基础上思考如何制定不同于一般分类体系的新体系，以此来充分展现韩国语的特性。作者认为，但是由于后世学者缺乏这样的认识与态度，用“从属接续句”这一术语代替“连合句”，造成句子分类体系被长期破坏。作者还表示，虽然在后世学者的研究中会发现不少图 14 的变体，如不设立副词从句内包句、不区别对等接续句和从属接续句等，但在所有的这些变体中，从属接续句这一错误概念都屹立不倒，长存于分类体系中。因此在作者看来，这些分类体系都是不可取的。

第四，作者对韩国语学界为何如此拥护从属接续句，甚至不惜破坏句子分类体系，但却视副词从句为圣地与禁区，不敢接近，甚至选择回避进行了分析。作者认为，其原因在于研究者缺乏对相关术语的准确理解与把握，仅凭一些模糊不清的主观印象进行判断，如主从关系不明显、不像名词从句或冠词形从句那样小句被主句明显地包孕于其中等。

第五，作者表示，其最终目的是“拥立”韩国语的副词从句，为此尽可能提供有力证据，证明应该将所谓的从属接续句归入内包句中，视其为副词从句内包句。这样一来，接续句的下位分类仅剩下所谓的对等接续句，作者将其称为“并列句”。相应地，作者对韩国语的语尾分类也进行了相应的调整（参考图 13）。最后，作者明确表示构成副词从句内包句的“－이 /-i”并非副词派生后缀，而应将其视为副词形语尾。作者表示，经过如此调整后的“新体系”其实毫无新意，与经过长期考证后确立的普遍的分类体系基本一致，类型学方面研究可为其提供支持。作者认为，韩国语动词的副词形词形正是类型学领域所说的 converb 概念，从而从类型学论的角度为韩国语副词从句内包句的设立找到了理论依据。

第六，作者还讨论了韩国语句子分类是否可采用三分体系的可能性。但作者认为，事实证明“依存并列”这一分类很难适用于韩国语的情况，因此作者坚持既有的两分体系。

二、简　　评

第一，本书的选题本身极具价值与意义。副词从句在韩国语的句子中占有相当大的比重，但韩国语学界对此却缺乏准确且明确的定论。但李夔翊先生站在一个客观的角度，对韩国语副词从句长达半世纪的研究史进行深入探讨，从中找出存在误用问题的术语并分析其原因，最后给出了自己的主张并从类型学的角度寻找理论支持，从而解决了副词从句这个困扰韩国语学界大半世纪的“老大难问题”，推动了韩国语句子分类体系的相关研究向前发展。因此笔者认为，该书具有里程碑式的深远意义，堪称韩国语学界副词从句研究中的一部经典之作。

第二，作者严谨的学术态度令人敬佩。作者的整个梳理及探讨过程犹如抽丝剥茧，环环相扣，层层深入，向读者清晰地展示了副词从句的研究过程。如此庞大且细致的工作，如果没有严谨的学术态度，缜密的思维及敏锐的洞察力，很容易迷失其中，失去方向。我们完全可以想象李夔翊先生是如何怀着严谨的态度与清晰的思路，像一位勇敢的侦探一样在副词从句遭受的漫长受难史中寻找蛛丝马迹，最终走出迷宫，让副词从句的句法地位得以确立。

第三，作者自我批判的态度展现了大家风范。在韩国语副词从句的研究上，李夔翊先生也曾犯下过错误，进行过一些有失偏颇的探讨。李夔翊先生大方地承认这一点，并站在客观的角度重新审视自己，就事论事。这样的态度难能可贵，充分展现了作为一名学者、一名大家的风范，值得后世研究者反思与学习。

第四，作者形象生动、幽默诙谐的语言令人印象深刻。不同于其他学术论文或著作的沉闷与枯燥，该书的语言极具幽默与风趣，尤其是多处使用比喻和拟人的修饰手法，赋予副词从句生命，将其视为一名受害者，然后站在受害者的角度，讲述副词从句所经受的苦难，极力为其“正名、发声”，帮助副词从句找回其应有的地位。这样的语言特色不仅减轻了内容的凝重感与繁琐感，同时牢牢抓住了读者的视线，让读者像是在品味一部文学作品一样，跟随作者的思绪一气呵成地读完全文。而在前文的陈述过程中，笔者也尽可能使用准确的中文表述，力图更贴切、更原汁原味地呈现原书的精彩之处，让中国读者也能感受到李夔翊先生的这种文艺气息与学术情怀。

最后，该书存在一些有待商榷之处：①在梳理副词从句研究史的过程中，李夔翊先生主要按照内容的相似度将前人的研究进行分类，然后归纳出它们看待及处理副词从句的态度，如副词从句开端不顺、副词从句在探索中前行、副词从句在混乱中生存、副词从句迎来美丽的绽放。但笔者发现，如果以时间为轴进行梳理，研究过程其实并非如此工整、清晰，在时间上存在一些交错的地方。因此笔者在想是否可以尝试按照时间先后顺序进行梳理，也许这样更能突出韩国语学界在副词从句的问题上有多么地意见不一、甚至是各持己见。②未确定韩国语副词形语尾的完整目录：当然，李夔翊先生在文中也指出了这一遗憾，但笔者认为，如果能确定副词形语尾的目录，那么对于韩国语中何为副词从句、如何区分它与其他从句，读者会有更加明确、更加直观的认识。③存在部分印刷错误：如第 121 页第 2 行的“관행화 보족절”和第 10 行的“관계화 보족절”均应改为“관형화 보족절”，第 136 页倒数第 3 行的“그리면”应改为“그러면”，第 150 页第 4 行的“117b”应改为“118b”，第 159 页倒数第 5 行的“헤서”应改为“해서”；参考文献中也存在部分笔误，如第 179 页参考文献中 Bussmann 的 *Routledge Dictionary of Language and Linguistics* 一书的出版时间应标为“1996”，而非“1999”，第 182 页参考文献中 Ramstetd 的 *A Korean Grammar* 一书的出版时间应标为“1939/1997”，而非“1937/1997”。

参考文献

[1] 권재일 . 한국어 통사론 [M]. 서울：민음사 ,1992.

[2] 김영희 . 종속접속문의 통사적 양상 [C]// 들메 서재극박사 환갑기념논문집 . 대구：계명대학교 출판부 , 1991, 165-188.

[3] 남기심 . 접속어미와 부사형어미 [J]. 말 ,1985,（10）：69-77.[남기심（1996：348-357）에재록]

[4] 남기심 . 국어문법의 탐구 I [M]. 서울：태학사 , 1996.

[5] 남기심 . 현대국어통사론 [M]. 서울：태학사 , 2001.

[6] 남기심·고영근 . 표준 국어문법론（개정판）[M]. 서울：탑출판사 , 1993.[초판 , 1985]

[7] 안명철 . 부사어 범주의 체계화를 위하여 [J]. 어문연구 , 2001（29-30）：5-27.

[8] 유현경 . 국어 접속문의 통사적 특질에 대하여 [J]. 한글 , 1986（191）：77-104.

[9] 이관규 . 국어 대등구성 연구 [M]. 서울：서광학술자료사 , 1992.

[10] 이기문 . 국어사개설（개정판）[M]. 서울：민중서관 , 1972.

[11] 이익섭 .《우리말본》연구 [C]// 전북대학교 논문집 . 전주：전북대학교 , 1967（9）：31-46.

[12] 이익섭 . 국어학개설 [M]. 서울：학연사 , 1986.

[13] 이익섭 . 국어학개설（개정판）[M]. 서울：학연사 , 2000.

[14] 이익섭·임홍빈 . 국어문법론 [M]. 서울：학연사 , 1983.

[15] 임홍빈·장소원 . 국어문법론 I [M]. 서울：한국방송통신대학교 출판사 , 1995.

[16] 장석진 . 정보기반 한국어 문법 [M]. 서울：한신문화사 , 1993.

[17] 최현배 . 우리말본（개정판）[M]. 서울：정음사 , 1955.[초판 , 1937]

[18] 허웅 . 국어학 [M]. 서울：샘문화사 ,1983.

[19] Akmajian, A., Demers,R. A., Farmer A. K. & Harnish, R. M. Linguistics: An Introduction to Language and Communication[M]. Cambridge, MA: MIT Press, 1995.

[20] Bisang, W. Adverbiality: the view from the far east[C]// In van der Auwera, J. (eds.）. Adverbial Constructions in the Languages of Europe. Berlin; Nueva York: Mouton de Gruyter, 1998: 641-812.

[21] Bisang, W. Finite vs. non finite languages[C]// In Haspelmath, M., König, E., Oesterreicher,W. & Raible, W. (eds.). Language Typology and Language Universals, Volume 2. Berlin: Mouton de Gruyter, 2001: 1400-1413.

[22] Bussmann, H. Routledge Dictionary of Language and Linguistics[M]. Translated and edited

by G. P. Trauth and K. Kazzazi. London and New York: Routledge, 1996.（德文版，1990）

[23] Chang, Suk-jin. Korean[M]. Amsterdam: John Benjamins Publishing Company, 1996.

[24] Crystal, D. A Dictionary of Linguistics and Phonetics（4th）[M]. Oxford: Blackwell, 1985.

[25] Curme, G. O. Syntax[M]. Boston: D. C. Heath, 1931.

[26] Finegan, E. Language: Its Structure and Use（3rd）[M]. Fort Worth, TX: Harcourt Brace, 1999.

[27] Foley, W. & Van Valin Jr., R. D. Functional Syntax and Universal Grammar[M]. Cambridge: Cambridge University Press, 1984.

[28] Langacker, R. W. Fundamental of Linguistics Analysis[M]. New York: Harcourt Brace Javanovich, 1972.

[29] Longacre, R. E. Sentences as combinations of clauses[C]// In Shopen T. (ed.）. Language Typology and Syntactic Description，Vol. II. Complex Constructions. Cambridge: Cambridge University Press, 1985: 235-286.

[30] Quirk, R., Greenbaum, S., Leech, G. & Svartvik, J. A Grammar of Contemporary English[M]. London: Longman, 1972.

[31] Quirk, R., Greenbaum, S., Leech, G. & Svartvik, J. A Comprehensive Grammar of the English Language[M]. London: Longman, 1985.

[32] Ramstedt G. J. Über die Konjugation des Khalkha-Mongolischen[M]. Helsinki: Suomalais-Ugrilainen Seura, 1903.

[33] Ramstedt G. J. A Korean Grammar[M]. Helsinki: Suomalais-Ugrilainen Seura, 1939/1997.

[34] Tallerman, M. Understandinh Syntax[M]. London: Amold, 1998.

[35] Thomas, L. Beginning Syntax[M]. Oxford: Blackwell, 1993.

[36] Thomson, S. & Longacre, R. E. Adverbial clauses[C]// In Shopen, T. (ed.）. Language Typology and Syntactic Description, Vol. II. Complex Constructions Cambridge: Cambridge University Press, 1985: 171-234.

[37] Tikkanen, Bertil. Converbs[C]// In Haspelmath, M., König, E., Österreicher, W. & Raible, W. (eds.）. Language typology and language universals. Volume 2. Berlin: Mouton de Gruyter, 2001: 1112-1123.

[38] van der Auwera, J. Defining converbs[C]// In Kulikov, L. & Vater, H. (eds.）. Typology of the Verbal Categories: Papers Presented to Vladimir Nedjalkov on the Occasion of his 70th Birthday. Tübingen: Max Niemeyer Verlag, 1998: 273-282.

《状语从句、主句现象及左缘构成》述评

胡笑适

法国巴黎第七大学　语言学系

引　　言

比利时根特大学的莉莉安·哈格曼（Liliane Hargeman）教授是蜚声国际的生成语言学家，著作众多。她发表的文章刊于包括 *Linguistic Review*, *Studia Linguistica*, *Journal of Linguistics*, *Lingua*, *Linguistic Inquiry* 等在内的众多国际期刊，并撰写出版了包括本书在内的多部学术专著。同时，她还主持完成了 The syntax of possessors in Flemish varieties of Dutch（2011—2015 年）、Layers of structure（2009—2016 年）、The cartography of discourse particles in Mandarin and Italian（2015—2016 年）等多项研究项目。

哈格曼教授于 2012 年由牛津大学出版社出版的《状语从句、主句现象及左缘构成》（*Adverbial Clauses, Main Clause Phenomenon, and the Composition of the Left Periphery*）一书，系"句法结构制图理论"（"The Cartography of Syntactic Structures"）系列丛书的第 8 卷，是句法制图理论研究发展的代表性成果，全书共 xiii ＋ 316 页。该书以论元前置（Argument Fronting）的允准为切入点，从句法层面讨论主句现象（Main Clause Phenomena）在特定句式中的合法性及受限原因等问题。在该书中，哈格曼通过论证认为需要区分两种不同的状语从句：中心状语从句（Central Adverbial Clause）及边缘状语从句（Peripheral Adverbial Clause）。以此为出发点，哈格曼探究了不同种类的状语从句各自的句法内部结构与主句现象在两种状语从句中的不对称句法特性之间的相关性。通过分析主句现象，该书还探讨了制图理论在解释不同类型状语从句的不同句法表征时所起的作用。

一、理论背景

制图理论兴起于 20 世纪末，源于利琪（Rizzi）在 1997 年撰写的论文"The fine structure of the left periphery”。该理论的建立是基于以下两个基本思想：①句法移位（客观来说，是句法语链）被认为是一种“最终方案”（last resort）式的操作。这种操作的动因是中心语具有特征核查的需求。而如 wh、neg、top、foc 这样的特征，在语义上，他们需要携带相应特征的成分与之匹配。同时，这类特征要求相应的句法成分具有量化功能，指派量化域。因此，所有句法成分的左缘移动都不应被认为是简单的嫁接移位。②相对最简原则（Relativized Minimality）是对句法表征的约束，因此任何句法结构表达都不应违反这一原则。利琪以波洛克（Pollock，1989）提出的分裂式时制短语（Split TP）结构为参考，认为句子的左缘标句层面也应具有分裂式的结构。针对这一观点，他给出了如下论据：

第一，句子的标句词（如英语中的 *that*、*if*，法语中的 *que*、*si* 等）指示了一个句子的语气属于陈述句、感叹句、对比句、关系从句或某种状语从句等，因此句子的左缘结构应包括语气投射，即 ForceP。

第二，至少在罗曼语及日耳曼语中，标句词还可以标识出句子的模态特征，因此句子左缘结构中还应包含限定性短语，即 FinP。

第三，词序：除上述论据之外，单一的标句词投射不足以表征句子复杂的左缘结构，话题化成分及焦点化成分的结构分布并非嫁接语移位（Adjunction）就简单可以解释的。首先，语气投射（以 *that*、*que* 等为中心语）、话题化成分、焦点化成分及限定性投射（以介词 *of*、*de* 等为中心语）、*wh* 疑问词（如 *a cui*）以及关系代词间的相对位置是固定的，不可随意颠倒，如例（1）中的例句所示（利琪，1997：288，295）：

（1）a. Credo **cheil** **tuo libro**, lorro lo apprezzerebbero molto. 语气＞话题
I believe that your book they it-would appreciate a lot
我相信 标句词 你的书 他们 附着词 - 会 欣赏 非常
‘I believe that your book, they would appreciate it a lot.’（我相信你的书，他们会非常欣赏。）

b. *Credo, **il tuo libro**, **che** loro lo apprezzerebbero molto. * 话题＞语气
I believe your book that they it-would appreciate a lot
我相信 你的书 标句词 他们 附着词 - 会 欣赏 非常
‘*I believe your book, that they would appreciate it a lot.’（我相信你的书，他们会非常欣赏。）

（2）a. *Credo **diil** **tuo libro**, apprezzarlo molto. * 限定性短语＞话题
I believe of your book to-appreciate-it a lot
我相信 标句词 你的书 欣赏 - 标句词 非常

‘*I believe to your book, appreciate it a lot.’（我相信你的书，（他们）会非常欣赏。）

b. Credo, **il tuo libro**, **di** apprezzarlo molto. 话题＞限定性短语

I believe your book of to-appreciate-it a lot

我相信 你的书 标句词 欣赏-标句词 非常

‘I believe, your book, to appreciate it a lot’（我相信，你的书，（他们）会非常欣赏。）

（3）a. Un uomo **a cui**, **il premio Nobel**, lo daranno senz’altro. 关系算子＞话题

a man to whom the Nobel Prize they will give it undoubtedly

一个人 给谁 冠词-诺贝尔奖 他们会给-它毫无疑问

‘A man to whom, the Nobel Prize, they will give it undoubtedly.’（那个人，诺贝尔奖，他们毫无疑问会给的。）

b. *Un uomo, **il premio Nobel**, **a cui** lo daranno senz’altro. *话题＞关系算子

a man the Nobel Prize to whom they will give it undoubtedly

一个人 诺贝尔奖 给谁 他们会给-它毫无疑问

‘*A man, the Nobel Prize, to whom they will give it undoubtedly.’（那个人，诺贝尔奖，他们毫无疑问会给的。）

（4）a. ***A chi**, **il premio Nobel**, lo daranno? 疑问算子＞话题

To whom the Nobel Prize will they give it

给谁 诺贝尔奖 会-他们-给-它

‘*To whom, the Nobel Prize, will they give it?’（诺贝尔奖，他们会给谁？）

b. **Il premio Nobel**, **a chi** lo daranno? 话题＞疑问算子

The Nobel Prize to whom will they give it

诺贝尔奖， 给谁 会-他们-给-它

‘The Nobel Prize, to whom will they give it?’（诺贝尔奖，他们会给谁？）

（5）a. Credo **che** a Gianni, QUESTO, domani, gli dovremmo dire.

I believe that to Gianni THIS tomorrow we should say

我相信 给约翰 这个 明天 我们 应该 说

标句词 话题 语气 话题 时制短语

b. Credo **che** domani, QUESTO, a Gianni, gli dovremmo dire.

I believe that tomorrow THIS to Guanni we should say

我相信 明天 这个 给约翰 我们 应该 说

标句词 话题 焦点 话题 时制短语

c. Credo **che** domani, a Gianni, QUESTO gli dovremmo dire.
I believe that tomorrow to Guanni THIS we should say
我相信 明天 给约翰 这个 我们 应该 说
标句词 话题 话题 焦点 时制短语

d. Credo **che** a Gianni, domani, QUESTO gli dovremmo dire.
I believe that to Guanni tomorrow THIS we should say
我相信 给约翰 明天 这个 我们 应该 说
标句词 话题 话题 焦点 时制短语

e. Credo **che** QUESTO, a Gianni, domani, gli dovremmo dire.
I believe that THIS to Guanni tomorrow we should say
我相信 这个 给约翰 明天 我们 应该 说
标句词 焦点 话题 话题 时制短语

f. Credo **che** QUESTO, domani, a Gianni, gli dovremmo dire.
I believe that THIS tomorrow to Guanni we should say
我相信 这个 明天 给约翰 我们 应该 说
标句词 焦点 话题 话题 时制短语

第四，毗邻效应：利琪注意到，一方面，话题化成分无法在语气投射之外被允准（利琪，1997：301）：

（6）a. Around Christmas, John will come home.（圣诞节前后，约翰会回家。）

b. *John will, around Christmas, come home.（圣诞节前后，约翰会回家。）

c. *I think, around Christmas, that John will come home.（我想，圣诞节前后，约翰会回家。）

另一方面，话题化投射无法介入到限定性投射与时制投射之间，如例句（7）（8）所示（利琪，1997: 301）。其中，英语例句中的*for*和意大利语例句中的*di*均占据限定投射FinP的中心语位置。

（7）a. ...**for John** to leave tomorrow.

b. *...**for**, tomorrow, **John** to leave.

（8）a. Penso, a Gianni, **di PRO** dovergli parlare.
不定式标句词

b. *Penso **di**, a Gianni, **PRO** dovergli parlare.
不定式标句词

综上所述，利琪认为句子的左缘大致应包含以下结构：ForceP ＞（external）TopP ＞ FocP ＞（internal）TopP ＞ FinP

第五，非强制投射：从利琪（1997）开始，众多学者对制图理论提出了新的论据。利琪曾指出，句子左缘结构中的话题化与焦点化投射并非强制投射，只有当相映成分出现在句子中时投射才会产生。而潘俊楠（2015）则指出，汉语中的话题成分可以出现在句子左缘结构中下列任意两个投射之间：AttitudeP > QuestionP > iForceP > *Only*P > AspP。

二、主要内容

以上为本书的理论背景。以制图理论为理论依托，本书主要通过讨论英语中的主句现象，研究和完善英语的左缘结构及其句法特性。全书共分为六个章节，以下为该著作各章节的概要介绍。

第一章　背景：分层式左缘结构（第3—52页）

作为全书的理论铺垫，哈格曼在这一章中指出了句子左缘并非由单一的标句短语CP构成，而是具有分裂式（articulated）的句法结构。尽管单一标句短语分析在左缘结构只有一个成分的情况下不会产生问题但在解释例句（9）这样的情况时却会产生问题。在例（9a）中（哈格曼，2012：9），由于*that*占据了标句词投射中心语的位置，前置的短语*not a single book*和助动词*did*就需要另外的句法位置来放置；同理，在例（9b）中（哈格曼，2012：10），由于*wh*疑问词*why*占据了SpecCP位置，前置短语*under no circumstances*与助动词*would*就必须其他句法位置允准。

（9）a. I swear [$_{CP}$ that [$_{XP}$ not a single book [$_{X'}$ did [$_{TP}$ he buy]]]].（我发誓他没有买一本书。）

b. Lee wonders [$_{CP}$ why C [$_{XP}$ under no circumstances [$_{X'}$ would [$_{TP}$ Robin ~~would~~ volunteer]]]]?（李怀疑为何罗宾在任何情况下都不愿意？）

哈格曼认为，相比多层嫁接（Multiple Adjunction）的左缘结构分析（参照巴尔廷（Baltin，1982），奥希尔（Authier，1992），拉斯尼克和斋藤（Lasnik & Saito，1992），纽梅尔（Newmeyer，2008）等），分裂性的左缘结构分析不仅可以解释例（9）这样的标句词与否定前置成分共现的情况，还可以解释英语中论元与嫁接语（adjunct）之间句法表征的不对称性：考虑到话题化与焦点化的特殊性质，哈格曼认为时制短语（TP）之外的句子左缘结构中至少还应包含外话题、内话题与焦点三种投射（其中，话题化成分关联旧信息，而焦点化成分关联新信息）；此外，分别代表语气和限定性的两种投射也存在于左缘结构中（哈格曼，2012：30）：

（10）语气（ForceP）>（外）话题（External TopicP）>焦点（FocusP）>（内）话题（Internal TopicP）>限定性短语（FinitenessP）>时制短语（TP）

在本章中，哈格曼还分别展示了话题的左缘移位操作在主句与内嵌句两种句法环境中的不同特性，并通过实例论证了英语中不存在内话题投射。

第二章　左缘结构中的论元和嫁接语（第 53—104 页）

本章主要关注英语中的论元与嫁接语左缘移位与罗曼语中附着词移位（Clitic left dislocation）这三种句法现象。根据利琪的观点，这三种现象具有相同的句法特性：即左缘移动的成分均占据 SpecTopicP 位置；相反，哈格曼通过对比发现只有左缘嫁接语与附着词移位的句法特性更相近，而论元的左缘移位与附着词移位属不同性质的句法操作。以下为哈格曼给出的一些论据：

首先，在英语中论元的左缘移位会受到更多的句法限制。如例（11）所示，论元移位无法出现在例（11a）这样的内嵌句中，而在例（11b）和例（11c）中，嫁接语和附着词移位在内嵌句中不受限制（哈格曼，2012：66）：

（11）a. *John regrets that **this book** Mary read.（约翰很遗憾这本书玛丽读过。）

b. John regrets that **last week** Mary did not turn up for the lecture.（约翰很遗憾上周玛丽没有来上课。）

c. Jean regretted que, son texte$_i$, tu ne **l**$_i$’aies pas encore lu.

John regrets that his text you Neg CL-have Neg yet read

约翰 遗憾 标句词 他的 留言 你 否定词 附着词 - 由 否定词 还 读

‘John regrets that you haven’t read his text yet.’（约翰很遗憾你还没有读过他的留言。）

其次，在英语中，在多个成分同时出现在左缘结构的情况下，跨越某一焦点或话题的话题化移位会被阻隔；而与此相反，在罗曼语中，附着词移位则不会影响其他论元的话题化移位，如例句（12）所示（哈格曼，2012：55）：

（12）a. ***This book, to Robin**, I gave.（这本书，罗宾，我给了。）

b. **Il libro**, **a Gianni**, glie**lo** darò senz’altro.

The book to Gianni him-it give-FUT-1SG without other

这本书 给 约翰 他 - 它 给 - 将来时 - 第一人称 没有 其他

‘I will give Gianni the book without doubt.’（我肯定会给约翰这本书。）

与此同理，在英语中，*wh* 疑问词不能与话题化论元共现，而罗曼语中的 *wh* 疑问词可以置于附着词之前（哈格曼，2012：59）：

（13）a. ***That book about shrimp**, **when** did you read?（那本关于虾的书，你什

么时候读的？）

b. **Comme, ce livre-là,** je **l'ai** aimé.（哈格曼，2012：56）

How this book there I CL-have loved

如何 这 书 那 我 附着词 - 由 喜爱

'How I have enjoyed that book.'（我多么喜爱这本书。）

此外，如表 1 所示，在状语从句、主语从句、名词补语从句等不同句法环境中，哈格曼都注意到了论元左缘移位与嫁接语 / 附着词移位之间的不对称现象。哈格曼认为，论元左缘移位不能出现在上述句法环境中的原因是论元是从 TP 内部移出，因此会出现介入效应（Intervention effect）。

表 1 状语从句等句法环境中，论元左缘移位与嫁接语 / 附着词移位间的不对称

	句法环境	英语论元移位	附着词移位	嫁接语
主句现象	状语从句	－	＋	＋
	叙述性补语	－	＋	＋
	主语从句	－	＋	＋
	名词补语从句	－	＋	＋
	虚拟从句	－	＋	＋
"＋"表示相关成分可以出现在对应句子的话题位置				

第三章 介入效应与左缘结构

本章主要关注如何解释论元的左缘移位受限的现象。哈格曼指出了两种解释思路。一种解释为"位置说"：她认为话题化、焦点化及 *wh* 疑问词移位都需要借道 SpecFinP 位置将相应成分移动到左缘结构中（或需要在 SpecFinP 位置引入一个空算子以在话题化成分与论元位置之间建立句法联系，如例 14a 所示），而一旦有成分占用了 SpecFinP 位置，其他相同性质的移位就会被阻隔。与此相反，罗曼语中的附着词移位是在 TP 内部进行的操作，因为这种移位不会经过 SpecFinP 位置，如例 14b 所示（哈格曼，2012：108），所以话题化等左缘移位不会产生介入效应。

（14）a. [$_{TopP}$**John**$_i$ [$_{FinP}$**OP**$_i$ [$_{TP}$ his$_i$ mother really likes nc$_i$]]]. 论元左缘移位

（约翰，他妈妈真的很喜欢。）

b. [$_{TopP}$ Gianni$_i$ [$_{FinP}$ [$_{TP}$ sua$_i$ madre **lo**$_i$ha sempre apprezzato nc$_i$]]]. 附着词移位

Gianni his mother him have-3SG always appreciated

约翰 他的 妈妈 他 有 一直 欣赏

（约翰，他的妈妈一直都欣赏。）

不过，哈格曼同时也指出了“位置说”的局限性。如例（15）所示，焦点化成分 *to Robin* 紧随话题化成分 *this book* 之后，按照“位置说”的观点，由于焦点化和话题化成分都应借道 SpecFinP 位置，该句应被介入效应排除；然而事实上该句完全合法（哈格曼，2012：135）：

（15）**This book TO ROBIN** I gave.（这本书，约翰，我给了。）

另外，位置说也无法解释某些长距离左缘移位。如例（16）所示，例（16a）是合法句子，这表明关联话题化成分的空算子应安置于最高层的主句 SpecFinP 位置；因为如果空算子还借道内嵌句的 SpecFinP 位置的话，wh 疑问词的移位将会被阻隔。然而，如果话题化成分的空算子不遵循循环移位原则，那么例（16b）的不合法性又无法得到解释。综上，哈格曼指出“位置说”的分析存在缺陷。

（16）a. **This book**, I was wondering **who** might be interested in reading.（哈格曼，2012：125）（这本书，我在想谁会有兴趣读。）

b. ***This book** Lee says that, **to Robin**, I gave.（哈格曼，2012：117）（这本书，李说，罗宾，我给了。）

为解决“位置说”的局限性，哈格曼提出了另一种解释思路，即“特征说”。根据这一假说，作为量化短语，*wh* 词（包括 *wh* 疑问词、关系代词）、否定成分、焦点成分及话题成分等均携带算子特征（OP）；此外，话语关联（D-linked）的左缘成分还会额外携带δ特征。哈格曼指出，携带更丰富特征集的句法成分可以通过移位越过特征集相对贫乏的句法成分，这种情况下不会产生介入效应；反之句法推导将会产生介入效应，句子将不合法。换句话说，同时携带 OP 与（两种特征的句法成分可以越过只携带 OP 特征的句法成分，反之句法推导将不合法（哈格曼，2012：131）。

（17）a. whether　　wh 疑问词

OP　　OP

*←……………………

b. whether　　话题关联 wh 疑问词

OP　　OP ＋（

←……………………

c. whether　　关系代词

OP　　OP ＋（

←……………………

d. OP ＋（　　OP

*←……………………

"特征说"相比"位置说"更具有解释力。一方面，"特征说"可以完美解释例（15）中的合法句子：由于话题化成分 *This book* 同时携带 OP 特征与δ特征，而焦点化成分 *to Robin* 只携带 OP 特征，因此话题化成分可以跨越焦点化成分进行移位。另一方面，"特征说"也可以完美解释例句（16）与（18）不同的合法性：在例（16a）中，话题化成分 *this book* 携带 OP 特征与δ特征，而 *wh* 疑问词 *why* 只携带 OP 特征，因此话题化成分可以越过 *wh* 疑问词进行移位；在例（16b）中，焦点化成分 *this book* 只携带 OP 特征，因此不能越过同时携带 OP 特征与δ特征的话题化成分 *to Robin*，句子非法；同理，在（18）中（哈格曼，2012：132），*wh* 疑问词 *how* 只携带 OP 特征，因此不能越过携带 OP 特征与δ特征的话题化成分 *this problem*，句子不合法。除此之外，哈格曼指出"特征说"还可以用于解释如地点状语前置等其他左缘移位的现象。

（18）***How** do you think that, **this problem**, we will solve?（我想这个问题，我们会如何解决？）

第四章　主句现象与状语从句（第 149—194 页）

本章为全书的最核心部分。在这一章中，哈格曼根据句法结构的差异区分了两种状语从句，即中心状语从句及边缘状语从句。其中，中心状语从句不能兼容论元的左缘移位，而边缘状语从句可以兼容这一句法操作。

（19）a. *Until this handout I have finished, I won't take time off.（哈格曼，2012：155）（直到我写完这个讲义前，我不会休息。）中心状语从句

b. His face not many admired, while his character still fewer felt they could praise.（哈格曼，2012：159）（没有太多人喜欢他的脸，而赞赏他的个性的人更少。）边缘状语从句

基于霍珀和汤普森（Hooper & Thompson，1973）的分析，哈格曼认为，边缘状语从句具有和主句相同的性质，它携带独立的语气信息，因此可以允准指向说话者的修饰状语（如 *frankly* 或 *luckily* 等）；与此相反，中心状语从句修饰主句中的事件，表示主句时间状态发生的时间，与主句的关系更加紧密。哈格曼指出，两种状语从句的不对称性源于两者的句法结合方式的差异：中心状语从句直接与 vP 或 TP 结合（如图 1a 所示），而边缘状语从句则与 CP 结合（如图 1b 所示）。从特征上，中心状语从句具有 [＋独立，＋内嵌] 的特征，而边缘状语从句的特征为 [＋独立，－内嵌]。请看哈格曼（2012：170）的树形图 1：

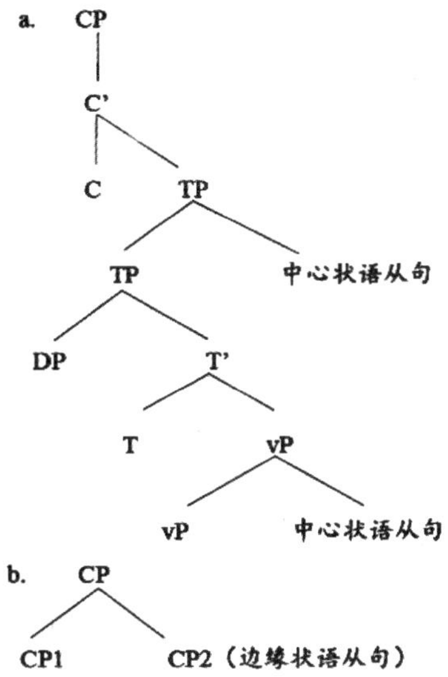

图 1　两种状语从句的树形图

在这一章，哈格曼论证了主句现象的允准环境。她指出，中心状语从句指向的事件位于 CP 和 TP 的内部，因此中心状语从句的句法结构缺乏完成投射语气短语 ForceP 的能力，属于不完整的左缘结构。同时，由于 TopicP 与 FocusP 投射的前提是 ForceP 完成投射，因此中心状语从句的左缘结构还缺少话题与焦点投射。而这样的句法结构带来的结果是中心状语从句无法允准论元的左缘移位。此外，哈格曼还在状语从句中假设了一个特定的下级投射（SubP），以允准言外语力（illocutionary force）信息。根据这一分析，主句、中心状语从句和边缘状语从句的左缘句法结构展示如下（哈格曼，2012：186）：

（20）a. 主句（Root Clause）：

…外话题投射（TopicP）…焦点投射（FocusP）…内话题投射（TopicP）…语气投射（ForceP）…限定性短语（FinitenessP）…

b. 中心状语从句（Central adverbial clause）：

下级投射（SubP）…限定性短语（FinitenessP）…

c. 边缘状语从句（Peripheral adverbial clause）：

下级投射（SubP）…外话题投射（TopicP）…焦点投射（FocusP）…内话题投射（TopicP）…语气投射（ForceP）…限定性短语（FinitenessP）…

尽管不完整左缘结构的分析可以一定程度上解释主句现象在两种状语从句中的不同句法表现，但这一解释仍存在缺陷。例如，尽管分词从句也缺乏独立的语内话语信息，但却可以允准论元的左缘移位。有鉴于此，基于句法移位需避免‘介入效应’的局部性原则这一思想，哈格曼在接下来一章提出了另一套分析。

第五章 阻隔性分析（第 195—256 页）

在这一章里，哈格曼主要关注时间从句（Temporal clause）和条件从句（Conditional clause），并认为中心状语从句中的主句现象产生于以下的基本假设：句法移位需遵循局部性原则，避免产生“阻隔现象”。哈格曼注意到，中心状语从句中，*when* 引导的时间从句和 *if* 引导的条件从句都排斥论元的左缘移位，但却可以与嫁接语和附着词移位共现。她由此假设，时间从句和条件从句也是通过 TP 内部的空算子移位派生而来，而空算子的移位则阻碍了论元的左缘移位，导致句子变为非法。根据这一观点，以 *after* 引导的时间状语从句为例，其句法内部结构应如下所示（哈格曼，2012：204）：

（21）$[_{PP}$ after $[_{DP}$ $[_{CP}$**OP**$_{Time}$ $[_{TP}$ Sue went to hospital t]]]].

尼尔森（Nilsen，2004），斯托维尔（Stowell，2004），厄恩斯特（Ernst，2007，2009），何南兹（Hernanz，2007a，2007b），扎高纳（Zagona，2007）等指出，状语从句，尤其是条件句与说话者指向的模态短语不兼容。秦奎（1999）曾指出以下功能语类层级：

（22）语言行为模态词（$MoodP_{speech\ act}$）＞评价模态词（$MoodP_{evaluative}$）＞言据模态词（$MoodP_{evidential}$）＞认识模态词（$MoodP_{epistemic}$）＞过去时制短语（TP_{past}）＞将来时制短语（TP_{future}）＞未然模态词（$MoodP_{irrealis}$）

根据介入效应的解释并参照上述的句法层级，条件句下的非现实算子未然模态词投射的未然模态短语在移位时将无法越过比起句法位置更高的情态表达，如例（23）所示（哈格曼，2012：174）：

（23）*If they luckily/fortunately arrived on time, we will be saved.（如果他们幸运地按时抵达，我们会得救的。）

而针对例句（24）中展示的对照情况，哈格曼认为例（24a）中（哈格曼，2012：241）表达时间的 *when* 无法跨越情态词完成左缘移位，因此句子非法；相反，例（24b）中（哈格曼，2012：242）的 *wh* 疑问词 *when* 由于携带了δ特征，具有更丰富的特征集，因此可以跨越情态词完成移位。

（24）a. *John will do it when he may have time.（约翰会在有时间的时候做这件事的。）

b. When will Mary probably be back?（玛丽大概什么时候回来？）

第六章　扩展分析：主句现象在 *that* 从句中的表现（第 257—285 页）

在本章中，哈格曼仍旧以论元移位为例证，将前一章中针对中心状语从句中移位的分析扩展到了 *that* 从句中，用以解释该类从句无法兼容主语从句现象。霍珀和汤普森（1973）曾在语义—语用层面指出，断言命题与论元移位可以兼容；相反，叙实性谓词补语从句（complements of factive predicates）、主语从句和名词性补语从句等非断言命题则无法兼容论元，但可以与句首嫁接语和附着词移位共现。

（25）a. *John regrets that **this book** Mary read.（哈格曼，2012：257）（约翰很遗憾玛丽读了这本书。）

b. John regrets that **last week** Mary did not turn up for the lecture.（哈格曼，2012：259）（约翰很遗憾上周玛丽没有来上课。）

c. Jean regrette que **son texte** tu ne **l'**aies pas encore lu.
John regrets that his text you Neg CL-have Neg yet read
约翰 遗憾 标句词 他的 留言你 否定词 附着词 - 有否定词 还 读
'John regrets that you haven't read his text yet.'（约翰很遗憾你还没有读过他的留言。）

对于（25a）这样的句子，哈格曼分析认为叙实性谓词补语从句可被分析为自由关系从句（free relative clause），因此该句同样存在一个空算子，由 TP 内部移动到左缘结构中。因此，空算子的移位会对论元的左缘移位造成阻隔，使句子变为非法。与此同理，哈格曼将其他从句如名词补语从句、主语从句等均看作隐性关系从句，包含空算子左缘移位，因此这类从句同样无法兼容论元的左缘移位。

三、简　　评

整体说来，本书是关于主句现象与左缘结构的一部重要著作；无论是从对语言事实的描述上还是从理论分析上，本书对主句现象都进行了详尽的讨论。作者对前人针对相关现象的语义—语用层面的分析进行了详尽的评述，并从句法层面对相关现象重新进行了解构。从内容上看，本书用于论证的语言事实不仅包括英语现象，还参考了大量的罗曼语及其他语言（如法语、意大利语、芬兰语等）。另外，尽管作者也提及了英语和罗曼语之间的各种差别，但将罗曼语中的附着词现象和论元及嫁接语的左缘分布进行类比讨论是一个非常新颖的研究角度。作者敏锐地指出，断言语气（assertive force）只能被看作论元左缘移位合法的必要条件，而真正导致主句现象不合法的原因则是空算子移位导致的阻隔现象，这使得对该现象的句法解释可以被归纳到现有的理论框架之中，同时也是对句法理论做出的重要的补充。作者将主句现象与不同性质句子的句法结构相结合，并以制图理论为基础，辅以大量语言事实为支撑，将理论分析建立在左缘移位需要遵循的普遍的局部性原则之上，使得理论分析具有很强的解释力与说服力。

当然，该书的内容也存在一些可以完善之处。例如，尽管作者希望表明论元的左缘移位与附着词移位属于不同的句法操作，但由于罗曼语中的附着词移位应被看作合并（incorporation）及中心语移位（head movement）［参照纳什和鲁沃雷（Nash & Rouveret，2002），马图珊斯基（Matushansky，2006），罗伯茨（Roberts，2010）等］，所以将罗曼语附着词移位与嫁接语的分布进行类比显得似乎并不准确。

最后，近年来，众多学者也对汉语句子左缘结构以及话题化成分做了深入研究。例如，黄正德、李艳惠与李亚非（2009）注意到汉语话题化成分具有与英语话题化成分相似的特征，并以此论证汉语话题化也是通过左缘移位的方式派生。而本文评介的著作对于研究汉语话题句的句法派生过程也具有重要的参考意义。

参考文献

[1] Authier, Jean-Marc. Iterated CPs and embedded topicalisation[J]. Linguistics Inquiry, 1992, 23(2): 329-336.

[2] Baltin, Mark. A landing site for movement rules[J]. Linguistic Inquiry,1982, 13(1): 1-38.

[3] Cinque, Guglielmo. Adverbs and Functional Heads[M]. Oxford: Oxford University Press, 1999.

[4] Ernst, Thomas. On the role of semantics in a theory of adverb syntax[J]. Lingua, 2007, 117(6): 1008-1033.

[5] Ernst, Thomas. Speaker-oriented adverbs[J]. Natural Language and Linguistic Theory, 2009, 27(3): 497-544.

[6] Hernanz, Maria Lluïsa. Emphatic polarity and C in Spanish[C]// In Brugè, L. (ed.). Studies in Spanish Syntax. Venezia: Libreria Editrice Cafoscarina, 2007a: 104-150.

[7] Hernanz, Maria Lluïsa. From polarity to modality: some (a) symmetries between bien and sí in Spanish[C]// In Eguren, L. & Soriano, O. F. (eds.). Coreference, Modality and Focus. Amsterdam: John Benjamins Publishing Company, 2007b: 133-169.

[8] Hooper, J. & Thompson, S. A. On the applicability of root transformations[J]. Linguistic Inquiry, 1973, 4(4): 465-497.

[9] Huang, Cheng-Teh James., Li,Yen-Hui Audrey & Li, Yafei. The Syntax of Chinese[M]. Cambridge University Press, 2009.

[10] Lasnik, Howard & Saito, Mamoro. Move[M]. MA: MIT Press, 1992.

[11] Matushansky Ora. Head movement in linguistic theory[J]. Linguistic Inquiry, 2006, 37(1): 69-110.

[12] Nash, Léa. & Rouveret, Alain. Cliticization as unselective attract[J]. Catalan Journal of Linguistics, 2002,1: 145-187.

[13] Newmeyer, Fritz. On split CPs and the "perfectness" of language[C]// In Shaer, B., Cook, P., Frey W. & Maienborn, C. (eds.). Dislocated Elements in Discourse. London: Routledge, 2008: 114-140.

[14] Nilsen, Øystein. Domains for adverbs[J]. Lingua, 2004, 114(6): 809-847.

[15] Pan, Victor Junnan. Mandarin peripheral construals at the Syntax-Discourse Interface[J]. The Linguistic Review, 2015, 32(4): 819-868.

[16] Stowell, Tim. 2004.Tense and modals[C]// In Guéron J. & Lecarme, J. (ed.). The Syntax of Time. MA: MIT Press, 2004: 621-636.

[17] Rizzi, Luigi. 1997.The fine structure of the left periphery[C]// In Haegeman, L. (ed.). Elements of Grammar. Dordrecht: Kluwer, 1997: 289-330.

[18] Roberts, Ian. Agreement and Head Movement: Clitics, Incorporation, and Defective Goals[M]. Cambridge MA: MIT Press, 2010.

[19] Zagona, Karen. On the syntactic features of epistemic and root modals[C]// In Eguren L. & Soriano, O. F. (eds.). Coreference, Modality and Focus. Amsterdam: John Benjamins Publishing Company, 2007: 221-236.

《状语小句的跨语言研究》介评[①]

尹洪波　朱　斌

尹洪波，北京外国语大学　语言所；朱斌，华中师范大学　文学院

引　　言

《状语小句的跨语言研究》（*Adverbial Clauses in Cross-Linguistic Perspective*）是德国的德古意特出版公司“语言学动态：研究与专论”系列之289，2015年出版。作者是德国的卡佳·黑特勒（Katja Hetterle）。全书正文共六章，270页。正文前有致谢、目录、表格表、图形表以及缩写表。正文后附有参考文献（共17页）、附录、作者索引、语言索引和重要概念词语索引，其中附录包括六部分：①所引具体语言的参考资料清单；②状语小句形态句法结构数据集；③级降程度二元对立图表；④小句压缩和名物化图表；⑤状语关系的多功能性数据集；⑥状语小句之间的语义交叠图表。

本文内容包括以下四个部分：①内容概述，②理论背景和研究方法，③主要贡献和问题，以及④对汉语复句研究的启示。

一、内容概述

本书共6章，第1章为导论，是对全书的一个概述，主要包括：理论背景、核心内容、状语小句的定义、已有研究综述、研究目标以及后面五章的内容概要。值得注意的是，本章中给出了一个小句之间语义关系类型的分类框架（第3页）。第6章为结论和展望。中间四章为主体部分，其中第2章交代该研究的理论背景和研究方法，第3、4、5章，是核心内容。下面依次扼要介绍这三章的主要内容：

第3章是对状语小句的句法分析，从跨语言的视角讨论状语小句的结构。作者在该章专门

① 【基金项目】国家社科基金一般项目“否定与几个相关范畴的互动研究”（15BYY132）；教育部人文社科重点研究基地重大项目“现代汉语因果表达的多层级研究”（15JJD740011）。

讨论各种语言里状语小句所呈现的形态句法特征。作者试图回答：哪些句法特征使得状语小句自成一类，每一种语义类型的状语小句都有哪些特征？具体包括以下两个方面：一是详细描述用以表达小句之间状语关系的各种形态句法手段，二是对不同类型的状语小句作定性和定量比较（这是作者的核心目标）。

第 4 章，集中讨论不同语义类型的状语小句的级降程度（dgree of downgrading）或者非句化（desententialization）问题。首先，作者从语法表现和互动功能的角度，通过观察英语中各种状语小句的级降程度，提出一个假设：不同程度的级降是以功能原则为基础的，这可能具有跨语言的共性。然后，用非印欧语的语言材料对上面的假设做了定性的验证。接下来，给出了一个 14 种语义关系类型的状语小句的级降程度图（第 178 页）。最后，从不同的角度，对各类状语小句的级降程度作出解释。这些角度是：互动原则，话语组织和信息结构原则，具体的语义特征，小句被识解为名词性实体的能力，概念与结构整合之间的象似性对应，语言的经济原则。

第 5 章，是对状语小句的语义分析。具体而言，本章讨论的是每一种状语小句连接词的语义问题。作者要回答的核心问题是：状语关系的语义空间的面貌如何？为回答这一问题，作者建立了两个等级图：状语关系的多功能等级（第 214 页）和状语关系的透明度等级（第 218 页）。然后，着重讨论每一种状语关系的多功能模式。为了让状语关系的语义空间直观化（visualization），作者采用了一种新的数据分析方法：多维调绘法（mutidimentional scaling，简称“MDS”）。该方法是对传统的语义图（semantic map）的改进，它能够对图表形式的语义图的结构进行计算，适于在较大的数据库中进行模式发现（pattern discovery）。与第 4 章一样，本章最后部分是对发现结果的解释。

二、理论背景和研究方法

通观全书，此书采用的理论框架是功能主义的，使用的研究方法是归纳主义的。下面分别予以具体论述。

（一）理论背景

第 2 章的标题是“理论的和方法论的前提”。在这一章中，作者对自己所依凭的理论，提前做了一个总体的集中交代。此研究的理论取向是功能类型的（functional-typological approach）。对语言多样性、语言共性的或然性、语言样品的抽样原则、类型等级和语义图等语言类型学的重要概念，作者作了简明扼要的介绍，并且明确指出：类型等级和语义图将分别在本书第 4 章和第 5 章的讨论中扮演核心角色。作者明确告诉读者，本书所作的跨语言的概括，本质上是概率性的，而非绝对的。作者专门指出，对所发现的语言模式（linguistic pattern）或规律的解释，是基于用法的（usage-based）的，而非功能的。传统的功能解释主要涉及经济性、象似性、话语相关的编码偏好等功能因素，本书的解释所涉及的因素则更为广泛，还包括认知、语言加工、语言历时变化等方面。因此，对象似原则、经济原则、信息结构理论、语法化理论、语用推理等重要的理论概念，都做了较为深入的讨论。

（二）研究方法

抽象地讲，此书采用的是归纳主义的研究方法。具体言之，有以下几种方法：①跨语言的比较法。此书的研究对象是世界不同语言中的状语小句。作者共采集了45种语言的756个状语小句结构，进行跨语言的对比，自下而上，让事实材料说话。为了保证结论的客观性，作者采用了基于谱系（genealogically-based）与区域控制（areally-controlled）相结合的语言取样原则。所采集的45种语言材料，区域及数量分布如下：非洲，9种；欧亚大陆，9种；东南亚和大洋洲，6种；澳大利亚和新几内亚，5种；北美（含中美），6种；南美，10种。②定性与定量的相结合的方法。对语言数据的分析，既有定性的考察，又有定量的统计，两种方法密切配合，贯穿整个研究。比如第3章，考察状语小句的形态句法特征时，重点涉及的特征有六大方面。其中第二大方面是动词的范畴地位，该方面又细化为名物化、不定式、分词、副动词（converb）四个次方面。每个次方面，都有统计数字列表，详细地告诉读者12种语义类型的状语小句中的每一种具有该次方面特征的个数及比例。总之，定性考察的同时，大量运用计量手段，根据统计数据绘制各种表格、柱状图，让语言规律直观化，是本书的一个追求，也是它的一个突出的特色。

三、主要贡献和问题

黑特勒（2015）的这本著作，从跨语言的视角，全面系统地研究了各种语义类型的状语小句，描写与解释相结合，体现了作者良好的理论素养，其主要贡献有以下几点：

第一，首次对状语小句作全面的、系统的类型学研究。作者认为，关于状语的小句已有的研究，无论是从结构特征上，还是从语义类型上，都是孤立地考察某一种或几种，缺乏全面系统的研究。作者有意追求填补以往研究的空白：把状语小句的各种形态句法特征，各种语义关系类型，做了全面系统的跨语言的对比，给我们提供了一副状语小句系统的整体图景，从而使我们对每一种状语小句的表现及其相互关系有了一个较好的认识。作者为实现这一追求，共采集了45种语言的756个状语小句结构，区分出12种（有时13种、14种）语义类型，从形态句法特征、级降等级、状语关系的多功能性三大方面，对状语小句作全面的系统的跨语言的分析考察，总结归纳出一些倾向性的跨语言的规律。

第二，为状语小句的研究提供了一些可资参考的视角和框架。宏观上，本书从形态句法特征、级降等级、状语关系的多功能性三大方面考察状语小句，为我们提供了一些分析讨论状语小句的角度、框架。比如，本书从语义类型的角度，划分出 3 大类 12 种状语小句（第 3 页）：①时间关系类，包括当时（when）、同时（while）、后时（after）、先时（before）、至时（until）五小类；②逻辑关系类，包括条件（细分为：现实、非现实 / 假设、反事实），让步，原因（细分为：理由、推理、解释），目的（细分为：一般目的、运动兼目的），结果五小类；③情状关系类，包括方式 / 工具、类似 / 比较两小类。又如，考察状语小句的形态句法特征时，设定的七大类参数：①时体语气（TAM）标记，②动词的范畴地位，③论元编码，④小句连接手段，⑤线性次序，⑥否定，⑦其他。每一种参数下都有进一步细化的参数，例如②动词的范畴地位，又细化为名物化、不定式、分词、副动词（converbs）四个参数。再如，考察状语小句的级降等级时，设定了九项参数：①动词的范畴地位，②时体，③语气，④论元编码，⑤同指时的主语编码，⑥名词性附加标记，⑦否定，⑧小句内部的语序变化或语序限制，⑨特定语言中的习语特征。

第三，发现总结了不少跨语言的概率性的重要规律。比如，第 4 章发现一个 14 种状语小句的级降等级（第 179 页）：

较高层的原因（示证），结果＜类似 / 比较，条件，让步＜当时，行域原因，至时，同时＜后时，先时，一般目的＜方式 / 工具，运动兼目的

以上这个等级序列，从左到右，级降程度依次递增。另外，在第 4 章，作者还发现了“后置的和灵活位置的状语小句的级降等级”（第 180 页）和“前置的状语小句的级降等级”（第 181 页），而且通过比较前置和后置的状语小句的级降等级，作者发现：通常情况下，前置的状语小句的级降程度比后置的高。又如，第 5 章发现了状语关系的多功能性等级（第 214 页）：

类似 / 比较＜让步＜至时＜先时＜从时＜后时＜原因＜目的＜结果＜条件＜同时＜方式 / 工具＜当时

以上这个等级序列，从左到右，多功能性依次递增。还发现了状语关系的透明性等级（第 218 页）：

类似 / 比较＜让步＜先时＜至时＜目的＜从时＜结果＜原因＜后时＜条件＜当时＜同时＜方式 / 工具

当然这些规律，都是基于统计的、概率性的。本书发现的规律，不止这些，因篇幅限制，不再列举。

以上是黑特勒（2015）的几点主要贡献，当然也存在一些问题，主要谈以下几点：

第一，材料的代表性和可靠性问题。作者所采用的研究路径是跨语言的对比研究，共采集

了45种语言的12种语义类型的756个状语小句结构。语言样品的抽取，作者遵循的是基于谱系和区域控制相结合的原则，但是该原则有时会受制于材料获取的方便与否。根据该原则，有的语言需要抽取，然而，如果该种语言的参考语法中，没有提供足够的语义类型的状语小句的信息（比如只有8种），那么该种语言则只能不予抽取。作者在书中也指出了这一问题。这样，语言样品的代表性就会有所降低。另外，语言材料的可靠性也存在类型学研究范式所难以克服的问题。这些材料绝大多数都是来自参考语法类文献的二手材料，这就很难保证材料的可靠性。比如文中所引用的汉语的例子只有两个［第3章，第113页，例（77）；116页例（82）］，这两个例子均转引自李讷和汤普森（Li & Thompson，1981）。更为遗憾的是，文中仅有的两个汉语例子，作者还转引错了一个。这不能不降低文章结论的可靠性和说服力。

第二，一些分类框架、参数及其权重的设定存在可商之处。

比如，前文已经提到的3大类12小类状语小句语义关系类型，作者把时间关系、逻辑关系和情状关系作为并立的3大类。这一分类框架来源于科特曼（Kortmann，1997：80-81），虽然有所精简改进，但是仍然存在可商之处：笔者认为，这种分类割裂了时间与条件的联系：时间和条件存在交叠，时间有时也是一种条件，条件里面也可有时间的因素。Dixon & Aikhenvald（2009：2）对状语小句语义类型的分类，则看到了时间与条件的联系，把条件关系作为时间关系的一个小类。又如，第4章考察状语小句的级降等级时，设立了以下9个参数（第168页）：①动词的范畴地位；②时体；③语气；④论元编码；⑤同指时的主语编码；⑥名词性附加标记；⑦否定；⑧小句内部的语序变化或语序限制；⑨特定语言中的习语特征。为什么要选择这九个参数？还有没有其他参数？理论依据是什么？每种参数对于判定状语小句的级降等级是否同等重要(作者默认同等重要)？等等这些问题,我们没有见到相关论述或说明。

第三，多维调绘法（multidimentional scaling）的缺陷问题。作者在5.4中引述别人的观点，讨论了类型学研究中所使用的语义图（semantic map）的不足。为了克服经典语义图的不足，作者采用了一种新的数据分析工具——多维调绘法，它是语言类型学家的一种研究工具。前面已经说过，多维调绘法与经典的语义图相比，具有不少优越之处，其中很重要的一个好处是：对状语关系的跨语言的多功能数据作非常直观的表征，最大化地反应细微之处，极大地方便读者。作者坦言，多维调绘法也存在缺陷，有时它并不能客观反映真实数据。例如，第5章中用多维法绘制的图17（第236页），其中“原因”与“方式/工具”的距离比“目的”近，但“目的”却与“原因”更有相通之处。

此外，笔者还发现了本书的两处明显的文字疏漏：一是第93页倒数第6行的one the other hand，显然应为on the other hand；二是第238页倒数第9行的though，应为through。

四、对汉语复句研究的启示

复句一端连接小句，另一端连接篇章，是沟通句法与超句法的中间站，或者说是句法与超句法的接口。复句研究，对于深化小句和篇章研究，对于全面深刻地描写语言、解释语言，都具有不可或缺的作用。西方语言学历来重视复句的研究，既有对复句结构和逻辑语义关系的研究，也有对复句中小句的句法、语义、语用、韵律、认知的研究，还有复句作为小句以上的话语篇章的研究。我国的现代语言学仅一百多年的历史，汉语的语法研究基本还处于学习借鉴的发展阶段，能反映汉语特点的研究成果还不多，复句的研究就更为薄弱，代表性的成果是邢福义（2001）《汉语复句研究》，建立了以小句为中枢，以逻辑语义关系为基准的复句三分体系。近些年来，语言的类型学研究和计量研究，有新的发展，复句方面的研究也有一些成果，黑特勒（2015）就是其中一项比较优秀的成果。这部专著，对于我们的复句研究具有重要的启示，要而言之，有以下几点：

首先，跨语言比较和类型学的视野。黑特勒（2015）一书采用功能类型的理论框架，把45种不同的语言放在一起对比分析，揭示语言的共性和规律，并运用多种理论予以解释。不管这些规律和解释是否可靠，这种跨语言的对比研究的视野，是非常值得借鉴的。我们具有得天独厚的语言资源可资利用：3000多年绵延不断的文献资料，丰富的方言、民族语言。我们不仅可以作汉语大三角“普—方—古”的对比研究，还可以做汉语、民族语和外语的“汉—民—外”的外三角对比。通过语言谱系和跨语言的对比研究，能够更全面、深刻地认识汉语复句的共性和个性。

其次，计量的方法。黑特勒（2015）除了跨语言的对比方法外，计量的方法也是值得学习和借鉴的。计量方法的大量运用，可以说是黑特勒（2015）的一个突出特色。作者用语言事实，统计数据说话，根据数据绘制了大量的图表，揭示语言倾向或规律，并且使其直观化。因时代和技术手段的限制，我们以往的复句研究，计量方法的使用很少。而今我们正处在云计算、大数据的时代，并且已经建立了不少相当规模的汉语语料库，汉语复句研究，如果能够适当运用计量方法，通过调查和挖掘大规模的语言数据，定能发现一些有价值的语言规律。

再次，状语小句的语义类型的系统研究，对我们重新思考汉语复句内部次类的划分乃至整个复句系统，也具有一定的启发。黑特勒（2015）开篇便提出了状语小句的语义类型分类的一个体系（第3页）。这个分类体系，首先区分出时间关系、逻辑关系和情状关系3大类，然后再细分出12小类状语小句。汉语复句分类体系主要有两种：一种是从语法结构和逻辑出发，分为联合/并列与偏正/主从的二分体系；二是从逻辑语义关系出发划分复句类型，体系众多。也许黑特勒（2015）的状语小句分类体系不一定适合汉语，但是他的分类体系和所运用的多参数计量法，对我们研究汉语复句的类型体系，比较不同的复句关系，具有借鉴意义。

最后，重视复句中小句的研究。黑特勒（2015）分析研究的核心对象是复杂句（complex sentences）中的状语小句（相当于汉语复句中的偏句），内容涉及：形态句法结构特征、级降等级以及状语关系的多功能性三个方面。我们对复句的研究则重视整体，主要关注的是关联词语、复句关系的类型及划分，不太重视复句中的小句，尤其是偏句。参考借鉴黑特勒（2015）的分析框架和视角，重视复句中的小句，尤其是偏句，揭示小句语义角色的指派规律，探察汉语的动态小句的句法机制和语用功能等方面，应该是汉语复句研究的一个方向。

参考文献

[1] 邢福义．汉语复句研究 [M]. 北京：商务印书馆，2001.

[2] 邢福义．汉语语法学 [M]. 北京：商务印书馆，2016.

[3] 朱斌．汉语复句句序和焦点研究 [M]. 广州：世界图书出版广东有限公司，2013.

[4] Dixon, R. M. W. & Aikhenvald A. Y. The Semantics of Clause Linking: A Crosslinguistic Typology[C]. Oxford: Oxford University Press, 2009.

[5] Kortmann, Bernd. Adverbial Subordination: A Typology and History of Adverbial Subordinators Based on European Languages[M]. Berlin & New York: Mouton de Gruyter, 1997.

[6] Li, Charles N. & Thompson, S. A. Mandarin Chinese: A Functional Reference Grammar[M]. Berkeley: University of California Press, 1981.

[7] Verstraete, Jean-Christophe. Rethinking the Coordinate-Subordinate Dichotomy: Interpersonal Grammar and the Analysis of Adverbial Clauses in English[M]. Berlin & NewYork: Mouton de Gruyter, 2007.

《When- 从句与时间结构》述评[①]

汪昌松

北京理工大学　外国语学院

引　　言

《When- 从句与时间结构》（*When-Clauses and Temporal Structure*）为“劳特里奇日耳曼语言学研究”系列丛书之 2，于 1997 年由劳特里奇（Routledge）出版社出版。作者雷纳特 • 德克莱尔（Renaat Declerck），现为比利时鲁汶大学（University of Leuven）语言学教授。全书正文部分共 268 页，由 11 章组成。正文前有目录、图表目录、致谢、缩写。正文后附有参考文献及索引。以下我们依次陈述正文各章主要内容，然后作一个简要的评论。

一、内容述要

第一章　简介

本章主要介绍本书的研究目标和各章简介。作者旨在探讨 when 引导的从句（when clause）与其核心句（head clause）之间的关系，并借此来探析英语的时态系统。除此之外，作者还介绍了本书所采用的语料的来源，其中涵盖知名语料库、话剧文本、著名小说等。

第二章　when- 从句的类型

本章主要介绍 when- 从句的类型。作者从句法、语义和功能特征三个方面将 when- 从句分为八大类。这里有两点值得注意：第一点是这里讨论的从句是定式句（finite clause），也就是带有时态的句子，不包括非定式句（non-finite clause）；第二点是本章的分类是基于句法、语义、功能三个方面做出的，是列举性的，不是穷尽性的，其各个类别之间可能会存在某些重叠

① 【基金项目】2017 国家社科基金一般项目“句法—形态接口视阈下的汉语‘得’字结构的跨语言研究”（17BYY157）。

的情况。以下我们来具体介绍这八大类 when- 从句：① when- 从句用于直接疑问句，如“When did it happen?”。② when- 从句用于间接疑问句，如“I asked him when it had happened.”。③ when- 从句用于定语从句，用来修饰一个表时间的名词短语，这里又根据 when- 从句的作用不同，细分为四个小类，它们分别是：（a）when- 从句作名词短语的限制性定语从句，如“The time came when I had to change my mind.”。（b）when- 从句作名词短语的非限制性定语从句，如“The most awful day of the week is Monday, when I have to get up at 5 a. m. to catch the train.”。（c）when- 从句用作（时间）副词的限定性从句，如“He left the week when I arrived.”。（d）when- 从句作（时间）副词的非限定性从句，如“He fixed the appointment at 7 a. m., when he would have plenty of time to discuss the matter.”。④ When- 从句作非限制定语，修饰一个没有显性出现的先行词（antecedent），如“It may be opened with a lancer or a needle, when the fluid will run out.”。⑤ when- 从句用作一个无先行词的自由名词性定语从句（free relative noun clause）。作者将自由定语从句同间接问句（indirect question）相区分。前者如“I copied what he wrote in his diary.”，它与“I know what he wrote in his diary”有所不同，因为后者包含一个间接问句，可以解读成“I know the answer to the question: What did he write in the diary?”。在此基础上，作者将该类句子进行了细分：（a）名词性 when- 从句作介词的宾语，如“She has always been like this, from when she was a child.”，此时的 when- 从句的整体功能与名词类似，作介词的宾语，此时 when 也可以看成“the time when”。（b）出现在详解句（specificational structures）中的名词性 when- 从句，此时又细分为四个小类：（i）出现在基式假分裂句中（basic pseduo-cleft），如“When he visited Emma was last week, not last night.”。（ii）出现在倒装的假分裂句中，如“I do not know what she did last Sunday, because that was when I went to Scotland.”。（iii）出现在强调句（cleft）中，如“It was the end of the afternoon when he took the huge key out of his pocket and inserted into the keyhole.”。（iv）出现在非强调的系词详解句中（noncleft copular specificational sentences），如“My proudest moment was when I married you.”。（c）自由关系从句用作易位的名词从句（exraposed noun clauses）？相关例子如“I don’t like it when you talk about money.”。作者对这个问题的答案是否定的，认为该句中并不存在名词从句易位。（d）自由关系从句用作主语（宾语）从句，如“When you did it yesterday—I think it was six o’clock—was better than this late hour.”。⑥ When- 从句用于副词性时间状语从句（adverbial time clause），该类又可分为七个小类：（a）经典型时间状语从句，如“John will leave when I arrive.”。（b）用于详解句中的状语性 when- 小句，如“It was when she became really cruel that I stopped adoring her.”。（c）状语性 when- 从句用来修饰一个非时间性的名词短语（nontemporal NP），如“I told him about the adoption when she was a child.”。（d）依附于介词的状语性 when- 从句，如“All these fires are lit to warm the house for when you get there."。（e）强调型 when- 从句，如"When the smoke cleared, six people were dead（three from heart attacks）, and everyone wondered what in the world they were shooting at."。（f）解释型 when- 从句（explicatory when clause），如"Mr Angell is incorrect when he states that the Soviet Union's large gold reserves would give it 'great power to establish credibility'"。（g）状语性 when- 从句的非时间状语用法（nontemporaral adverbial connotation），其中包括让步（concessive）、对比（contrastive）、原因（reason）、因果（causal）、方式（手段）（manner or means）、条件（conditional）等诸多用法，如"You know I'm compliance itself—when I'm not thwarted."。⑦陈述性（narrative）when - 从句，这种 when- 从句比较特殊，它具有很多主句的特征，不应当被看成状语性质的句子，如"I was sitting quietly in the kitchen when suddenly a stranger entered the room."可以被解读为"I was sitting quietly in the kitchen and then it suddenly happened that a stranger entered the room."。⑧非时间型（atemporal）when- 从句，其中包括三个小类：（a）用来解释"case"（情况）的 when- 从句，如"This is what usually happens in cases when the divorced woman has no income of her own."。（b）让步（Adversative）when- 从句，表对比或让步，"How is a travel agent going to sell a holiday when he cannot guarantee a return flight?"。

第三章　时间连接词 when

作者从共时和历时两个层面来论证 when 引导的时间状语从句可以分析为一个自由定语从句，when 可以被解读为"at a/the time at which"。从共时层面看，when 引导的时间状语从句与自由定语从句之间存在一系列平行性；从历时层面看，现代英语中的 when 源自于古英语中的"hwonne"，但引导自由定语从句的 when 的相关用法并非直接源自于"hwonne"，因为"hwonne"起初并没有连接词用法，而是源自于古英语中的并列连接词（paratactic）"ponne"或"pa"。这种历时视角有助于解释 when- 从句所具有的诸多用法。

第四章　英语时态系统模型

本章重点介绍了德克莱尔（1991）中的一些基本概念和原则，旨在为分析英语句子提供一个描写模型。首先作者介绍了一些有关时态的背景知识，如：（a）时态的主要功能是用来表达时间关系的。（b）没有必要将英语时态的数量限定为两种，即现在和过去。（c）现在完成时也应当看成英语中的时态，类似地英语中的将来时也应该看成一种时态。（d）区分一般现在时和进行时，认为二者之间的区别是体之间的区别。以下我们来重点介绍一下书中的一些重要概念。

时间基点（temporal zero-point），简称为 t_0，指时间关系中的"源点"（origin）或参照点，在英语中，时间零点通常指说话的时间（time of utterance）（如说话时或写作时）。作者认为时间应当分为两个部分（time-spheres）而非三个，它应该只包括过去和现在，而不包括将来。现在又可以分为前—现在（PRE-PRESENT），现在（PRESENT）和现在—后（POST-PRESENT），前者相当于英语中的完成式（perfect），后者对应于英语中的将来时间，具体如（1）所示。此外作者介绍了一些基本概念，而这些概念的术语化程度比较高，并不容易读。如书中提到的情景时间（situation-time of orientation，STO），这类似于我们常说的事件时间（event time）宾尼克（Binnik，1999：221），指事件发生的具体时间。核心参考时间（central time of orientation，CTO）指那些不受其他参考时间约束而只与时间基点 t_0 建立关联的参考时间，在大多数情况下，核心参考时间 CTO 就是建立该时间域的情境时间 STO，如（2）中的核心参考时间就是主句的情境时间 STO，也就是 *said* 所体现的时间。此外作者介绍了绝对时态（absolute tense）和相对时态（relative tense），如（2）中的 said 就是个绝对时态，而 was，had worked，would go 是一个相对时态，是相对于 said 所体现的绝对时态来说的，绝对时态和抽象时态在一起可能会构成一个时间域（temporal domain），如（2）中的 said，was，had worked 和 would go 四个一起构成了一个时间域。时间附属（约束）［temporal subordination（binding）］指情境时间 STO 与参照时间 TO（Time of Orientation）在时间轴上的依附关系，若情景时间在时间上附属于参照时间则受后者约束，具体表现形式多样：情景时间可能位于参照时间之前（anterior）、或之后（posterior）发生，当然两者也可能会同时（simultaneous）发生。与 said 相比，（2）中 was，had worked，would go 就处于从属或约束的地位，一般说来，受约束的时间多为相对时态，如（2）中的 was，had worked 和 would go 都是以过去时间 said 为参照点的，其中 was 与 said 同时发生，而 had worked 发生在 said 之前，而 would go 发生在 said 之后。一般说来，绝对时间会形成自己的时间域，如（3）中的 rang，stood up，went 和 picked up 都是过去时，彼此之间并无附属关系，故而可以形成 4 个时间域。与作者使用大量专业术语不同，作者用图示的方法来标示句子的时间结构（tense structure），以刻画各个情境时间的相互关系，具体细节说明参见本章第 9 小节（德克莱尔，1997：67）。作者用圆圈来表示一个时间域，如（4）—（5）所示，它们分别是（2）—（3）两句的图示。其中（4）中只有 1 个时间域，它们都以 said 为基准，发生在 said 之前、之后（作者用斜线来表示）或与之同时发生（作者用竖线来表示），而 said 又以时间基点 t_0 为基准，故而表现为绝对时态。而（5）中有 4 个时间域，它们也以 t_0 为基准，它们都是绝对时态，彼此之间无依从关系，故而建立起各自的时间域。其中的参照时间或情境时间朝向都用 *x* 来表示，无论该参照时间表示的是一个时间点还是一个时间段。

（1）时间轴（The time line）

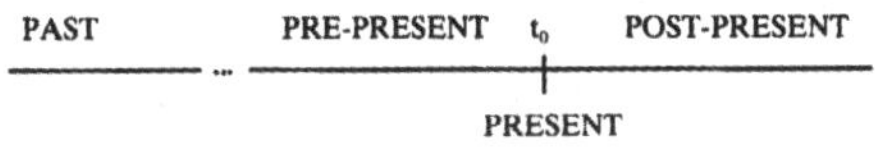

（2）John *said* that ... that he *would go* to

sleep early.

（3）Suddenly the phone *rang*. Jill *stood up* from her chair, *went* over to the telephone and *picked up* the receiver.

（4）

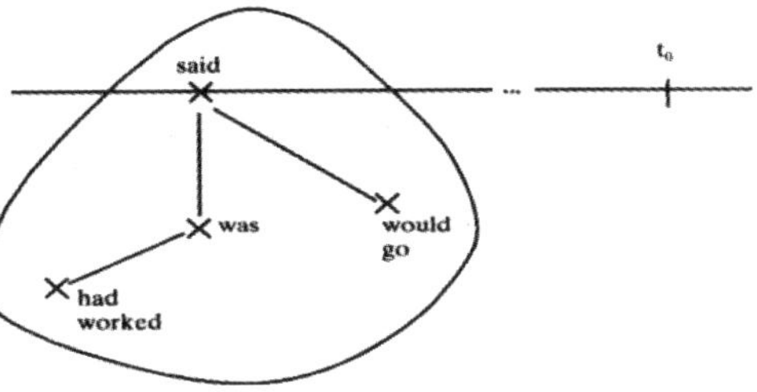

（5）

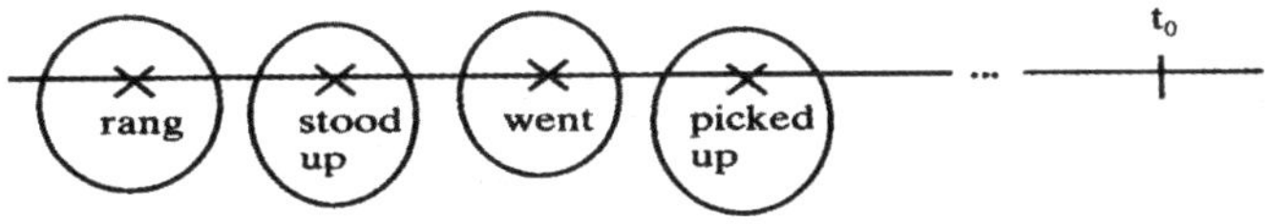

时间域的转移（shift of temporal domain）指两个或多个时间域之间并无依存关系，而是相互独立的。值得注意的是，这并不意味着这些时间域之间并无时间上的先后关系，它们之间的先后次序是可以通过语用信息来予以识别的。相反地，如果在语言形式上，我们就能判断一个事件对另一个事件的时间次序产生制约，则这两个事件应归属于同一个时间域。时间视角的转移（shift of temporal perspective）指用一种时间来陈述另一种时间，如用现在时来陈述已经发生的历史事件（如 Well, just as I was leaving for the office, he *comes in* and *tells* me I'*ve won* on the pools）或用现在时表将来发生的事件（如 The train *arrives* at 5 o'clock.）。

第五章　when- 从句和时间结构

本章主要从时间副词和上下文的角度来探讨从句的时间解读。作者首先介绍时间成分（temporal constituents）、时间关系（temporal relations）、时间结构（temporarl structure）和时态结构（tense structure）等基本概念。在此基础上，作者详细列举了 when- 从句与主句所可能呈现的 9 种时间构造（temporal configurations）。此外，作者介绍了使用典型 when- 从句的一些限制条件，主要体现在三个方面：（a）当主句情景位于时间零点 t_0 时，则不好使用 when- 从句，如（6）。（b）当主句的时态表同时进行性（simultaneity）时，也不好使用 when- 从句。（c）主句或从句是不确定的完成式（indefinite perfect），句子不能使用 when- 从句，如（7a，7b）。作者特意指出，这第三个限制条件主要适用于英语。与此同时，作者还指出了一些限制条件不适用的情况。

（6）*John is [now] sitting in the library when it is five o'clock.

（7）a. *I have helped John when he was in trouble.　　　（主句）

b. * I went to see John when his only daught has died.（从句）

第六章　典型 when- 从句与时间关系表达

作者主要讨论主句和典型 when- 从句之间的时间关系。作者主要从过去、前一现在、现在和现在一后诸多方面来验证本书第四章和第五章所讨论的内容。此外，作者还证明典型 when- 从句与“副词＋限制性定语从句”（Adv ＋ RRC）（如 at the time that）在时态使用上具有平行性。

第七章　典型 when- 从句的特殊相对时态用法

第一种特殊用法是间接约束（indirect binding）用法，作者介绍了两种间接用法：后一现在域的现在完成用法，过去域的过去完成用法。第二种特殊用法是“宽式同时性”（sloppy simultaneity），即运用同一种时态形式来表达外部世界里两个先后发生的动作。第三个特殊用法是用条件式的一般形式（如 should）或完成形式（如 would have done）来表示非现实（irrealis）或反事实（counterfactual）事件。

第八章　建立时间域的典型 when- 从句

本章主要介绍 when- 从句如何建立其自身的时间域，作者先介绍使用绝对时态的三种情况：（a）历史现在时系统（historic present system），指用一般现在时来陈述历史上发生的事件或总结先前发生的事，如“When Gordon has shut the door, Joan starts crying.”。（b）只发生一次（single-instance reading）的现在时，指那些只发生一次，却使用了一般现在时的句子，如“You see: my secretary is not here when I need her”指“我正需要秘书的时候，秘书却不在”。（c）习惯重复句（habitual-repetitive），指那些习性行为动作或重复性发生的事，如“He is never at home when I need him”。此外作者还列举了其他使用绝对时态的情况，其中包括那些域发生转换的 when- 从句，如域从过去转换为现在，从前一现在转为现在，以及现在一后之间的域转换。

第九章　典型 when- 从句的解读

本章重点探讨影响 when- 从句时间解读的诸多因素。作者首先介绍了信息结构（information structure）和主述结构（thematic structure）与 when- 从句之间的关系，接着作者详细探讨了其他可能影响主句（从句）时间解读的因素，其中包括完成体与非完成体、（词汇的）有界与无界［（a）telic］、（句子的）终结与非终结［un（bounded）］、（动作的）重复与非重复

［（non）repetitive］、状语的同质与异质（homogeneous/heterogenous adverbials）、状语的持续与非持续（durative vs. punctual）。一般说来，持续状语多是同质的，而非持续状语多是异质的。在此基础上，作者还分别考察了状语的持续与非持续、同质与异质、有终结与无终结对主句和 when- 从句时态解读所产生的影响。

第十章　陈述性 when- 从句

相对于一般 when- 从句来说，陈述性从句具有更多的限制，作者首先列出了其四大特点：如陈述性从句不能用 and then 来改写，也不能用 when 来提问主句，也不能用其他类似的时间状语进行替换，此外，陈述性小句还可以用来表示断言（assertion），而这是一般 when- 从句不可以做到的。简单地说，陈述性小句具有顺序性（sequentiality）和凸显性（prominence）两大特点。此外，作者还详细介绍了陈述性小句所表现的非嵌套性（unembedded），即在句法上它们应当被看成一个独立的句子，具体体现在陈述小句不能移至句首（preposing），它也不能成为句子的焦点，不能进行否定、疑问及焦点化操作，此外作者还探讨了陈述从句与感叹句之间所具有的平行性。最后作者介绍了陈述从句的时态系统和时间结构。

第十一章　非典型 / 非陈述 when- 从句

在前两章作者主要介绍了典型 when- 从句和陈述性 when- 从句，在本章作者重点探讨本书第二章提到的其他类型的 when- 从句。作者从六大方面进行比较，逐个展开说明，作者重点阐释这些从句与典型 when- 从句之间的不同之处，并对这些从句中的一些不同表现进行了解释。

第十二章　总结

对本书各章内容进行了简单的总结。

二、简　　评

作者探讨时空体系中的时空，面对纷繁复杂的时间体系，作者选取了 when 引导的从句来进行个案研究，并以此为窗口来对英语中的时态系统进行了探究。作者从形式、语义及语用三个维度对各种类型的 when- 从句进行细致考察，重点考察典型 when- 从句，并将之与其他类型的 when- 从句进行比较，发现其内部差异与共性。值得注意的是，作者发现了不同种类的 when- 从句在时态选择上是高度相关的，如典型 when- 从句在表达将来时间概念时也不能采用“will ＋ V”的形式，而只能采用一般现在时的形式，而其他类型的 when- 从句就无此限制。这些对于加深我们对英语时间结构和时态的理解，并为分析其他语言中的时间结构和时态提供了一个良好的分析模型，具有较强的借鉴作用。相较而言，本书的术语较多，且很多都是作者自己定义的，如 STO，TO，TE 等。虽然正文前已有缩写说明，读起来仍然比较费力，可以参照德克莱尔（2006）的部分章节来进行阅读，这本书的解释更为细致，这样更利于理解。此外，德克莱尔（2006）也运用本书提及的一些概念和分析模型来阐释英语中的 before- 从句和 after- 从句的相关用法，感兴趣的读者可以详阅。

值得注意的是，本书主要注重于对现象的分类和描写，而非提供一个系统的解释，事实上面对如此多的 when- 从句，用一个统一的分析来解释也是不大容易做到的。尽管如此，本书的分析为我们分析汉语相关现象提供了新的视角和测试方法，有助于我们深化对汉语时间从句的认识。本书中提到的 when 的诸多用法，对照汉语，并无一个特定的词与之相对应，而可能是好几个词或结构，如“当……的时候”“一……就”等。如果带着汉语中的相关现象或问题去读这本书会有更大的收获。虽然汉语句法结构中有无时态短语 TenseP 仍然具有争议（Lin，2015），但是时的概念是存在的。相较英语而言，汉语更多是采用词汇手段（如除动词以外的时间词）而非形态手段来表示时的概念（龚千炎，1995：32-33，45-46）。除了运用词汇手段外，汉语还可以运用复句来表示时的概念，如人们常用的“一……就……”结构（吕叔湘等，1999：599-560；邢福义，2001：519-524），该结构通常用来表示条件，既可以指周遍性的条件，如（8a），也可以是一次性的条件，如（8b）（王弘宇，2001：134-135）。这类似于英文中表示条件的 when 的用法，如（9a）和（9b）所示。值得注意的是，有一类“一……就……”结构并不表示条件，如（10）所示（邢福义，2001：519-20）。邢福义（2001：519-521）将这类用法称为“一……就……”的连贯句式，属于并列类复句，这里又分为有两种情况：第一种情况如（10a），其中“前分句表示一个行为活动，后分句表示紧接着出现的另一个行为活动”；第二种情况如（10b）所示，其中“前分句表示行为活动，后分句表示跟行为活动相关的状况变化”（另见吕叔湘，1999：599）。在这两种情况下，“一”字前后的行为活动或状态都是“确指性的和一次性的”（邢福义，2001：520-521）。其实邢先生这里的论述与德克莱尔（2001）第二章提到的陈述性（narrative）when 从句和第八章提到“只发生一次”的 when- 从句的分析不谋而合，如（11a，11 b）所示。这两句中的 when 也不表示条件，而仅表示只发生一次的事情。如果这样对比着读，则会更有收获。

（8） a. 他一看书就想睡觉。

b. 门一开，我就走。（蔡维天，2002：305）

（9） a. He buys me a present when my birthdays comes.

b. John will leave when I arrive.（德克莱尔，1997：21）

（10）a. 一进门，他就看见了陈天寿。

b. 一晃，就过去了八年，……（邢福义，2001：519-520）

（11）a. I was sitting quietly in the kitchen when suddenly a stranger entered the room.

b. You see: my secretary is not here when I need her.

参考文献

[1] 蔡维天．一、二、三 [J]. 语言学论丛（第 26 辑）．北京：商务印书馆，2002：301-312.

[2] 龚千炎．汉语的时相、时制、时态 [M]. 北京：商务印书馆，1995.

[3] 吕叔湘等．现代汉语八百词（增订版）[M]. 北京：商务印书馆，1999.

[4] 邢福义．汉语复句研究 [M]. 北京：商务印书馆，2001.

[5] 王弘宇．说“一 A 就 C”[J]. 中国语文，2001（2）：134-140.

[6] Binnik, Robert. Book review: When-Clauses and Temporal Structure[J]. Lingua, 1999, 109(3): 221-232.

[7] Declerck, Renneta. Tense in English: Its Structure and Use in Discourse[M]. London: Routledge, 1991.

[8] Declerck, Renneta. When-Clause and Temporal Structure[M]. London: Routledge, 1997.

[9] Declerck, Renneta. The Grammar of the English Verb Phrase(Vol. 1): The Grammar of the English Tense System A Comprehensive Analysis[M]. Berlin: Mouton de Gruyter, 2006.

[10] Lin, Tzong-Hong Jonah. Tense in Mandarin Chinese sentences[J]. Syntax, 2015, 18(3): 320-342.

《因果连词的日汉对比研究》评介

杨文江

南开大学　外国语学院

引　　言

《因果连词的日汉对比研究》（『因果関係を表す接続表現の日中対照研究』）是日本骏河台出版社 2013 年出版的个人专著，作者是新田小雨子，日语教育学博士，早稻田大学非常勤讲师，主要教授日汉对比和汉语等课程。该书以作者 2007 年提交早稻田大学的博士论文为基础修改充实而成。

日语和汉语中都有很多表达因果关系的语法形式，汉语语法研究通常称之为“关联词语”或“连词”，日语的“连词”[①] 在传统的学校语法中分为连接两个句子的“接续词”（「接続詞」）和句子内部连接两个小句的“接续助词”（「接続助詞」）。该书主要着眼于小句间连词，日语选取了最常用的「から」「ので」「ため（に）」「て」，汉语也是以最常用的几个连词为研究对象，即“因为”“所以”“由于”“因此”“于是”“就”“便”。全书始终以日汉对比的形式考察两种语言因果连词和因果复句的异同点，包括它们的语义功能、使用范围和使用条件以及与其他语法 / 词汇现象的相互关系，最后根据前面的研究结论提出了对日语因果复句教学的建议。

一、章节介绍

序章介绍了研究目的、研究对象、研究方法以及主要的研究课题等，尤其对因果连词日汉对比研究的意义和它对日语教育的意义作了比较详细的说明。

第 1 章“文献综述以及本研究的立场”首先介绍了文献中对日语条件句和汉语主从复句分

① 书中使用的术语是「接続表現」，我们这里译作“连词”。另外，为了表述的简洁，汉语“关联词语”也采用“连词”的说法。

类的主要观点。随后，在日语研究部分，评述了「から」与「ので」的区别、「ため（に）」「て」与「から」「ので」的区别的研究情况；在汉语研究部分，介绍了汉语因果复句的分类和连词的范围，把汉语复句分为使用连词的有标记复句（形合复句）和不使用连词的无标记复句（意合复句）。该章最后归纳了日汉因果复句的主要不同点，并说明了本研究在同类研究中的定位。

第 2 章“因果表达的句式与因果关联程度的关系”从原因小句（P）和结果小句（Q）在句中出现的先后顺序以及汉语是否使用连词这两个角度对因果句式做出了分类，并分析了各句式对应的因果关联程度的强弱关系。日语的因果句式分为两大类，即“PC，Q”和“Q，PC”，其中 C 指连词，前者又根据句尾是否使用「のだ」分为两个小类，它们因果关联程度由强到弱的顺序是「Q のは，PC だ」「PC，Q のだ」「PC，Q」。同样，汉语的因果关联程度也首先取决于 PQ 是否倒装，Q 提前的“之所以 Q，是因为 P”句式比普通的“因为 P，所以 Q”关联程度更强。汉语不同于日语的地方是因果关联程度还与连词及其强调成分的数量有关，连词和强调成分使用得越多，因果关联程度越强，例如“正是因为 P，所以才 Q”“正是因为 P，所以就 Q”“因为 P，所以就 Q”等等依次减弱，而不使用连词的“P，Q”最弱。

第 3 章“因果连词的功能以及使用范围的异同”根据主句的情态形式，把日语的因果复句划分为“表达单纯的原因或理由”“表达推测或判断的根据”和“表达发话或态度的根据”三个大类。汉语对译日语第三类时一般不用连词，所以可以认为只有两大类。第一大类又分为“事态原因”“附带负面心理因素的行为的理由”“具有时间先后关系行为的理由”“自然现象和状态变化的原因”“感情抒发的原因或理由”“感情评价的原因或理由”“引起心理状态变化的原因或理由”“解释性原因或理由”等八个小类，第二大类又分为“根据原因推测结果”和“根据结果推测原因”两个小类。两种语言的区别是日语连词所受的语义限制较小，使用范围更广，「から」可用于上述所有小类的因果复句，「ので」「ため（に）」「て」也可用于大部分小类，而汉语有四个小类不能使用连词，其他能够使用连词的小类也受到较多的限制。

第 4 章“两种语言在原因小句焦点化方面的异同”提出日语原因小句有两类焦点表达形式，即「のだ」句和分裂句「Q のは P から / ためだ」[①]，作者认为日语焦点位置固定，主要由句法形式表达焦点。汉语多用词汇形式“正”“正是”“才”等表达焦点，焦点标记的位置可在原因小句（如“正因为”）也可在结果小句（如“所以才”），而且还可以出现两者同时使用的情况，比日语呈现出更大的自由度。

第 5 章“因果连词的使用与主语和谓语动词的关系”基于原因从句和主句是否使用同一主

① 原文是「構文順序変換」，第 2 章讨论因果关联程度、第 7 章讨论因果复句的结构模式时也是把「Q のは P から / ためだ」看作是来自「P から、Q」的语序变换。评者认为这是一种跨语言常见的句式，即分裂句（cleft sentence），它的表达意图是凸显句子的焦点，而且从形式看也不仅仅是把从句和主句对调顺序，因此“语序变换”的说法似乎不妥。

语以及主从句谓语动词是意志动词还是非意志动词这两个标准，把日语和汉语的因果复句分为八类，又根据因果连词是表示明确因果关系的（日语「から」「ので」「ため（に）」，汉语“因为”“所以”“于是”）还是表达是非明确因果关系的（日语「て」，汉语“就”“便”），把上述八类进一步分为若干小类，对各小类中因果连词的功能和使用位置以及它们表达的因果关系的特点进行了分析归纳。

第 6 章“因果复句中连词的使用与时间表达的关系”根据两种语言原因从句和主句谓语的时间属性对因果复句进行了分类考察。日语的分类首先根据主从句谓语是非过去时[①]「ル」还是过去时「タ」，把因果复句分为「Pタ⇒Qタ」「Pル⇒Qタ」「Pル⇒Qル」「Pタ⇒Qル」四类，进而又根据主从句谓语分别是状态性还是动作性以及状态性从句谓语是否具有持续性，把上述四类进一步区分为若干种情况，考察了各种情况下「から」「ので」「ため（に）」是否可以使用，结果发现「から」和「ので」不受限制，而「ため（に）」不能用于从句谓语是非过去时动作性以及不具有持续性的非过去时状态性的情况。汉语分类的依据是主从句谓语分别是已然还是未然，这样汉语因果复句也分为四类。主句是已然形式时，因果连词的使用不受限制，主句是未然形式时，只能使用“因此”“因为”“所以”，而不能使用“于是”。

第 7 章“因果复句的结构模式”根据原因小句和结果小句在句中出现的顺序对因果复句的结构模式进行了分类。日语主要有两大类，“正序型”（先因后果）和“逆序型”（先果后因），两大类除了都有典型的只有一个原因小句和一个结果小句的单层情况外，还有出现多个原因小句或结果小句的多层情况，多层情况下各小句之间还会出现相互嵌套关系。汉语因果连词的使用较为自由，因果两个小句位置也比较灵活，因此汉语因果复句的结构模式比日语多一类“变形型”，即在结果小句的前后各出现一个原因小句，或者在原因小句前后各出现一个结果小句。两种语言的正序型和逆序型的下位分类基本相同，但是在多层情况下两种语言受到不同的制约。日语的特点是表示明确因果关系的连词嵌套非明确因果关系的连词，即「て」「し」小句出现在「から」「ので」「ため（に）」小句的内部，而汉语则更多考虑连词的位置和统一性。

第 8 章“日语教育中的应用”有三个方面的内容。首先，作者提出了中国日语学习者习得因果复句的难点，包括有时汉语不用因果连词而日语需要使用、日语因果连词使用范围广泛从而对应多个汉语因果连词、日语因果连词所受到的句法制约因素、多层原因小句中不同因果连词的嵌套关系。其次，作者调查了日本和中国近年来出版的几种主要的日语教材、教参和句型参考书中对因果连词的解说和举例，指出了其中的五点问题，即不同连词在有的初级教材中的出现顺序不合理、对「て」的语义功能的解说不恰当、举例有失偏颇以及日汉对译不恰当、对连词和句法因素的关联性认识不足、对多层原因小句中因果连词使用的认识不同。最后，作者提出了两点建议，一是编写教材和教参时应充分考虑学习者母语的情况，二是日语教学人员有

① 原文是「基本形」，这里采用日语时体研究文献比较通用的说法。

必要了解其他语言的相关知识。

第9章“结论与今后的课题”首先总结了前八章的主要内容，然后提出全书的四个主要结论。第一点是日汉两种语言对因果复句认识的区别。表示自然现象变化和状态变化的原因句以及感情评价的原因或理由句在日语中通常使用因果连词，而汉语分别使用并列句和感叹句，难以认定是因果复句。第二点是两种语言在因果连词使用上的制约。日语重视形态，因此很多情况下使用因果连词必须考虑从句的句法因素（时体、主语的生命度等）和主句的情态形式。汉语没有形态的约束，因果连词形式众多，同一句中可以使用多个连词，但是必须考虑它们的使用位置（主语前还是主语后）。第三点是连词功能的异同。日语「から」和「ので」使用范围最广，「ため（に）」和「て」由于还具有其他功能，所以有些情况下使用条件更苛刻。汉语“因为”和“所以”使用范围最广，而“于是”“就”“便”还兼表示时间先后顺序，在因果复句中受限更多。此外，作者还对两种语言的区别作了简单说明。第四点是因果复句中各语法标记的多样化和自由度的区别。由于形态的限制，日语的因果连词、焦点标记和时体标记等都有固定的使用模式，而汉语句中可以出现多个同类标记，组合形式多样。该章最后介绍了今后的研究课题。

二、简　　评

根据评者的调查，中日两国都有多位研究者涉猎过两种语言因果连词和因果复句对比研究，出版过很多这一主题的论文，但是作为专著，本书是首部问世之作。本书比较全面地回顾了两种语言因果连词和因果复句研究的主要成果，并通过调查大量日汉对译的实例，考察了两种语言在表达因果关系时连词使用以及句式上的差异，为今后的日语教学提供了有益的参考。

本书的一个突出特点是在第2至7章从多种角度对因果复句进行了细致的分类，有些分类虽然层次较多，但各级分类标准比较清楚。尤其是大部分章节专设了总结该章节主要结论的一览表，便于读者快速理清和把握作者的观点，这种做法对于这种同时涉及多种表达方式的语言对比研究是很有必要的。

本书的主要创新之处是作者在第9章归纳的四点结论，上文已述，此处不再重复。本书对日语教学的实用价值在于，一方面它提示我们在教材编写和课堂教学中要充分认识日语和汉语因果表达习惯的差异，尤其是汉日翻译时一方使用因果连词而另一方不使用的情况，另一方面作者对两种语言各种因果复句的句式类型及其主从句谓语特点的考察可以为不同因果连词之间的用法辨析提供一些新的视角。

以下我们评述书中的几个细节，有的需要与作者商榷，有的或许可以作为因果复句研究今后的课题。

（一）因果复句的三分

书中第 3 章参照莲沼等（蓮沼ほか，2001），以主句的情态形式为标准，把日语的因果复句分为“表达单纯的原因或理由”“表达推测或判断的根据”“表达发话或态度的根据”三类，这让人联想到最近汉语语法研究中常说的行、知、言三域。三域的特征如（1）所示，这种提法最初是沈家煊（2003）在斯威策（Sweetser，1990）[①]基础上的进一步发展，（2）是沈家煊举出的汉语因果复句的例子。无独有偶，日本学者中也有人参考斯威策（1990）提出了「から」的三种用法，（3）引自齐藤（斉藤，2008）[②]。日语与汉语的不同之处是，（2c）并不是汉语“因为”的常见用法[③]，但（3c）的用法非常普遍，除了齐藤（2008）外，白川（1995）、永田（2000）和杨宏华（楊宏華，2007，2008）都有专门论述，这些文献中都称之为“不表示理由的「から」”。

（1）行域：小句是句法语义单位

知域：小句是逻辑推理单位（前提和结论）

言域：小句是言语行为单位（请求、提问等）

（2）a. 张刚回来了，因为他还爱小丽。（行域）

b. 张刚还爱小丽，因为他回来了。（知域）

c. 晚上还开会吗？因为晚上有电影。（言域）

（3）a. 太郎が行くから、誰も来なくなった。（原因—结果）

（太郎要去，所以谁也没来。）

b. ここにカバンがあるから、まだ社内にいるだろう。（根据—推论）

（包在这里，（他）可能还在公司。）

c. そこにソースがあるから、自由に使ってください。（前提—归结）

（那边有调料，请自用。）

“因果关系”有狭义和广义的定义，最狭义的是上述行域的用法，稍广义的把知域用法涵盖在内，最广义的定义会把言域也包括进来，但是有些研究者可能会排斥广义的定义，因为后两种尤其是最后一种用法不是原因与结果的关系。回到本书第 3 章因果复句的三分法，从书中的描述看，它们与上述的行知言三域基本对应，作者直接认为三者都是因果关系，但是既没有

① 斯威策（1990：123）分别称之为 content domain、epistemic domain 和 speech-act domain，她讨论的对象是英语的 if 条件句。另外，该书出版了日文版：澤田治美（訳）. 認知意味論の展開——語源学から語用論まで . 東京：研究社，2000.

② 据齐藤（2008）调查，英语、汉语和韩语母语者习得日语「から」的难度基本上是由 a 到 c 逐渐增加，因此从日语教学的角度看，「から」的言域用法应当引起重视。

③ 本书第 3 章认为日语「から」和「ので」“表达发话或态度的根据”的用法对应的汉语通常不使用连词，这一结论也从侧面说明（2c）并非“因为”的主要用法。另外，书中对“因为”的论述部分没有提到这种用法。

提到文献中所说的“不表示理由的「から」”，也没有对“因果关系”所指的范围进行讨论和界定，这一点对一部以因果关系为主题的专著来说应该是一个缺憾。

另外，以下（4）是书中举出的“表达发话或态度的根据”的例句（第116页），作者认为汉语对应的说法不使用连词，但是如果改换成对话形式，用“为什么”提问的话，可以使用“因为”，所以汉语这种无标记的复句也是一种因果复句。评者认为，对话中B问“为什么”是针对“你为什么让我先睡”这一话语行为，实际上还是言域的用法，并非真正的因果关系。当然，如果对“因果关系”采用最广义的定义的话，也就可以包括在内了。

（4）「遅くなったからさきに寝なさい」

“晚了，先睡吧！”

A：先睡吧！（さきに寝なさい）

B：为什么？（どうして？）

A：因为时间太晚了。（随分遅くなったから）

（二）对汉语与日语区别的再认识

日语是形态发达的语言，汉语不发达，这一点在因果连词的使用上也有反映。本书多处提到这一点，例如汉语表达因果关系时经常不使用连词，即所谓的“意合复句”，又如汉语因果小句的位置灵活，组合方式比日语多样。作者在第8章提议日语教学应该尽量考虑到学习者母语的情况，评者也认为形态特征是日语和汉语在很多语法表现形式上最重要的区别，如果从事汉日对比研究和语言教学的人员能够充分领会这一点，可能会有事半功倍的效果。

汉语有别于印欧语的特点（很多地方也有别于形态同样发达的日语）在赵元任、朱德熙等先贤的著作中有很多精彩的论述，但有些观点一直没有得到足够重视，最近有些国内学者开始重新提倡并发展这些观点。关于句法和语用的关系，张伯江（2011）在评述赵元任、朱德熙等诸位先生有关句法结构和语用结构的论述后，给出了这样的结论：“在有形态的语言中，形态制约是第一位的，语义和语用表达都受制于形态；汉语没有形态的束缚，汉语句法结构的形态和调整，都可以直接显示语用目的。”沈家煊（2014）也认为，不同于印欧语中句法和语用相互独立（只有部分重合），汉语的句法完全包含在语用法之中，汉语离开了语用法就没办法讲句法，或者没有多少句法可讲。结合本书汉语因果复句的研究，对于哪些是通过句法形式表达的因果关系，哪些是语用推导的因果关系，如果作者能从语言现象入手，对汉语的深层特征进一步论述的话，对于我们深入理解汉语与日语在因果关系表达上的区别或许更有裨益。上文3.1节也提到日语经常使用不表示明确因果关系的「から」，汉语则很少使用“因为”，这是两种语言使用者对因果关系认识的不同，还是语言本身结构的差异造成的，有必要进一步探讨。

关于汉语“句子”的问题，沈家煊（2012）把赵元任《中国话的文法》第二章对于“句子”

的论述概括为三句话：整句由零句构成；零句是根本；零句可以独立。沈家煊认为，汉语经常使用没有关联词语的“流水句”就是因为汉语零句占优势，零句可以组合成整句又可以独立成句，意义上的联系常常靠上下文来推导，而流水句研究长期停滞不前的一个原因是拘泥于印欧语 S → NP ＋ VP 的句子观，对汉语零句的特点认识不足。

本书序章介绍研究对象时提到只限于因果复句，即句子内部各小句间的因果关系，而且第 9 章“今后的课题”也提出要将研究对象扩大到句子间的因果关系。然而，日语有如同印欧语的限定和非限定形式，即学校语法所说的终止形和连用形，句子之间的界限比较明确。汉语没有体现限定与非限定之别的语法形式，传统上口语靠停顿、书面语靠标点来辨别，但是停顿和标点无法区别前后的单位是句子与句子的关系还是小句与小句的关系。实际上，本书第 7 章在讨论汉语变形型因果复句时（第 237—241 页）举出了下例（5a），作者认为这是两个原因小句中间夹着一个结果小句的“P → Q ← P”模式，同时作者也说（5a）可以替换为（5b），但是（5b）的结构变为“因为”一句对前面整句的补充说明。评者认为，仅从标点的使用规范上说，或许可以这样解读，但是由于汉语标点实际运用中的随意性，小句和句子这两个单位很难区分，这一点不仅是作者的难处，也是很多汉语句法研究课题（尤其是复句研究）的瓶颈。放到汉语与其他语言对比的视角看，这个问题如果没有一个明确的答案，很多对比的结果会留下可质疑之处，而正如沈家煊（2012）所言，这个问题的解决要等待对汉语零句和流水句进一步的研究成果。

（5）a. 她不便打搅，只好守在门口候她，因为耀鑫回家得经过她家门口。

b. 她不便打搅，只好守在门口候她。因为耀鑫回家得经过她家门口。

（三）几个小问题

书中第 2 章提出日语因果关联程度的判断标准是因果连词是否具有明示因果关系的功能、是否使用「のだ」句和分裂句。汉语的判断标准还包括连词和强调成分的数量以及是否用“正因为”“就是因为”等凸显原因的表达方式[①]。关于“因果关联程度”的说法，评者认为这是一个不证自明的问题，似乎没有专门论述的必要，而且提出这个新的说法并没有解决什么具体问题。日语「て」和汉语“于是”“就”“便”本来用于叙述两个事件的时间顺序，表达因果关系是它们的派生和附属功能[②]，与专职表达因果关系的「から」「ので」「ため（に）」以

① 与汉语“正因为”对应的还有「からこそ」，书中第 2 章举出了一例（第 65 页，例 40），但作者没有提及「こそ」的焦点化功能。

② 很多语言倾向于把先后发生的两个事件解读为两者之间具有因果关系，海涅 & 库特瓦（Heine & Kuteva，2002：291）归纳了从“时间连词”到“因果连词”这一条跨语言常见的语法化路径。日语「て」和汉语“就”“便”也处于这种演变中。

及“因为/由于P所以Q”相比，因果关系的解读自然相对较弱。另外，第4章论述原因小句的焦点化时也提到了，「のだ」句和分裂句本身就是强调结构，特意说明它们比无标记语序因果复句的关联程度更强似乎没有太大意义。

第6章讨论主从句时体形式对因果关系表达的限制时，作者发现「ため（に）」从句用非过去时动作性谓语以及某些状态性谓语时，不表示因果关系。实际上此时的「ため（に）」是目的用法，它与因果用法的区别主要在于从句谓语的时间特征，遗憾的是作者没有指出这一点。另外，第6章第3节说汉语已然与未然的区分是基于体的意义，但举出的未然的例子中“要”“必须”“应该”等属于情态范畴，此处术语的使用需再斟酌。

参考文献

[1] 沈家煊.复句三域“行、知、言”[J].中国语文，2003（3）：195-204.

[2] 沈家煊.“零句”和“流水句”——为赵元任先生诞辰120周年而作[J].中国语文，2012（5）：403-415.

[3] 沈家煊.汉语的逻辑这个样，汉语是这样的——为赵元任先生诞辰120周年而作之二[J].语言教学与研究，2014（2）：1-10.

[4] 张伯江.汉语的句法结构和语用结构[J].汉语学习，2011（2）：3-12.

[5] 白川博之.理由を表さない「カラ」[C]// 仁田義雄編，複文の研究（上）.東京：くろしお出版，1995：189-219.

[6] 斉藤信浩.因果関係を表さない接続助詞カラの習得——英語・中国語・韓国語母語話者のデータ比較を通して[J].ことばの科学，2008，21：155-170.

[7] 永田良太.接続助詞カラの用法間の関係について——発話解釈の観点から[J].日本語教育，2000，107：36-44.

[8] 蓮沼昭子・有田節子・前田直子．日本語文法セルフ・マスターシリーズ7　条件表現[M].東京：くろしお出版，2001.

[9] 楊宏華．原因・理由を表さない「～から」の用法[J].対照言語学研究，2007，17：63-84.

[10] 楊宏華.会話文における「～から」の用法——理由を表さない「～から」[J].日本文学研究，2008，47：75-83.

[11] Heine, B. & Kuteva, T. World Lexicon of Grammaticalization[M]. Cambridge: Cambridge University Press, 2002.

[12] Sweetser, Eve E. From Etymology to Pragmatics: Metaphorical and Cultural Aspects of Semantic Structure[M]. Cambridge: Cambridge University Press, 1990.

（本文原载于华东理工大学出版社2016年出版的《汉日语言对比研究论丛》（第7辑），收入本书时稍作了改动）

《目的小句类型学研究》介评[①]

尹洪波

北京外国语大学　语言研究所

引　　言

《目的小句类型学研究》（*A Typology of Purpose Clauses*）为英国约翰•本杰明出版公司“语言类型学研究”系列之 88，2009 年出版。作者是德国耶拿（Jena）弗里德里希•席勒（Friedrich Schiller）大学的卡斯滕•施密特克－博德（Karsten Schmidtke-Bode）。全书正文共 5 章，203 页。正文前有目录、致谢、缩写及符号表。正文后附有参考文献（共 15 页）、作者索引、语言索引和重要概念词语索引，以及“语言类型学研究”系列 88 部著作的书目。下面依次陈述正文各章主要内容，然后作一个简要的评论。

一、内容述要

第 1 章　本书的研究目的和范围

本章开篇点题，为了保证跨语言的可比性，作者给目的小句（purpose clause）下了一个基于意义的而非形式的定义。所谓目的小句就是复杂句（complex sentence）中作为主句意图的那个从句。例如：

（1）Maria went to the bakery **[in order to get some croissants]**.

在上面这个复杂句中，主句的主语 Maria 发出“went”的意图是“get some croissants”，in order to 引导的“get some croissants”就是目的小句。本书旨在对目的小句进行全面的跨语言的类学考查，通过对共时平面的目的小句语法特点的调查，揭示目的关系在不同语言中表达

① 【基金项目】中央高校基本科研业务费专项资金资助（“目的小句的句法语义探析”）。

手段的统一性（unity）和多样性（diversity）。为了更好地揭示目的小句的特点，作者还与其他复杂句进行比较，指出它与状语小句、补语小句在分类上的纠结，而且还探讨了目的结构发展演变的轨迹。

第2章 理论框架和研究方法

本章共有五节内容。第一节明确告诉读者，他所用的理论框架是语言类型学的先驱格林伯格（Greenberg）开创的现代语言类型学。第二节用较长的篇幅介绍本书的研究方法："功能—类型"取向的方法，或者更确切地说，是基于用法（usage-based）的研究方法。在本节最后的总结中作者指出：本书解释类型共性和倾向性所用的方法本质上是功能的，强调认知和交际压力的互动对语言结构的影响，并且认为类型的概括和区分最终源于语言运用以及历时变化或偏好性用法的规约化。第三节主要论述本书中目的小句的定义为什么采用意义的、功能性的定义。作者引用了著名语言类型学家克罗夫特（Croft，2003：13) 的论断："跨语言比较的基本前提是跨语言的可比性，要具有辨别不同语言中相同语法现象的能力。"为了具有跨语言的可比性，本书对目的小句的界定采用的是意义标准，而不是形式标准。第四节介绍本书语言样品的选择原则：多样性、代表性。本书共选择语言样品 80 种，是一个多样性的样品。为了保证语言样品的多样性和代表性，作者对尼克尔斯（Nichols）的抽样方案作了调整，增加了非洲和欧亚地区语言的数量比例。80 种语言在七大区域中所占的种数分别是：非洲 14 种，欧亚 19 种，澳大利亚 10 种，大洋洲（包括奥斯楚尼亚（Austronenia）、新几内亚）12 种，北美 9 种，中美 3 种，南美 13 种。作者在语种选择上同时考虑了谱系和地域两个方面。最后一节简要归纳介绍了关于目的小句已有的研究成果。

第3章 目的之语法：事实材料及解释

该章是全书的核心，共六节。

第一节为概述，主要讨论了两个问题：一是如何识别目的小句，二是交代本书统计目的结构所用的统计方法。第二节考查目的结构里动词的编码情形。作者把 80 种语言的 218 种目的小句动词的编码类型区分为三类：完全限定式（fully finite or balanced）、降级式（deranked）和连动式（serial verb）。作者用表格（原文第 40 页）和柱状图（原文第 40 页），揭示了 80 种语言 218 种目的小句的三种不同形式在世界七大区域中的分布状况。通过这些图表可以得出两条规律：①目的小句的动词编码策略明显地倾向降级式；②违反这一倾向的语言主要分布在北美、东亚和大洋洲等环太平洋地区，这些地区的语言倾向于只采用完全限定式。总体观之，目的小句容易失去其动词的完全限定形式或小句的独立性。同其他所有状语小句相比，目的小句最容易采用降级动词形式，更容易与主句融合。原因有二：一是目的从句本身已经事先决定了其时间参照（非过去时），所以原则上其时体信息都可以采用零形式；二是目的从句本身已经蕴含了情态指向，这使得它或者不用情态标记，或者只用一些特殊的语气标记（如虚拟式、祈愿式、假定式等）。第三节讨论目的小句的论元结构（argument structure）。统计数据显示，目的小句的主语倾向于隐性形式，这与采用显性主语的其他状语小句明显不同。但是，目的小句的主语在很大程度上可以预测：当它不出现时，总是被母句的动作参与者（participants）所约束，而且大多是被施事（agent）约束。但是也有相反的情况，作者引用了艾森（Aissen，1984）所讨论的佐齐尔语（Tzotzil）中的“运动兼目的”结构。在这种结构中，目的子句的施事主语反而约束母句的主语。目的小句的宾语也常常不出现，形成所谓的“宾语空缺目的小句”（object-gap purpose clause）。例如：

（2）他给了我一碗汤 [$ø_1$ 喝 $ø_2$]。

（3）They brought John along [$ø_1$ to talk to $ø_2$].

这类目的小句的隐性宾语必须受母句论元的约束，主句的受事约束目的小句的隐性受事，这在类型学上是一种无标记现象。目的小句的论元空缺、合并等特点体现了其内容和主句的施事心灵在状态上的联系，是与主句语义整合的体现。第四节讨论目的小句的标记。目的小句最主要的标记是副词性（adverbial）连接词，其次是副词性后缀、后置词、名词化标记等。不同的标记类型在不同语序类型中的分布规律是：VO 语言主要用句首连词引导目的小句，OV 语言主要用句末附缀来标记目的小句。此外，作者还简单讨论了目的小句标记的地域分布规律、语素数量，以及目的连词在 OV 和 VO 两种语言中音节数量上的差异。目的小句所使用的标记手段，在地域分布上有一个重要的规律：连词在非洲语言中具有明显的优势；附缀在澳大利亚语言中具有压倒性优势，在北美诸语言中的优势则不太明显。作者对目的标记的语素数量的统计结果是：样品库中 225 中标记的语素数量近 86% 由单个语素组成，大约 7% 由多语素构成。对目的连词在 OV 和 VO 两种语言中音节数量的统计结果是：在 VO 语言里连词平均 2.8 个音节，而在 OV 语言中平均 1.8 个。可见，VO 语言的连词比 OV 的连词音节复杂。值得特别一提的是，作者讨论了向格（allative）和与格（dative）标记跟目的标记的关联。二者经常被添加在目的小句的动词上面，表示目的意义。如果一种语言的目的小句在谓词上面添加格标记的话，那么向格和与格出现的概率最高。从历史来源看，不少语言的目的标记来源于向格介词。例如毛利语（Maori）的 ki（相当于英语的 to），是一个表示动作方向的介词，演变出目的连词的功能。又如英语里的 to，最基本的功能是表示动作的方向、处所，是一个向格介词，但是最终演变为一个高频的目的标记。还有，祖图伊尔语（Tzutujil）中的介词 pa（n）和 ch（i），前者表示空间、方向，相当于英语的 in、on 和 to，后者表示处所和方向，相当于 at 和 to，但是，二者都能够引导不定式目的小句。由向格演变出目的标记的机制是隐喻或转喻，因为“达到某个特定目的常常与特定的方向相关联”，而且目的和方位两个概念域经常合并，导致“目的是目的地”的隐喻。本节最后讨论了无标记目的小句的歧义问题，其中谈到了连动结构（serial verb constructions）。例如：

（4）我买票进去。

其中的“买票”和“进去”两个事件之间可以理解为时间或目的两种关系。有的语言，例如图康－贝西语（Tukang Besi），连动结构必须含有运动动词才能激活目的解读，否则该结构的第二个动词通常被解读为表示结果。第五节讨论目的小句的位置。最早关注目的小句和主句的语序问题的是格林伯格，他的结论（即他所归纳的人类语言的45条共性之15）是：**除了名词性宾语总是居于动词之前的那些语言之外，表达意愿和目的的从属动词形式总是置于主要动词之后**。本部分的目的就是验证（attest）这一结论。根据作者的统计数据，目的小句相对主句的位置有四种：主句前、主句后、灵活型（前后皆可）以及混合型（包括主句前、主句后以及内嵌型）。它们在OV、VO及其他型语言中的关联分布如下表：

表1　OV、VO及其他语言中目的小句的位置

	灵活型	混合型	主句后	主句前	总数
OV	2	4	15	18	39
VO	0	0	25	0	25
其他	5	0	11	0	16
总计	7	4	51	18	80

由上表可知，世界上大多数语言的目的小句都倾向位于主句（或主要动词）之后，尤其是VO型语言，一律位于主句之后，证明了格林伯格所归纳的共性15的可靠性。为什么目的小句倾向于后置？作者指出用象似性（iconicity）原则解释是有问题的。因为行动和目的在时间顺序上可以互为先后，况且还有内嵌于主句之中的目的小句，也无法用象似性原则解释。“重成分后置”原则也无法作出圆满的解释。因为在VO语言中，所有的目的小句，不论长短，一律后置。作者还尝试运用霍金斯（Hawkins，2004：32）的“即时处理”理论和“直接成分尽早识别”原则予以解释，并且认为目的小句的后置主要是由其焦点、述位功能决定的：目的小句不像条件小句、时间小句那样是为其后的主句设定陈述框架或主题背景，而是为主句提供动因，属于新信息。这与其他状语小句很不相同。有的语言焦点位置比较容易向目的小句和原因小句开放，却不太容易对其他状语小句开放，这进一步证明目的小句属于新信息。第六节主要讨论了一种特殊的目的小句，即“免除性”（avertive）目的小句。这类目的小句所表达的不是希望某个事件发生，而是防止或避免不希望的事件发生。从语义上，这类目的小句可在相应的肯定式中添加否定标记而得到。但是，不少语言却语法化出专门的标记或结构来表达否定的目的意义。例如英语的lest：

（5）Alexei formed a smile as he spoke, lest she detect a hint of the offence in his words.

对这类特殊的结构，作者重点讨论两个问题：一是它在 80 种语言样品中的出现频率，二是它的形态句法特点。根据作者提供的统计数据，80 种语言中有 19 种语言，除拥有至少一种标准的“获取性”目的小句外，还拥有“免除性”目的小句。“免除性”目的小句在宏观地域分布上也有一定的倾向性：最明显的是，广大的欧亚地区分布极少，主要在中国和印度等地；相反，在相对较小的澳大利亚和大洋洲地区却拥有这类目的结构的 55%。“免除性”目的标记不限于某一种句法范畴，可以是连词、副词性后缀、后置词、时－体－语气标记、小品词和助词等。从动词的特点上看，具有限定性特征的“免除性”目的小句要比“获取性”目的小句的数量稍多一点，但没有太大的差异。二者的论元结构模式则存在较大不同：“获取性”目的小句的主语有 5.8% 与主句主语不同，而“免除性”目的小句则高达 36.9%。对于“免除性”目的小句主语的语义角色，作者归纳了两条互补的蕴涵共性：

第一条：如果某语言免除性目的小句主语的语义角色是施事，那么该施事者不是该目的小句和及其主句所共有的动作参与者。

第二条：如果某语言免除性目的小句主语论元与其主句的主语论元同指，那么该主语在该目的小句中的语义角色是受事。

第六节最后简单讨论了一些特殊目的结构细微的语义、语用问题，例如艾派那 - 派迪语（Epena Pedee）中用不同的结构表示“中介目的”和“终极目的”。

第 4 章　复杂句的句法和概念空间中的目的小句

本章共两节。

第一节讨论目的小句的共时地位。首先，讨论了目的小句与其主句之间的句法关系。目的小句表达的是一种与主句事件的心理状态上的联系，在概念上与主句的事件紧密结合。目的小句和其主句连接在一起常构成从属（subordination）关系。事实上，有的语言目的小句与其他小句之间还存在并列（coordination）等关系。然后，重点探讨目的小句和其他状语小句（包括时间（temporal）、条件（conditional）、原因（causal）、让步（concessive）等）的关系。通过调查 80 种语言样品，作者揭示出两条明显的规律：一是目的小句和其他状语小句——尤其是原因和结果——在编码标记上存在交叠，二是在查卡通戈－米克斯太克语（Chalcatongo Mixtec）中，目的小句和结果小句使用相同的标记，即连接词 xa。不同的是，结果小句有标示现实（realis）的屈折变化，而目的小句通常缺少这种曲折变化或带有可能语气（potential mood）标记。有的语言则采用完全相同的结构，例如蔻伊拉－奇内语（Koyra Chiini），两种小句不但都使用时间连词 hal（相当于 until）引导，而且都使用相同的虚拟式标记。目的小句的标记和结构除了会跟结果小句的相同之外，还会跟原因小句的相同。例如羌语表示原因的后置词也可以用来标记目的小句。土耳其语的与格后置词 için（相当于 for）既可以标记目的小句，也可以标记原因小句。这种现象具有跨语言的普遍性。虽然不同状语小句标记相同以及结构平行并非少见，但是有明确的证据显示，目的小句在状语小句系统中具有特殊的地位，这主要表现在以下几个突出的方面：①有 16 种语言（共 80 种），在状语小句系统中只有目的小句用降级结构；②有 12 种语言（共 80 种），在状语小句系统中只有目的小句用不定式动词或其他高度整合的结构；③目的小句的主语（有时还有宾语）经常不出现；④有 9 种语言，目的小句是状语小句中必须严格后置于主句的唯一一种。作者认为，目的小句在状语小句系统的这种特殊地位是有原因的：首先，目的小句在语义上已经预先设定了时间参照点（因为是“目的”，当然还未实现，所以在时间上为将来）。最重要的是，目的小句和主句之间的心灵状态的联系是其他状语小句所没有的。典型的状语小句是为主句提供一种背景，和主句一起构成一种“背景－图形”结构；目的小句则不然，它从不以话题的形式出现，它传递的是新信息、前景信息。值得注意的是，虽然目的小句是一类很特别的状语小句，但是其功能有时与句子补语相似，其结构也与补语小句（complement clause）密切相关，这是十分普遍的一种类型模式。调查数据显示，80 种语言中有 62 种（77.5%）至少有一种目的结构和某些句子补语具有一些甚至全部相同的形态句法特征，完全不同的只有 18 种。这种结构上的相似性主要表现在以下几方面：①与补语小句使用相同的标记。例如祖图伊尔语（Tzutujil）的 ch（i）（相当于 at、to、in order to），既可以引导目的小句，又可以充当补语标句词（complementizer）。②与补语小句的动词形式部分相同。例如，尤瓜语（Yugua）目的小句和补语小句都是使用动词不定式，但是前者有后缀向格语素，后者不能再有其他任何主要标记。③目的小句的一些典型的时－体－语气标记特征和补语小句存在对应。例如，现代希腊语中的祈愿（desiderative）语气标记。目的小句与补语小句在结构上密切相关，在极端情况下二者甚至可以完全相互代替。但是，可以用目的小句的形式编码的补语还是有一定限制的。从语义上看，易于用目的小句的形式编码的补语类型主要有操控 - 祈愿关系、意愿关系补语，其次是情态、知觉 - 知识和言说动词补语等。目的小句和补语小句结构相同或相似的语言，在地域分布上具有一定普遍性。虽然在某些区域分布比较集中，但是并不局限于某个特定宏观区域。目的小句和关系小句（relative clause）形式上的相似性，帕尔默（Palmer，1986）已经注意到了。在作者的语言样品中，共有 14 种语言呈现这种相似性。这种相似性可以区分为如下三种类型：①都使用相同的标记：普通连词或相当于英语 that 的标句词。例如马迪语（Ma’di），目的小句的标记与作为宾语关系小句的一般从属连词相同，即 le/lɛ。②都使用相同的特定的动词形式，如不定式、分词或名词化成分，而这些词一般很少在其他从句中出现。例如图比亚－休休尼语（Tümpisa Shoshone），两种结构都使用不定式后缀 -nna。③都使用相同的结构，又有两种类型：一是关系化结构表示目的小句，二是用目的小句表示关系化的结构。这种混同结构有时难以区分。例如：

（6）I want some water **[to wash the pot]**.（我要些水洗锅。）

或 I want [some water **[to wash the pot]**].（我要些洗锅的水。）

第二节论述目的小句的历时发展。作者运用语法化理论，讨论了从目的小句到补语小句、关系小句的语法化过程。在前人的基础上，作者提出了表目的的不定式语法化的如下具体路径：目的→非现实－指令语→非现实－可能→现实－非叙实→现实－叙实。从斯拉夫语（Slave）的语言材料看，上述语法化路径的起点并不局限于不定式目的小句，也可以是定式目的小句。哈斯普马特（1989：308）通过对希腊语的研究发现，不定式目的小句演变为表示现实情态的补语只是一种特殊情况。目的小句同原因小句、结果小句存在密切的关系。如果原因、目的和受益关系使用同一个标记，它们之间语法化的路径至少有两种：从原因到目的，或者相反。豪萨语（Hausa）的例子支持从原因到目的的路径。如果再把时间、条件小句考虑在内的话，语法化的路径很可能是从目的到原因。对目的小句和结果小句的关系，作者难以根据自己的发现做出定论。但是，塞奴莫语（Sanumá）的目的连词 pia salo 是由表示结果（也表示原因）的 salo 和动词 pia（打算）构成的，这似乎可以说明目的标记是由结果标记派生而来的。目的小句为助动词结构的演变提供了一种句法环境。作者归纳了一个从“运动－目的”结构语法化为“时－体－语气”结构的语法化链：运动义动词＋目的＞运动义助动词＋目的＞将来义助动词＋主要动词。例如英语的“going-to-infinitive”结构，其中的 go 最初为表示运动的实义动词，后来语法化为表示将来时的一个语法成分。在这个语法化的过程中，会发生两种重新分析：即语义重新分析和句法重新分析。语法化的机制是隐喻（metaphor）和转喻（metonymy）。

需要强调的是，目的小句或目的标记未必一定语法化为将来时标记。目的小句只是给运动类动词语法化为表示将来时的语法成分提供句法环境，当目的小句或目的标记与合适的动词（如表示运动或活动过程）组配时，才会导致复杂句语义和结构的重新分析，从而发生语法化。只有那些语义上最常见的运动动词，例如 go，才容易语法化为助动词；内含运动方式的运动动词，例如 jump、fly，则不容易被重新分析为助动词。还有，这种语法化的过程也不一定进行到最终的“时－体－语气”阶段，也许在目的助动词结构阶段就停止了。对于免除类目的小句，即否定目的小句，作者主要以英语的 lest 为例，简单讨论了从免除性目的小句标记到恐惧类情态标记的语法化斜坡（cline）。

本章最后讨论目的小句的起源。目的标记大多数来源于有向运动和受益类词语，例如向格（allitive）、与格（dative）等。文中归纳了目的标记的几条语法化路径：一是从向格到目的标记。例如青苗语（Hmong Njua）的目的连词 lug，就是直接从实义动词 lug（来）发展而来的。又如阿美莱语（Amele）的表目的的介词跟实义动词 nu（去）的形式完全相同。再如英语的介词 to，最初表示方向，后来功能扩展为表示目的义和接受义。二是受益格标记也是目的标记的一个重要的直接来源。从语义类型上看，目的标记来源的语义类型，最常见的是有向运动类、受益类，另外还有希望、将来、免除等语义类型。此外，作者还详细讨论了目的小句的另一个来源，即引用语结构（quotative constructions）（比如所说的、所思考的内容）。跟目的小句的来源相关的还有一个重要结构，即并列结构。从理论上讲，目的关系可以被包含于并列关系之中。例如汉语的某些连动结构，把两个动词短语并列，后一个动词短语可以解读为目的。英语、法语也有这种结构。但是作者声称在他的材料中，没有发现目的标记是从并列连词发展而来的证据。

第5章　结论和展望

作者指出自己用类型学的理论框架，在整合已有研究的基础上，旨在回答两个问题：典型的目的小句具有什么样的特征？它们为什么具有这些特征？围绕着这两个问题，通过对80种语言样品的调查，共归纳出五大类目的结构：①定式目的小句；②非定式目的小句；③“运动-目的”结构；④推导型目的结构；⑤免除性目的结构。对上述每一类结构的特征，作者都做了总结和概括。作者还进一步明确指出，整个跨语言研究的主题思想是：目的小句是状语小句系统中十分独特的一类，它在很多重要方面都与其他许多状语小句所共有的典型特征大异其趣。从共时平面上看，目的小句似乎不属于状语小句，反而与补语更为相近。从语用功能和语义特征上看，目的小句又和原因小句、结果小句存在相同之处，虽然它具有原因小句和结果小句所没有的更多的降级性形态句法特征及其他性质。

除了对前面的研究总结归纳外，作者还指出了本研究所存在的一些问题。一是有些问题讨论得不够充分甚至根本就没有讨论，例如没有讨论人口的历史、迁移以及相互接触等因素对本研究的影响；二是现有测量方法、制图方法需要进一步改进，语言样品的数量还需要进一步扩大；三是对单一语言的内部语料考察不够充分。作者建议利用大规模的单一语种的语料库，充分利用现代语料库语言学的严格精密的分析方法，把跨语言的和语言内的研究结合起来。

二、简　评

首先，作者学术视野敏锐开阔。从现有的研究成果看，在关系小句（relative clause）、补语小句、条件小句（conditional clause）和目的小句中，人们对前三类小句的研究已经较为充分，对目的小句的研究相当薄弱。作者选择目的小句为研究对象，这自然使得这一选题具有重要的价值和意义。

其次，全书结构严谨：无论从整体结构，还是到局部的章节结构，都有内在的逻辑。内容详略得当，重点突出：作者研究的重点是目的小句的语法特征及其原因，所以第三章为全书的重点，约占全书篇幅的60%，细致深入地讨论了目的小句的语法特点，并且从功能的角度予以深刻的解释。

再次，全书引用文献凡 357 种，对别人的理论、观点信手拈来，为己所用，贴切自然。这足见作者良好的语言学理论修养。作者还能够熟练使用一些数学的方法手段对语言材料进行定量统计分析。例如，运用费希尔精确测量法（Fisher exact test）和皮尔森卡方检验法（Pearson's Chi-squared test）进行定量统计分析。书中还使用了大量的柱状槽（spine slot）、柱状图、关联槽（association slot）、饼状图、语言地图、表格等图表，这些图表形象直观，所蕴含的结论和观点让读者一目了然。

还有，作者具有很强的驾驭语言材料的能力。为保证语言样品的多样性和代表性，本书兼顾谱系和地域两个方面，共选语言样品 80 种，并深入细致地观察、分析之。可以说，作者在这些语言材料的基础上得出的结论应该具有较大的可靠性和普遍性。当然，作者也像每一个语言研究者（尤其是类型学研究者）一样，不可能不受到非母语的语言材料的限制。例如在 3.4.3 中，讨论连动结构会导致第二个动词短语为目的解读时，作者使用了李讷和汤普森（Li & Thompson，1981）的例子："我买票进去"。对此例作者同李讷和汤普森（1981）观点相同，认为这个结构的两个事件之间有时间或目的两种关系。实际上还可以是修饰关系。还有，汉语连动结构的后一个动词短语未必都表示目的，例如："坐着讲课""站着说话"。以上二例的两个动词短语之间都是修饰被修饰的关系，说存在目的关系很牵强。另外，关于目的和原因的关系问题，吕叔湘（1982：403-406）早有精辟的论述："目的的概念和因果的概念有密切的关系。第一，目的和原因（尤其是理由）相通：来自外界者为原因，存于胸中者为目的。"邢福义（2001：41）也指出目的句是"目的性因果隐含句"的简称。这类复句，在隐含的关系上跟因果句相通。但因语言限制，作者未能参考上述论述，不能不说是一个遗憾。

最后，本书存在一些错讹，例如第 118 页倒数第四行的"OV"应为"VO"，又如第 183 页倒数第八行，"One the one hand"应该为"On the one hand"。

参考文献

[1] 廖秋忠．廖秋忠文集 [M]. 北京：北京语言学院出版社，1992.

[2] 吕叔湘．中国文法要略 [M]. 北京：商务印书馆，1982.

[3] 邢福义．汉语复句研究 [M]. 北京：商务印书馆，2001.

[4] Aissen, J. Control and command in Tzotzil purpose clauses. Berkeley Linguistics Society[J]. 1984, 10: 559-571.

[5] Croft, W. Typology and Universals(2nd edn)[M]. Cambridge: Cambridge University Press, 2003.

[6] Haspelmath, M. From purposive to infinitive —A universal path of grammaticization. Folia Linguistica Historica X(1-2)[J]. 1989: 287-310.

[7] Hawkins, J. A. Efficiency and Complexity in Grammar[M]. Oxford: Oxford University Press, 2004.

[8] Li, Charles N. & Sandra A. Thompson. Mandarin Chinese: A Functional Reference Grammar[M]. Los Angeles: University of California Press, 1981.

[9] Palmer, F. R. Mood and Modality[M]. Cambridge: Cambridge University Press, 2001.

[10] Schmidtke-Bode, Karsten. A Typology of Purpose Clauses[M]. Amsterdam / Philadelphia: John Benjamins Publishing Company, 2009.

（本文原载《外语教学与研究》2011 年第 3 期，收入本书时又作了修改）

《让步：语言复杂意义的构成及作用机制》述评①

袁森叙

浙江大学　外国语言文化与国际交流学院

引　言

瓦·尤·阿普列相（В. Ю. Апресян），俄罗斯高等经济学院语言系副教授，俄罗斯科学院维诺格拉多夫俄语研究所首席研究员，莫斯科语义学派新生代主力成员，主要从事词汇—语法语义学、理论词典学研究。瓦·尤·阿普列相 2015 年出版的专著《让步：语言复杂意义的构成及作用机制》（*Уступительность: Механизмы образования и взаимодействия сложных значений в языке*）是以作者 2014 年在俄罗斯科学院维诺格拉多夫俄语研究所通过的大博士学位②论文《语言复杂意义的构成及作用机制》（*Механизмы образования и взаимодействия сложных значений в языке*）为基础撰写而成，论文探讨让步、情感和时空三大语义范畴，专著集中论述其中第一板块，通过对语言的整体描写，着重考察俄语让步关系的体系建构和表达让步关系的单位语义。

作者在理论词典学、语义学和语料库领域耕耘近二十年，期间语言学研究发生重大转变。①莫斯科语义学派取得长足发展，重点关注语言单位非语义属性的语义生成动机理论以及语言单位或完整话语中语义的互相影响；②语言学界涌现出不少让步关系类型学研究成果；③学界对属于语言单位特殊类别的非标准句型结构产生浓厚兴趣；④在词法和句法单位研究中开始广泛采用语料库方法。因此，作者沿袭莫斯科语义学派传统，将语言的整体描写方法与语料库方法结合运用。全书正文共 260 页，正文前 8 页，正文后参考文献、索引共 20 页。下面我们对具体内容做逐一陈述。

①　【基金项目】浙江省哲学社会科学规划项目“俄汉语让步关系对比语料库研究”（16NDJC174YB）。

②　大博士学位（доктор наук）承袭自苏联，是俄罗斯学位体系中的最高等级，评定教授职称的前提条件。攻读大博士学位者必须先获得博士学位，大博士学位在西方和我国学位体系中均无等价物。

一、内容述要

书中前言划定了研究范围内所有十二种让步大类，并一一列出所涵盖的具体让步单位。作者详细阐释认定标准，即让步单位包括处于让步范畴核心的单位，如 хотя, 以及处于让步范畴边缘，但不属其他语义核心的单位，如让步性转折单位 тем не менее，让步性原因单位 как-никак，让步性条件单位 добро бы 等。与俄罗斯科学院 1954 年俄语语法相比，书中的让步单位增加许多，为此作者给出三个扩容理由：①与让步核心单位语义相近；②属于让步单位的近义结构序列；③借鉴前人成果，考察表达转折意义的并列复合句型。同时，作者明确提出让步单位尚有扩展空间，例如，在语义上与让步有不同关联度的前置词 вопреки，动词 уступить，признать，名词 уступка，компромисс 等。全书正文部分共分七章：第一章分析阐述让步语义不变量，第二章延展考察让步语义相关变体，第三章逐个描述基本让步单位语义特征，第四章借助语料库对比分析不同让步句型语义和搭配流变过程，第五章研究让步语义与其亲缘语义之间的聚合关系，第六章论述让步语义发展演进过程，第七章展示了由尤・杰・阿普列相（Ю. Д. Апресян）主编的《俄语积极词典》之简介（*Проспект Активного словаря русского языка*）中让步词条的阐释样张。下面对正文一至六章内容作简要介绍。

第一章首先明确让步语义在整个语义系统中承担构建作用。“让步”一词可作为术语性元词区分某语义—句法范畴，但不能作为语义构成要素进入相应范畴的意义项，因为让步概念并非透明[①]，即使在本范畴内不同语言单位的语义内涵也有待厘清。比如，可以用“时间”意义来解释一系列表示时间的词汇 миг, момент, век，但无法用 уступительность, уступка, уступать 等词义来阐释最基本、最核心的让步词汇 хотя 1[②] 和 несмотря на。作者从让步概念发展史入手，探究其术语和语言现实之间不匹配的原因。术语“让步”在拉丁语法中业已出现，在 19 世纪之前通常是演说家为说服听众而刻意采用的手段，并非某种意义或意义集合。到 19 世纪末，“让步”一词的修辞意义完全被语言学意义（确切说语义学上的意义）取代。现代语言学界保留从纯语义层面和修辞层面对“让步”进行二维阐释的路径，书中也采用此方法，以揭示单个让步单位的语义内涵为主线，兼顾其语用功能。作者指出，离让步语义核心越远的单位，其语义和语用的复杂度越高。当需要对具备共同意义要素的某一词汇—语法范畴进行统一语义描写时，莫斯科语义学派提出的“用特殊语义元语言进行分析阐释”的方法最为行之有效。该方法与韦日比茨卡娅（А. Вежбицкая）学派的语义研究方法大体相当，区别在于两派对“元语言”的理

① 作者认为属于“透明”的概念是“目的”“原因”“时间”“程度”“条件”等。

② 书中沿用《俄语新近义词解释词典》（*Новый объяснительный словарь синонимов русского языка*）以数字命名让步单位不同语义的方式，下同。

解。莫斯科语义学派认为元语言具有民族特性，除自身核心语义外还包含一些过渡意义，在词典中可用来解释各类词汇。

学界对俄语让步意义的研究成果大体涉足句法学、语义学、类型学领域，如杰列莫娃（Теремова，1987）、赫拉科夫斯基（Храковский，1998）从类型学角度展开对比，乌雷松（Урысон，2002）对典型词汇做语义描写，袁淼叙（Юань，2012）分结构、语义两条主线交叉分析等等。基本的语义阐释出发点有二：一是基于因果语义，将让步视作原因和否定的某种衍生物；二是基于条件语义，认为核心条件连词可用来构建形式上更复杂的核心让步连词。作者通过考察具体语言现象，对比上述两个基本语义，以连词 хотя 1 为例提出阐释俄语让步单位的路径。让步意义清晰指向对常识或事件自然进程的违背，与因果意义相比，让步中必须包含否定部分以及对标准的世界构建法则的抗议，但更为本质的要求则是让步中的事件在说话人看来不同寻常，是非自然的。就连词 хотя 来说，因果意义分析较狭窄，无法涵盖其所有用法，应当换用覆盖面更宽泛的连词 если，即条件意义，对其自身语义和言外语义进行描述。作者以 Хотя с утра больному стало лучше，вечером он умер 为例。前设意义“病人某时间内的良好状态对其后期的状态产生积极影响”在句中并不充分，更为自然的前设意义可以是“如果病人好转，自然而然可以期待下一步的改善”，因此对上句的语义解释如下：通常，如果状态有好转趋势，自然可以预期持续好转。而连词 хотя 的言外语义也需借助条件意义阐释，如例句 Хотя я туда не собираюсь – когда будет собрание? 中说话人发问“什么时候开会？”，是对主句言外情态的表述，但显然与主句命题的预期相悖 —— 因为说话人不打算参会。言外情态可以通过条件连词 если 表达，但并非因果连词 потому что，поскольку 等。因此，连词 хотя 1 的语义阐释路径描写如下，实际使用中 P、Q 指向两个具体情况，但路径中 P、Q 代表两组情况范畴：Хотя P，Q ＝ 存在 P；存在 Q；说话人认为如果存在类似 P 情况，那么通常或者自然而然就存在类似非 Q 情况。

对连词 хотя 1 与 но 的语义异同关系作者专门辟出一节进行对比。Хотя 1 与 но 的“非正常结果”义项之间存在语义交集，几乎所有的 хотя 1 都可在分句顺序对调后用 но（非正常结果）替换，但反之并不始终可行。由此可知，но 词义跨度宽于让步词汇。句中 но（非正常结果）引出情况 Q，但在说话人看来，非 Q 情况是事件的若干种发展趋向中最自然的一种。句中若使用 хотя 1，则非 Q 情况是事件发展趋向中唯一自然的一种，且 P 与非 Q 的关系比在 но 句中更为紧密。在对比两词之后，作者加入另一让步核心单位 несмотря на，就三者使用中被违背规则的严苛度进行了区分，由弱到强依次为 но ＜ хотя 1 ＜ несмотря на。在使用 хотя 1 和 несмотря на 的句子中，被违背的规则一般具有百科全书式性质，反映现实状况，需要严格遵守。而在使用典型对比单位 но 的句子中，规则较为宽松，通常是现实状况在语言中的映射，可以是肯定 / 否定评价组合（Она красивая，но глупая），或者高 / 低程度组合（Эта машина большая，но медленная）。此外，说话人的观点也可作为个性化规则构建让步语义。个性化规则存在于具体语境中，可以与普遍的世界观相悖，或得不到其他语言使用者的认同。

将 хотя 1 的语义阐释确立为让步语义不变量后，书中**第二章**探讨不变量复杂化处理的基本方式，即以 хотя 1 为基础，借助各类语义增量构建所有让步单位的阐释路径，主要有二：①更改不变量的句法结构；②增加不变量的词汇语义。

让步语义的句法变体可体现在词汇的句法特征、配价、支配关系、线性顺序上等。书中选择两类基本变体进行论述：换位和配价增加。传统语法和词典都将 тем не менее，все-таки1，все же 1 视作对比连词，但作者指出，тем не менее 在句法上接近连词，而 все-таки1， все же1 应属副词，且三词的语义均与 хотя 1 非常接近，它们与 хотя 1 的区别仅在于 P、Q 的位置。带 хотя 1 的句子中 P 为第一配价，带 тем не менее， все-таки1，все же 1 的句子 Q 为第一配价，即 хотя 1 引出配价 P，тем не менее，все-таки 1，все же1 引出配价 Q，且此时若 P 在前文已经出现，该句中可不再重复。对于 тем не менее，все-таки1，все же 1 来说，P 已退为背景事件，说话人焦点集中在 Q 上，因此典型顺序为先 P 后 Q，尤其对于 тем не менее 来说，必须是先 P 后 Q 的顺序。上述三词的阐释路径如下：P，тем не менее（все-таки1，все же1）Q ＝ 存在 Q；存在 P；说话人认为如果存在类似 P 情况，那么通常或者自然而然就存在类似非 Q 情况。

当句法变体涉及配价时，最常见的是增加支撑 Q 存在的原因配价。句中这类原因配价 R 由词汇 как-никак 1，все-таки 2，все же 2 等引出，配价 Q 始终显性表达，而配价 P 从不出现，其内容只能由上下文获知。引出原因配价 R 的词汇阐释路径为：PQ；как-никак 1（все-таки 2，все же 2）R ＝存在 P；存在 Q；说话人认为如果存在类似 P 情况，那么通常或者自然而然就存在类似非 Q 情况；说话人认为此事存在 Q 情况，因为同时存在 R 情况。

统观所有让步词汇，其语义不变量的繁化方式大致有三个维度：真实性 / 假设性、程度（数量、强度）、意愿性。这三个维度可单独使用，但大多数词汇包含两个以上维度的语义增量。如语气词 пусть3 表示预期、推测的情况，说话人对可能会发生的情况作判断，其语义阐释路径为：Пусть P，Q ＝可能存在 P；说话人相信将会出现 Q；说话人认为如果存在类似 P 情况，那么通常或者自然而然就存在类似非 Q 情况。

假设语义不仅可以出现在配价 P、Q 中，还可出现在表示条件的配价 R 中。如书中例句：Какие упрямцы! Пускай бы за дело дрались [R], так и не жаль пороху [Q], а то за женскую прихоть и за свои причуды [P]（真是些固执的人！要是为正事打起来 [R]，那炮弹也不冤枉了 [Q]，可却是因为女人的愚蠢和自己的古怪 [P]）。句中 R 是说话人虚构的情况，真实状态下不存在，因此 R 属于条件配价。让步语义不变量中还可增加“意愿性 / 非意愿性”语义。Q 可视为希望存在的情况，是对不利状况 P 的征服；也可视为不希望存在的情况，是对 P 的妥协。表达此语义的典型让步单位有 только бы 1，лишь бы 1，хоть бы 2，так и быть 等。第三类让步语义增量是“程度”。如固定搭配 несмотря ни на что，при всем том，при все… 可以在程度或数量上对 P 作出评价，指明 P 是实现 Q 的过程中最本质的障碍。

第三章以让步不变量阐释为基础，结合不变量语义繁化的路径，对主要让步单位进行详细的语义描写。按照第一配价的不同，即带让步单位的分句不同将其分为三类，笔者以列表形式呈现。第一类，第一配价为 P，第二配价为 Q。具体单位及语义描写见表 1：

表 1　P 作第一配价的让步单位语义描写

хотя 1	通用中性让步连词，表原型意义
хоть 1	带口语色彩，常与 и 连用，表达主观的情感意愿，P 对 Q 造成非实质性阻碍
несмотря на	P 与非 Q 之间存在严苛的必然联系，非 Q 是 P 唯一正常的结果
невзирая на	同 несмотря на，且 P 的主体通常是人，主体故意违背或忽视不利状况而完成 Q
несмотря ни на что	P 不变，表阻碍难度大或数量多，通过语境对 P 具体化，Q 是说话人希望的结果
даром что	带口语色彩，Q 先 P 后，P 为实质阻碍，但被完全忽视或中性化，Q 完全实现
к-местоимение（бы）＋ ни	P 呈现度高，主体努力且存在大量促进 Q 实现的因素，可表假设语义
при всем X-е	P 呈现度高，不可表主体的努力和促进 Q 实现的因素
как бы то ни было	P 呈现形式多样，具备演说功能，表真实或假设的状况，可对 Q 造成阻碍
что（там）ни говори	P 不变且隐含在语境中，表真实或假设的状况，凸显潜在对手，强调 Q 存在
как ни крути	P 不变且隐含在语境中，可表假设义，Q 是非意愿状况，凸显潜在对手
как ни верти	同 как ни крути
хоть 5, пусть 3, пускай 3, пусть даже, даже если 2, если и 2, хотя бы 3, хоть бы 3	P 表极值、临界值，通常为假设，带表情色彩；若 P 无显性临界标记，可从语境获知；Q 表将来状况，或可带义务情态、意愿情态
пусть 2, пускай 2	P 是唯一配价，表非意愿的允许，是未实现的状况，通常作非显性省略表达，带句重音；P 的主体通常不可为信息发出方和信息接收方
（ну）ладно 5, так и быть	P 是唯一配价，表非意愿的同意，是未实现的状况，其主体可任意
в то время как 3, между тем как 3, тогда как 2	P 与 Q 为某种非正常共存状态，P 与非 Q 可构成不严苛的双向条件制约关系，因此与常态偏离较小，且兼表比较和对比意义

第二类，第一配价为 Q，第二配价为 P。具体单位及语义描写见表 2：

表 2　Q 作第一配价的让步单位语义描写

все равно 3	最具争辩意味，表主体对 Q 的最大关切，阻碍状况强烈，常与强化让步单位 даже если 连用；也可表主体积极意愿实现 Q；多为将来事件，P 不作显性表达
все-таки 1, все же 1	主体对 Q 的关切较弱，对 Q 的存在或实现表达出希望，P 不作显性表达
тем не менее	不表主体对 Q 的态度，修辞中性，常用于客观存在的叙事；Q 不可前置
в то же время 2, вместе с тем, при этом 2, при всем том	P 与 Q 是同一状况的两个特性，常用同等成分表达；主体委婉表示 P 与 Q 的不相容性，P 与非 Q 依赖性不强，P 与 Q 同时发生，位置可互换

第三类，第一配价为R，第二配价为Q，第三配价为P。具体单位及语义描写见表3：

表3 R作第一配价的让步单位语义描写

как-никак 1	R表状况形成的重要原因及对其辩解和抱歉；Q作显性表达，P作隐性表达
все-таки 2, все же 2	与как-никак 1大致同，但R和Q均表贬义，且R不充分
добро бы, пускай бы	旧词，若P，则非Q，但若同时存在R，则Q可存在，R为中性或肯定评价
ладно бы	口语词，P和R表非意愿状况，P量化程度高于R，R更易被接受；可独立作句
（еще）куда ни шло, еще туда-сюда	口语词，表P可以同意并接受，而Q明显不可接受；P量化程度低于Q，P与Q可真实或假设

第四章以俄语国家语料库为主要量化分析工具，以让步句型при всем X-е P和к-местоимение Y ни X，P为考察对象，分析语义、句法互相作用的演变进程。作者首先厘清术语“标准/非标准句型”和“句法/词汇固定搭配”的概念。语言单位是否固定化可以用三个指标进行判断：①整体性程度；②是否存在可变项；③词汇化的频率和程度。其中第二个是区分句法固定单位和词汇固定单位的有效项，即句法固定单位具有可变的、非唯一的表现形式。结合约莫金（Иомдин，2010）提出的三类基本句型——标准句型、非标准句型和句法固定搭配——作者进一步梳理了其基本内涵。以при всем X-е P和к-местоимение Y ни X，P为代表的非标准句型与标准句型的区别在于：①使用频率较低；②组构复杂且句法特征交杂；③具有非整体性语义特征；④配价中的词汇搭配受语义和句法双重限制。其中第①③④项是“非标准句型”和“句法固定搭配”所共有的，两者不同之处仅为语义限制的特征。非标准句型虽受限制，但可搭配的词汇范围仍然很广。句法固定搭配中限制度最为严苛，适用的表达范围很窄，且往往与词法固定搭配之间没有清晰界限。本书作者与约莫金观点的分歧之处正是词汇化的评判标准：作者认为在句法固定搭配中可变项被高度词汇化，与句型本身中存在的不变词汇数量无关。而约莫金提出，在句法固定搭配中除可变项部分外，需包含两个以上不变词汇。因此，非标准句型是一个中间过渡概念，其语义、搭配范围比标准句型窄很多，而比句法固定搭配要灵活许多。

在明确了基本术语概念后，作者着重探讨三大语义句法演变过程。首先，从让步原型语义衍生出条件和数量意义。将俄语句型при всем X-е P和英语句型with all X，Y P进行对比，作者发现两个句型处于不同的语义发展阶段。句型при всем X-е P已经固定用作表达让步意义，而句型with all X，Y P既可表达条件意义，也可表达让步意义。к-местоимение Y ни X，P类句型最初语义为“当X是任何情况下，Y将成为P”，强调量化的、无区别的“任何情况”，“任何”换言之为“极端的、不利的、极值的”，从而在语用上突显“即使在最不利的状况下，P也将实现”。由此语用意义对语义本身产生影响，实际使用情况又将语言单位的语义向最高频率用法推进。现代俄语中此句型产生让步语义且发展成为基本意义项，可以将其阐释为“当存在高度不利于 P 的 X 情况下，Y 将成为 P”，强调程度上的高低。

其次，用分属不同语义范畴的词汇填充配价时，句型的初始意义遭遇各种语义变体。尤•杰•阿普列相（2006）曾用意义相互作用规则描述不同语境条件下词汇单位语义的迁移或变体，从这个意义上讲，句型与独立词汇单位无区别。以句型 как Y ни X，P 为描写对象，书中分析了该句型在不同阐释路径时搭配限制情况，建立了配价填充词汇的语义和句型语义变体之间的对应关系。当配价 X 为方式方法谓语词时，句型表达“任何情况”意义，如 Как мы ни договоримся, нужно, чтобы все имели возможность принять участие в обсуждении（不论我们如何约定，需要让所有人能参与讨论）；当配价 X 为分度谓语词或标记词时，句型表达纯让步意义，如 Как он ни старался, ничего не вышло（不管他如何努力，什么都做不成）；若分度标记词带反面评价色彩，纯让步赋予了抱歉意义，如 Как это ни глупо, но это так（不管这有多愚蠢，但就是这样）；若分度标记词带正面评价色彩，纯让步则附加了平衡意义，如 Как она ни хороша собой, а есть и более красивые девушки（无论她本身有多好，总有更加漂亮的姑娘）。由此看出，句型描写规则与词汇单位描写规则有许多相似之处，句型初始意义通过阐释来描述，其变体意义通过对变体的阐释和对语义迁移时搭配条件的描述得以剖析。

最后，句式从整体性和搭配性最自由的标准型向非标准型演变，句式中部分已具备非整体性，搭配受到限制，伴随着意义也受限。紧接着的即配价的最高频填充单位被成语化和语法化，成为固定短语组合，甚至俗语，如 как ни странно，как ни крути，Куда ни кинь – всюду клин 等。句型语法化以 мало ли что P，Q 为例，它有两种阐释路径，表“以防万一”或“让步意义”。作让步意义讲时，句型已完成语法化，视为独立连词，мало ли что 可接及物动词或不及物动词，如 ——Мать уже в школу ходила!——Мало ли что ходила!（—— 母亲已经去学校啦！ —— 去就去呗！）

上述三类语义句法演变相互关联：语言单位从较自由类型发展为成语化类型，同时单位语义也向更复杂、由最高频填充词汇成语化后产生的更特殊语义推进。

第五章作者探讨让步意义与意愿性、假设性、程度意义之间的聚合关系，分析其在让步单位中的关联度。上述三种语义成分统称为让步亲缘语义，除让步原型以外，其他所有让步单位均以不同形式包涵一个或多个亲缘语义。由原型逐渐向外发散的语义演变趋势并非偶然，众多让步单位都是由表达意愿性、假设性和程度意义的基本词汇发展而来的，且在其中保留了这些原生词汇的基本意义。其中表达数量或程度意义的词汇具备较高的构词能力，由其派生的让步单位有 только бы 1，лишь бы 1，（вот）только 3，по крайней мере 2。作者以语气词 по крайней мере 为例详细分析其多义现象。по крайней мере 1 是纯数量意义，如 На заседании присутствовало по крайней мере тридцать человек（会议至少有 30 人出席）。其阐释路径为

P по крайней мере 1Q，说话人不知道 P 的大小，但肯定 P 不小于 Q，或者 P 大于 Q。而 по крайней мере 3 表达过渡语义，既有数量意义，又含让步意义，如 Мне кажется, они близкие друзья, по крайней мере, они много времени проводят вместе（我觉得他们是亲密的朋友，至少他们很多时间都在一起）。阐释路径为：*P*；*по крайней мере 3 Q*，有人认为 P 不存在，说话人不知道 P 是否存在，但知道 Q 存在。说话人认为通常如果 Q 存在，则 P 也存在。因此说话人认为 P 应该存在，且肯定 Q 存在。

作者通过两组近义词列，考察让步词汇与其相近词汇语义间的联系，同时分析三类亲缘语义成分在其中的作用。首先，近义词列 только бы 1，лишь бы 1，хоть бы 2，如 Я на все готова [P], только бы（лишь бы）он вернулся [Q]（我都准备好了 [P]，只要他能回来 [Q]）；Хоть бы он вернулся цел и невредим [Q]（只要他能完整地回来，不受伤害 [Q]）。主体非常希望 Q 能够存在，为此主体愿意拒绝本来希望存在的 P，或者同意本来不希望存在的 P，因此包含“意愿”语义成分。同时，对主体来说 Q 的存在比已经很重要的 P 更具重要性，是主体唯一不愿意拒绝的，体现了“程度”语义成分。此处 P 并非事实，它实现的可能性将随状况发生变化，甚至可以降为无法实现，由此体现“假设性”语义成分。可见，这组近义词列的语义特征在于强调当 Q 的实现不受主体意愿控制或不完全受其控制时，Q 的重要性和不可牺牲性。第二组近义词列 по крайней мере 2，хотя бы 1，хоть 3 同样包含“意愿”“程度”“假设”语义，如 Если он не может приехать на конференцию [P], пусть, по крайней мере, пришлет свою статью [Q]（如果他不能前来参会 [P]，让他至少把论文发来 [Q]）。Q 比 P 来得小或是少，当不存在或无法实现较大较好的 P 时，主体愿意接受 Q。三词中 по крайней мере 2 表达对 Q 评价的最高量度，也是主体愿意接受的相对最小值。上述两组近义词列中不同语义成分关联情况如下：实现某事的意愿越强烈，其实现可能性越低，且其本身数量或程度越小。

作者还就修正、补偿语境下的让步语义展开论述。修正指说话人确认某状况，同时对其提出修正意见，以此削弱论点的力度。表达修正意义的让步单位有 хотя 2（и），хоть 2（и），правда 7，（вот）только 4，它们都与假设性、程度意义有紧密关联。其中带 хотя 2 与 хоть 2 的句中 P、Q 论述同一状况的不同方面，或者同一对象的不同特性，形成 P、Q 之间相悖的评价结果，最终由于 Q 使得 P 被严重弱化，但说话人依然认为 P 在整个状况中起重要作用，如 День был теплый, хотя и ветреный（天气暖和了，尽管有风）。与 хотя 2 与 хоть 2 可引出意愿 / 非意愿状况相比，插入语 правда 7 常见引出非意愿状况，带抱歉意味，且 P 与 Q 为两个不同状况。让步语义中的补偿由连词 зато 表达，句子首先论述相对不重要的非意愿状况，随后引出重要的意愿状况，这也符合句子线性构式规则，即重要信息后置，因此带 зато 的分句在语用上功能更强，说话人信心更足。зато 的基本阐释路径如下：Q，зато P ＝存在说话人持否定评价的 Q，存在说话人持肯定评价的 P，P 与 Q 之间没有关联，说话人认为 P 比 Q 更重要。

书中**第六章**作者梳理了让步语义的发展由来，主要从“与事实相符义”和“少量低度义”两个源头谈起。“与事实相符/不相符”是语义系统构建的核心义之一，体现在语言单位所有层级。作者以多义词 правда 为例，考察“与事实相符”义与让步语义之间的关联。правда 一词源于 прав，且继承其基本的正面联想意义。从历时角度看，правда 完全由“公正性”“正直性”“正确性”“权利”这些与 правый 息息相关的意义发展产生，最初指公正、正直，逐渐转向正确、权利意义，然后产生大量与法律、法庭相关的义项。现代俄语中 правда 的正直、正确、美德等意义严重退化，要么变成非日常用的修辞手段，要么意义过时，甚至完全消失。如今 правда 的第一义项表事实，与实际情况相符，这也是该多义词现在的核心意义。Правда 1 包含两个语义成分：①人们不知道实际情况是什么，或者以为实际情况是另外一个样子。由此引出“意料之外”义项，这也是让步典型单位 хотя 和 несмотря на 的基本意义。②该词含有“不愿意知道或承认实际情况”的意义，与演说型让步单位（如 хотя и）有直接关联。同时，правда 2（表与事实相符的话语）在句中可作谓语和独立成分使用，如 Это правда, что он воевал ?（*他打仗了，这是真的吗？*）句法自由度相对较高。因此，правда 出现了新的口语用法，作插入语或连词用，表达让步语义。правда 中正面肯定的评价色彩减弱，有时完全被否定色彩取代，因为通常情况下，真相（правда）是令人不快的，揭开了事物和状况的某些反面内容。правда 的让步语义阐释路径为：P，правда，Q＝存在意愿情况 P，存在非意愿情况 Q；说话人认为当前情况下 P 比 Q 更为重要些；说话人同时承认 Q 可能也重要。

“少”也是语义系统构建中一个重要意义，体现在词汇和语法各层级，可以引发让步原型语义产生“少量低度”语义变体，并在表少量意义的词汇中派生出让步意义。在表“少”义项的系列副词中可以分出语义/词典学意义不同的两类：否定极点单位（如 мало，еле，едва，чуть 等）和非极点单位（немного，чуть-чуть，слегка，капельку 等）。其中否定极点单位在句中常表新内容，带句重音，有特殊搭配规则，可以构成大量非标准句型并派生出数量程度域之外的转义用法。以语气词 только 为例，该词包含两个基本义项：“排除”义和情态上表少量低度的“数量评价”义。“少”在 только 的词汇语义中代表质量上的“差”，因此只可引出非意愿状况。而“排除”义代表“不重要”“可忽略”，且是排他后仅剩的唯一成分，因而获得最高重要性。由 только 引出的分句，产生不同的语用色彩，要么“P 是唯一例外，因此可以对 P 表示关注”，要么“P 是唯一例外，因此 P 吸引了他人注意力”，如 Лечили-то лечили, только не вылечили（*治是治了，只是没治好*）。

现代俄语让步范畴内词汇的多义性分析证实让步语义由以下几大语义产生并发展而成：意愿语义，如 хоть，хотя，хоть бы；与事实相符义，如 правда；可能性语义，如 может；赞同语义，如 конечно；少量低度义，如 только，лишь。为详细说明上述语义互相紧密交织的事实，书中第七章展示了十二个让步多义词汇在《俄语积极词典》简介中完整的词条解释，本书评中不再赘述。

二、简　评

首先，从理论层面来讲，本书延续并发展了梅尔丘克（И. А. Мельчук）“意义—文本”语言模型理论，尤·杰·阿普列相语言整体描写和系统词典学理论，以及韦日比茨卡娅自然语义元语言理论，探讨语言复杂意义的构建及其功能问题。作者坚持分析阐释原型并发展其系统构建意义变体的思想，成功运用分析阐释法，串联起语言单位不同结构层面，将其视为构建词汇—语法空间的同等要素，填补了系统描写大语义范畴单位的空白，使让步单位词汇阐释的精准性，让步范畴描写的系统性，语义构成要素在句法、搭配、语用方面的特性，以及书中论点的理据性大大超越了学界已有相关成果水平。而“原型—变体”分层分级描写法也成为现代词典学乃至整个语义学的根本研究方法。

作者兼顾宏观入手、微观结论两层面：描写的让步意义是一个由不同语义派生发展而成、包含几十种语言单位的大语义范畴，但最后体现在词典中的是经过准确分类、细微阐释的每个意义词条。同时，对让步单位的描写不止于语义阐释，还涉及词汇本身固定数量的配价，这符合从原型向变体发展运动的逻辑思想，对理解篇章也至关重要。

在进行了详细的词汇使用分析后作者以 правда 一词为例考察语义历时发展变化过程，构建词汇单位复杂语义在语言中发展并固定的完整图景，这不仅是理论语义学和词典学领域的进步，也极大丰富了俄语认知描写理论，其语言特征和世界图景的研究成果对翻译领域的研究也有借鉴意义。

此外，作者对“标准 / 非标准句型”给出自己的定义。“标准句型”指整体性的句法搭配，“非标准句型”指包含了自由填充成分和重复成分的句法搭配。需要指出的是，“非标准句型”在语言体系中尚无定论，是介于成语和句法搭配的中间概念，而依据 1980 年《俄语语法》，非整体性恰恰是标准句型的基本特征。因此，对此概念的探讨尚有进一步深入的空间。

其次，从实践意义来讲，作者在书中描写阐释了 70 多个俄语让步范畴词汇 / 句法单位，且均为最基本语法单位，如连词 хотя，即使在简略、初级实用的语法书中也必提及。这些让步单位大多是连词、前置词等功能性词语，其本身的阐释性就难于实义词，还包括标准性、整体性不一的句型，如带数量、度量意义的组构要素，以及重复结构等等。与其他语义范畴相比，让步语义内涵丰富，表达方式多样且可分层级。

在以传统描写法考察让步单位内部体系关联的同时，作者充分利用在线语料库资源，不仅是俄语国家语料库（Национальный корпус русского языка），还使用了美国当代英语语料库（COCA）和在俄罗斯尚不普及的 Sketch Engine 系统工具在线俄语语料库（ruTenTen）。因此，立足于真实语言使用情况的结论更具可信度，能够证实或驳斥之前由演绎推理法得出的俄语语义系统特征。传统词典学定性分析辅以定量统计，特别是获取了关键词汇的词频信息，从而揭示了词汇搭配时的倾向性和受限性。作者对语义细微差别的严格要求不仅是其深厚的语义学理论功底的体现，也是其丰富的词典编撰经验使然。本书第七章列举的词典中让步词条释义就是莫斯科语义学派传统理论分析和当代语料库工具结合的最佳实践产物。这种复合研究方法同样适用于其他词汇—语法范畴和语义范畴，在汉英语义对比研究中也可参考。

本书各章节编排不同于以往同类研究成果，打破常见的线性布局，不以让步范畴语法结构或语义类型为纲，而从作者考察问题的视角入手，随着研究的深入一步步推进全书内容，更易于读者接受认同。而作者逻辑严密、表述清楚的文风也成为本书一大亮点。文中鲜见文科类著作中惯常的类似性、不确定性或形象性、比喻性描写，作者凭借清晰的思考力和细腻的语义洞察力甄别异同，与前人成果进行比较，提出充分理据。

细读全书，发现有几处可以再推敲：一是术语使用问题。在表述让步语义原型 / 不变量时，作者用了 прототип 和 инвариант 两个术语，这两者意义十分接近。尽管其差别对本书内容无实质影响，但为保持行文一致，理应选择采用其中之一，或注明在本书研究中两者视为近义词。二是书中第 135 页论述 к-местоимение Y ни X, P 句式时，作者指明术语 конструкция 包括四类：фраземы（成语）、устойчивые коллокации（固定排列组合）、свободные сочетания（自由搭配）和 coercion（句法施压于语义）。这四类与学界共识有出入，其分类的必要性有待商榷。三是书中沿用了《俄语新近义词解释词典》中以数字命名区别同一让步单位不同语义的方式，如 хотя 1，хотя 2，по крайней мере 2，по крайней мере 3 等，但并未对此加以说明，难免给无相关背景知识的读者带来困惑。

瑕不掩瑜，作为一部借助语料库研究俄语复杂语义的扛鼎之作，本书对单语语义研究及双语或多语语义对比研究都有积极意义。

参考文献

[1] Апресян, Ю. Д. Основания системной лексикография[C]// Ю. Д. Апресян(ред.)Языковая картина мира и системная лексикография. Москва: Языки славянской культуры, 2006: 33-160.

[2] Апресян, Ю. Д. (ред.)Новый объяснительный словарь синонимов русского языка[M]. Москва: Языки славянской культуры, 2003.

[3] Апресян, Ю. Д. (отв. ред.)Проспект Активного словаря русского языка[M]. Москва: Языки славянской культуры, 2010.

[4] Иомдин, Л. Л. Синтаксические фраземы: между лексикой и синтаксисом[C]// Ю. Д. Апресян (ред.)Теоретические проблемы русского синтаксиса: взаимодействие грамматики и словаря. Москва: Языки славянской культуры, 2010: 141-190.

[5] Теремова,Р. М. Квопросу о субкатегоризации уступительных ситуаций в современном

русском языке[С]// М. А. Шелякин(отв. ред.)Грамматическая семантика слова и предложения. Ученые записи Тартуского университета. Труды по русской и славянской филологии. Тарту: Тартуский государственный университет, 1987: 47-61.

[6] Урысон, Е. В. Союз ХОТЯ сквозь призму семантических примитивов[J]. Вопросы языкознания, 2002 (5): 35-54.

[7] Храковский, В. С. Теоретический анализ условных конструкций(семантика, исчисление, типология)[С]// В. С. Храковский(отв. ред.)Типология условных конструкций. СПб. : Наука, 1998: 7-96.

[8] Юань. Мяосюй Способы выражения уступительных отношений в публицистическом стиле современного русского литературного языка[М]. Москва: Спутник, 2012.

复句研究丛书　总主编：朱　斌
Complex Sentence Study Series

华中师范大学中国语言文学一流学科资助

复句研究评论集

（下）

朱　斌◎主编

汕頭大學出版社

图书在版编目（CIP）数据

复句研究评论集 ： 全 2 册 / 朱斌主编 . -- 汕头 ： 汕头大学出版社， 2018.5
ISBN 978-7-5658-3646-6

Ⅰ . ①复… Ⅱ . ①朱… Ⅲ . ①汉语－复句－研究 Ⅳ . ① H14

中国版本图书馆 CIP 数据核字（2018）第 129123 号

复句研究评论集　　FUJU YANJIU PINGLUNJI

主　　编：朱　斌
责任编辑：宋倩倩
责任技编：黄东生
封面设计：黑眼圈工作室
出版发行：汕头大学出版社
　　　　　广东省汕头市大学路 243 号汕头大学校园内　邮政编码：515063
电　　话：0754-82904613
印　　刷：天津爱必喜印务有限公司
开　　本：889mm×1194mm　1/16
印　　张：32
字　　数：672 千字
版　　次：2018 年 5 月第 1 版
印　　次：2018 年 8 月第 1 次印刷
定　　价：96.00 元（全 2 册）
ISBN 978-7-5658-3646-6

《反对称性之后果：显性中心语关系从句研究》述评

吴　桐

浙江外国语学院　西方语言文化学院

引　言

《反对称性之后果：显性中心语关系从句研究》（*Consequences of Antisymmetry: Headed Relative Clauses*）为德国德古意特（Mouton de Gruyter）出版公司“生成语法研究”（*Studies in Generative Grammar*）系列之46，1999年出版。作者是意大利锡耶纳（Siena）大学语言认知跨系所研究中心的瓦伦丁娜彼阳琪(Valentina Bianchi)，研究领域为生成语法，在人称(person)、信息结构（information structure）、关系从句（relative clauses）、时态（tense）等领域发表了多篇论文和专著。该书是彼阳琪影响最大的专著，全书正文部分共357页，由9章组成。正文前有目录;正文后附有尾注、参考文献和索引。下面依次陈述正文各章主要内容，并作简要评论。

一、内容述要

（一）第1章　理论背景：凯恩（Kayne, 1994）的“句法之反对称性”

该章介绍并讨论了本研究的基本理论框架（原则和参数理论和最简方案（Minimalist Program）［乔姆斯基，Chomsky，1995）］和理论假设（主要为凯恩（1994）的句法之反对称性理论、利琪（Rizzi，1996）提出的指示语/中心语静态配合标准（static spec/head agreement criteria）、利琪（1997）的分裂CP假设（Split-CP Hypothesis）以及生成语法的一些基本假设（例如局域性条件（locality conditions）、特征驱动的移位（feature-triggered movement）、语迹的拷贝理论（copy theory of traces）等）。

彼阳琪首先采纳并批判了乔姆斯基（Chomsky）提出的标准的X杠理论（乔姆斯基，1986）：

（1）X’→X X*

（2）X”→X* X’

（3）α →βα

（1）和（2）中的 X” 为最大投射（maximal projection），即 XP，X’ 为中间投射（intermediate projection），X 为中心语（head）。X’ 统制（dominate）X 和作为 X 补语（complement）的 X”，而 X” 则统制 X’ 和作为指示语（specifier）的 X”。（3）为附加规则，其中 α 和 β 同为中心语或同为最大投射。该规则可递归（recursive），故某一范畴可有多个附加成分。X” 亦可递归，故理论上可以为零个或任意多个，用 * 表示。然而，c 统领（c-command）概念的引入使得 X” 的递归性变得违法：

（4）c 统领：α c 统领 β，当且仅当两者不互相统制，并且首个统制 α 的（分叉）节点也统制 β。

即分叉只能两项（binary）而不能多项，故（5）不合法，须改为（6）：

（5）

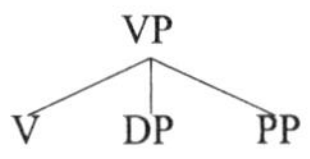

（6）

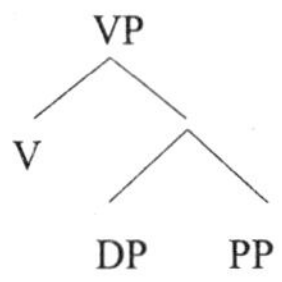

此外，（1）和（2）为上下文自由规则（context-free rule），故只表明成分之间的统制关系，而无法指明线性序列关系。后者是通过方向性参数组（directionality parameters）确定的：中心语—补语参数（Head-Complement Parameter）确定中心语和补语的线性序列，指示语—中心语参数（Specifier-Head Parameter）确定指示语和中心语的线性序列。

彼阳琪认为标准的 X 杠理论存在缺陷，并从三方面对其进行了修正。首先，通过重新审视形容词和副词的生成，批判了附加操作。彼阳琪援引秦奎（Cinque，1993）的观点，指出附加成分的递归性其实是一种无联系词并列关系（asyndetic coordination），表现为修饰成分有着严格的线性序列限制和数量限制。此外，之前被分析为附加操作的英语的主题化结构（topicalization）和倒换（scrambling）也分别通过利琪（1997）的分裂 CP 假设和向指示语的显性移位（overt movement）重新加以分析。因此，附加操作值得质疑，甚至是违法的。同样，右向附加（rightward adjunction）也必须重新分析。此外，彼阳琪还进一步给出其他证据，证明作为姐妹节点的多重补语［如上文（5）］亦不可合法存在。以上三个批判的观点都融入了凯恩（1994）的反对称性理论。

彼阳琪对于反对称性理论只局限于引入基本概念用于随后的分析，因而并不是对于反对称性理论的全面介绍或讨论。这一点彼阳琪（1999：21-22）也明确表示了。所涉及的主要概念和理论工具如下：

（7）线性对应公理（Linear Correspondance Axiom）：*d*（A）是 T 的线性排序。

其中 A 是在同一个短语结构中的非终端节点的所有排序性的对的集合，在每一个对中，前一个元素不对称 c 统领（asymmetrical c-command）后一个元素；T 是在一个短语结构中的所有终端节点的集合；*d* 是在该短语结构中所有的非终端节点向终端节点的一一对应关系。

就短语结构而言，反对称理论减少了独立的理论假设，优化之前的 X 杠理论（例如限制了附加成分的数量，排除了多重附加操作；将指示语和附加成分合二为一，不再区分；取消中间投射（如（2）中的 X'）；等等）。就线性序列而言，取消了传统的 X 杠理论下所必须的方向性参数组，短语结构可以决定线性序列。

（8）

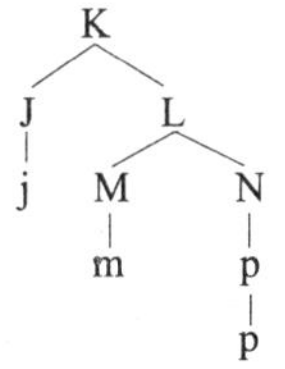

根据不对称成分统制的定义，J 不对称成分统制 M、N 和 P，M 不对称成分统制 P。J 和 L、M 和 N 之间不存在不对称成分统制的关系。根据线性对应理论，跟 J、M、N、P 对应的终端节点——即 j、m、p—— 的线性序列可以从 J、M、N、P 的层级结构推导出来：

（9）a. J 不对称成分统制 M　　j 在 m 前；
　　b. J 不对称成分统制 N/P　　j 在 p 前；
　　c. M 不对称成分统制 N/P　　m 在 p 前。

其实只要有了前两条，c 可以通过前文说过的递归性直接推导出来。通过 a、b、c 完全可以得知 j、m、p 的线性序列，即：

（10）j ＞ m ＞ p，＞代表“在前”

此外，为了得到合理的排序，指示语 / 附加成分和补语必须在中心语的两侧，凯恩从类型学的统计考量出发，认为在人类语言中指示语更多位于中心语之前 / 左侧，因此唯一满足线性对应公理的短语结构为（YP 和 ZP 可有可无）：

（11）

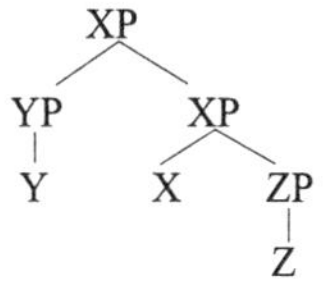

得到的线性序列为 YXZ。

彼阳琪对于乔姆斯基（1995）的最简方案的采纳则相对有所保留。一方面接受了“应急措施”假设（last resort hypothesis）、参数为形式 / 词形特征的假设、表征经济性（economy of representation）、语迹的拷贝理论和对于重构效应（reconstruction effects）的分析；另一方面则摒弃了跟反对称理论不兼容的乔姆斯基（1995）提出的短语结构，同时提出了特征继承（feature inheritance），并对表征和推导（derivation）的对立采取相对中立和宽容的态度，还将管辖（government）这一概念处理为一个重要的句法关系。

（二）第 2 章　限定性关系从句

彼阳琪将限定性关系从句作为一个前理论性的概念和结构，并未加以定义，而直接讨论了相关的理论分析。

彼阳琪首先批判了在原则和参数理论框架下广为采用的附加分析，认为其最大的问题有三：①右向附加，第一章已经分析；②联系关系代词和中心语的句法关系，不论是等同删除（deletion under identity），还是关系代词移位至标句词的分析都不无问题，而且与此相关的是两者的阐释性关系，前人提出了约束（binding）、述谓关系（predication）、配合链（agreement chain）等；③关系从句表现出的强语言岛（strong islandhood）。总的说来，在附加分析下，关系从句的 CP 不对称 c 统领作为中心语的 NP，因此根据线性对应公理，CP 在 NP 之前（即关系从句在中心语之前），这导致名词后关系从句无法生成。而且 NP 无法从较低处（即关系从句内部）提升至关系从句左侧，因为移位后的 NP 无法 c 统领其语迹。因此，附加分析从根本上无法与反对称理论相容。而可以跟反对称理论完美兼容的是凯恩（1994）所采纳的提升分析（raising analysis）。

凯恩的提升分析一个非常重要的前提是 DP 假设：

（12）

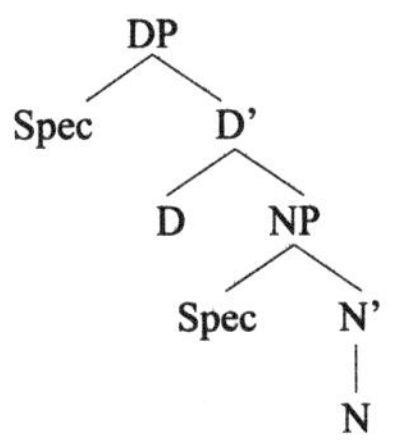

彼阳琪列举了有关 DP 假设的研究和证据。就关系从句而言，DP 假设可在一定程度上解释限定性关系从句和非限定性关系从句的某些区别（第 36 页）：

（13）*Mary knows few boys who enjoys knitting.*

（14）*Mary knows few boys, who enjoys knitting.*

（13）中的关系从句在*few*的约束项（restrictive term）［参见（15）］内，因此D与CP发生交叉得到的交集，并不意味着*Mary*认识的男孩少；而（14）中的非限定性关系从句在D之外，因此有Mary认识的男孩少之意。

（15）限定词的约束项是其LF的c统领域。

或者说，限定词选择其约束项（1999：39）。

凯恩的提升分析的另一个重要假设是外部限定词假设（the hypothesis of the external determiner），即名词后关系从句是作为限定词的补语生成的（第39页）：

（16）$[_{DP}\ D°\ CP]$

其中，D为外部限定词。这一结构无违背DP假设之处，而且有来自多种语言（西班牙语、希腊语等）的证据证明限定词的确可以选取CP作为补语。英语也有结构证明限定词需要与关系从句同现（第40页）：

（17）*the Paris* *（*I love*）

（18）*the three books of John's* *（*that I read*）

（19）*the four of the boys* *（*that came to dinner*）

（17）中Paris作为专有名词，生成于N°，如没有关系从句，则因其指称物为独一无二，*Paris*从N°提升至D°，故*the Paris*不合法；而关系从句的存在使得*Paris*失去了独一无二的指称，也无法从N°提升至D°，所以显性限定词的出现是必须的。（18）［（19）亦同］中有无关系从句导致两个短语结构的不同：（20）中of位于D°，而该位置则在（21）被显性限定词the占据：

（20）$[_{DP}\ [_{NumP}\ \textit{three books}]\ [_{DP}\ \textit{of}\ [_{IP}\ \textit{John}\ [_{IP}\ \textit{'s}\ t_{NumP}]]]]$

（21）$[_{DP}\ \textit{the}\ [_{CP}\ [_{DP}\ \textit{three books of John's}]_i\ [_{CP}\ \textit{that I read}\ t_i]]]$

这证明限定词是生成于关系从句外部，选取关系从句作为补语，而不是跟名词中心语一同生成的。彼阳琪进一步提供了其他四个证据证明该观点。其一，中心语的不定性（indefiniteness）：对比（22）可知（23）中的*men*虽然在*the*之后，但在关系从句内一定无定冠词：

（22）**There are the men in the garden.*

（23）*The men that there were t in the garden were all diplomats.*

其二，成语结构（idiom chunks）：推理同上。

（24）**We made the headway on that problem.*

（25）*the headway that we made on that problem*

其三，重构后的辖域（scope）分配：（26）中无定冠词，每一位医生检查的两位病人可同可异，而（27）有定冠词 *i*，一定是相同的两位病人被每一位医生检查。（28）与（26）解读类似，故 *due pazienti* 虽然在缩合冠词 *ai*（*ai* ＝介词 *a* ＋定冠词 *i*）之后，但其本身应没有定冠词，即 *ai* 和 *due pazienti* 应为两个成分，而不是一个。

（26）*Ogni medico visiterà due pazienti.*（每个医生将要检查两个病人。）

（27）*Ogni medico visiterà i due pazienti.*（每个医生将要检查那两个病人。）

（28）*Ho telefonato ai due pazienti che ogni medico visiterà domani.*（我给那两个明天每个医生要检查的病人打了电话。）

最后，浮动量化词（floating quantifiers）：（29）中全称量化词 *tutti* 作为功能投射的中心语 Q°，选取 DP 作为补语，其亦可如（30）中置于句中，*gli studenti* 则提升至 [Spec, IP]。（31）和（32）的差别证明 *tutti* 只能生成于关系从句外，选取 DP 作为补语。

（29）*Tutti gli studenti hanno superato l'esame.*（所有的学生都通过了考试。）

（30）*Gli studenti hanno superato tutti l'esame.*（所有的学生都通过了考试。）

（31）*Elencami tutti i libri che devi leggere per l'esame.*（跟我说说你为了考试必须要看的所有的那些书。）

（32）**Elencami i libri che devi leggere tutti per l'esame.*

随后，彼阳琪讨论了凯恩的提升分析的“提升”操作，即名词中心语首先生成于关系从句内部，随后提升至关系从句之前、限定词之后：

（33）[$_{DP}$ *the* [$_{CP}$ *book*$_{i}$ [$_{CP}$ *that I read* t$_{i}$]]]

主要的证据包括：第一，成语结构（idiomatic expressions）。例如法语中 *prendre part*“参与”作为一个成语，其中的名词部分 *part*“部分”可以作为一个关系从句的先行词（antedecent），*la part qu'il prendra*“他将参与的部分”，虽然 *part* 和 *prendre*（*prendra* 为简单将来时的变位）分别位于关系从句之外和之内，但依然保留了成语的意义。这说明 *part* 应该是从关系从句内提升至关系从句之外的，在 LF 层面也需要被重构进入关系从句。

第二，表语名词，即如果先行词在关系从句中作表语，必须要跟关系从句的主语和谓语系词性数一致：只有阳性单数的 *le comédien*“定冠词＋演员”跟关系从句 *il était*“他曾经是”性数匹配，这证明中心语应该是从关系从句内部提升而来：

（34）*le comédien*$_{\text{阳性单数}}$/**la comédienne*$_{\text{阴性单数}}$/**les comédiens*$_{\text{阳性复数}}$/**les commédiennes*$_{\text{阴性复数}}$ *qu'il*$_{\text{阳性单数}}$ *était*$_{\text{单数}}$（直译：他曾经是的演员）

第三，某些语言中的中心语内置关系从句也证明中心语可以在关系从句之内而不提升至关系从句之外。

第四，英语、西班牙语等语言允许某些形式的副词或形容词（例如最高级）作为先行词，而且表现特殊的配合形式：

（35）*This is the fastest that he's ever run.*

（36）*This is the most skillfully that he's ever spoken.*

（37）*Juan vio lo contenta que estaba María.*

（35）（36）中非名词成分做先行词，显然无法满足跟限定词的选择关系，证明其只能从关系从句内提升而来；而（37）中的定冠词 *lo* 为阳性单数，形容词 *contenta* 为阴性单数，两者的 ϕ 特征（feature）不匹配，但 *contenta* 作为关系从句中的表语，跟主语 *María*“阴性单数”性数配合。这证明先行词 *contenta* 应从关系从句内部提升而来，而与限定词 lo 没有直接的选择关系。

除此之外，彼阳琪还讨论了提升分析所面临的局域性（locality）问题，即关系从句的 CP 是语障（barrier），只有当位于 [Spec, CP] 的名词中心语位于 CP 之外（即 [Spec, CP] 不在该语障内）的时候，名词中心语才能被关系从句外的定冠词管辖。为了解决该问题，彼阳琪分别讨论了段（segment）是否可为语障的两种可能性：如果段确为语障，则限定词 L 标记（L-mark）作为其补语的 CP，那么关系从句 CP 就不是语障，[Spec, CP] 就不受语障所限；如果段不是语障，而项（category）是语障，那么即使关系从句 CP 不被限定词 L 标记，名词中心语依然为限定词管辖，因为只有 CP 的一个段（而不是整个项）统制名词中心语。因此，名词中心语总能被关系从句外的定冠词管辖。彼阳琪还从曼奇尼（Manzini，1994）所提出的局域性条件出发，讨论了该问题，亦得到了类似的答案。该问题虽然并非十分重要或棘手，但彼阳琪主要想指出，凯恩将附加和指示语合二为一的做法对于以语障为基础提出的局域性理论是有一定问题的，而且并不只针对关系从句的分析。

（三）第 3 章　关系限定词的句法特性

所谓的“关系限定词”即关系代词（如英语的 *who*）。彼阳琪首先批判了阿法尔利（Åfarli，1994）折中式的分析：提升分析用于无关系代词的关系从句，而有关系代词的关系从句则不涉及中心语的提升。彼阳琪认为实证性的证据不足以证明关系代词的存在使得中心语提升不可能，反之，凯恩的提升分析是更合理的：[$_{DP}$*who* [$_{NP}$*boy*]] 经过数次提升得到正确语序：

（38）[$_{DP}$ *the* [$_{CP}$ C°　*I met* [$_{DP}$ *who* [$_{NP}$ *boy*]]]]　[$_{DP}$ *the* [$_{CP}$ [$_{DP}$ *who* [$_{NP}$ *boy*]]$_i$ [$_{CP}$ C° [$_{IP}$ *I met* t$_i$]]]]　[$_{DP}$ *the* [$_{CP}$ [$_{DP}$ *boy* [$_{DP}$*who* t$_{NP}$]]$_i$ [$_{CP}$ C°　[$_{IP}$ *I met* t$_i$]]]]

如关系代词前有介词（例如 *the chair on which he was sitting* 中 *on which*）则推导类似，

但第一次提升的是 [$_{PP}$ 介词 [$_{DP}$ 关系代词 [$_{NP}$ 名词中心语]]]。不论是 DP 还是 PP，移位都是 [+ rel] 特征触发的：$C_{[+rel]}$ 和 $DP_{[+rel]}/PP_{[+rel]}$；第二次移位（即中心语 NP 移位到 [Spec, CP]）是为了满足名词中心语 NP 必须要被外部限定词管辖的要求，从而核查外部限定词所携带的强 [+ N] 特征。彼阳琪采纳了利琪（1997）的观点（即中心语移位是合理的核查结构），而放弃了乔姆斯基（1993，1995）的观点（即核查操作只有在中心语和在其核查域内的项，后者包括指示语和附加在中心语上的特征或项 —— 因此，关系从句的名词中心语在 [Spec, CP]，不在外部限定词的核查域内），保证外部限定词和名词中心语的核查结构是合法的。

彼阳琪进一步确定关系限定词为海姆（Heim，1982）所谓的“非限定性（indefinite）”限定词，即其并不是将 NP 投射为广义量化词（generalized quantifier）的函数（function），而是一个基数性（cardinality）的表达，作为 NP 中心语的外延集合的谓词。该非限定性 DP 整体作为一个谓词性的范畴，被一个外部的算子（operator）约束，在语义阐释上关系代词 / 关系从句和疑问词 / 疑问句结构是类似的：

（39）[*Which picture of John*]$_i$*do you like* t_i?

Which x is such that（x is a picture of John）&（you like x）

（40）*the* [$_{CP}$*boy* [$_{DP}$*who* t_{boy}]$_i$] *I met* t_i

the x such that（x is a boy）&（I met x）

匈牙利语、阿尔巴尼亚语、瑞典语等为以上分析提供了证据。

该章的其余部分在跨语言视角下讨论了关系限定词的句法特性。在相关性关系从句（correlative）结构中，关系限定词依然选择名词中心语 NP，但后者并不提升至关系从句外，而是留在关系限定词的补语位置。根据霍德利（Haudry，1973）的历时研究，相关性关系从句可以进而发展为中心语外置的关系从句，具体的演变过程十分类似提升分析：首先，关系限定词和名词中心语构成的整体置于关系从句句首，随后名词中心语再置于关系限定词之前。此外，名词中心语和关系限定词的格会出现比较特殊的同格形式：名词中心语的格不是主句中所赋的格，而是与关系限定词的格相同，都是关系从句所赋的格；或者，关系限定词的格和名词中心语的格都是主句中所赋的格。前一种情况证明了名词中心语是从关系从句内部提升而来的，后一种情况可以通过外部限定词向其管辖的关系限定词赋格解释。在印欧语中，关系限定词的历时来源可能有三：非限定词 / 疑问词，限定性限定词以及两者兼而有之。

（四）第 4 章　重构的非对称性

在前几章集中讨论限定性关系从句之后，本研究从该章开始转而讨论非限定性关系从句。本章讨论提升分析最重要的证据，重构（reconstruction）。根据乔姆斯基（1993），重构操作是选择性地删除移位后形成的语链的一部分，即移位成分的某些拷贝。彼阳琪从以下几方面讨论了重构效应在限定性和非限定性关系从句里的表现。

第一，约束 C 原则，即指称语（referring expression / R-expression）总是自由的，不能被约束。

（41）*the portrait of John*$_i$ *that he*$_{*i/j}$ *painted* t_i

（42）*il libro di Gianni*$_i$ *che* pro$_{*i/j}$ *ha dedicato* t_i

（43）*il libro di Gianni*$_i$, *che* pro$_i$ *ha sicuramente dedicato*

（41）和（42）同为限定性关系从句，符合约束 C 原则，因为名词中心语 *portrait of John* 和 *libro di Gianni* 会重构入关系从句中动词补语的位置，不能被 *he* 和 pro 所约束。而（43）的非限定性关系从句则不遵守 C 原则，因而不涉及重构。其实，在意大利语中，如果是重读人称代词（即 *me*、*te*、*lui*、*lei*、*noi*、*voi*、*loro*），则 C 原则会被削弱甚至不存在：

（44）*il libro di Gianni*$_i$ *che* [*lui stesso*]$_i$ *ha dedicato* t_i

这说明，不同类型的代词（pro 和重读人称代词）在 C 原则上的表现也是有差别的。

第二，约束 A 原则，即照应语（anaphor）在管辖语域（governing category）内要受约束。

（45）*il* [*reflesso di* [*se stesso*]$_i$]$_j$ *che Narciso*$_i$ *vide* t_j *nella fonte*（Narciso 在泉水里看到的自己的倒影）

（46）*una* [*copia perfetta di* [*se stesso*]$_i$]$_j$, *che Bono*$_{*i}$ *ha visto* t_j *al museo delle cere*（Bono 在蜡像博物馆看到的自己的一个完美的蜡像）

（45）的限定性关系从句和（46）的非限定性关系从句表现不同，只有前者遵守 A 原则。

第三，辖域，特别是量化词的辖域。

（47）*Ho telefonato ai due pazienti che ogni medico visiterà* t *domani.*（我给那两个明天每个医生要检查的病人打了电话。）

（48）*Ho telefonato ai due pazienti cardiopati ci, che ogni medico visiterà* t *domani.*（我给那两个心脏病病人打了电话，明天每个医生要给他们做检查。）

两类关系从句再次表现出不同的特征：只有在限定性关系从句（47）中 *due* 和 *ogni* 有辖域的互动，*ogni* 辖域可宽可窄。

第四，成语性表达结构和表语名词成分。得到的结果与上面相同：两个结构只在限定性关系从句（49）和（51）表现出重构效应：

（49）*the headway that we made on that problem*

（50）**the headway, that we made on that problem*

（51）*le comédien qu'il était*（直译：他曾经是的演员）

（52）**le comédien, qu'il était*

以上四个测试的确表明了限定性关系从句和非限定性关系从句在重构操作上的不对称性：重构操作只表现在限定性关系从句结构中。然而，伴随位移（pied piping）则证明重构效应的确可以表现在非限定性关系从句中：（53）指称语 *Beatrice* 不能被 pro 约束（约束 C 原则），（54）的照应成分 *proprio* 被 *Juan* 约束（约束 A 原则）都证明了重构操作的确存在。

（53）**Andrea, le cui insinuazioni su Beatrice*$_i$, *pro*$_i$ *non è più disposta a supportare….*（Andrea，她对 Beatrice 所做的暗示，再也忍受不了了……）

（54）*Andrea, la cui passione per la propria*$_i$ *moglie, Juan*$_i$ *non è disposto a tollerare….*（Andrea，她对自己的太太的热情，Juan 无法忍受……）

最后，彼阳琪讨论了乐博（Lebeaux，1991）提出的论元（argument）和附加语（adjunct）在重构效应上的不对称性，即在 DP 层面，作为名词补语（或论元）的补语从句必须重构，而作为附加语的关系从句不一定重构。彼阳琪证明其分析并非无懈可击，而且亦存在反例，故不能证明关系从句中不存在重构效应，也不能作为支持附加分析的证据。

（五）第 5 章　非限定性关系从句

前人针对非限定性关系从句的分析有以下几个思路：并列结构分析（coordinate analysis），即非限定性关系从句是并列在主句右侧的结构，与其他并列结构不同的是，必须要有一个与主句中某个成分同指的代词（即关系代词）；非连续性成分结构分析（discontinuous constituent structure analysis），即非限定性关系从句是一个插入性短语（parenthetical phrase），与其所相邻的成分都不是姐妹节点（sister）；LF 分析，非限定性关系从句只在后 LF 层面（LF' representation）才进入短语结构，因此无需遵守 LF 层面的原则。诚如彼阳琪所总结的，以上的三种分析都假设了较特殊的短语结构，而且很难与凯恩的线性对应公理相容。

非限定性关系从句除了在重构操作上异于限定性关系从句，两者还有以下区别：

表 1　限定性、非限定性从句区别

	限定性关系从句	非限定性关系从句
名词中心语留在原位的语迹的确定性（definiteness）	非确定	确定
浮动量化词留在关系从句内	不可	可以
关系代词＋NP（relatif de liaison）	不可	可以
非名词性中心语 / 先行词	不可	可以
约束关系的语言岛	否	是

彼阳琪首先提出了非限定性关系从句的一种可能的结构：

（55）$[_{XP}DP\ [_{XP}X^{\circ}\ \ [_{CP}OP_i\ [_{CP}\ldots\ t_i\ldots]]]]$

DP 是（外部限定词和）名词中心语，因此即使存在外部限定词，也不 c 统领关系从句，关系从句只受到名词中心语的 c 统领；X 是一个抽象的功能投射的中心语，有指明性并列（specifying coordination）的功能，连接两个独立指称（independently referential）的范畴，在音系层面可以表现为中心语和关系从句之间的短暂停顿；这还意味着非限定性关系从句并非是谓语性（predicative）成分，而是一个限定性自由关系从句（definite free relative）。然而，X 的具体性质有待明确，通过 X 建立的 DP 和 CP 之间的关系也不明确。因此，（55）充其量可以看作是右向附加分析的一种变体。

彼阳琪随后讨论了凯恩（1994：110-115）提出的非限定性关系从句的分析，即两个关系从句的基本短语结构一样，但非限定性关系从句的 IP 在 LF 进一步提升到外部限定词的指示语位置，从而脱离了外部限定词的 c 统领域，因而也不在限定词的约束项内：

（56）$[_{DP}[_{IP}\ldots\ t_j\ldots]\ [_{DP}D^{\circ}\ \ [_{CP}[_{DP}NP\ [_{DP}D_{REL}\ t_{NP}]]_j\ [_{CP}C\ t_{IP}]]]]$

该结构可以解释前文讨论的非限定性关系从句中不存在重构效应的难题。首先，如果名词中心语重构进入关系从句，由于关系从句的 IP 已经在外部限定词的 c 统领域之外，所以重构入 IP 的名词中心语也在外部限定词的 c 统领域外，故其表现得好像并没有重构效应一样。类似的分析也可解释伴随移位结构里必须重构的效应，以及成语性结构中重构效应缺失。其次，非限定性关系从句的名词中心语在从句中的拷贝表现出限定性，是因为中心语在 LF 有一个个体变量（individual variable），是一个强 DP，所以会产生限定性的效应。该解释可以扩展到非限定性关系从句中的浮动量化词结构：名词中心语在量化词的补语位置留下了一个个体变量。关系从句内部 [关系代词＋ NP] 以及非名词性中心语结构没有合理的解释，只是假设该种结构或许并非真正意义上的关系从句。非限定性关系从句作为语言岛的现象也没有解释。最后，彼阳琪还援引了加勒比地区的西班牙语的焦点（focus）结构证明了以上分析的合理性和 IP 移位的可能性。

（六）第 6 章　双重填充标句词效应

该章讨论了不同类型关系词的关系从句：标句词 *that* 类型、关系代词 *wh-* 类型、零标记类型。

乔姆斯基、拉斯尼克（Chomsky & Lasnik，1977：46）提出了双重填充标句词筛选条件（doubly filled Comp filter）：

（57）[Spec, CP] 和 C° 不可以都被词项填充。

即结构（58）通过删除 *which* 或 / 和 *that*，可分别得到标句词 *that* 类型、关系代词 *wh-* 类型、零标记类型的三类关系从句：

（58）*the book* [$_{CP}$*which* [*that* [$_{IP}$*I bought* t]]]

这种分析思路诚然很简洁明了，但却未说明删除的限制和触发条件：为何在非限定性关系从句中只能删除 *that* 而必须保留 *which* 等关系代词？删除的动因又为何？此外，该分析也较难与最简方案相容。利琪（1990：65-71）将筛选条件重新解释为特征的不相容，并通过两对特征 [wh] 和 [predicative] 确定了不同的关系从句类型：

（59）[+ wh, + pred] *whih*: *the thing* [$_{CP}$*which* [[*you saw* t]]]
[− wh, + pred] *that*: *the thing* [$_{CP}$ Op [*that* [*you saw* t]]]

该系统无法区分零标记关系从句，对于意大利语也并不完全适用。托里比奥（Toribio，1992）发展了利琪的分析，从而可以分析英语、意大利语和西班牙语的关系词系统，但却依然无法顺利应用到更多的语言中去（例如瑞典语）。

凯恩（1994：87-90）对三类关系从句分析如下：

（60）*that* 关系从句：[$_{DP}$ *the* [$_{CP}$ *book*$_i$ [*that* [$_{IP}$ *I read* t_i]]]]
wh- 关系从句：[$_{DP}$ *the* [$_{CP}$ [$_{DP}$ [$_{NP}$ *book*] [$_{DP}$ *which* t_{NP}]]$_j$ [C° [$_{IP}$ *I read* t_j]]]
零标记关系从句：[$_{DP}$ *the* [$_{CP}$ *book*$_i$ [$_{CP}$ C° [$_{IP}$ *I read* t_i]]]]

即 *that* 类和零标记类的关系从句中名词中心语是光杆 NP，没有关系限定词，通过提升到 [Spec, CP] 被外部限定词约束。

彼阳琪则提出了一个隐性的（null）关系限定词 D°：

（61）[$_{DP}$*the* [$_{CP}$ [$_{DP}$ D_{REL}*book*] [$_{CP}$*that* [$_{IP}$*I read*$_{tDP}$]]]]

因此，中心语还是 DP。当且仅当关系限定词被外部限定词管辖时才可以被删除（如（61）中 the 和 D_{REL} 的关系）。该删除操作其实是结合操作（incorporation），即 D_{REL} 和外部限定词结合为一个限定词：

（62）[$_{DP}$$D_{REL}$ + *the* [$_{CP}$ [$_{DP}$ t_D [$_{NP}$ *book*]]$_i$ [$_{CP}$*that I read* t_i]]]

德语的巴伐利亚方言为该分析提供了证据。该结合操作的动因是表征的经济性（economy of representation）（第 197 页）：

（63）如果可能，将两个终端符号（通过抽象结合操作）融为一体。

双重填充标句词筛选条件也可以归结为此经济性原则。

在 *wh*- 关系从句和零标记关系从句中，标句词都是隐性的，但并不是同类标句词。***Wh***- 关系从句里的隐性标句词更类似于 *that* 关系从句里的显性标句词 *that*，而与零标记关系从句里的隐性标句词不同。如果根据利琪（1997）的分裂 CP 假说，将关系从句的 CP 进行细化，则三

类关系从句的推导和短语结构如下：

（64）*that* 关系从句：$[_{DP}$ *the* $[_{ForceP}[_{DP}$ *book*$]_i$ [*that* $[_{IP}$ *I read* $t_i]]]]$
零标记关系从句：$[_{DP}$ *the* $[_{TopP}[_{DP}$ *book*$]_i$ [Top° $[_{IP}$ *I read* $t_i]]]]$
Wh- 关系从句：$[_{DP}$ *the* $[_{ForceP}[_{NP}$ *boy*] Force° $[_{TopP}[_{DP}$ *who* $t_{NP}]$ $[_{IP}$ *I met* $t_{DP}]]]]$

有伴随位移成分的关系从句根据凯恩的提升分析推导如下：

（65）$[_{DP}$ *the* $[_{CP}[_{PP}[_{NP}$ *way*] $[_{PP}$ *in* $[_{DP}$ *which* $t_{NP}]]]$ [C° $[_{IP}$ *he acted* $t_{PP}]]]]$

然而无法根据分裂 CP 假说，进一步确定被关系化的短语的具体位置，[Spec, ForceP] 和 [Spec, TopP] 皆有可能。

前文已述，凯恩认为非限定性关系从句的 IP 提升到外部限定词的指示语位置，得到非限定性的语义阐释。彼阳琪进一步认为该 IP 是提升到了分裂 CP 内的某个 Topic° 的位置，必然会跨越过一个与其落脚点同质的 A' 位置，故违反相对最简性（Relativized Minimality）。这意味着 *that* 关系从句和零标记关系从句不可能有非限定性的语义阐释。而 *wh*- 关系从句中，分裂 CP 中的 Force° 跟外部限定词 D° 结合，从而导致了其指示语不再是 A' 位置，由此不会产生违反相对最简性的结构和推导，故英语中只有 *wh*- 关系从句有非限定性的解读。

彼阳琪在第三章还提出了另外一种移位的操作，引入了一个功能投射 AgrP：

（66）$[_{DP}$ D° $[_{AgrP}$ Agr_D NP]] $[_{DP}$ D° $[_{AgrP}$ NP $[Agr_D$ $t_{NP}]]]$ $[_{DP}$ Agr_D + D° $[_{AgrP}$ NP $[t_{Agr}$ $t_{NP}]]]$。

作者表示该推导与上文（38）殊途同归，亦跟最简方案完全契合，在此章再次提及并深入讨论。Agr_D 本身是词缀性的（affixal），必须要与 D° 融合，拼读为有了曲折变化（inflected）的限定词。因此，*that* 关系从句推导如下：

（67）$[_{DP}$ D° $[_{AgrP}$ [Agr + D_{REL}] + Agr_D $[_{FP}[_{DP}$ t_D … NP] [Force° IP]]]

Wh- 关系从句推导如下：

（68）$[_{DP}$ D° $[_{AgrP}$ NP [F° + Agr_D $[_{FP}$ t_F $[_{TopP}[_{DP}$ D_{REL} $t_{NP}]_i$ Top° $[_{IP}$ …t_i…]]]]]]

（七）第 7 章　显性先行词关系从句的标句词系统

本章进一步具体讨论标句词系统，即：

（69）$[_{FP}$ Force° $[_{TopP*}$ Top° $[_{FocP}$ Focus/Wh° $[_{TopP*}$ Top° $[_{FinP}$ Fin° IP]]]]]

（70）标句词系统里的每一个中心语都要被以下两个条件中的一个在结构上进行允准

1）被标句词系统外部的某中心语选择

2）满足 F- 标准（F-Criterion）的特征的明确化（specification）

讨论涉及的问题只有部分与关系从句相关。除了关系从句，本章提出的分析还对 V2 现象和古英语、中古英语的标句词结构的演化有相当的解释力，法国南部的奥克语（Occitan）、加斯科涅语（Gascon）、西弗拉芒语（West Flemish）、德语的巴伐利亚方言等也都为以上分析提供了证据。

法语的非标准变体里有关系限定词（（*à*）*qui*）和标句词（*que*）同现的结构，可以证明（69）的合理性：

（71）*la fille à qui heureusement que j'ai parlé*（幸亏我跟她说过话的那个姑娘）

（72）$[_{DP}$*la* $[_{FP}$*filleà qui* [Force° $[_{FocP}$*heureusement* [Foc° $[_{XP}$*que* IP]]]]]

魁北克法语也存在双标句词的结构：

（73）$[_{DP}$*la* $[_{FP}$*fille*$_i$ [*que* $[_{FocP}$*heureusement* [Foc° $[_{XP}$ t_i *qui* $[_{IP}$ t_i*est partie*]]]]]]]

在英语的不定式关系从句中，关系 DP 或 PP 移位到隐性的 Force° 的指示语，由于不存在 TopP，所以在低于 ForceP 的位置中不存在 wh 关系词可以落脚的位置。

英语里主语关系从句的标句词呈现较特殊的模式：

（74）*the event* *（*that/which*）*took place*

（75）*the event that I think*（**that*）*t took place*

（76）*an amendment which*$_i$*they say that* t_i*next year will be law*

（77）**a man who*$_i$*I think that this book*$_j$ t_i*knows very well* t_j

彼阳琪提出以下假设分析上面的现象：

（78）[＋finite] 特征能够触发 AgrS° 的抽象结合；

（79）AgrS° 本质上是 [＋V]；

（80）Force° 是具有名物化功能（nominalizing）的中心语，确定为 [－V]；

（81）Topic° 的 [±V] 特征无需确定（underspecified）；

（82）关系从句结构的外部 D° 本质上是 [＋N, －V]，与其补语的中心语中的 [＋V] 特征是冲突的。

（74）中 Top° 和零标句词会违背空语类原则（ECP），即根据（79）（82），AgrS° 和 Top° 结合违法：

（83）*$[_{DP}$*the* $[_{TopP}$ [*event*]$_i$ $[_{TopP}$ AgrS$_i$ ＋ Top° $[_{IP}$ t_i t_{Agr}*took place*]]]]

Which 和 *that* 的存在则合法，既没有下标冲突，也不违反外部限定词的选择限制，亦能保证恰

当的管辖关系：

（84）$[_{DP}$ *the* $[_{FP}$ $[_{NP}$ *event*$]$ F° $[_{TopP}$ $[_{DP}$ *which* $t_{NP}]_i$ $AgrS_i$ + Top° $[_{IP}$ t_i t_{Agr}*took place*]]]]

（85）$[_{DP}$ *the* $[_{FP}$ *event*$_i$ $[_{FP}$ *that*$_i$ $[_{IP}$ t_i*took place*]]]]

（75）如果有标句词 *that*，Force° 被最低的标句词选择，Topic° 就会无法被结构允准，根据（80）AgrS° 无法与 Force° 结合，因此在 [Spec, IP] 的语迹 t 也不能被恰当管辖，违反了空语类原则（Empty Category Principle ECP）；反之，如果没有标句词，AgrS° 就可以跟 Topic° 结合，转变为可以恰当管辖 [Spec, AgrSP] 的成分，其结构满足空语类原则：

（86）…*think* $[_{ForceP}$*that* $[_{IP}$ t AgrS°]

（76）和（77）表现出了论元和附加语的不对称性。在（77）中，AgrS° 与 Topic° 结合会导致下标冲突，即 AgrS° 与 Topic° 构成的复合体与主语同标，而其指示语却不同标：

（87）*…*think* $[_{ForceP}$ *that* $[_{TopP}$ *this book*$_j$ [$AgrS_i$ + Top° $[_{IP}$ t_i … [t_j…

该问题在（76）中则不会出现，即下标无冲突：

（88）…*think* $[_{ForceP}$ *that* $[_{TopP}$ *nextyear* [$AgrS_i$ + Top° $[_{IP}$ t_i…

（78）—（82）还可以预见到如果一种语言有 *that* 从句和零标记关系从句，则亦会有 *wh-* 关系从句，因为该语言需要利用标句词系统中的两个指示语位置。古托斯卡纳语（即当代意大利的前身）证明了该观点的正确性。

最后，彼阳琪还讨论了带有复指性（resumptive）附着形式（clitic）的关系从句，认为复指性附着形式是关系 DP 的中心语，随后附着到屈折性（inflectional）中心语之上。结合前文提出的关系限定词为没有量化性（qualificational force）非限定性限定词的观点，彼阳琪分析了爱尔兰语中复指性附着形式关系从句、希伯来语自由关系从句（free relatives）、罗曼语方言中复指性附着形式关系从句和德语的关系限定词。这些结构中的复指性附着形式基本都可以被重新分析为补语（即作为先行词的名词中心语）经过 A’ 移位后留在原地的限定词。德语的关系限定词被重新分析为复指代词，与名词中心语构成一个成分，由此导致德语的关系从句被重新分析为一类倒换操作，名词中心语的落脚点是关系从句中最突出（prominent）的指示语位置，即外部限定词 D° 下面的指示语位置。

（八）第 8 章　叠置、并列和外置

叠置是指若干个关系从句之间没有连词的递归结构：

（89）*I just read the book* [*that's about your ancestors*] [*that your son gave me last year*].

凯恩（1994）认为前一个关系从句是从第二个关系从句内部提升至其 [Spec, ForceP] 的位置：

（90）$[_{DP}$ *the* $[_{FP}$ [*book that's about your ancestors*]$_i$ $[_{FP}$ *that your son gave me* t_i]]]

彼阳琪延续之前的分析，认为前一个关系从句是 DP，中心语是一个隐性限定词，中心语 *book* 带有关系限定词 D°：

（91）$[_{DP}$ *the* $[_{FP1}$ $[_{DPj}$ D° $[_{FP2}$ $[_{DPi}$ D° $[_{NP}$ *book*]] *that* t_i *is about your ancestors*]] *that your son gave me* t_j]]

DP_i 与 DP_j 结合，两者的最小域（minimal domain）都得到扩展；DP_j 再选择 FP_2；DP_i、DP_j 和 FP_2 组成的复合体再与外部限定词 *the* 结合。所有的限定语都与 NP 中心语核查 [＋interpretable] 特征。*Wh-* 关系从句则稍复杂：DP_1 移位到内部关系从句的 CP 内，名词中心语进一步移位，将其关系限定词留在 [Spec, TopP]；随后 DP_2 移位到 CP_2 内；最后 FP_1 移位到与其有选择关系的关系限定词 *which* 的左侧。

（92）[*the* $[_{FP2}$ $[_{IP2}$ *Bill read* $[_{DP2}$ *which* $[_{FP1}$ *book* $[_{TopP1}$ $[_{DP1}$ *which* t]$_i$ $[_{IP1}$*John wrote* t_i]]]]]]

$[_{DP}$ *the* $[_{FP2}$ $[_{TopP}$ $[_{DP2}$ *which* $[_{FP1}$ *book which John wrote* t]]$_j$ $[_{IP2}$ *Bill read* t_j]]]]

$[_{DP}$ *the* $[_{FP2}$ $[_{FP1}$ $[_{NP}$ *book*] *which John wrote*] F° $[_{TopP}$ $[_{DPj}$ *which* t_{FP1}] Top° $[_{IP2}$ *Bill read* t_j]]]]

右侧的关系从句必须有显性的关系词（*which* 或 *that*），凯恩（1994：92，98）禁止隐性标句词落脚于复合指示语（complex specifier）的位置。非限定性关系从句不能互相叠置，或者必须要在限定性关系从句右侧，因为如果非限定性关系从句在左侧依然需要再次移位到 [Spec, DP] 才能有非限定性的解读，该移位违背移位的基本原则（即禁止从指示语内 XP 中移位）和相对最简性。

关系从句并列结构（即连词例如 *and* 连接的若干个关系从句）对于提升分析而言，会导致中心语必须要越过并列的关系从句进行提升，凯恩之前的分析是没有问题的。彼阳琪在前文提出的分析对于 *which* 从句也没有问题，可以分析为两个 TopP 并列，名词中心语经过这两个 TopP 的指示语不断提升。*That* 关系从句可以通过假设空算子（null operator）进行分析，但是不完全与线性对应公理相容；彼阳琪则假设两个功能投射 FP 作为外部限定词的补语并列，第一个 FP 的指示语位置是关系从句 DP，第二个 FP 的指示语有空算子。*That* 关系从句和零标记关系从句不能并列，亦证明两类关系从句的不同。

外置结构通常被分析为 VP 或 IP 的右向附加。根据提升理论则可认为是中心语的左侧移位，并将关系从句留在原地：

（93）$[_{QP}$ *A* $[_{NP}$ *man*]]$_j$*came into the car* [$[_{DP}$ wh [e]$_j$*who we knew in school*].

关系从句外置不同于量化词浮动：①关系从句必须后置于句尾，凯恩（1994：120-122）的解释是关系从句置于非格标记的位置，句中其他成分移位或倒换后关系从句出现在句尾；该语序也有可能是韵律（prosody）驱动。②关系从句不能停留于语链的中间，可能是由于关系限定词 *wh* 的允准要求。此外，关系从句外置还会导致套置（nesting）结构，即不能出现交叉从属（dependency）的情况，而只能出现层层套置型的从属：

（94）$[_{IP} DP_{SUBJ} \ldots [_{VP} DP_{OBJ}] \ldots CP_{OBJ}] \ldots CP_{SUBJ}]]]]$

宾语关系从句要靠近其中心语，主语关系从句在宾语关系从句之外。该结构或许可通过并列＋省略（ellipsis）进行分析，与提升分析相容。

（九）第9章　结论

结论部分一方面总结了前几章的分析，另一方面提出了一些留待今后研究的问题。

本研究是在反对称理论下对显性中心语关系从句的研究，同时也采纳了最简方案的某些概念和理论工具，摒弃了管约论下的某些分析（例如中心语管辖作为核查结构）。提升分析可以为各种不同的关系从句提供一个统一的分析，同时可以解决一些关系从句结构的老问题（例如限定性关系从句和非限定性关系从句的区别，关系从句的标句词系统，等等）。除了句法分析，本研究也对关系从句的语义分析进行了一定的讨论。

留待今后研究的问题依然还有很多，例如外置结构的套置要求，大成分伴随位移的恰当分析，提升结构具体的组合（compositional）阐释，非限定性关系从句的语义阐释，等等。

二、简　　评

总体而言，本书结构严谨，研究深入，对于关系从句的几个重要方面都有涉及，而且引用文献丰富翔实，是关于关系从句的理论性研究的一部力作，至今在生成语法框架下对于关系从句的研究尚无出其右者。

由于本书是一部理论性较强的作品，所以需要对凯恩（1994）的反对称理论有较深入的了解，这是阅读本书的基础，而对于乔姆斯基（1995）的最简方案则只要基本了解即可。时至今日，反对称理论基本还保持了原貌（除了乔姆斯基（1995）根据光杆短语结构（Bare Phrase Structure）进行了微调），而最简方案二十多年来则变化较大，所以彼阳琪的某些分析需要根据最简方案随后的发展重新加以审视。其中最重要的一点或许就是本研究的分析如何融入语段理论（Phase theory）。语段是词汇序列的亚序列（subarray），随着合并的运用，在某一阶段所构成的句法实体通过移交（Transfer）这一操作被送往两个接口层进行拼读，而语段就是这样的一个句法实体（乔姆斯基，2004：107，2005：16）或推导的阶段（乔姆斯基，2000：

107，2007：16，2008：142）。符合以上条件的就是 CP 和 *v**P（可能还有 DP）。一个典型的语段可以表示为（乔姆斯基，2000：108，2001：13，2004：108）：

（95）语段＝[α [语段中心语 β]]，其中 [α - 语段中心语] 是语段的边缘，β 是语段的域（domain）。

根据提升分析，关系从句 CP[$_{CP}$ C° *I met* [$_{DP}$*who* [$_{NP}$*boy*] 形成后即作为语段送往接口层拼读。语段无渗透条件（phase-impenetrability condition, PIC）要求，由移交送往接口层的句法实体将被拼读出来而不能被再一次送往接口层，但是这一条件只限于语段中心语的补足语，即域 β（下文（96）中的 *I met who boy*），而不包括语段的边缘，即指示语 α 和语段中心语（乔姆斯基，2000：108，2001：13，2004：108，2005：16-17，2007：16-17，2008：143）。这导致（96）的第二步和第三部推导无法进行。

（96）[$_{DP}$ *the* [$_{CP}$ C° *I met* [$_{DP}$ *who* [$_{NP}$ *boy*]]]]
[$_{DP}$ *the* [$_{CP}$ [$_{DP}$ *who* [$_{NP}$ *boy*]]$_{i}$ [$_{CP}$ C° [$_{IP}$ *I met* t$_{i}$]]]]
[$_{DP}$ *the* [$_{CP}$ [$_{DP}$ *boy* [$_{DP}$*who* t$_{NP}$]]$_{i}$ [$_{CP}$ C° [$_{IP}$ *I met* t$_{i}$]]]]（＝（38））

提升分析如何融入最简方案的新发展并非易事。

第二章中彼阳琪将限定性关系从句作为一个前理论性的概念和结构，并未加以定义，而直接讨论了相关的理论分析。这种做法有一定的危险性，因为似乎某些分析的确认为某些语言中（例如：巴斯克语（Basque）（奥雅卡宝（Oyharçabal），2003：786）、汉语（林（Lin），2003 及其参考文献）、日语（凯瑟等（Kaiser et al.），2001：342）等）不存在限定性关系从句和非限定性关系从句这一区分。彼阳琪还讨论了类型学上的几类限定性关系从句（中心语内置关系从句、最高级关系从句和程度关系从句），而几乎没有涉及汉语类的名词前关系从句（Wu, 2011）（详见下文）。此外，第二章讨论的局域性问题在最简方案下无法通过语障（以及相关概念，例如 L 标记，领属（subjacency）等）进行解释，但似乎可通过语段加以重新分析：CP 为语段，但是其指示语位置在语段 CP 拼读后依然活跃，可以参与随后的推导，所以外部限定词依然可以管辖（诚然，在最简方案下，“管辖”也被废除了）名词中心语。

本研究最大的缺陷或许就是对于非名词后关系从句的研究较少，只少量涉及了中心语内置关系从句和名词前关系从句。对于后者的分析也主要是援引凯恩的观点（1999：64），例如彼阳琪（1999：140-141，147）在分析非限定性关系从句时只是遵循凯恩（1994：94-95）提出的分析，认为名词前关系从句的形成是 IP 左向显性移位到 [Spec, DP]。

（97）[$_{DP}$ IP [$_{DP}$ V° ＋ I° （＋ C° ）＋ D° t$_{IP}$]

在讨论关系词系统时，彼阳琪（1999：193-194）讨论了古拉丁语和古希腊语的名词前关系从句，提出了两种可能的分析，其一，这些结构的确是真正意义上的名词前关系从句，关系从句提升到了外部限定词的指示语位置；或者，这些结构其实是中心语内置关系从句，中心语在关系从句 CP 的基础生成位置，关系限定词提升到了关系从句句首。这些假设并不能完全照搬到名词前关系从句的分析中去。吴桐（2011）总结了关系从句 DP 的 16 种语序，而且某些语言有两种以上的语序，例如汉语普通话：

（98）我喜欢的那个人（不喜欢我。）（关系从句—关系词（的）—限定词—名词中心语）

那个我喜欢的人（不喜欢我。）（限定词—关系从句—关系词（的）—名词中心语）

昨天来那人（今天又来了。）（关系从句—限定词—名词中心语）

凯恩和彼阳琪的提升分析如何将以上的十几种语序推导出来并非易事。汉语的关系从句结构虽然研究较多（参见奥恩和李（Aoun & Li），2003；陈，2007），但似乎至今依然还留有很多问题。例如彼阳琪根据上文（78-82）推断，如果一种语言有 that 关系从句和零标记关系从句，则亦会有 wh- 关系从句，并列举古托斯卡纳语（即当代意大利语的前身）证明了自己的观点。然而，汉语普通话则构成了以上推断的一个反例：（98）表明汉语有 that（类型的）关系从句和零标记关系从句，但是并没有 wh- 关系从句。亦有其他的名词前关系从句类似汉语。

最后，本书存在一些印刷和排版错误。例如 47 页第二段第一行末，“but in cannot…”的“in”应该为“it”；261 页（8）中的 burnt 应为“read”；74 页第二段、85 页最后一段等首行未缩进；参考文献部分也有一些错误，例如 346 页有 Manzini 1994 和 Manzini 1994a。

参考文献

[1] 陈宗利 . 限定性关系结构生成语法研究 [M]. 北京：北京大学出版社，2007.

[2] Åfarli, T. A promotion analysis of restrictive relative clauses[J]. The Linguistic Review, 1994(11): 81-100.

[3] Alexiadou, A., Haegeman, L. & Stavrou, M. Noun Phrase in the Generative Perspective[M]. Berlin, New York: Mouton de Gruyter, 2007.

[4] Aoun, J. & Li, Y. -H. A. Essays on the Representational and Derivational Nature of Grammar: The Diversity of Wh-Constructions[M]. Cambridge, Massachusetts: MIT Press, 2003.

[5] Bianchi, V. Consequences of Antisymmetry: Headed Relative Clauses[M]. Berlin, New York: Mouton de Gruyter, 1999.

[6] Chomsky, N. & Lasnik, H. Filters and control[J]. Linguistic Inquiry, 1977(8): 425-504.

[7] Chomsky, N. Barriers[M]. Cambridge, Massachusetts: The MIT Press, 1986.

[8] Chomsky, N. A Minimalist Program for linguistic theory[C]// In Hale, K. & Keyser, S. (eds.). The View from Building 20. Cambridge: The MIT Press, 1993: 1-52

[9] Chomsky, N. The Minimalist Program[M]. Cambridge, Massachusetts: The MIT Press, 1995.

[10] Chomsky, N. Minimalist inquiries: the framework[C]// In Martin, R., Michaels, D. & Uriagereka, J. (eds.). Step by Step: Essays on Minimalist Syntax in Honor of Howard Lasnik. Cambridge, Massachusetts: The MIT Press, 2000: 89-155.

[11] Chomsky, N. Derivation by phase[C]// In Kenstowicz, M. (ed.). Ken Hale: A Life in Language. Cambridge, Massachusetts: The MIT Press, 2001: 1-52.

[12] Chomsky, N. Beyond explanatory adequacy[C]// In Belletti, A. (ed.). Structures and Beyond: The Cartography of Syntactic Structures. Oxford: Oxford University Press, 2004: 104-131.

[13] Chomsky, N. Three factors in language design[J]. Linguistic Inquiry, 2005, 36(1): 1-22.

[14] Chomsky, N. Approaching UG from below[C]// In Sauerland, U. & Gärtner, H. -M. (eds.). Interfaces + Recursion = Language? Chomsky's Minimalism and the View from Syntax-Semantics. Berlin, New York: Mouton de Gruyter, 2007: 1-29.

[15] Chomsky, N. On phases[C]// In Freidin, R., Otero, C. & Zubizarreta, M. (eds.). Foundational Issues in Linguistic Theory: Essays in Honor of Jean-Roger Vergnaud. Cambridge, Massachusetts: The MIT Press, 2008: 133-166.

[16] Cinque, G. On the evidence for partial N movement in the Romance DP[C]// In Cinque, G. (ed.). Italian Syntax and Universal Grammar. Cambridge: Cambridge University Press, 1993: 287-309.

[17] De Vries, M. Book review: Consequences of Antisymmetry[J]. Lingua, 2003,113(2): 173-181.

[18] Haudry, J. Parataxe, hypotaxe et corrélation dans la phrase latine[J]. Bulletin de laLinguistique de Paris, 1973,68(1): 147-186.

[19] Heim, I. 1982.The Semantics of Definite and Indefinite Noun Phrases[D]. Ph.D. diss. University of Massachusetts, Amherst.

[20] Kaiser, S., Ichikawa, Y., Kobayashi, N. & Yamamoto, H. Japanese: A comprehensive grammar[M]. Londres/New York: Routledge, 2001.

[21] Kayne, R. The Antisymmetry of Syntax[M]. Cambridge, Massachusetts: The MIT Press, 94.

[22] Lebeaux, D. Relative clauses, licensing, and the nature of the derivation[C]// In Rothstein, S. (ed.). Perspectives on Phrase Structure: Heads and Licensing. San Diego: Academic Press, 1991: 209-239.

[23] Lin, J. -W. On restrictive and nonrestrictive relative clauses in Mandarin Chinese[J]. Tsing Hua Journal of Chinese Studies, 2003, 33(1): 199-240.

[24] Manzini, M. Syntactic dependencies and their properties: a note on strong island[J]. University College of London Working papers in linguistics, 1994(6): 205-218.

[25] Oyharçabal, B. Relatives[C]// In Hualde, J. & de Urbina, J. O. (eds.). A Grammar of Basque. Berlin: Mouton de Gruyter, 2003: 762-822.

[26] Rizzi, L. Relativized Minimality[M]. Cambridge, Massachusetts: The MIT Press, 1990.

[27] Rizzi, L. Residual Verb Second and the Wh-Criterion[C]// In Belletti A. & RizziL. (eds.). Parameters and Functional Heads. Oxofrd: Oxford University Press, 1996: 63-90.

[28] Rizzi, L. The fine structure of the left periphery[C]// In Haegeman, L. (ed.). Elements of Grammar: Handbook of Generative Syntax. Dordrecht/Boston/London: Kluwer Academic Publishers, 1997: 281-337.

[29] Toribio, A. Proper government in Spanish subject relativization[J]. Probus, 1992(4): 291-304.

[30] Wu, T.(吴桐). La relativisation prénominale[D]. Ph.D.,diss. Université Sorbonne Nouvelle Paris 3, Paris, 2011.

《当代英语不定式和动名词研究：基于大型语料库的非限定性补足语分句研究》述评[①]

李春能　李　静

中南民族大学　外语学院

引　言

《当代英语不定式和动名词研究：基于大型语料库的非限定性补足语分句研究（*Infinitives and Gerunds in Recent English: Studies on Non-Finite Complements with Data from Large Corpora*）是帕尔格雷夫·麦克米伦出版社（Palgrave Macmillan）2017年出版的一本有关英语非限定性动词补足语对比的英文著作。该书正文部分由6章组成，共XI＋88页。作者是芬兰坦佩雷大学（University of Tampere）的尤哈尼·鲁丹科（Juhani Rudanko），2016年退休，之前一直从事补足语结构的教学和科研，并着力于英语语法中补足语变体和各种变化的研究，主要著作有《补足语与格语法》（*Complementation and Case Grammar*，1989），《介词和补足语小句》（*Preposition and Complement Clauses*，1996），《补足语的变化》（*Changes in Complementation*，2011），以及《联结形式与意义》（*Linking form and meaning*，2015）。下文将依次介绍正文各章主要内容，然后简要评述。

一、主要内容

本书由一组论文组成，共六章。第一章是引言，最后一章是结论和展望，重点是其余四章。这四章都围绕四个个案进行语料库调查，作者阐述了动词不定式to引导的补足语分句和动名词补足语分句，着重考察二者在当代英语中的变化以及它们不同的语义属性，借此对非限定动

① 【基金项目】中央高校基本科研业务费专项资金项目“基于语料库的中国作者英语学术论文中连接状语使用情况研究”（CSQ15007）；中南民族大学“英语语言学及应用语言学研究团队”项目（XTS15013）。本文在修改过程中得到导师王勇教授和吴胜伟博士的指导和建议，特此致谢。文中疏漏之处，皆由作者负责。

词补足语结构进行归纳总结和预测。第二章以 consent 为个案，第三章以形容词 subject 为例，第四章以 ashamed 为例进行个案调查，第五章以及物性介词短语 into-ing 为个案，例示当代英语中的词汇语法创新。

引言部分主要介绍了本书研究目标、研究对象、研究方法和主要研究内容。作者从新的角度去阐述当代英语中两种表达选择义的控制结构：一种是 to 引导的动词不定式小句，另一种是动名词小句。这两种动词补足语分句的控制结构分为主语控制和宾语控制，均受制于补足语分句的逻辑主语。作者根据鲍林格原则（Bolinger's Principle），认为形式的不同必然导致意义的不同。[①] 动词不定式表示“假设、未来、未完成”的意义，动名词含有“真实、生动、完成”的意义。

在传统描写语法中，动词、形容词和名词都可以作为核心，后带补充成分，因此可以认为是带补足语谓词（complement-taking predicates，CTPs），并且述谓词和补足语之间的关系不是任意的，而是根据意义匹配的，所以选择不同的匹配关系也就有不同的语义潜势。这一点与鲍林格原则一致：不同的句法形式总是意味着不同的意义。为此，作者引入了逻辑主语的概念。请看例句：

（1）a. Matt tried to use his fists.（马特设法用他的拳头。）

b. Matt resorted to using his fists.（马特最终诉诸拳头。）

（2）a. Matt wanted to use his fists.（马特想用他的拳头。）

b. Matt imagined using his fists.（马特想象着使用他的拳头。）

（1）中的两个主句动词（Higher verb）try 和 resort 给显性主语 Matt 赋予语义角色，而从句动词（Lower verb）use 给补足语分句赋予语义角色。主句和从属分句主语的语义角色都是施动者 Matt。但是在（2）中，情况却不一样，主句动词赋予主语 Matt 体验者的语义角色，而在补足语分句中，逻辑主语 Matt 却是施动者。

生成语法中的空语类 PRO 理论支持隐性主语的存在（温宾利，2012：165-185）。在上述例句中，非限定分句都受到主句主语的控制（control）。作者基于这一理论假设，认为主句主语也控制了分句的逻辑主语。

接下来，作者从主语控制和宾语控制两个方面来考察非限定动词补足语分句的形式和意义差异，本书第二章到第四章涉及主语控制的问题，第五章考察宾语控制的问题。

第二章以 consent 为例，主要考察两种主语控制结构，选择的语料来自全球网络英语语料库（Global Web-based English Corpus，略作“GloWbE”）中的美国英语和英国英语两个地区变体和美国英语历史语料库（Corpus of Historical American English，略作“COHA”）。以 consent 为个案进行分析。作者在语料库中发现 consent 在历史语料中使用频率较高，但是时至

① Dwight L. Bolinger 中文译名采取徐赳赳（1994）译法。

今日，它的使用频率却已减少。在网络语料库中，不定式补足语比动名词补足语使用频率更高，历时调查显示，当代英语中 to-ing 动名词补足语呈现上升趋势，这种趋势也符合当今英语述谓补足语大转移（great complement shift）的核心特征。

动词 consent 可以后接补足语分句，包括不定式 to 引导的补足语分句和介词 to 后接的动名词补足语分句。例句如下：

（3）a. He consented to go on.（他同意继续。）

b. I do not consent to giving up the rights at any time.（不管什么时候，我都不同意放弃权利。）

（3）中的 to 是不同的，句 a 中 to 是动词不定式标记，作者依据乔姆斯基（Chomsky，1981）的观点把它归为助动词，允许动词删除操作；而句 b 中的 to 是介词，不允许动词删除操作。按照空语类理论，句 a 中的隐性主语位于动词不定式 to 之前，而句 b 中的隐性主语位于介词 to 之后。为检验这一点，作者另举例如下：

（4）a. Matt tried to use his fists, but his friend did not try to.（马特设法想用拳头，但是他的朋友不想这么干。）

b. *Matt resorted to using his fists, but his friend did not resort to.（* 马特寻求用拳头解决，但是他的朋友并没有寻求。）

在这两个句子中，句 b 不成立的原因主要在于句尾 resort to 后面接的是名词短语（NP），不允许做删除操作。句 a 中句尾 try to 后面接动词短语（VP），可以做句法删除操作 .

这两类 to 除了句法差异大，主句动词对主语控制具有不同的选择性。这也是第二章的另一个重点，作者提出了很有解释力的选择原则（the Choice Principle），即主句动词谓语选择 to 引导的不定式补足语分句还是动名词补足语分句主要取决于分句谓语的施事性，不定式分句中的谓语动词具有施动性，语义上呈现为 [＋ Choice] 特征；而动名词分句中的谓语动词不具有施事性，具有 [－ Choice] 的语义特征。作者认为导致这种差异的原因是 to-ing 这一类补足语使得主句述谓成分（higher predicate）和补足语分句的述谓成分的距离更远，主句主语对补足语分句逻辑主语（PRO）的控制也减弱；相反，to 引导的不定式分句和主句的述谓部分距离较近，分句逻辑主语受到主句主语直接或者严格控制。

第三章基于美国英语历史语料库（Corpus of Historical American English，COHA）的语料分析，考察 *be subject to* 后接动词不定式分句和动名词分句的变化差异。*Subject* 包括“受……支配的”“服从于……的”“可能受……影响的”“易遭受……的”等义项，作者认为 subject 的核心概念意义具有非施事性（non-agentive），那么嵌入其后的补足语分句逻辑主语必然具有非选择性的语义特征，即（-choice）。同时作者在第二章发现当今英语呈现出述谓补足语大转移的趋势。因而，作者在本章篇首预测 be subject 后接 to-ing 结构比不定式补足语结构频率更高。

历时语料库调查显示，19 世纪美国英语明显偏向于 subject 后接动词不定式补足语，而在 20 世纪，to-ing 补足语更为常见。在 19 世纪的历史语料库中发现 subject 后接 to 引导的不定式补足语分句绝大多数采用了被动结构，这种结构在原型意义上具有 [－ **Choice**] 语义属性和非施事性特征。总体数据分析显示 90% 以上的 to 引导的不定式分句和 to-ing 补足语分句明显呈现出非施事性的倾向，语义倾向上也表现为 [－ **Choice**]。这个结果刚好与作者预测的补足语大转移一致。20 世纪以来的数据显示形容词 subject 后接 to-ing 补足语占优势，有逐渐取代不定式分句的趋势。

解释这种变化的原因可能是：这两种非限定分句的隐性主语所处的位置不同，并且不定式 to 允许动词删除。不定式结构中动词删除的出现标志着英语不定式 to 从名词性向动词性漂移，而且同时伴随发生了不定式 to 和介词 to 的分离。于是，这种分离为 to-ing 的广泛分布创造了有利条件。动名词分句具有名词性，语义上呈现 [－ Choice] 的属性。因此，形容词 subject 倾向于选择 to-ing 动名词补足语，这也是自然的结果。

作者为了进一步地验证这个结果，调查了全球网络英语语料库（*GloWbE*）中的美国库，结果也发现了 to-ing 结构的优势地位，绝大多数非限定补足语分句（170 例）表现出非选择性特征 [－ Choice]。作者也观察到介词 to 后的 -ing 结构包含有少数的被动结构、致使结构（即 have ＋ NP ＋ Past Participle），虽然没有表现出被动结构的形态，但是作者认为可以解读为被动行为，含有非施事性意义。除此之外，作者也发现了 22 例的不定式 to 补足语，但是仅仅存在于比较保守和正式的法律、宗教体裁。

总而言之，形容词 subject 具有“有义务的”“受……影响的”的语义要素，必然会压制补足语分句动词的自主选择能力和施事性，历时层面上经历了由不定式 to 到介词 to-ing 补足语分句的大转移，呈现出非选择性的特征，这也符合选择原则的要求。作者进一步发现 to 的分化，即不定式 to 和介词 to，to 在这一分化过程的早期历经了由名词性向动词性的漂移（drift），但是到了 19 世纪中期后又呈现出名词性特征。作者最后认为不定式 to 的语法地位问题、形容词 subject 在其他地区英语变体中的最新分布、语篇体裁对于补足语分句的选择问题都是值得进一步探讨的话题。

第四章继续以选择原则为重点，考察的对象以 ashamed 为例。形容词 ashamed 补足语有两种选择，to 引导的不定式补足语和介词 of-ing 动名词补足语，本章着重研究形容词 ashamed 在选择补足语分句时与选择原则的相关性。以下句为例：

（5）a. I was ashamed to face them.（面对他们，这会让我感到羞愧。）

b. I'm ashamed of telling you this.（告诉了你这件事，我感觉羞愧。）

主句形容词 ashamed 被主句主语赋予题元角色，其后补足语都受到句子主语的制约。句 a 和句 b 都是典型的控制结构。不同的是，句中补足语子句的逻辑主语 PRO 处于不同的节点位置：句 a 中 PRO 位于不定式之前，而句 b 中 PRO 位于介词 of 后，动名词 -ing 之前。

从词典定义来看，be ashamed 后接不定式和介词 of-ing 意义几乎相同。而作者依据鲍林格的论断和选择原则，调查形容词 ashamed 补足语子句选择不定式和 of-ing 动名词补足语分句是否遵循选择原则，以及这两种补足语分句的语义差异。

作者调查了 20 世纪 40 年代和 50 年代的美国英语历史语料库（COHA）和 2000—2009 年当代美国英语语料库（the Corpus of Contemporary American English，COCA），从共时和历时视角共同来探讨这两种补足语子句。排除干扰项，在历史语料库中检索得到 183 项不定式补足语和 38 项介词 of-ing 动名词补足语，卡方检验结果显示选择原则在补足语分句的选择中有显著性影响。

为了证明上述结论，作者进一步调查了当代美国英语语料库中的补足语选择情况。检索 2000—2009 年的数据显示，不定式补足语比动名词补足语频率更高，卡方检验结果显著度高，选择原则仍然是形容词 ashamed 进行补足语选择的一个重要影响因素。

基于语义角色和选择原则分析框架，作者把形容词 ashamed 非限定补足语进行分类、归纳。作者调查《牛津英语词典》后发现：从语义搭配来看，ashamed 与不定式和 of-ing 动名词结构搭配都含有“惭愧、羞愧、尴尬”（affected with shame）的意思，为了方便，我们用 A 代表；而仅当 ashamed 与不定式结构搭配时表示“因惭愧、羞愧、尴尬而不情愿”的义项（reluctant through fear of shame to），这里用 B 代表。作者把选择原则和语义角色分析结合起来，归纳语料库中的非限定结构类型，发现二者存在如下对应关系：

表 1　形容词 ashamed 非限定性补足语语义角色及其与选择原则关系

	ashamed to- 不定式补语	ashamed of-ing 动名词补语
[+ Choice]	A	A/B
[− Choice]	B	B

一般而言，语料库的调查首先关注语言使用的倾向性，然后关注反例用法的解释。接下来的语料库调查中，作者考察的第一种特例是形容词 ashamed 后接被动结构作补足语分句。因为不定式和动名词补足语都是被动结构，与其句法环境配置的一般是典型的非自主选择 [− Choice] 语义角色。作者以当代美国英语语料库全时段语料为检索范围，共检索出 31 个 to 引导的不定式分句，6 个 of-ing 动名词分句。

作者首先考察 to 和 of 的语义角色。不定式 to 是助动词节点的一个成分，含有“路径—目标”的意义，这也正是介词 to 的基本意义。作者推断不定式 to 起源于早期英语中的介词 to，蕴涵“目标”义。介词 of 在《牛津英语字典》在线版的基本定义是“从……分离”，当今英语仍然保留“分离”（separation）这个核心义素，充当表述“来源”的语义角色。故而 of-ing 动名词补足语可以被解读为“从某个来源分离”的含义，那么 ashamed 后接 of-ing 动名词补足语表达“某人所感受到的羞耻、惭愧等情感的原因”。

补语引导词 to 和 of 的语义角色为两种被动结构非限定补语的差别提供了语义理据。作者在具体语料中发现被动结构非限定分句暗含不同的意义。举例如下：

（6）a. It broke my heart that he was ashamed to be seen with me.（要是被看到和我在一起，他就会感到羞耻。这让我伤心。）

b. It broke my heart that he was ashamed of being seen with me.（当被人看见和我在一起的时候，他感到羞耻。这件事让我伤心。）

在上述句中，不定式分句表述假设事件，动名词分句表述具体事件。不定式补足语结构仍然暗示从句主语—施动者 he 对补足语事件有一定的可控制（control）成分。假设补语分句事件“被看到和我在一起”发生，主语 he 对自己“惭愧、羞愧、尴尬”等情感的表达有自主选择权。整个命题而言，“让我伤心的”是他的这种选择或者意愿。这种选择或者意愿就是来自主句施动者，施动者对目标事件存在控制因素。与之相应，ashamed 表达的意义是“因羞愧而不情愿”（reluctant through fear of shame to）；而动名词补足语结构中主语 he 对补足语事件的控制性和施事性相对较小，甚至没有。施动者 he 在分句事件“被看到和我在一起”完成后受到心理影响，这个命题中，“让我伤心的”理由来自他的情感反应，主语 he 对补语分句事件的控制或者选择几乎没有。同时，ashamed 表达的意思是“惭愧、羞愧、尴尬”（affected with shame）。

第二种情况是 ashamed 的谓词被否定，补足语分句也不具有自主选择义。如下句：

（7）She was not ashamed to be seen naked.（就算是不穿衣服被人看见了，她也不觉得羞耻。）

作者认为不定式补足语子句的逻辑主语在面临挑战或者反对时想表达一种挑战或者抗议蔑视或者不愿服从的态度，由此暗示出主语 she 的施事特征和自主控制性。同时，在这种否定句中，动名词补足语表达的仅仅是“shame”的字面意思，没有言外之意。

最后，作者在语料库中还观察到形容词 ashamed 的一种特殊不定式补足语结构，即补足语分句主要动词是 say，并且大部分补足语都是 that 引导的补足语从句。从信息结构的角度来看，信息中间层 say 类似于一个铰链结构（hinge construction），本身并无实际意义，起一个连接主句谓词 ashamed 和 that 从句的作用，与不定式补足语的自主选择性 [＋Choice] 语义特征相容。然而，历时数据显示这类铰链结构正处于上升阶段。由此推测，在当代美国英语中，ashamed 补足语中形成了一种程式化的铰链结构，而且呈上升趋势。

第五章主要考察另外一类控制结构，即宾语控制。本章着重考察这种宾语控制结构。本章和动词不定式结构进行对比的是具有及物性的介词 *into-ing* 结构，作者发现这种介词短语结构是当代英语中的创新用法。作者调查了美国肥皂剧语料库（the Corpus of American Soap Operas），发现大量创新用法。以动词 pressure 为例：

（8）a. I persuaded him to go along with me.（我说服他跟我一起去。）

b. I pressured him into going along with me.（我迫使他跟我一起去了。）

首先，两类补足语分句句法形式不同。分句逻辑主语是没有语音形式的空语类主语 PRO，受制于主句的宾语 him，不再受制于主句的主语。正如第一、二章所说，逻辑主语 PRO 位于不定式 to 之前，介词 into 之后。其次，两种补足语分句具有不同的语义蕴涵。句 b 补足语表述目标意义，句 a 不定式补足语则不含这个意义。从语义蕴涵的角度来看，句 a 命题意义若为真，则补足语分句命题意义也为真值。句 b 则相反，句子命题意义的真值不能蕴涵动名词分句的语义真值。作者在（8）中各自句尾添加一个转折关系的并列句"but he did not go along with me"进行测试，发现句 a 仍然成立，句 b 语义上则有矛盾。

作者进一步讨论动名词补足语 into-ing 构式，并把它归为构式语法中的致使—移动构式（caused-motion construction），这个结构包含两个事件：主句动词陈述的事件和致使—移动结构所述事件，前者是后者的途径。

接下来，作者把句 b 中的及物性结构 into-ing 动名词补足语当作当今美国英语中的创新用法。在多个语料库的调查中作者发现该结构自从 19 世纪以来迅速扩散。除此之外，这种致使—移动结构还可以选择更多的动词作主句谓词，形成述补结构，体现了很强的能产性。研究发现类推是导致这种能产性的可能因素。

作者采用的创新用法标准是：凡是未被权威参考工具书收录并加以描述的用法都可以被认定为创新用法。创新之处体现在致使—移动结构以及与之搭配使用的主句动词（matrix verb）在词汇语法上的创新。如下所示：

（9）NP_1 ＋ VP ＋ NP_0 ＋ into-ing construction

在引入致使—移动结构之后，主句动词 VP 的论元结构由两个论元增加到三个论元，即施动者 NP_1、受动者或者体验者 NP_0 和增加的目标论元（介词引出的动名词）。除此之外，作者还发现 2 例名词进入动词 VP 位置，作者把这种特殊的致使用法称为"激进创新"（radical creativity）。

从语义角色分析来看，创新用法仍然是一种宾语控制结构，表述主语对宾语的影响。循此思路，作者把能进入此结构的动词进行语义归类。作者认为句（8）创新用法的意义用符号可以概括如下：NP_1 causes NP_0 to perform or bring about S_2，意思是主语 NP_1 致使宾语 NP_0 做 S_2 这件事或者造成 S_2 的状态。主句动词陈述的事件是造成 into-ing 构式事件的途径（means）。把创新使用的主句动词按照不同的"途径"义分类如下：欺骗类、施压类、激起不良情绪类（如愤怒、恐惧、烦恼、困惑、惊奇等）、通过语言影响类（如怂恿、奉承或者劝说等方式）、特指途径、非特指途径。动词论元的增加和进入介词构式 into-ing 的动词聚合创新了语言结构，丰富了语义表达。作者最后指出及物性介词 into-ing 结构的创新潜势值得进一步研究，并且这些创新也值得词典编纂者的注意。

第六章是全文的结论部分。作者简要综述了各章主要研究内容，并展望了研究的前景。作者指出结合当今英语补足语大转移的趋势，影响英语述补系统变化和变异的诸多因素值得进一步研究。同时研究发现选择原则在解释主句动词、形容词、名词选择非限定补足语分句时具有突出影响，但是这一原则是否会获得提取原则（Extraction Principle）同等的地位，有待进一步研究才能确定。

二、简　　评

（一）理论视角新颖

本书以生成语法中与空语类PRO有关的控制理论和基于语义层面的选择原则为分析框架，旨在证明形式和意义的相关性。从句法形式考察来看，作者先撇开语义（至少是从表层结构上不谈语义），确定了隐现的空语类在不同句法结构中的分布差异。这种句法形式上的差异必然造成意义的不同。

作者发现空位主语受制于主句主语或宾语，这与主句述谓部分搭配的动词或形容词有关。作者调查的个案中，一类谓语部分包括 consent、subject、ashamed，其后不直接带宾语，空位主语受主句主语控制；另一类谓语是 pressure 类动词，属于带宾动词，并且其后的介词介引第三个论元，即动名词分句，空位主语受动词宾语控制。通过空语类理论的分析，不具有语音形式的句法成分被识别出来。这有效地辨明了两种容易混淆的、词典中未做区分的控制结构。

作者并没有停留在句法形式的差异比较上，继而转向语义层面的考察，认为空位成分赋予句子特殊的意义，这个意义首先就体现在补足语分句空位主语的受控制对象上。从命题意义的角度来看，主句事件和补足语分句事件是两个相关事件。个案分析中的 consent、subject、ashamed、pressure 等谓词陈述的事件可以影响、控制补足语分句事件。其中，pressure 类动词在结构上的创新丰富了意义的表达。

（二）语料规模大

真实而丰富的语料是保证结论正确的有力条件，本书体现了大数据分析的优势。作者选用的语料库都是亿万级的真实语料，这一点与生成语法以内省语料为主完全不同。并且作者的语料库调查包括共时和历时两组数据分析。举例来说，作者选取的主要语料库有：基于全球网络英语语料库（GloWbE）总计 19 亿词，美国肥皂剧语料库（the Corpus of American Soap Operas）总计约 1 亿词，美国英语历史语料库（COHA）收录了 19 世纪初到 2000 年的历时语料，共计 4 亿词，当代美国英语语料库（COCA）收录了 1990—2015 年的语料，共计 5.2 亿词。① 以上代表不同时期、不同体裁的语料为句法调查提供了最直接的证据。

（三）方法创新

作者结合了语料库语言学的研究方法、生成语法和构式语法的研究方法，但是避免了这些方法中的明显弊端。基于语料库的数据分析，往往过于关注频率、概率因素，很难针对具体句法结构进行实质性的研究，有隔靴搔痒之感。但是语料库语言学的优势在于更多关注实际语言使用中很有可能出现的语言形式。生成语法关注更多的是内省语料，研究焦点是句法，研究对象是可能的句法形式，着重探讨理论的解释力。本书从使用的频率或者偏好来看待句法中的控制结构及其相关影响因素，直接从合乎语法和用法的句子中考察非限定分句的选择性和控制性。作者对比了谓语选择不定式和 -ing 动名词补足语分句时受到的句法因素、词汇因素、语义因素等的影响。另外，基于大数据的分析容易描述趋势，而本书中的详尽个案调查相当于精准定位分析，以点带面，既研究了实际问题，也具有预测效果。作者坚持句法形式结合意义的研究思路，避开了形式句法的短板 —— 纯粹的形式描写。

（四）不足之处

首先，书中第 64 页的例（8）并未列出 a、b、c 三句，而作者在文中对其进行了讨论，而实际没有列出例句，这是明显的错漏之处。另外，书中第 62 页对于例外语料的解释过于牵强。其次，语料均衡的问题。本书中检索的语料主要以美国英语为主，英国英语语料偏少。

总而言之，全书从单个的案例调查着手，步步推进。作者把具体语料分析和理论思考结合。句法形式和语义层面的互动在作者的研究中得到充分体现。非限定补足语充当主语控制和宾语控制结构时，基于语义的选择原则对主句动词、形容词、名词等谓词部分选择非限定补足语分句具有突出影响。作者的研究吸取了生成语法理论、语料库语言学、构式语法的思想，从共时和历时两个角度比较两种非限定结构的使用趋势和变化，这种多角度的研究方法将为研究者们提供重要参考。

参考文献

[1] 温宾利 . 当代句法学导论 [M]. 北京：外语教学与研究出版社，2012：165-185.

[2] 徐纠纠 . 美国语言学家 Dwight L. Bolinger[J]. 国外语言学，1994（3）：43-46.

[3] Rudanko, J. Infinitives and Gerunds in Recent English: Studies on Non-Finite Complements with Data from Large Corpora[M]. Cham: Palgrave Macmillan, 2017.

① https://corpus. byu. edu/glowbe/; https://corpus. byu. edu/soap/; https://corpus. byu. edu/coha/; https://corpus. byu. edu/coca/.

《情态与从属连词》评介

贾成南

浙江大学　语言与认知研究中心

引　　言

《情态与从属连词》（*Modality and Subordinators*）是瑞典隆德大学（Lund University）杰克·诺德斯特龙（Jackie Nordström）撰写的一部著作，由英国约翰·本杰明出版公司（John Benjamins Publishing Company）于2010年出版。该书是奥地利维也纳大学（University of Vienna）沃纳·亚伯拉罕（Werner Abraham）教授和美国亚利桑那州立大学（Arizona State University）艾莉·范·盖德仁（Elly van Gelderen）教授共同主编的"语言研究同伴系列（Studies in Language Companion Series，'SLCS'）"中的第116部，该系列是期刊《语言研究》（*Studies in Language*）的延伸。除引言和结论外，《情态与从属连词》分为两部分，共11章，xvii＋341页。正文前有目录、前言与致谢及缩写。正文后有两个附录（附录A命题情态的形态句法地位的两个类型学调查和附录B类型学调查的主要来源）、参考文献（其中包括文本语料来源，共14页）、语言索引和重要概念词语索引，以及"语言研究同伴系列"已出版的118部著作的书目清单。

作者在前言中指出语言的独特性不在于其可以交流现实世界的东西，而在于其可以交流可能事件、假想行为可能带来的后果以及人们希望或害怕事情发生的可能性。该书主要考察的是后者，即交流想象事件（imaginary events）的能力。由于想象事件能从言语情境和所观察到的现实中剥离，所以其对应的话语不是断言（assertions），而仅仅是命题（propositions）。条件从句（conditional protases）、（相信、怀疑、希望和恐惧等谓词的）补语从句（complement clauses）常用来表达想象事件，非现实（irrealis）标记如虚拟式（subjunctive）和条件句（conditional）中也可表想象事件。该书的核心假设是从属连词（subordinators）是现实—非现实区别（realis-irrealis distinction）的标记。下面将分别介绍该书各章的主要内容。

一、内容简介

第1章绪论。作者开篇提出从属连词是情态标记的假说。一般从属连词或标补语（complementizers）表示命题情态（propositional modality），例如日耳曼语中的“THAT、IF 和 WHETHER”。帕尔默（Palmer，2001：24）认为命题情态反映了说话者对命题的现实情况或真值（truth-value）的态度，典型的表现形式有直陈—虚拟（indicative-subjunctive）或者现实—非现实语气（realis-irrealis moods）和认识—传信（epistemic-evidential）情态语素。弗兰杰尔（Frajzyngier，1995）认为标补语是情态语素，而本书可以说是弗兰杰尔（1995）研究的延伸。在帕尔默（2001）的研究框架下，日耳曼语中的 THAT 代表无标记“现实（Realis）”，而 IF 和 WHETHER 代表有标记“非现实（Irrealis）”。THAT 表示的是现实（actual）和可能（potential），而 IF 在条件句中表假设（hypothetical），在补语从句中表不确定（uncertainty）；WHETHER 只表示不确定。作者根据上面的假设推论出从句最外围的功能范畴（生成语法称为“标补语”）可以等同于命题情态。

直陈和 THAT 与虚拟和 IF/WHETHER 在日耳曼语系的语言中可以分别找到相同的谓词（predicates）。半叙实（semifactive）谓词通常允准（licence）直陈和 THAT，而疑问和怀疑谓词通常允准虚拟和 IF/WHETHER。此外，在陈述句（declarative clauses）中，定式动词（finite verb）与 THAT 在句法分布上具有互补关系，而在疑问和条件从句中，它与 IF 和 / 或 WHETHER 是互补关系。其关键在于定式动词可以表示命题情态标记。斯特罗 - 沃林（Stroh-Wollin，2002）指出瑞典语认识小品词（the epistemic particles）kanske、kanhända 和 måhända“也许”也能占据这个位置。生成语法（Generative Grammar）框架下称作标补语的句法位置应该等同于命题情态。该书第一部分的假设是基于跨语言视角的，探讨世界语言中情态和从属连词之间形式（formal）、功能和语义的联系；第二部分就日耳曼语中情态和从属连词之间这种联系的假设进行更深入的探讨。

本章论述了该书的两个研究范式：语言类型学（Language Typology）和生成语法。生成语法和语言类型学中的理论分支都是以普通语言学范畴（universal linguistic categories）为前提的，该书的研究也基于此，所探讨的假设是一般从属连词属于普通类别的情态，准确地说是命题情态。作者还讨论了语言类型学和语言共性（language universals）的关系。语言共性包括词汇范畴，如名词和动词，以及功能范畴，如体、时态和情态。该书主要讨论了与动词和从句有关的功能范畴，尤其是情态。研究项目实现有三个层次：①不同语言中都有表述实际的语法标记（语素）；②语法标记（语素）有着普遍的范畴；③语法标记所指的语义或语用概念和普遍（universal）范畴对应。第一个和最后两个概念之间并不总是有 1 ∶ 1 的对应关系，某一特定语言的语法标记可以表示一个以上的类别或概念。科姆里（Comrie，1989）认为语言共性是具有模糊边界的原型。从动词和更中心的类别到更边缘的类别似乎有一个语义连续统（a semantic continuum），而这种语义连续统体现了语法化（grammaticalization）。条件假设的变体“should”发展出将来义，并已失去了其道义的意义。接着作者介绍了生成语法与普遍语法（universal grammar）之间的联系，任何特定语言中的词项都是从普遍语法（UG）中选择的结构化数组特性（arrays of features）。生成语法框架内假定的功能范畴层级顺序（the hierarchical order）与语言类型学中的语义相关性和距离象似性假说（conic-distance hypotheses）有着直接的平行关系，这两种假说都建立在存在普遍模式（universal patterns）的假设上。因此，句法（syntactic）和形态句法（morphosyntactic）秩序在一定程度上反映了普遍范畴（the universal categories）的内部顺序。

本章最后介绍了该书研究所使用的语料种类、语料来源以及语料的检索方法。该书主要研究各种语言的情态标记和从属连词的使用，涉及瑞典语、斯堪的纳维亚语、英语、德语和冰岛语等语言，并分别罗列了书中所出现语言的文本语料库名称。

第一部分从类型学角度探讨了世界语言中情态与从属连词的关系。

第 2 章介绍了有关语气与情态（mood and modality）的术语及其界定。作者按帕尔默（2001）将情态分为命题情态、事件情态（event modality）和言语行为情态（speech-act modality），并指出这些概念具有以下辖域（scope）关系（其他类别和内部顺序来自于拜比（Bybee）1985）：

（1）（言语行为情态（命题情态（时（体（事件情态（语态（价（动词））））））））

（speech-act modality（propositional modality（tense（aspect（event modality（voice（valence（verb））））））））

情态这三种类型（言语行为情态、命题情态和事件情态）应被视为三个独立的功能范畴，既然从句不带言外语力（illocutionary force），那么一般从属连词就应该与命题情态关联：

表 1　情态的不同类型

言语行为情态 **Speech-act modality**	**命题情态** **Propositional modality**	**事件情态** **Event modality**
祈使 imperative	认识情态（包括陈述） epistemic modality（incl. declarative）	道义情态 deontic modality
劝告 hortative	示证情态（包括陈述） evidential modality（incl. declarative）	动力情态 dynamic modality
命令 jussive	直陈一虚拟 indicative-subjunctive	
禁止 prohibitive	现实一非现实 realis-irrealis	
希求（可实现的） optative	条件句 conditional	
疑问 interrogative		

帕尔默（2001）把命题情态、事件情态和该书所指的言语行为情态都归为情态。言语行为情态不同于命题情态，言语行为情态可以通过施行动词和副词来确定。从句是否都有言外之意是广受争议的。虽然言语行为情态和事件情态与非现实或虚拟式匹配，但并不意味着它们是等同的。言语行为和事件情态描述非事实事件，因而具有符号的非现实性。言语行为和事件情态的主要功能不是将事件标记为非事实，而是发出命令、提出问题、表达愿望和揭示能力。因此，尽管言语行为和事件情态与命题情态相互作用，但它们并不属于同一范畴。该推理与米森（Mithun，1995）和切夫（Chafe，1995）都将现实或非现实的区别作为独立类别成员而非祈使、疑问、将来等类别成员的分析一致。在许多语言中，祈使句标记的现实与非现实的选择与礼貌原则有关。

帕尔默（1986）认为直陈—虚拟式表事实性（factuality）最明显的现象是在如日耳曼语和罗曼语中非叙实谓语（non-factive predicates）做虚拟。西班牙语中某些情感谓词后有变体形式，即虚拟用来表达更强烈的情感。日耳曼语的情感情态动词 shall 感叹句中表惊奇（surprise）、羡慕（admirative）和挫折（失意 frustrative），也可以用在情感叙实谓词后达到相同的效果。冰岛语也使用虚拟情感补语从句，skulu 甚至是强制性的。大多数带有直陈—虚拟区别的语言不在叙实谓语（factive predicates）的补语从句中用虚拟。德语、俄罗斯语和波斯语强制性使用直陈。非断言在概念上是一个并不能体现出不同认识情态所表示的事实差异的空术语，也不是一个体现如祈使和疑问的言语行为范畴意义的术语。

第 3 章论述了情态的形态句法地位。第一节简述了什么是形态句法学。第二节和第三节分别介绍并评述了拜比（1985）的语义关联（Semantic-relevance）假说和辛格（Cinque，1999）的分裂屈折（split-inflection）假说。第四节述评了朱利恩（Julien，2002）有关句法中心（Syntactic heads）和构词法（word formation）的观点。第五节介绍了与命题情态句法位置有关的两个类型学调查，并论证了命题情态是比时态更为边缘的功能类别。

拜比（1985）指出命题情态在她的研究框架内比时态的辖域要宽。辛格（1999）和朱利恩（2002）都认为命题情态比时态的句法辖域要窄。朱利恩（2002）找出两种语言的命题情态是比时态更为中心的范畴。由于该书的研究包括命题情态和陈述为无标记的认识情态标记，而朱利恩研究中有七种语言的命题情态在时态的外围，其中两种语言为相反的顺序。朱利恩的调查主要把语气看作是一类，所以有必要查阅她所使用的语料来源。文中引用的两个调查都表明命题情态标记（直陈式、虚拟式、现实、非现实、陈述（declarative）、认识情态标记和条件式）出现在时态外围的概率要约九倍于相反的情况。所以，两项调查结果的一致性可以相互印证。对于那些调查中出现的反例，作者指出在一些语言中相关语素有不同的地位，而在另一些语言中有明显的例外。此外，在一些语言中，对于语素的分析和分类也常常很难拿准。

第 4 章和第 5 章主要介绍了情态与从属连词之间的关系。

第 4 章第一节分别介绍了主从关系（Subordination）和从属连词。第二节论述了功能类别标补语与情态的关系，介绍了巴特（Bhatt，1999）有关 V2、标补语和语气的关系，以及有关利琪（Rizzi，1997，2002）和斯特罗 • 沃林（2002）的分裂标补语（split-complementizer）假说。第三节从类型学视角论述了标补语和情态的关系，分别介绍了努南（Noonan，2007）有关世界语言中标补语与现实—非现实区别和弗兰杰尔（1995）将标补语看作情态类别的看法。

作者根据索潘（Shopen，2007）将从属连词分为三类，即标补语、关系（relative）从属连词和状语（adverbial）从属连词。标补语也出现在许多欧洲语言的复杂从属连词的第二个元素上，限制性关系从属连词也是（名词）补语从句中心语。一般从属连词、无丰富语义的从属连词和具有丰富语义的状语从属连词之间也是有区别的。因此，作者赞同克里斯托法罗（Cristofaro，2003）有关主从关系是缺乏言外之意的观点。本章介绍了标补语和从句边缘类之间关系的生成分析，引用了斯特罗 • 沃林（2002）的观点，认为标补语与直陈—虚拟语气和认识情态标记一起表事实性（即命题情态）。标补语与言语行为情态（语力）是截然不同的类。努南（2007）和弗兰杰尔（1995）的调查都显示标补语表示了世界许多语言中的情态区别，特别是命题情态。

第 5 章介绍了世界语言中命题情态和从属连词之间语义（semantic）、功能（functional）和标记（notational）的相似性调查研究。第一节介绍了有关命题情态的从属语气。第二节简述了从属（Subordinating）命题情态小品词（particles）和附着形式（clitics）。第三节介绍了现实（Realis）和非现实（Realis）从属连词。

除印欧语系中的虚拟是一种典型从属语气，条件句（conditional）也是一种常见的条件小句（protases）语气标记；其他语言里带有如虚拟、直陈、现实和非现实的语气标记也表示从属关系。分句中的小品词（clausal particles）在主句中表命题情态，但从句中表从属关系也很常见。有时两者是重叠的，很难确定这一标记是情态小品词还是从属连词。有很多语言的从属连词表事实性区别，而在某些语言中，则被分为现实、非现实、直陈、虚拟、可能（potential），假设（hypothetical）或怀疑（dubitative）从属连词。这些从属连词常常成对出现：现实—非现实或直陈—虚拟，而在其他语言中这些从属连词被简单地译成“that”或“if”，但表示事实—非事实的区别或相关意义如示证（evidentiality）。

第二部分探讨了日耳曼（Germanic）语中的情态与从属连词。第 6、7 和 8 章调查了日耳曼语的直陈、虚拟和认识—示证情态标记的功能、语义和句法情况，并与日耳曼语的一般从属连词“THAT、IF 和 WHETHER”进行了比较研究。第 9 章介绍了占据命题情态和从属关系相关位置的言语行为情态、疑问和祈使。第 10 章论述了状语（adverbial）从属连词不是严格意义上的从属连词，而是介词、介词短语或副词（adverbs）。

第 6 章介绍了日耳曼语中与命题情态相关的直陈和虚拟。第一节论述了日耳曼语虚拟的言语行为功能。第二节介绍了条件结构中的直陈—虚拟和补语从句中的虚拟允准。第三节介绍了固化的（fossilized）虚拟形式。

日耳曼语直陈一虚拟的区别表示言者对于命题事实性（factuality）的态度。命题情态是日耳曼语中虚拟的主要功能。日耳曼语中虚拟的希求用法源于印欧语系的多义希求。德语和冰岛语的希求功能较为边缘。无论是虚拟—希求和劝告—祈愿的使用往往限于现在时和主句中，与之相对的用法是常出现在从句中的非事实虚拟，且不限于现在时。古瑞典语中愿望谓词后虚拟的使用属于非事实的功能而非希求。日耳曼语虚拟真正使用言语行为是在主句中。由于虚拟非事实用法通常用在从句中，而虚拟的言语行为用法则仅限于现在时，这些功能可以被清楚地区分。主句中虚拟表言语行为更像是一般从属连词，所以直陈 vs 虚拟在一定程度上可以与真实性（factuality）相关联。冰岛语中半叙实性谓词只能选择直陈里的补语从句，而非叙实性谓词只选择虚拟。冰岛语像西班牙语一样也在叙实性谓词后使用虚拟，对于这一点，同样得到了西班牙语的印证，即虚拟表示某种态度，甚至反预期。冰岛语中的情态动词 skulu 在这些从句中是强制性的，而在感叹句中表示惊讶。英语中对应的 should 和瑞典语中的 skola 在这些情境下有着相同的意义。德语中的虚拟不用于带有叙实谓词的补语从句。

在非叙实谓词后，德语中的虚拟表示说话者对命题真值持保留态度（命题可能为真或可能不是真的）；使用直陈式时，表示说话人接受命题的真实性。在半叙实和叙实谓词后，虚拟是不合语法的。早期古瑞典语非叙实谓词后的从句中约 30% 使用虚拟，而在半叙实谓词后，虚拟式的使用不显著。虚拟在非叙实谓词后的使用不广泛可能与那段时间虚拟的使用已经开始下降有关，到 15 世纪中叶已变得没有实在意义。

条件句中的虚拟是非事实性符号，现在虚拟在日耳曼语中已很少使用，过去虚拟用来标记不确定性、怀疑或者在冰岛语和古瑞典语里表反事实。德语中的反事实是由过去完成虚拟表示的。日耳曼语中的过去时标记已语法化为一个情态标记，与虚拟产生不同的效果。现实（假设）条件用现在直陈表示。疑问谓词在冰岛语和瑞典语中也可表虚拟（强制性），不表疑问，而表言者对于疑问内容的不确定性。古瑞典语不仅询问动词表虚拟，而且还有表沉思（rumination）、决心（determination）、决定（decision）和否定动词的谓词也表示虚拟，其共同点是言者不知道命题是否为真。

第 7 章介绍了情态标记（modal markers）、词序和其他情态语素，重点讨论了瑞典语和语。第一节介绍了过去时（past）和过去完成时（pluperfect）的情态用法。第二节介绍了日耳曼 V2- 语的真实焦点（verum focus）和强调（emphatic）do- 插入（insertion）。第三节探讨了 V1 与非现实（Irrealis）相关联，而 V2 与现实（Realis）相关。第四节介绍了否定极项敏感项目（polarity-sensitiveitems）的使用分布，即否定从句（negative clauses）、是非问（polar questions）和条件从句（conditional protases）表非现实，而特指问（content questions）和一些对比焦点（contrastive-focus）结构表现实。第五节介绍了 THAT- 从句中 V2 与现实相联系。第六节和第七节分别介绍了情态动词（modal verbs）和情态小品词（modal particles）。

命题情态动词没有屈折变化，但定式动词（the finite verb）却有屈折特征。过去时在条件句中已经语法化为一个情态标记表怀疑和设想。定式动词的语音重音使陈述句（真实焦点 verum focus）有断言的解释和条件句有怀疑的解释，都与事实意义有关。当英语中没有其他助动词可用，常通过强调 do- 插入（do-insertion）实现，因此强调 do 被视为命题情态的词汇化。英语 do- 支撑（do-support）的其他使用也与命题情态相关，即否定（非现实）do- 支撑（do-support），是非问（非现实）do- 支撑，特指问（语义预设）do- 支撑和焦点前置 do- 支撑（断言式）。后三种结构在日耳曼语中表现为倒装（inversion），倒装在生成语法的框架下分析为提升动词占据标补语位置，该位置与该书研究中的命题情态一致。另一个在日耳曼语中表现为倒装的从句类型是条件句，也是非现实性符号（假设）。因此，英语中的 V2 可以与现实（预设和断言）相关联，而 V1 与非现实（假设式和不确定式）关联，V1 词序标记已经词汇化为非现实标记。

日耳曼语中的情态动词表达不同认识和示证的概念，但同时也有很多情态动词表道义和动力情态。这些情态动词在形式和功能上是不同的：认识—示证动词在句法上离主要动词更远；认识—示证动词一般不能是非定式，非定式仅用于道义—动力情态；情态动词出现在助动词的完成时之外，是典型的认识—示证，否则在助动词完成时之内就是典型的道义—动力；认识—示证动词有时仅限于过去时；认知—示证动词一般没有时间指称。所以，直陈—虚拟的认识—示证动词（即命题情态）已词汇化为比道义—动力情态和时态更边缘的功能范畴。

作者最后探讨了来源于动词的认识情态小品词，如瑞典语小品词 kanske“也许（maybe）”和 kanhända“或许（perhaps）”。这些认识情态小品词能够在主句中占据定式动词的位置，即标补语的位置，这种现象不仅出现在陈述句中，而且条件句也有。斯特罗•沃林（2002）认为认识—可能、直陈—虚拟和 THAT-IF 属于同一范畴（即命题情态）。

第 8 章探讨了日耳曼语的一般从属连词 THAT、IF 和 WHETHER 也表事实（factuality）。第一节论述了 THAT 和 IF 做命题情态标记。第二节介绍了瑞典语和英语中 THAT 和 IF 的谓词选择倾向。第三节介绍了 IF 的语法化以及一个类型学比较。第四节比较了 THAT-IF 和直陈—虚拟之间的区别。第五节论述了 THAT- 省略、非事实（non-factuality）和虚拟之间的关系。第六节介绍了有关疑问和条件的从属连词。

一般从属连词有选择性地完成了在某些独立从句（希求、感叹和回声问句）的情态功能，与虚拟的作用相似。这些从属连词在这些情况下具有言语行为功能，发展为主句中最边缘的功能范畴（言语行为情态）。这些从属连词通常不引出主句，其主要功能不是言语行为情态，而是命题情态假设的定式从句（finite subordinate clauses）中最边缘的功能范畴。作者接着讨论了从句中 THAT、IF 和 WHETHER 的用法。

作者比较了 THAT-IF/WHETHER- 区分与日耳曼语中直陈—虚拟的区别。当言者不确定命题的真实性或当命题是（条件从句）假设时，使用 IF 和虚拟。日耳曼语的标补语系统与西班牙语的语气系统（以及俄语和波斯语的）相似，在相信类动词（verbs of belief）后使用直陈，但在怀疑类动词（verbs of doubt）后使用虚拟。IF 可能来源于原始日耳曼语怀疑谓词（dubitative predicate），而 THAT 来源于预指代词（cataphoric pronoun）。因此，他们已通过假设命题情态选择从句中最边缘功能范畴成员的要素完成了语法化。

THAT 可引入事实命题，也可引入可能命题，因为它是无标记的。帕尔默（1986）认为陈述常表示主观信念（belief）而非知识（knowledge）；努南（2007）认为许多语言的直陈包括可能（potential）的辖域。瑞典语中 THAT 在推测性语境中可以省略，而在叙实（factive）谓词后却很少省略；挪威语中半叙实（semifactive）谓词 Høra 和 forsta at- 删除可解释为报告性（reportative）而非自我体验（self-experienced）。德语中非叙实谓词后的 dass- 删除与虚拟和 V2 可同现。Dass 和直陈表示言者认为命题可能为真，而 dass- 省略和虚拟表示言者将他 / 她自己与命题真值相偏离，因此这也解释了意大利语中非叙实性（non-factive）谓词后的 che- 省略也伴随虚拟。

条件式 wh- 从属连词 hvis（挪威语，丹麦语）和 wenn（德语）应该分析为副词（adverbs）而非从属连词。条件式是由事实状语（circumstance-adverbial）和情态（hypothetical）组成。hvis 和 wenn 词汇化为状语部分，而 IF 词汇化为情态部分。瑞典语 ifall（in case）可以出现在不确定（uncertainty）和怀疑（doubt）补语从句中，说明 ifall 已部分语法化为非现实（Irrealis）从属连词。

第 9 章主要介绍言语行为情态（speech-act modality）。第一节分别论述了是非问句（polar questions）和特指问句（content questions）中的言语行为情态。第二节讨论了祈使语气（imperative）中的言语行为情态。

有人认为言语行为情态和命题情态是不同的功能范畴，言语行为情态辖域整个命题情态，而从句中不存在言语行为情态。也有人认为直接是非问具有言语行为的疑问和命题情态的非现实，因为言者不知道该命题是否为真。帕尔默（2001）指出世界许多语言中疑问伴随或直接关联非现实性标记。日耳曼语的是非问与非现实条件结构从句非常相似。是非问在瑞典语和英语中由 IF 引入的，显示为 V1 词序。拜比（1985）的调查结果得到了疑问比命题情态的辖域更广的类型学支持，并发现疑问是最外层的功能语素，比其他语气语素更边缘。嵌套是非问不包含疑问范畴，嵌套问句不是独立的话语，重现问句的命题内容，而不组成事实问。嵌套“是非问”话题化后就不再解读为间接疑问。

特指问与直接是非问相反是现实，因为命题被预设为真。特指问不能在日耳曼语中使用“否定”极性—敏感项，除非该问句是修辞性的，因为“否定”极性—敏感项常用在非现实语境。直接特指问不将疑问看作是从句限定词（clause determiner）而是成分限定词（constituent determiner），因为疑问是唯一被询问的成分，而非命题真值。日耳曼语中疑问词（wh-word）前移是因为信息结构的原因（焦点）而非功能范畴的提升。WALS 的研究指出世界语言中最常见的不是强制性前置疑问词（wh-word），而是让它保留在标准参数（canonical argument）位置上。嵌套特指问不具有 wh- 特征，而仅再现疑问的命题内容。当间接特指问作主语时，wh- 词更像不定代词而非疑问词。Wh- 词在半叙实谓词后像是自由的关系代词。嵌套特指问指定言者已知的所指以及预设什么，使听者可以将其识别出。特指问中的疑问词（wh-word）是焦点，命题是预设。

祈使句（imperative）有类似于是非问的结构，但言语行为范畴有 [祈使] 值。祈使句是定式（finite）包含命题情态范畴。帕尔默（2001：179ff）认为祈使句在一些北美和巴布亚语（Papuan）中有非现实标记。有一些语言的祈使标记为现实，表明命题情态在祈使句中是独立的功能范畴，常见的模式是非现实标记用来表达一种温和的祈使（和劝告 / 祈愿）（帕尔默，2001：138ff，181ff）。

祈使句和疑问句具有互补分布的特征。拜比（1985）没有发现任何可以将祈使与如直陈和虚拟的语气分开的形态证据，但疑问却有，对单个语气下任何实质性结论，拜比的样本显然不够大。一些语言中祈使没有任何专用的形态（morphology）。

第 10 章着重讨论了关系（relative）和状语（adverbial）从属连词。第一节分别介绍了关系和比较（comparative）从属连词。第二节主要探讨了状语从属连词。第三节论述了 for-to- 结构中 for 的标补语用法。

英语限制性关系词 that 应该分析为现实从属连词，因为限制性关系从句是（名词的）补语，语义上是现实（预设、事实或可能）。斯堪的那维亚语 SOM 没有分析为现实从属连词，分析为介词。它不仅可引限制性关系从句，而且还可引非限制性从句，而非限制性关系从句不是真正的从句。丹麦口语中的关系语 SOM（包括嵌套特指问中的 SOM）可以与 at 构造为状语从属连词，但在瑞典语中关系语 SOM 不能与另一个介词建构。斯堪的纳维亚语的 SOM 来源于相当于比较级形式 SOM“as”，这可以说也是一个介词。介词和引导词的共同功能的共同特指可以说是把图形放进与之相关的背景里。所以，在关系从句中，图形是先行词，关系从句是背景。

艾森伯格（Eisenberg，2006b）和 CGEL 认为状语从属连词（包括上面提到的比较级 SOM）应该分析为介词、介词短语或副词，而不是从属连词。状语“从属连词”比一般从属连词有更丰富的词汇内容，因此应视为词汇范畴成员而非嵌套从句中最边缘的功能范畴。状语“从属连词”常常有介词（或副词）的同义词或两个平行使用。很多状语从属连词可以与 THAT 和 IF 构建。比较级“从属连词”也可以选择名词性补语做间接格，并被搁置。因此，所有这些从属连词分析为选择补语从句的副词或介词：

（2）矩阵（matrix）谓词 [介词 / 副词 / 介词短语 [（THAT/ IF）补语从句]]

这类状语词（adverbial word）有些可以作叙实谓词（factive predicate），瑞典语中的一些时间从属连词可以与关系词 SOM 构建。

英语中 for-to- 结构发生在非现实语境，在帕尔默（2001）的框架下可以归为非现实，大量的事实表明 for 是介词。for 在 for-to- 结构中作为宾格指派给了后面的 NP，且不能被另一个介词选择；只能做一般 for- 宾语，且只能在名词后使用；在这些语境下 for + NP 通常可以省略，这表明它是 to- 不定式的前修饰语（pre-modifier），不定式标记是该结构的中心语；for-to- 结构与 ECM- 结构有很多相似之处，根据乔姆斯基（Chomsky，2001，2005）该结构没有标补语（Complementizer）范畴。因此，for + NP 在 for-to- 结构中应分析为介词宾语。

日耳曼语的从属连词和标补语应该限制为一般从属连词 THAT、IF 和 WHETHER（包括英语的限制关系词 that），表示命题情态；生成语法框架下标补语（有限性）的功能范畴可以与命题情态联系在一起。

第 11 章结语。该书的假设是一般从属连词属于与直陈和虚拟语气和认识情态标记相同的功能范畴，即命题情态。标补语不仅是补语从句中的 THAT、IF 和 WHETHER，而且在日耳曼语系非对称 V2 语的主句中做限定动词和在英语特定结构做助动词。既然限定动词做语气标记和认识—传信标记，既然标补语 THAT、IF 和 WHETHER 也表事实性，标补语就应该等同于命题情态。作者概述了该书使用的两种研究范式语言类型学和生成语法。作者认为词项是音义结合体，一般范畴分为词汇范畴和功能范畴。根据语言类型学和认知语言学的理论，这些范畴具有非对称值以及原型和边缘成员。此外，作者简述了该书两大部分的主要内容和观点。霍凯特（Hockett，1960）认为相对于动物的交流，人类语言最主要的特征之一是移置性。移置性指可以指代远离时空的事物。事实性是第三个维度，即可以指那些远离现实的情况，如假设、可能、不确定和反事实的事件。这些都是远离言语情境的，所以不是言语行为，因此往往通过从句来实现。

二、简　评

该书从跨语言的视角，探讨了情态和从属连词在世界语言中尤其是日耳曼语中的特点及其联系。作者应用了类型学理论、生成语法理论、认知语言学理论以及语法化理论对情态和从属连词的相关范畴进行了全方位的论述。语言类型学提供数据并对其进行分类，而生成语法提供形成句法结构的技术模型。该书使用了大量语言类型学的成果、结论和术语，也使用了生成语法中的一些术语和假设，如普遍语法（UG）、选择、允准和一致。这些对于汉语情态及其相关研究在理论上具有一定的借鉴作用。

该书的篇章安排结构合理，详略得当。第一部分论述了世界语言中的情态和从属连词，主要介绍了情态、情态的句法结构以及情态与从属连词的关系。第二部分着重介绍了日耳曼语中命题情态标记与从属连词的关系。两部分从一般到具体，从面到点，一步步对情态与从属连词进行深入探讨，挖掘了两者的深层关系，逐步验证了作者有关从属连词是情态标记的假说。从理论到跨语言事实的验证，体现了作者对于情态和复句研究深厚的学术功底和探索能力。

作者除借鉴了很多前人的研究成果和调查结果之外，还使用了大量日耳曼语和非日尔曼语的数据。对于这些数据是否具有可比性，作者采取的办法是把重点放在语法标记的核心功能上，即语法标记之间所有意义的共同点。此外，作者引用了大量其他语言学家所做的描述、分类和例子，不知作者是否核实过这些数据和材料。由于语言类型学需要使用尽可能多的语言数据，从这方面讲语言类型学是基于数据统计的，某种程度上讲也是基于经验的。

参考文献

[1][英]克里斯特尔•戴维（David Crystal）. 现代语言学词典（第二版）[Z]. 沈家煊，译 . 北京：商务印书馆，2000.

[2] 彭利贞 . 现代汉语情态研究 [M]. 北京：中国社会科学出版社，2007.

[3] Nordström, Jackie. Modality and Subordinators[M]. Amsterdam & Philadelphia: John Benjamins Publishing Company, 2010.

[4] Palmer, F. R. Mood and Modality[M]. Cambridge: Cambridge University Press, 2001.

《意外范畴的本质》述评

陆方喆

华中师范大学　文学院

引　　言

《意外范畴的本质》（“The Essence of Mirativity”）是发表于《语言类型学》（*Linguistic Typology*）2012 年第 3 期的一篇论文，作者为语言类型学领域的著名学者亚历山德拉 •Y. 艾兴瓦尔德（Alexandra.Y. Aikhenvald）。艾兴瓦尔德教授长期从事亚马逊和巴布亚新几内亚塞皮克河区域的语言与文化研究，2004 年她出版了专著《言据性》（*Evidentiality*），该书中有一章专门探讨言据性与意外这两个语法范畴的关系。2012 年的这篇文章则是艾兴瓦尔德教授对意外范畴的一个总结和思考。全文共 50 页，分为 5 个章节，下面依次陈述正文各章节主要内容并作一个简要的评论。

一、《意外范畴的本质》介绍

（一）第 1 节　关于“意外范畴”的意义

本节开篇提出，“意外范畴”（mirativity）这个概念是语言类型学新近出现的，德兰西（Delancey）（1997, 2001）将其定义为“传达对说话人而言是新的或未预期（unexpected）的信息，常含有惊讶的意味”。由于“惊讶”与“新的和未预期信息”也能由其他范畴表达，如感叹和言据性范畴，在以往研究中“意外”通常被认为是附属于上述其他范畴的一个特殊形式。直到德兰西（1997）首次提出意外是独立于言据性的一个语法范畴之后，意外范畴才开始进入语言类型学家的视野。

艾兴瓦尔德赞同意外与言据性是两个不同的语法范畴，她指出，在有些语言中意外和言据性没有语法关联，意外标记可以和言据性标记共现，占据不同的句法位置，且与其他范畴的关系也不一致。从理论上讲，言据性指明信息的来源，而“意外”反映的是一种与说话者知识结构有关的命题状态（德兰西，1997）。因此，“意外”并不宣示信息的来源，它可以与任何来源的信息共现，无论是一手观察、推理还是听说而得的信息（沃特斯（Watters），2002）。

德兰西（1997）之后，关于意外范畴的研究多了起来，艾兴瓦尔德指出是时候重新评估意外意义及其在不同语言中的表达。为此，艾兴瓦尔德归纳总结了意外意义的范围：

第一，说话人、听话人或主要人物突然发现、突然意识到的信息；

第二，令说话人、听话人或主要人物惊讶的信息；

第三，说话人、听话人或主要人物事先没想到的信息；

第四，与说话人、听话人或主要人物预期相反的信息；

第五，对说话人、听话人或主要人物而言的新信息。

上述意义可通过其他语法范畴独立实现，也可以通过词汇意义表达。在一些语言中，上述不同的意义通过不同的方式实现。因此，作为语言类型学家，仅说某语言有意外范畴是不够的，更要明确指出有哪些意外范畴的意义在该语言中是被语法化了的。

接下来，作者对全文内容及安排作了说明：第二节介绍不同语言实现上述五种意外意义的不同语法手段；第三节介绍一些语言中不同意外意义的不同语法标记；第四节介绍其他语法范畴表达意外意义的策略；第五节再次明确意外范畴是个有根据的、合法的语法范畴并对全文作出总结。

（二）第 2 节　表达意外意义的语言形式

第 2 节是该文的重点和主体部分，有 20 页篇幅，占全文 40%。在考察了马加尔语、康巴语、车臣语、粤语等 20 种语言后，作者指出，人类语言表达意外的语言形式主要有复杂动词结构（complex verbal construction）、动词后缀（verbal affix）、小品词（particle）和代词（pronouns）等，之后她以每一种形式为标题结合不同语言作了详细说明。

1. 复杂动词结构表达意外

一些藏缅语族（Tibeto-Burman language），东北高加索语（Northeast Caucasian）和塔里亚纳语（Tariana）都借助复杂动词结构表达意外意义。比如马加尔语（Magar）用动词词根加名词化标记 o 和系动词 le（同时也是助动词和未完整体标记）表达意外，比如：

（1）boi-e　chitua-ke　ŋap-**o**　**le**

Father-ERG　leopard-DAT　shoot-NMLZ　IMPF. MIR

爸爸—作格　豹子—与格　射杀—名词化标记　未完整体 . 意外

[I realise to my surprise that:] “Father shot the leopard!”（[我惊讶地意识到] 爸爸射杀了那头豹子！）

这种通过名词化谓语加上系动词表达意外的方式在许多喜马拉雅语言普遍存在，以下是来自康巴语（Kham）的例子：

（2）a. ma-hu-ke

NEG-come-PFV

否定—来—完整体

He didn’t come（他没来。）

b. o-ma-hũ-wo　o-le-o

3SG-NEG-go-PFV. NMLZ　3SG-be-NMLZ

第三人称单数—否定—去—完整体—名词化标记　第三人称单数—系词—名词化标记

He didn’t come！（他竟然没来！）

（2a）句客观陈述“他没来”这一信息，（2b）句在主要动词“hũ”后添加了系动词“le”和名词化标记“o”，从而表达了说话人对“他没来”这一事实的意外。需要注意的是，在表达意外时，康巴语的系动词和主要动词都采用了名词化形式。

在一些东北高加索语言中，具有惊讶和突然发现意义的意外范畴是它们的一个特点，如阿奇语（Archi）用动名词＋半助动词 x̌os（意为“发现”）这种分析性结构表达意外，它与阿奇语中表达目击 / 非目击或报道言据的标记并不相同，两者可以共现。

总之，复杂动词结构一般使用动词 be 或语法化的系动词，或动词 become 和 discover，伴随一个名词化的动词来表达意外。

2. 动词后缀和小品词表达意外

本节作者主要结合言据系统谈论一些用动词后缀或者小品词表达意外的语言。在一些只有一手（firsthand）和非一手（non-firsthand）对立的言据系统的语言，比如车臣语（Chechen），用动词后缀 -q 表达某个情境对说话人而言是未预料到的或是惊讶的（莫洛奇瓦（Molochieva），2010），车臣语的 -q 既可以与一手言据标记（例 3）也可以与非一手言据标记（例 4）共现，比如：

（3）hwazh-ahw　j-ied-**iq**　iza

看 . 未完整体—祈使 . 礼貌　名词—跑 . 未完整体—近过去目击—意外　第三人称单数 . 名词化标记

Look, it has escaped!（快看，它居然跑了！）

（4）Zara　j-ie-na　xilla-**q**

Zara. 名词化标记　名词—来 . 完整体—副动词 . 先时　是 . 完整体 . 非目击—意外

Look, Zara was here!（看，扎拉居然来过！）

例(3)的语境是一个小孩在玩一只小鸡，把它关在了笼子里，但是那只小鸡突然逃脱了笼子，言者和听话人看到了整个过程，于是用后缀 -i 表示该事件是目击的，用 -q 表示该事件对言者而言是未预料到的。例（4）的语境是言者并没有看到扎拉（Zara）来过，而是通过扎拉留在厨房的饼干推断扎拉来过，其中助动词 xilla 表示该事件是非目击的，而 -q 表示说话人没想到该事件会发生。

同样只有一手和非一手对立的讯语(！ Xun)用小品词kohà表达意外，kohà用在言据标记后，时标记前，把一个中性状态转变为惊讶状态，比如：

（5）a. ha　　má　　ha　　è
名词 1　话题　名词 1　指示
He is here.（他在这。）

b. à　　má　　kohà　　à　　è
第二人称单数　话题　意外　第二人称单数　指示
Oh, you are here[surprise]（哦，你在这啊！［惊讶］）

（5a）没有 kohà，只是一个客观陈述，（5b）用了 kohà，表示“你在这”对说话人而言是出乎意料的信息。讯语的意外标记既可用于陈述句也可用于疑问句，在叙述中还可以标记“故事的重点”，而言据标记不能用于疑问句。讯语的意外标记与反预期标记呈互补分布，后者用于表达某些预期发生但实际未发生的事件。反预期标记与意外标记不能在同一个动词短语或小句共现，这与康巴语相反，康巴语反预期标记和意外标记非常自然地共现于同一个动词之后。文中还简要地提到广东话的助词 wo3 能表达惊讶或显著的信息。

塔玛语（Tarma），一种盖丘亚语，有三种言据范畴（直接、报道和推测），同时也有一个意外标记 -naq，表示“一些正在进行中的不为人注意的事件突然被说话人或其他人发现”，在叙述中起重要作用，相当于英语中的 it turned out that。这个形式具有专门的表达意外的功能，包括惊讶、未预料的或未注意的进行事件，比如：

（6）chawra-qa　　cha:-qa　　ka-ku-naq
于是—话题 那个—话题 是—惯常体—第三人称单数 . 及物 / 不及物动词主
alqu
语 . 意外 狗
So, it turned out that he was a dog[not a human being as he had appeared to be]（结果发现他居然是条狗［而不是之前所表现的像个人］）

在本节中，作者用大量语言事实说明意外和言据性是两个相互独立的范畴，有不同的语法表现形式。艾兴瓦尔德强调言据性告诉我们信息的来源，而意外则告诉我们说话人对知识的反应（惊讶）和他的知识状态（对新信息的注意和意识）。

3. 代词表达意外

在一些语言中，意外还可以通过一些特殊的人称代词来表达，如希鲁克语（Shilluk）用第三人称代词的复数形式 gì 表示不平常的事情或者某人不应该表现某种行为，比如：

（7）á-‘ k ō bbì　　k ī nnì　‘gɛ̌　　kó　　k ʌ̄ʌ̄]

过去—说 . 受益格 标句词 第三人称复数 . 中性 否定语气 拿 . 及物离心 . 祈使

ká　gì　　k ʌ̄ʌ̄]’- ɛ̌

和 第三人称复数 . 意外 拿 . 及物离心 - 第三人称单数

S/he said, “don’t take them away”. And s/he took them away.（unexpectedly or wrongly）（她 / 他说，不要拿走他们，结果她 / 他却把他们拿走了。）

上例中 gɛ̌ 第三人称复数的中立形式，表达与预期相同的意义，gì 也是第三人称复数形式，但是表达与说话人预期不同的意义。

候恩语（Hone）用人称代词表达“一个行为未预期地、意外地发生或者以一种不寻常的方式发生”。表示意外的人称代词由连词 bə̀（= with（和）加人称代词基底构成，字面意思为“我和我，你和你，他和他”，实际意思是“我没想到，你没想到，他没想到”，比如：

（8）kū- yāk　　bə̀à̀

非确定主语 . 第三人称单数—完整体—上去 意外 . 第三人称单数

He/she went on unexpectedly[despite the fact that it was forbidden]（他令人意外地上去了 [尽管这样是被禁止的]）

候恩语人称代词的意外用法有“某人不应该或不认为有能力做某事，但却做了”的隐含义，它只与完整体共现，且有强调义。

（三）第 3 节　有多少“意外”

在文章第 1 节作者归纳了意外的五种意义，本节中，作者详细介绍了这五种不同意义在不同语言中的对应表达方式。加洛语（Galo）除了用小品词 la(a)ka 表示说话人惊讶的态度外，还有一个“发现”标记 ɲi，用于名词短语或系动词之后，表示突然发现一种事先不知道的或没想到的信息。狄摩语（Dhimal），一种流行于尼泊尔东南部的藏缅语言，用标记“la”表示某个信息是新的或未同化至原有知识储备的，用标记“sa”表示说话人突然意识到某个命题对他而言是惊讶的或难以置信的。

傈僳语有四种言据范畴：目击、非目击、推理和报道，同时也有四个意外标记，分别表达不同的意外意义，如表 1：

表 1　傈僳语中的意外标记

形式	意义
ɣ ɛ55	新的，没预料到的信息
le21”只有“＋话题标记＋ɣ ɛ55	与预期相反
le21	疑问标记，用于表示推理的结果与说话人预期相反
b ɛ33th ɛ21	新的，令人惊讶的信息

上述四个意外标记不能共现，但可以用于言据标记之前。作者表示傈僳语是她见过的有最详尽意外意义表达的语言。

（四）第 4 节　通过其他方式表达意外

在这一节中，作者指出除了专门表达意外的标记外，语言中还有许多与动词相关的范畴可以获得“意外”解读，比如时、体、方式标记、现实（reality）、语气、言据性以及人称标记等，上述范畴本身并不直接表达意外，但是在特定语境下，可以获得“意外”的意义。此外，“惊讶”也是感叹句的语义特征之一，许多语言还可以用词汇方式表达不同的意外意义，作者把上述方式统称为“意外策略”，即不是专门表达意外但是在特定语境下有“意外”的暗示的手段。

在印地语 / 乌尔都语（Hindi/Urdu）中，属于时制范畴的不定过去时（aorist，一种用于过去叙述的动词形式）可以表达说话人的惊讶，常见于口语交际，并往往带有半感叹语气。塞姆莱（Semelai）语，亚斯里语支的一种，可以用感知 / 认知动词或情感状态动词的非现实情态表达“与预期相反”和“出乎某人意料”的意义。克鲁斯帕（Kruspe，2004）指出，非现实是现实的否定，正如切夫（Chafe，1995）解释的那样：尽管事件或状态本身是足够现实的，但是对于说话人原有的预期而言，其否定现实的程度过于不现实，迫使说话人用非现实情态表达事件的意外性。这就好像说话人说：“他居然知道我的名字，这太不现实了！”

言据性标记也经常能表达意外，在只有一手和非一手言据标记的语言中，非一手言据标记更容易获得意外意义，特别是与第一人称相结合时，比如马普切语（Mapudungun），用 -rke- 标记非一手信息，同时也能标记说话人的意外。在有三种以上言据标记的语言中，意外意义常与推理或报道言据联系在一起，比如瓦绍语（Washo）。作者在本节还提出言据标记能够表达意外意义的语义演变路径：

缺乏一手信息→说话者未参与以及缺乏控制→没想到的信息和新知识→意外

作者认为，非一手言据标记往往意味着说话人对信息来源缺乏控制和意识，而意外意义经常与说话人缺乏对进行事件的控制与意识有关，两者有语义相似性，因此非一手言据标记往往能表达意外意义。除此之外，还有许多策略能表达惊讶，比如强调后缀，对比后缀等等。

二、简　评

艾兴瓦尔德这篇文章可以认为是继德兰西（1997）之后，有关意外范畴最重要的一篇文献，该文有三大突出贡献或价值：

首先，该文提出了意外的范围，即文中总结的五种不同的意外意义，较之以往笼统的“意外”可谓前进了一大步，为今后对某种语言意外范畴的描写与界定和跨语言比较奠定了语义基础。

其次，该文详细总结了语言中表达意外的常见语法形式，比如复杂动词结构、动词后缀、小品词、代词，有些在以往研究中并未提及，比如人称代词表达意外，这大大拓展了研究的视野和对意外范畴语法形式的认识。

最后，该文提出语言的意外表达策略。任何语言都可以表达意外意义，只不过有的语言语法化程度较高，形成了专门的意外范畴标记，而有的语言则是通过其他范畴或词汇手段间接地表达意外意义。意外策略（mirative strategies）的提出加深了人们对意外表达手段的认识，也为处理像汉语这种缺乏形态标记语言的意外表达方式提供了参考。

文章也存在一些不足，最大的问题就是对五种意外意义的划分，这五种意义其实不在一个层面，比如意义“令人惊讶的信息”，是从言语交际者的情感态度层面作的划分，而其他几个意义则是从信息的状态（新的、突然发现的、没想到的、与预期相反的）划分。此外，“突然发现”和“没想到”似乎不易区分，而“新的”又能包括突然发现、没想到和反预期信息，而这些信息都能令言语交际者惊讶，这五种不同的意外意义相互之间存在重叠和交叉。另外，文章对表达意外的认知心理机制探讨不够，也未解释既然反预期是意外范畴的一个子类，为何在文章所例举的讯语中却不能共现，以及反预期究竟是不是意外范畴的一个子类都是值得进一步探讨的话题。

参考文献

[1] Aikhenvald, A. Y. Aikhenvald. The essence of mirativity[J]. Linguistic Typology, 2012, 16(3): 435-485.

[2] Chafe, W. L. The realis-irrealis distinction in Caddo, the Northern Iroquoian languages, and English[C]// In Joan Bybee & Suzanne Fleischman (eds.). Modality in Grammar and Discourse. Amsterdam: Benjamins, 1995: 349-388.

[3] Delancey, S. Mir ativity: The grammatical marking of unexpected information[J]. Linguistic Typology , 1997, 1(1): 33-52.

[4] Delancey, S. The mirative and evidentiality[J]. Journal of Pragmatics, 2001, 33(3): 369-382.

[5] Heine, B., Claudi, U. & Hünnemeyer, F. Grammaticalization: A conceptual framework [M].

Chicago: University of Chicago Press, 1991.

[6] Kruspe, N. A Grammar of Semelai[M]. Cambridge: Cambridge University Press, 2004.

[7] Molochieva, Z. Tense, aspect, and mood in Chechen[D]. Ph. D. diss. Universität Leipzig, Leipzig, 2010.

[8] Watters, D. E. A Grammar of Kham[M]. Cambridge: Cambridge University Press, 2002.

《从语源学到语用学：语义结构的隐喻和文化内涵》述评①

范丽君　朱　斌

范丽君，中国传媒大学　文法学部；朱　斌，华中师范大学　文学院

引　言

《从语源学到语用学：语义结构的隐喻和文化内涵》（*From Etymology to Pragmatics: Metaphorical and Cultural Aspects of Semantic Structure*）一书为纽约剑桥大学出版社出版的“剑桥语言研究”系列之54，于1990年出版。作者是美国加利福尼亚大学伯克利分校的伊芙·斯威策（Eve Sweetser）。全书正文分为6章，共145页。正文之前有前言、缩写、目录，正文之后有注释、参考文献、人名索引和主题索引。下面依次述说正文各章主要内容，最后是对全书的一个述评和展望。

一、内容述要

第1章　导言

作者试图运用认知方法来研究意义，并解释一词多义、词汇语义演变、语用歧义等一种形式表示多种功能的现象。作者在提出理论分析框架之前，首先回顾评价了客观语义理论、形式语义学、生成语法等理论对一词多义、词汇语义演变以及语用歧义的研究。（第4页）

（1）I see the cat on the mat.

（2）I see what your mean.

例（1）中see是感官视觉“看”，与现实世界相联系，例（2）中see表示“知道”。“看”

① 【基金项目】国家社科基金项目“藏缅语并列结构的类型学研究”（17BYY177）；教育部人文社科重点研究基地重大项目“现代汉语因果表达的多层级研究”（15JJD740011）。

和“知道”怎么联系在一起的呢？有的语言中，white（白色）还有“honest（诚实）”和“candid（直率）”之意，white在英语中还有“善意的”之义，这些义项又是如何联系在一起的？作者认为这些联系并不是任意的，语言的分门别类并不仅仅取决于现实世界中名称的区分，还取决人类观念世界的隐喻和转喻的结构化。认知语义学认为观念系统中的隐喻映射作用能够解释语义的演变。

在语用歧义方面，作者列举了否定的歧义现象。以往研究认为语用意义依赖于言语行为结构，但更应该考虑认知结构在构成一词多义和语用歧义中所起的基础作用。以往的研究往往把一词多义和语义演变结合起来研究，而语用歧义则在另一种研究范式下进行。作者拟在同一个研究框架下探讨一词多义、语用歧义以及语义演变。

关于语义研究，作者先介绍了之前学者的语义分析理论，包括语义特征束理论、语义场理论以及欧洲传统、美国传统的语义研究，还评述了近年以认知为导向的语义研究，然后解释此项研究与之前理论的不同之处。

作者指出，系统隐喻联结把我们精神物理领域的词汇与认知域和言语行为的领域联系起来，特定的物理状态和位移动词是特定的抽象意义的词汇来源，言语和智力行为隐喻来源于物理作用，言语行为和心理状态动词的来源在某些领域是一致的，而在另一些领域则完全不同。伊芙•斯威策提出人类语义结构中相互联系的三个域：行域/内容域（描述世界的物理特点）、言域（绝大部分由言语行为构成）、知域（通过推理和假设得出结论）。三域之间连接系统的隐喻在词汇语义变化方向、一词多义、语用歧义等方面具有强力的约束。三域及认知结构理论是一词多义模式的基础，同时也是意义演变历史模式的基础，还可以解释关联和条件句中多种意义的形成。三域之间的象似性推断证明隐喻结构不只局限于印欧语系，还具有语义的普适性，意义深远。

本章介绍了本书的四个语义研究专题：感官动词、情态、连词和if-then条件句。作者模拟语言表达不仅是语言自身的描写，更是一个行为，甚至是一个认知或逻辑实体。词汇场语义学不仅为隐喻性的结构认知和语言理解的相关领域提供了一个强有力的证据，还认为语义学、语用学和句法结构之间存在相互联系。

第2章　语义结构和语义演变：印欧语背景下英语的感官动词

本章共5节。

简介部分，介绍本章主要考察共时语义组合和语义历史变化之间的相互作用。作者先回顾了以往语义研究存在的问题、方法手段以及制约因素。以往的语义学研究，受限于人类理解意义的能力和认知能力，以为语义是随意的、反复无常的、无规则的，很难建立语义演变的一般规则。早期的印欧语语文学研究更多地关注原始语义的现实性，聚焦于印欧语系语言中音系学和形态学的对应关系，历史语义演变关注较少。近期历史语义学，主要是关于语法化的一些成果。在语义分析方法上，经常以特征分类、语音特征的语义相似性、语义特征分析、基于词源的特征分析等为基础，对词汇语义学和语义变化进行分析。

关于语义演变，作者先讨论了原始印欧语和后代派生语言中基本词的演变，包括基本词汇的抽象化，演变方向是从具体到抽象而不是与之相反，基于特征的语义词源等。作者提出，两个意义之间是怎么联系的，语义演变是怎么发生的？假定语义是从具体到抽象方向演变的，那么具体因素是如何和某个抽象意义联系的，而不是和其他一些意义相联系？在一个语域内，意义是如何转变的？

本章考察英语的感官动词的语义演变线路以及语义之间的关联方式，拟回答意义之间的结构隐喻、抽象联系，以便更好地理解语义联系和语义演变。

第 2 节是“精神—身体隐喻”。作者首先举了一些历史上难以解决的困惑：

第一，为什么一些物理相似的词意味着可能性？如英语中的 like 和 likely，具有相同的语源。

第二，为什么“hear”意味着“obey”？

第三，为什么物理持有能和心灵理解相联系，而且这种联系具有普遍性？比如“I have seize”与“I have understand”一致。

第四，为什么“path”有“however”的意思？（第 28 页）

关于上述问题，作者先列举了前人的研究结果，然后指出自己的观点，认为诸如 bright 表示 cheerful，bitter 表示 anger 等，都是 bright、bitter 隐喻化的结果，对于我们的情感来说，anger 是不愉快的，同样“bitter”对我们的身体味蕾来说也是不愉快的，二者因为具有相似性而联系在一起。

作者认为精神—身体隐喻是由我们自身的外部经验和内在情感和认知相互联系而形成的。但是二者之间的相互联系并不能解释一词多义和语义变化，而两个语域之间的映射比相互联系的解释更为全面、合理。如“a strong argument”“a weak premise”“a forced conclusion”等就是隐喻现象，并不是只有情态动词具有多语域的用法。

作者得出两条结论：①心灵和身体词汇的联系可能有一些身心的根源，但是在英语中，乃至在整个印欧语系中，身体自我和内在自我的一致性隐喻则是普遍的。②社会物理领域的一个特殊的意义单位是和抽象内心世界的特定语义范畴相联系的，而不是和别的范畴联系。（为什 ability 意味着 possibility 而不是意味着“necessity”，或者为什么 heart 意味着 courage 或者 love，而不是意味着 fear。）

第 3 节考察英语和印欧语系中的感知动词。首先以 vision 为例，介绍了视觉动词的语义来源（第 33 页）：

（3）Vision ＜ =physical touching, manipulation

（4）Visual monitoring ＜ = ＞ control

接着阐述了视觉动词的目标域。视觉动词一般会发展出与心灵行为相关的抽象意义，physical sight= ＞ knowledge,intellection。不只在英语中，许多语言都有类似的隐喻表达，如：“I saw it with my own eyes”表示确定。Physical vision= ＞ mental，这个隐喻是建立在视觉和知识之间的强烈的联系之上的，也建立在视觉和心智领域共同的结构特点上。

作者认为英语视觉词语词义的演变有具体和抽象两种途径，一些词还停留在具体物理领域，如：inspect、spectator、vista/view/survey/vision。另外一些词只出现在心理领域：suspect/respect/exepect/retropect/prospect/supervise/evident/provide/prudente/envy/revise/advise/interview/clairvoyance，perceive/discern 和 observe 等词语同时是心理和物理领域的“vision”。

关于听觉动词，作者列举了印欧语诸语言中的听觉动词的语源关系，认为一个非常有意思的现象是 hear-heed 的语义演变，说明反方向的演变也是可能的：词义的心理理解能够表示物理听觉。虽然语义演变优先遵循具体—抽象、物理—心理的途径，但是一些动词可能会向着相反的方向演变。

关于味觉、触觉和感觉动词，目标域不是心智域，而是“情感”域。虽然英语中经常用不好的味道表示坏性格，但是味觉很少有抽象或心理内涵，而是普遍地和个人心理世界的喜好相联系。

第 4 节构建了概念隐喻的框架。物理意识和心理状态间的联系是怎样被触动的，视觉动词为什么和心智相联系而不是和服从、注意或者触觉相联系？作者在这章试图构拟一个更大的隐喻和意义演变的框架。

关于客观和精神心理领域，作者构拟了概念隐喻的框架。（第 38 页）

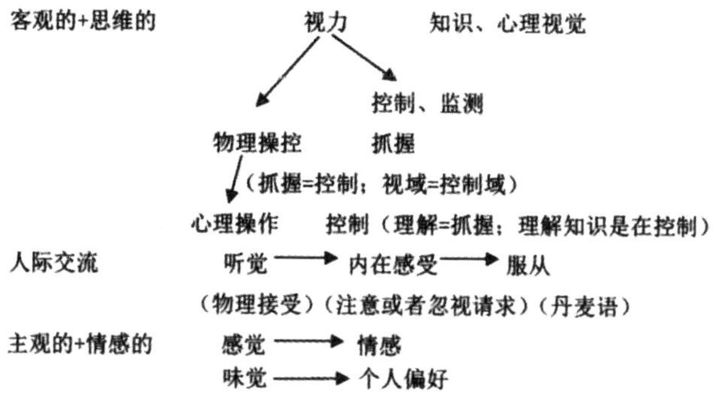

图 1　概念隐喻的框架

上图表明，物理操控和触觉是视觉和心理操控的来源域，抓握和操控是控制的来源域，同样，视觉挑选和刺激监测是控制的来源域。（英语中的 scope 是控制域，而在希腊语中，这个词仍然属于视觉域）作者以整个印欧语语言为背景，阐述了与视觉相关的词语的隐喻机制。

关于交际和主观自我。远距离与客观和理智有关，近距离与主观、亲密和情感联系密切。

视觉和听觉是远距离感觉，而味觉和触觉需要和实际物体的物理接触。远处的事物，听觉和视觉都是起作用的，但并不是对所有的事物都发射听觉刺激。对于数据收集来说，视觉更为有用，听觉的功能是语言交流，是我们交流的主要方式，因此也是心智和情感相互影响的主要方式。物理听觉的接受和注意与心智的接受具有很自然的联系，一个意思的内在接受从某种程度上是对所听到的东西的理解，是和物理听觉词汇联系在一起的。如英语中用“I hear you”表示“I understand you”。物理听觉和“服从”或者“注意”之间的联系——即物理和内心感受力或者接受力可能是普遍的，不只局限于印欧语之中。味觉实际上是一种不太密切的意识，但是很主观的意识，正如“己之蜜糖，彼之毒药”，个人对衣服、音乐、朋友的喜好也是相当主观的，触觉也是相当主观的。

第 5 节是本章小结。物理感官词汇与内在自我和感觉词汇呈现出系统性的隐喻联系，而且这种对应不是孤立的，需要继续考察业已发现的令人惊讶的语源，如 see ＞ know，枯燥的语义历史正是当下研究最有趣的地方。

第 3 章　情态动词

本章共 5 节。

第 1 节是简介，说明本章从共时的角度展示隐喻结构系统是如何连接社会物理领域和情感心理领域的词汇的。作者以情态动词为例，呈现了内部世界和外部世界之间的共时模糊性。语言学家很早就意识到了情态动词表达的模糊性。根情态动词意味着真实世界的责任、许可、或者可能，如例（5）；而认知领域的情态动词则意味着推理中的必须、可能，如例（6）（第 49 页）：

（5）John must be home by ten; Mother won’t let him stay out any later.

（6）John must be home already; I see his coat.

作者否认了以往研究把情态动词的模糊性简单地处理为偶然的同名、情态动词的根和认知义之间没有任何联系的看法，而是认为二者之间是有语义联系的，这种联系存在于跨语言当中。作者从语义的历史演变和儿童语言的证据出发，证明情态动词的认知义来源于现实世界，是现实意义的扩展。本章要阐明一词多义的语源是如何同其他语义和语用的一词多义相联系的。

第 2 节考察英语中的根情态（道义情态）。作者综合泰尔米（Talmy，1976）的观点，提出了情态的力—动态分析，认为 may 和 must 最符合情态的力—动态，二者都是一种力的限制行为，而 can 则没有 may 和 must 那么强的限制力。作者接着分析了 ought、have to、need to 的语义区别和联系，对 need 和 ought 做了区别，还对 shall、will、would、should 进行了语义区分。

第 3 节是根情态的拓展——认知情态。作者首先回顾了关于情态分析的较为一致的认识。例如克拉策（Kratzer，1977）把情态动词的根意义纳入认知域中；莱昂斯（Lyons，1977）

认为情态动词的认知用法是由于命题的逻辑必然性所致；博伊德和索恩（Boyd & Thorne，1969）、特吉戈（Tregidgo，1982）认为认知情态动词主要指向陈述行为的需要和许可，根情态动词主要指向陈述事件的需要和可能；安迪努斯和帕里西（Antinucci & Parisi，1971）指出 must 可做以下两种分析（第 57 页）：

（7）You must come home.（道义）

Cause { X / Speaker }（bind（you come home））

（8）You must have been home last night.（认知）

CAUSE（X）（BIND（BELIEVE（SPEAKER）（YOU BE HOME）））

分析显示：认知情态制约说话者相信命题，而道义（根）情态制约主语去做命题当中的动作。但是安迪努斯和帕里西的论述没有解释清楚：制约意味着什么？为什么它能够适用于真实事件和推理过程。

作者讨论了真实世界情态和认知情态的联系以及语用解释，认为认知情态和真实世界情态一样，都有一个力—动态结构，只不过以隐喻的方式呈现，认识情态是精神物理情态概念对认知世界的隐喻性应用。任何句子都可以从两情态归结为两方面：真实世界或事件的描述和我们信仰系统（结论或者推断）独立的部分。作为描述，句子描述了真实事件和导致这些事件的因果力量；作为结论，句子是导致结论的认知力的结果。作者早先即论述了根情态和认知情态之间的差异并不是一个单一语义的语用条件下的解读，而是有动机的一词多义关系，隐喻映射似乎是呈现出一种语言习惯，一词多义普遍存在于多种语言之中。但需注意，似乎并不是所有的根情态动词如 must、can 都有认知用法。

第 4 节讨论言语行为动词和言语行为情态，论述了真实世界情态应用如何转向认知领域，展示了情态被扩展到言语行为领域。而且因果关系的运用也是由认知领域扩展到言语行为领域。

作者阐述了言语行为动词的模糊性。认为言语行为动词的根解读和认知解读较之于情态动词的不同解读更具有明显的标志。例如尽管 I expect him to be there. 可能会理解为 He ought to be there. 我们能够区分 I insist that he be there. 和 I insist that he is/was here. 诸如 insist 之类的动词，不仅仅具有从真实世界（内容世界）向认知领域映射的力，而且在所有语言表达中都同时存在这两个领域。任何实际谈话中，通过内容表达来实现言语行为，远远多于通过内容表达的认知反应。作者通过 may 的用法，证明情态词不仅运用于行域（内容语）和知域，还能够运用于会话中（言域），随后重点举例证明了情态词的言域的用法。

第 5 节结论，总结了本章内容。本章主要分析了语言情态从真实世界领域（行域）扩展到推理领域（知域）或言域行为领域（言域）。统一了情态动词的根意义和认知意义的差异，统一了对歧义词诸如 insist 的认识。作者的分析与历史语言学和语言发展的证据相一致，即从精神物理领域向认知领域扩展是正常的，而反方向的扩展则是不自然的。作者对情态动词的语义分析的可贵之处，是把前人对于情态动词存在于知域和行域的理论向前延伸了，考虑到了语用解释，尽管情态动词语义在这个领域呈现不确定性，作者认为这是自己分析的一大亮点。作者还认为话语同时具有内容、认知客体和言语行为，在话语中，语义被限定在三域的一域之中。

第 4 章　连词、并列句和主从句

本章共 3 节。

语义结构的隐喻不仅适用于语义多义现象，而且也适用于解释语用歧义现象。这章主要讲述连词在三域（行域、知域、言域）的用法具有模糊性。作者认为有必要对连词做更为复杂深入的词汇一语义的分析，应重视连词对句子语义的贡献，还应该分析连词在会话中的多功能性：行域的连接者、知域的实体、言域的工具。

第 1 节讲因果和转折连词。先比较了 because 在三域中的用法（第 77 页）：

（9）John came back because he loved her.

（10）John loved her, because he came back.

（11）What are you doing tonight, because there's a good movie now.

例（9）中，前后两个分句连接了真实世界的因果关系，“他的爱”是“他回来”的原因，属于行域。例（10）正好相反，说话者根据“约翰回来”的事实，推断出“约翰爱她”的结论，属于知域。例（11）则给出了一个言语行为，“我问你今天晚上做什么”是因为“我想建议你去看一个好看的电影”，属于言域。

作者讨论了什么样的语境会导致连词的域发生模棱两可的情况。认为我们应该在三域当中的至少一域中去理解连词，对连词的正确理解不能依赖于形式，而应依赖于语用的触动，依赖于连接的从句是代表内容、逻辑实体还是言语行为。

三域理论可以运用于所有的因果和转折连词中，therefore、since、so、although、despite 都显示出在不同域中所起的不同连接功用。作者列举了这些词在行域、知域、言域当中运用的例子（第 78—79 页）。英语不必用相同的词汇表示真实世界的因果和认知的因果。比如，because 有三重意义，since 在知域和言语的理解方面有很强的倾向性，在行域则没有。相比于英语，还有一些语言，他们的词汇更为清晰地区分了不同的语域。例如，在法语中，parceque（因为）更多地作为行域连词，而 puisque（因为）则是在知域和言域方面运用。

接下来作者讨论了逗号语调和因果连词的关系。只有在行域连接句中，主句能被视为事先假定，而在知域连接句中，主句表明说话人的逻辑推论，在言域连接句中，主句代表会话中的言语行为。因此，无逗号的因果句连词应在行域当中去理解，而有逗号的因果句连词可以在知

域或言域当中去理解。（第 85 页）

第 2 节讨论连词 and、or 和 but 在三域当中的具体运用情况。不仅并列连词本身，还有它们连接的过程也都能够运用在三域当中。

作者首先分析 and 的不同用法。第一种是 and 的对称性用法，and 连接两个成分，前后可以颠倒顺序，如：

（12）John eats apples and pears.（第 87 页）

第二种是 and 的不对称性用法，and 前后两个分句若发生颠倒，表示现实世界事物的顺序也发生改变，and 前后分句与事物发生的顺序具有象似性，不可随意颠倒。这时的 and 具有 then 的意味。如：

（13）John took off his shoes and jumped in the pool.（第 87 页）

接着，作者又举例说明了在不同的语境中，and 可能具有 and-so 或者 and-then 的意思，如：

（14）why don't you want me to take basketweaving again this quarter?

Answer: Well, Mary got an MA in basketweaving,and she joined a religious cult.（第 88 页）

例（14）"and"可理解为"and so"，这不符合真实世界事件发生的顺序，而是符合逻辑推断过程的象似性顺序。

知域的连词 and 表达逻辑优先时，不只是简单的词汇的临时借用，也借用了词语顺序，and 连接知域实体也可以不依赖于任何的不对称性和事先的推断。And 连接的不是一些离散的实体，而是一个统一的语义实体，那么，它是一个什么样的语义实体呢？格莱斯（Grice）运用会话原则理论对 or 做出了相应分析，认为 or 相当于逻辑算子∪。按这个推论，and 就相当于逻辑算子∩。然而，伊芙•斯威策并不赞同这个推断。认为把自然语言中的词汇 and 等同于相当于人造语言的逻辑术语去分析显然是错误的，尽管 and 在自然语言中意味着并列，也只是有时等同于∩，∩只是 and 最显著的诸多用法的数学表达。

Or：选择和会话结构。在行域中，or 表示连接项是在现实世界中发生的真实情况。如下例：

（15）Every Sunday，John eats pancakes or fried eggs.（第 93 页）

例（15）表示在每一个星期天，John 或者吃 pancakes，或者吃煎蛋，描述的是一个真实的情景。

在知域中，or 连接的句子如下：

（16）John will be home for Christmas, or I'm much mistaken in his character.（第 94 页）

例（16）两个分句表达了两个意思：John 将要回家，我根本不了解他的性格。这句中前后两个分句连在一起在真实的现实世界中不常用，也不太合理，但是在认知领域却是合理的。一个人的行为的推断是建立在对一个人性格了解的基础之上的，因此，推断的有效性的另一个选项是说话者对主体特点具有较弱的理解能力。

Or 能连接言语行为，如下：

（17）Have an apple turnover, or would you like a strawberry tart?（第 95 页）

例（17）中连接成分分别是祈使句和疑问句，只能在言语中去理解连词 or。听话人把说话人的言语行为看成建议：建议吃苹果馅饼，或者建议听话人吃草莓塔。

此外，作者还讨论了在言域中 or 的不对称用法。（第 98 页，例 42-45）。作者假设 or 连接项的不对称顺序反映了一个连接项优先于另一个，或者是第二个对第一个有依赖性。

伊芙 • 斯威策并不否认格莱斯对 or 连接句子所做的会话含义的解释。但是，相比于把∪看成 or 的语义基础，作者认为逻辑的 or 是由自然语言 or 语义修剪而成的，这是出于哲学家的理论需要。

But：认知和会话冲突。But 表示两个连接项互相冲突，这种冲突至少发生在三域当中的两域当中。作者列举了 but 在会话中连接两个分句相冲突的言域行为的例子，认为其更多地运用在言域当中。But 不像其他连词一样，都有一个基本的行域用法，然后扩展到知域和言域当中。相比于因果连词、并列连词、选择连词都存在于三域当中，没有发现无争议的 but 的行域的用法，but 只存在于知域和言域当中，这是因为在某种程度上，如果两种情况同时存在于现实世界中（but 的两个连接项都是真实的），那么就不能认为他们之间存在冲突。如：

（18）John is rich but dumb.（第 104 页）

作者先引述了莱考夫（R. Lakoff，1971）对上句的理解。莱考夫认为上句有两种理解：一是期望的否定，是不对称的。一般认为富人是很聪明的，而后一分句是对这一预期的否定。二是对比，是对称的。把上句理解为因为某种目的去评价某人，比如把约翰当作丈夫来评价，或者选择嫁，或者选择不嫁。但伊芙 • 斯威策认为莱考夫关于 but 对称和不对称性的解释并没有对 but 的知域和言域的用法进行区分，这种解释是不充分的。作者认为，至少在知域和言域，可以对称性和不对称性地运用 but，在知域，不对称和对称用法的不同反映了对立的命题和前后分句间推理的不同。在言域，不对称和对称用法的不同则是同等言域行为的对比、冲突和第一分句之间的对抗。

小结重申了本章的核心观点，句间连词分为三类：内容连词、认知世界表推断的连词和言语行为的连词。这种解读把语用因素纳入了分句间的连接之中。

第5章　条件句

本章共有5节。

语言学研究中，条件句是一个富有争议的论题。本章中，作者讨论了if-then连词如何与作者之前提出的理论框架相适应，主要目的是阐明其在行、知、言三域中的条件功能。

第1节讨论三域中的条件句。在行域中，if-then连词表明条件句中所表述的情况的现实性是结论句中情况的现实性的充分条件。如：

（19）If mary goes, John will go.（第114页）

这句话表示真实世界中的事件：马丽离开了，然后John也离开了。在行域中，条件句的实现是结论句实现的充分条件，这往往也意味着二者之间存在有因果关系，因此前项和后项的连接经常也能用因果连词进行连接。

作者还讨论了“if and only if”，认为这个句式不是if固有语义的一部分，而是if-then条件句的常见的但是缺省的会话解释。

在知域中，if-then表示条件句中假设前提的真实性是结论句中推论命题的真实性的充分条件。如：

（20）If she's divorced,（then）she's been married.（第116页）

上句可以这样解读：“她离婚了”如果为真，则能够推导出“她结过婚”。

作者认为认知条件句最接近形式逻辑结构，反映了人们的逻辑推理过程，因此在某种程度上更多地带有逻辑学、数学的理解。

在言域中，结论句中言语行为的表现是以条件句中情况的实现为条件的。如：

（21）If I may say so, that's a crazy idea.（第118页）

在上例中，前一句只是一个惯用语，并不具有真正的条件价值，仅仅是一个礼貌标志。

所有的言语行为条件句都有一个共同的特征，他们都能够描述为“if（条件），then（假定执行了这个言语行为，那么）”，而知域和行域的条件句经常被描述为“if I know（条件），then（推导出结论句）”。

第2节分析了不同种类条件句的歧义现象。首先探讨了科姆里（Comrie）的“双原因”条件句，认为“双原因”并不是真正的双原因，要解释这个问题，必须区分言语行为条件和内容（content）条件。此外作者探讨了条件句中的认知、内容和言语行为，重点对Comrie关于条件句的研究提出了自己不同的见解。

第3节讨论了作为话题标记的if。在不同的语域，条件限制有所不同，条件和话题融合的程度与行域、知域、言语的模糊性有关。伊芙·斯威策还认为条件从句是作为假定信息还是充足条件，会影响条件是否被看作话题。作者探讨了英语中的假定条件句为什么被看作是话题，什么情况下能够作为话题。首先应该注意到，英语的假定条件句都是认知领域或者言语行为领域的条件句。（第128—129页）例如：

（22）If I was a bad carpenter, I was a worse tailor.

作者不同意海曼（Haiman，1986）的看法，把条件句简单地看作话题。作者对此句的分析为："即使我承认我是一个糟糕的木匠，我仍然认为我更是一个糟糕的裁缝。"接下来会有以下理解："我有权利不以此为生，或者我有权利继续从事木匠行业。"姑且把上句中条件看作是让步条件，丹西吉耶（Dancygier）把上例中的条件看成是元语言条件。

在知域和言域的条件句中，当条件的内容被交谈双方所接受时，条件实际上起到了句子话题的作用，为结论句提供了背景，衬托了结论句存在的语境。

关于if句的话题化问题，作者认为应该把视域延伸到普遍语法下条件句类别中，还应该考察除了英语之外的其他语言的情况。

第4节解读条件句中的even-if。If条件分析的最大问题是把"if-and-only-if"和"even if"这两种解读都简单地归为if条件句。而"if-and-only-if"可解读为会话中的充分条件，但充分条件如何解释if的让步意义？必须先解释if的让步意义，否则even if就会被分析为与if无关的连词。

If到底应该解读为表假定的if还是表让步的even if？作者先引用了范德奥维拉（van der Auwera，1986）对表疑问的条件句的解读。如：

（23）If John comes, will you go?（第134页）

上句有两种解读：一是if为假定的if，即"约翰的到来"是"你去"的一个充分条件；二是if表示让步，"即使约翰来，你会去吗？"语用因素决定if到底做哪种理解——假如说话人知道听话人讨厌约翰，那么if就是一个常规的解读，如果知道听话人很想见约翰，那么理解为让步关系更为合理。

海曼（1986）指出，一般的表判断的条件句中也有两种解读。（第134页）如：

（24）I wouldn't marry you if you were the last man on earth.（让步）

（25）I would marry you if you were the last man on earth.（常规）

海曼还指出让步的if句与语调重音有关，与并列结构中的and可理解为"and yet"或者"and so"有相似之处。

虽然范德奥维拉（1986）和海曼（1986）对if句做出了一些解释，但作者认为不尽如人意。If的让步意义应该是在充分条件分析的推动下产生的，而不是由话题分析的推动产生的。说到底，if 句作何理解，是一个语用问题，语用中的语境（假定的条件对结论来说是支持的还是反对的等一系列语境）决定了 if 句到底是常规解读还是让步义解读。

厘清 if 句与 even-if 句的相互关系之后，伊芙•斯威策还讨论了让步条件句在三域中的具体运用问题以及元语言条件句的问题。

第 5 节对本章做了小结。很长时间以来，人们一直认为条件与因果关系和情态相关，伊芙•斯威策没有从这方面继续研究，而是主要讨论了条件句在行域、知域和言域的一些用法，举出了认知条件句和言语行为条件句相区分的一些证据，还举出了更广范围会话中的条件句言语行为分析的一些证据。

知域和言域条件句的分析给自然语言中的 if-then 句子的非真值函数分析和充分条件分析提供了强有力的证据。首先，言域的条件句中的结论经常不是真值，而是疑问、命令、请求或者断言。其次，言域的条件句中的条件揭示了影响接下来一系列言语行为的因素。非行域的条件句的考察表明形式逻辑的 if-then 来源于自然语言的 if-then，不能把二者截然分离。

第 6 章　回顾和前瞻

本章回顾了全书的主要核心观点，指出了研究语义问题时应注意的事项，提出了未来仍需探讨的问题。

本书一开始呈现给读者的是一些常见但令人困惑的语义历史演变模型，在第 2 章中，阐述了无处不在的隐喻结构，我们内在的自我和我们物理的自我不同，我们物理和心理世界有着千丝万缕的联系，隐喻能够解释共时的词汇意义结构和历史的语义演变方向。

就方法论而言，语义研究中共时和历史的分析同样必不可少。需要强调的两个理论是：①不能用一个共时的语义理论去解释历史演变，因此，语义特征分析是远远不够的；②拿历史语义分析去同时检验共时分析和历史分析是有效果的。历史证据能够为不同的共时语义理论的选择提供衡量标准。在语义学中，情态动词词源、认知和言语行为的对比反映了情态在不同语域中的运用情况：真实世界、认知推理、推论和言语行为，其中，知域和言域是以行域（真实世界）为基础的。研究发现，连词、条件句以及情态动词在行域、知域、言域三域中具有潜在的一致性。诸如 and、or 等连词具有多种用法是由于下面两个原因：一是它们能够运用于多个语域中，二是诸如词序象似性和间接言语行为的基本原则在起作用。多项研究标明，无论因果关系还是条件关系，抑或是情态领域，行域是第一性的，知域和言域是第二性的。

总之，在分析语言意义的时候，很难摆脱多语域结构的观察。语域结构能够解释语义演变领域、一词多义结构、句子连接等领域令人困惑的现象。更为有意思的是言域是由行域构成的，言语行为力是真实世界力的隐喻扩展的概念，将我们对言语行为力的理解提高到一个新的维度。

作者指出还有很多问题需要进一步深入探讨，间接地指明了将来的研究方向。比如在第 3

章中提到的福康涅（Fauconnier）关于心理空间与语义关系的研究，再比如凯（Kay）关于语域结构效果的研究以及厄恩斯特（Ernst）提出的事件实体在不同语域中的应用等，都有待进一步深入探讨。

最后，作者提出了将来语义研究的方向。一直以来，语法化是语义向着更为抽象意义演变的常见结果。事实上，语素的历史语源是由具体词汇意义发展而来的，阐明语义演变的内在规律性，将得出语法的语义基础的新的认识。狭隘的语言结构的共时视角或者意义的客观主义视角无法关照到隐喻；甚至狭隘的语言学视角也不能解释我们是怎么使用语言的，也不能解释本项研究中涉及的意义的共时和历史形式。作者希望将来的语义研究能在更广的历史和认知背景下进行考察。

二、简　评

（一）理论价值和意义

伊芙•斯威策全书以一词多义、词汇语义演变、语用歧义等一种形式表示多种功能的现象为研究对象，运用认知隐喻理论进行探讨。作者以感官动词和情态词表达的歧义现象为引子，提出了语义研究应在行域、知域的框架下进行的论点。之后探讨了因果、并列、条件连词等在行域、知域、言域的运用，使得复句研究多了一个视角。全书条理清晰、论据充分、论证严密，提出的观点具有启发性和拓展性。

首先，伊芙•斯威策对语义研究方法论进行了创新。语言学中的诸多语义学研究方法要么在词汇层面上详述意义的特征，要么考虑逻辑结构中与谓语相关的词汇意义。与以往研究不同，伊芙•斯威策发展了菲尔墨（Fillmore）、凯（Kay）和莱考夫（Lakoff）的理论，从认知视角出发，运用隐喻—映射的理论研究语义问题，在研究感官动词和情态词时，还搭建了概念隐喻的框架。

其次，伊芙•斯威策研究语义问题的视角广阔。作者主张运用共时的、历史的、认知的、跨语言的视角研究语义现象。探讨单一语言形式多功能性的问题时，还应该考虑到语言的语用层面，综合运用语言学中的功能理论、语境理论等。

再次，伊芙•斯威策提出了语义研究的三域理论。作者把语义研究放到三个维度下进行研究，使我们对语义的认识不再单一，更为多元。作者每提出一个论点时，都是先引出前人对这个问题的看法，然后分析前人研究的不足之处，再论证自己观点的合理性。

（二）“三域”理论的影响和发展

伊芙•斯威策的《从语源学到语用学：语义结构的隐喻和文化内涵》一书，2002 年北京大学出版社引进出版影印本，沈家煊（2003）引介了该书的“三域”理论，并结合汉语的复句问题做了阐述。

在“三域”理论的基础上，又进一步有划分为“四域”的理论发展，即把三域中的行域按照意志性（volitional），分为“意志性行域和非意志性行域”，比如，德冈（Degand，1998）对连接词和衔接关系进行分类时，使用了意志性（volitional）这一参数，德冈和马特（L. Degand & Maat，2003）运用四域概念讨论荷兰语和法语的因果连词，司普仁等（Spooren et al.，2010）运用四域分类讨论荷兰语口语和书面语中的 omdat 和 want 区别和联系，菲利兹·切廷塔什·耶尔德勒姆（Filiz Çetintaş Yıdırım，2015）运用四域概念讨论土耳其语复杂句因果关系的副动词（converb）。

实际上，对于意志性的语义因素，较早的曼和汤普森（Mann & Thompson，1986，1987，1988）就加以关注了，比如修辞结构理论（RST）中的因果关系中，原因（cause）包括意志性原因（volitional cause）、非意志性原因（non-volitional cause），结果（result）包括意志性结果（volitional result）、非意志性结果（non-volitional result）。另外，我国早期的语法学者，也注意到了语义域的区分，比如王应伟（1920）把原因句分为事实的原因、推论的原因、行为的原因，吕叔湘（1942—1944）区分原因为三种：事实的原因，行事的理由，推论的理由。

语义域的新近发展是语义地图（semantic map）理论，比如卢拉吉（Luraghi，2014：130）刻画了从空间域到因域的语义地图，其中因域包括原因域（cause）、理由域（reason）和目的域（purpose），原因是源（origins），目的是目标（destination），原因域和目的域的交叉部分是理由域。

参考文献

[1] 吕叔湘．中国文法要略 [M]. 北京：商务印书馆，1942-1944/2014.

[2] 沈家煊．复句三域“行、知、言”[J]. 中国语文，2003（3）：195-204.

[3] 王应伟．实用国语文法 [M]. 上海：上海商务印书馆，1920.

[4] 邢福义．汉语复句研究 [M]. 北京：商务印书馆，2003：71-72.

[5] Degand, L. & Maat, H. P. A Contrastive study of Dutch and French causal connectives[J]. Lot Occasional, 2003 (1):175-199.

[6] Degand, L. On classifying connectives and coherence relations[C]// In Stede, M., Wanner, L. & Hovy, E. (eds.). Discourse Relations and Discourse Markers: Proceedings of the Workshop COLING/ACL'98. 1998: 29-35.

[7] Yıdırım, F. Ç. Subjectivity in complex sentences: The effects of converbs to causal relations[J]. Journal of Language Education and Research, 2015 (1): 1-13.

[8] Luraghi, S. Plotting diachronic semantic maps:The role of metaphors[C]// In Luraghi, S. & Narrog, H. (eds.）. Perspectives on Semantic Roles. Amsterdam/ Philadelphia: John Benjamins

Publishing Company, 2014: 99-150.

[9] Mann, W. C. & Sandra, A. Thompson, S. A. Rhetorical Structure Theory: description and construction of text structures[R]. Information Sciences Institute, Nijmegen, The Netherlands, ISI/RS-86-174, 1986:1-15.

[10] Mann, W. C. , Sandra, A. & Thompson, S. A. Rhetorical Structure Theory: A framework for the analysis of texts[R]. IPRA Papers in Pragmatics, 1987(1): 1-21.

[11] Mann, W. & Thompson, S. Rhetorical Structure Theory: Toward a functional theory of text organization [J]. Text-Interdisciplinary Journal for the Study of Discourse, 1988, 8(3): 243-281.

[12] Spooren, W. et al. Subjectivity and causality: A corpus study of spoken language[C]// In Rice, S. & Newman, J. (eds.) . Empirical & Experimental Methods in Cognitive/functional Research. Stanford: CLSI Publications, 2010: 241-255-14.

[13] Sweetser, E. From Etymology to Pragmatics: Metaphorical and Cultural Aspects of Semantic Structure[M]. Cambridge: Cambridge University Press, 1990.

《因果连词的预设及其对话语连贯与话语结构的影响》述评

袁梦溪

暨南大学　人文学院

引　　言

《因果连词的预设及其对话语连贯与话语结构的影响》（*Causal Connectives Have Presuppositions: Effects on Coherence and Discourse Structure*）是荷兰学者卢克·拉格韦夫（Luuk Lagerwerf）在蒂尔堡大学（Tilburg University）攻读博士学位时撰写的博士论文，作为荷兰语言学研究生院国际系列博士论文（LOT International Series）于1998年在海牙（The Hague）的荷兰学术图形出版社（Holland Academic Graphics）出版。卢克·拉格韦夫现任阿姆斯特丹自由大学（VU University Amsterdam）语言文学与传播系副教授，也是荷兰语言与传播学者协会（The Association of Dutch Language and Communication Scholars）秘书，在语言与传播学的跨学科研究方面有着丰富的经验，近年来研究兴趣主要在于新闻、广告、政治传播信息的设计以及这些信息在观众中的反响。在进行跨学科研究的过程中他熟练应用多种研究方法，例如形式主义语言学分析、话语分析、语料库分析、实验调查等等。拉格韦夫博士的这种跨学科意识与多种方法结合的理念在他的博士论文中已可窥见一二。论文正文233页，共6章，正文前有目录、前言（荷兰语），正文后附有参考文献、总结（荷兰语）以及作者简历。下面依次陈述正文各章主要内容，然后作一个简要的评论。

一、内容述要

（一）第1章　介绍

作者开篇讲述了儿子通过铁路与道路交叉的平交道口（level crossing）时的故事。在过道口之前，尽管暂时还看不到任何火车，儿子还是会很担心。父母告诉他，可能根本不会有火车过来。当最后真的有火车出现时，儿子就会大喊 *toch wel*!（“but there is!”），表达了对父母“不会来火车”这个预期的否定。本篇论文的出发点就是分析这些表达否定预期的连词，如荷兰语中的 hoewel、maar 及其英语对应词 although、but：

（1）Although the level crossing is empty, a train is coming.（尽管平交道口还是空的，有一辆火车就要开过来了。）

从（1）可以推导出（2）这样的蕴涵意义（implication），即说话人有着（2）这样的预期：

（2）Normally, if a level crossing is empty, no train is coming。（通常来说，如果平交道口是空的，那么就没有火车过来。）

（2）中，“a level crossing is empty”（“平交道口是空的”）与“no train is coming”（“没有火车过来”）形成了因果关系（causal relation），而（1）中后分句“a train is coming”（“一辆火车过来了”）又与预期中的“no train is coming”（“没有火车过来”）相互矛盾，形成了转折关系（contrast relation）。据此作者指出，否定预期这种连贯关系既表达了因果，也表达了转折。而本文的核心任务，就是分析因果连词的语义。论文要回答的中心问题就是，**因果连词的语义是如何影响话语连贯（discourse coherence）与话语结构（discourse structure）的**？这一中心问题可以拆解为 4 个分问题：

第一，因果关系（以及转折关系）有哪些不同种类的语义解读？论文第 2 章将以斯威策（Sweetser，1990）与桑德斯、司普仁和诺德曼（Sanders，Spooren & Noordman，1992，1993）的研究为基础解答这一问题，为第 3 章因果连词的形式语义分析奠定基础。

第二，因果连词的词汇意义是什么？这一问题将在第 3 章进行阐释。作者将 although，because 等连词分析为预设触发语（presupposition trigger），认为 although 在（1）中触发了（2）这样的预设，并在形式语义学（formal semantics）的框架下为这些连词赋予逻辑定义。

第三，因果连词用来标明因果连贯关系时，两个分句自身的词汇语义在连贯关系推断中起到何种作用？有时即使因果连词不存在，读者也可以根据两个分句自身的词汇语义推断出分句之间的连贯关系。当连词存在与不存在时，所表达的因果连贯关系有何不同？这一问题将在第 4 章进行讨论。

第四，因果关系怎样影响话语结构？研究话语结构的一个中心问题是照应语（anaphor）与先行词（antecedent）的关系，而有证据表明因果关系会影响照应语与先行词之间的互动。这一问题将在第 5 章进行回答。

这 4 个分问题层层深入，每个问题的答案都为回答下一个问题奠定了基础。4 个分问题的答案也就组成了中心问题的答案。作者的核心观点是：因果连词通过其表达的预设含义影响话语连贯，因果连贯关系通过对照应语寻找先行词的过程施加影响来影响话语结构。

（二）第 2 章　因果关系与转折关系

第 1 节，作者开篇引用了一个与平交道口相似的例子。一份荷兰报纸在女明星葛丽泰嘉宝的讣告中写着这样一句话：

（3）Hoewel Greta Garbo de maatstaf werd genoemd van schoonheid,
although Greta Garbo the yardstick was called of beauty,
尽管 葛丽泰 嘉宝定冠词尺码 系词 be（过去时）称为（过去时）的美丽
is zij nooit getrouwd geweest.
has she never married (been).
助动词 她 从未 结婚（过去时）（系词 be 的过去分词）

'Although Greta Garbo was called the yardstick of beauty, she has never been married.'（尽管葛丽泰嘉宝被称为美丽的标尺，她从未结婚。）

这篇文章引起不少读者的反感。（3）蕴涵着"如果一个女人很美丽，她就会结婚"的信息，这个信息被写作者当成了所有人（读者与写作者）都能接受的旧信息。写作者是在表示，只有接受了这个旧信息，才能进一步接受（3）这个陈述句本身的信息。然而"美丽女人会结婚"这个蕴涵意义并不被所有读者接受，因此引起了反感。据此，作者指出荷兰语的连词 hoewel（"although"）和 maar（"but"）及其英文对应词 although 和 but 都应该分析为预设触发语。在为连词提供语义分析之前，作者首先将以斯威策（1990）和桑德斯等（1992，1993）的研究为基础，描述因果关系与转折关系的各类语义解读。

斯威策（1990）将连词分析为多义词，一个表示因果关系的连词可以有 3 个不同领域的解读意义：行域（content domain），知域（epistemic domain）以及言域（speech act domain）。[①] 桑德斯等（1992）则利用 4 个特征对连贯关系进行系统分类：①该连贯关系是递进（additive）还是因果（causal）的；②该关系是否定还是肯定；③该关系呈现为基本顺序还是非基本顺序（只适用于因果关系）；④该关系是语义还是语用的。这 4 点特征的组合一共可以产生 12 种连贯关系。斯威策（1990）的行域义等同于桑德斯等（1992）的语义关系，而知域义与言域义则对应着语用关系。

第 2 节，探讨知域义和言域义解读。根据斯威策（1990）的看法，（4）中 3 个句子分别代表因果关系 3 个领域的解读，可释义为（5）。表达行域义时，两个分句间是真实世界的因果关系，如（4a）。表达知域义时，两个分句是推理上的因果关系，观察到的事实是作者得到某个结论的原因，如（4b）。表达言域义时，两个分句一个是言语行为，另一个是施行该言语

① "行域、知域、言域"的翻译参考沈家煊（2003）。

行为的原因。

（4）a. John came back because he loved her.（约翰回来了因为他爱她。）（行域义）

b. John loved her, because he came back.（约翰爱她，因为他回来了。）（知域义）

c. What are you doing tonight, because there's a good movie on.（你今晚做什么，因为现在有一部好电影。）（言域义）

（5）a. The fact that he loved her caused the fact that John came back.（约翰爱她使得他回来了。）

b. From the fact that he came back, I conclude that John loved her.（从他回来这个事实，我推断约翰爱她。）

c. I ask what you are doing tonight, because I want to suggest that we go to this good movie.（我问你今晚做什么，因为我想建议我们俩去看这部好电影。）

作者描述了知域义与言域义的特征。知域义有时有明显的语言标记，如荷兰语的 want（'because'）只有知域义解读而 omdat（'because'）只有行域义解读，有时则没有明显标记，常涉及回溯推理（abduction），即说话人将某个观察到的事实当作得到结论的原因。作者强调，回溯推理只是知域义的一个重要特征，有时即使缺少回溯推理，也可以有知域义解读。而且除了因果关系，别的关系也有知域义解读，回溯推理只适用于因果关系。知域义最本质的特征是，知域义的结论是由说话人自身的主观视角和认知决定的。说话人观察到了一个现象（例如 John came back），这个现象听话人也可以观察到，说话人从自己的主观视角出发根据现象得到一个结论（即 John loved her），这个结论只是说话人认为是真的，很可能不被听话人认可，所以知域义解读也可以称为受限制的解读（restricted interpretation）。而行域义中，两个分句的真值语义对所有话语参与者来说都一样，不受说话人主观视角影响。正是由于这一点，知域解读是语用层面的。

言域义则一定有比较明显的语言特征。例如，（6a）［即（4c）］可释义为（6b）。原句（6a）中，前分句的问句形式本身就是言域义的语言特征。释义（6b）则有两个语言特征，一是问句形式（I ask），二是 it 指代前分句表达的言语行为，这种对表达言语行为分句的回指照应现象是行域义的标志之一。同样，言域解读是言外之意，属于语用层面。

（6）a. What are you doing tonight, because there's a good movie on.（你今晚做什么，因为现在有一部好电影。）

b. I ask what you are doing tonight, because I have an alternative（for it）.（我问你今晚做什么，因为我（对此）有别的建议。）

第 3 节，探讨转折关系。作者逐一描述了 but 表达的 3 种转折关系：否定预期（denial of expectation），语义对立（semantic opposition），以及让步（concession）。首先是否定预期。

本章一开始关于葛丽泰嘉宝的例句中，使用的连词 hoewel（‘although’）就表示否定预期。说话人的预期“如果一个女人很美丽，她就会结婚”被第二个分句“she never married”否定。连词 maar ‘but’ 和部分副词也可以表示否定预期。利用桑德斯等（1992）的 4 条特征来定义，否定预期属于因果关系，因为预期本身是以因果关系呈现的（预期的前分句“一个女人很美丽”和后分句“她会结婚”是因果关系）。由于预期蕴涵式的后分句被 although 所在的本句否定，因此否定预期是一种否定性的因果关系。否定预期同样有行域、言域、知域三种解读，如例（7）所示，因此既属于语义关系也属于语用关系。

（7）a. Connors didn’t use Kevlar sails although he expected little wind.（康纳斯没有用凯夫拉帆，尽管他预料风会很小。）（行域义）

b. Mary loves you very much, although you already know that.（玛丽非常爱你，尽管你已经知道这一点了。）（言域义）

c. Theo was not exhausted, although he was gasping for breath.（提奥没有精疲力尽，尽管他已经在大口喘气了。）（知域义）

第 2 种转折关系，即语义对立，可以由 but 表达，不能用 although 表达，如例（8）所示。这种转折关系有明显的语言标记，一般表现为平行对立（parallel contrast）与平行语调模式（parallel intonation pattern），即句法上将两个谓语并置，语义上两谓语间形成某种对立关系，语音上两谓语（如（8a）中的 single 和 married）携带重音。表达语义对立关系时，两个分句表达的命题之间没有因果联系，因此在桑德斯等（1992）的体系中，语义对立是递进（additive）关系。语义对立只有行域义，没有知域和言域解读。因此，语义对立属于否定、递进的语义关系。

（8）a. Greta was single, but Prince was married.（葛丽泰是单身，但普林斯结婚了。）

b. ?Although Greta was single, Prince was married.（尽管葛丽泰是单身，但普林斯结婚了。）

最后，让步这种转折关系如（9）B 所示（but 和 although 都可表达让步）。让步关系中，说话人既展示了支持某观点的论据（argument），也展示了反对某观点的论据。如（9）中，说话人针对观点“We don’t take this room”（“我们不要这个房间”）摆出了反对的论据（“It has a beautiful view”）以及支持的论据（“it is very expensive”）。最终 but 分句支持的观点才是作者真正的看法。所以，让步关系的典型特征就是存在一个由语境决定的第三方标准（tertium comparationis）。在合取式 p but q 中，第三方标准往往是第三个命题 r。p 和 q 其中之一为 r 提供论据，另一方则为 not r 提供论据，而 q 提供的论据总是要比 p 提供的论据强一些。例（9）中，第三方标准 r 就是“We don’t take this room”。让步关系总是得到知域解读，因此是一种语用关系。另外，让步关系不是因果关系，因此是递进关系。让步是一种否定性、递进性的语用关系。

（9）A: Shall we take this room?（我们要选这间房间吗？）

B: It has a beautiful view, but it is very expensive.（这间房能看到美丽的风景，但房价很贵。）

最后作者探讨了3种转折关系的辨析。有时一个合取式有歧义，既有让步意义，也有否定预期意义。如“Prince has had many love-affairs, but he never married”在（10）中有否定预期意义，在（11）中则变为让步义。让步意义比否定预期意义更易受到语境的影响。

（10）Prince was married yesterday at his residence. Prince has had many love-affairs, but he never married.（普林斯昨晚在他的住所结婚了。普林斯有很多风流韵事，但他从未结婚。）

（11）A: Did Prince look for his true love?（普林斯寻找过自己的真爱吗？）

B: Prince has had many love-affairs, but he never married.（普林斯有很多风流韵事，但他从未结婚。）

根据司普仁（Spooren，1989）的看法，语义对立与其他两类转折关系的最大区别是，前者是关于两个事物（entity，不仅指个体，还可以指事件，如On Mondays Mat plays volleyball but on Thursdays he plays hockey，“马特周一打排球但他周四打曲棍球”），而否定预期、让步等转折关系则是关于一个事物。然而，but所在的句子表达让步关系时，也可以涉及两个不同的事物或话题：

（12）King Tsin has great mu shu pork, but China First has good dim sum.（King Tsin餐厅的木须肉很棒，但China First餐厅的点心好吃。）

有一种方法可以区别这三种转折关系：表示语义对立的句子只能回答特指问句，而表示让步与否定预期的句子则只能回答是非问句：

（13）A: Which restaurant is better?（哪家餐厅更好？）

B: King Tsin has great mu shu pork, but China First has good dim sum.（King Tsin餐厅的木须肉很棒，但China First餐厅的点心好吃。）（语义对立）

（14）A: Shall we go to King Tsin?（我们去King Tsin餐厅吗？）

B: King Tsin has great mu shu pork, but China First has good dim sum.（King Tsin餐厅的木须肉很棒，但China First餐厅的点心好吃。）（让步）

第4节，定义因果关系。为什么（15）中a和b可以算作表达了因果关系，而c就不是一个合法的因果关系？要回答这个问题，必须为因果关系提供定义。

（15）a. Theo was exhausted, because he had run to the university.（提奥精疲力尽，因为他是跑着来大学的。）

b. Theo was exhausted, because he was gasping for breath.（提奥精疲力尽，因为他在大口喘气。）

c. ?Theo was exhausted, because he had been resting all day.（提奥精疲力尽，因为他整天都在休息。）

作者对因果关系的定义基于麦基（Mackie，1974）对充分条件、必要条件、不完全原因（incompleteness of causes）以及因果优先顺序（causal priority）的定义。对于充分和必要条件的逻辑定义如下：

（16）对 p → q 这样一个单项蕴涵关系而言：

"p 是 q 的充分条件"，意味着 p 的出现总是与 q 的出现同时发生。

"q 是 p 的必要条件"，意味着 q 的缺席从来不会和 p 的出现同时发生。

麦基（1965）指出，语言中的因果关系可以允许不完整的原因。很多原因都可以造成同一个结果，但并不是每次结果出现的时候所有原因都出现。例如，要取到一杯咖啡，既可以用一张充值卡插卡取咖啡，也可以让维修师傅直接把机器打开。完整原因指的是，所有造成结果的原因都必须在场，即充值卡和修理师傅同时在场。而不完整原因指的是仅一个原因在场即可。另外，因果优先顺序指的是原因永远在时间次序上先于结果。当人们使用了几次充值卡，每次都能得到咖啡时，就通过归纳得到了"插卡能得到咖啡"的知识。"If a card is inserted, a cup of coffee is produced."（"如果插入了一张卡，就会得到一杯咖啡。"）意味着插入充值卡在时间上比取到咖啡要早。在此基础上，麦基（1965）总结了判断因果关系的 INUS 条件：

（17）A 是结果 P 的 INUS 条件，当且仅当对某 X 和某 Y 来说，（AX 或者 Y）是 P 的充分和必要条件，而 A 不是 P 的充分条件，X 也不是 P 的充分条件。

这里的合取式（AX 和 Y）就是结果 P 的完整原因。（AX 或者 Y）这个析取式可以有无数个析取分支。A 是条件 AX 的非充分条件和必要成分（Insufficient and necessary，简称"IN"，这里的必要成分指的是没有 A 的话，条件 AX 就无法成为结果 P 的充分条件），而 AX 又是结果 P 的非必要但充分条件（Unnecessary and Sufficient，简称"US"）。以取咖啡为例。A 代表着插入充值卡，Y 代表着修理师傅检查机器。X 则表示机器会一直正常运转的信息。在特定情境下，（AX 或者 Y）是结果"取出咖啡"P 的充分必要条件。此时插入一个充值卡既不是结果的充分条件也不是结果的必要条件。有可能机器不运转，所以不是充分条件。也有可能有别的原因可以导致咖啡被取出（析取式不完整），因此也不是必要条件。麦基认为，AX 和 P 之间的关系是（非完整）因果关系。由于 AX 是 P 的充分条件，而缺少 A 的话 AX 就不是 P

的充分条件了，因此根据真实世界常识，A 的发生一定在时间顺序上先于 P 的发生。因此，因果关系就是要找到 INUS 条件。回到（15a），A 代表提奥跑去大学，X 代表信息“去大学的路远到足以让人精疲力尽”，Y 代表提奥喘气，Z 代表提奥身体状况不好。这里，A 就是一个 INUS 条件，AX 则是 P“精疲力尽”的充分条件，A 在时间顺序上先于 P。

那么知域解读的因果关系，如（15b），又是由什么特征决定？Y 代表提奥喘气，P 代表提奥精疲力尽。作为完整原因中的一项，Y 是结果 P 的充分条件，即只要提奥喘气，他就是精疲力尽的。但 Y 不像 AX 那样包含一个必要成分 A。Y 中没有哪个成分 A 在时间上先于结果 Y 。结果 P 的事件反而可能在时间上先于 Y 表达的事件。也就是说，P 是 Y 的 INUS 条件。这种关系就是知域解读的因果关系。

总而言之，一个复句表达了行域上的因果关系，当且仅当 INUS 条件被发现。一个复句表达了知域上的因果关系，当且仅当所谓的“原因”（即观察到的事实）是“结果”（即结论）的充分条件，但不包含必要成分。因果关系的知域解读颠倒了传统的因果优先顺序，赋予因果优先顺序新的解读：观察某事实在时间上先于得到某结论。当找不到结果的充分条件时，一个关系就不是因果关系［如（15c）］。

（三）第 3 章　因果连词的预设

第 1 节，预设分析。例（18）用谓词逻辑来表达，只能表达为合取式 Beautiful（Greta）∧ ¬Married（Greta），即葛丽泰嘉宝很美丽，并且她没有结婚。显然，这一形式定义并没有完全刻画出例（18）表达的所有信息。

（18）Although Greta Garbo was called the yardstick of beauty, she never married.（尽管葛丽泰嘉宝被称为美丽的标尺，她从未结婚。）

作者认为连词 although 是一个预设触发语，触发了一个蕴涵式形式的预设，语义如例（19）所示。因为这个蕴涵关系是可以取消的，因此包含 although 的句子否定这个预期也是合理的。也就是说，除了真值语义 Beautiful（Greta）∧ ¬Married（Greta）以外，例（18）还包含着这样的预设含义：“通常来说，如果一个女人很美丽，她就会结婚。”

（19）Although 触发的预设：Although p, q 预设着 p’ ＞ ¬q’。

p 和 q 是两个分句，p’ 和 q’ 是这两个分句表达的命题，＞表示一个可以取消的蕴涵关系（defeasible implication）。

第 2 节，作者指出因果连词的语义不是会话含义（conversational implicature）（格莱斯（Grice），1975），原因在于会话含义是通过合作原则推导出来的，不是由某个特定词汇或者句法结构触发，而预设则是由特定词汇或句法结构触发，不通过合作原则推导出。Although 这类词语表达的也可能是规约含义（conventional implicature）。规约含义和预设很难完全区分开来。作者在本文中将although的含义当作预设，因为although通过了一系列的预设测试。规约含义在本文中不予讨论。

第3节，作者利用预设测试来证实although是预设触发语。首先是否定测试。否定测试指的是，无论携带预设触发语的句子是肯定还是否定形式，所携带的预设都能得到投射（presupposition projection，即整个句子仍然携带该预设）。如（20）所示，a句触发了c的预设，而否定式b句则显得很不自然。我们很难判断b句是否还携带着c句的预设。否定测试中although的不自然并不能表示although不是预设触发语，因为很多典型预设触发语（如英语too）在否定测试时也表现不自然，作者认为否定测试本身不够可靠。

（20）a. Although he sauntered to the university, Theo was exhausted.（尽管提奥是闲逛着去大学的，他已经精疲力尽了。）

b. It is not the case that although he sauntered to the university, Theo was exhausted.（并不是尽管提奥是闲逛着去大学的，他已经精疲力尽了。）

c. Normally, if you saunter, you are not exhausted.（通常，如果你在闲逛，你是不会精疲力尽的。）

另外，although顺利通过了可能情态、问句和祈使句环境的测试。如典型预设触发语一样，although的语义在这些环境中全部得到了投射。（21）中a预设着b，（22）中a，b都预设着c。

（21）a. It is possible that although he sauntered to the university, Theo was exhausted.（有这种可能性，尽管提奥是闲逛着去大学的，他已经精疲力尽了。）

b. Normally, if you saunter, you don't get exhausted.（通常，如果你在闲逛，你是不会精疲力尽的。）

（22）a. Was Theo exhausted, although he sauntered to the university?（提奥已经精疲力尽了吗，尽管他是闲逛着去大学的？）

b. Make Theo exhausted, although he is sauntering to the university!（让提奥精疲力尽吧，尽管他正闲逛着去大学。）

c. Normally, if you saunter, you are not exhausted.（通常，如果你在闲逛，你是不会精疲力尽的。）

最后，预设在语境中也有特定表现。如果语境中预设已经为真，则预设得到满足。如果语境中存在与预设不一致的信息，则预设失效（fail）。如果语境中没有任何相关信息，则预设会得到调整（accommodated）。Although在这几种语境情况下与典型预设触发语表现一致，也支持了although是预设触发语的分析。

第4节，将预设分析从although否定预期意义的行域解读拓展到知域、言域解读与让步意义解读。（23）是否定预期的行域解读，a 中 although 触发了预设 b，b 用逻辑式表达为 c：

（23）a. Connors didn't use Kevlar sails although he expected little wind.（康纳斯没有用凯夫拉帆，尽管他预料风会很小。）

b. Normally, if one expects little wind, one uses Kevlar sails.（通常来说，如果一个人预料风很小，他会用凯夫拉帆。）

c. Exp（x,w）> Use（x,k）, Exp（x,y）= x 预期 y 会发生；w =风很小；Use（x,y）= x 使用 y.

再来看否定预期的知域解读，如（24）。a 的预设是 b，b 用逻辑式表达为 c：

（24）a. Theo was not exhausted, although he was gasping for breath.（提奥没有精疲力尽，尽管他已经大口喘气了。）

b. Normally, if someone is gasping for breath, I conclude/believe that he is exhausted.（通常来说，如果一个人大口喘气，我会推断他已经精疲力尽了。）

c. GfB（x）> B（i, Exh（x））, i =我（说话人）, GfB（x）= x 上气不接下气；B（y, Y）= y 相信 Y; Exh（x）= x 精疲力尽。

这里的相信算子 B 限制了预设蕴涵式后件的真值意义，说明 Exh（x）（即“x 精疲力尽”）仅在说话人的信念中为真。作者认为，这里的相信算子 B 尽管是 c 句预设的一部分，但其实 B 可以看作是一种会话含义。有一种方式能够剥离该算子与整个预设：预设中的会话推导部分（即 I believe/conclude 部分）可以被取消，而整个预设仍然可以保留。如（25）所示，A 的结论（John is shy）被 B 否定了。此时 A 可以回复“In fact, his ruddy face is the reason for his shyness.”（“事实上，他红润的脸就是他害羞的原因。”），取消了知域意义但同时保留或重新介绍了行域意义（即红脸就是约翰害羞的原因）。

（25）Situation: A tells about family, B interrupts.（A 在谈论家人，B 打断了 A）

A: When the whole family is together, you can see how different we are. Bill is always funny. John is shy, because he blushes very quickly.（当我们家所有人聚在一起时，你可以看到我们多么不一样。比尔总是很有趣。约翰很害羞，因为他很快就会脸红。）

B: Well, he just has a ruddy face.（那是因为约翰本来就有张红润的脸。）

所以，在知域解读上，although 的意义体现为预设与会话含义（由 B 算子体现）的结合。这与比弗（Beaver，1995）及阿特拉斯（Atlas，1977）的看法一致，即会话含义与预设之间的区别并不显著，是连续渐变的。B 算子也有可能属于索姆斯（Soames，1982）所说的说话人预设（speaker presupposition）。

再来看言域义。（26）中 a 的预设是 b，b 表达为逻辑式 c，c 表示如果听话人已经知道了某信息，说话人就没有必要再说出该信息。如果按照行域义来理解，则 a 的预设是“normally, if one already knows it, it is not the case that Mary loves him."（"通常来说，如果一个人已经知道了这一点，那情况就不是玛丽很爱他。"）这种预设让人无法理解，所以需要重现表现为 b，因此这里的预设是一种调整过的预设（adjusted presupposition），是会话原则中数量原则（即不要让话语的信息量超过所需要的）的应用。因此，S 这个言语行为算子同样是会话含义的体现。总的来说，although 否定预期含义的知域义和言域义都可以看作是 although 触发了一种调整或丰富过的预设（enriched presupposition）。

（26）a. Mary loves you very much, although you already know that.（玛丽非常爱你，尽管你已经知道这一点了。）

b. If x already knows [that]$_i$, I need not say: [Mary loves you very much]$_i$（如果 x 知道（某件事）$_i$，我就不需要说"玛丽非常爱你"$_i$。）

c. K（x, Q）$>\neg\Box$ S（i, Q），K（x, Q）= x 知道 Q；S（i, Q）=说话人说了 Q；Q =玛丽爱你 .

最后来看 although 的让步意义。作者认为 although 的让步意义无法被当作一种调整过的预设。如果 although 在（27）触发类似预设，那预设应该是"如果一个房间有很好的景色，它床上就不会有蓝色的被罩"，这个信息让人无法理解。由于美丽景色和蓝色被罩之间不存在真实世界的联系，这个预设是失效的（presupposition failure）。当说话人预设了无法理解的信息时，他就违反了会话原则的方式原则（即避免说话模糊）。假设说话人遵守方式原则，则我们必须改变之前的解读，将（27）B 解读为让步含义：B 是对 A 问句的回答，因此应该提供了问题的答案（即第三方标准），两个分句为这个答案提供正反论据，让步意义在这里可以看作一种论证性（argumentative）解读。换言之，合作原则通过将这里的解读更改为让步解读，避免了预设失效导致的不合法。

（27）A: Shall we take this room?（我们要选这间房吗？）

B: Although it has a beautiful view, there are blue coverlets on the beds.（尽管这里有很好的景色，但床上有蓝色的被罩。）

让步解读还有另一种得到方式。（28）中，让步关系可以成立，否定预期关系也并未被排除，因此很难说这里的让步含义是因为预设失效、违反合作原则导致的。（28）的让步意义是在特定的语境中得到的，例如（28）用来回答"Is John a regular visitor of the Viennese Opera?"（"约翰是维也纳歌剧院的常客吗？"）这个问题。这里 although 的预设被击败（defeated），因为信息"我不清楚约翰是否是歌剧院的常客"与预设的预期"如果约翰是维也纳人，那他就喜欢音乐"相互违背。（预设被击败，指的是预设表示的预期的后件被否定，并不是整个预期被否定，因此句子在预设被击败的情况下仍然合法。）

（28）Although he is Viennese, he doesn't like music.（尽管他是维也纳人，他不喜欢音乐。）

所以，让步含义可以由两种方式得到：一是由于预设含义与真实世界的联系不符，预设失效因此得到了让步含义。二是预设与真实世界的联系相符，但是在语境中被击败。总的来说，比起否定预期解读，让步解读中语境起了更加重要的作用。

现在 although 的五种意义：三种否定预期意义（行域、知域、言语）和两种让步意义都可以得到解释。根据阿特拉斯（1977），预设意义的逻辑力度比非预设意义强，这可能是因为预设可以投射，而其他意义则较难投射。根据这一点，although 的五种意义可以总结为表 1：

表 1　读者基于逻辑力度对 although 语义的预测

（阿特拉斯方法：逻辑力度（logical strength））

最容易预料到的语义	
行域的否定预期	预设
知域的否定预期	调整过的预设
言域的否定预期	调整过的预设
让步	预设被语境击败导致的论证性解读
让步	预设失效导致的论证性解读
最难预料到的语义	

要得到行域的否定预期解读，只需要推断出预设。而得到知域、行域的否定预期解读，必须调整预设。要得到让步意义，预设必须被击败（defeated）或者失效（failed）。因此表 1 从上至下的解读越来越难预料。然而表 1 与我们日常语感并不完全一致。实际上，让步意义在很多语境中是最容易得到的，因为让步意义极容易由语境决定。所以如果基于语境适应性（contextual fit），则预设失效导致的让步意义是最容易根据语境进行调整的，预设被击败的让步意义其次，言域、知域、行域的否定预期意义则越来越难根据语境进行调整，行域的否定预期解读根本不受语境任何影响。因此，决定 although 哪个语义胜出的过程中，逻辑力度和语境适应性都起作用，两者互相干涉。何时逻辑力度占上风，何时语境适应性占上风，还有待未来进行研究。

第 5、6 节，讨论因果连词 because 的语义。与 although 一样，because 也触发了蕴涵式形式的预设：

（29）Because 触发的预设：Because p, q 预设着 p' ＞ q'。

p 和 q 是两个分句，p' 和 q' 是这两个分句表示的命题，＞表示可以取消的蕴涵关系。

不同的是，although 所在的句子否定了 although 的预期，而 because 所在的句子则肯定了 because 的预期。可以根据第四节对 B 算子和 S 算子的定义为 because 的行域、知域和言域解读提供不同的逻辑语义定义。荷兰语中存在两个“因为”，want 和 omdat，这两个词的区别也为 B 算子的存在提供了依据。法语中的 parceque（‘omdat’）以及 car（‘want’）也有类似区别。

作者认为，because 除了预设意义以外，还有真值语义。Because p,q 的真值语义就是一个合取式 $p \wedge q$。这种语义分析明显优于传统语义分析。传统语义学将 because p, q 的意义分析为条件式 $p \rightarrow q$，而条件式只在 p 为真而 q 为非真时为假。也就是说，当前分句“John washes the car”为假时，“Because John washes the car, he gets five guilders.”（“因为约翰洗了车，他得到了 5 个荷兰盾。”）为真，这与语感不符。为了解决这个问题，传统语义分析需要额外提出一个假设，假设 because 分句所代表的命题已经为真，所以先行词为假的可能性排除。本文的语义分析则不需要这个额外假设。

第 7 节，探讨预期在被否定的情况下还能一直保存的原因。例如，although 触发了一个预期，但这个预期又被 although 所在的句子否定了。作者指出，并不是预期这个蕴涵式本身被否定，而是它的后分句被否定。蕴涵式符号＞表达的是“通常来讲，如果……则……”，因此被称为可以被取消的蕴涵式。预期是关于一般性的知识，即使 although 所在的句子这一个个例否定了预期的结论（即后分句的命题），预期本身仍然存在。我们可以同时相信“如果一个女人很美丽，她会结婚”（一般性知识）和“葛丽泰嘉宝很美丽，她没结婚”（个例）。

第 8 节，作者介绍了欧文斯提根（Oversteegen，1997）对荷兰语连词 want，omdat 和 maar 展开的一项语料库调查。研究发现，否定预期解读在推导过程上比起让步解读离本句的推理距离（derivational distance）更近，这也支持了表 1 中否定预期比让步在逻辑力度上更强的结论。

第 9 节，讨论动词省略（gapping）与因果关系知域解读之间的关系。动词省略（gapping）有时合法，有时不合法。凯勒（Kehler，1994）等学者认为因果复句不允准动词省略：

（30）a. Bill became upset, and Hillary angry.（比尔变得心烦意乱，而希拉里（变得）很生气。）

b. Bill became upset, and Hillary became angry.（比尔变得心烦意乱，而希拉里变得很生气。）

c. # Bill became upset, and as a result Hillary angry.（比尔变得心烦意乱，因此希拉里（变得）很生气。）

d. Bill became upset, and as a result Hillary became angry.（比尔变得心烦意乱，因此希拉里变得很生气。）

另一种看法是，动词省略只能用于联合结构（coordinative construction），而不能用于偏正结构（subordinative construction）。比起前一种说法，这种分析能够更好地解释（31），却又无法解释（30）。

（31）a. John bought a book, and Bill a cd.（约翰买了一本书，而比尔（买了）一张光碟。）

b. John bought a book, so Bill a cd.（约翰买了一本书，所以比尔（买了）一张光碟。）

c. ?Bill bought a cd, because John a book.（比尔买了一张光碟，因为约翰（买了）一本书。）

作者认为这两种分析都不正确。他指出，因果关系的行域解读不允准动词省略，但因果关系的知域解读能够允准动词省略。英语的 so 可以翻译为法语的 donc 和荷兰语的 dus，三者都允准动词省略：

（32）a. Jean lit le journal, donc Marie un livre.

b. Jan leest de krant, dus Marie een boek.

c. John is reading the newspaper, so Mary a book.

约翰 读 定冠词 报纸 所以 玛丽 一 书

"约翰在读那张报纸，所以玛丽（在读）一本书。"

（32）中三个句子都是知域解读，都可释义为"From the fact that John reads the newspaper, I conclude that Mary reads a book."（"从约翰在读报这个事实，我可以推断玛丽在读一本书。"）。即说话人知道 John 和 Mary 住在一起，共用一份报纸并且在同一时间同时阅读。因果关系的行域解读和知域解读最大的区别就是，行域解读中原因发生在结果之前，保留真实世界中事件发生的顺序，遵循"原因先于结果"这个公理，而知域解读则不需要保持真实世界联系的顺序，相信算子 B 的存在使得句子在违背"原因先于结果"公理的情况下也仍然合法。同样，动词省略也对真实世界中事件的先后顺序无要求，只需要同时展示两个相似事件。（32）中 John 读报和 Mary 读书两个事件可能是同时发生的，由于知域解读可以违背"原因先于结果"公理，因此（32）中句子都是合法的。作者认为还有两个问题需要留待日后进一步讨论，一是除了因果关系以外，别的连贯关系可能也对动词省略有一定限制。二是，知域的因果关系允准动词省略，这是否代表只要某个连贯关系要求保持真实世界事件发生的顺序，就不能允准动词省略，尚不清楚。

（四）第 4 章　语义推断与语义规定

第 1 节，说明连词出现与不出现时复句的解读差异。葛丽泰嘉宝的例子中连词 although 可以不出现，如（33）所示。（33）有三种解读。第一种是后分句是前分句的结果，蕴涵着"通常来说，如果一个女人很美丽，她不会结婚”的意思。第二种是后分句解释前分句，蕴涵着“通常来说，如果一个女人不结婚，她就很美丽”的意思。第三种解读前后分句之间是递进关系，如（34）。

（33）Greta Garbo was called the yardstick of beauty. She never married.（葛丽泰嘉宝被称为美丽的标尺。她从未结婚。）

（34）Greta Garbo died in her apartment in New York. She had been a great movie star. She was called the yardstick of beauty. She never married.（葛丽泰嘉宝在她纽约的公寓中去世了。她是一位出色的电影明星。她被称为美丽的标尺。她从未结婚。）

因此，因果连词的功能不仅只是指示（indicate）因果关系的存在，而是通过连词的预设，强制规定（enforce）了命题内容之间的因果关系。作者将通过改造埃舍（Asher，1993）和莱斯卡里达斯等（Lascarides et al.，1996）建立的话语推断和常识蕴涵模型（Discourse Inference and Commonsense Entailment，简称“DICE”），将连词的这些作用通过形式化的手段表现出来。

第2节，对比DICE与其他类似的模型。之所以选择DICE，是因为它是一个基于常识的推理系统，较好地模拟了一个真实的读者在分析文本时做出推断的整个过程，因此利用这个模型就能清楚地看到连词存在和不存在时语义推断过程的区别。

第3节，介绍DICE模型。DICE中有如下的一些连贯关系以及推断规则（表2），每条规则都表现为可取消的蕴涵式（表示为>），蕴涵式的后件是连贯关系，先行词表示读者推断连贯关系时需要的条件。一个话语片段不断地被新的小句更新。$\langle\tau, \alpha, \beta\rangle$ 中，小句 β 通过一个特定的连贯关系与小句 α 相连，τ 代表已经被 α 更新过的话语。简单来说，τ 通过 α 与 β 之间的连贯关系得到 β 的更新。以叙述为例，只要一个小句 β 可以在话语 τ 中与 α 相连，就可以认为 α 与 β 之间是叙述关系。而当 β 在话语 τ 中与 α 相连，且事件 α 导致了事件 β 的发生时，α 与 β 之间就可以认定为结果关系。

表2　DICE: 连贯关系

叙述	$\langle\tau, \alpha, \beta\rangle$ >叙述（α, β）
结果	$\langle\tau, \alpha, \beta\rangle$ ∧致使（e_α, e_β）>结果（α, β）
解释	$\langle\tau, \alpha, \beta\rangle$ ∧致使（e_β, e_α）>解释（α, β）
背景	$\langle\tau, \alpha, \beta\rangle$ ∧重合（e_α, e_β）>背景（α, β）
阐释	$\langle\tau, \alpha, \beta\rangle$ ∧子类别（α, β）>阐释（α, β）

除此之外，每个连贯关系在推导的过程中有一些限制，表现为强制性公理（即不可被取消，表示为→）。$e_\alpha \langle e_\beta$ 表示事件 α 在时间顺序上先于 β。例如，假如 α 和 β 是解释关系（β 是原因），

则事件 α 不可能发生在 β 之前。

表 3　连贯关系中强制性的公理和法则

针对叙述的公理	叙述（α, β）→ e_α ‹ e_β
针对结果的公理	结果（α, β）→ e_α ‹ e_β
针对解释的公理	解释（α, β）→ ¬（e_α‹ e_β）
针对阐释的公理	阐释（α, β）→ ¬（e_α‹ e_β）
针对背景的公理	背景（α, β）→ 重合（e_α, e_β）
原因先于结果	因果（e_β, e_α）→ ¬（e_α‹ e_β）

读者要判断什么事件之间有致使关系，还需要一些世界知识法则（表 4）。这些法则由具体的词汇信息得来，依赖于具体语境。

表 4　非强制性的世界知识法则

推倒法则	〈τ, α, β〉∧摔倒（m, e_α）∧推（j, m, e_β）>致使（e_β, e_α）
关灯法则	〈τ, α, β〉∧关（m, 灯 , e_α）∧变黑（房间 , e_β）>致使（e_α, e_β）
百叶窗法则	〈τ, β, γ〉∧拉上（m, 百叶窗，e_γ）∧变黑（房间 , e_β）>致使（e_γ, e_β）
美丽女人结婚法则	美丽（x, e_α）∧结婚（x, y, e_β）>致使（e_α, e_β）

另外，还有一些根据说话人语言知识（而不是世界知识和词汇知识）得到的非强制性话语进程法则（表 5）。保持因果轨道（Maintain Causal Trajectory）法则说明，如果一个对话中，小句 γ 连接到小句 β 上，而已知 β 是由 α 导致的（有因果关系），则 γ 不会是 β 的原因。例如“#John applied a shape blow to Max’ s neck.Max fell.John had pushed him.”（“约翰猛烈地击打了马克思的后颈。马克思摔倒了。约翰推了他。”），这里的“推”（push）不是“摔倒”（fell）的原因。惯性（Inertia）法则是指当法则之间出现矛盾时，读者会认为最有可能的连贯关系是与总体话语模式风格（global discourse pattern）一致的连贯关系。

表 5　话语进程中非强制性的法则

保持因果轨道	〈τ, β, γ〉∧ R（α, β）∧致使（e_α, e_β）> ¬致使（e_γ, e_β）
惯性	（∀ α）（open（τ, α））∧ ND（α, β）） >（∃ α’）（open（τ, α’）∧ DP（τ）（α’, β））
无因果关系	when（α, β）> ¬致使（e_α, e_β）

除了以上的公理法则以外，DICE 还有一些基本原则。其中之一是演绎原则（Modus Ponens），说明了连贯关系是如何在表 2、表 3、表 4 的基础之上得到的。例如，读者读到“Max fell. John pushed him”（“马克思摔倒了。约翰推了他。”）时，他会在演绎原则的指导下，

通过推倒法则和对解释关系的定义推断出这两个小句是因果关系中的解释关系。另一个原则是复杂企鹅原则（Complex Penguin Principle），适用于两个推断互相矛盾时。比如“Max fell. John pushed him”可以是解释关系，也可以是叙述关系。要满足叙述关系，只需要 α 小句在 β 之前，但要满足解释关系，除了这一点以外，还需要 β 导致了 α 的发生。可以说解释关系比叙述关系的要求更详细，复杂企鹅原则规定最详细的信息胜出，因此该句会被推断为解释关系。

第 4、5 节，作者对 DICE 系统进行了修改。根据 DICE 的复杂企鹅定律，例（35）表达的是解释关系而不是叙述关系。

（35）Max fell. John pushed him.（马克思摔倒了。约翰推了他。）

但如果例（35）放在特定语境中，也可解读为叙述关系，如例（36）。这里，保持因果轨道法则（约翰推了马克思不是马克思摔倒的原因）与推倒法则（约翰推了马克思是马克思摔倒的原因）发生冲突，触发了惯性法则，因此此时 Max fell 与 John pushed him 之间的关系是由总体话语模式（即叙述）决定的，因此是叙述关系。

（36）John and Max came to the Cliff's edge. John applied a sharp blow to the back of Max's neck. Max fell. John pushed him. Max rolled over the edge of the cliff.（约翰和马克思走到了悬崖的边缘。约翰猛烈地击打了马克思的后颈。马克思摔倒了。约翰推了他。马克思滚下了悬崖。）

但假如例（35）中存在一个连词 because，这两个分句只能是因果关系：

（37）Max fell, because John pushed him.（马克思摔倒了，因为约翰推了他。）

作者将连词的预设引入 DICE 系统，规定因果连词也有它们各自的法则。只要出现 because，就意味着两件事件之间是因果关系，如（38）所示。Because 法则强制性地规定了例（37）中约翰推马克思导致了马克思摔倒。

（38）Because 法则：because（β, α）→ 致使（e_α, e_β）；because（β, α）读作 β because α

改造后的 DICE 系统比起原来的 DICE 系统更加完善。原系统里，推倒法则依赖于 fall 和 push 的词汇意义以及语境限制，知道 push 和 fall 的词汇意义才能推断出它们之间是因果关系。然而，词汇常是多义的。例如，push 还可以表示鼓励，这种情况下就无法和 fall 产生因果关系，如例（39）中前后分句是叙述关系。

（39）Max was afraid to do a talk. John pushed him.（马克思不敢做演讲。约翰鼓励他。）

因此，连词是否存在对因果关系的推断有两点影响：一是通过对词汇意义的常识来推断因果关系，比起通过连词来推断因果关系更加复杂；二是通过词汇意义得到的因果关系不如通过连词得到的因果关系那么确定，如（33）葛丽泰嘉宝的例子就可以有多种解读。

作者还解释了（40）和（41）的区别所在。对（40）来说，由于保持因果轨道法则和推倒法则相互抵触，触发了惯性法则，Max fell 和 John pushed him 之间应该是叙述关系。而（41）中，because 法则说明 push 和 fall 之间的因果关系不可取消，而保持因果轨道法说明两者之间不可能是因果关系。这种矛盾导致话语不合法。

（40）a. John and Max came to the Cliff's edge.

b. John applied a sharp blow to the back of Max's neck.

c. Max fell.

d. John pushed him.

e. Max rolled over the edge of the cliff.

（41）a. John and Max came to the Cliff's edge.

b. John applied a sharp blow to the back of Max's neck.

c. Max fell,

d. ? because John pushed him.

e. Max rolled over the edge of the cliff.

最后，作者讨论了 although 出现与否对推断连贯关系带来的不同影响。(42) 中，a 是歧义的，后分句可以是前分句的结果，也可以是前分句的原因。后句是前句结果时，我们需要从“美丽”和“结婚”的词汇意义中选取特定的部分来推导出“一个女人的美丽导致了她没有结婚”这条因果法则。这条法则比起推倒法则、关灯法则等来说要主观很多，完全依赖语境，也不是所有人都能接受。如果后句是前句的原因，我们需要选取“美丽”和“结婚”词汇意义中的其他特定部分来推导出“一个女人不结婚会使得她很美丽”这条因果法则。例如，“结婚”的意义中包含着失去自由或者有孩子，而足够自由或者没有孩子才能保持美丽等。总之，推导 a 的复杂过程说明了让词汇决定因果法则非常困难。解读可能是歧义的，用来构建因果法则的知识本身也不够确定。

（42）a. Greta Garbo was called the yardstick of beauty. She never married.（葛丽泰嘉宝被称为美丽的标尺。她从未结婚。）

b. Although Greta Garbo was called the yardstick of beauty, she never married.（尽管葛丽泰嘉宝被称为美丽的标尺，她从未结婚。）

而当连词存在时，如（42）b，连贯关系的推导过程已经在一定程度上决定了。作者将 although 法则（43）引入了 DICE 系统。这个法则说明，连词 although 的出现，强制性规定前分句与后分句否定式之间有因果关系，或者前分句和后分句是让步关系。在（42）b 中，自动就会产生一个因果法则“通常，如果一个女人美丽，那么她会结婚”。这条法则非常确定，要选择“美丽”和“结婚”词汇意义中哪些语义部分进行关系建构，已经提前决定了。

（43）Although 法则：Although（β, α）→致使（e_{α}, $\neg e_{\beta}$）|| 让步（α, β）；Although（β, α）读作 β although α

总之，因果连词不仅提示了话语连贯关系，更是通过强制性法则强制规定了连贯关系。在没有因果连词存在的情况下，要想推断出因果关系，必须依赖于语境、词汇意义和世界知识。没有连词标记的因果关系是不够明确的，也由不够确定的知识支持。而在连词存在时，读者不依赖语境和词汇意义（词汇意义仅仅需要支持该关系即可）即可推断连贯关系。因果关系是明确的，也由相对确定的知识支持。前者比后者在推断中更耗时耗力。

（五）第 5 章　话语结构中的因果关系

第 1 节，引入了命题照应语（propositional anaphors）的概念。以（44）为例，it 指代的不是名词性的短语“the marriage”，而是指代 Prince 昨日结婚这整个概念化、抽象化的事件，这里的 it 可以被称为命题照应语。

（44）Prince was married yesterday at his residence. *It* was a big surprise for the media.（普林斯昨日在他的住处结婚了。这让整个舆论界大吃一惊。）

根据吉冯（Givón，1992）的研究，命题照应语选择什么成分充当先行词由很多因素决定。作者指出话语结构是决定因素之一，会为照应语提供多种先行词的可能性。例如，（45）的话语结构为 that 提供了三种先行词的可能性：① that 的先行词是整个复句“Greta Garbo never married, although she was very beautiful”。② that 的先行词仅是复句的前分句。这两种情况下，表达的意义都是“没有结婚让她高不可攀”。③ that 的先行词是后分句，意思是“她的美丽让她高不可攀”。

（45）Greta Garbo was already a legend during her life. In 1951 she became an American citizen, three years later she received an Oscar of honour. Greta Garbo never married, although she was very beautiful. **That** made her unattainable. She led a completely isolated life in a New York apartment.（葛丽泰嘉宝在她活着的时候就已经是一个传奇了。1951 年，她成为美国公民，3 年后她获得了奥斯卡荣誉奖。葛丽泰嘉宝从未结婚，尽管她非常美丽。那使得她高不可攀。她在纽约的一个公寓里过着完全离群索居的生活。）

如前两例所示，照应语的先行词有时候不是一个具体小句，而是在几个小句的意义基础上抽象化的信息，这种抽象的信息是如何计算得来的，成为很多理论讨论的重点。为了方便讨论意义的组合计算，作者将所有结构中的位置称为成分（constituent），每个成分的语义由命题代表，如（46）中有三个成分。顶端成分的语义由下面两个分句的语义抽象结合而来。波拉尼（Polanyi，1988）指出，在结构树中的分句顺序应该保留话语中分句的顺序，因此新的分句如果要添加到这个结构上，就只能从结构树的右边进行连接。（46）中，空白圆圈的位置是开放性的（open），可以连接新的分句，而黑色圆圈的位置表示已经封闭，不能再连接新的分句。从顶端成分到最右边底层的成分连成一条线，这条线被称为“右边界”（right frontier）。根据韦伯（Webber，1991）的看法，只有出现在右边界上的信息才是开放性的，可以用来充当命题照应语的先行词，非右边界位置上的信息不能充当先行词，这被称为右边界限制（right frontier restriction）。

（46）

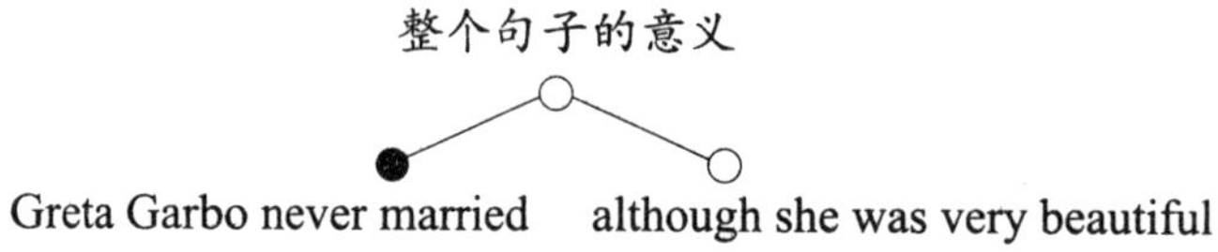

第 2 节，讨论话语结构中可以充当先行词的开放性成分。作者首先区分了有标记的命题照应语和无标记的命题照应语。根据梅斯（Maes，1997）的研究，荷兰语 dat 和 het 有时可以互换，有时不行。（47）a 中可以互换，b 中 dat 必须在 het 前面。Dat 指代前一个分句（Burt Lancaster died yesterday），而 het 指代的是由前面语境抽象出来的信息“It was made public that Burt died.”。如果将 het 和 dat 位置互换，就不合法。互换后，het 可以指代前一个分句（Burt Lancaster died yesterday），但不能再接续一句 Dat paket me（“That struck me”）。这是因为 dat 倾向于选择一个具体的分句作为先行词，而前一个分句 het was het belangrijkste nieuws vanmorgen 不可以作为先行词，因为这个信息并没有任何让人惊讶的地方（令人惊讶的是第一个分句的信息“Burt Lancaster died yesterday”）。同时，dat 无法指代第一个分句，这一点只能用右边界限制来解释。

（47）a. Zou Jan thuis zijn? Het/dat valt te betwijfelen.
Would John at home be? It/that is doubtful.
会 约翰 在家 系词 be 它 / 那 是 可疑的
“约翰会在家吗？那是值得怀疑的。”

b. Burt Lancaster is gisteren gestorven. Dat was het belangrijkste nieuws
Burt Lancaster yesterday died That was the most important news
博特·兰卡斯特 昨日 去世 那 是 定冠词 最重要 新闻
vanmorgen. Het pakte me.
this morning It struck me.
今天早上 它 震惊了我
“博特·兰卡斯特昨日去世了。那是今天早上最重要的新闻。它震惊了我。”

c. Het/*dat is bekend dat politici liegen.
It/that is well-known that politicians lie
它/那 是众所周知 它/那 政治家 撒谎
“政治家撒谎，那是众所周知的。”

Het 可以选择前面的任意成分作为先行词，叫作无标记照应语，既可以前指也可以后指（如（47）c），只要在语境中能得到的成分都可以作为先行词，一般倾向选择不具体、表示抽象意义的先行词。Dat 是有标记照应语，它需要前面语境中的一个具体分句作为先行词。英语中，that 和 this 基本等同于有标记照应语，it 类似无标记照应语。

然而，语言中有的实例明显违反了右边界限制。例（48）中 It 指代的是 John must have left，而不是 His room is empty。作为无标记照应语的 it，一般应该倾向将前两个分句组合而成的抽象意义当作先行词。然而事实是，第一个分句比第二个分句更加适合充当 it 的先行词。无论怎样解释，这个例子违反了右边界限制。作者指出，例（48）中前两个分句之间是因果关系，是这一点豁免了右边界限制。

（48）John must have left. His room is empty. It probably happened a while ago.（约翰肯定已经离开了。他的房子是空的。它可能是一会儿以前发生的。）

（49）也说明了因果关系对先行词的影响。（49）中，d 中 that 的先行词只能是三个小句抽象出的信息 a ＋ b ＋ c（不会只是 c），但 b 的意义不体现在 a ＋ b ＋ c 这个先行词的意义中。有一种看法认为，这可能是因为 b 是一个从属于 a ＋ b 偏正复句的“偏”分句，意义不如“正”分句 a 重要。作者则指出，这不是偏正关系带来的，而是 a 和 b 之间的因果关系导致的。

（49）a. For his part in their joint project, John built a two-armed robot.（在他们俩共同的任务中，约翰造了一个有两只手臂的机器人。）

b. He had learned about robotics in CSE391.（他在课程 CSE391 上学习了机器人制造的技术。）

c. For her part, Mary taught it how to play the saxophone.（玛丽则教会了机器人如何表演萨克斯。）

d. *That* earned them both A’s.（那让他们俩都获得了 A 的成绩。）

例（50）中，因为 John 是会议的主要参加者，所以 that 的先行词不可能是 c，按照右边界限制只能是 a ＋ b ＋ c。这里 b 是对 a 的评论（comment），因此可以说 a 和 b 组成了偏正复句。假如只要是偏正复句，b 的意义可以不出现在 a ＋ b ＋ c 的抽象意义里，那例（50）也应该是能够成立的。

（50）a. John didn’t turn up at the meeting.（约翰没在会议上出现。）

b. He would bring the input for the discussion.（他本来应该带来会议讨论的主要材料）

c. Charlie was also absent.（查理也没来。）

d. ?*That*'s why we cancelled the meeting.（那就是为什么我们取消了这次会议。）

作者还展示了 VP 照应语的例子来说明因果关系对照应语与先行词关系的影响。例（51）是有歧义的，c 中的 VP 照应语，作为无标记照应语，可以指代整个（51a + b），也可以指代（51b）。

（51）a. Fred went to the dentist ,（弗莱德去看牙医了，）

b. because he needed a checkup.（因为他需要牙齿检查。）

c. Sara did too.（萨拉也是。）

这个话语片段加上一个后续反驳以后，VP 照应语就只能将 a 句作为先行词：

（52）d. but she had to have her wisdom tooth removed.（不过她是需要拔掉智齿。）

这个例子违反了右边界限制。作者认为 a 和 b 之间的因果关系导致了这个 VP 照应语可以指代 a 句，豁免了右边界限制。如果 a 和 b 之间不是因果关系，就不合法。例如，（53）中 a 和 b 之间的关系是列举（list），VP 照应语不可以指代不在右边界上的成分 a：

（53）a. John loves trains.（约翰喜欢火车。）

b. Peter loves cars.（彼得喜欢汽车。）

c. Mary does too,（玛丽也是，）

d. ?but she hates cars.（不过她讨厌汽车。）

第 3、4 节，为了详细展示因果关系是如何影响话语结构的，作者介绍了话语模型 LDM（Linguistic Discourse Model，波兰尼，1988；普鲁斯特（Prüst），1992）。作者以（54）为例，说明 LDM 中抽象意义的计算方法。This 这里指代抽象的含义“Economic processes show good developments”（“经济发展呈现良好态势”）。这个抽象含义是从前三个分句的意义中概括出来的。

（54）a. Interest rates have gone up.（利率上升了）

b. The recession may reduce inflation.（衰退可能会减少通货膨胀）

c. Capital taxation is lower due to the tax reform.（由于税制改革资本税款降低了）

d. **This** means brighter times for those who have money to save.（这对需要存钱的人来说意味着更好时机的来临）

首先，（54）a 和 b 组合成 a + b。（54a）句中，interest rates（利率）是话题，have gone up（上

升）是评论。（54b）中，the recession（衰退）是话题，may reduce inflation（可能减少通货膨胀）是评论。这两个句子形成了列举结构（list）。LDM 中针对列举结构的规则如（55）所示。在一个列举结构中，两个话题和两个评论都得到了统一（unification），这会诱发最具体公分母（the Most Specific Common Denominator）原则的应用。简单来说，这个原则就是概括出两个句子共有的意义，将两个具体意义合成为一个抽象意义。在这个例子里，interest rates 和 the recession 最具体的公分母（即共同点）就是它们都是经济发展过程的一部分，have gone up 和 may reduce inflation 最具体的共同点即它们都是良好经济发展过程的一部分。因为（54a）和（54b）形成了列举结构，a + b 的抽象含义就由它的最具体公分母决定："Economic processes show good developments。"（a + b）又和 c 句组合成了 a + b + c，同样也触发了最具体公分母原则，得到了一个相似的抽象意义，即经济发展呈现良好态势。

（55）简单列举结构（Simple List Construction）
结构：list（a,b）→ a b
条件：有共同公分母，由 and，or 等连词标记的关系。
语义组合：整个结构的语义由最具体公分母决定

LDM 中还有关于并列结构和偏正结构的规则：

（56）简单修辞性联合结构（Simple Rhetorical Coordinations）
结构：coo（a,b）→ a b
条件：由 therefore, so, thus, accordingly, …. 等连词标记的关系
语义组合：右边分句的语义在并列结构中被当作整个结构的语义。
（57）简单修辞性偏正结构（Simple Rhetorical Subordinations）
结构：sub（a,）→ a b
条件：由 because, since,…. 等连词标记的关系
语义组合：左边分句的语义在偏正结构中被当作整个结构的语义。

作者认为这两条规则其实是关于因果关系的，可以修改为一条因果关系规则：

（58）因果关系：caus（a,b）→ a b
条件：Cause（a,b）或者 Cause（b,a）

作者还为 LDM 添加了否定预期的相关规则：

（59）否定预期：den（a,b）→ a b
条件：Cause（a, ¬b）或者 Cause（b, ¬a）

因此，在一个结构树中，开放性成分可以重新定义如（60）。一般情况下，命题照应语必须以右边界上的成分或信息作为先行词。当某些成分是以因果关系或否定预期关系与右边界上

的成分相连接时，这些成分也可以作为照应语的先行词。因果关系豁免了右边界限制。

（60）开放性成分（open constituents）

话语结构树中的成分是开放的：第一，当它们处于右边界时；第二，当它们通过因果关系或否定预期关系与右边界连接时。

（六）第6章　结论

作者简要概述了各章研究内容，并指出了一些本文未涉足但重要的问题，例如论证（argumentation）与让步关系、命题照应语的先行词等问题之间的联系，动词省略与连贯关系之间的相互限制，因果关系除了对命题照应语选择何种先行词产生影响以外，对话语结构别的现象可能产生的影响等等。

作者最后强调了形式语义学方法在分析连贯关系中起到的作用。作者指出，莱考夫（Lakoff，1972）早年提出了自然逻辑的分析方法，但后来又认为对自然语言的形式研究并不重要，因为形式逻辑符号无法指代认知上的实体，只能对语言现象进行概括。本文则利用形式逻辑解释了许多语言现象，例如，尽管B算子在大脑认知中不一定真实存在，但形式语义学中B算子的运用解释了连词的知域解读。对because，although等连词的形式语义学分析，也较好地捕捉到了母语者对这些连词语义的语感。第4、5章中，形式语义学模型的使用也让我们更清楚地看到了有无连词对推断连贯关系过程产生的影响，以及因果关系对话语结构的影响。因此，作者认为莱考夫（1972）的方法是可行的，对连贯关系词汇标记的形式语义学研究理应在话语研究中占有一定位置。

二、简　　评

论文的标题就已经明确陈述了作者的观点：因果连词应该分析为预设触发语，在这个前提下作者探讨了因果连词的预设对于连贯关系与话语结构的影响。尽管将although、because等连词分析为预设触发语并不是作者首创，但作者提供了大量支持这种分析的依据（例如各类预设测试），细致讨论了预设在连词的行域、知域、言域解读中的性质，并深入挖掘了这种分析优于以往语义分析的原因，有力地证实了作者的观点。读者在阅读本文的同时，也可参考预设分析以外别的分析方法，例如作者自己指出因果连词也可以被认为表达了规约含义。

本文的优点在于结合了形式主义的逻辑语义学与功能主义的文本分析，串联了语义学、语用学、话语表达理论、论证理论、计算语言学等各个分支，这种综合性的尝试对话语连贯的研究极有益处。论文部分章节涉及形式语义学分析和语义逻辑模型，有较强的技术性，但好在作者一般都会提前对逻辑符号和模型做详细介绍，并在之后进行清晰总结。对逻辑符号不太熟悉的读者，可以跳过这些部分，仔细阅读文字部分的介绍，亦可理解作者的论证思路。另外，全书结构严谨，各个章节都有内在的逻辑，每个章节围绕着一个研究问题展开，研究问题逐步深入，最终回答了研究的中心问题。全文引用了 151 种文献，也体现了作者良好的语言学理论修养，全面掌握了相关文献，对别人的理论、观点信手拈来，引用贴切自然。

本文亦有少数可以商榷的地方。例如，论文指出，即使缺少回溯推理，也可以有知域解读，但作者并没有给出实例与进一步的讨论。作者认为言域解读一定有语言标记，这似乎是把陈述排除在言语行为之外了，而陈述同样可以产生言域解读，如例（61）所示。在语料方面，本文只涵盖了英语、法语和荷兰语，缺乏其他语种的例子。

（61）a.We’re going home, cause you won’t take a hint.（我们现在回家，因为你不接受暗示。）

b.We’re going home, cause otherwise we’ll still be here tomorrow.（我们现在回家，因为否则我们明天仍然还在这里。）（司普仁，2001）

另外，由于作者不是英语母语者，论文还有一些语法错误，如 148 页“The assumption ... creates a problem for Maintain Causal Trajectory has been executed as well”，第 209 页“This is not strictly conform LDM”等。

参考文献

[1] 沈家煊 . 复句三域“行、知、言”[J]. 中国语文，2003（3）：195-204.

[2] 邢福义 . 汉语复句研究 [M]. 北京：商务印书馆，2001.

[3] Asher, N. Reference to abstract objects in discourse[C]// Volume 50 of Studies in Linguistics and Philosophy. Kluwer Academic Publishers, 1993.

[4] Atlas, J. D. Negation, ambiguity and presupposition[J]. Linguistics and Philosophy, 1977, 1(3): 321-336.

[5] Beaver, D. I. Presupposition and Assertion in Dynamic Semantics[D]. Ph.D. diss., University of Edinburgh, Edinburgh, 1995.

[6] Givón, T. The grammar of referential coherence as mental processing instructions[J]. Linguistics, 1992, 30(1): 5-55.

[7] Grice, H. P. Logic and conversation[C]// In Cole, P. & Morgan, J. (eds.). Syntax and Semantics. Volume 3. New York: Academic Press, 1975: 41-58.

[8] Kehler, A. S. Common topics and coherent situations: interpreting ellipsis in the context of iscourse inference[C]// In Proceedings of the 32nd Meeting of the Association of Computational Linguistics. 1994.

[9] Lakoff, G. Linguistics and natural logic[C]// In Davidson, D. & Harman, G. (eds.). Semantics

of Natural Language. Reidel, Dordrecht, 1972.

[10] Lagerwerf, L. Causal Connectives have Presuppositions: Effects on Coherence and Discourse Structure[M]. LOT(Netherlands graduate School of Linguistics)10.The Hague: Holland Academic, 1998.

[11] Lascarides, A., Copestake, A. & Briscoe, T. Ambiguity and coherence[J]. Journal of Semantics, 1996, 13(1): 41-65.

[12] Maes, A. The markedness of abstract-object anaphors in discourse[C]// In De Mulder, W. & Tasmowski, L. (eds.). Coherence and Anaphora(Belgian Journal of Linguistics 10). volume 11.Amsterdam: John Benjamins Publishing Company, 1997: 161-183.

[13] Mackie, J. Causes and conditions[J]. American Philosophical Quarterly, 1965, 2(4): 245-255.

[14] Mackie, J. L. The Cement of the Universe[M]. Oxford: Oxford University Press, 1974.

[15] Oversteegen, E. On the pragmatic nature of causal and contrastive connectives[J]. Discourse Processes, 1997, 24(1): 51-85.

[16] Polanyi, L. A formal model of the structure of discourse[J]. Journal of Pragmatics, 1988, 12(5): 601-638.

[17] Prüst, H. On Discourse Structuring, VP Anaphora and Gapping[D]. Ph.D. diss., University of Amsterdam, Amsterdam. 1992.

[18] Sanders, T. J. M., Spooren, W. P. M. S. & Noordman, L. G. M. Toward a taxonomy of coherence relations[J]. Discourse Processes, 1992, 15(1): 1-35.

[19] Sanders, T. J. M., Spooren, W. P. M. S. & Noordman, L. G. M. Coherence relations in a cognitive theory of discourse representation[J]. Cognitive Linguistics, 1993, 4(2): 93-133.

[20] Soames, S. How presuppositions are inherited: A solution to the projection problem[J]. Linguistic Inquiry, 1982, 13(3): 483-545.

[21] Spooren, W. P. M. S. Some Aspects of the Form and Interpretation of Global Contrastive Coherence Relations[D]. Ph.D. diss., University of Nijmegen, 1989.

[22] Spooren, W. Book review: Causal connectives have presuppositions: effects on coherence and discourse structure[J]. Journal of Pragmatics, 2001, 33(1): 137-141.

[23] Sweetser, E. From Etymology to Pragmatics: Metaphorical and Cultural Aspects of Semantic Structure[M]. Cambridge: Cambridge University Press, 1990.

[24] Webber, B. L. Structure and ostension in the interpretation of discourse deixis[J]. Language and Cognitive Processes, 1991, 6(2): 107-135.

对真值义和非真值义作统一分析的一种尝试

——评艾坦《语言意义、真值条件和关联理论》[①]

袁陈杰

庞培法布拉大学　翻译和语言科学系

引言：两个核心问题

《语言意义、真值条件和关联理论》（*Linguistic Meaning, Truth Conditions and Relevance, The Case of Concessives*）一书是加拿大语言学家科琳娜•艾坦（Corinne Iten）的代表作。该书的大部分内容基于艾坦的博士论文，并收录于“帕尔格雷夫语用、语言和认知研究”（“Palgrave Studies in Pragmatics, Language and Cognition”）系列，于2005年出版。艾坦长期执教于加拿大卡尔顿大学（Carleton University），其间负笈英伦，师从著名语言学家、关联理论（Relevance Theory）专家罗宾•卡尔斯顿（Robyn Carston）教授，并于2000年获伦敦大学学院（University College London）授予的博士学位。《语言意义、真值条件和关联理论》一书已经出版了十多年，然而该书所关注的两个主要问题依然是当下语言学的研究前沿：

第一，如何对非真值义（non-truth-conditional meaning）作显性分析？语言学家可以通过研究命题的真值来研究命题语义，但是在分析非真值义时却遇到了一个难题，即非真值义既然难以简单地通过真值来分析，那么应该如何观测和分析这一种意义的表现？这一问题长期以来都是语用研究的核心问题，尤其是在对推理义，如预设和含义的分析上，这一问题的难度达到了极致。格莱斯（Grice）的会话含义理论为非真值语义——含义的分析提供了（最早的）一种方案，但格莱斯理论的一个致命弱点在于，由于缺乏明确的形式定义，各项会话原则的定义和应用条件是模糊的，甚至相互之间存在龃龉和重叠。新格莱斯理论（Neo-Gricean theories）

① 【基金项目】国家社科基金重大项目“面向计算机人工智能的组合范畴语法研究”（17ZDA027）；西班牙经济与实力部卓越项目“语境资源和句子信息结构的对应关系”（FFI2015-67991-P）；西班牙经济与实力部千人博士培养基金（BES-2016-077488）。

和关联理论在不同程度上对格莱斯理论中的各项原则作了简化和明确的定义，并为非真值义给出了更为显性的分析。形式语义学家们通过语境（context）进行解构和表现，试图对非真值语义作更为彻底的逻辑化分析。

第二，如何统一真值条件义（truth-conditional meaning）和非真值条件义的分析？自格莱斯以来，我们通常将对真值条件义的研究归入狭义的语义学（Semantics）研究，而将非真值条件意义的研究归入语用学（Pragmatics）研究。当代语言学家和逻辑学家对于命题真值的研究至少可以追溯至弗雷格（Gottlob Frege），在蒙太古（Richard Montague）之后成为了当代语义研究的主流。然而自20世纪80年代以来，随着语用研究逐步被纳入广义的语义研究以来，如何对真值条件义和非真值条件义作统一分析，成为了语言学家不得不面临的一个难题。对于这一难题的思考和研究孕育了多套经典语言学理论，其中包括了形式语义学家所提出的动态语义学理论，如文本更新理论（File Change Semantics）、篇章表述理论（Discourse Representation Theory）等，以及上述已经提及的、传统语用学家提出的新格莱斯理论和关联理论等。

以上两个问题在当前语言学研究中依然没有得到很好的解决，而这两个问题在处理上还受制于一个更大的问题，即语言的意义在本质上是否具有心灵基础？如果认为语言的意义并不存在特定心灵基础，那么采用纯粹逻辑化的真值条件分析，或者类真值条件分析是不二选择，而且这种分析具有高度的形式化，也更易于投入计算。如果认为语言的意义存在心灵基础，在这一前提下尽管采用真值条件分析亦无可厚非，然而在哲学的本质上似乎更加适合采用持认知观点的关联理论来进行解释。艾坦在这一核心问题上显然持后一观点，因而在书名中就突出了本书的研究方法——基于认知主义的“关联理论”。尽管艾坦并不排斥使用真值来研究意义，但是她也非常明确地指出，通过真值对意义研究的二分，即真值义研究和非真值义研究，实际上是没有必要的，两者可以在关联理论中得以整合，此时真值这一概念的使用显得多余了。和大部分认知语义和关联理论学者一样，艾坦认为真值并不是句子本身的一种性质，也并不由句子本身所决定，而是语篇内命题义和所处世界的一种认知关系。换而言之，语篇内的命题是说话者对所处世界的认知和描述性表达。尽管艾坦本人并不是这种认知主义观点的首倡者，但却将其深入地运用到了对于小句连接词，尤其是让步连接词的语义分析中，值得后学借鉴。另一方面，对于非真值语义的形式研究已然成为了当下国际学术界的主流，在这一背景之下，对艾坦一书的重新审读可以让我们回顾另一种存在的可能性，即通过基于认知的关联理论对语义的分析。

本文第一节简要介绍《语言意义、真值条件和关联理论》一书各个章节的主要内容和核心观点，第二节从宏观的角度指出了本书在理论基础和分析上的一些问题并作了评介，最后的小结基于当下理论的发展现状，对于引言中提到了两个核心问题作了进一步的展望。中国语言学有着悠久的语义研究传统，但传统语义研究主要集中于词汇语义，而忽视了句子语义和小句之间的逻辑关系。艾坦一书运用关联理论深入分析了让步关系中小句间的关系，值得国内学者参考。

一、各章内容概述和评介

艾坦一书共六个章节，大致可以分成三个部分：第一部分（第一章和第二章）简要介绍了研究中涉及的主要语言学现象和概念的定义，并对前人所做的研究作了简要的回顾；第二部分（第三章）介绍了研究所用的方法论（或称“理论框架”）—— 关联理论，并介绍了关联理论对真值义和非真值义的分析；第三部分（第四章、第五章、第六章）将关联理论应用到了具体的案例分析上，即对英语中的三类让步连接词 ——but、although、even/even if 的非真值语义作了深入细致的分析。本节将对艾坦一书的每一个章节的内容作简单介绍，并指出其在分析上存在的一些问题并予以评介。

在**第一章**中，艾坦简要回顾了前人对命题真值义的研究，并指出了这些研究中存在的两个缺陷：语言的待定性（linguistic underdeterminacy）和非真值义的存在。语言的待定性是自然语言语义研究过程中一直为人所诟病的一个问题。在弗雷格和罗素开创的分析哲学中，研究者主张逻辑实证主义（logical positivism）并认为自然语言（natural language/ordinary language）的逻辑是不完美的，因而在研究语义逻辑的过程中只能以人工语言（artificial language/logical language）为对象。维特根斯坦早期也持有这一观点，但到了晚期，维特根斯坦和他同时期的一些哲学家发生了“自然语言转向”，即主张自然语言的逻辑本身应当是完整的。这一主张在蒙太古以后被自然语言语义学家们接受，成为当代形式语义学家的一个共识。前文笔者已经说过，当代形式语义研究实际上就是对句子真值义的研究，即确定句子所表述命题成立的真值条件。这一研究传统由分析哲学继承而来，然而实际上存在内在缺陷，即自然语言的句子（sentence）是否能够用以表达一个独立完整的命题？由于真值本身是针对命题而言的，因而如果我们认为能够将句子的语义等同于命题，那么对自然语言句子的真值义研究在逻辑上就是可行的。然而实际上我们知道，句子和命题两者并不是完全同义的。即使我们接受句子可以用来表达命题的事实，句子和命题之间的映射（mapping）关系也不是一一对应的（更多详细的讨论可以参考瑞卡纳迪（Recanati，1993）、巴赫（Bach，1994）和卡尔斯顿（Carston，2002）等）。因而，对句子真值义的研究实际上对句子和命题的关系作了简化，而这并不是语言事实。自然语言的句子和命题之间的关系是待定的，因而自然语言句子的语义并不能全盘当作逻辑语言进行研究。另一方面，艾坦进一步指出，真值义研究的方法无法直接用于研究非真值义，如指称的确定、预设和含义的投射和推理等。这些非真值义的一个特点在于，此类意义的获得依存于语境内的信息资源，因而其真值条件因语境的改变而发生变化，并不是固定的。非真值义的语境依存特点对已有的真值义研究造成了挑战：①命题的真值并不是固定的，而会随着语境的变化而发生变动；②命题的语义并不完全取决于命题内成分的语义组合，而同时需依赖语境内的信息资源。后者直接撼动了真值义研究的基石——狭义的语义组合原则（compositionality）。

在**第二章**中，艾坦具体回顾了前人对非真值义所作的研究，其中包括弗雷格和卡普兰（David Kaplan）的经典研究、预设研究和基于言语行为（Speech Acts）的理论分析。弗雷格和卡普兰试图将非真值义的研究同真值义联系起来、在真值义研究的框架中来研究非真值义的产生和确定，以及其对命题真值条件确定的影响。弗雷格区分了命题的指称（reference）和含义（sense），分别对应了真值和真值条件；在真值义之外，弗雷格区分了势（force）和调（tone），用以讨论非真值语义的性质。然而弗雷格的这种区分还是比较简单的，并不能对所有的非真值语义进行解释和预测。卡普兰提出了“特征”（character）的概念——一个表达的特征函项，以该表达所处的语境为定义域，以该表达的真值内容（content）为值域，即：特征（语境）＝真值义。在之后的论文中，卡普兰进一步区分了两组概念，即意义语义（semantics of meaning）和用值语义（semantics of use），描述性内容（descriptive content）和表达性内容（expressive content）。卡普兰对这些概念之间的对应性关系并没有作直接说明，艾坦认为描述性内容所对应的正是真值语义，而表达性内容所对应的则是用值语义，即特征的语义。在卡普兰的理论体系中，非真值义对应的就是用值（或特征）的语义，这在解释上已经远远超过了弗雷格的原始理论。然而在《语言意义、真值条件和关联理论》一书出版之时，卡普兰的用值语义尚未发展成熟，如何用这一理论来解释不同类型的非真值义尚不明确。除了弗雷格和卡普兰的经典研究之外，艾坦还比较了预设研究和基于话语行为的研究。预设研究中区分了两种不同类型的预设，即语义预设和语用预设。语义预设又称逻辑预设，属于命题的蕴涵义，因而其真值取决于命题的真值；而语用预设则不然，语用预设并不是命题本身所含的预设，而是说话者在说话时已有的预设或听话者从话语中适应（accommodate）所得，其真值并不是固定的，因而应当被视为非真值义。语用预设的研究实质上已经涉及了言语行为，即强调实际说话者和听话者对于言语的理解核对言语言外之义的推理。言语行为理论的提出实际上推翻了逻辑实证主义者认为的真值条件是语言理解的核心这一传统观点。奥斯汀区分了两类句子，即用以断言、陈述事实、描述和报道状态的叙事句（constantives）和以语言实施某种行为，如许诺、命令、请求等的施为句（performatives）。叙事句在语义上具有真假之分，而施为句并不具有真假之分，只能以合适条件（felicity condition）进行判断。这种简单的二分法实际上是并不科学的，因为叙事句作为言语的一种本身实际上也构成了一种行为，因而在交流中也构成了一类施为句。为了解决这一问题，奥斯汀（John Austin）提出了言语行为理论的三分法，即言内行为（locutionary act）、言外行为（illocutionary act）和言后行为（perlocutionary act）。言内行为即话语的表达，表达的内容包括了话语的语音、句法、语义等内容；言外行为即话语的言外语力（illocutionary force），即在特定语境中赋予话语的一种言语行为力量，用以表达或完成某一意图或目的；言后行为即话语在听话者身上所产生的效果。塞尔（John Searle）进一步发展了奥斯汀的言语行为理论，并提出了更为细致的分类方法，此处笔者不再赘述，可参考蔡曙山（1998）作进一步了解。奥斯汀和塞尔的言语行为理论撼动了以真值条件研究为核心的语义研究，也提出了对非真值义的研究方案。比较明确的是，言语行为理论认为言内行为只有一部分可以具有真值，而另一部分则不具有真值，但是对于两者的划分是相对模糊的。尤其在如何获取和解释非真值义上，言语行为理论并没有给出明确的答案。虽然格莱斯的会话含义研究同样是基于言语行为，但是和奥斯汀和塞尔的研究迥然不同。格莱斯区分了自然意义（natural meaning）和用以交际的非自然意义（non-natural meaning），而后者可以通过明言（say）和暗含（implicate）两种方式进行表达。暗含义，即含义可以按照是否常规化分为常规含义和非常规含义，后者又可以分为一般会话含义和特殊会话含义。尽管格莱斯对会话含义的研究开启了语用学研究的一个重要领域，但是含义和非真值义之间的关系是不明确的，因而在如何使用含义来解释不同类型的非真值义上，学者们仍然莫衷一是。艾坦认为造成这些方案不完美的根本原因在于，真值义和非真值义的区分本质上并不是语义上的，而应当归结于说话者和听话者对于话语意义的认知情况。

艾坦在第一章中提出的两个问题，第一个问题关于语言的待定性，并非艾坦的首倡，她复述了前人在讨论中对这个老问题的分析；第二个问题关于非真值语义分析的困难，这一问题也并非是由艾坦首次发现的，事实上早在20世纪70年代蒙太古和他的学生坎普（Kamp）就已经对这个问题做过了探讨，坎普还发展出了篇章表述理论来试图分析和解决部分问题。在第二章中，通过对前人研究问题和方案的回顾，艾坦完成了全书的文献综述。然而艾坦所作的文献综述其实是有目的性和选择性的，并没有完全覆盖在本书出版之时学界对于非真值义研究已经获得成果。就非真值义的研究而言，在艾坦一书出版之时，已经存在其他更多经典的研究框架，例如笔者在引言中已经提及的文本更新理论、篇章表述理论，除此之外，还有如修辞结构理论（Rhetorical Structure Theory），以及罗伯茨（Roberts，1996/2012）引入语用学研究的在议问题框架（Question Under Discussion）等。但是很可惜，艾坦只选择弗雷格和卡普兰两个稍早的研究框架，并没有将这些以上提及的最新发展纳入其文综和比较，而事实上，这些理论是极其重要的，而且在解释力和解释的明确程度上要远远超过艾坦在第三章中将要介绍的关联理论。让人感到遗憾的是，艾坦将对这些非真值义分析的困难归结于真值义研究的框架，这显然是不合适的。

第三章中，艾坦向读者介绍了本书的研究框架——关联理论。关联理论由斯珀波和威尔逊（Sperber & Wilson，1986）提出，经过三十年的发展，已然成为传统语用学研究的经典理论之一。和格莱斯经典理论以及新格莱斯理论相比，关联理论一方面取消了格莱斯提出的大部分会话规则，将其缩减为一条简单的关联规则；另一方面，在哲学基础上，关联理论将会话行为视为人类认知的表现，将会话的关联规则视为是认知的关联规则的一个特例。艾坦在简单介绍了关联理论后，深入分析了关联理论对语言学意义所作的两类区分，即概念性意义（conceptual meaning）和程序性意义（procedural meaning），以及显存义（explicature）和隐含义（implicature）。所谓概念性意义，即可以通过言语行为进行加码的字面义，而程序性意义则是需要经过推理获得的语义。两者的区分实际上就是划分语义学和语用学的标准，即语义学只研究字面可加载的意义（encoded meaning），而语用学则负责研究字面之外推理所得的意义（inferred meaning）。在程序性意义，即推理义之下，关联理论又做了二分，即显存义和隐含义。关联理论中的显存义指的是话语在通过必要的语用推理（如对于指称词的指称对象的确定）的修饰后产生的命题，该命题的真值和真值条件是可以确定的；隐含义尽管也是通过推理所得，但是是无法进行真值判断的。关联理论通过两次二分，将语义和语用、真值义和非真值义重新作了划分。在传统的语言学研究中，我们通常将语义研究等同于对真值义的研究，而将语用研究视为对非真值义的研究，然而关联理论告诉我们，对部分命题的真值义研究过程中，实际上是需要语用推理过程参与的。关联理论通过引入显存义和隐含义这一组概念，实现了对真值义和非真值义的重新区分。因而实际上可以发现，在引入了关联理论的这两组区分性概念以后，艾坦在第三章中谈论的真值义和非真值义区分已经不再是第一和第二章中所谈论的传统的区分了，而是在关联理论下，对于真值义和非真值义的区分，其中真值义包括了话语的概念义和显存义，非真值义只包括了隐含义。关联理论对于非自然义的类型划分，应当说是一种创举，而且是值得所有研究意义学者所借鉴的，但是关联理论本身存在着极为致命的基础性弱点，笔者将在下一节中指出并进行简要讨论。

从第四章开始至第六章，艾坦将关联理论运用到了对英语中三种让步连接词（but、although 和 even/even if）语义的分析上。在**第四章**中，艾坦对转折连接词 but 的语义分析相对简单，认为 but 表转折的常规含义来源于说话者和听话者在认知上将该词之后所接的小句当作是对已有信息的否定（denial）（我们将之称为 but 的“否定含义”），但是值得注意的是，艾坦并未声称“否定含义”是 but 的唯一语义，而认为这应当是 but 的一个一般性语义，其他的语义可以从该语义中推理得出。艾坦将自己的这一主张和霍尔（Hall，2004）对 but 的分析作了对比。霍尔认为 but 的确会影响前句的含义，但是并不是对其否定，而只是取消（suspend）该含义。很显然，从霍尔的这一主张中，我们可以推理得出艾坦的主张，也就是说，艾坦的分析实际上是霍尔对 but 的语义分析的一个特例。尽管艾坦承认霍尔的分析和她自己所作分析之间的蕴涵关系，但是她提出，如果反过来看霍尔的主张，在霍尔的分析中，but 并不一定对从前句所得的推理义造成影响甚至是否定。另一方面，艾坦同时也注意到了自己在艾坦（2000）提出的“信息的可及性”的观点是不完整的。在艾坦（2000）中，她认为从前句推理或者直接获得信息只要是可及的（accessible）就可以了，但在本章中，艾坦驳斥了“可及性条件”，认为这种信息不仅必须可及，而且必须是显性的，即是可以或可能被接受为真的命题。

艾坦发现 but 一词在不同的语例中可能存在的不同的语义，因而母语者实际上很难明确地给出 but 的一个概念性意义，她因此认为这一难题的实际来源在于，but 一词在分析上应当归入程序性意义，并因此而给出了三条支持这一观点的理由：①母语者很难为 but 给出一个明确的概念定义；②无论 but 在不同语例中的语义为何，均是难以进行真值判定的；③ but 不能和其他的语句组成更高一级的表达。事实上，我们只要通过简单的案例分析就可以发现，艾坦的这三条理由都是靠不住的，卡波内（Capone，2006）对艾坦一书所作的书评对此也持同样观点。首先来看理由一，事实上，母语者不仅仅是对 but 难以给出明确的概念定义，对于其他很多词，尤其是抽象程度较高的词也很难给出明确的定义，但是否意味着所有无法给出明确的概念性定义的，或者需要依赖语境才能给出较为明确的概念性定义的词，均应当被分析为含有程序性义？理由二对于 but 而言基本成立，但是如果我们将程序性语义和难以进行真值判定的语义之间进行等价，那么一个显而易见的问题在于，在关联理论中话语行为被分析为是程序性的，但是奥斯汀在话语行为理论中也承认，部分的话语行为本身实际上是可以作真值判定的。理由三，依然是一种不完全的归纳。卡波内（2006）指出，实际上如 hereby 等一些词在和话语行为搭配的时候是可以做语义组合分析的，因而将程序性语义和难以进行语义组合进行等价并不可靠也不可行。艾坦对 but 的分析的另一个问题在于，英语中 but 既可以作“对预期的否定”和“纠正前言”，但是在很多语言中，这两种用法并不能够使用同一个词来进行表达。艾坦自己也意识到了这个问题，但是她对于这一现象对她的理论所造成的问题却是保守的：“尽管一些语言使用不同的词汇来表达否定和纠正，但是很多语言都使用同一个词来表达这两者。”（第 125 页）。汉语实际上就严格区分了这两种用法，例如：

（1）It was raining **<u>but</u>** Peter went out.（艾坦，第 106 页）

a. 当时（虽然）在下雨，**<u>但（是）</u>**皮特出了门。

b. 当时（虽然）在下雨，**<u>不过</u>**皮特出了门。

c. 当时（虽然）在下雨，**<u>（然）而</u>**皮特出了门。

d. 当时（虽然）在下雨，皮特**<u>却</u>**出了门。

（2）That’s not my sister **<u>but</u>** my mother.（艾坦，第 113 页）

a. * 那个人（虽然）不是我的姐妹，**<u>但是</u>**我的母亲。

b. * 那个人（虽然）不是我的姐妹，**<u>不过</u>**是我的母亲。

c. 那个人不是我的姐妹，**<u>而</u>**是我的母亲。

d. * 那个人不是我的姐妹，**<u>却</u>**是我的母亲。

例（1）中的 but 显然用作对预期的否定，而例（2）中的 but 则显然用以纠正前言。汉语对应的译文清楚地显示，汉语对否定预期的表达和用以纠正的表达显然是不同的，但是饶有趣味的是，我们似乎发现，“而”既可以用以否定预期，也可以用以纠正前言。尽管母语者深知“而”在两例中的用法是完全不同的，但是其间是否存在相似性和联系并不可知。可以明确肯定的是，“但是”和“不过”均难以用作对前言的否定。

在**第五章**中对 although 的分析上，艾坦接受了霍尔（2004）的主张，即从 although 引导小句中所获得含义可以被取消。从直觉上来看，although 句和 but 句无论是在英语还是在汉语对应的句式中，均是可以互换的，那么两种句式为何存在艾坦所言的这种差异呢？艾坦进一步比较了两种句式在英语中的使用条件。假设存在两个命题 P 和 Q，如果 P 是复句中的前句，且 P 隐含了 ¬Q，那么如果使用 but 连接，根据艾坦的分析，必然造成的是对 ¬Q 的否定；如果使用 although 连接，那么仅仅造成的是对从 P 获得的 ¬Q 含义的取消，但是 ¬Q 含义并没有被否定。当然也存在另一种情况，即假设存在三个命题 P、Q 和 R，如果 P 是复句中的前句，且 P 隐含了 ¬R、Q 隐含了 R，那么如果使用 but 连接，根据艾坦的分析，必然造成的是对 ¬R 的否定；而如果使用 although 进行连接，那么仅仅造成的是对从 P 获得的 ¬R 的取消。可以发现，but 的语义实际上蕴涵了 although 的语义。根据该蕴涵关系，我们可以得出的一个推论应当是使用 although 连接的复句并不一定能够使用 but 来进行替代，但是使用 but 连接的复句必然可以转换成 although 连接的复句，尽管在语义的解读上会出现弱化。艾坦进一步比较了 although 和 even though 在解读上的差异。通常情况下，任何使用 although 连接的复句都可以将连接词替换成 even though，但是对于部分母语使用者而言，even though 在语义上和 but 更加接近，即会直接否定推理所得的含义。

艾坦对于 but 和 although 的语义分析，看似有理，但是却存在一个致命的弱点，即通过这两个连词，可以推理得到的含义为何会存在差异？我们还是以（1）为例。例（1）中存在有（3）和（4）两个子命题。如果我们使用连接命题 Q 的转折连词，那么按照艾坦的分析，后句 Q 对前句的含义 ¬R 作了否定。如果我们使用连接命题 P 的让步词，那么按照艾坦的分析，后句 Q 取消了前句的含义 ¬R’。一个问题在于，此时 ¬R 和 ¬R’ 是否是一样的？如果认为是一样的，很显然艾坦的论述是自相矛盾的，因为既然 Q 已经否定了 ¬R，而 ¬R’ 和 ¬R 一样，那么可以推理得出的结果是 Q 必然也能够否定 ¬R’。这一结果并不是艾坦的理论所预测的，因而 ¬R 和 ¬R’ 相同这一前提显然是不成立的。根据艾坦的分析，此时的 ¬R’ 应当如（6）所示。然而一个显而易见的问题在于，为什么连接 P 和连接 Q 所使用的连接词会给出不一样的推理义？艾坦的理论对此并没有给出有效解释。

（3）P: It was raining.

（4）Q: Peter went out.

（5）¬R: Peter does not go out on rainy days.（P, but ＋ Q）

（6）¬R’: People do not go out on rainy days.（although ＋ P, Q）

在**第六章**中，艾坦考察了 even if 的语义。语言学家和哲学家对于 even if 的语义均做过深入的考察，一个典型的观点是该连接词的语义可以通过组合 even 和 if 两个词的语义获得。艾坦接受了这一典型观点，将 even if 分析为是一种让步型的条件句连词。由于让步义是从词 even 中获得的，艾坦将论述的重点放在了对 even 的语义分析上；而在对 if 的语义分析上，艾坦简单地将其视为条件句的连接词，并没具体细分可连接的条件句的不同类型。在对 even 的分析上，艾坦首先详细比较了前人所作的分析，重点介绍了福康涅（Fauconnier，1975）和凯（Kay，1990）对 even 所作的梯级度（scales）的分析。福康涅（1975）认为 even 和语用梯级存在关联，而处于 even 辖域内的选项在该语用梯级中处于最低位置。凯（1990）在分析上和福康涅存在分歧，他认为并不存在所谓的语用梯级，只是 even 所连接的命题在信息上相较于语境中存在的其他命题更具信息度，因而这种梯级并不存在于 even 辖域的选项上，而是在命题所提供信息的多少上。艾坦认为尽管两者都能够对 even 的语义进行解释，但是均不能完整解释如何获得梯级，即获得梯级的语用推理为何会出现、该如何完成。而关联理论的程序性语义，在艾坦看来正好能够弥补梯级分析的缺点，即将 even 的语义解读看成是认知过程中对于信息的处理：在处理 even 连接的句子 P 时，必然关联至语境内可能存在至少另一个句子 Q，且必需满足 P 和 Q 同处于一个梯级之内，且 Q 的排序要高于 P。从表述来看，艾坦的分析实际上完全继承了福康涅，只是采用关联理论的认知的观点进一步明确了语用梯级的来源。

事实上对于 even 的语用梯级推理的分析，在焦点研究中更为常见。令人不解的是，艾坦竟然完全没用引用或者讨论焦点理论学者在这方面所做的研究。复句中 even 的语义和单句中 even 的语义并无本质性差异，均是激发语用梯级推理，不同的是，在单句中 even 所激发的仅仅是 even 辖域内词组的语用梯级，而在复句中激发的则是 even 辖域内句子的语用梯级。从以上艾坦和其他人对于 even 的分析发现，他们都认为在复句中 even 之后所连接的，应是焦点无疑。如果我们将这一发现扩展至以上讨论的 but 和 although 之中，我们似乎可以对（5）和（6）这两种不同的含义的产生给出更为合理的解释。按照斯佩贝尔和威尔逊（1986：266-267）对于“最优关联原则”的阐述，话语行为发出以后可以产生与之最为关联的推论。如果我们认为连词辖域内的小句是连词的焦点辖域，那么根据“最优关联原则”，¬R 显然与 but ＋ Q 的关联性最强，因为从信息的充分度来看，既然 Q 中的信息 Peter 已然出现，没有必要将其扩展至更为广义的范围 People；而 ¬R’ 则与 although ＋ P 的关联性更为紧密，因为 P 中此时并未出现 Peter 信息，因而推论适用于广义范围的 People 便已经足够了。

（1）It was raining but Peter went out.

（7）a. Although it was raining, Peter went out.

b. Peter went out, although it was raining.

（8）a. Even if it was raining, Peter went out.

b. Peter went out, even if it was raining.

然而这又带来了另一个问题。如（7）和（8）所示，although 和 even if 均存在前置于句首和后置于句中的用法。艾坦在书中尽管也对此作了区分，但是对其语义却作了简单化分析，即认为前置和后置并不存在任何差异。然而我们如果遵循以上我们使用焦点和“最优关联原则”对推论的产生所做的分析，我们很快可以发现，我们以上的推论其实基于一个更大的原则，即最优推论必须基于对已有信息的最大化使用。然而这一原则很显然在（7）和（8）中遭遇到了困难，在分析（7a）时，我们可以采用该原则，得出此时的最优推论应当为 ¬R’，因为很显然此时 Peter 这一信息尚未出现；然而在分析（7b）时，我们就很难再认为该推论是 although ＋ P 的最优推论了，因为 Q 句出现在了 P 句之前，此时 Peter 这一信息已知，我们完全可以将其用于 although ＋ P 句的含义的推理，因而得出的最优推论应当是 ¬R。此时艾坦的理论就遭到了驳斥。如果想要拯救艾坦的理论，唯一的方式是引入全局语境（global context）和局部语境（local context），即最优推论的产生仅仅局限于局部语境中所有的信息，即连词辖域内的子句，而不扩展至全局语境，即整个复句。但是这样的论述依然存在问题。以（7a）为例，如果我们采用限制语境的做法，那么意味着我们要从 although ＋ P 中推理得出 ¬R’，但是这显然是不可能的，因为推论中的谓词只有当 Q 出现以后我们才可以得知。但是这意味着信息的获取，实际上并不能完全局限在局部语境内，而应当扩展至全局语境。从目前已展现的语料来看，我们无法对这一问题作出更深入的分析。局部语境和全局语境对于语用推理的影响，实际上也是当下语用和语义界面研究的一个热点，笔者无意在此继续展开讨论，感兴趣的读者可以参考施林科（Schlenker，2016）的文章。

在最后的**结论**中，艾坦进一步明确了自己的观点，即我们无法采用真值条件对所有的意义进行研究，尤其是在对非真值义的研究上，形式语义显得有些无能为力。这种“无力”在艾坦看来，完全可以通过关联理论予以弥补，甚至替代。至少在艾坦所考察的三类连词的语义上，艾坦认为完全可以将其统一分析为是程序性语义。但在对不同连词的分析上，艾坦观察到，它们具有不同类型的程序性过程。对 although 和 but 的分析显示，两者会影响推理的途径，进而影响含义的产生；而对 even 的分析则表明，even 会显化语境内（可能）存在的一些信息，使得这些信息相较于其他的信息，能够具有更高的可及度，进而影响含义的产生。然而基于笔者在上文的批判和讨论，我们实际上可以发现，艾坦对让步连词 although、even if 和转折连词 but 所作的分析在解释和预测力上依然是相当有限的。

二、其他评介

艾坦成功地将关联理论运用到了对让步连词的解释上，并且区分了三种让步连词的不同语义解读，以及与之相关的不同的语用推理过程。这在当时应该说是难能可贵的。但是艾坦的研究依然存在着较多的缺点和问题，尤其是从今天的眼光来看，艾坦的分析无论是在理论创新上，还是在解释力度上都还远远不够，在对语言现象的预测上就更加捉襟见肘了。在上一节对于艾坦分析的评介中，笔者已经指出艾坦的分析虽然可行，但却存在着致命的弱点——推论无法确定。即使是笔者在引入了焦点和语境限制的假设以后，艾坦的理论依然难以完全被支持。卡波内（2006）在给艾坦一书所作的书评中还进一步讨论了概念模糊、对前人观点的误解、一些语例的分析错误等问题，感兴趣的读者可以参考，本文不再重复。本节笔者将从宏观的角度，联系在引言中提到的两个核心问题来重新审视《语言意义、真值条件和关联理论》一书的理论贡献和不足之处。

首先我们来看第一个问题，即如何对非真值义作显性分析？所谓显性分析，即使用明确的形式系统对所研究的对象作出逻辑上的分析。艾坦在书中采用的是关联理论，但是一个核心的问题在于，如何定义关联理论中所谓的“认知要素”（cognitive component）概念。如果不能够准确清晰地对这个核心概念作出定义，那么艾坦对让步连词所作的分析都是在构建空中楼阁。但是很可惜的是，和大多数认知研究一样，艾坦并未能对这一概念作出明确的定义。卡波内（2006）也对此提出了同样的质疑。在分析（9）句时，艾坦声称 John is gay 和 He’s a nice guy 这两个命题之间并不存在任何关联，而这应当与说话者和听话者的“认知元素”有关。但是我们实际上依然无法得知，这里所谓的“认知元素”到底是什么？如果这一概念只是形而上、无法言明的，那么一个随之而来的问题即是，艾坦所使用的推理系统本身就是不透明的。

（9）John is gay but he’s a nice guy.

更为重要的是，尽管艾坦在第二章中回顾了基于真值义研究框架的非真值义研究的种种缺陷和不足，但是并没有明确解释所谓的“认知要素”和真值、真值条件之间的关系，以及应当如何对其进行替代。在这种情况下，即使我们假设知道存在一个明确定义的“认知要素”，但我们依然无法使用建立在这一基本概念之上的逻辑系统对已有的逻辑系统进行替代。

再来看第二个核心问题，如何统一真值条件义和非真值条件义条件分析？艾坦认为使用关联理论可以做到这一点。在前文中笔者已经提到，关联理论区分了概念型语义和程序型语义，在程序型语义内部又进一步区分了显存义和隐含义，其中概念型语义和显存义基本和真值义对等，而隐含义则和非真值义对等。这似乎意味着，关联理论所提供的语言学意义分类方案比通过真值来研究语义更加完美。如果我们接受艾坦的主张，那么也就意味着可以完全采用关联理论的认知主张来取代已有的真值义研究框架。这到底是否可行呢？显然是不可行的。首先，尽管我们可以简单地将真值义和非真值义的区分纳入关联理论之中，但是面临的一个最大的问题在于，两套理论框架的概念之间并不存在完全的对等。如果要实现对真值语义研究的完整替代，势必要明确两套理论框架内概念之间的对应关系，然而就目前已有的研究来看，这种对应关系并不明确。其次，正如上文已经提到的，关联理论的“认知要素”在定义上本身是模糊的，尽管在解释的过程中我们并不需要直接讨论这一核心概念的具体内涵，但从计算的角度来看，如果无法进行明确的定义，我们无法对其进行计算机模拟，无法验证我们的解释，更无法预测更多的语言学现象。

事实上，在艾坦出版该书的同一年，博兹（Potts，2005）也出版了他对常规含义（conventional implicature）的形式分析。尽管博兹并没有将让步连接词纳入其研究范围，但他所倡导的多维语义学（Multidimensional Semantics）为研究这类现象提供了一个新的理论框架，引起了学界巨大的反响。斯培那德和梅尔（Spenader & Maier，2009）采用多维语义框架对英语中的转折连词 but 作了深入的分析。古兹曼（Guzmann，2015）在博兹研究的基础之上，采用多维语义框架，进一步发展了卡普兰的用值语义理论。古兹曼认为，在真值条件语义学研究之外，应当设立另一个研究层面——用值条件语义学（Use-Conditional Semantics）。在真值条件语义学研究中，研究者以真值条件来研究命题的真值和意义，而在用值条件语义学中，研究者以用值条件来研究命题在语境中的用值和意义。从方法论上来看，古兹曼提出的用值语义框架是对真值语义框架的一种模拟和扩展，即使用类似于真值条件的用值条件来研究艾坦在书中列出的种种非真值义。古兹曼的这一做法，一方面结合多维语义学理论发展并完善了卡普兰早年提出的用法语义学方案，另一方面将语义学家长期以来使用真值条件来研究语用义的困难下放到了词汇语义的用法层面，使得问题变得更加直接和简单了。

博兹和古兹曼的分析均是从狭义的语义角度出发的，即为真值语义和非真值语义设置独立的维度分别进行研究。而另一些语言学家从语用的角度出发，试图发展出新的理论工具用以解释语义和信息在动态语境中的推进，以及相关的各种语用推理现象。从目前已有的研究来看，这一领域主要存在两个流派，即基于小句关系的（relation-based）动态语义研究，如埃舍和莱斯卡里达斯（Asher & Lascarides，2003），和基于问答衔接的（QUD-based）信息推进研究，如罗伯茨（Roberts，1996/2012）和金兹伯格（Ginzburg，2012）。基于小句关系的动态语义研究继承了曼和汤普森（Mann & Thompson， 1988）的修辞结构理论，认为动态语境中小句之间的联接是通过不同种类的修辞关系联接起来的。埃舍和莱斯卡里达斯（Asher & Lascarides，2003）将修辞结构理论和篇章表述理论作了整合，提出了一个新的理论框架——语段篇章表述理论（Segmented Discourse Representation Theory）。复句可以视为是一个最小的语段话语环境，而连接词则正是小句间修辞关系的承载者，因而使用语段篇章表述理论对其进行研究具有极大的优势。基于问答衔接的信息推进研究最早可以追溯至维特根斯坦晚期出版的《哲学研究》（*Philosophical investigations*，1953）。维特根斯坦认为，陈述句在动态语境中都是用以回答悬于其上的问题的，而这种问题有时可以是显性的，有的也可以是隐性的，即可以通过语用推理得出。维特根斯坦的这一思想由卡尔森（Carlson，1982）进一步发展，并被罗伯茨（Roberts，1996/2012）用于对语用理论的形式化构建。这一流派的学者将语篇内命题和信息的更新归结为问答的衔接，即任何话语发出时，都存在一个最大化的在议问题（Maximal QUD），又称当下在议问题（Current QUD）。任何话语都是用来回答这一问题，或者提出一个新的问题。[①] 近年来，西蒙斯等人（Simons，et al.，2010）在问答衔接模型上还发展出了一个新的基于话语是否具有在议性（at-issueness）的理论框架，并成功地运用到了对预设和含义的投射问题的解释上，受到了学界极高的关注。尽管以上理论在对非真值义作显性分析和对真值义、非真值义作统一分析上依然存在不足，但是从其所采用的形式系统的明确程度而言，均要优于艾坦所采用的关联理论。

---

① 赵元任（Chao，1968）在对汉语句子结构的分析过程中，认为汉语中句子可以被分析为两头存在明显停顿的话段（utterance），既可以没有主语（如“下雨了”），也可以没有谓语（如“老王这人啊！”）。如果一个句子的主谓齐全，那么可以分析为由两个“零句”（minor sentence）组成。一问一答的两个零句［如（1）和（2）］组成整句［如（3）和（4）］。

（1）老王呢？（零句 1）

（2）去学校了。（零句 2）

（3）老王呢，去学校了。（整句 1）

（4）老王去学校了。（整句 2）

这种分析支持了赵元任（1968）的经典观点——汉语的主语其实就是话题。然而赵元任的这种分析和维特根斯坦（1953）的观点还是有所差异的。赵元任对于“问答”的分析仅仅局限于主谓关系，或部分复句关系中两个小句的关系，而维特根斯坦则认为交际中任何一个陈述句均是用以回答一个显性和隐性的问题。因而赵元任的观点实际上可以算作是维特根斯坦的一个特例。造成这一差别的本质原因在于，维特根斯坦所作的分析均是基于动态的交际过程，而赵元任的分析还是以句子结构为主。一个更重要的问题在于，（2）句实际上回答的问题是：老王去哪里了？如果按照赵元任的分析，我们必需解释为什么此处（2）句“老王呢”在语义上和“老王去哪里了？”等价。然而实际上，这种等价关系并不是在任何情况下都可以成立的，试比较：

（5）小张吃了苹果。

（6）老王呢？（零句 1）

（7）吃了香蕉。（零句 2）

例句（6）在形式上和（1）句是一致的，但是却有了不同的语义解读，这说明对于“NP＋呢”的解释必需依赖于上文中的先行句。这在一定程度上支持了赵元任将此时的 NP 分析为话题的观点，但是这也显示了赵元任和维特根斯坦的观点的根本差异。对于如何解释“呢”在此处的非真值语义，以及如何采用组合的方法对这种语义的合成进行分析，赵元任（1968）未曾涉及。此处我们不作展开分析，邵敬敏（1997）和康斯坦特（Constant，2014）分别从疑问句和对比话题的角度对此作了详细的描写和分析，可作参考。

小　结

本文笔者简要评介了加拿大语言学家艾坦著的《语言意义、真值条件和关联理论》一书。艾坦的研究出版时间虽然较早，但无论是在研究方法，还是在选题上，均为汉语学者研究复句连词提供了一个很好的借鉴。在研究方法上，艾坦一方面从语言现象出发，客观地考察同一连词在不同句子中语义的差异、同义连词在不同句子中的异同，以及不同义连词对语义解释和语用推理所产生的异同效应；另一方面，艾坦深入比较了不同理论之间的异同，尤其是对基于真值义研究的理论框架和关联理论的比对，用以发掘最适合用以解释和预测语料的理论，并反过来以对语料的研究反哺理论中存在的难题。在选题上，艾坦从关联理论和让步连词出发，试图对非真值义进行显性的分析，并对真值义和非真值义的统一分析提供方案，这在当时是超前的。笔者在引言和上一节都已经说过，这两个问题迄今为止依然是语言学家试图解决的核心问题。艾坦对于让步连词的研究主要是基于英语的语料，所得到的结论并不一定完全适用于汉语的语料。在上文的语例中，我们已经发现，汉语中表达让步关系的连词比英语更为丰富，而且更为显著的一个特点在于，汉语中完全可以允许连词并用，而这在英语中通常是不允许的。汉语语料的复杂性提醒我们在分析的时候必需更加关注语料事实，而不能简单地套用已有的解释和结论。但是也不能因为过度强调语言个性，而忽视了基于其他语言的研究成果，更不能因此而忽视了理论的普适价值。

笔者在上一节的最后简单介绍了当下国际学术界对于动态语义、语篇更新研究的主要问题和主流理论。他山之石，可以攻玉。这些理论均可以用于对复句连词进行研究，但是在描写的充分性和对语料的预测性上不尽相同，甚至结合特定的语料还会得出已有理论未能预测到的新的结论。汉语学者可以结合汉语复句连词的实际语料，比较和选择合适的理论用以对这些语料进行解释和预测，这一方面能够帮助我们更好地理解汉语复句连词本身，也能帮助验证这些不同理论的解释力和预测力，更有可能帮助解决非真值义的显性分析，以及真值义和非真值义的统一分析这些核心问题。

参考文献

[1] 蔡曙山．言语行为和语用逻辑 [M]. 北京：中国社会科学出版社，1998.

[2] 邵敬敏．“非疑问形式＋呢”疑问句研究 [C]// 北京大学中国语言学研究中心《语言学论丛》编委会．语言学论丛（第 19 辑）．北京：商务印书馆，1997：179-192.

[3] Asher, N. & Lascarides, A. Logics of conversation[M]. Cambridge: Cambridge University Press, 2003.

[4] Bach, K. Conversational implicature[J]. Mind and Language, 1994, 9(2): 124-162.

[5] Capone, A. Book review: Linguistic Meaning, Truth Conditions and Relevance[J]. Journal of Pragmatics, 2006, 38(8): 1346-1351.

[6] Carlson, L. Dialogue Games: an Approach to Discourse Analysis[M]. Dordrecht, The Netherlands: D. Reidel, 1982.

[7] Carston, R. Thoughts and Utterances: The Pragmatics of Explicit Communication[M]. Oxford: Blackwell, 2002.

[8] Chao, Y. R. A Grammar of Spoken Chinese[M]. Berkeley: University of California Press, 1965.

[9] Constant, N. Contrastive topic: Meanings and realizations[D]. Ph.D. diss.,University of Massachusetts, Amherst, 2004.

[10] Fauconnier, G. Pragmatic scales and logical structure[J]. Linguistic Inquiry, 1975, 6(3): 353-375.

[11] Ginzburg, J. The Interactive Stance[M]. Oxford: Oxford University Press, 2012.

[12] Gutzmann, D. Use-conditional Meaning: Studies in Multidimensional Semantics[M]. Oxford: Oxford University Press, 2015.

[13] Hall, A. The meaning of but: a procedural reanalysis[C]// UCL Working Papers in Linguistics 16. 2004, 199-236.

[14] Iten, C. Although revisited[C]// UCL Working Papers in Linguistics 12. 2000, 65-95.

[15] Iten, C. Linguistic Meaning, Truth Conditions and Relevance[M]. New York: Springer, 2005.

[16] Kay, P. Even[J]. Linguistics and Philosophy, 1990, 13(1): 59-111.

[17] Mann, W. C. & Thompson, S. A. Rhetorical structure theory: Toward a functional theory of text organization[J]. Text-Interdisciplinary Journal for the Study of Discourse, 1988, 8(3): 243-281.

[18] Potts, C. The Logic of Conventional Implicatures[M]. Oxford: Oxford University Press, 2005.

[19] Recanati, F. Direct Reference: From Language to Thought[M]. Oxford: Blackwell, 1993.

[20] Roberts, C. Information structure: Towards an integrated formal theory of pragmatics[J]. Semantics and Pragmatics, 1996/2012, 5(6): 1-69.

[21] Schlenker, P. The semantics-pragmatics interface[C]// In Aloni, M. & Dekker, P. (eds.）. Cambridge Handbook of Formal Semantics. Cambridge: Cambridge University Press, 2016.

[22] Simons, M., Tonhauser, J., Beaver, D. & Roberts, C. What projects and why[C]// In Li,Nan &Lutz D. (eds.）. Proceedings of Semantics and Linguistic Theory (SALT) 20. Ithaca, NY: CLC Publications, 2010: 309-327.

[23] Spenader, J. & Maier, E. Contrast as denial in multi-dimensional semantics[J]. Journal of Pragmatics, 2009, 41(9): 1707-1726.

[24] Sperber, D. & Wilson, D. Relevance: Communication and Cognition[M]. Oxford: Blackwell, 1986.

[25] Wittgenstein, L. Philosophical Investigations[M]. New York: Macmillan, 1953.

《交互主观性构式：话语、句法与认知》述评

田　禹

厦门大学　汉语国际推广南方基地

引　　言

《交互主观性构式：话语、句法与认知》（*Constructions of Intersubjectivity: Discourse, Syntax and Cognition*）是荷兰莱顿大学语言学中心（Leiden University Center for Linguistics）阿里·维海根（Arie Verhagen）教授的著作，由牛津大学出版社于2005年在美国纽约出版。该书从认知语言学、构式以及语用的角度论述了话语主观性的理论基础（第1章）、否定（第2章）、限定性补语（第3章），以及话语连接（第4章）。全书以上述4个主题为纲，共4章。正文前有目录、致谢、图表及表格，共7页；正文部分216页；随后是参考文献，共10页；最后是重要术语及重要概念的词语索引，共18页。本文将逐一陈述各章节主要内容，并加入简评。

一、主要内容

（一）第一章　交互主观性——认知状态的相互管理

1. 语法困惑

本书的研究基于两个问题：一是传统语义和语法研究中存在的困惑，即① It is not impossible 和 It is possible 两个表达式的语义相互包含，为何语用功能不尽相同；② The danger is *that depleted uranium is poisonous*. 这样的句子中，嵌入分句 that depleted uranium is poisonous 究竟是句子的主语还是谓语；③表让步的连词 although 看似是表原因连词 because 的否定词。原因关系能产生让步解读（如 John is not the best candidate because he happens to have a Ph.D. 能理解为尽管 John 是博士，但却不是最好人选），但让步关系却不能产生原因关系解读（John is not the best candidate although he happens to have Ph.D. 不意味着约翰是博士才被视作最好人选）。

二是有关人类语言，特别是语义的基本假设需要重新审视。作者认为，人类语言和外部世界的关系，特别是语言和语言使用者关系的概念化至关重要。

2. 理论背景

人类认知与其他动物（包括灵长类）最重要的区别是人类具有采纳他人视角的能力（参见托马斯洛（Tomasello，1999）。人类认知能力发展包括两个阶段：①儿童认识到自身是有意图的个体（intentional agent）以及认识到他人具有相同特质；②后续逐渐认识到自身是心灵个体（mental agent）以及他人也如此的特质。这两个阶段产生的结果便是人类能够通过他人的视角来学习，而不仅是自身与外部世界或个体的交互。人类语言不仅有生物基础，亦有文化基础。所有词汇（音义结合体）都有规约性，至少大量的语言使用模式也存在规约性。由此，语言知识有分享特性，它不能在社会交往之外学习（至少在很大程度上）。人类的规约系统也为其他认知能力的发展提供支架（scaffolding），以便增强个体通过他人学习的可能性。研究表明，某种文化中的语言规约能够扭曲个体最基础的方位认知概念空间［参见玛姬德等（Majid et al.，2004）］。由此，语言和人类深层次辨识同种个体及其潜在优点之能力存在紧密联系。作者认为，理解自身和他人也反过来影响语言符号（词与构式）系统编码的内容，即基础语言单位的语义应该包括人类理解自身和他人的认知方式，因为符号交际的目的在于把不同思维内容进行协调（coordination of the content of distinct minds）。基础的语言现象，诸如否定、否定构式、补语、话语连接词等，能够连接、区分以及调整（tailoring）交际中的不同观点，所以了解它们的语义和句法十分重要。

主观性是个复杂概念。一方面，它存在于主体（subject）概念化与客体（object）概念化相区别的维度；另一方面，有时人们认为观点存在差别（而非外部世界差别）。这两个方面可以用兰盖克（Langacker，1987：487-488）的识解关系（construal relationship）来统一：说话者（听话者）与之概念化、构拟的情景之关系，包括注意力调整与图像。概念空间在不同语言表达式中不同的组织方式如图 1 所示：

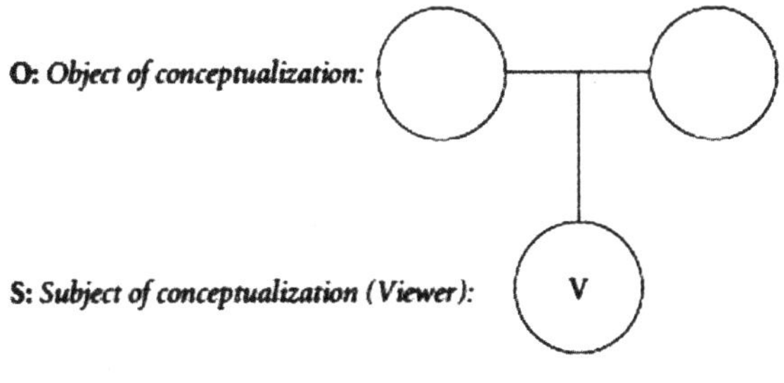

图 1　视点组织方式

图 1 具有两个维度，包括概念化的不同方面（概念化主体 subject of conceptualization，

概念化客体 object of conceptualization），而不是单一概念化客体，这也使得勾勒不同观点的现象变得可能。例如，从心理学感知角度来看，可识解为某一要素为前景（figure），另一要素为背景（ground）。此外，还可以从图中要素与视角（近或远，或过去时态标记）的关系把元素位置或事件发生时间进行概念化。在后续研究中，兰盖克把图中下部称作背景，即交际事件，参与者及即时情景。任何语言使用事件的背景都包括两个概念化个体，第一个是说话者，第二个是解读者。针对某个概念化客体，概念化主体以话语方式进行认知协作。即使缺少说话者，解读者也会把话语视为另一个具有相同认知能力个体的交际工具。作者认为，识解构成（construal configuration）作为语言使用的普遍性质导致语言使用与人类交流中的认知协作有密切联系。信息交换是人类对外部世界信息的交换。语法要素和句法构式在交互主观协作中具有系统性和规约性功能。语言使用不仅提供信息（informative），更常见的是其论辩性（argumentative）。例如，语言使用中的 negative deficit（负赤字）而非 surplus（盈余），因为 deficit 的规约语义与“警告”相连，而“负赤字”与“盈余”的指向一致，增加了语言的修饰力量。语言的论辩值（argumentative value）长期存在，具有协调潜能。例如：

（1）There are seats in this room.（房间有座位。）

（a）But they are uncomfortable.（但这些座位不舒服。）

（b）#And moreover, they are uncomfortable.（而且，它们不舒服。）

（c）#But they are comfortable.（但它们舒服。）

（d）And moreover, they are comfortable.（而且它们很舒服。）

上例中，（b）和（c）不成立是因为听话者要试着推测和解读说话者的意图。由此，单词的意义在于它们在话语中的论辩值。例如：

（2）A: Do you think our son will pass his courses this term？（你觉得我们的儿子这学期会通过考试吗？）

B: Well, he passed them in the autumn term.（呃，他秋季学期全部通过了呢。）

为什么上述对话是连贯的？答案在于，话语（惯用语）的表达，听话者会借助共享的概念化客体目标模型来进行揣测，从而引导听话者得出某种结论。形容词述谓也有同样的作用。如“高”并非主要提供身高信息，而是为某种目的进行推断（取决于使用的惯用语），如是否适合打篮球，而非乒乓球等。术语的常量（constant value）存在于论辩性中，而不仅仅是其信息值。不可否认，人们从话语中总是能够获取某种信息。但语言使用更多是为了增强其论辩性。例如：

（3）Within 500 milliseconds of detecting any sudden acceleration in the notebook's movement, IBM's active-protection system will trigger the temporary parking of the head on the notebook's 60 GB hard-disk drive.（在检测到笔记本电脑任何突然加速运动中的500毫秒内，IBM的主动保护系统将使笔记本电脑60 GB硬盘驱动器临时停止。）

与一般形容词比较起来，例中“毫秒”的使用更精准和细致，由此表明日常表达式语言意义的默认条件便是其固有论辩性。与此同时，人类语言交际也通过了解他人认知能力来相互影响。一是该观点比个体信息交换并对交际双方进行评估的差距更小；二是大量语言使用总会产生直接影响。这样一来，系统区分识解构成中客体和主体意义构成成分不仅变得可能，而且十分重要：因为对动物交流的这种区分并非经常都十分明显。这也不意味着人类语言只是信息交换，而非相互影响的系统。虽然要区分客体和主体，但主体从不会缺位。本文研究方法为测量主体的存在与规律提供了工具，也能够在研究连贯和不连贯的不同语用类型语境中，来决定某个表达式的论辩特性（如果存在），以及某个语法要素或构式是如何达到上述这点的。

3. 客观性与交互主观性平衡中的变异

当某些意义明显地让识解概念化客体（纵轴）显现时，其他意义完全在概念化主体间协作维度内。有两种极端情况。一是表达式的意义在任何方面都不包括背景，或被视作完全客观时。如图2：

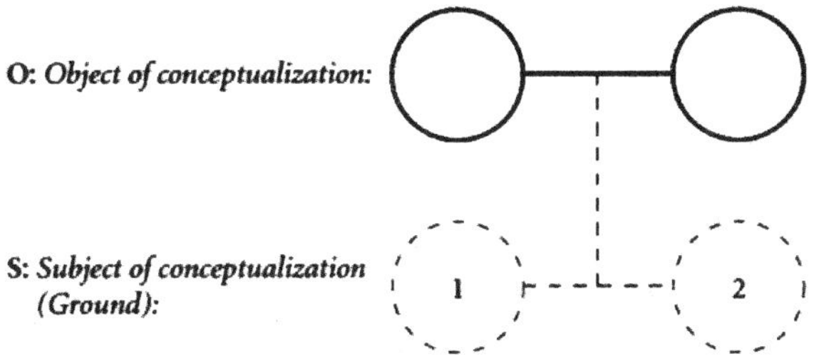

图2 最“客观”表达式的识解构成

图2中的情况极其少见。例如名词词组the horse或一般现在时态句John owns a horse在此意义上也不完全是客观的，因为指称身份或所描述事件时间是在交际场合中使用的（这也是为何定冠词和时态标记被称为“背景述谓”）。有可能发生如下情况：对John owns a horse中“马的所有权”之断定的特定惯用语可能导致某种特定推测，如John owns a horse, but he is actually very poor. 图2中虚线部分背景虽然出现在话语解读中，但并非由所使用语言常规意义表示。在此种情况下，语言凸显（profile）概念化客体的某些方面，而非概念化主体或主客体二者的关系。

另一种极端情况如下：

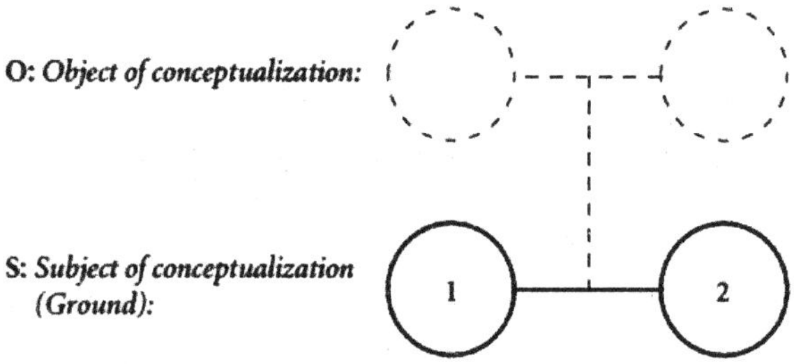

图 3　最"主观"表达式的识解构成

图 3 表示极端情况的例子包括插入语（interjection）那样完全主观性表达式，如问候语 hi，道歉 sorry 以及引起注意的 hey，其他还有表达主观认识的 probably，表评价的 unfortunately 或小品词等。当背景中某个概念化个体被完全凸显时，更为简单的构成就有可能。如非交互性、表达厌恶或失意的 Yech 或 damn。

上述语言事实的有限使用范围表明，语言表达式常态为，与背景单或多方面相联系的概念化客体特点被识解，主客体至少部分由规约手段来识解。本质上具有纯粹客观或交互主观性话语十分特殊的事实，仍然以语言分工方式来允许如下可能性：话语中要素规约性意义或多或少被限制于某个维度。某个语言符号也有可能在两个维度同时起作用，这两个维度值也会各自有历时变化。例如：

（4）The debate promises to be exciting.（辩论有望十分激动人心。）

（5）He promises to defend the constitution.（他许诺保护宪法。）

在上述两个句子中，例（4）中 promise 表达的是对句中说话者的判断，而例（5）中的 promise 描述的是概念化客体某个方面。第一种用法属于主观，第二种用法属于客观。为成功交流，选择什么识解方式不重要，因为所有识解都具有论辩性特点，即概念化主体层面功能。

语言表达式是用于推断最主要的线索，理解语言最主要方面并不在于解码表达式本身内容，而是在于进行推断以便采取下一步措施（认知、会话的或行为方面）。这也让语言表达式规约意义失去限制，只要它们能够支撑说话者 / 作者和听话者的推断意图（参见弗肯尼尔（Fauconnier），1994：xviii）。由此，识解构成和论辩性为主观性的不断加强提供了不断产生新意义的机制。

所有指明概念化客体的表达式，总会以某种方式在语言使用时、在交互主观协作层面起作用，但反之未必成立；在语言使用中，在主体层面标记各方的要素并不需要在客体层面有联系要素。

4. 展　望

综上，作者尝试给出了开篇三个问题的答案：① It is not impossible 和 It is possible 的差别原因源自否定词 not 在规约性框架下通过主体层面，而非在概念化主体和客体之间建立了联系；这能解释为何有些语境中只能使用二者中的某一种表达式。②补语构式主句的主要功能也位于主体层面。它们提供具体立场，而非描述事件或情景，单句主语、宾语和谓语的语法角色未应用于这些功能独特的构式。③让步连词总是协调两种视角：即使存在着现实世界的因果联系，它们也在规约性框架下与主体层面相联系。递归式的视角切入（让步关系的否定）不会导致概念化视角的消失；由此，在自然语言中通过让步关系“重建”因果关系是不可能的。

（二）第二章　否定与虚拟论辩

1. 简　介

自然语言中否定的主要功能应以认知协作方式，而不是通过语言和外部世界关系，或语言使用者与外部世界的关系来理解。借助杜克洛特（Ducrot，1996）的研究视野，否定研究的目的是建立允许纳入其他现象的框架。本章细致分析了 let alone 和 laat stanna（荷兰语，意义与英语的 let alone 一样）构式研究中的语义及语用问题，也包括句层面否定和形态否定（词否定）的差异，以及双重否定的功能。

2. 否定与立场

以心灵空间（弗肯尼尔，1994）为切入点，作者举了如下例子：

（6）This time, there was no such communication (about the plans). *It*'s a pity because it could have resulted in greater participation by employers.（有关计划，这次没有沟通。这很可惜，因为更多的员工本可以参加的。）

（7）#This time, they remained silent(about the plans). It's a pity because it could have resulted in greater participation by employers.（有关计划，他们都沉默了。这很可惜，因为更多的员工本可以参加的。）

例（6）中的第二句话包括两个 it，都用于前指照应；但二者的前项截然对立：第一个是指无沟通（what is a pity），第二个是有沟通（what could have resulted in greater participation）。由此，通过 it 的使用，无沟通和有沟通在语境中都被激活。而例（7）中，虽然沉默显示了无沟通的情况，表示有沟通的第二个 it 却不能指代第一个 it 的情况。可用图表表示如下：

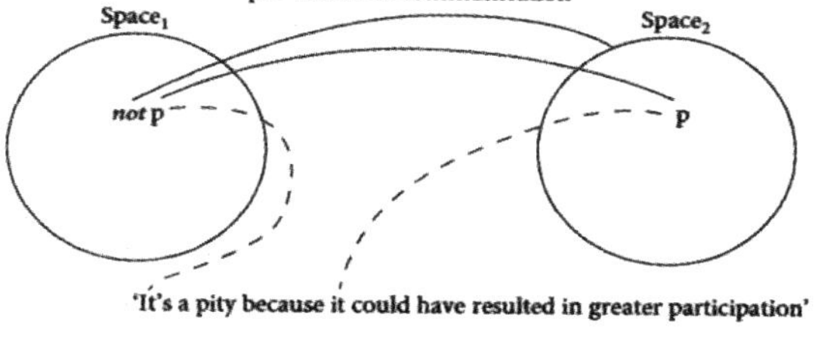

图 4　句否定所开启的两个心灵空间

交际中说话者/作者（空间$_1$）否定表达式的使用能开启新心灵空间（图中 not 到空间$_2$的线条），其中的想法 p 有效，与空间$_1$（两个空间中连接两个 p 的线段）中的否定 p 对应。代词 it 能使用任一空间中的要素作为其前项，虚线表示例（6）中 it 各自的指代对象。

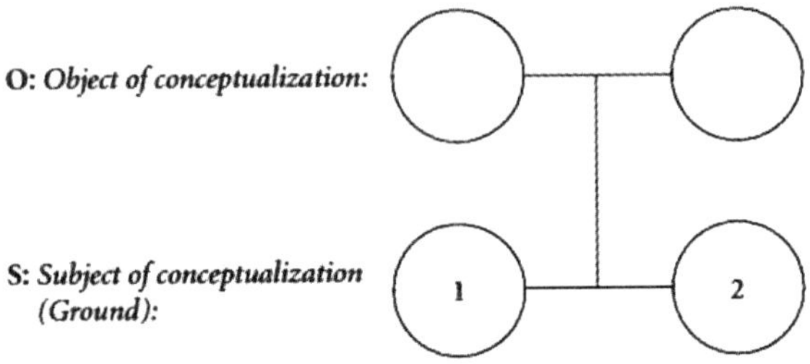

图 5　识解构成及其基本要素

图 4 中的两个心灵空间与图 5（第 31 页）中的两个概念化主体分别对应。但是，由否定词 not 究竟是在识解关系（垂直方向）层面，还是在交互主观协作（水平方向）层面起作用？例如：

（8）Mary is not happy. On the contrary, she is feeling really depressed.（玛丽不开心。相反，她感到压抑。）

（9）#Mary is a bit sad. On the contrary, she is feeling really depressed.（玛丽有些伤心。相反，她感到压抑。）

例（8）中感觉压抑的反义词应是什么？并非是说话人所说 not happy，而是其对立面 happy。由此，On the contrary 与空间$_2$的立场对立，而空间$_2$是由空间$_1$否定表达式使用产生的。

由上述两例可知，针对同一命题的不同心灵空间认识立场并非由语言本身，而是由实际的否定构成激活。在此意义上，语言否定可被视作在调解听话者与其他不同观点的认知协作方面有着特殊功能。由此可以说，语言否定不能被认为是仅仅是把语言与外部世界联系起来，以便保留话语的真值（truth value）。

上述分析也使得句层面的否定与形态否定的功能差异变得明显。例如：

（10）#Mary is unhappy. On the contrary, she is feeling really depressed.（玛丽很难过。相反，她感到压抑。）

例（10）中的形态否定与例（9）一样不连贯，二者都不像例（8）。例（9）中的 sad 与例（10）中的 unhappy 都不能投射出新心灵空间。仅在句层面的否定能够投射出针对同一命题的两个心灵空间认识立场。形态否定是颠倒形容词所依附量级的工具，并不能使听话者考虑以及扬弃使用其基本量级用法。

该分析为解决双重否定问题提供了方法。形态否定形式表达其肯定形式内容，而非矛盾（contradiction）内容。矛盾（用 not）与相反（contrary）并不会完全相互抵消，这种情况使得特殊量级“中立”地带的存在成为可能。如 un- 颠倒了其与谓语相联系的依附量级，句层面否定使听话者采纳或扬弃使用该述谓，特殊情况便是采取中立立场。非量级述谓情况见下例：

（11）Finding such a common denominator is *not impossible*.（找到这样的共同点不是不可能。）

（12）It is always *hard* to find a common denominator for uniting people who are in favor of change, because they are likely to wish for different kinds of change. But finding such a common denominator is *not impossible*.（总是难以找到共同点将支持变革的人团结起来，因为他们可能希望的变化不同。但是找到这样一个共同点不是不可能的。）

（13）It is always *hard* to find a common denominator for uniting people who are in favor of change, because they are likely to wish for different kinds of change. But finding such a common denominator is *possible*.（总是难以找到共同点将支持变革的人团结起来，因为他们可能希望的变化不同。但找到这样一个共同点是有可能的。）

基于前面的分析，例（13）连贯性更差，因为它并未唤起两个相反的认识立场，但为了把最后一句话与前面的篇章连接，该构成方式却是不能缺少的。也就是说，对于霍恩有关双重否定（霍恩，1989：296-308）的疑问，部分答案是：not impossible 与 not happy 一样，激活了两个心灵空间，而 possible，unhappy，impossible 等词没有此功能。由此，例（11）也就显得更好理解。

同时要注意，not impossible 使用的语境并不意味着 possible。不能认为，否定句能在某种程度上、在语境中能预测其肯定义必定出现，由此推导否定句就具有预测性，即使这种用法在很多情况下都可能具有原型效应［参见霍恩（Horn，1989：63-73、167-168）］。

3. 语言规约对交互主观协作的限制

菲尔默、凯和欧康纳（Fillmore，Kay & O’Conner，1988）对 let alone 的分析，促成了构式语法的诞生和发展。该构式图式、句法、语义及语用特点分别如下：

（a）图式：F ＜ X A Y let alone B ＞

（b）句法：

let alone 是一种协作连接词（与其他连词相比，有着自身独有特点）；

let alone 是否定极（negative polarity）要素；

A 和 B 是对比要素（完整成分）；

X 和 Y 是变量；

力量指数（force indicator）F 是某种“否定极触发器”。（F 可以是 -n’t,

doubt，barely 等词）

（c）语义：F'＜XAY＞ let alone F'＜XBY＞

F' 是与 F 有关联的言语行为；

该构式（直接或间接地）表示两个否定主张：¬（XAY）和¬（XBY）；

连接的成分表示同一尺度上的两点；

第一部分命题暗示第二部分命题：¬（XAY）⇒¬（XBY），由此第一个言语行为（F'＜XAY＞）比第二个（F'＜XAY＞）语气更强。

（d）语用：

整个构式允许说话者通过在第二个成分中强调（否定的应用）与语境相关的命题，使两个成分相关；同时也通过引导听话人关注更具信息性的新命题（第一个成分），使构式有信息性。

作者认为，该研究的问题如下：一是该构式强制要求其句法特点为否定极（如“*He almost reached Denver, let alone Albuquerque.”这句话，菲尔默等人认为 almost 在语义上有否定义但句法形式上无否定，这就违反了其句法属性；又如“He barely passed the first statistics course, let alone the second one.”这个句子中的 barely，菲尔默等人认为相当于 almost not，但该句中的语义却能解读为“He did pass the first statistics class.”。菲尔默等人还未能就此前后矛盾提供准确解释）。二是语用方面前后两个成分的非自然语序。由于第一个分句比第二个分句更具有信息性，而这是违反词序常识的。三是未解答 let alone 构式是如何演化而来的。

对于上述构式，作者用否定的概念性进行了解释：一是语言意义具有论辩性定位（argumentative orientation），即语言使用的系统化识解方式往往多于单一识解概念化客体。它常常包括推断推理，语言意义会常规性地与交互主观协作层面有直接联系。从原则上来理解，否定形式（语言意义层面）的常规功能仅仅与上述图中概念化主体与客体的纵向关系相关联，对横向交互主观协作层面影响不是否定形式的常规意义，而是语言使用语境衍生的结果。二是论辩方向与力量。对于否定和否定表达式（如 little chance）的概括为，其使用具有引导听话者推断某些结论无效的功能。直接否定代表这样一种情况：具体情形概念化和某种情形模型的文化（至少双方都理解的文化）被联系起来。三是作为论辩性算子，barely 和 almost 不一样：barely 不会描述性地否定命题（如 He barely passed ⇒ He passed，但其后连接成分的连贯性要依赖于语境），而 almost 相反（如 He almost passed ⇒ He didn't pass）。二者的具体使用效果与其相关推断类型有关。四是本位论辩性对共同指称的压制（constraining）。

交互主观性协作否定系统中，除 almost，barely，还有 already，only，just，merely，I doubt 等类似的词。这些极性要素（polarity items）意义往往区别很大，与其他不同的词的语义差别一样［参见范德伍登（Van der Wouden，1997）；伊斯雷尔（Israel，1996，1998）］。

作者提出了 let alone 构式问题的解决方法：

一是其句法和语义否定极的一致。否定语境可被分析为语义要求，要认识到 barely 和 let alone 两个否定要素的常规意义主要是在概念化主体的认知协作层面，而非在概念化主体与客体协作层面发挥作用。

二是寻求语义和语用同一性（alignment）。要关注该构式中第二部分为后续话语提供话题的例子，有用 but 连接的；也有非对比连接，但此种情况后续话语与 let alone 构式中第二部分命题的肯定义一致，而非其自身所表达的否定意义；此外，还存在 let alone 构式不包括话题的情况。由此可总结出 A let alone B 结构的三种情况（第一种情况上下文不一致，后两种情况上下文一致）：

（a）话语转换到新的话题上。例如（第 65 页）：...because not everyone in Reims knows what a Dutchman is, let alone where he comes from. In the commercial domain, friendliness is reduced considerably when I want to pay with traveler's checks made out in dollars.（……因为并非每个在兰斯的人都知道荷兰人是什么样的，更不用说他具体来自何方。在商业领域，当我想用美元结算的旅行支票结账时，友好度大大降低。）

（b）通过使用 but 等对比连接词，话语继续就结构中的第二个命题展开；

（c）不适用对比连接词，话语继续就结构中第二个命题的否定（如其后果、如何处置等）来展开。

综上，let alone 构式的话语功能不是把注意力转移到第一个命题上，而是强调第二个命题内容不值得深究，原因来自第一个命题。其语义可重新概括如下：

（d）*Xnegative let alone Y* 语义：

与 X 相关联的推断需剔除；

X 在某个相关量级轴上的位置比 Y 要低。

由此，与 Y 相关联推断的剔除更有说服力。

（e）*Xnegative let alone Y* 语用：

Y 非重要话题，不需要继续关注。

三是理解 let alone 构式的历时演变。该构式最初有祈使义（指明不要去关注每个具体或抽象物，如 let him alone），随着使用频度增加或凸显，该意义逐渐规约化。这也能直接解释其产生和现在构式义之间的直接联系。如果从该构式在概念化主体间认知协作的层面来分析，不同语言中相应构式（如英语中的 let alone，荷兰语中的 laat staan / let stand，德语中的 geschweige / keep silent 等）的相似或同样功能都可以得到很好的解释。

4. 重新审视双重否定：为何 not impossible 不等于 possible

针对霍恩（Horn，1989：298）提出的问题“如果某物‘不是不可思议’（not inconceivable）或‘不是不可能’（not impossible），为什么它不意味着‘不可思议’（inconceivable）或‘不可能’（impossible）？为什么等于矛盾之矛盾的双重否定形式，结果却是完全冗余呢？”，作者认为，句否定带来两个相互矛盾心灵空间的呈现，使得“不是不可能”和“有可能”（possible）有着关键性区别。在具体语言使用中，大量的非对立 un- 形式根本不是要唤起霍恩所称的“冷漠区间（zone of indifference）”。大部分情况下，类似 not unhappy 之类表达式的使用都显示涉及人的 happy（如 I am not at all displeased at Wim Kok's remarks.）。通过统计荷兰语中该类表达式（niet ongelukkig zijn/be not unhappy）的语料表明，大约 80% 都是这种用法，即 happy。作者进而提出，该问题的答案应从如下两个方面探寻：一是包含两个心灵空间的构式表征对于同一想法的不同认识态度；二是使得与该想法有关联推断无效的功能。如以第 72 页的 But still: Passmore is not happy. He suffers from inexplicable pains, which do not go away, despite an operation.（但仍然：帕萨默不开心。他遭受莫名的病痛，尽管做了手术也没有消失。）为例：根据第一句话，读者会考虑并放弃针对该结论的肯定认识态度（happy），而不会放弃针对第二句话所描述内容的肯定认识。句否定主要在交互主观性协作层面运行，而形态否定（morphological negation）主要在概念化客体层面运作。

综上，语言否定的主要功能是引导听话人的认知活动，也就是使得听话人在从语境中获取信息的基础上放弃无法推断的结论，而不是告知听话人概念化客体与外部世界存在的不一致。

（三）第三章　限定补语——激活概念化个体

1. 传统研究的两种视角

先来看几个例句（第 78 页）：

（14）George saw that his opponent was closing in.（乔治看到他的对手正逼近。）

（15）George knew that his opponent was closing in.（乔治知道了他的对手正逼近。）

（16）George said that his opponent was closing in.（乔治说他的对手正逼近。）

上述三例都可分成两个部分：一是表达相关视角（主句），二是表达涉及想法（补语）。二者的差别在于补语结构的差别：视角是主句所暗示的，视角产生的想法包含于镶嵌句（embedded clause）中。

然而，也可以说如下句子构成事件描述。此种情况下，上面三例与下三例类似：

（17）George saw something.　（乔治看见了什么东西。）

（18）George knew something.　（乔治知道了什么东西。）

（19）George said something. （乔治说了些什么东西。）

在以往至少两个世纪的语言研究中，补语完全被视作独立整句中分句的构成成分（clausal constituents）。针对上述两种研究方法，作者认为二者有着重要差别，其语法结构分析会存在不兼容。那种认为简单句或含补语的句子描述所见、所知、所言事件的观点，大部分都是把主句内容识解为概念化客体。作者提出：含补语的主句会邀请听话者通过某种具体视角来识别概念化客体；主句在识解构成的交互性层面起作用。如采纳构式语法（参见戈德伯格（Goldberg，1995，2003）观点，补语结构构成了一类原型构式：它是形式和意义都不可或缺的模板，由此可被视作独立单元而储存在人的长期记忆中。不仅如此，补语结构还与话语及使用有关。首先，话语现象在为交互主观性视角的补语结构提供理据中起到重要作用，因连贯与非连贯文本能揭示词语和构式的论辩性特点；其次，含补语结构的句子可被用于描述事件，但这些不具原型性。补语结构范畴形成构式网络，含中心成员与边缘成员，成员间相互关联。

2. 已有研究存在的问题

第一种是自上而下的观点。自 19 世纪以来，补语分句被视作是结构或抽象的语法成分，它作为一种特定的分句而存在，不是分句句法中的名词性插入语（filler）或在此意义上动词的论元位置（如 That his opponent was closing in, was obvious to George. 句中，前面的补语被视作述谓成分 be obvious 的主语）。该观点强调复杂句和简单句主句的相似性，其假设为：在句法结构中对名词性成分和分句成分进行统一概括是令人满意的目标。作者认为，它倾向于语法分析的抽象性观点把相似性最大化，而把二者的差别视作次要的表面现象。其结果导致补语分句被视作更抽象从句范畴（包括状语从句、关系从句、主语从句和宾语从句构成的补语从句）中的特殊现象。

与之对立的是自下而上的观点，它以简单句分析开始，简单句叠加构成复杂句。持有该观点的是以话语为导向的分析法［参见韩礼德（Halliday，1985）；马西森和汤普森（Matthiessen & Thompson，1988）；海曼和汤普森（Haiman & Thompson，1988）］。作者认为，该路径是正确的，但也存在问题，特别是由于分句的语法结合体构成了相关构式的自主集合，不应该被分析成抽象成分的分句例示（clausal instantiations of abstract constituents）。

存在的问题如下：

一是补语分句能出现在名词性短语不能出现的位置（英语中的 think 和 say 等词，以及相对应的荷兰语中的 denken 和 zeggen 后不能接实词性中心词的名词性宾语，如 *He thought an idea；但可接代名词性质的宾语，如 what do you think?）。如：

（20）a. He was afraid that he was not going to make it.（他担心他不会成功。）

b. *He was afraid defeat/this.

（21）a. Experts warned that the profit would turn out to be lower.（专家警告说利润会降低。）

b. *Experts warned a lower profit/this.

（22）a. He was afraid that he was not going to make it.（他担心他不会成功。）

b. He was afraid of defeat/ of this.

传统观点认为，to be afraid 能以介词短语的形式后接名词性论元，“傀儡”介词短语能够被加入上述三句中（所有 a 例句）。作者认为例（22）中的 a 与 b 存在着不对称，b 句比 a 句更为常见（荷兰语统计中类似句子 b 与 a 的比例为 605 ∶ 2）。传统观点以更大结构中成分的方式来免除概括分句和名词性论元的可能性，是牵强的。此外，分句和名词性成分的概括会失去另外一种有关不同分句述谓补语相似的概括。由此，把 to be afraid 后的成分视作介词宾语使得语法分析中的相似性不可能成立。由于名词性参与者与补语能够共同出现在简单句中（We were warned that the profit would turn out to be lower.），补语分句不能被视作充当宾语角色。

二是补语分句究竟是主语还是述谓的问题。例如：

（23）The danger is that the middle class feels alienated from politics.（危险在于中产阶级感觉到与政治疏离。）

（24）The problem is that there are two few teachers.（问题是，教师太少。）

在 19—20 世纪的句法分析中，两种说法一直并存。作者认为，这两种观点都涉及对于相似表达式观察中的论辩性问题，这也为新的句法分析提供了突破口。如：

（25）The danger of escalation is real.（冲突升级的危险是真的。）

（26）The danger is that things will escalate.（危险在于冲突会升级。）

（27）What is real, is the danger of escalation.（真正的事情在于冲突升级的危险。）

（28）??What is the danger of escalation, is real.

（29）What the danger is, is that things will escalate.（危险在于，冲突会升级。）

（30）*What that things will escalate is, is the danger.

（31）What is really dangerous, is that depleted uranium is poisonous.（真正危险的是，贫化铀有毒。）

（32）The real danger is that depleted uranium is poisonous.（真正的危险是，贫化铀有毒。）

（33）The danger exists that things will escalate.（冲突升级的危险是存在的。）

（34）The danger is looming large that things will escalate.（冲突升级的危险更大了。）

传统分析中，例（25）中判断句的谓语允许假嵌入构式（pseudo-cleft construction）前置，如例（27）成立；但判断句的主语不允许，则例（28）不成立（即使不是完全不能接受，但缺少句子的阐释性性质）。例（25）中的名词性述谓能在该类构式中拆分，如例（28）；例（26）中的名词短语 the danger 在例（29）中成立，但在例（30）中不成立的事实表明，the danger 在例（26）中是把谓语状态分配给名词短语的论元，在例（29）中是把主语状态分配给补语分句的论元。这说明例（26）中名词性述谓前置或“话题化”，也与例（31）和（32）一致。例（31）的第一个成分是形容词短语，由此一定是（话题化）述谓短语，由此补语分句必然是主语。既然例（32）中的语义关系与例（31）一样，其中的补语分句也是主语，则前面的名词短语也应该是话题化述谓短语。作者认为，这些论断都是在不同句子结构基础上产生的感知一致性，由此会导致相对立的结论。如例（33）和例（34）会推导出句首的名词短语是主语，即使例（33）无系词而是实义动词 exist，那么补语分句可以被分析为衍生于 The danger that things will escalate exists. 例（34）含有系词构式，但谓语必须是 is present，由此句首的名词短语只能是主语，补语分句同上。但这两句又与例（25）一致，这可导致例（25）中句首的名词短语必然是主语的结论。矛盾由此产生了：把例（26）中的补语分句视作名词性述谓导致不能概括如例（31）那样的前置名词性述谓句，但如果把其视作主语则与例（33）和（34）矛盾。

三是话语分析和语言习得中的问题。传统分析中，补语从句和状语从句被一并归入从句。这一观点受到了以功能为导向语言学家的挑战。如：

（35）He left early because he wanted to be on time.（他提前离开了，因为想准时。）

（36）He promised that he would be on time.（他许诺说会准时。）

（37）He left early; he wanted to be on time.（他提前离开了；他想准时。）

（38）He left early. The reason is he wanted to be on time.（他提前离开了。原因在于他想准时。）

分句成分观把（35）和（36）两例都视作具有同等地位，二者都是话语的拓展单位（larger stretch of discourse），由此这些单位之间而非单位内部存在着话语关系。但话语分析观认为欠妥。如例（37）和（38）中的句子分别是单个单位（话语段），单位间不存在关联。连接它们概念关系的是因果性，既可以是隐性的，如例（37）；也可以有某种标记，如例（38）。作者认为，仅在话语层面分析例（37）和（38），而只在语法方面分析例（35）不具有完整概括性：because 只是限制话语连贯关系解读的语言手段之一。马西森和汤普森（Matthiessen & Thompson，1988）认为，主要分句（main clause）和状语分句与大于句子且关联话语片段的“修辞关系”对应，状语分句和补语分句有着很大的语法差别，状语分句没有补语分句那么紧密地与主句相联系。他们采用了韩礼德（Halliday，1985）的主从关系范畴（category of hypotactic relationships）以调和镶嵌（embedding，如从属）与意合关系（paratactic relationships，如协作）。这也使得他们选择分句而非整句作为话语结构单位，嵌入分句是例外。虽然该方法在功能语言学之外无太大反响，但作者认为路向是正确的。近期汤普森（Thompson，2002）有关话语中补语的功能，以及迪塞尔和托马斯洛（Diessel & Tomasello，2001）有关补语性的习得等著述，表明该基于语言使用研究方法中的补语概念化存在问题，补语构式不应该从一般或原型意义上被视作补语分句从属于主句的例子。例如，汤普森引用了兰盖克（Langacker，1991）看待补语的方法（补语分句的凸显部分被主句覆盖，如在 I know she left 中，指明的是了解过程，而非离开过程）。她提出，补语分句比主句的凸显度要低。补语提供对共同关注目标的评判，主句则提供对该评判的认识立场，这在补语分句与主句的关系中具有典型性。然而，作者认为上述研究，无论是形式派还是认知派，还是没有能够解决状语和补语差异的问题。

3. 补语构式的使用与结构

第一，补语在话语结构中的特殊功能。借助已有研究所划分的主要分句（main clauses）和从属分句（subordinate clauses），来看如下两例：

（39）

主要分句	从属分句
Students fraternities are prospering again	after they went through a serious decline in the eighties
Nowadays, students generally join a social association	precisely because the duration of college programs has been so strongly reduced
they have less time to organizetheir social relationships all by themselves and so it makes sense to join a club	where such things have all been pre- arranged to some extent

（40）

主要分句	从属分句
I have reported before that	there has already been success in breeding
From the above it may now be concluded that	clones of mammalian embryosit will become possible in the near future to make new embryos with the DNA of full-grown animals as well
The director of Gen Tech even expects that	this will happen as soon as next year
Others believe that	it may take somewhat longer
but nobody doubts that	the cloning of a full-grown sheep or horse will be a reality within 10 years
The question is whether	society is mentally and morally ready for this
or whether	we will once again be hopelessly overtaken by the technical developments

例（39）和（40）存在较大的区别，前者主句构成了话语主线，后者并非如此。恰恰相反，（40）是从属分句代表了话语基本内容；主要分句并未构成连贯性整体。由此可见，状语分句

和补语分句存在差别。作者提出，补语应被视作话语结构层面的一种语法化形式，二者正面相交（orthogonal），即在语言使用中，话语包括认知系统的交互主观性协作。虽有其特殊方式，但补语构式家族主要在该层面运作。当主句包括一般现在时态的第一人称和第二人称表达式时（如 I think/you know），在线的概念化与背景有着最小区别，与协作关系有关的表达式与概念化个体 1 和 2 存在最大化的直接联系。非人称代词的第三人称主句（如 The director expects that）中，听话者只需要与第三人称协作。正是在这个意义上，补语构式的主句，而不是形合的主要分句，一般与话语结构的另一层面有关。补语构式可被视作交互主观协作中的一般语法化表达式。这也为理解补语构式为什么能很容易相互嵌入，即产生递归。它们是使得使用某一立场明显最直接的表达式。这种基本认知能力本质上是有递归性的。

第二，有关如何看待补语构式。补语句是补语构式语法模式的例示化。海瑟尔等（Haeseryn et al.，1997）针对可带补语的动词，提出了如下模型：

带直接宾语分句的动词语义类型（Algemene Nederlandse Spraakkunst 语料）：

（a）指代陈述、疑问、命令、许诺等的动词，交际是意义表达的一部分；

（b）指代某种形式的了解、相信、假设等的动词；

（c）暗含评价（如欣赏、后悔或觉得遗憾 / 奇怪）的动词或动词表达式；

（d）指代愿望或需求的动词；

（e）指代感知方式的动词；

（f）指代因果性的动词。

作者认为，对 a—e 类动词的概括很明确，它们能激活有意识主体的心灵状态或过程，补语的内容与主体意识以特殊方式相联系。它们都是心灵空间的构建者（弗肯尼尔，1985，1994）。参照兰盖克（1991），戈德伯格（1995）和克罗夫特及克鲁斯（Croft & Cruse，2004）等人的著作，作者提出了补语构式概念（该构式包括带补语的动词和分句式补语，包括采纳以主句所指的概念化主体观点的方式来采纳补语的内容：

补语构式（荷兰语）

（a）构式形式：［aY:［Xpredicate］dat［b.... ］］

（b）构式意义：以 Y 的方式来采纳 B 的内容：视作 X。

要注意到 f 类不能直接被分析为该补语构式的例子，因为存在着带宾语从句动词表示原因，而补语表示结果的情况（如 This made you feel part of your people，该特殊情况会在第七点中讨论）。就上述构式的能产性来看，它具有部分能产性，在语言处理中能形成固化单位，由此甚至可以被用于不带补语动词的情况（如 Two riders.... who were glooming, even before the decisive round, that they wouldn’t be granted the title this time either）；就类型与标志频度（type and token frequency）来看，152 ∶ 2 000 的比例居中，显示其类型频度较高，已固化。当然，例外情况也常见，分句式补语也能与不带名词性论元的谓动词自由结合。如下两例：

（41）He was afraid that he was not going to make it.（他担心不会成功。）

（42）Experts warned that the profit would turn out to be lower.（专家警告说利润会更低。）

例(41)中的be afraid指代心灵状态，例(42)中的warn指代交际行为，两个分句都满足例(42)的形式与语义要求。也就是说，补语构式假设能够预测语言使用中诸如（41）和（42）这样的一般例句，不需要使用多余的傀儡介词宾语。

第三，交互主观协作中第三人称概念化个体及其直接程度。首先，补语分句中对于第一人称直证要素解读的指称点是由说话者 / 作者所提供，而不是由可带宾语动词分句主语指称对象提供（如直接引语和间接引语的区别）。其次，说话者 / 作者一般为信息的有效性而有一定程度责任。如对 Will we be in time for the launch ? 的回答有三个答案：It was scheduled for 4p. m. /I think it was scheduled for 4 p. m. /Someone said that it was scheduled for 4 p. m. 后面两句是补语部分包括了答案的核心，三个答案的论辩性力量依次减弱。图示如下：

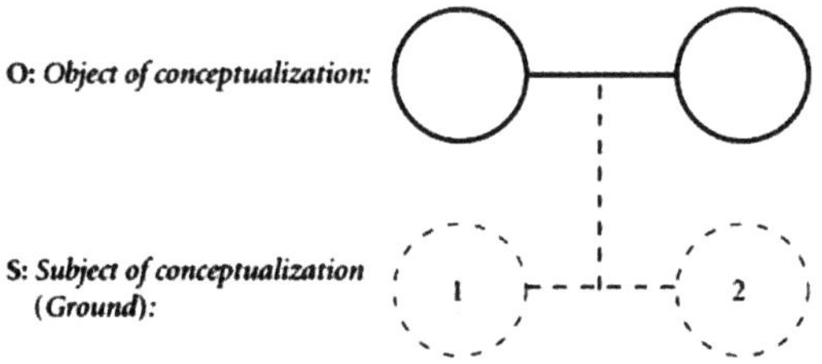

图 6　非视角型话语的识解构成

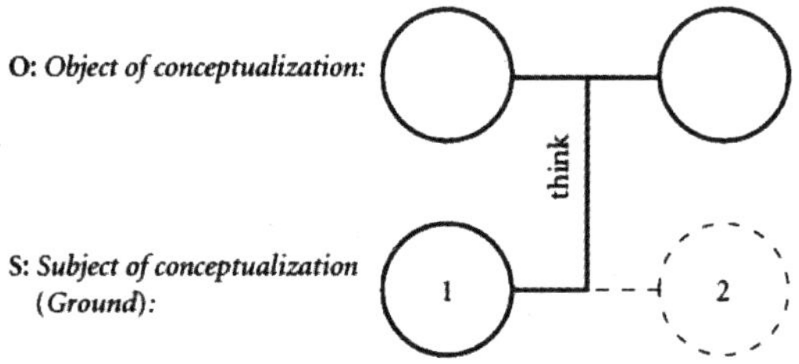

图 7　第一人称视角的识解构成

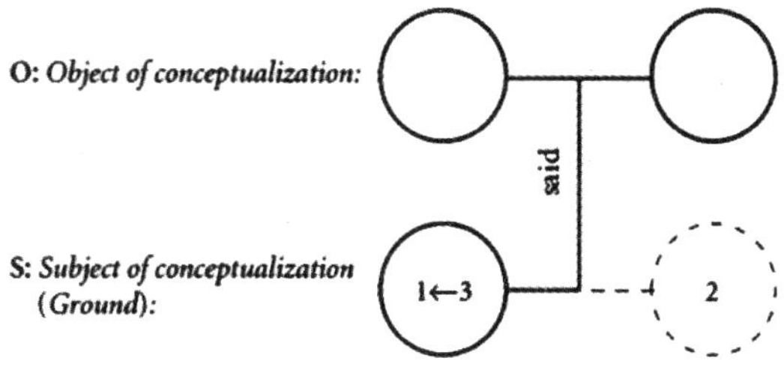

图 8　第三人称视角的识解构成

再次，该观点也对所谓言语行为动词的执行（performative）和非执行特点使用存在更小的区别提供了明证（如在 I promise that I'll have the car at the door at 2 o'clock. 和 John promised that he'll have the car at the door at 2 o'clock. 中，二者的区别不在于意义的类别，而是程度）。使用现在时态时，第一人称的论辩性力量最强，第三人称在过去时态中的话语论辩性力量更弱，因为作者和读者的认知协作是间接的（这可以解释为什么 John promised that he'll have the car at the door at 2 o'clock. But he might have forgotten the route to your new home. 成立，而 #I promise that I'll have the car at the door at 2 o'clock. But I might forget the route to your new home. 不成立）。最后，作者提出了构建补语构式网络的主张。随着语言经验的增加和使用的增多，带补语动词类型频度的增加导致了语言使用者记忆中图示模式的固化，由此衍生出如迪塞尔和托马斯洛（Diessel & Tomasello，2001）所描述的向上和向外扩充了的补语构式网络。

第四，确立背景和在线概念化个体的关系。补语构式为单个话语中出现的多个“声音”（参见杜克洛特：Ducrot，1996）提供了解释。话语中的某个要素究竟属于哪个心灵空间并不是完全固定的。把带补语动词归因于在线概念化个体的可能性属于一般情况。但有些该类动词允许说话者 / 作者暗示补语分句与背景关联的方式和它与在线概念化个体心灵空间联系的方式不同（如 The farmers threatened that the actions would become much more vicious. 中，对该事件的范畴化认识，即 threat，是说话者 / 作者的态度，与在线概念化个体有区别）。要注意到，暗示补语内容未被在线概念化个体接受的，不能用于直接引语中（如：He forgot：“It is Sunday.”）。此外，被动式也存在例外情况（如：“It is promised by me that the taxi will be on time.”）由此，对于不同补语构式次类的功能概括，不能认为补语分句的内容都直接归因于在线概念化个体。

第五，形式语言学的长距疑问词位移（long-distance Wh-movement）问题。作者认为：首先，当在线概念化个体是第一人称且话语是肯定句时，在线概念化个体与背景的距离最小；其次，通过英语和荷兰语的语料分析，长距疑问词位移与补语性质存在着差别；再次，长距疑问词位移是诸如肯定句 I think 在疑问句中的变体，受补语构式固化程度的影响，它属于补语原型构式的次类，用于公开表示识解构成的不同交互主观性层面。即使它们处于补语构式网络的较低层，它们所占据的位置是中心的。

第六，非人称交互主观性与句法关系的不相关性。首先，非人称补语构式（如 It was argued that / It is important that）属于原型扩展（extensions from the prototype），虽然它们的主观性不明显，但同样能唤起概念化个体的想法。图示如下：

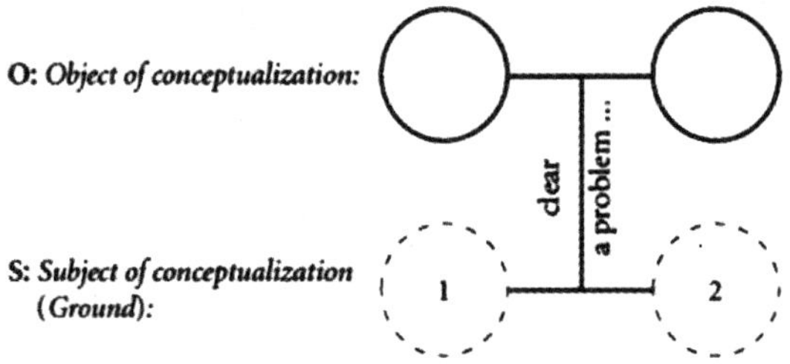

图 9　非人称补语构式的识解构成

其次，句法分析（syntactic parsing）与上述构式的不相关性可以通过一个特殊次类来证明［参见范德霍斯特（Van der Horst，1999）］（带补语动词由形容词或名词短语构成，如 What is important is that the province set up a committee. 和 It is certainly a fact that few women seek a social career. 不仅如此，名词性短语中还可以去掉限定词，如 Fact is that the ratings were disappointing 显示，该模式已十分固化，具有特殊意义且能独立被激活）。

第七，视角与因果联系。具有因果联系的补语构式可被视作是该范畴扩展的极端例子。该类补语构式的动词出现频率很低，因果性分句既有非暗示无因果关系事件、只是说明因果性关系事实的情况（如 ...This is how it happens that...），也有作为被描述事件的一部分的情况（如 ...This makes well-conceived lines of political conduct degenerate into...）。在识解补语分句与其他话语连贯关系域中的视角与因果联系之相似性显示，视角概念角色（conceptual roles）与话语连贯的因果性也具有相似性（如 He opened the door. The snow was blown in.）。

第八，重新审视"分句作为话语片断"观。借助阅读者的直觉与照应语（anaphors）相关证据，作者认为，语言使用者在考虑交互协主观性协作与客体层面有区别的基础上，用相关表达式来构建连贯的话语。

（四）第四章　话语连接——通过视角推理

1. 介　　绍

本章讨论在概念化客体层面连接至少两种情形的语言表达式。例如（第 156—157 页）：

（43）a. This feature is uninformative and irritating.（该特点无信息性且令人烦恼。）It has been removed from the output report.（它在出产报告中被移除了。）

b. This feature is uninformative and irritating. It has therefore been removed from the output report.

c. This feature is uninformative and irritating, and it has been removed from the output report.

d. This feature is uninformative and irritating, but it has been removed from the output report.

e. This feature is uninformative and irritating. So it has been removed from the output report.

f. This feature is uninformative and irritating, so that it has been removed from the output report.

g. Since this feature is uninformative and irritating, it has been removed from the output report.

h. Although this feature is uninformative and irritating, it has not been removed from the output report.

在韩礼德（1985），马西森和汤普森（Matthiessen & Thompson，1988）以及其他以文本文导向的分句结合研究中，例（43）中的 a—e 句被视作意合，而 f—h 句被视作形合。它们的共同特点是语言表达式（通常是单个词）的出现以线性方式来连接分句，由此表示连接的概念化本质。在传统意义上它们被称作连词（conjunctions， 具备结合或从属功能）。作者认为，例（43）中的 a，b 句既不是意合，也非形合，而是并置式的（juxtaposed），而这种现象对于多单位的话语联系也起作用。意合或形合构式可视作话语单位间关系的一种“语法化”现象，至少在标记该关系特定语法方式的意义上如此（麦瑟森和汤普森，1988）。由语法连接词标记的概念化关系与由词汇标记或无标记的关系并无太大差别。传统意义上的连词（如 but，because，although 等）和副词（如 therefore，consequently 等）提供构式模板（constructional templates）要求文本单位存在连接，连词对于所涉及词汇位置以及被连接单位的形式有更严格的限制。对于传统意义上的这些词，作者在本章使用了连接词（connectives）来代替。识解构成能定义两个能在话语中被感知情形的有限可能方式。基本情况如下：

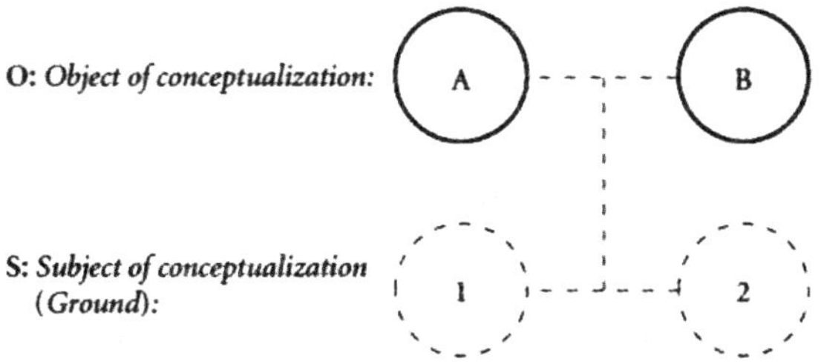

图 10　话语中连接客体情形的识解构成

在上图中，A 和 B 代表两种情形，而不是二者关系，也不是二者与概念化主体或概念化主体间的关系。但存在着两种极端情况。图 11 是连接词可能标记自身属于概念化客体关系的情况：

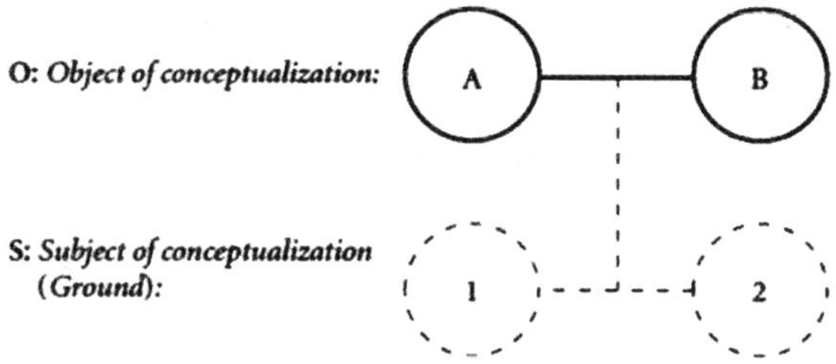

图 11　成分间“客观”连接的理论构成

而图 12 是连接词标记完全被限制在交互主观性层面关系的情况。

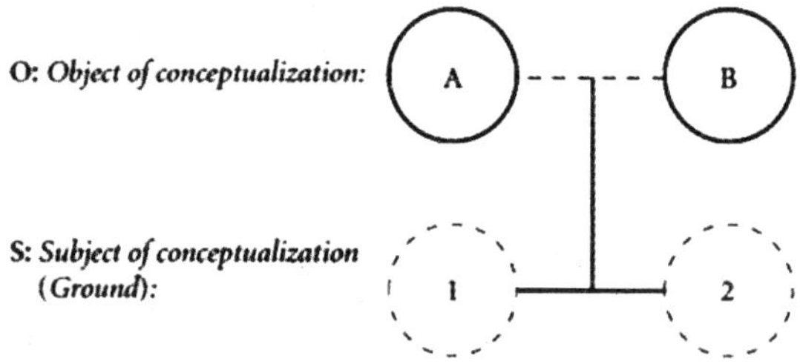

图 12　成分间“主观”连接的理论构成

再来看如下例句：

（44）Well, the title says it all, really. And too bad if it doesn't, because it's late and we don't feel like explaining it.（呃，题目已经说明了一切。如果不是这样，那么就太糟了，因为我们不想解释。）

该例中，too bad 属于与前句因果关系的结果，而 we don't feel like explaining it 属于主观意见。因此，由 because 标记的关系包含概念化主体的相互期待与义务。接着，作者探讨了连接词在识解构成方面连接词的意义，特别是在交互主观性层面的意义。

2. 让步关系

因果连接词和让步连接词的关系较为有趣。参考康尼格（Konig，1991），作者列举了如下两个例子：

（45）The house is no less comfortable because it dispenses with air-conditioning.（房子并非更不舒适，因为缺少空调。）

（46）The house is no less comfortable, although it dispenses with air-conditioning.（房子并非更不舒适，虽然缺少空调。）

上述两例的意义要等同，需要例（45）中的否定构成广域（wide scope），而例（46）中的否定需狭域（narrow scope）。康尼格认为，although 和 because 存在相似性：当 X 成立且“即使”Y 也成立，则Y导致了非X不成立；反之亦然，即非X是因为Y不成立。问题在于，就二元性关系背后的逻辑等价而言，否定情况表达式应该具有对称性。然而，because 和 although 并非如此：因果性否定可能产生让步解读，但（广域）让步否定并不会产生因果性解读。作者提出了问题：为什么一方面否定范围原因能产生让步解读，而另一方面，让步关系不被包含于否定范围内？在识别了斯维策（Sweetser，1990）域（domain）理论存在的问题后，作者认为让步构式允许说话者承认某种推论的可能有效性及所使用惯用语（topos）的基础性，但仍然推出相反结论。总结如下（第 169 页）：

说话者 / 作者使用让步关系句：*r although p*：

（a）假定有已知命题 p，听话者在理解相互使用惯用语的基础上，有效地推断出‘p，由此 q’的可能性；

（b）在承认推断基本有效的基础上，通过断定 r 来覆盖 q，由此产生 ¬q。

由此，理解让步话语的过程中，不仅要考虑到一般性、默认规则和单一命题的差别，还需要协调两个不同概念化个体不同视角或心灵空间的关系。图示如下：

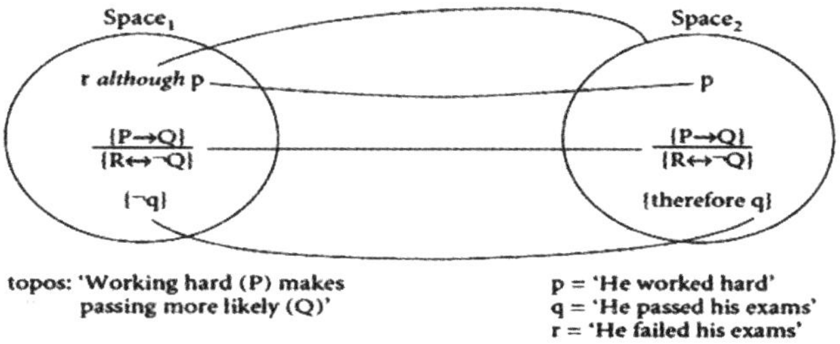

图 13　例句“He failed his exams although he worked hard”的心灵空间构成

图 13 表明，当说话人 / 作者承认既定 p 则有可能采纳 q 时，他也同时邀请听话人采纳 r，而 r 与 q 是不兼容的。在实际语言使用中，大量的让步分句位于主句之前（在 Dutch Eindhoven 语料库中占 55%）。这是因为，先提出某个命题，再肯定推论的有效性而不接受其因果关系，能够轻易地产生回退效应（retreat），从而在一定程度上减弱最初命题的话语力量。

参照斯维策的域理论，例如情态动词可分为义务（deontic）情态和认识（epistemic）情态，作者认为：所有表示让步情况的连接词 although 都具有认识特点，这是交互主观研究法的视角，即连接词 although 在识解构成的交互主观性协作层面起作用，而非概念化客体层面。认识因果性只可包括单一概念化主体与单一概念化客体的一种关系，它被识解有主观性而非客观性。由此，让步词的主观性包括两种视角的协作，属于分句间认识关系的特殊次类。认识因果性（例如 so）和内容因果性（例如 that's why）的区别不在于概念化主体和客体的关系，而取决于概念化主体间的相互关系。让步连接词和认识类因果性连接词都具有激活两个概念化个体心灵空间构成的性质，后者包含的认识立场与概念化个体 1 的立场有所不同。

3. 原因的辩论、推断及识解

作者提出，英语中的 because 与针对两个分句“内容”和“认识”的关系解读有着兼容性。不仅否定连接词（暗示反对或让步关系的）把不同的认识立场投射到心灵空间中，一些表原因的连词（如 just because，since 等）也具有此功能。就基本识解构成中概念化主体和客体层面的差别而言，表示原因的连接词之间存在着区别。该现象不限于某个单一的词或单向因果性标记。同时，因果性标记域在常规性标记区别方面要比让步性复杂。

（五）结　语

结语部分，作者对本研究进行了回顾，认为话语中的交互主观性普遍存在，但不可将此现象扩大至所有层面。此外，作者还对尚未解决的问题进行了展望。

二、简　评

借助认知语言学的研究成果，荷兰莱顿大学语言学中心阿里·维海根（Arie Verhagen）教授的这本专著从人类认知视角的模式，更加深入地探讨了在语言使用过程中的话语现象，包括形态否定与句否定、限定补语与状语，以及话语的连接，角度新颖，让人获得了更多启发。语言具有指称客观世界的属性，但语言使用的深层次意义在于概念的表达与传递，从而让交际双方更好的理解对方的意图，并最终达到自身的目的。认知语言学的发展，是以认知科学研究的深入为基础，从而在对于形式语言学基本假设不断进行挑战的过程中推陈出新的。就语言意义来说，形式派语言学强调真值条件，而认知语言学的意义构建则以人类的概念化为基础，从而为语言现象提供了更强的解释力。本文把人类概念化进行了细化，强调了交际双方的互动过程，研究内容与视角从而更为细致。

在认知语言学的研究范式下，构式语法应运而生。构式理念在语法分析中的应用，不仅从形式和功能的配对对语言单位进行了分析和解释，而且使得传统的语言单位，无论是语素、词、短语、习语还是分句之间的界限都变得更加模糊。单一的特殊构式和具有概括性的构式结合，就组成了人类使用的语言。要注意到，该著作的题目使用了“构式”这一术语，十分新颖，但研究重点是从语用的角度对话语进行多角度的探讨，针对构式本体的相关现象并未进行深入的探讨；其次，该专著一些地方还存在着术语较为模糊的情况，如对于结构（construct）、构式（construction）和构式网络（constructicon）的区分不够明显；再次，本文研究的语料是英语和荷兰语，作者提出的“交互主观性”概念在汉语中的具体情况如何，也还有待学界进一步研讨。

参考文献

[1] Croft, W. A. Explaining Language Change: An Evolutionary Approach[M]. Harlow: Longman, 2000.

[2] Croft, W. A. Radical Construction Grammar: Syntactic Theory in Typological Perspective[M]. Oxford: Oxford University Press, 2001.

[3] Diessel, H. & Tomasello, M. The acquisition of finite complement clauses in English: a corpus-based analysis[J]. Cognitive Linguistics, 2001, 12(2): 97-141.

[4] Fauconnier, G. Mental Spaces: Aspects of Meaning Construction in Natural Language[M]. Cambridge: Cambridge University Press (1st edn., Cambridge, Mass. : MIT Press 1985), 1994.

[5] Fauconnier, G. Mappings in Thought and Language[M]. Cambridge: Cambridge University Press, 1997.

[6] Fauconnier, G. & Turner, M. Compression and global insight[J]. Cognitive Linguistics, 2000, 11(3-4): 283-304.

[7] Haiman,J. & Thompson,S. A. Clause Combining in Grammar and Discourse[M]. Amsterdam and Philadelphia: John Benjamins Publishing Company, 1988.

[8] Halliday, M. A. K. Language as Social Semiotic: The Social Interpretation of Language and Meaning[M]. London: Edward Arnold, 1978.

[9] Israel, M. Polarity sensitivity as lexical semantics[J]. Linguistics and Philosophy, 1996, 19(6): 66-619.

[10] Israel, M. The rhetoric of grammar: scalar reasoning and polarity sensitivity[D].Ph.D. diss.,University of California, San Diego, 1998.

[11] Lakoff, G. Women, Fire, and Dangerous Things: What Categories Reveal about the Mind[M]. Chicago, Ill: University of Chicago Press, 1987.

[12] Langacker, R. W. Foundations of Cognitive Grammar, Theoretical Prerequisites[M]. Stanford, Calif. : Stanford University Press, 1987.

[13] Langacker, R. W. Subjectification[J]. Cognitive Linguistics, 1990, 1(1): 5-38.

[14] Langacker, R. W. Foundations of Cognitive Grammar, Volume II. Descriptive Application[M]. Stanford,Calif. : Stanford University Press, 1991.

[15] Thompson, S. A. "Object complements" and conversation: towards a realistic account[J]. Studies in Language, 2002, 26(26): 64-125.

[16] Tomasello, M. The Cultural Origins of Human Cognition[M]. Cambridge, Mass. /London: Harvard University Press, 1999.

[17] Tomasello, M. Constructing a Language: A Usage-based Theory of Language Acquisition[M]. Cambridge, Mass. /London: Harvard University Press, 2003a.

[18] Tomasello, M. The New Psychology of Language: Cognitive and Functional Approaches to

Language Structure[M]. Mahwah, NJ/London: Lawrence Erlbaum, 2003b.

[19] Tomasello, M. & Abbot-Smith, K. A tale of two theories: response to Fisher[J]. Cognition, 2002, 83(2): 14-207.

[20] Tomasello, M.,Call, J. & Hare, B. Chimpanzees understand psychological states—the question is which ones and to what extent[J]. Trends in Cognitive Sciences, 2003a, 7(4): 6-153.

[21] Tomasello, M. Chimpanzees versus humans: it's not that simple[J]. Trends in Cognitive Sciences, 2003b, 7(6): 40-239.

[22] Verhagen, A. Constructions of Intersubjectivity: Discourse, Syntax and Cognition[M]. New York: Oxford University Press, 2005.

修辞结构理论（RST）及标注工具和语料库资源

万姝君

柏林洪堡大学　语料库语言学研究所

一、概　　述

修辞结构理论（Rhetorical Structure Theory，简称“RST”）是由美国南加州大学信息科学学院的曼和汤普森（William C. Mann & Sandra A. Thompson，1986，1987，1988）等人在系统功能语言学的框架下提出的。其最初的目标是通过研究语篇内部的结构关系进而尝试设计出一种具有文本创作能力的计算机程序，为“计算机文本生成（Computational Text Generation）”提供理论指导。作为语篇的一种描述性框架，修辞结构理论具有极大的灵活性和开放性，它的应用不受篇幅的影响，不受文本语种的影响，也不受文本类型的影响，通过确定语篇的层级结构与语篇组成部分之间的关系，说明语篇的整体性（Unity）和连贯性（Coherence），为语篇结构关系研究提供一种理解性分析。

修辞结构理论自 20 世纪 90 年代起也逐渐在我国为更多人所知。国内许多学者从不同角度对修辞结构理论作了评介，如王伟（1994：8-13；1995：10-16），陈忠华（1997：21-24），徐赳赳（1999：16-22），刘世铸等（2003：20-23），陈莉萍（2008：118-121），齐冬冬（2011），其中部分学者还将其与其他理论进行了对比，为修辞结构理论在我国的推广做了巨大贡献。然而，这些文章介绍的重点主要还是围绕该理论的基本概念和基本思想，鲜有对语篇各组成部分之间关系的详细阐述。鉴于此，本文将重点阐述修辞结构理论定义的每种修辞结构关系，介绍其最新发展情况、标注工具及相应的语料库资源。

二、专用术语与基本内容

修辞结构理论认为一段文字被确认为语篇，它的各个部分一定不是杂乱无章的堆砌在一起，而是存在着各种各样的语义关系，以保证语篇的整体性和连贯性。因此，语篇可以划分为若干个基本单元（minimum units），它们以分句或者从句（clause）的形式出现。它们大小不一，是修辞结构理论中组成一个语篇结构的最低层次的单位。由基本单元构成的功能完整的片段被称为结构段（span），两个结构段按照一定的功能关系组合成一个更大的更高层次的结构段，以此类推，直至形成整个语篇。这样形成的语篇具有严密的层级结构，层级数量及结构段数量取决于语篇当中语义关系的复杂程度，是不固定的。语篇各个结构段之间的连贯关系，被称为修辞结构关系（rhetorical structure relations）。这些修辞结构关系绝大部分都具有不对称性的语义特征，两个结构段根据其在这种不对称性中的核心或辅助地位，被称为核心结构段（Nucleus，简称“N”）和辅助结构段（Satellite，简称“S”）。

（一）核心结构段和辅助结构段

较之辅助结构段，核心结构段对修辞结构关系的确定和对语篇的理解起着更为重要的作用。我们通常可以使用“干扰 / 删除法”来加以确定。如果一个结构段被删除，语篇的意义随即发生了转变甚至变得无法理解，而另外一个结构段好像也失去了存在的理由一般，成为了一个不和逻辑的推论（non sequitur），那么这个被删除的结构段便是核心结构段。反之，如果删除了一个结构段，语篇依然连贯，而且依旧保持原意，只是少了一些附加信息，那么这个被删除的结构段就是辅助结构段。例如：

（1）请您在您有兴趣阅读的文章旁边签上您的名字

（2）截止日期为 5 月 31 号

在本例中，删除结构段 1，我们将不能理解结构段 2 的出现原因；反之，删除结构段 2，不会对结构段 1 的理解形成任何干扰。由此我们可以确定，结构段 1 为核心结构段，结构段 2 为辅助结构段。

除了上例中这样由一个核心结构段和一个辅助结构段组成的不对称关系外，有时结构段之间是处于对称关系的。那么在这种情况下结构段之间便没有核心和辅助之分，而是构成了多核心结构段（multi-nuclear）。如果我们在上例的基础上加上结构段 3：

（3）如有疑问请联系张小姐。

那么结构段 3 和结构段 2 便构成了多核心结构段，共同成为结构段 1 的辅助结构段。

（二）修辞结构关系的定义与种类

利用修辞结构理论对语篇进行分析，我们需要先对语篇进行切分（segment），将其切分为若干个基本单元，继而确定结构段。语篇切分一般要遵循一定的标准，研究者可以根据自己的研究目的自行决定。其中，主语、补语从句以及限定性关系从句往往被视为是主句的一部分，不能单独作为一个基本单元。曼弗雷德·斯蒂德（Manfred Stede）团队在基于修辞结构理论标注 PCC 语料库时，专门制定了切分准则（Stede, 2016），可供研究者参考。确定好结构段后，研究者可以自下而上或者自上而下的确定连接各个结构段之间的修辞结构关系。

尽管语义关系复杂多样，但在实际应用中，绝大多数语篇还是会由一些反复出现的关系构成。修辞结构理论主张从两个方面对结构段之间的关系进行定义：

第一，限制条件（constraints）：目的是指出命题存在的必要性，包括：①对核心结构段的限制条件；②对辅助结构段的限制条件；③对核心结构段和辅助结构段组合方式的限制条件。

第二，效果（effects）：目的是指出使用这种关系所达到的效果及其实现位置。

按照这两个依据和标准，曼和汤普森（Mann & Thompson）基于大量语料定义了 23 种关系，并将其中一些相似的关系归纳到一起，具体如表 1。

表 1　修辞结构理论的 23 种结构关系（Organization of relation definitions）

环境关系（Circumstance）	**对照关系和让步关系** 对照关系（Antithesis） 让步关系（Concession）
解答关系（Solutionhood）	**条件关系和析取关系** 条件关系（Condition） 析取关系（Otherwise）
阐述关系（Elaboration）	**解释关系和评价关系** 解释关系（Interpretation） 评价关系（Evaluation）
背景关系（Background）	**重述关系和综述关系** 重述关系（Restatement） 综述关系（Summary）
使能关系和动机关系 使能关系（Enablement） 动机关系（Motivation）	**其他关系**
证据关系和证明关系 证据关系（Evidence） 证明关系（Justify）	**多核心关系** 序列关系（Sequence） 对比关系（Contrast）
原因关系 意志性原因关系（Volitional Cause） 非意志性原因关系（Non-Volitional Cause） 意志性结果关系（Volitional Result） 非意志性结果关系（Non-Volitional Result） 目的关系（Purpose）	

关于上述修辞结构关系，本文将在下一章作详细介绍。这里需要强调的是，修辞结构理论主张结构关系的开放性，也就是说，研究者在分析语篇时，可以将上述关系视为参考，结合实际的篇章类型及语种，在此基础上进行删减或补充。

（三）图　　示

修辞结构理论用抽象的图示（schema）来表达语篇各个组成部分之间的关系和结构。一般来说，一个图示由三个要素组成：①一定数量的语篇结构段；②结构段之间的关系说明；③核心结构段与整个语篇的关系说明。

以图1为例，修辞结构理论图示主要由横线、直线/斜线及数字n-k、弧线及关系名称组成。横线下面显示文本内容，即表示具体的结构段。研究者可以同上例一样，将已经切分好的基本单元用数字序列标出，然后直接用数字代表相应的文本内容，当然也可以选择不用数字代替，那么这个时候就会在横线下面直接显示基本单元的内容。直线/斜线及数字n-k用来确定表示结构段与其他结构段的进一步组合，数字n-k表示结构段的范围；直线始终显示在较低一层级的核心结构段，若结构段之间是多核心关系（通常为对比、序列、连接等关系），那么用斜线表示。弧线用来表示结构段之间的语义关系，若是单核心结构段关系（核心—辅助关系），那么箭头指向核心结构段；如果是多核心结构段关系，没有核心和辅助之分，那么弧线不标有箭头。关系名称显示在弧线上方。

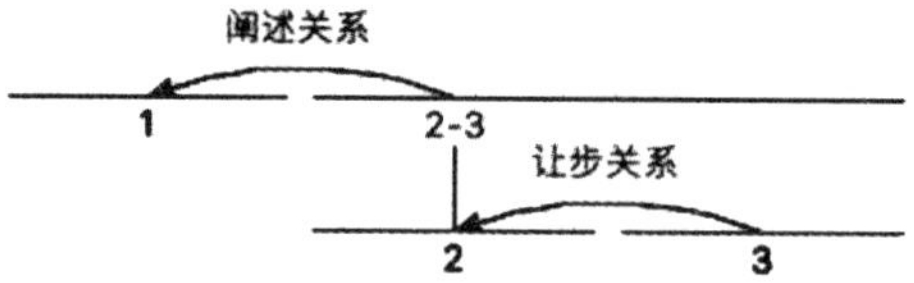

图1 RST图示解析

依照上述原则及方法，曼和汤普森归纳了五种常见的图示模型：

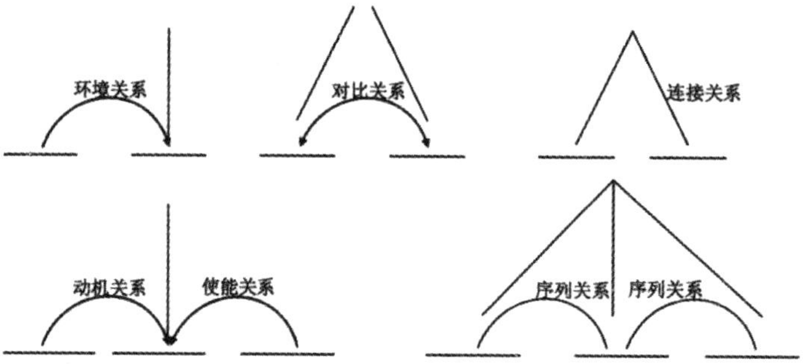

图2 五种基本图示模型

研究者在实际标注语篇时，可以不用完全遵循上面的图示模型，根据实际情况加以修改。另外，我们还需要注意，在标注一个语篇时，语篇越大，层级结构就越多关系也越复杂，因此标注时要遵照一定的顺序，由一个关系展开，最终确定整个语篇的关系及结构图示。

三、RST修辞结构关系详介

在上文修辞结构关系的定义与种类中，我们介绍了修辞结构关系定义的标准：限制条件和效果。对关系的定义并不是依靠词法和句法，而是依靠功能和语义。在这一章节，我们将对曼和汤普森总结的 23 种修辞结构关系（如图 1 所示）依照关系定义标准逐一进行介绍。

（一）环境关系

英文名称：CIRCUMSTANCE

核心结构段限制条件：无

辅助结构段限制条件：辅助结构段提供一个（已经实现的）情况

核心与辅助结构段联合限制条件：读者应该在辅助结构段设定的主题框架内去理解核心结构段

效果：读者意识到应该在辅助结构段提供的框架内去了解核心结构段

效果位置：核心结构段和辅助结构段

（1）他曾经是乐队的一名吉他手，

（2）在他 15 岁的时候。

根据环境关系的定义，辅助结构段为核心结构段的理解提供一个框架（如时间、地点）。在本例中，辅助结构段（2）为核心结构段（1）中“他是一名吉他手”设定了一个时间框架“15 岁”，这样就构成了环境关系。

需要注意的是，环境关系与条件关系［（九）1］不同。区别在于环境关系设定的是一个已实现的框架，而条件关系设定的是一个未实现的框架。

（二）解答关系

英文名称：SOLUTIONHOOD

核心结构段限制条件：无

辅助结构段限制条件：呈现一个问题

核心与辅助结构段联合限制条件：核心结构段的内容是对辅助结构段所陈述的问题的解答

效果：读者认识到核心结构段中的内容是对辅助结构段所陈述的问题的解答

效果位置：核心结构段和辅助结构段

（1）为什么我的眼里常含泪水，

（2）因为我对这片土地爱得深沉。

解答关系相对清晰并且比较容易判断。需要注意的是，在解答关系中辅助结构段提出的问题（problem），可以是一个提问，一个请求，或者对目标、知识等的需求，也可以是一种会带来消极影响的情况。

（三）阐述关系

英文名称：ELABORATION

核心结构段限制条件：无

辅助结构段限制条件：无

核心与辅助结构段联合限制条件：核心结构段给出一个主题的信息。辅助结构段就这个主题信息提供细节或作出补充。如果核心结构段以一种形式出现，那么辅助结构段以相应的形式出现。常见的形式有六种：

N：集合，S：分散　　N：流程，S：步骤

N：广义，S：特殊　　N：事物，S：定语

N：抽象，S：举例　　N：整体，S：局部

效果：读者意识到辅助结构段为核心结构段做补充。读者知道所做补充是围绕哪个主题展开的

效果位置：核心结构段和辅助结构段

（1）明年将在瑞典举行第10届计算语言学国际会议，

（2）预计将有来自世界各地的约250位语言学家出席，

（3）会议的内容主要是围绕数学及计算机在自然语言研究领域的应用。

在本例中，如果作者的意图是向读者介绍这个国际会议，那么核心结构段（1）指明了“计算语言学国际会议”这个主题，由（2）和（3）构成的辅助结构段给读者提供了关于这个会议的更多信息。因此，它们构成了阐述关系。

在定义中给出的六种常见形式，研究者可以根据研究需要将其细化成新的结构关系加以定义。

（四）背景关系

英文名称：BACKGROUND

核心结构段限制条件：读者在阅读辅助结构段之前，无法完全理解核心结构段

辅助结构段限制条件：无

核心与辅助结构段联合限制条件：辅助结构段帮助读者更好的理解核心结构段的内容

效果：读者对核心结构段的理解能力增加

效果位置：核心结构段

（1）根据新规定，公职人员的家庭住址和电话将受到保护，以防泄露。

（2）议会第3100条议案修改了公职人员家庭住址和电话必须公开便于接受审查的旧规定。

辅助结构段所提供的“旧规定”信息增强了读者对核心结构段“新规定”信息的理解完整性。

（五）使能关系和动机关系

使能关系和动机关系同属一类，因为两者都旨在通过给出指令、要求、邀请、建议等来唤起读者的行动。所不同的是，使动关系的目的是增强读者做出行动的能力，动机关系的目的是增强读者做出行动的意愿。

1. 使能关系

英文名称：ENABLEMENT

核心结构段限制条件：读者应该采取的行动

辅助结构段限制条件：无

核心与辅助结构段联合限制条件：对辅助结构段的理解能够增强读者做出核心结构段行动的能力

效果：读者做出核心结构段行动的能力被增强

效果位置：核心结构段

（1）迎新活动为新员工提供了一个尽快融入公司的机会。

（2）请到公司人事部领取报名表报名。

核心结构段向新员工发出了“迎新活动”的要求，辅助结构段给出的“报名信息”使新员工能够参加这个活动，增强了其做出行动的能力，因此这两个单元之间是使能关系。

2. 动机关系

英文名称：MOTIVATION

核心结构段限制条件：读者作为行为者应该采取的行动

辅助结构段限制条件：无

核心与辅助结构段联合限制条件：对辅助结构段的理解能够增强读者做出核心结构段行动的意愿

效果：读者做出核心结构段行动的意愿被增强

效果位置：核心结构段

（1）洛杉矶芭蕾舞团下周将有四场演出，

（2）入场票仅售 7.5 美元，

（3）每场演出的舞蹈都是最新编排的，非常具有观赏性。

基本单元（2）和（3）共同构成辅助结构段，以“票价低廉”及“高观赏性”吸引读者，使读者更愿意做出核心结构段（1）所期望的“观看演出”的行动。

（六）证据关系和证明关系

证据关系和证明关系都涉及读者对核心结构段的态度。在证据关系中，辅助结构段旨在增加读者对核心结构段内容的相信程度；在证明关系中，辅助结构段旨在增加读者对作者提出核心结构段的正当性的相信程度。

1. 证据关系

英文名称：EVIDENCE

核心结构段限制条件：读者可能对核心结构段信任不足

辅助结构段限制条件：读者相信或者将相信辅助结构段的内容

核心与辅助结构段联合限制条件：读者对 S 的理解会增加读者对 N 的信任程度

效果：读者对 N 的相信程度增加

效果位置：核心结构段

（1）这个为 1980 年营业数据编写的程序非常好用。

（2）只需要几分钟，我便可以查找到 1980 年的所有税务数据，并且其结果与我手工计算的结果完全一致。

辅助结构段（2）通过对程序的实际测验为“这个程序非常好用”提供了证据，增加了读者对核心结构段的相信程度。因此这两个单元之间是证据关系。

2. 证明关系

英文名称：JUSTIFY

核心结构段限制条件：无

辅助结构段限制条件：无

核心与辅助结构段联合限制条件：对辅助结构段的理解会有助于读者增加对作者提出核心结构段理由正当性的认同感

效果：读者更倾向于接受和认同作者提出核心结构段理由的正当性

效果位置：核心结构段

（1）下一次音乐见面会定在 7 月 21 号（周六），从下午持续到晚上。

（2）稍后我会告知更多活动细节，

（3）但现在您已经可以把活动时间在您的日程上预留出来了。

基本单元（2）和（3）构成的辅助结构段与核心结构段（1）是证明关系。辅助结构段告诉了读者为什么作者尽管现在还没有“告知更多活动细节”，但是读者应该相信他。

（七）原因关系

许多关系都会涉及原因。在定义这些关系的过程中，难点是同时概述那些有意产生的因果关系和那些无意产生的因果关系。因此，修辞结构理论将这些关系按照意志性和非意志性进行了分组定义，如表 2 所示。

表 2　因果关系的区别

<table>
<tr><td rowspan="3">意志性的区别</td><td colspan="2">核心性的区别</td></tr>
<tr><td>意志性原因</td><td>意志性结果</td></tr>
<tr><td>非意志性原因</td><td>非意志性结果</td></tr>
</table>

其中，核心性是用来区分原因和结果的。如果辅助结构段是原因，那么这种关系被视作意志性原因关系或者非意志性原因关系。如果原因位于核心结构段而其导致的结果位于非核心结构段，那么这种关系被称为意志性结果关系或者非意志性结果关系。确定了原因或者结果关系后，我们再确定这种关系是属于意志性的还是非意志性的。目的关系被定义为是中性的，意志性和非意志性目的都可以称为目的关系。

意志性原因指在核心结构段中指出的行为，是行为的发出者（通常是人）自己决定或者可以控制的结果。非意志性原因则是指该行为导致的结果不受行为发生者的控制。

1. 意志性原因关系

英文名称：VOLITIONAL CAUSE

核心结构段限制条件：核心结构段指出一个意志性行为或者一种因意志性行为产生的情况

辅助结构段限制条件：无

核心与辅助结构段联合限制条件：辅助结构段阐述行为发出者做出核心结构段中所述的意志性行为的原因。如果没有辅助结构段，读者可能不认为核心结构段的行为是有动机的，或者可能不知道这个动机是什么。与辅助结构段相比，核心结构段对于作者提出核心与辅助结构段的联合更重要

效果：读者认识到辅助结构段中提及的情况是核心结构段中阐述的意志性行为的原因

效果位置：核心结构段和辅助结构段

（1）因为临时有别的安排，

（2）我把今晚的聚会取消了。

在上例中，核心结构段（2）指出了一种行为，即“我把聚会取消了”，辅助结构段则告诉了我们做出这种行为的原因，即“临时有别的安排”。行为发出者“我”可以控制该行为的

发生，即“我”可以决定这个聚会取消还是不取消。因此两个单元构成了意志性原因关系。

有时，意志性原因关系可能会与动机关系发生混淆。区分的原则是，动机关系期望达到的效果是读者也参与这种行为。

2. 非意志性原因关系

英文名称：NON-VOLITIONAL CAUSE

核心结构段限制条件：指出一个非意志性的行为

辅助结构段限制条件：无

核心与辅助结构段联合限制条件：辅助结构段阐明了一种可能导致核心结构段中所述的非意志性行为的原因。如果没有辅助结构段，读者可能不认为核心结构段的行为是有动机的，或者可能不知道这个动机是什么。核心结构段对于作者提出核心与辅助结构段的联合更重要

效果：读者认识到辅助结构段中提及的情况是核心结构段中阐述的行为的原因

效果位置：核心结构段和辅助结构段

（1）他得了急性肠胃炎，

（2）大概是因为昨天吃错了东西。

核心结构段（1）指出了一种情况“他得了急性肠胃炎”，通常来说，得肠胃炎这件事情本身是不受行为发出者“他”控制的，也就是说，这个行为是非意志性的。辅助结构段（2）阐述了为什么会得急性肠胃炎的原因，即“吃错了东西”。两个单元构成了非意志性原因关系。

3. 意志性结果关系

英文名称：VOLITIONAL RESULT

核心结构段限制条件：无

辅助结构段限制条件：指出一种意志性的行为或因意志性行为产生的情况

核心与辅助结构段联合限制条件：核心结构段阐明了一种可能导致辅助结构段中所述情况的原因核心结构段比辅助结构段更能表达作者的意图

效果：读者认识到核心结构段的内容可能是辅助结构段中所述情况的原因

效果位置：核心结构段和辅助结构段

（1）他今天没去参加聚会，

（2）是因为他临时有了别的安排。

在这个例子中，作者在辅助结构段(1)中给出了一个意志性的行为，即“他没有去参加聚会”，而想要强调的是核心结构段（2）中的原因，即“他有了临时的安排”。因此两个单元构成了意志性结果关系。

4. 非意志性结果关系

英文名称：NON-VOLITIONAL RESULT

核心结构段限制条件：无

辅助结构段限制条件：指出一个非意志性的行为

核心与辅助结构段联合限制条件：核心结构段所描述的情况导致了辅助结构段中出现的结果核心结构段对于作者提出核心与辅助结构段的联合更重要

效果：读者认识到在核心结构段中所描述的情况可能导致了辅助结构段中所述情况的产生

效果位置：核心结构段和辅助结构段

（1）这是有史以来在墨西哥发生的最严重的一起工业爆炸事故，对周边居民的生命和财产安全造成了巨大的伤害。

（2）数千人因此受伤，至今还有约 300 名伤员在医院接受治疗。

对于这个例子，通过对两个基本单元的对比，作者的意图在于强调这次爆炸事故本身，也就是“有史以来最严重”及“造成巨大伤害”，因此核心结构段为第一个基本单元。辅助结构段（2）则指出了这次爆炸所造成的结果，即“多人受伤”且“伤势严重”，而且这个结果是非意志性的。因此，这两个基本单元构成了非意志性结果关系。

5. 目的关系

英文名称：PURPOSE

核心结构段限制条件：描述一个行为 / 活动

辅助结构段限制条件：描述一个尚未实现的情况

核心与辅助结构段联合限制条件：辅助结构段指出一个通过核心结构段的行为得以实现的情况

效果：读者认识到核心结构段中所描述的活动是为了用来实现辅助结构段的内容

效果位置：核心结构段和辅助结构段

（1）想要了解哪种型号的电池更适合您的设备，

（2）请翻阅信息处的指导手册。

目的关系通常都比较容易判断。在本例中，辅助结构段（1）向我们描述了一个尚未实现的情况，即“要了解电池型号用以匹配设备”。想实现这个目的，我们需要通过核心结构段（2）给出的方法，即“翻阅指导手册”。

以此为例，用修辞结构理论图示来表示目的关系，如图 3：

图 3　目的关系的 RST 图示

（八）对照关系和让步关系

对照关系和让步关系都有一个共同的目的，那就是使读者对核心结构段的内容做出积极的肯定。区别在于，对照关系是对比关系［（十三）2］的一种，详见对照关系的定义，而让步关系不属于对比关系。

1. 对照关系

英文名称：ANTITHESIS

核心结构段限制条件：作者对核心结构段中出现的情况持积极肯定的态度

辅助结构段限制条件：无

核心与辅助结构段联合限制条件：
- 在核心及辅助结构段中出现的情况在某种程度上是对立的（可能这两个情况只在几个方面存在对立面，并不是完全相悖）
- 这些对立面使得在核心和辅助结构段中出现的情况不兼容，因此读者不能对两种情况都持有肯定的态度
- 对辅助结构段及对两种情况对立面的理解，将有助于读者对核心结构段中出现的情况作出积极的肯定

效果：增强读者对核心结构段的肯定

效果位置：核心结构段

（1）失业率上升是因为工作岗位的缺乏，

（2）并非是因为人们懒惰。

在本例中，失业率上升有两种原因，核心结构段的原因是“工作岗位缺乏”，辅助结构段是“人们懒惰”。两个原因构成了某种程度上的对立。与辅助结构段中的原因相比，作者明显更认同核心结构段中所说的原因。因此，这两个基本单元构成了对照关系。

2. 让步关系

英文名称：CONCESSION

核心结构段限制条件：读者对核心结构段中的情况持肯定态度

辅助结构段限制条件：作者并没有对辅助结构段中的情况持否定态度

核心与辅助结构段联合限制条件：作者认识到核心和辅助结构段中的情况有对立的可能，但是它们依然可以是兼容的。对这种兼容性的认识会增加读者对核心结构段的肯定

效果：增强读者对核心结构段的肯定

效果位置：核心结构段和辅助结构段

（1）尽管这种材料会使某些动物中毒，

（2）但依然缺乏证据证明它会对人体造成任何损害。

参照上面的例子，作者给了读者一个信号，即辅助结构段（1）和核心结构段（2）可能存在潜在的不兼容性，因为一种材料如果被证明对动物是有毒性的，往往对人体也可能是有毒的。但是作者更加侧重表明他在核心结构段中所罗列的情况。

（九）条件关系和析取关系

条件关系与析取关系有一个共同特征，那就是核心结构段所述的情况实现与辅助结构段所述情况的实现有关。两者的区别在于，条件关系当中，核心结构段所述情况的实现取决于辅助结构段所述情况的实现；而析取关系中，核心结构段所述情况的实现会阻碍 / 预防辅助结构段所述情况的实现。

1. 条件关系

英文名称：CONDITION

核心结构段限制条件：无

辅助结构段限制条件：辅助结构段描述一种假设的，将来发生的，或者尚未实现的情况（取决于辅助结构段的具体语境）

核心与辅助结构段联合限制条件：核心结构段所述情况的实现取决于辅助结构段所述情况的实现

效果：读者认识到核心结构段所述情况的实现是以何种方式取决于辅助结构段所述情况的实现

效果位置：核心结构段和辅助结构段

（1）员工务必要立刻告知公司的人事部门对退休表进行修改，

（2）无论是个人信息发生了何种变动。

核心结构段（2）的实现，即“告知公司人事部门修改退休表”的实现，取决于辅助结构段（1）所述情况是否发生。如果“个人信息发生变动”，那么核心结构段所述情况也需要被实现。

在英语当中，条件关系通常从语法上讲，是通过主从结构的条件从句来实现。然而，修辞结构理论的所有关系，都是语义关系而非语法关系，所以条件关系的实现，不一定要用 if 从句。条件关系中的辅助结构段还可以通过除 if 从句以外的很多形式来实现。比如例子当中“无论是个人信息发生了何种变动”的英文原文是：whenever there is a change in personal information.

2. 析取关系

英文名称：OTHERWISE

核心结构段限制条件：描述一个未实现的情况

辅助结构段限制条件：描述一个未实现的情况

核心与辅助结构段联合限制条件：核心结构段所述情况的实现会阻碍 / 预防辅助结构的实现

效果：读者认识到核心与辅助结构段所述情况的实现之间处于阻碍 / 预防关系

效果位置：核心结构段与辅助结构段

（1）所有想参加面试的同学请在 12 月 1 号前回邮件确认，

（2）否则将失去面试资格。

核心结构段（1）的实现，即“在 12 月 1 号回了确认邮件”，将会阻止辅助结构段（2）的发生，即“面试资格将不会失去”。也就是说，核心结构段情况的实现阻碍了辅助结构段的实现，因此两个基本单元构成了析取关系。

需要注意，修辞结构理论并未对下列句式做出定义：

如果 A，那么 B。否则（即如果不是 A，那么）C。

（十）解释关系和评价关系

解释关系和评价关系都是以与核心结构段主题不同的方面来对核心结构段的内容做出评估。所不同的是，评价关系中对核心结构段所述情况的评估是以从赞同作者的角度进行的；而解释关系则是从其他方面做出评估。

1. 解释关系

英文名称：INTERPRETATION

核心结构段限制条件：无

辅助结构段限制条件：无

核心与辅助结构段联合限制条件：辅助结构段将核心结构段呈现的情况与核心结构段未涉及的观点框架关联起来，不关心这些观点是否与作者的观点吻合。

效果：读者认识到辅助结构段将核心结构段呈现的情况与核心结构段未涉及的观点框架关联起来

效果位置：核心结构段与辅助结构段

（1）很多企业在发展的过程中只注重效益而忽视环保，

（2）这种发展模式从长远的角度来看是不健康的。

例子中，辅助结构段（2）将核心结构段中所说的“只重效益不重环保”的发展模式用“从长远角度”这个在核心结构段中未涉及的方面相关联。两个基本单元构成了解释关系。

2. 评价关系

英文名称：EVALUATION

核心结构段限制条件：无

辅助结构段限制条件：无

核心与辅助结构段联合限制条件：辅助结构段将核心结构段呈现的情况以赞同作者的方式相关联

效果：读者认识到辅助结构段所述情况是对核心结构段内容的评估，并且认可它的价值

效果位置：核心结构段和辅助结构段

（1）密封外套以及集线器环可以使我们的光盘寿命更长，
（2）一个柔软的内衬套可以清洁超光滑的光盘表面，
（3）这些都增加了它的性能和可靠性。

本例中有三个基本单位。第一和第二个基本单位组成了一个核心结构段，辅助结构段（3）对核心结构段呈现出的内容作了积极评价，这种积极的评价符合作者表述核心结构段的目的，也就是希望读者能充分认识到产品的优点。

（十一）重述关系和综述关系

重述关系和综述关系都是一种复述的关系，不同之处在于复述所用词篇幅的大小。重述关系中，辅助结构段与核心结构段的篇幅大小差不多；而综述关系中，辅助结构段比核心结构段要短很多。

1. 重述关系

英文名称：RESTATEMENT

核心结构段限制条件：无

辅助结构段限制条件：无

核心与辅助结构段联合限制条件：辅助结构段对核心结构段的内容进行复述，所用篇幅与核心结构段差不多

效果：读者认识到辅助结构段是对核心结构段的复述

效果位置：核心结构段和辅助结构段

（1）整洁之人开干净的车，
（2）从你的车看出你的样子。

这里我们引用一个洗车公司广告中的两句话。在原文中，第一个基本单元中的字母全部大写（A WELL-GROOMED CAR REFLECTS ITS OWNER），由此我们知道它是核心广告词，也就是这个重述关系中的核心结构段。第二个基本单元（The car you drive says a lot about you）与第一个基本单元几乎是同一个意思，而且核心与辅助结构段句子长短差不多。因此，两个单元构成重述关系。

2. 综述关系

英文名称：SUMMERY

核心结构段限制条件：核心结构段必须至少由两个基本单元组成

辅助结构段限制条件：无

核心与辅助结构段联合限制条件：辅助结构段是对核心结构段内容的复述，篇幅比核心结构段小

效果：读者把辅助结构段视作是对核心结构段内容的一个精短的提炼

效果位置：核心结构段和辅助结构段

（1）为了您的计算机保持高性能，请使用以卓越存储功能而闻名的光盘

（2）密封外套以及集线器环可以使我们的光盘寿命更长

……

（16）它将是改善内存和提高计算机性能的首选

同样我们在这里我们也引用了广告。第一个基本单元是鼓励读者买他们公司的光盘，之后的 2 到 15 单元，都是在详细介绍光盘的性能。而最后一个基本单元总结了 1—15 单元的两个核心关键词："性能"和"寿命"。因此辅助结构段（16）与核心结构段（1—15）构成了综述关系。

（十二）其他关系

除了上述关系外，曼和汤普森还在尝试定义其他的关系，如比较关系（Comparison）、展示关系（Presentational）、序列关系（Sequence）、分离关系（Disjunction）以及方式关系（Means）。但是针对这些关系他们还尚未给出明确的定义。

（十三）多核心关系：序列关系、对比关系、连接关系

多核心关系是指在一段关系中有多个结构段（不只局限于两个），这些结构段在地位上是平等的，无核心和辅助结构段之分。

1. 序列关系

英文名称：SEQUENCE

核心结构段限制条件：多核心

核心与辅助结构段联合限制条件：多核心所述情况呈序列分布

效果：读者认识到多核心间的序列关系

效果位置：多核心

（1）剥去桔子皮

（2）将橘子一片一片拨开

（3）摆放在碗里

（4）在上面倒上朗姆酒撒上椰蓉

（5）冷却

序列关系是所有结构关系中唯一对结构段的顺序有要求的关系。这里我们以菜谱为例。序列关系的修辞结构理论图示参考图 2 中的五种基本图示模型（序列关系）。

2. 对比关系

英文名称：CONTRAST

核心结构段限制条件：多核心

核心与辅助结构段联合限制条件：不超过两个结构段，这两个结构段呈现的情况是：①它们有很多相似点；②他们在一些方面存在不同点；③用其中以一个或者几个不同点做对比

效果：读者通过这个对比了解到二者的可比性和它们的不同点

效果位置：多核心

（1）动物靠愈合

（2）植物靠隔离

本例的语境是，动物和植物在面临微生物入侵时会对病毒和感染各做出何种反应。我们知道动物和植物有很多共同点，也有很多不同点。这里用来比较的是不同点之一，即“对病毒和损伤的反应”。对比关系的修辞结构理论图示参考图 2 中的五种基本图示模型（对比关系）。

3. 连接关系

所谓的连接关系，其实是一种图示模型而不是实际的关系。这个图示是多核心的，用来连接没有直接关系但是又在同一个主题框架下的结构段。

（1）员工务必要立刻告知公司的人事部门对退休表进行修改，

（2）无论是个人信息发生了何种变动

……

（5a）另外一些员工

（6）从来还没有填过退休表的

（5b）应该立刻去取表格填写

（7）因为退休部门和保险公司是按照表格发放退休金的

根据上面的例子，我们做出的修辞结构理论图示如图 4 所示：

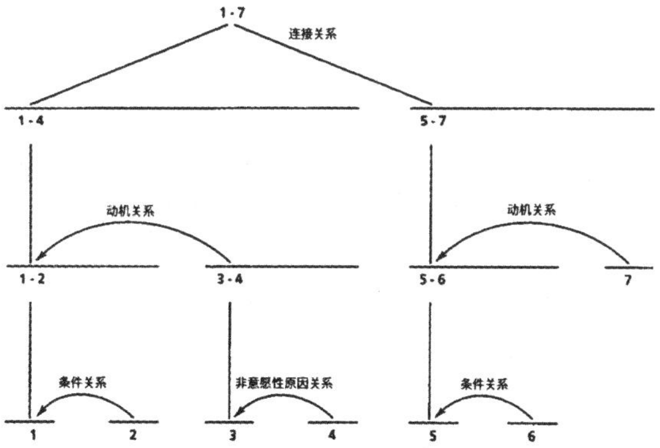

图 4　连接关系的 RST 图示

在这个例子当中，两种员工“已经填过退休表的”和“从未填过退休表的”将要做不同的事。这两个部分除了是在同一个话题下以外，没有任何修辞关系。在这种情况下，可以用连接图示将没有修辞关系的部分连接起来。

四、与 RST 相关的标注工具与语料库资源

伴随着修辞结构理论的发展，越来越多基于修辞结构理论的标注工具被开发，近些年来，更是诞生了一些对文本进行了修辞结构标注的语料库，为研究者提供了丰富的资源。下面将介绍几个常用的工具和语料库。

（一）RST 标注工具

1. RST-Tool

现如今，大部分的修辞结构理论图示都是通过 RST-Tool（RST 工具）来实现的，它由曾与南加州大学信息科学学院共事的澳大利亚人米克・唐奈（Mick O’Donnell）博士于 1997 年开发，至今已经更新至 RST-Tool 3.0 版，并配有使用说明。[①] 刘世铸等（2003：20-23）也曾介绍过 RST 工具。

RST 工具可以在 Windows，Macintosh 及 Unix 多种操作系统环境下运行。主要包括四个界面：①文本界面（Text）：用来编辑文本以及将文本切分成若干个基本单元；②结构界面（Structure）：用来标注文本结构关系；③关系界面（Relation）：用于编辑修辞结构关系；④数据统计界面（Statistics）：用于统计分析数据。RST 工具能够处理 . txt 文档或者 RST 工具自身生成的文档，标注后的文件会存为 . rst 或者 . rst2 格式。它界面友好，操作简单，并且开放性高。因为在关系界面用户可以自行定义修辞结构关系，因此它可以处理包括汉语在内的多语种文本。

南加州大学信息科学学院的丹尼尔・马尔屈（Daniel Marcu）后来对米克・唐奈的 RST 工具进行了改良，增添了许多新功能。下载地址和使用说明请参见官方网站[②]。

2. RstWeb

RstWeb，是一款开源的，基于浏览器的修辞结构关系标注工具，用以支持修辞结构理论框架下的话语分析。使用 RstWeb，无需下载其他软件，用户只需要一个浏览器就可以在线直接标注修辞结构关系。它拥有单模式结构编辑器，无需在添加 / 删除结构关系、添加结构段，添加多核心结构段等功能之间切换。将 . txt 纯文档导入 RstWeb 后，会生成 . rs3 格式的文件。RstWeb 还支持一个文档的多种标注版本。同时，它还可以自动调整修辞结构树图到合适的大小，

① RST-Tool: http://www. wagsoft. com/RSTTool/.

② RST-Tool（Daniel Marcu 版）:https://www. isi. edu/licensed-sw/RSTTool/.

并自动下载结构图示。现在 RstWeb 已经更新到第二版，增添了图示标注错误高亮警告以及快速导出 XML 功能。

关于 RstWeb 工具的更多信息，请查看官方网站[①]的介绍与使用说明。

3. LaTeX：RST 包

戴维・赖特尔（David Reitter）为 LaTeX 使用者创建了 RST 包，可以直接使用 LaTeX 制作修辞结构关系图。RST 包下载地址请见官网[②]，更多信息请查阅使用说明（王伟，1995：10-16）。例：

```
\dirrel{Justify}{
   \dirrel{Condition}{\rstsegment{\refr{maz5007a1}}}
   {}{\rstsegment{\refr{maz5007a2}}}
}
{}{
   \dirrel{}{\rstsegment{\refr{maz5007a3}}}
   {Volitional-Result}{\rstsegment{\refr{maz5007a4}}}
}
\begin{rhetoricaltext}
   \unit[maz5007a1]{And if the truck driver's just don't
         want to stick to the speed limits,}
   \unit[maz5007a2]{noise and resentments are guaranteed.}
   \unit[maz5007a3]{It is therefore legitimate to ask for
         proper roads and speed checks.}
   \unit[maz5007a4]{And the city officials have signaled
         to support local citizens.}
   \source{maz$_{5007e}$}
\end{rhetoricaltext}
```

所生成的修辞结构图，如图 5 所示：

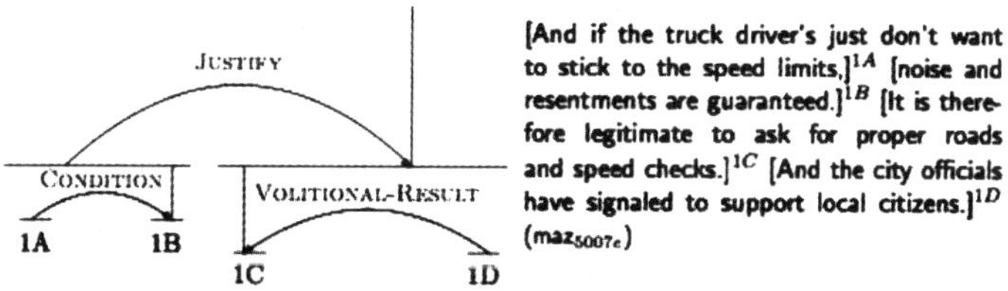

图 5　LaTeX RST 包——修辞结构图示例

（二）RST 标注的语料库

近年来，修辞结构理论在语料库研究中的应用也取得了长足的进步。

第一个做了修辞结构标注的语料库是由南加州大学、美国国防部和语言学数据联盟（LDC）于 2002 年共同开发的“RST 语篇树库”（RST Discourse Treebank）。它是由从宾州树库（Penn Treebank）中选取出的 385 篇《华尔街时报》英文新闻报道组成的。该语料库使用了上面提到的经 Daniel Marcu 改良过后的 RST 工具对文章进行标注。是一个大规模、高质量并具有示范意义的 RST 语料库。目前该语料库只对 LDC 会员免费开放，非会员需要支付费用才能使用。

① RstWeb: https://corpling. uis. georgetown. edu/rstweb/info/.

② LaTeX rst package:http://www. david-reitter. com/compling/rst/index.html.

“语篇关系参考语料库”（The Discourse Relations Reference Corpus）是专门为从语料库语言学角度研究篇章关系的研究者建设的。它包含了对65篇文章的修辞关系分析结果。这些文章中有14篇来自RST论坛，21篇来自“RST语篇树库”，还有30篇出自“西蒙弗雷泽大学述评语料库”（SFU Review Corpus）的书评和影评。每一个字库的文章都是用RST工具标注好的，不仅适用于语料库语言学研究，也适用于其他角度的语篇关系研究。

德国波兹坦大学Manfred Stede研究团队建设的“波兹坦评论语料库”（Potsdam Commentary Corpus，简称“PCC”）是进行了多层级标注的大规模语料库。该语料库建设于2004年，在2014年更新到了第二版（PCC 2.0）。PCC语料库收录了220篇报纸评论文章，共计2900个句子，44000个形符（token）。这些文章主要是来自2002—2007年的MAZ和TaS两份报纸。PCC语料库在进行修辞结构标注时制定了一套自己的语篇切分及标注准则。标注者在进行修辞标注时严格遵照准则执行，并且两个标注者在标注的过程中会互相讨论。PCC语料库制定的语篇修辞关系标注准则是非常值得借鉴的。

除上述语料库外，一些其他国家其他语种的研究者也已经建成或者正在筹建修辞结构关系标注的语料库。如巴西建设的巴西葡萄牙语“CST新闻语料库”（CSTNews Corpus），西班牙建设的“西班牙RST语篇树库”（Spanish RST Discourse Treebank）。在我国，乐明及冯志伟（Stede，2004）参照英语和德语RST语篇树库建设的经验，正在筹建一个中文的RST语篇树库。现在已经在切分争议比较少的句子层级上初步完成了标注，目前正在完善汉语修辞关系定义和标注规范。

五、评价与展望

综上所述，作为一个完整的理论体系，修辞结构理论提供了一种开放灵活的语篇分析方法，在不同语种及文本类型中均适用。成立至今，修辞结构理论除了在计算机文本生成及自然语篇的描述与解析方面得到了广泛的应用外，更随着RST-Tool等工具的开发，在文本标注、语料库建设、自然语言处理、机器翻译、语言学理论研究、政治及媒体话语分析、第二外语习得研究等方面取得了巨大进展。美国学者比尔·曼（Bill Mann）和迈特·塔沃阿达（Maite Taboada）专门建立了RST研讨网站[①]，用以发布该领域最新研究成果及活动。修辞结构理论专题国际研讨会每两年举行一次，为全球研究者提供交流平台。

但同时，针对修辞结构理论还有许多方面有待完善和需要研究者注意：

第一，利用修辞结构理论对大批量语篇进行标注和分析，是一个繁琐和浩大的工作，需要研究者根据实际研究目的找出一个适合自己的较为简便的工作方法。例如，将生语篇直接在RST工具上进行切分和标注要比先阅读和分析完整个语篇内部的关系后再用RST工具操作可

① RST: http://www. sfu. ca/rst/.

能要更耗时耗力。

第二，利用修辞结构理论对语篇进行分析完全要基于研究者前期的标注情况。而修辞结构理论本身的一个弱点就在于对修辞结构关系的分析会不可避免的受到主观因素影响，而这可能会导致研究结果的可靠性和说服力下降。对此，笔者建议，在进行修辞结构关系标注之前，研究者应该根据自己的实际研究目的及语篇的语种及类型，制定一个合适的透明的标注规则，使标注工作规范化。在制定标注规则的过程中，研究者应该多听取他人意见，弱化个人的主观影响。因为我们通常在语料库标注中使用的“标注一致性程度测试（inter-annotator agreement）”并不完全适用于修辞结构理论，因此对修辞结构理论标注规则的评估是该领域现阶段的研究重点。目前，部分学者（Inruskieta, Cunha, Taboada: 2014）已经做出了一些尝试。

第三，为了确保标注质量，每个语篇的标注工作应该保证至少由两名标注者完成。

参考文献

[1] 陈莉萍 . 修辞结构理论与句群研究 [J]. 苏州大学学报（哲学社会科学版），2008（4）：118-121.

[2] 陈忠华，邱国旺 . 修辞结构理论与修辞结构分析评介 [J]. 外语研究，1997（3）：21-24.

[3] 刘世铸，张征 . 修辞结构理论与 RST 工具 [J]. 外语电化教学，2003（4）：20-23.

[4] 齐冬冬 . 中国德语专业大学生论证型篇章中的连贯关系 —— 一项基于语料库的对比研究 [D]. 北京外国语大学博士学位论文，2011.

[5] 王伟 .“修辞结构理论”评介（上）[J]. 国外语言学，1994（4）：8-13.

[6] 王伟 .“修辞结构理论”评介（下）[J]. 国外语言学，1995（2）：10-16.

[7] 徐赳赳 . 复句研究与修辞结构理论 [J]. 外语教学与研究，1999（4）：16-22.

[8] 乐明，冯志伟 . 篇章修辞结构树库概述 [A]. 全国第八届计算语言学联合学术会议论文集 [C]. 2005：651-653.

[9]Iruskieta, M. , Cunha, I. da & Taboada, M. Principles of a qualitative method for rhetorical analysis evaluation: A contrastive analysis English-Spanish-Basque[J]. Language Resources and Evaluation, 2014, 49(2): 263-309.

[10] Mann, W. C. & Sandra, A. Thompson, S. A. Rhetorical Structure Theory: description and construction of text structures[R]. Information Sciences Institute, Nijmegen, The Netherlands, ISI/RS-86-174, 1986:1-15.

[11] Mann, W. C. , Sandra, A. & Thompson, S. A. Rhetorical Structure Theory: A framework for the analysis of texts[R]. IPRA Papers in Pragmatics, 1987(1): 1-21.

[12] Mann, W. & Thompson, S. Rhetorical Structure Theory: Toward a functional theory of text organization [J]. Text-Interdisciplinary Journal for the Study of Discourse, 1988, 8(3): 243-281.

[13] Reitter, David. Rhetorical theory in LaTeX with the rst package Technical Manual[R]. http://

www. david-reitter. com/compling/papers/reitter_rstpackage_2002.pdf(Accessed: Oct. 15th, 2017).

[14] Stede, Manfred. The Potsdam Commentary Corpus [R]// In Proceedings of the ACL Workshop on Discourse Annotation. Barcelona, 2004.

[15] Stede, Manfred. Handbuch Textannotation: Potsdamer Kommentarkorpus 2.0 [R]. Potsdam Cognitive Science Series Vol. 8, Universitätsverlag Potsdam, 2016.

[16] Taboada, Maite & Mann, William. Rhetorical Structure Theory: Looking back and moving ahead[J]. Discourse Studies, 2006 , 8 (3) : 423-459.

《语篇研究：超越小句的意义》述评

兰良平　陈冰洁

浙江师范大学　外国语学院

一、作者简介

《语篇研究：超越小句的意义》（*Working with Discourse: Meaning beyond the Clause*）是功能语言学学者马丁（J. R. Martin）和罗斯（David Rose）由 Bloomsbury 出版社 2007 年出版的作品。其中，马丁是韩礼德（M. A. K. Halliday）和哈桑（R. Hasan）的学生，在 1977 年应他们邀请加入了悉尼大学当时新建的语言学系。现在他是悉尼大学的语言学教授，也是系统功能语言学中“悉尼学派”的带头人，是“语言评价理论”和“积极话语分析”的创始人。主要做话语分析、语篇语义学、语体、评价、多模态分析和教育语言学方面的研究。1998 年当选为澳大利亚人文学会研究员，他著述丰富，发表论文 140 多篇，出版著作数十部。代表性著作有《英语语篇：系统和结构》（1992）（*English Text: System and Structure*）；《语篇研究：超越小句的意义》（2003，修订版 2007）（*Working with Discourse: Meaning beyond the Clause*）；《解读 / 重读历史》（2003）（*Re/Reading the Past*）；《语言类型学》（2004）（*Language Typology*）；《评价语言研究》（2005）（*The Language of Evaluation*）；《语类关系与文化映射》（2008）（*Genre Relations and Mapping Culture*）；《语类关系，语言，知识和教育》（2007）（*Genre Relations,Language, Knowledge and Pedagogy*）；《运用功能语法》（2010）（*Deploying Functional Grammar*）；《语言的新话语》（2010）（*New Discourse on Language*）。国内王振华教授主编了《马丁文集》，他被认为是继韩礼德之后功能语言学领域内最有影响力的学者。国内上海交通大学还专门成立了马丁研究中心，致力于宣传和发扬马丁的功能语言学思想。

二、写作背景

该书是马丁普及此前所写有关语篇研究著作的尝试。他在 1992 年出版过一本《英语语篇：

系统和结构》，书的系统性强，但是有些结构复杂，思想晦涩，虽然配备了足够的案例支撑，但是来源不够统一。因此，作者在此基础上进行了难度降低处理，配备的案例来自固定的几篇阅读文本，以适合更广泛的阅读人群。

而且，鉴于无论是词汇语法还是社会语境的单独研究，都颇有数量，唯独两者之间结合的研究不为重视。作者将重点放在语篇语义上，试图跳出小句层面，通过对更大的语篇的分析，提出完整的文本解读的分析框架。

再者，由于该书的写作受益于对澳大利亚英语教学的研究，因此吸收了很多关于书面文本解读的实践经验，可以说该书对语言教学，尤其是阅读文本解读有一定的指导意义。

三、基本内容

该书基于详实的语篇材料，从态度评价、概念功能、逻辑关系、人称识别、语篇格律、对话协商六个角度进行语篇分析。

第一章　解释：社会语篇（第 1—21 页）

作者首先指出了自己研究所基于的两种理论基础，包括①语言的三个层次：语法、语篇和社会语境；②语言的三个元功能：人际功能、概念功能和语篇功能。

语篇是连接语法和社会活动的桥梁。一方面，语篇分析研究者对语法本身感兴趣，另一方面，对社会文化又十分关心，而要把两者结合起来，语篇是个中间环节。社会活动、语篇和语法分别以文化、意义和措辞的形式体现出来。文化隐含在一系列有意义的语篇之中，而意义需要借助词汇语法来实现。通过语篇分析，我们不仅可以了解宏观的文化是如何被表征的，而且可以理解意义是如何通过微观的词汇语法生成的。

在语言的三个元功能中，人际功能关注社会关系，概念功能关注经验表征，语篇功能关注文本组织。语类（genre）是为了特定目的，分阶段实现的社会过程[①]（第 7 页），在不同语类或体裁中，信息组织的方式又有不同，表达不同的人际关系和表征不同的社会经验。

第二章　评价：协商态度（第 25—63 页）

评价指的是作者如何使用语言协商社会关系，具体而言，就是作者在作品中表明自己的态度，表达对人物和事物的看法和情感。主要从态度类型、态度级别、态度来源三个方面展开讨论。

从态度类型来看，可以分为表达个人情感、判断人物性格、鉴别事物优劣。表达个人情感

① Martin, J. R. & Rose, D. Working with Discourse: Meaning beyond the Clause（2nd）[M]. London: Bloomsbury, 2007.

又可以分为积极和消极的情感，如 We were ecstatic.（我们着迷了。）We were torn to pieces.（我们体无完肤。）还可以分为直接和间接的表达，如 I shook uncontrollably.（我发抖到了无法控制的地步。）I wander from window to window.（我在两个窗户间来回徘徊。）而判断人物性格又分为个人评判（欣赏和批评）和道德评判（表扬和谴责）。如 He was energetic.（他充满活力。个人评判中的欣赏）What's wrong with him?（他到底怎么回事儿？个人评判中的批评）I envy and respect the people of struggle.（我欣赏和尊重斗争中的人们。道德评判中的表扬）The leaders are faceless.（领导们恬不知耻。道德评判中的谴责）鉴别事物优劣又可以分为两种态度，积极和消极的，如 a beautiful relationship（一段美好的感情），my unsuccessful marriage（我不成功的婚姻）。

从态度级别来看，态度有强弱之分和疏密之分。态度的强弱（force）就像是音量的大小一样，可以调大调小，调节的方式包括强调副词、态度实词、隐喻和诅咒等。例如，He still plays great.（他仍然演奏地很棒。）The second part is fantastic.（第二部分精彩绝伦。）His heart felt ice cold in a sweltering night.（在酷热的夜晚他的心如寒冰。）Dammit, I must have got it wrong.（见鬼，我一定是搞错了。）调节态度疏密就是调节"焦点"（focus），也就是确定事物的边界，主要通过清晰化和模糊化的方式来实现。例如，This is precisely the point.（这正好就是要点。）Not exactly what I want.（不是我的确想要的。）I saw it with my own eyes.（我亲眼所见。）I met a kind of policeman.（我碰见了某个警察。）Not quite my first love.（并不是严格意义上地我的初恋。）态度来源在本书中还可以表达为 engagement，在国内通常翻译为"介入"，可以分为直接和间接两种方式。直接的就是由作者自己直接做出评价，如 It was the beginning of beautiful relationship.（这是一段美好感情的开端。）而间接的就是让读者间接推断作者并未明示的态度，主要通过投射、情态和让步三种方式实现。其中，投射包括引述和转述两种方式，引述不仅给出说话的内容，还给出说话或思考的方式，如句式和措辞等，如 Then he says, "it is great."（然后，她说"太好了"。）而转述只是给出了说话或思考的内容，或者给出语言与行为，如 It was said that he would not come.（据说他不会来。）情态只是强调来源的强弱，让步在论证文中十分常见，通常是先给出他人的观点和态度，作为引出自己观点和态度的铺垫，然后表明自己截然不同的看法，这是为了让读者更好地接受自己的观点。

第三章　概念：理解经验（第 73—113 页）

这一章侧重作者是怎么样将现实体验转化为话语的，任何的转化都不是简单的再现，而是包含了对现实体验的加工、转化和阐释。

要进行话语分析，需要回答这个问题，"文本是怎样被作者用来理解经验的？"话语分析的第一步就是对文本进行分解，即按照主题将其分为多个阶段，然后对这些阶段进行二次划分，找出参与事件的人物和过程。按照这种方式，一个故事就可以拆分为一系列的话语活动，每个活动又可以拆分为小句。

小句由三个成分构成：过程、参与该过程的人物/事件、环境。如果转换为问题的话，就是“涉及了哪些人？”“他们做了什么？”“是怎样参与的？”。例如，As an 18-year-old, Helena met a young man in his 20s.（18岁的时候，何琳娜邂逅了一个20多岁的年轻人。）在这句话中，参与者包括“Helena（何琳娜）”和“a young man（年轻人）”，过程就是“met（邂逅）”，而环境就是“as an 18-year-old（18岁的时候）”。

每个包含了人物、过程和环境的小句还可以称为“图形”（figure）。之所以冠于该名称，是因为其意义可以用一幅图画来表示，最显著的部分可以浓墨重彩，而次要部分可以轻描淡写。过程和参与者是图形中的核心部分，而环境只是核心部分意义的拓展而已。

按照过程类型，可以分为行为过程、言语过程、心理过程、存在（being）过程。行为过程指人们在做什么，发生了什么。言语过程指说的内容和方式，心理过程指感知、思维和表达情感的行为。存在过程指对人物和事件的性质进行描述，对事物进行分类，对其组成部分进行命名和识别。行为过程和心理过程的区别就是心理过程可以投射，但是行为过程不能投射。例如，可以说 I forget whether he has left.（我记不得他是否离开了。），I wish he didn't go.（我希望他没有走。）。但是英文中不能说 *I met he was working.（*我碰见他工作了。）。

第四章　连接：逻辑联系（第115—152页）

语篇的连接指的是语篇中句子的逻辑关系。按照逻辑关系的种类，可以分为递进关系、比较关系、时间关系、因果关系。递进关系可以分为递加和选择，其中递加包括使用 and，besides，as wells as，还包括递进关系如 moreover，furthermore，not only...but also，additionally 等，而选择包括 either...or，if not...then，alternatively。比较关系又可以分为相似和对比。相似包括 like，similarly，likewise，as if，对比包括 but，on the other hand，nevertheless，in contrast 等。时间关系包括共现和延续，共现的连接词有 when，while，at the same time，simultaneously 等，还包括延续如后续和前行，后续包括 then，after，finally，subsequently，前行包括 previously，before 等。因果关系包括原因、目的和条件。原因包括如 so，because，therefore，since，目的包括 in order that，so as to，lest，in order to，so that，for fear 等，条件包括 if，provided that，unless，in case。

逻辑关系所能连接的语法单位包括四种，自由小句之间，从属小句和自由小句之间，句子之间，整个语篇信息之间。例如，自由小句的连接，如 he wanted to learn English and joined in a training program。从属小句和自由小句的连接，如 besides learning English, he wants to develop some other hobbies。句子之间的关系，如 even if he worked hard, he did not get the promotion as he expected。语篇之间包括段落和段落之间的关系，类似于后来语言学家研究的小句关系，如问题—解决、一般—具体、假设—真实（McCarthy，1991）。

值得注意的是，功能语言学中所说的小句和一般语法书中的句子不同，它是比句子更小的语法单位，主要是基于语义关系而确立的。这里的从属小句不等于一般语法书中所说的从句，例如，besides learning English，是从属小句，但并不是句子。

根据逻辑关系所指向的对象，连接可以分为外部连接和内部连接。前者指对外部经验世界的连接，后者指对书面文本本身中逻辑关系的连接，主要指在论证文中的观点的连接，例如，在补充论据、比较论据、组织论据、做出结论之中，都会涉及使用不用的逻辑关系词。同样，内部连接包括用于补充论据的表达方式（如表达递进的词语 further，furthermore，moreover，alternatively，表达呈现的词语 framing，now，okay，well，anyway，incidentally），对证据进行比较的词语（如表达共现的词语 for instance，in fact，indeed，again，similarly，that is，表达对比的词语如 rather，on the other hand），组织论据的方式就是时间顺序（如 firstly，secondly，finally，next，previously，lastly）。做出结论的方式又可以分为两种，做出结论和进行反驳，做出结论使用的表达方式有 thus，hence，accordingly，in conclusion，consequently，after all，进行反驳的方式有 anyway，anyhow，in any case，at any rate，admittedly，of course，needless to say，nevertheless，nonetheless，still 等。

第五章　识别：追踪人物（第 156—182 页）

应该说，识别是对语篇功能的进一步扩展，属于衔接和连贯系统的研究。用于识别文本中的人和物，无论他们是具体还是抽象的。只有识别了人和物是如何被引入和参与语篇的，读者才能理解语篇的意义。

识别人和物需要借助导入资源和追踪资源，前者是引入人和物所使用的语言手段，为呈现性指称；后者是追踪人和物所使用的语言手段，为认定性指称。呈现性指称包括不定冠词（a，an）、不定代词（one，someone，anyone，some，any，all）和专有名词。认定性指称包括定冠词（the）、指示代词（this，that，these，those）、人称代词（I，me，you，she，he，it，we，as，they，them）和名词性短语（the said purposes）。除此以外，还有以下三种方式：物主指称、比较指称和文本指称。物主指称的实例有 his books，Helena’s，比较指称的实例有 same，other，similar，different，else，as humane as，first，second，next，last，former，latter 等。文本指称的实例有 this，that，it。

本章还对识别资源和非识别资源进行了比较。例如 My story begins in my teenage years as a farm girl，这里 a farm girl 不是识别手段，而是对人物类型进行分类。有时看起来似乎是在追踪某个人物，但其实只是在呈现新的人物。

第六章　语篇格律：信息流动（第 187—215 页）

语篇格律就是语篇的节奏，也就是信息是如何按照一定的进度逐步展开，按照什么样的步伐逐步呈现。这一章从具体而微的句子结构分析上升到了宏观语篇结构分析。可以说，作者在这一章中才真正做到了副标题所说“超越小句层面”，关注更大的语篇结构，展示意义是如何逐渐展开的。

要从宏观上把握语篇的意义，就需要对文本的整体结构进行分析，分析的起点是找出文本的中心句，因为它可以预测将要出现的文本所要表述的内容。进而，将文本分成多个阶段，找出各阶段的主题句，并厘清它们之间的逻辑关系。最后，还要分析单个句子所包含的信息，分清句子中的新旧信息。和中心句相关的信息单位被称为“浪潮”，和主题句相关的信息单位被称为“大浪”，和单个句子相关的信息单位被称为“小浪”。小浪翻滚，聚成大浪，大浪合力，形成浪潮。

小浪：指主位（theme）和新信息（new）。小句可以看成信息波。信息最突显的句首位置为主位。通常由主语来充当，如 He likes to study hard，也可以由非主语来充当，如 On his way home he met a dog。句首由主语充当的，称为“无标记主位”，也就是被视为默认的、理所当然的主位；而句首由非主语充当的，称为“有标记主位”。

无标记主位有助于维持语篇的连续性，有助于识别和追踪语篇的参与者。而有标记主位通常由环境和其他参与者充当。这种有标记主位的出现，通常预示着语篇中新的阶段（discourse phase）的出现，或新的主题的出现。例如，新的时空位置的改变和新的参与者的出现。有标记主位的出现打乱了语篇的连续性。

主位称为旧信息（given），主位之后紧跟着新信息，它指的是发生了什么，主语怎么样了。如果说主位的作用是聚焦人们的视线，引起人们的注意，那么，新信息就是详细讲述人们关心的、感兴趣的东西。就这样，旧信息和新信息进行搭配，并且持续不断地出现和再现，语篇就从一个阶段推进到另一个阶段。

大浪：指超级主位（hypertheme）和超级新信息（hypernew）。小句由主位和新信息组成，而多个小句会组成段落。段落的起始位置通常是具有显著地位的信息，即“主题句”，能够预设之后将要出现的信息。在功能语言学中，主题句可以称为“超级主位”，随后出现的信息称为“超级新信息”。超级主位给读者提供的信号是“将要到哪里去”，而超级新信息提供的信号是“已经到哪里了”。

浪潮。小句层面的信息积累成段落层面的信息，而段落层面的信息可以积累成语篇层面的信息。浪潮指的就是语篇层面的信息分布，它是宏观意义上的信息流动，宏观主位（macrotheme）起着类似于中心句的角色，随后跟着的是宏观新信息（macronew）。这种语篇层面的信息分布，有助于读者统筹全局，提纲挈领，更好地预测和把握文本信息。

小浪对应于小句层面，大浪对应于段落层面，浪潮对应于语篇层面，它们分别由主位和新信息构成，它们的关系如图 1 所示：

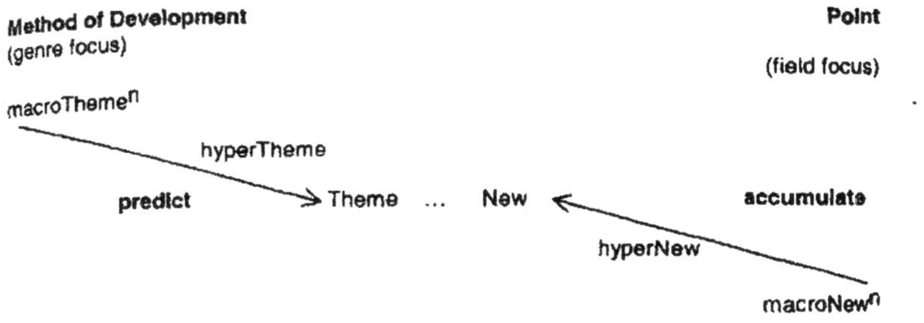

图 1　语篇中的主位和新信息层面

值得注意的是，以上的语篇格律中这些概念之间不是严格意义上的部分和整体之间的结构关系，而是一个不断展开的动态过程。

第七章　协商：对话互动（第 219—251 页）

本章关注说话者在对话中如何扮演和分配角色，以及如何分配话轮，涵盖了基本的语言功能、语气的语法体现，回应方式和交换结构。

从语言功能来看，可以分为表达自我（express self）和跟人说话（address other）。表达自我包括感叹类（exclamation）。而跟人说话又可以继续分为关注（attending）和协商（negotiating）。关注类可以分为跟人打招呼（greeting）和跟人打电话（calling）。继而细分为打招呼—回应，打电话—回应。跟他人协商的言语功能可以分为八类，但是最基本可以分为两类，和信息协商（information）相关的以及和产品服务（goods-and-services）协商相关的。在此基础上，和信息协商相关的可以拆分陈述和提问，和产品服务协商相关的可以分为给予和命令。再加之，言语功能总是成对出现，这四种语言功能又可以演化出四对功能，陈述—认可、提问—回答、给予—接受、命令—服从，就如“太极生两仪，两仪生四象，四象生八卦”。

语气类似于言语功能的变体形式。由于言语功能和语言形式不是一一对应的。语气由主语（subject）、限定语（finite）和情态附加语（mood adjuncts）构成（Martin，1992：33）。它们之间的变化可以带来多种形式的语气，例如，命令可以通过陈述、疑问、祈使句来实现，虽然意义大体不变，但是隐含的说话者之间的关系却大不相同。

而回应方式则是和以上的言语功能有着密切联系，在会话分析学派的研究中，话轮总是成对出现，被称为“比邻对”，发起话轮被称为比邻对的第一部分，反应话轮被称为比邻对的第二部分，他们之间彼此邻近，属于同一类型的言语功能，而且一一对应，第一部分总会带来第二部分的反应。

交换结构使得话语交流能够持续不断地进行下去，具有一定的结构性特征，例如在课堂话语中，所遵循的结构总是发起—反应—后续的三话步结构（IRF structure），使得课堂教学互动能够持续不断地推进下去。在不同的语类中，交换结构呈现不同的特点，这是因为交换结构的特征和交际目的有着千丝万缕的联系，随着交际目的的变化，交换结构也会相应地发生变化。交换结构往往不是平铺直叙，直截了当的，中间可能会出现波折，导致了更为复杂的交换结构的出现。

第八章　文本分析（第255—292页）

这部分结合了三个新的文本，结合前面提出的六种分析视角进行了全面分析。如果结合第一版阅读，则思路也许会更加清晰。之前提出过两种基本的分析方式：从外向内和从内向外。从外向内就是宏观角度的分析，从分段、语类、连接、指称和篇章格律等角度自上而下地进行分析，有利于从总体上把握文本的结构，然后获得对细节的理解。而从内向外则是微观角度的分析，主要考察文本中的让步、否定、连接等，自下而上，在对细节的理解上归纳总结，一步一个脚印，逐步扩展至对文本的总体认识。

第九章　结合相关的学科（第295—330页）

该章结合了语域（register）和体裁等，从语式、语旨、语场三个方面进行了进一步的分析，另外还结合批判话语分析、多模态分析等学科，解释了本书的学术知识生长点。

四、理论方法

该书借鉴了韩礼德的系统功能语言学的理解基础，基于人和世界的关系探讨语言的使用情况。借助的基本理论框架就是语言的三个层次和三个元功能。

语言的三个层次是语法、话语和社会语境。文化由意义来体现，意义由语言来体现。三个元功能包括概念功能、人际功能和语篇功能。这在本书的第二章、第三章和第四章得到了充分的体现，而第五、六章似乎是对第四章语篇功能的延伸。其中，人际功能关注作者的写作意图，这种意图表现在对文本中人物和事物的评价，表达个人感受方面，概念功能关注文本内容本身的意义，而语篇功能则关注信息如何联系起来，进行排列组合，从而达成整体的意义。

本书的研究方法是归纳法和演绎方法的综合应用。一方面，作者基于详实的语言材料进行归纳分类，对所发现的现象进行命名，建立详细的概念范畴，最后通过图示揭示它们之间的关系，产生较为复杂的概念体系。另一方面，作者的总结归纳又不是完全开放的，而是基于以往的功能语言学研究，尤其是结合了自己的已有理论研究，对已有的概念体系进一步细分，承前启后，使自己的研究具有延续性和可持续发展的可能。这一点在后来的《语言评价》（*The Language of Evaluation*）中体现的较为充分，后者其实就是对本书第二章的全面升级和扩展，对各种态度的类型，态度的来源，态度的强弱进行了非常具体的描述，甚至给出了用于描述各种类型（如积极态度和消极态度）的具体词汇，俨然已经将语篇语义和词汇语义有机的结合起来了。

以上所说的“归纳演绎结合”之说往往被忽视，因为归纳法在某个领域的开创阶段虽然必不可少，但是随着学派理论的成熟，研究者不得不借鉴已有的理论框架、分析框架和学术话语，在实证材料的刺激和启发之下，对已有的范畴进行演绎，建立已有研究和当前研究的联系。

五、学术贡献

本书对语篇研究进一步发展。尤其值得一提的是，作者对人际功能的研究，逐渐发展出如何识别文本中的评价，这都是对韩礼德的人际功能研究的进一步深入的发展，他们的研究有助于对书面语篇的作者意图的分析。而在另外一些方面，他们又试图简化之前的功能研究，找出最本质的特征，例如，在谈到概念功能中的几种过程的时候，作者就说道，韩礼德所说的“作为信息的小句”有些繁复（第 71 页），他们只要理出一些基本的过程就足够了。

本书提出了较为详细的分析框架，详细地进行了语言描写。而且使用了极为细致的图示，来展示概念之间的逻辑关系，在每一章的开头和总结部分都有对概念之间关系的总结，这样一目了然，便于读者迅速抓住作者的思想。

本书为文学作品的解读提供了具体的语言学路径，如文学作品中的人物塑造，身份建构研究往往过多的依赖于读者的领悟和印象，而本书提出的态度评价视角有助于读者从态度来源、态度强度等方面解读作者的写作目的。

本书对语言教育具有十分有益的指导作用。在语言教学中，教师进行文本解读的时候，如果有这样一套话语分析的思路作为指导，文本解读将会更加客观准确和有章可循，而不是过度的依赖直觉和悟性。同时，有助于培养教师独立思考的能力，不至于过度依赖教材提供的参考答案，或教学参考书提供的教学任务。据作者自己所言，这本书是为语言教师量身定做的，也是在对语言教师的课堂教学的研究的过程中发展和完善起来的。

六、问题不足

本书尽管提出了话语分析的框架，但对具体领域的研究还有待进一步拓展。这既是作者的缺点，也是作者的优点。缺点是在这样的一本著作里面，无法做到具体深入，无法做到面面俱到；优点是为后来的继续研究埋下了伏笔，提出了初步的分析框架，例如对评价语言的研究后

来促成了 *The Language of Evaluation* 的发表，因为在本书里作者对人际意义做了发展，专门探讨如何在叙事作品中探讨和分析人物的态度和评价。

本书的研究主要集中在书面语料，对口头语料的研究关注不足。虽然第七章对文学作品中的口头对话进行了研究，但是没有对自然会话的结构进行研究，所基于的仍然是伯明翰学派提出的交换—话步—行为模式，而对会话分析学派的研究借鉴不多，这也许是因为前者更加注重系统性，注重演绎法吧，而后者从事实数据出发，从参与者视角出发，注重自下而上的归纳，然后总结出自然会话的规律性特征。

七、启发展望

本书对于叙事研究，以及叙事和身份构建研究提供了语言学路径。未来这一方面的研究可能需要指向更加复杂的文学叙事和口头叙事，研究如何在对话中进行叙事身份建构。比如说对于一些隐性叙事的作品，如何开展语料库，开展大数据分析和研究。

今后对于复句关系的研究，尤其是对隐性逻辑关系的研究将是一个重点。在一些语言中，显性的逻辑关系表达方式通常不出现，而是依赖于“意合”（如汉语），隐含在语义中，这在本书中成为逻辑隐喻，那么，这类值得开展进一步研究。

本书有关信息结构的研究适用于论证文的特征，未来需要聚焦其他的问题如文体类型如说明文、诗歌等，以便从功能语言学的角度进行横向拓展和纵深挖掘。

参考文献

[1] Martin, J. R. & White, P. R. R. The Language of Evaluation: Appraisal in English[M]. London: Palgrave Macmillan, 2005.

[2] Martin, J. R. English Text: System and Structure[M]. Amsterdam and Philadelphia: John Benjamins Publishing Company,1992.

[3] Martini, J. R. & Rose, D. Working with Discourse: Meaning beyond Clauses[M]. 王振华，导读 . 北京：北京大学出版社，2003.

《指代消解与文本检索——超文本的语言学分析》述评①

陈　鹏　陈舜婷

陈　鹏，北京语言大学　信息科学学院；陈舜婷，上海外国语大学　国际关系与公共事务学院

引　言

《指代消解与文本检索——超文本的语言学分析》（*Anaphora Resolution and Text Retrieval: A Linguistic Analysis of Hypertexts*）是德古意特出版社（Mouton de Gruyter）2015年出版发行的一本学术专著。作者是海伦妮•施默茨（Helene Schmolz），德国帕绍大学（Universität Passau）英语语言文学研究所博士后研究员。全书正文部分由8章组成。正文前有前言与目录。正文后附有参考文献、关键词索引和尾注。下面依次陈述正文各章主要内容，然后作一个简要的评论。

一、内容述要

第1章　介绍

作者提出语言学对文本分析的一种方式就是研究其衔接手段也就是指代词。以前的研究主要有3点不足：①缺乏从语言学角度出发的指代词类型详细描述。米特科夫（Mitkov，2002）的经典计算语言学专著《指代消解》（*Anaphora Resolution*）就没有考虑到不同类型的指代词和相关特征。②缺乏非限定从句类指代词讨论。③标注过的语料较为罕见，现存的有标注的语料难以获得，且缺乏更丰富类型的标注。

因此该书从句法、文本语言学和语料库语言学的角度出发，兼顾文本检索方法和自然语言

①　【基金项目】国家社科基金重大项目“面向计算机人工智能的组合范畴语法研究”（17ZDA027）；国家社科基金青年项目“第二语言学习者汉语篇章回指加工机制研究”（17CYY017）；北京语言大学校级基金项目（12YBG04 & 11JBB36）。

处理方法，重在弥补这些不足，以求对语言学和计算相关研究做出贡献：第 2 章从语言学角度给出不同指代词的定义。第 3 章给这些指代词分类。第 4 章分析超文本中不同类型照应词的频数，并提出计算指代消解当中的研究问题。第 5 章提出不同文本检索系统和网络超文本检索办法。第 6 章展示基于计算的指代消解：不同流派和方法，指代消解系统的结构和评估。在第 7 章中，作者分析了非限定小句作为指代词的消解过程，给出了确定指代词和先行词的规则。第 8 章讨论了分析的结论和未来的研究方向。

第 2 章　指代词与指代的语言学基础

本章给出了语言学意义上的指代词（anaphor）定义：指代词包括前指和后指，先行词可以是在指代词的前或者后；在同一文本中，它必须能找到先行词；它的所指是可以结合先行词确定的；它和先行词的关系是同指，替代或者都不是。指代词的使用能够减少文本内容，避免过度重复。它对文本衔接起重要的作用，并且揭示文本的内容。

指代词和先行词的关系有：一是同指和替代。这两者的区别通过 2 个句子可以做出基本判断，但是也不是完全可区分的。

（1）**The parents** blamed themselves for the accident.

（2）I will **invite Simon to the party** if you want me to.

这里（1）是同指关系，而（2）是一种替代中的省略。二是近义、上下义和整体部分。此外，异义同形词和同形多义词也会对指代消解的判断产生一定的影响。

内照应（endophora）包括前指（anaphora）和后指（cataphora）[①]。内照应在语篇内可以找到指陈对象，和外照应（exophora）形成对比。术语指示功能（deixis）和指代关系（anaphora）有一些重叠。前几个术语的关系如图 1 所示：

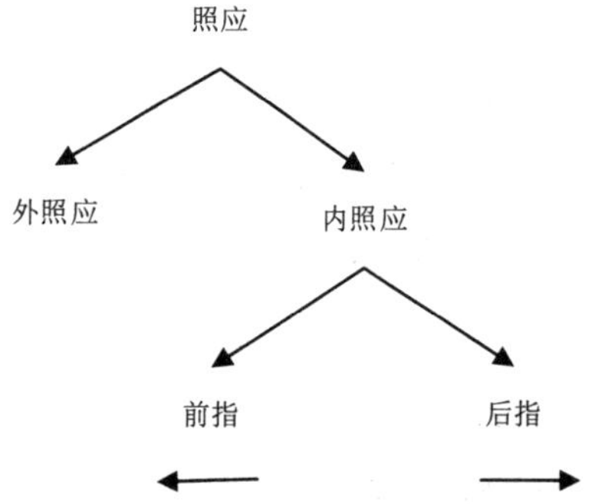

图 1　照应

作为文本的衔接手段，指代词建立起语言要素之间的关系，对连贯起非常重要的作用。文

① 也有的地方翻译为前照应和后照应，指代和后指。

本语言学家主要关心语言系统性研究，并关注语言要素之间的句法语义关系，近年来越来越多地被认为属于语用方向。怎么定义文本，目前不同学者尚有争议。布林克尔（Brinker，2010）认为文本和话语区别在于文本是独白文体，而话语是对话文体；德·博格兰德和德雷斯勒（De Beaugrande & Dressier，1981）认为文本有 3 个语篇内特征（衔接、连贯、意图性）和 4 个语篇外特征（接受度、信息度、情景性和互文性）；韩礼德和哈桑（Halliday & Hasan，2008）则只提出了衔接性这一特点，其中包含了连贯性。还有一个需要注意的术语是多模态，在网络环境中，文本不仅包括了文字，还包括图片、视频、动画或任何用于交流的符号。

作者指出衔接和连贯在有的观点中也有所区别。衔接手段包括篇内指代中的前指、后指，此外还包括同指和替代。本书中的指代关系不仅仅是一种语法衔接，因为所指可能是实词。而连贯在本书中不那么重要，因为它主要关注文本的语义连接，其中有的隐含信息需要推测和结合常识来发掘。

第 3 章　指代词的类型

在本章中，作者指出指代词的分类众说纷纭。总的来说，指代词分类的标准有：形式；和先行词的关系；先行词的形式；指代词和先行词的位置关系；其他因素。从语言学的角度主要有以下观点：夸克等（Quirk et al.，2012）主要从形式区分了同指和替代，而没有从指代进行分类；舒伯特（Schubert，2012）从文本语言学角度出发，在分类中包含了指代，但是没有单独区分出指代词类型；黄衍（Huang，2000）从句法角度区分出名词短语性指代词和动词短语性指代词，但是定义过于宽泛。从计算语言学研究的角度，米特科夫（2002）区分了代词性指代词、实义名词短语类指代词、名词指代词、动词指代词、副词指代词和零形指代词，但是对于语言学来说，这样的定义显得模糊。

本书是从形式上进行的分类，主要考虑语言学特征并兼顾计算语言学研究需求。作者共提出了 12 类指代词，并用第 2 章提到的 6 个特征进行考察，排除掉非指代的用法。总结如下面两个表格所示：

表 1　指代词类型和英语中的对应词语

指代类型	次类	指代词语
中心代词	人称代词	he, she, it, they, him, her, them, (we), (us), he/she, or she, s/he, (s) he, him/her, him or her
	所有代词	his, her, hersits, their, theirs, (our), mine, ours, yours, his/her, his/hers, his orher, his or hers
	自反代词	himself, herself, itself, themselves, (ourselves), himself/herself, himself or, herself, themselves

续表

指代类型	次类	指代词语
互换代词		each other, one another
指示代词	依赖功能	this, that, these, those
	独立功能	this, that, these, those
关系代词		who, whom, which, whosethat, zero that
副词		here, there,then, where, when, while,why, whence, whereby, wherein, whereupon
带有定冠词的名词短语		The
专名	人称专名	
	其他专名	
不定代词		one, ones,other, others, another, both, all, each, enough, several, some, any, either,neither, none, many, muchmore, most, few, fewer, fewest, little, less, least
同指和替换的其他形式		the same,such, so
带有 do 和组合词的动词短语	简单形式	do, does, did, doing, done, don't, do not, doesn't, doesnot, didn't, did not
	复杂形式	do so, does so, did so, doingso, done so, this, does this, did this, doingthis, done this, do that, doesthat, did that, doing that, done that, do it, does it, didit, doing it, done it, do thesame (thing), does the same, (thing), did thesame (thing), doing the, same (thing), done the same (thing)
省略	名词省略	
	动词省略	
	子句省略	
非限定子句	to, -ing, -ed	

表 2　6 种条件下的指代词类型

条件 / 指代词类型	方向		先行词	指代词的解释		关系			指代词的功能		衔接	
	前指	后指	在同一文本	绝对依靠先行词	不绝对依靠先行词	同指	替代	不同范畴	减少文本	避免重复	语法的	词汇的
中心代词	×	×	×	(×)	.	×	×	×	×	(×)	×	.
互换代词	×	(×)	×	(×)	.	×	.	.	×	(×)	×	.
指示代词	×	×	×	(×)	×	×	×	×	(×)	(×)	×	.
关系代词	×	.	×	(×)	.	×	(×)	×	×	(×)	×	.
副词	×	(×)	×	(×)	.	×	.	×	×	(×)	×	.
带有定冠词的名词短语	×	.	×	.	×	×	.	×	.	×	.	×

续表

条件 / 指代词类型	方向		先行词	指代词的解释		关系			指代词的功能		衔接	
	前指	后指	在同一文本	绝对依靠先行词	不绝对依靠先行词	同指	替代	不同范畴	减少文本	避免重复	语法的	词汇的
不定代词	×	(×)	×	(×)	.	.	×	.	×	(×)	×	.
同指和替换的其他形式	×	(×)	×	(×)	.	×	×	×	×	(×)	×	.
带有 do 和组合词的动词短语	×	×	×	(×)	.	×	×	×	×	(×)	×	.
省略	×	×	×	×	.	.	×	.	×	(×)	×	.
非限定子句	×	×	×	(×)	.	×	.	.	×	(×)	×	.

在每一类指代词的讨论中，作者提出了相关定义和供参考的参数，并举例说明指代用法和非指代用法的考量。非指代用法的排除尤为关键，对指代用法的计算语言学研究带来更清晰的视角。这样的仔细梳理给语言学基础相对薄弱的研究者带来了便利。

中心代词分为三类：人称代词、所有代词和自反代词。前指[①]时指代用法涉及先行词是否充当主语，是否在同一子句当中；后指考量的因素：位置和修辞效果。非指代用法涉及先行词不在文中、假指代用法、类指、所指为非指代物、时空天气中可以用 this 替代的用法、强调句和外位语结构。具体而言：①人称代词的指代用法包括主语形式和宾语形式，涉及人、性、数特征；非指代用法包括指代文本中不能找到的实体、指代文本中不明确的先行词、第三人称代词用于类指、成语中的代词、it 的非指代用法。②所有代词的第三人称代词通常都是指代功能；第一、二人称在本书中处理为非指代功能，此外还有一些文本中缺乏先行词和假指代的用法属于非指代用法。③自反代词中，指代用法包括大部分第三人称代词用法和第一、二人称代词的部分用法；有的第三人称指代词如果指代了非指代性先行词，则为非指代性用法。指代功能包括了前指和后指。

互换代词指 each other 和 one another 这一组。在前指用法中考虑的因素有先行词的单复数：单数先行词分为集合名词和不定名词比如 every；复数先行词包括复数名词短语和 and 连接的单数名词短语。后指用法包括后指词和先行词同时跟一个名词相关。非指代用法主要考虑主语位置和所指为非指代物。具体而言，前指用法多为复数名词短语和 and 连接的单数名词短语，或者是集合名词。后指代用法的例子如下：

（3）The film is about the betrayal of <u>each other</u> of **the friends**.

指示代词包括依赖功能的指示代词和独立功能的指示代词。在前指用法中主要考察：是否被有定小句在后面修饰，先行词的形式为名词、副词、形容词、名词性成分还是子句。在后指

① 此处前指也是用的 anaphoric use。本文在指代关系具体提到前指时，将其翻译为前指，和后指相对。

用法中主要考察是否引出标题和是否为复合形式。非指代用法主要考察：是否为指示功能、识别功能、后面的修饰语是否为限定子句还是部分结构（partitive）、是否作为程度修饰词。具体而言，指示代词用于指示和识别，在部分结构中作为程度修饰词是典型的非指代用法。但是指示代词和指示功能并不好区分，被 this，these 和 that 修饰时才具有后指功能。

关系代词没有后指功能。在前指功能中，主要考察子句是否为限定性或关系从句；前指词为限定词还是像 such 一样的代词；先行词是否为人称词。非前指功能主要考察子句类型、关系代词形式、是否被 of 短语修饰和所指是否为非指代物。Like，wish，what，whoever，whichever 和 whatever 引导的名词性关系从句属于非前指用法。Wh- 类词语作为疑问词和选择关系引导词如 which of them 属于非前指用法。此外，that 作为独立指示代词不能算为前指，所指为非指代物的关系代词也属于非前指用法，比如：

（4）He who dares wins.

副词的指代性用法主要考察前指时意义上是指代时间、地点还是原因；所指距离远近；先行词是否为从句以及后指用法。非指代用法主要考察是否为指示功能，指代前句的时态；意义上的时间先后，是否在转述时可以用 also 连接；形式是否为感叹词、存在性 there 句型、形容词或疑问式的代词、名词关系从句型连接词或副词从句型连接词、名词或动词。Here 的某些用法和 there 在存在句型为非指代用法。Then 指代前句时态时、作为时间先后表达时、可以和 also，besides 一起被转述时和作为修饰语的形容词时都是非指代用法。Where，when，while 和 why 的疑问代词用法和名词用法，它们作为副词性和名词性关系从句连接词时是非指代性质。

带有定冠词 the 的名词短语类指代词没有后指用法。前指用法有：直接直称中中心语相同的短语和非直接指称中，中心语不同短语中的同义、上下义和部分义。非前指用法有：指示用法和最高级形容词用法、零散指称、身体部分和类指用法。专名类指代词分为人称类和其他类指代词。指代类用法中，专名类词经常和其他专名呼应，形成同指。出现在文章开头的专名没有前指用法。另外，不是所有形式相同的专名都指同一个人或物。

不定代词类的加 of 型指代词的指代用法主要考察指代词是否为限定词还是代词；先行词的单复数和是否可数；形式上是名词短语、名词短语的中心语还是分裂式先行词（split antecedents）。非指代用法主要考察是否为限定词还是修饰词；指示用法、类指用法还是后置；everything 含义；互换代词的分裂用法；数量和是否为副词。这个类型的词语较多，特征不一，作者分成 7 组进行详述，并指出这类代词通常有作为省略功能作为指代的用法。非指代用法的共性为：指示用法、在 all the，both the 类短语中做限定词及除了 none 之外的没有 of 修饰的用法和带 of 的明显部分用法。比如：

（5）a. *All* of the restaurants in Marble Street are excellent.

b. *All* restaurants in Marble Street are excellent.

同指和替换的其他形式：the same, such 和 so。The same 是替代词，非指代用法包括 all the same、指示功能和 do the same。Such 可以做代词或者限定词，它的非指代用法包括程度修饰词用法、such ... that/as 类结构非省略用法和 such as 结构。So 有很多指代用法：替代子句、替代形容词性短语、替代非限定补语、在 more so 和 less so 类结构中、代替可以由 thus 和 in this way 引导的短语。它的非指代用法为：so 用于可以被 this 或 that 替换的指示用法中，用于程度修饰或可以被 thus 替换的方式附属词用法中，do so、so 在主句 as 在从句的结构，在连接结构中，在 or so 和 so on 等习语中。

带有 do 和组合词的动词短语主要为替代形式，有一定减少文本字数的作用，部分短语为同指：简单形式中，带 do 的短语如果没有和所指单元共同出现，那么这样的情况是动词词组的指代用法；而如果它和所指单元共同出现，那么这种情况是省略，比如：

（6）**I have a dog**, but John does not .

非指代用法包括所有和主动词共同使用的 do，否定、提问和强调用法的 do。复杂形式中，do this 和 do that 一类指示用法为非指代性质；所有词都可以有前指和后指功能。

省略的指代用法。省略可以用于前指和后指，包含名词性、动词性和子句型省略。指代用法主要参考：缺失的指代词为名词、有修饰语的名词、整个名词短语、动词后面有结构的动词、比较级和最高级；先行词在 to-，wh-，that-，ing 子句当中还是连接结构当中，回应形式（response forms）。非指代用法包括指称用法（情境性用法）比如：

（7）May I?

非限定子句的指代用法。非限定子句并不是典型的指代词，但是由于非限定从句的使用频率高，并且是减少字数的重要手段，还常常涉及作为先行词的主语，有同指的功能，本书中也把它列入指代词的范畴。作者分述了 to 类型，-ing 类型和 -ed 类型的用法。To- 非限定子句包含 7 种类型（夸克等，2012）：类型（i-iv）为主句主语就是非限定从句主语；类型（v-vii）为非限定从句的主语是不确切的情况，都是非指代用法。（v-vii）举例如下：

（8）Robin is difficult to manage.

（9）The towel is soft to touch.

（10）It is wrong not to tell him.

其他非指代用法包括：介词 to、介副词 to，动词的部分比如：ought to 类型。此类句子有后指功能，在副词性用法中尤为常见。

-ing 非限定子句包含主语的用法是非指代的，这种情况主语前一般有介词。如果该类子句被用作主语补足语、宾语补足语和外位语结构，也没有指代性。此外还包括：不是非限定动词

的 -ing 形式、动名词、复杂动词的分词结构和其他本身含 -ing 的动词、名词和形容词。

-ed 非限定子句包含不以 -ed 结尾的其他不规则形式，但不包含本来含有 -ed 的动词，形容词和名词比如：bled，bred，red，seed 等。因此在软件识别中，区分起来比较困难。此类子句常为副词性，包含后指，它的指代用法为没有明确主语的非限定子句用法。非指代用法包括：过去分词，被动式中的分词和形容词用法。

第 4 章　超文本中的指代词

本章以文本检索的视角重点分析在超文本中指代词出现的频率。通过对以往关于指代词出现的频率研究的回顾，作者发现相关的研究相对较少，最为相关的一项研究是雪城大学的一项研究。在该研究中，研究人员从心理学和计算机科学领域分别提取 600 篇文献的摘要，形成一个语料库。除了在覆盖范围以及对指代的处理方面有一些不足之外，雪城大学的研究的最大问题在于缺失了较多的指代类型。因此，作者提出首先需要先构建一个合适的超文本语料库。

作者采纳雷姆（Rehm，2007）的超文本分类方式，将超文本分成三类：维基文本、博客文本与传统的网站文本。其中维基文本从在线百科中选取。一半的博客文本来自在线新闻报纸，将近一半的博客文本取自于公司，其余则取自于个人博客或者其他组织机构的博客。传统的网站文本包括来自公司主页、个人主页、机构主页、在线新闻报纸主页的内容。这三类超文本代表了互联网上重要的文本形式，与文本检索系统也非常相关。整个超文本语料库设计的文本类型、页面数量以及所包含的词数量如表 3 所示。

表 3　超文本语料库

超文本类型	文本数量	词的数量
维基	19 页	25 533
博客	24 页	25 312
传统网站	60 页	25 129
合计	103 页	75 972

基于所构建的超文本语料库，作者对之前所提出的 12 种类型的指代进行频率分析。经过分析，发现在语料库中出现的各类型指代的出现频率如图 1 所示。非限定子句与中心代词分别位于频率分布的第一与第二位，占 29.19% 和 27.48%，两种类型合起来超过所有指代类型的一半以上。此外，针对维基、博客和传统网站三种不同类型的超文本分别统计在它们中不同类型的指代出现的数量，如表 4 所示，同时计算其频率，作者发现各种类型的指代在这三种不同类型的超文本中出现的频率分布非常接近。另外，作者就这 12 种指代类型的语料库分析还进行了详细的分析。

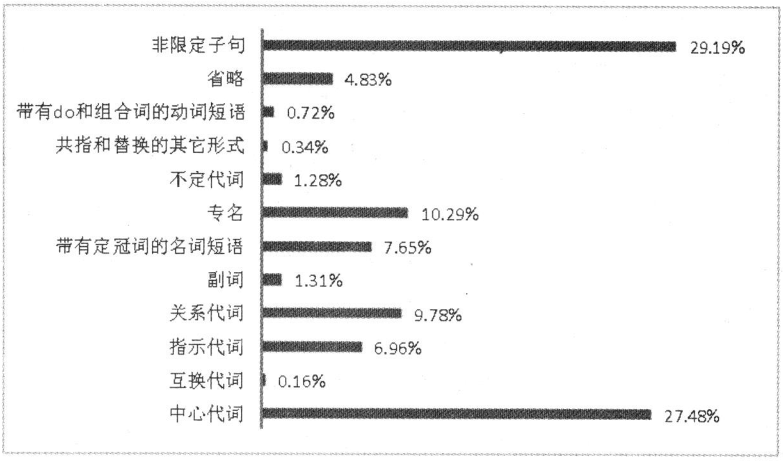

图 2　各种类型指代在语料库中出现的频率分布

表 4　在不同类型的超文本中指代出现的数量

指代词类型 \ 超文本类型	维基	博客	传统网站	整个语料库
中心代词	415	640	619	1 674
互换代词	4	2	4	10
指示代词	139	174	111	424
关系代词	182	216	198	596
副词	22	25	33	80
带有定冠词的名词短语	228	80	158	466
专名	233	165	229	627
不定代词	29	37	12	78
同指和替换的其他形式	13	7	1	21
带有 do 和组合词的动词短语	8	28	8	44
省略	109	88	97	294
非限定子句	561	574	643	1 778

作者的这个发现对于非限定子句这一类型的指代非常有价值，在以往的研究中，甚至忽略非限定子句这一指代类型。而通过实际语料发现，非限定子句类型占据所有指代类型中的最大比重，这一事实要求在各种自然语言处理系统中对于非限定子句类型的指代要进行特殊的考虑和关照。

对于指代消解系统而言，区分指代词的指代与非指代应用非常重要。作者基于语料库对指代词的指代与非指代应用做了统计分析。从指代词以非指代形式出现的次数的比重来看，比重最大的是非限定子句，占 32.3%，其次是专名，占 25.6% 和带有定冠词的名词短语，占

19.7%。不定代词占 8.3%，其余的指代类型都不到 5%，情况如下：中心代词占 4.56%、副词占 2.68%、关系代词占 2.39%、带有 do 和组合词的动词短语占 1.70%、指示代词占 1.52%、同指和替换的其他形式占 1.26%、互换代词占 0.01%。

另外，还可以对于不同的指代类型它们在语料库中指代和非指代应用的比率进行计算。根据语料库的统计，各类指代词（不包括省略）在不同类型的超文本中出现的次数如表 5 所示。图 3 给出更加可视化的一个比例关系。根据统计，可以发现互换代词在指代使用中的概率最高，而不定代词的概率最低。

表 5　指代词在不同类型的超文本中指代和非指代应用出现的次数

指代词类型 / 超文本中指代和非指代	维基		博客		传统网站		整个语料库	
	指代	非指代	指代	非指代	指代	非指代	指代	非指代
中心代词	415	54	640	377	619	335	1 674	766
互换代词	4	0	2	0	4	2	10	2
指示代词	139	52	174	149	111	55	424	256
关系代词	182	126	216	156	198	119	596	401
副词	22	104	25	224	33	122	80	450
带有定冠词的名词短语	228	1 280	80	915	158	1 119	466	3 314
专名	233	1 848	165	1 283	229	1 164	627	4 295
不定代词	29	452	37	539	12	400	78	1 391
同指和替换的其他形式	13	60	7	97	1	55	21	212
带有 do 和组合词的动词短语	8	41	28	186	8	58	44	285
非限定子句	561	1 700	574	1 870	643	1 851	1 778	5 421

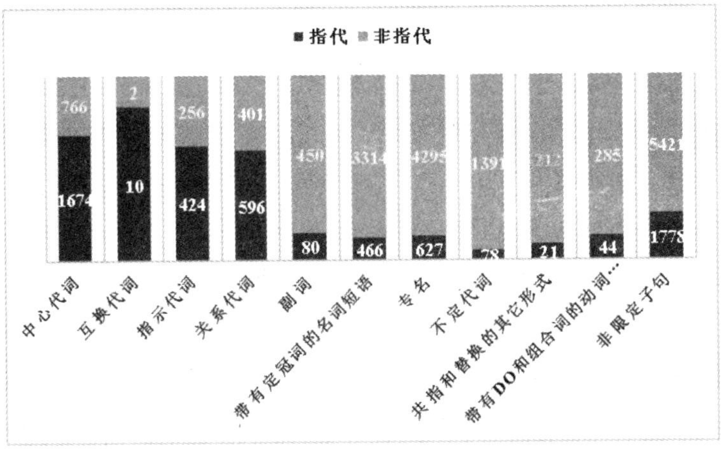

图 3　指代词的指代与非指代比率图

通过语料库的分析，研究了 12 种指代词在超文本中的各类情况，这不仅对互联网语言的指代现象做了一个有益的探索，更重要地是为文本检索系统在处理指代消解问题中给出了语言学的一些考量。

第 5 章　文本检索及其对指代词的处理

本章重点审视在文本检索语境下指代的相关问题。访问超文本通常使用文本检索系统，例如搜索引擎，因此首先需要了解文本检索的工作原理。文本检索系统的一个一般架构如图 4 所示。一方面，用户具有信息需求，为了满足这种需求，用户需要以自然语言的方式描述或者刻画一个查询。另一方面，存在许多文档，它们能够用以满足用户的信息需求。查询和文档都以某种形式化方式进行表征，使得它们能够便于计算机处理。然而对表征过的文档和查询进行匹配，匹配上的文档以结果的形式返回给用户。

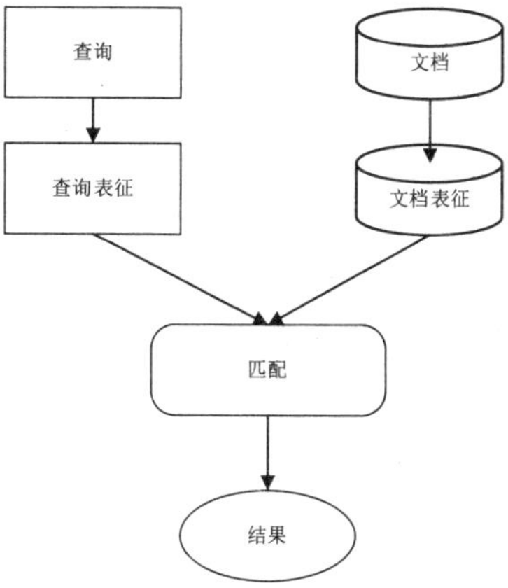

图 4　文本检索系统的通用架构

在互联网中，应用最为广泛的文本检索系统是 Web 搜索引擎。搜索引擎利用网络爬虫在整个互联网上爬取尽可能多的网页，并将它存储在一个庞大的数据库中，与此同时，将这些存储的网页数据进行预处理、特征提取之后，进行索引。当用户在搜索引擎中输入查询请求后，搜索引擎将查询与存储的文档进行相关性匹配，并按照匹配度由高到低返回查询结果。

实现文本检索系统的基本过程能够采用不同的模型，其中最为常见和经典的模型包括：布尔模型、向量空间模型、概率模型和潜在语义索引模型。

布尔模型基于布尔逻辑，通常使用三个运算符：“AND”“OR”和“AND NOT”。举例来说，如果用户希望能够查询既包括“指代”，又包括“检索”两个项的文档，就可以用“指代 AND 检索”来刻画这个查询，与此类似，“OR”表示两个项中有一个项满足即可。“AND NOT”则表示在文档中出现前项并且不出现后项。传统布尔模型最大的劣势在于没有对相关性进行度量，文档要么满足查询，要么不满足查询。

在向量空间模型中，文档和查询都表征为向量。文档和查询之间的夹角越小，则代表两者的相关性越大。向量由出现在文档和查询中的项构成，每一个项分别对应向量中的一个维度。在向量空间模型中大多数加权模式包含表征文档的两个因素：文档内频度（WDF）和倒排文档频度（IDF）。WDF 给出的是文档中一个项相对于所有项或者出现频率最高的项的一个频度。一个项在文档中出现次数越多，那么它的 WDF 值就越高。IDF 考虑的是一个库中包含某个特定项的文档数与文档总数的比率。在一个库中包含某个项的文档越多，那么该项的 IDF 值越低。

概率模型基于概率论，即文档匹配查询的可能性。由于概率论是当前表征和操作不确定性的重要理论基础，因此概率检索模型是主流的检索范式。概率模型最大优势是根据相关性的概率对文档进行排序。概率模型的最大劣势是该方法并没有考虑索引词在每个文档中的频度问题。

潜在语义索引模型与向量空间模型类似。向量空间模型并没有发现包含与查询项同义词的文档，而潜在语义索引模型则是表征查询概念的方式来解决这个问题。潜在语义索引模型假定每个文档都具有一个内在的语义结构，为了表征该结构，使用统计模型对文档向量进行转换和分类，从而产生新的向量维度。该模型的一个最大劣势在于计算复杂度过高。

对于文档检索系统的评估，有多个度量维度，包括从系统本身的角度，包括空间、计算设备等指标，从用户的角度，包括响应时间和有效性等。其中，准确率和召回率是有效性的两个最为重要的指标。准确率用于度量在返回结果中相关文档的比例。文档检索系统的目标是只返回相关的文档，即准确率越高越好。召回率给出完全性的比例，即在整个文档集合中发现了多少相关文档。文档检索系统的目标是发现尽可能多，或者所有相关文档。准确率和召回率的示意如图 5 所示。

准确率 = 所找到的相关文档 / 所找到的文档

召回率 = 所找到的相关文档 / 在文档集合中所有相关文档

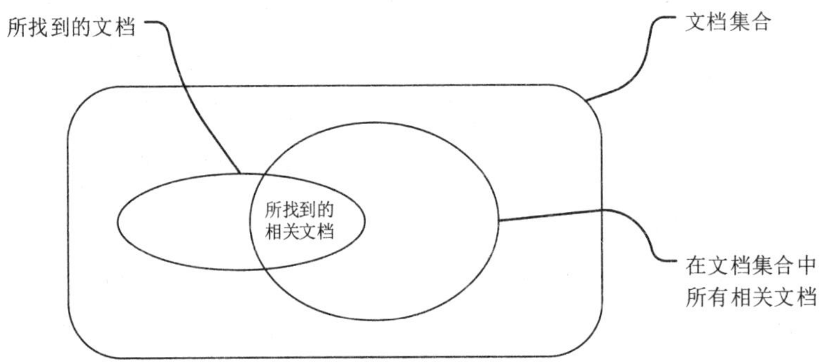

图 5　准确率和召回率的示意

准确率和召回率能够结合在一起，并展现在一个所谓的“F 值”的度量中。

F值＝（准确率 × 召回率）/［（1-α）× 召回率＋ α × 准确率］

其中α用于调节准确率和召回率的权重，一般取值为0.5。

此外，在文本检索系统中，为表征查询和文档的内容，还会使用到许多的自然语言处理方法。自然语言处理方法在音韵、词法、词汇、句法、语义、话语、语用等不同层级都有相对应的方法。常见的自然语言处理方法包括：语句划定、词分割、停用词探测、词干分析、词性标注以及语句解析等。当前的Web检索系统并没有使用许多的自然语言处理方法，而只是使用那些必须使用的、且成本不高的方法。指代词和指代关系通常被Web检索系统所忽略。例如，中心代词通常被作为停用词，它们通常在索引中没有表征。

第6章　指代消解的方法及应用

本章首先研究了指代消解在自然语言处理中的主要应用领域。此外，讨论了指代消解在文本检索引用中的可能性。不难发现，指代消解在自然语言处理中扮演非常重要的角色。接下来，列出了指代消解系统的一般结构和功能。并且详细阐述了当前指代消解系统的现状以及它们在文本检索中的应用情况。最后给出评估指代消解的方法，展现指代消解系统的性能。

从自然语言处理的视角来看，只要涉及对文本的理解，那么指代消解就是非常重要的。指代消解在自然语言处理中主要的应用领域包括：机器翻译、信息抽取、问答系统以及文本摘要等。

机器翻译指使用计算机将一种语言自动翻译为另一种语言。由于各语种在不同层次都有较大的差异性，从而使得自动机器翻译是非常困难的。机器翻译系统大致可以分为三种架构：直接翻译方法、转换方法和跨语言方法。直接翻译方法通过使用双语词典，一个词一个词地进行翻译。转换方法首先通过解析来分析文本，然后使用规则将文本结构转换到目标语言中，最后生成目标语言的语句。跨语言方法同样也是分析文本，它创建与语言无关的文本语义的抽象表征，例如使用语义角色。通过该抽象表征，能够生成目标语言的语句。当进行机器翻译时，不同语种中所用到的指代词不同，因此需要进行指代消解。尤其是在不同的语言中需要使用不同的代词。例如英语中的代词“it”，根据语境的不同，能够翻译为德语中的“es”“er”或“sies”。

信息抽取是在自由文本中自动识别所选的实体、关系和事件。在实体抽取中，指代消解能够用于澄清哪个代词指代一个或者同样的实体。另外一个非常重要的信息抽取任务是关系抽取，关系抽取的目标是识别两个相关的实体。在关系抽取中，关于同指实体的信息以及指代代词的消解至关重要。

问答系统尝试找到准确的答案，或者定位文本中准确答案出现的部分。相对于文本检索系统而言，问答系统需要更多的自然语言处理方法和更多的语义知识。指代消解能够帮助问答系统，由于指代消解，尤其是同指消解能够构建查询和文档中的实体或者事件之间的同指链接（coreference links）。这意味着同指消解能够用于澄清查询中的项和文档中语句以多大程度指称同一实体。

文本摘要是从一个文本中提取最重要的信息从而为特定任务和用户产生一个简版的过程。这个简版应该反映文本的内容。指代消解对于文本摘要是有用的，由于所抽取的语句可能包含指代词，如果这种语句的先行词不包含在摘要中，那么就会出现所谓的“悬挂指代 dangling anaphor”的问题。悬挂指代可能会导致误解，或者至少是不正确的语言使用。因此，在文本摘要中必须要考虑指代问题。

相对而言，在以往的研究中，没有认真地研究和对待文本检索中的指代消解问题。然而，实际上，指代消解对于文本检索非常重要。一方面，如果不消解指代，那么邻近搜索就难以实现；另一方面，如果没有指代消解，那么词频统计就会出现较大的偏差。

为了给每个指代词找到正确的先行词，一个典型的指代消解系统通常实现三个步骤。首先，指代消解系统必须标识出潜在的指代词。其次，识别出可能的先行词候选。最后，使用约束和偏好从候选中选择最有可能的先行词，约束用于排除候选，偏好用于帮助选择正确的先行词。举例来说。

（11）Caroline sent me a postcard from her holidays. It shows London’s Tower Bridge.

首先，可以识别出潜在的指代词应该是：it。

其次，“it”的先行词可能是名词短语或者之前的语句，名词短语包括：Caroline、me、a postcard from her holidays、her holidays；语句包括：Caroline sent me a postcard from her holidays。

最后，以各种约束来排除候选先行词。由于“it”是单数，候选的先行词中排除了“her holidays”，根据毗邻的偏好，选择离“it”最近的语句“Caroline sent me a postcard from her holidays”作为其先行词。

从方法论上来划分，指代消解的方法主要可以分为两大类，一类是基于规则的方法，它应用规则和知识进行指代消解；另一类是基于数据的方法，它通常使用机器学习的方法来学习指代消解的知识。基于规则的方法包括霍布斯的朴素算法、中心模型（Centering model）算法、拉宾和丽丝的指代过程消解（RAP）和米特科夫算法等。基于数据的方法主要是基于机器学习的方法，具体包括决策树、基于实例的方法等。通过对大多数指代消解方法的研究，不难发现，从语言学的角度来看，以往的指代消解系统通常都是针对某一种特定类型的指代现象，尚没有系统处理所有的指代问题。而且，近期的指代消解重点是在确定指代词与先行词的同指关系上。

在本章的最后，作者还对现有的指代消解系统进行了评估。经过作者的评估，当前的指代消解系统的准确率和召回率都不能令人满意。例如，中心代词的基准测试揭示准确率和召回率都只有50%左右。性能如此之低，其中一个主要原因是在这些系统中缺乏综合的语言知识的嵌入。

第7章　为指代消解开发广泛的语言规则：以非限定子句指代为例

本章是建立在前面章节的基础上，针对当前指代消解系统缺乏指代消解规则的语言分析的问题，以非限定子句的指代类型为例，围绕指代消解系统中的识别指代词和识别先行词过程，开发面向非限定子句的指代消解的语言学规则。

系统首先要区分指代词的指代或非指代应用。对于非限定子句而言，可以搜索“to”和以“ing”或“ed”结尾的所有词。搜索出来所返回的指代词包括指代出现，也包括非指代出现。

对于以“ing”结尾的词，通过斯坦福解析器就能够识别出以“ing”结尾的词中的名词、副词和介词，将它们排除，列为非指代应用。

ing-规则1：如果以“ing”结尾的词，在它的前面出现了the、a、an或限定词性物主代词，那么该词是非指代应用。例如：

（12）Some scholars believe that the bloodletting for which these stones were likely used presages certain acupuncture techniques.

ing-规则2：如果以“ing”结尾的动词是一个动词短语的一个部分，而不是动词短语自身，也就是说，它是主要动词，并且伴随有一个或者多个辅助动词，那么该词是非指代应用。

ing-规则3：如果以“ing”结尾的词，它出现在主语位置，同时同一个子句中，后面跟随一个限定动词，那么该词是非指代应用。例如：

（13）Freezing the lobster may toughen the meat.

ing-规则4：如果在以“ing”结尾的词的前面，出现了作为with的介词宾语的名词短语，且该名词短语前面出现了逗号，那么该词是非指代应用。需要提及，该规则可能会排除一些实际上是指代应用的情况。

ing-规则5：如果以“ing”结尾的词出现在祈使句中，且跟随另一个动词，那么该词为非指代应用。例如：

（14）please consider using…

ing-规则6：如果以“ing”结尾的词出现在句首，且前面出现否定词、联结词和/或一个副词，那么该词为非指代应用。

ing-规则7：如果以“ing”结尾的词出现在一个非指代应用的“it”和“there”中，那么该词为非指代应用。例如：

（15）it’s about making a difference by the practices they adopt…

ing-规则8：如果以“ing”结尾的词前面是由一个名词短语加上介词of组成，那么该词为非指代应用。需要提及，该规则可能会排除一些实际上是指代应用的情况。

通过采用以上的规则，经过实验发现，未采用规则前识别系统的准确率和召回率分别是56.7% 和 100%，采用规则后则分别为 83.9% 和 99.0%。

对于以 ed- 词，分为规则形态和不规则形态两种。

规则 ed- 规则 1：如果 ed- 词与 be、have 和 / 或一个模态辅助词出现在一起，那么它是非指代应用。例如：

（16）could have played…

规则 ed- 规则 2：如果 ed- 词出现在主语位置，后面跟着一个限定动词，那么它是非指代应用。

规则 ed- 规则 3：如果 ed- 词出现在主语位置，后面跟着一个限定动词，那么它是非指代应用。

不规则 ed- 规则 1：如果 ed- 词与 be、have 和 / 或一个模态辅助词出现在一起，那么它是非指代应用。

不规则 ed- 规则 2：如果 ed- 词出现在主语位置，后面跟着一个限定动词，那么它是非指代应用。

通过采用以上的规则，结合规则和不规则形态，经过实验发现，采用规则后识别系统的准确率和召回率分别是 96.9% 和 100%。

对于 to- 词，相应的指代识别规则如下。

to- 规则 1：如果 to- 词作为介词，那么它是非指代应用。

to- 规则 2：如果 to- 词前面出现某些副词和动词，那么它是非指代应用。

通过采用以上的规则，经过实验发现，采用规则后识别系统的准确率和召回率分别是80.2% 和 99.9%。

在识别指代词之后，接下来就是要识别指代的先行词。通常，非限定子句指代的先行词是名词和名词短语。

对于以“ing”结尾的词，指代消解规则如下。

ing- 规则 1：如果一个指代词出现在一个语句的开始处，其先行词是下面（复合句）主句的主语。例如：

（17）Having taught Chinese for a number of years, he changed his field of specialization to linguistic.

（18）Upon leaving the house, she enters a garden, where the flowers speak to her and mistake her for a flower.

ing- 规则 2：如果一个名词短语在指代词之前，其先行词就是该名词短语。例如：

（19）There is general agreement that acupuncture is safe when administered by well-trained practitioners using sterile needles.

（20）For steps taking a single beat the first half of the beat constitutes the foot movement and the second half is taken up by the hip movement.

ing- 规则 3：如果一个动词在指代词之前，其先行词是该动词的主语。例如：

（21）Manu will start getting better results in the second half of the season.

ing- 规则 4：先行词是之前的名词短语，前面子句的主语，或者（复合句）主句的主语或者宾语，这依赖于指代词前面的介词或者联结词。

ing- 规则 5：如果逗号或者破折号是在指代词之前，先行词是之前的名词短语，（复合句）主句的主语，或者整个主句。

（22）Since then she has sustained her career in film, television, and theater, recently appearing in a Canadian stage production.

ing- 规则 6：如果指代词出现在冒号，左括号或者副词之后，先行词是之前的（复合句）主句的主语，或者整个主句。

（23）They act as a bridge between people and their rulers: representing people's interests to the government.

对于以 ed- 词，指代消解规则如下：

ed- 词规则 1：如果指代词出现在语句的句首，先行词是下面（复合句）主句的主语。

ed- 词规则 2：如果一个名词短语在指代词之前，其先行词就是该名词短语。

ed- 词规则 3：先行词是之前的名词短语，前面子句的主语，或者（复合句）主句的主语或者宾语，这依赖于指代词前面的介词或者联结词。

ed- 词规则 4：如果逗号或者破折号是在指代词之前，先行词是之前的名词短语，（复合句）主句的主语，或者整个主句。

ed- 词规则 5：如果指代词出现在冒号，左括号或者副词之后，先行词是之前的（复合句）主句的主语，或者整个主句。

对于 to，指代消解规则如下：

to 规则 1：如果指代词出现在语句的句首，先行词是下面（复合句）主句的主语。

to 规则 2：如果一个名词短语在指代词之前，其先行词就是该名词短语或者子句的主语。

to 规则 3：如果一个动词在指代词之前，其先行词是该动词的主语。

to 规则 4：先行词是之前的子句的主语，或者（复合句）主句的主语，这依赖于指代词前面的介词或者联结词。

to 规则 5：如果逗号或者破折号是在指代词之前，先行词是（复合句）主句的主语。

to 规则 6：如果指代词出现在冒号、左括号或者副词或者 how/what to 之后，先行词是之前的（复合句）主句的主语，或者整个主句，或者之前的名词短语。

经过规则的应用，在整个语料库上实验的结果如表 6 所示。

表 6　非限定子句指代消解的最终结果

过程 \ 类型		-ing	-ed	to	非限定子句总数
指代词的识别	被识别的指代词	685	375	710	1 770
	未被识别的指代词	7	0	1	8
	识别出的非指代应用	1 310	2 929	1 047	5 286
	未被识别的非指代应用	65	7	63	135
	指代识别的准确率	91.3%	98.2%	91.8%	92.9%
指代消解	正确消解的指代	584	351	618	1 553
	错误消解的指代	75	22	70	167
	未被消解的指代	26	2	22	50
	指代消解的准确率	88.6%	94.1%	89.8%	90.3%
	指代消解的召回率	85.3%	93.6%	87.0%	87.7%

第 8 章　结论

作者在第 8 章对全书进行了一个总结。总体而言，本书从语言学的视角分析了指代消解问题，同时也研究了它在计算系统中的应用。作者依次归纳和总结了从第 2 章到第 7 章的核心内容。

本书对指代消解研究的贡献主要包括如下几个方面。最重要的一点是，目前关于指代消解问题要么是从语言学视角去探讨，要么是从计算语言学视角去研究，本书是从交叉学科的视角，整合两方面的观点。一个纯粹的语言学争论无疑对于计算的视角是无关的。而计算的考虑通常会遗漏基本的语言学知识。为此，作者基于六个条件，从计算和语言学两个视角对指代进行分类。在分类过程中，详细地区分了指代词的指代和非指代应用。这种研究的视角和详尽程度在以往是没有的。此外，为了分析指代类型的频度以及指代的指代和非指代应用情况，作者构建了一个包括维基、博客和传统网站三个主要类型的超文本语料库。该语料库标记了指代关系，以便用于指代消解系统及其评估。通过语料库分析发现，非限定子句是最为常见的指代类型。因此，选择非限定子句为文本检索系统建立规则。实验表明，所建立的规则对于提高指代消解系统的准确率和召回率有显著作用。

关于展望以及未来的工作方向，作者提及如下几个方面：①不仅考虑非限定子句类型，其余 11 种指代类型都应该进行详细的分析，并总结归纳其规则。同时，所有的规则都应该在一个计算系统中加以实现，并进行评估测试。②需要研究类似Facebook这样的社交媒体中的指代分布情况。社交网络不是超文本，社交媒体相对不那么正式，可能会出现不同的指代类型的分布情况。③可以对比超文本和传统的印刷文本的指代情况，这样能够揭示出跨媒体的指代规律。④文章中所构建的关于非限定子句的规则是否对于更大规模的语料库或者其他语料库也适用，这非常值得研究。⑤指代消解对于文本检索系统的影响有待于进一步深入研究和探讨。

二、简　评

在自然语言处理的研究领域，有着两大传统，一是经验主义传统，二是理性主义传统。正如美国计算语言学家肯尼斯•丘奇所言，在研究中，经验主义和理性主义双方占据优势局面的情形连续振荡，而且大致上每20年会出现一个周期，不是经验主义压倒理性主义，就是理性主义战胜经验主义。然而，若想取得突破性的成果，通常需要将理性主义与经验主义相融合，彼此取长补短，方能解决自然语言处理的一些“硬核”问题。

《指代消解与文本检索》一书就是一个调和理性主义和经验主义的有益尝试。该著作以指代现象和指代消解问题为核心，从语言学和计算机科学两个视角同时切入，对问题进行一种重新的定位、分析、梳理以及解决。

作者以文本检索应用为背景，从语言学角度对指代进行了重新的分类、归纳和分析，创新地提出基于6个条件的12分类的指代类型，同时细致地分析了12种指代类型的每一种类型的语法特征。这发挥了基于语言学的理性主义优势。接下来，作者有机地融入经验主义的特长，构建了1个覆盖维基、博客、传统网站三大类型、总数接近76000个词的超文本语料库。通过对该实际语料库的统计分析，作者发现了12种指代类型在语料库的分布情况以及各种经验与规律性的知识。尤其是，通过统计作者发现了以往不被关注的非限定子句这一指代类型在超文本语料库中是所有指代类型中出现次数最多的一种。这些洞见和发现正是作者嫁接理性主义和经验主义所开出的绚丽花朵。接下来，作者从计算语言学的角度，介绍和总结了文本检索系统以及指代消解在自然语言处理中的应用等知识，涉及音节、词法、句法、语义等各个语言处理层面的工具和方法，也涉及对自然语言处理系统评估中用到的各种度量指标，包括准确率和召回率等。从应用者的角度，许多的自然语言处理工具都是经验性的工具。最后，作者再次拿起理性主义这把利剑，以语言学的特性为基础，以非限定性子句为例子，归纳出指代识别和指代消解的数十种规则。如果将这些规则融入到自然语言处理工具中，可以极大地提高指代消解的准确率和召回率。这样，作者再次融合经验主义与理性主义，为自然语言处理做出了一些创新性的贡献。

总体而言，《指代消解与文本检索》一书在以下两个层面值得推荐：一是在具体问题的层次上，无疑，本书为指代消解在自然处理中的应用提出了一些有益的洞见和结果，并给出了比较详实的科学实验和数据结果。二是在方法论层次上，本书是语言学和计算语言学的交叉学科研究的一个比较好的典范，也是经验主义和理性主义结合的比较好的示例，沿着这种方法，其实可以对语言学中很多具体的语言现象进行“如法炮制”的分析，相信如果踏实认真地进行研究探索，一定会对语言学和计算语言学做出相应的贡献。

参考文献

[1] 张威，周昌乐 . 汉语语篇理解中元指代消解初步 [J]. 软件学报，2002，13（4）：732-738.

[2] Brinker, K. Linguistische Textanalyse: Eine Einführung in Grundbegriffe und Methoden（7th ed. ; editor: Sandra Ausborn-Brinker）[M]. Berlin:Schmidt, 2010.

[3] Church, K. A pendulum swung too far[J]. Linguistic Issues in Language Technology, 2007, 2(4):1-26.

[4] De Beaugrande, R. -A. & Dressler, W. U. Introduction to Text Linguistics [M]. London, New York: Longman, 1981.

[5] Halliday, M. A. K. & Hasan, R. Cohesion in English[M]. Harlow: Pearson Education, 2008, first published 1976.

[6] Mitkov, R., Evans, R. & Orasan, C. A new, fully automatic version of Mitkov's knowledge-poor pronoun resolution method[C]// In Gelbukh, A. (ed.）. Computational Linguistics and Intelligent Text Processing, Third International Conference. Berlin et al. : Springer, 2002:168-186.

[7] Quirk, R. et al. A Comprehensive Grammar of the English Language[M]. London, New York: Longman, 2012, first published 1985.

[8] Rehm, G. Hypertextsorten. Definition – Struktur – Klassifikation[M]. Norderstedt: Books on Demand, 2007.

[9] Schmolz, H. Anaphora Resolution and Text Retrieval[M]. Berlin: Mouton de Gruyter, 2015.

[10] Schubert, C. Englische Textlinguistik: Eine Einführung（2nd）[M]. Berlin: Schmidt, 2012.

[11] Huang, Y. Anaphora: A Cross-linguistic Approach[M]. Oxford, New York: Oxford University Press, 2000.

《剑桥语言类型学手册》“间引回代”与“句间指称转换类型学”述评

冯 莉 朱 斌

冯 莉，黑龙江大学 应用外语学院；朱 斌，华中师范大学 文学院

剑桥大学出版社 2017 年出版的《剑桥语言类型学手册》（*The Cambridge Handbook of Linguistic Typology*，以下简称《手册》）汇编了目前国际语言类型学的最新成果。《手册》主编为阿罕瓦尔德（Alexandra Y. Aikhenvald）和迪克森（R. M. W. Dixon），全书共 30 章，xxv ＋ 1000 页。《手册》在语篇类型学方面颇富开创性，其中第 16 章和第 17 章是关于语篇指称追踪的类型学研究。

第 16 章题目为《间接引语回指称代》（Logophoricity，以下简称“间引回代”[①]），作者是费利克斯 •K. 阿梅卡（Felix K. Ameka），荷兰莱顿大学语言学中心教授，全文共 6 小节，页码为第 513—537 页。第 17 章题目为《句间指称转换[②]类型学》（*A Typology of Switch Reference*），作者是约翰 •R. 罗伯茨（John R. Roberts），美国国际语言暑期学院高级语言学顾问，全文共 8 小节，页码为第 538—573 页。下面分别简述两章内容，然后做个简评。

一、间接引语回指称代

第 1 节，是序言。日常生活中语言使用具有一个重要特征，那就是说话人用某种语言形式来呈现其他人所述、所思或所感。高夫曼（Goffman，1974）指出，引语是日常人际互动中不可或缺的一部分，雅可布森（Jakobson，1971：130）视引语为“言语中的言语，信息中的信息”，沃洛希诺夫（Voloshinov，1973）则认为引语是“话语中的话语”。不同语言为说话人提供了区分自己和他人言语的不同机制。

已有成果描述和解释了引语的各种形式、特征及其在各种语境中的功能，包括直接引语、半直接引语和间接引语。关于引语，有待解决的问题之一就是如何区分引用来源或原说话人

---

① 此中文译名，由朱斌提出。

② 此中文译名，由曾俊敏提出。

与引用者或表现者（animator）的话。非洲大苏丹带很多语言都有一种人称标记范式，能够表明与二手话语真实或想象的说话人或来源的同指关系。最早是由哈格各（Hagège，1974）在描述土普里语（Tupuri）和蒙当语（Mundang）时用间引回指称代代词（logophoric pronoun or logophoricity）这个术语来界定这类现象的。但这种现象则在韦斯特曼（Westermann，1930：60-61；1907：57）对该地区语言的早期语法描写中已经出现了。例如，在撰写的埃维语（Ewe）语法中，写道：在一个主句包括“说、想、意思是、渴望”这类动词的宾语从句中，如果主句的主语是以第二或第三人称的任何代词形式（主格、宾格或领属格）出现的，则用 ye，yeƒé 表示单数，用 yewo，yewé ƒé 表示复数。这些代词因而显得是引导间接引语的，虽然事实上引导的是直接引语。

下面来看一段反映埃维人移民史的埃维语剧本中的对话：

（1）a. Míá -ƒé Fia-gá Agɔkɔli … dóó gbe ná mi.
1PL – POSS chief-big NAME send greetings DAT 2PL
‘Our supreme chief Agokoli … sends you his greetings.’（我们的最高领袖阿高科里……向你致以他的问候。）

b. É = bé gaƒoƒo ene sɔŋ = é nyé é = si ye = le
3SG = QT hour four INT = aFOC COP 3SG = this LOG = be. at: PRES
mia-ƒé así-nu dzɔ = ḿ ko ye = mé -se nya áɖéké o.
2PL-POSS hand-mouth wait = PROG only LOG = NEG-hear word INDEF NEG
‘Hei says hei has been waiting for signs from you for four whole hours now and hei has not heard anything.’（他说他等你的消息到现在已经整整四个小时了，他还没得到任何消息。）

c. Éya ta é -bé mía kplé vi = wó=wó kplé ʋɔnudrɔ̃lá = wó
3SG because 3SG-QT 1PL and child = 2SG = PL and judge = PL
mía-zɔ afɔ ɖeká á-vá ye ƒéme fífí laa.
1PL-move leg one POT-come LOG house now right
‘Therefore hei says that we and your children and the judges should come together to hisi house right now.’（Kwamuar，1997：15）（因此他说我们和你的孩子们以及法官们应当现在一起到他家去。）

上例选自一个领袖发言人讲话的文本。这位发言人就是向目标受话人引述其不在场的主人所述的引用者（animator）。说话人首先介绍领袖就是派他来传达问候的人。紧接下来的句子（1b）中，他用引述动词或标记 bé 作框架引述了领袖的口信，这个标记创造了所说话语的语境。引述动词的主语是在前一小句中提过的领袖，引述动词主语和领袖形成同指，是由普通的第三人称单数代词所标示的。然而，在表述领袖所说内容的补语小句中，他（领袖）是用间引回代代词来指称的。其思想或言语被引述的人一般称作间引回代触发语（trigger，即在主句中指这个人的"领袖"或代词），并且把该触发语所发出的一段话语称作间引回代域（logophoric domain）。句（1c）中，发言人继续引述领袖的口信，并使用了引述动词框架。注意，这个动词的主语——领袖，在这里没有用间引回代来指称，而是用了普通的第三人称单数代词，而"他"就是间引回代触发语。但在引述（即间引回代域）中，却在一个领属短语中用了间接回代来指称他。有人也许会说，间引回代代词是标记的目标，由主语中的来源触发。就语法功能来说，（1b）中的多个间引回代代词在从句中起到主语功能，而其先行词正是主句中的主语。但是在（1c）中，间引回代代词作为领属者在所处的NP中，是动词 vá 'come' 的语法宾语。此例中处于领属者角色的间引回代代词回指主句中的主语论元（即间引回代触发语）。

例（1）还表明间引回代代词具有其他典型特征：①它用于指称其言语、情感或一般意识状态被引述的人/实体，即间引回代触发语。②如（1b）所示，一旦引述来源确定，间引回代域可以覆盖一段话语。③间引回代代词是一个指称追踪机制，标记与引述来源同指，而异指则用普通代词标记。

自研究早期开始，就有学者指出间引回代代词与其他手段拥有同样的同指标记功能。特别是，哈格各（1974）和克莱门茨（Clements，1975）都曾论及从希腊语和拉丁语这样古老的语言中发现的"间接反身代词"，以及从其他语言了解到的长距离反身代词，如冰岛语和像汉语、日语这样的亚洲语言。克莱门茨曾说："间接反身代词就像埃维语中的间引回代代词一样，允许言语者回避指称歧义。"（1975：142）他将这种回避指称歧义的用法称作间接引语回指称代现象。但本文作者认为，间引回代代词与间接反身代词有着不同的基本用法：前者用于间接话语，而后者用于小句同指。它们还有一个共同的次要用法——表示观点或立场。间引回代标记立场的用法涉及相当边缘的构式。

本章作者运用间引回代和间引回代名词化的语言标记的原始意义（代词、动词标记）来指所引信息的来源。本章目标是描述这些形式的各种区别性特征，并将其置于跨语言类型学视角下观察。内容包括提出间引回代标记系统的类型学研究，阐述间引回代标记在人称、数和语法功能特征方面的跨语言变异情况，讨论各种语言运用动词与非动词形式建立间引回代域的方式，探索了间引回代系统及其功能负载的动因等。作者最后指出，理解间引回代系统的关键是注意到间引回代形式所发生的语言文化（lingua cultures）的日常话语所具有的沟通文化实践。最后小节是结论。

第2节，是间引回代标记系统的类型学研究。关于间引回代同指标记的语言类型学研究有许多维度。库利（Culy，1994a，1997）区分了纯间引回代语言和混合间引回代语言。前者有单独的间引回代同指功能形态句法特征，而后者则是用反身代词起间引回代功能，或者其代词不是仅用于标记间引回代，混合型间引回代语言实例包括伊博语（Igbo）、约鲁巴语（Yoruba）

和恩格米语（Engemi），这些语言有间引回代标记代词，但这些代词除了有间引回代功能外，还有在非间引回代范畴做宾语代词的功能。

作者分别介绍了各种语言标记间引回代的四种手段：（a）有被引说话人代词或者间引回代代词；（b）受话人间引回代代词；（c）动词性间引回代标记——间引回代主语参照标记，在动词和间引回代动词词缀上有第一人称标记；（d）反间引回代代词。

第一类（a）语言有间引回代代词来指称引用话语或思想的来源，其中有喀麦隆草场班图语族的阿戈姆语（Aghem），尼日利亚乍得语族的安加斯语（Angas）和果麦语（Goemai），马里和布基纳法索的多根语言多诺索语（Donno Sɔ）和亚姆赛语（Jamsay），马里蒂布克图的松黑语（Songhay），几内亚湾的各必语族（Gbe）（包括埃维语），阿达玛瓦语族的蒙当语和土皮里语，科特迪瓦的宛语（Wan），以及埃塞俄比亚的马勒语（Maale）等。

第二类（b）语言有在间引回代语境中指称主句中受话人的代词。这类语言有乍得语族若干种语言。很多有间引回代受话人代词的语言也有间引回代说话人代词。蒂卡语（Tikar）目前只发现有受话人间引回代代词，而没有说话人间引回代代词。果麦语的例子显示了受话人间引回代代词的阴性、阳性和复数形式。

（2）S'a muk b'am d'i sek masha hok. (…)Yin pa goe

Hand 3Sg. Poss stick LOC. ANAPH body friend (fem)DEF saying Sgf. LogB OBL

nyet s'a ji.

leave hand Sgm. LogA. Poss

'His$_1$ hand stuck there to the girl-friend$_2$. (…)(He$_1$ said)saying, she$_2$ should leave his hand1.' (FUAN)（他的手粘在女朋友那里了（……）（他说）说着，她应当离开他的手。）

（3）Sai k'ur ba yong mûep d'oot, yin nwa goe doe ntyem.

then tortoise return (sg) call 3PI softly saying PI. LogB OBL come FRONT

'Then the tortoise1 returned（and）called them$_2$ softly, saying, they$_2$ should come first.'（KUR）（然后乌龟回来（并且）温柔地叫他们，说着，他们应当先来。）

海维格（2011：228）指出，间引回代代词无论是受话人还是说话人的，在引语语境中都是必现的，而在领属语境中则是可选的。

第三类（c）语言的间引回代是由动词标记的。这样的动词标记和间引回代代词标记系统一起使用。动词标记有不同形式。柯诺（Curnow，2002）识别出了非洲语言动词标记间引回代的三种类型，即间引回代主语参照标记，第一人称在动词上标记以及间引回代动词词缀。下面依次描述。

第一种是间引回代域中动词有主语交叉参引。比如，在喀麦隆班图语族一种核心标记语言阿考斯语（Akɔɔse）中，在间引回代域运用一个独特的主语参照标记，表明与主句中的间引回代触发语同指。

例（4）中，从句不用普通主语互相参照标记来指主句中的主语，而例（5）中，则用一个专门的间引回代互相参照标记指称主句中引用的说话人。

（4）à-hɔbé ǎ á-kàg.
he-said RP he-should.go
'He said that he (someone else)should go.'（他说他（其他人）应当走。）

（5）à-hɔbé ǎ mə́-kàg.
he-said RP LOG-should.go
'He said that he (himself)should go.'（他说他（自己）应当走。）

阿考斯语中的间引回代互相参照标记运用于第二与第三人称，与第一人称对立，而且这是个区别性主语互相参照标记，不同于该语言中所有其他人称的互相参照标记。阿考斯语中这个系统可以单独使用，也可以与间引回代代词一起使用。

第二种是第一人称间引回代动词词缀。有些语言用一个第一人称动词词缀来互相参照其间引回代域的间引回代触发语。在马里和布基纳法索的多根语族多纳索语（Donno Sɔ）中，动词上的一致词缀同时受主句和从句中的主语和（或）宾语控制。在间引回代域中，用一个第一人称动词词缀指主句中的信息源 —— 间引回代触发语，如例（6）：

（6）Oumar [inyemɛ jembɔ paza bolum] min tagi.
Oumar LOG sack:DF drop left:1SG 1SG:OBJ informed
'Oumar$_j$ told me that he$_j$ had left without the sack.'（库利，1994b：123）（欧曼告诉我，他没带麻布袋就走了。）

在此例中，在间引回代域有一个显性主语，由间引回代代词 inyemɛ 表现，回指主句中引用说话人 Oumar。关键是动词"left"上有一个第一人称词缀。这个标记回指间引回代域中的主语。这种形式仅用于间引回代域中，而且仅用于第三人称主语。然而，多纳索语允许主语省略。间引回代的唯一标识就是动词上的第一人称词缀，指向间引回代触发语。注意，这个触发语就是第三人称，而且在从句中是省略的。在某些语言中，间引回代可被视为被引用第三方说话人语言中嵌入的第一人称单数和复数代词。

像参照式这样的第一人称标记能出现在有间引回代代词的语言里。但是，像主语参照系统，就不是每个有间引回代代词的语言都运用第一人称标记系统。总而言之，第一人称标记既有单数先行词，也有复数先行词。

第三种是间引回代动词词缀。尼日利亚奥高诺（Ogonoid）语系的一些语言都用动词词缀来指示间引回代现象。比较下列分别来自埃莱莫语（Eleme）、戈卡纳语（Gokana）的例子，7（a）句有一个间引回代动词词缀，7（b）句没有间引回代标记。7（a）组和7（b）组句子的区别在于，从句和主句的主语参与者是否同指。

（7）埃莱莫语

a. ɛ̀-kɔ ɛ̀-dɔ-ɛ̀.

3-say 3-fall-LOG

'He_i said that he_i fell.'（他说他（自己）摔倒了。）

b. ɛ̀-kɔ ɛ̀-dɔ.

3-say 3-fall

'He_i said that he_k fell.'（他说他（其他人）摔了。）

（8）戈卡纳语

a. aé kɔ aé dɔ-ɛ̀.

He said he fell-LOG

'He_i said that he_i fell.'（他说他（自己）摔了。）

b. aé kɔ aé dɔ.

he said he fell

'He_i said that he_k fell.'（他说他（其他人）摔了。）

不管结构类型如何，这些动词标记与其他间引回代标记系统有若干共同特征。它们是在间引回代域中使用的特殊标记，是由间引回代谓词和引用标记允许的。语言根据它们所指主句哪个参与者的清晰度而有不同。进一步来说，正如一个单数被引说话人可以用一个称作意联复数（associative plural）的复数间引回代代词指称，复数动词间引回代词缀也可以有一个单数的先行词。所有有动词间引回代标记的语言无一例外，都是小句层面附核标记语言。

第四类（d）是反间引回代标记（Anti-Logophoric）。在所有间引回代标记例子中，都有一个专门用于指称引用话语和思想来源的形式。在其他语言中，被引说话人或来源是用普通代词来指称的，而在间引回代域中有一个专门的代词既不指引用的说话人，也不是当前说话人，也不是受话人。由于这是间引回代系统的反向，这些代词被称作反间引回代。反间引回代代词指称其思想和话语没有被引用的那个。这类形式在科特迪瓦语克瓦语系（Kwa）的阿蒂语（Attie）和阿迪奥克罗语（Adioukrou），以及尼罗河－撒哈拉语系马班语（Mabaan）中发现过。反间引回代标记在指称追踪方面有相似功能。包括反间引回代标记在内的各种间引回代标记系统可以在一种语言中共存。

第3节，讨论间引回代标记的多样性，重点是人称与数的特征方面跨语言变异情况。

首先是间引回代代词的人称特征。不同语言中的间引回代代词人称特征不同。在所有间引回代语言中，间引回代标记可用于指各种人称。在很多语言中，只有第三人称可用作先行词。在布基纳法索和马里的多根语系多纳索语和森果语中，间引回代代词只用于第三人称。然而在其他语言中，第二人称和第三人称间引回代代词存在合并现象。关于人称特征的跨语言变异规律，最早由海曼和科姆里（Hyman & Comrie，1981）提出了以下"间引回代代词蕴涵人称等级"：

（9）间引回代代词蕴涵人称等级：3 ＞ 2 ＞ 1

这条蕴涵关系意思是，如果一种语言有第一人称间引回代代词用法，就会有第二人称或第三人称的用法。换而言之，第三人称比第二人称更容易出现间引回代标记，而第二人称比第一人称更容易出现间引回代标记。

间引回代标记人称特征在区分言语行为参与者之间，即第一与第二人称与第三人称（其他或替代物）方面作用看来总是在引语语境中替代第一或第二人称。这就强化了其独立性，并能解释其跨语言的标记模式。

其二是间引回代代词的数量特征。间引回代标记在其数量特征方面呈现跨语言变异。比如埃维语中，复数间引回代代词是将常规复数标记附缀化为间引回代形式而来的：ye vs. ye = wó。某种意义上说，复数附缀标记在此例中的功能相当于一个后缀，因为在间引回代是直接加上复数标记的。其他语言可能有不同的单数与复数形式。但在其他语言中，却只有一种单数形式。总结看来，如果一种语言有间引回代代词，那么就有一个单数代词，但不是所有有间引回代代词的语言都有复数代词。黄（Huang，2000：179）用间引回代代词数量特征的蕴涵等级表述了这种归纳结果：

（10）间引回代代词数量等级：单数＞复数

即如果一种语言有复数间引回代代词，它也会有一个单数间引回代代词。

复数间引回代用法的一个有趣之处是它们在语境中可以有一个单数先行词。然而，如果引语情境暗示间引回代触发语处于一个词组中，间引回代域标记可以是复数形式。例如这个情景：一个家长带着孩子拜访另一个家庭，宣告离开时，其说法在埃维语中就是（11a）或（11b）。请比较：

（11）a. Dadá bé ye = wó = dzó.
Mum QT LOG = PL = leave
'Mother says that they$_{i+j}$ are leaving.'（妈妈说他们要走了。）
b. Dadá bé ye = dzó.
Mum QT LOG = leave
'Mother says that she$_j$ is leaving.'（妈妈说她要走了。）
c. Dadá bé wó = dzó.

Mum QT 3PL = leave

'Mother says that they$_j$ are leaving.'（妈妈说他们要走了）

如果说（11a），复数间引回代代词理解为妈妈与其他和她一起的人 —— 孩子。这时就是意联复数（associative plural）。而在（11b）中用了单数间引回代形式，引语说话人“妈妈”不与孩子发生意联。（11c）用于引语说话人“妈妈”不是要离开的人。用复数间引回代代词指代一个单数的引语说话人，是创建意联复数间引回代代词的方式。对间引回代语言还要进一步研究，考察其意联复数使用在多大程度上更普遍，还是仅限于间引回代域中，这很重要。

其三是间引回代触发语和间引回代代词的语法功能。在间引回代触发语在主句中的语法角色和间引回代代词在引语内容中语法角色方面，存在跨语言差异。在埃维语这种纯粹的间引回代语言中，间引回代域中的间引回代代词可以做不及物主语和及物主语，也可以做及物宾语（12a）或与格宾语（12b）或旁格宾语（12c）。

（12）a. nyɔ'nu =ɔ　bè ɖeví = á　dzu ye.

woman = DEF QT child = DEF insult LOG

'The woman said the child insulted her.'（女人说那个孩子侮辱她。）

b. vi = nye　tsi ná = m　bé amedzró = á ná ga ye.

child = 1sg tell DAT = 1sg QT visitor = DEF give money LOG

'My child told me that the visitor gave her some money.'（我的孩子告诉我来访者给了她一些钱。）

c. é = bé　zã　dó　ɖé　ye = wó

3sg = QT night put. on all LOG = PL

'He said that night fell on them.'（他说夜晚会降临在他们身上。）

在伊博语这样只有一个单数间引回代代词的混合型间引回代语言中，似乎间引回代代词只在间引回代域中做主语。

同理，在间引回代触发语或主句中或引用注中的引用源的语法功能方面，语言间也有差异。间引回代触发语常常做主句的主语，但是，当主句谓语与心理状态有关，被引用体验者则可以有主语之外的其他语法功能（见黄（2000：182）关于指称论述的部分）。

间引回代域的间引回代代词既可以指主句主语，也可以指主句中介词短语中作为宾语的依存论元。间引回代代词和触发语各种语法功能可及性的跨语言变异，使学者得出两条蕴涵等级，一个是语法功能，一个是关联的语义角色。在本文作者来看，间引回代标记的关键之处不在于句法或句法—语义的界面，而是在于话语层面。

第 4 节，探讨创建间引回代域的问题。

一个涉及引用他人言语、思想或希望之类的言语事件，其结构特点包括下面两项：一是一个引注（quote margin），包括一个引用动词及其参与者，至少一个引用源，某些情况下还有受话人，经常还有一个引用开场标记（或引用标记）；二是一项引述内容（quote content），即引用命题。

（13）言语引用事件结构：

[引用谓词＜引用源，受话人＞引用开场标记]引注[引用命题]引用内容

这个结构特点可用于分析阿罕瓦尔德（2008）已经识别出的三种引语类型：直接引语、半直接引语和间接引语。韦斯曼（Wiesemann，1990）发现，在非洲间引回代语言中，在引注和引用内容之间通常有一个韵律停顿，而且引用标记往往出现在引用内容命题之中。运用这个框架就可识别出参与创建间引回代域的特定要素，比如引用内容。关于间引回代现象的研究中，很关注间引回代动词或间引中心（logocentric）动词或谓词。研究已经发现，似乎动词比其他词类更容易使用 L 标记：

（14）“间引中心”谓词蕴涵等级：

言说谓词＞认识谓词＞心理谓词＞知识谓词＞感知谓词

其意思是，如果一种语言允许量尺上某一点的谓词作为间引回代域创建引注的一部分，那么也会为此目的使用量尺较高端动词。因此，如果一个感知谓词允许在引用内容中使用间引回代标记，则表了解、思考、意愿、相信和交流的谓词也可以使用。

另一项有引用标句词类型的引用开场标记的结构，是接近体（proximative）结构。文献中还未曾发现关于这个结构作为间引回代标记的延伸使用研究。接近体是一个与主句主语参与者意愿、真实或想象等语义相关的语法化结构。其他语言有专用的引用开场标记，即标句词。因此，如果要指称那个域中所引用的言语、思想等的来源，要有一个专用的标句词来引出应当使用间引回代标记的语境。

有的语言里，创建间引回代域的引用开场标记不是一个动词成分，而是一个非言语语言符号。尼基蒂纳（Nikitina，2012：286）发现，在科特迪瓦的芒得语中，叙事者是用语调和手势来标记一个角色的言语的。宛语也是如此。非言语的引用开场标记可能是这类标记语法化链条上的一个阶段。在西非语言中，在引注和引用内容之间总是有一个韵律停顿，引注最后一项就是引用标记（quotative）。可以想象，随着时间流逝，引用标记会磨蚀，而韵律停顿则保留下来。这样的超音段方式可以用手势加强。

第 5 节，分析间引回代的功能与动因。基布里克（Kibrik，2011）认为，间引回代标记的主要功能就是避免信息来源（被引言说者）和间引回代域主语之间存在歧义。因此，间引回代标记与其他标记无同指，通常是与普通第三人称代词的标记形成对立。其反面操作就是反间引回代。希尔和厄温（Hill & Irvine，1992）认为，间引回代标记还可以被看作是话语中允许划

归作者责任的一个手段。一个言说者表示他们只是想引用他人的信息，间引回代标记用来指称那个人。言说者用这种方式使自己得以脱身于引用内容，并且不承担任何责任。

因此间引回代可以被视作一个明显的策略（阿罕瓦尔德，2004）。虽然在传信范畴（evidentiality）的研究中，间引回代通常不被看作是该领域的一个子领域，如果传信范畴被界定为主要研究信息来源，那么间引回代标记就是传信范畴的一个手段，虽然只是间接的。斯德灵（Stirling，1993）就明确将间引回代的分析与传信范畴联系起来。库利（1994a：1084）提出，如果传信范畴与对知识的态度有关，则间引回代就是传信的一个手段。综上所述，就间引回代标记能表明信息来源、划分作者责任和事实了解来讲，间引回代可以看作是其语言中类似于表达传信的一个手段。

避免指称歧义和传信策略标记的功能，就是间引回代系统的认知动因。这些功能可与其他语言范畴共享。而间引回代的特殊之处在于为何在非洲大苏丹带国家突显存在。首先，某些语言中存在间引回代标记可归因于区域语言接触。蒂曼达尔（Dimmendaal，2001：155）认为，间引回代是尼日尔 – 刚果和尼罗河 – 撒哈拉语系的古老特征，如果不是乍得语（和奥莫蒂语）从原始非亚语系继承而来，那么这些语言就是从与尼日尔 – 刚果和尼罗河 – 撒哈拉语系的区域语言接触中得来的。

间引回代代词使用的另一方面，特别是在有第二人称与第三人称融合为一的形式与非间引回代第一人称对立的语言中，是间引回代代词可以用于第一人称，使当前说话人与被引说话人对立。这个用法可以与其他传信策略如何用于脱身机制相比，也与文化实践有关。巴姆博斯（Bamgbose，1986：83）将间引回代用于指称第一人称的用法称为“禁忌使用”。他认为，这个用法是符合约鲁巴文化中“故意避免将死亡、疾病和其他不幸归于自己”的动因的。他举例说，某人对你说“你病了”，在约鲁巴文化中可以用（13）的方式引述：

（15）ó ní ara òun ò dá.

3sg say body LOG NEG well

‘He says that I（log）am sick.’（他说我（间引回代）病了。）

更普遍的用法是间引回代指称用于第一人称指称涉及将自己指为他人的情境，好像人格分裂。某人将自我认识呈现为他人认识，这与认识论有关。这不仅与避免不幸的情景有关，而且与非洲文化的交流中注意歧义的普遍文化驱动力有关。

最后是本章的结论。间引回代用于语言学中至少两个不同的现象。一个与本章无关，是标志避免歧义的交叉照应被引说话人的间接与长距离反身代词。另一个是本章探讨的西非很多语言中普遍使用的特殊语法手段，在引用言语事件中用于指称引用内容来源。在这些语言中，说话人被强制用这种语法范畴标记引用内容的信息来源，可与传信策略相比。这是一种划分话语言说人责任的机制，允许说话人脱身于所引用内容之外。

本文认为，创建间引回代域的关键在于引用开场标记，而非间引中心谓词。前者要么是引用动词，要么是标句词，或者是语调或手势等非言语符号（举例见宛语）。应当更注意非言语信号。西非语言中间引回代标记具有认知和文化动因。间引回代是一种文化注重第三方交际在语法上的实例。间引回代作为语法范畴，告诉我们，只有注意从历史传承与区域接触、意义和各种文化实践角度来看待语言的形式和历史，才能真正理解语法和跨语言类型学。本文将使读者更好地理解间引回代这种有趣的现象与其他范畴的关系，如传信策略、对信息源的态度和话语指称追踪。

二、句间指称转换类型学

第1节，引言中介绍了句间指称转换的定义。

句间指称转换（Switch reference，以下简称“SR”）是说者和听者在连续话语中追踪指称的自然语言若干机制之一。在经典的SR体系中，依存小句的动词有形态标记，能指出该小句的主语是否与句法上主控的小句主语一致。如果两个主语存在同指，就采用同主语（SS）标记，如果非同指，则采用异主语（DS）标记。见下面两例，（16）来自尤马语（Yuman）系的亚瓦佩语（Yavapai），主控与依存小句处于主从句关系中；（17）来自巴布亚语支系的哈维语（Harway），两小句是并列关系。

（16）亚瓦佩语（肯达尔（Kendall），1976）

a. tokatoka-č savakyuva u-t-k čikwar-kiñ.

Tokatoka-su Savakyuva see-temp-SS laugh-COMPL

‘When Tokatoka$_i$ looked at Savakyuva$_k$, he$_i$ laughed.’（当托卡托卡看着萨瓦库瓦克，他笑起来。）

b. tokatoka-č savakyuva u-t-m čikwar-kiñ.

Tokatoka-su Savakyuva see-temp-DS laugh-COMPL

‘When Tokatoka$_i$ looked at Savakyuva$_k$, he$_k$ laughed.’（当托卡托卡看着萨瓦库瓦克，他笑起来。）

（17）哈维语（卫要语 Wiyaw）（科姆里，1989）

a. Ha döyw nwg^w-ön, bör dw-a.

child rat see-SS run go. PRES. 3sg. DEC

‘The child saw the rat and he ran away.’（小孩子看见了老鼠，他跑了。）

b. Ha döyw nwg^w-mön, bör dw-a.

child rat see-DS run go. PRES. 3sg. DEC

‘The child saw the rat and it ran away.’（小孩子看见了老鼠，它跑了。）

作者列出了世界上有SR现象的部分语言，分布在北美洲、南美洲、澳大利亚、巴布亚以及其他语言，包括非洲语言、车臣语言、高加索东北语言、南岛语系、大洋洲语言等。绝大多数SR系统都会在巴布亚新几内亚（PNG）找到。SR无论在哪里出现，都会成为一种在不同系属但地理邻近的很多语言中出现的区域性现象。SR一词是雅各布森（1967）造的，关于此现象已经有大量研究，涉及广泛区域、多角度、多语言的研究，不一而足。本文仅集中论证一点：SR基本是一种句法现象，并运用角色参照语法（RRG）来分析。

SR是叙事话语中追踪参与者的若干机制之一。第二节中将SR与其他指称追踪机制相比较和对比，如反身代词和除指（obviation）。第三节简要回顾了SR在各种语言中形式标记的各种方式。第四节考察了SR的基本性质。主张虽然SR主要是一种追踪句法主语的手段，但其在某些语言中的功能显示，主语必须用非结构方式（non-configurational）来定义。第五节考察了SR如何与人称和数范畴互动，还讨论了SR作用于非人称主语和被动主语的方式。在第六节简要描述了很多语言中，SR系统都有延伸的话语或语用功能。多年来学界曾运用很多不同理论思路来分析SR现象。第七节回顾并评价了句法、语义和语用的理论视角。

第2节，讨论了作为指称追踪系统的SR分类。

据弗雷和范瓦林（Foley & Van Valin，1984：322-360）观察，各种语言运用以下四类不同的形态句法系统来标明话语中指称短语（Reference Phrase，以下简称“RP”）的论元指称关系：

第一，功能转换。在功能转换系统里，跨句追踪一个特定参与者，每个小句的动词形态都标明了小句中那个参与者（行事或经事，actor /undergoer）的语义功能。

第二，指称转换。在SR系统里，监控一个特定的句法或语义功能（通常是中枢或行事pivot/actor），动词词缀标明在特定小句具有该项功能的RP是否与句法上相关的主控小句中具有同样功能的RP存在同指。所以命名为SR。

第三，性别系统。RP有一个区分性别的显性形态编码，而这些形态区分是以跨句回指成分为载体的。

第四，零回指：在跨句中枢词（pivots）上没有显性回指编码。同指分配（Assignment）往往是由社会语言学变量的微妙用法决定的，比如日语和韩语中的敬语，而非由语言形式标示。

科姆里（1989）考察了指称追踪系统的五种不同类型，他建议将指称追踪手段做下列分类：①有语言固有的策略，因而有整体策略，如性别类别指示；②有局部指派的指称策略，如反身代词的运用以及SR；③有整体指称指派策略，如除指（obviation），SR与反身代词的指称追踪手段最相似，其差别在于，反身代词是句内机制（至少大多数语言如此），而SR是句间手段。

第3节，专门论述SR标记的类型。

SR标记需要区分同主语SS和异主语DS。可以分成两种形态类型：①动词词缀；②独立语素。动词词缀还按是否作为动词一致一部分的词缀分为两类。很多巴布亚语言运用不同的动词一致手段来标记 SS/DS 的区分。科邦语有一套主语一致后缀来标记 SS，用另一套标记 DS。在滑语（Hua）中，SS 依存动词的标记要与主控小句主语一致（预期主语一致），而 DS 依存动词的标记则与依存动词主语一致，并且满足预期主语一致。

动词性 SR 标记的第二个子类在很多美洲印第安语言和巴布亚语言中都有。有个典型的美洲印第安语言的例子，就是尤马语系大河语支的一种语言 —— 马里科帕语（Maricopa），其主谓一致是由动词词干上的一组前缀来表示的，而 SR 是由一对词缀独立表示的：-k，-f 表示 SS，-m 表示 DS（戈登，1983）（参见海曼和芒罗 1983 关于安卡什奎楚亚语（Ancash Quechua）和楚阿韦语（Chuave）的研究，这两种语言就是两种子类型的组合）。

（18）马里科帕语

a. nyaa '-ashvar-k '-iima-k.

I 1-sing-SS 1-dance-asp

'I sang and I danced.'（我唱了歌跳了舞。）

b. Bonnie-sh ashvar-m '-iima-k.

Bonnie-su sing-DS 1-dance-asp

'Bonnie sang and I danced.'（邦妮唱了歌，我跳了舞。）

SR 也可以由独立语素标记，在一些美洲印第安语言、澳大利亚语言、南美的杰语（Jê）和一些大杰语言（Macro-Jê）中都存在这种情况。

关于形态标记的数量，SR 语言可以分为两种：一是同时包括 SS 和 DS 标记的语言，二是仅使用一种标记的语言。后者可分为仅采用 SS 标记的第一类和仅采用 DS 标记的第二类。第一类从跨语言来看极为罕见，例（19）巴拿罗语（Banaro）是对 150 种巴布亚语言调查 SR 现象发现此类的唯一语言。第二类较为普遍。第一类远不如第二类多见，是因为这样一个跨语言事实：SS 倾向于无标记，而 DS 倾向于有标记。

另外从认知上看，情况变化也要求形式上有所表现，否则就成了无变化了。

（19）巴拿罗语

a. Marakasong na-ma-na-p kas na-ng e-ka-ko paririm-ka-se-t.

child AD-3sg-AD-SP dog AD-SP hit-R-SS run. away-R-PRES-3sg. SU

'That child hit the dog and ran away.'（那个孩子打了狗，然后跑了。）

b. Ma kas na-ng i-ra-Ø ka na-ma-na-p paririm-ka-se-t.

3sg dog AD-SP hit-SIM-DS dog AD-3sg-AD-SP run. away-R-PRES-3sg. SU

'He hit the dog and the dog ran away.'（他打了狗，狗跑了。）

第 4 节，讨论语法功能和 SR。

雅可布森（1967：240）造出“SR”这一术语时，将这个现象特征归为一种表示主语或施事转换的形态标记。在 1983 年著作中，他进一步阐明，他造这个术语本意就是界定这样一个标记。海曼和芒罗（Haiman & Munro，1983：ix）则用 SR 一词来界定主语变换或保持不变的形态。所以在后者的术语中，SR 意味着 SS/DS。海曼和芒罗进一步将 SR 定义为一种追踪句法主语指称的手段：“主语”概念严格来说反映其句法特征，而非语义或语用特征。他不是要追踪身份的施事或话题。

然而，有证据表明，对于 SR 系统来说，主语必须用非结构方式来定义。阿梅勒语（Amele）也像很多巴布亚语言一样，有非人称动词构式（IVCs），见例（20）。有一个自由代词 ija ‘I’，在英语翻译中对应主语代词。但是在阿梅勒语形式中，这个代词与动词形成参照，做直接宾语。非人称动词的主语事实上互相参照（cross-referenced）为第三人称单数，但其指称却是匿名的，所以不清楚这个非人称动词的名词主语。阿梅勒语非人称动词界定特征的一部分就在于主语一致总是第三人称单数。这样 IVCs 一般表示生理或心理体验，而名词宾语是指经事（体验者）。

（20）阿梅勒语

Ija wen t-ei-a

1sg hunger 1sg. DO-3sg. SU-TODP

‘I was hungry.’（我饿了。）

（21）a. Ija co-cob-ig cucui-im-ig busal-i nu-ig-a.

1sg DUR-walk-1sg. SU. SS. SIM. R fear-SS-1sg. SU run. away-SS go-1sg. SU-TODP

‘As I walked along, I feared, and I fled.’（我正走着，我害怕了，我逃跑了。）

b. Ija co-cob-ig cucui-t-ec-eb busal-i nu-ig-a.

1sg DUR-walk-1sg. SU. SS. SIM. R fear-1sg. DO-DS-3sg. SU run. away-SS go-1sg. SU-TODP

‘As I walked along, I became afraid, and I fled.’（我正走着，我开始害怕了，我逃跑了。）

现在来看 IVC 是如何与阿梅勒语的 SR 系统互动的。在（21a）中，cucuiimig（我害怕）是一个常规主动动词，用第一人称单数主语一致形式来标记。相比之下，（21b）cucuiteceb 中（我害怕）就是一个 IVC。在这里，动词有第一人称单数宾语一致，而主语是第三人称单数。（21a）中第一个小句的动词是用同主语形态标记的，因为后面的主控小句的主语是第一人称单数。第二个小句中的动词也是用 SS 形态标记的，因为最后控制小句的主语是第一人称单数。现在请比较（21b）。在这句中，第一个小句中的动词也是用 SS 形态标记的，但在这里，主控小句中的第一人称单数论元被编码为宾语。不过，这个论元是做IVC的中枢，用于SR。结果是，IVC有两个“主语”：控制动词一致的主语以及句法结构上的优先句法论元（PSA）。阿梅勒语SR系统通过IVC处理的方式形式化为（22）。在（21b）中cocobig的控制者是第一人称单数，这与cucuiteceb第一人称中枢形成同指，所以SS是标记在cocobig上的。然后，cucuiteceb的控制者是第三人称单数，这与busali nuiga第一人称中枢不形成同指，所以DS标在cucuiteceb上。

（22）阿梅勒语SR同指规则：

核对依存小句的控制者与主控句的中枢是否形成身份同指，如果所指相同，标记SS；如果不同，标记DS。

作者用同样的论证方法，得出了下面这些语言SR的形式化规则：

（23）滑语SR同指规则：

核对从句中枢与主控句的主控者是否有身份同指，如果有同指，则标记SS，如果没有，则标记DS。

（24）阿拉姆布拉克语（Alamblak）SR同指规则：

核对从句主控者与主控句的主控者是否存在身份同指，如果有同指，则标记SS，如果没有，则标记DS。

（25）巴赖语（Barai）SR同指规则：

核对从句中枢与主控句中枢是否有同指，如果有同指，标记SS，如果没有，标记DS。

上述讨论表明，对于有SR系统和能区分句法主控和语用中枢的动词构式的语言来说，SR系统要选择监控哪些论元为同主语或异主语。另外，有的语言中，受监控的是行事与历事的语义角色是否为SS/DS，而非语法概念上的“主语”。

（26）东部波莫语（Eastern Pomo）

a. Há: káluhu-y si:má:mérqaki:hi.

1sg. A go. home-SS went to bed

‘I went home and then went to bed.’（我回了家，然后睡觉了。）

b. Há: káluhu-qan mí:p’ mérqaki:hi.

1sg. A go. home-DS 3sg. A went to bed

‘I went home and he went to bed.’（我回了家，他睡觉了。）

c. Há: xá: qákki-qan wi q’ a:lál tá :la.

1sg. A water bathe-DS 1sg. U sick become

‘I took a bath and got sick.’（我洗了个澡，就病了。）

东部波莫语用动词上的标记来区分 SS 和 DS，如例（26）所示。例（26a、26b）是两个小句序列，带主动不及物动词伴随一个行事论元。在（26a）中，行事同指，所以第一小句动词标记为SS，而第二小句论元被省略。在（26b）中，行事非同指，第一小句的动词标为DS。在（26c）中，第一小句动词论元是 há—— 第一人称行事形式，而第二小句达成动词 achievement verb 的论元是 wi—— 第一人称历事形式。尽管这两人论元同指（都是第一人称单数），第一小句动词标记 DS。这就表明在触发 DS 标记的论元之间存在语义上行事还是历事身份的差别。

然而，像英语这样的语言里，主语和宾语可以就结构来定义，主语 S[NP, VP] 是 VP 外部的 NP，宾语 VP[NP, V] 是 VP 外部的 NP。当这种结构上的定义不需要严格的成分次序时，就需要动词与宾语相邻，或至少不会被非 VP 成分隔开，以形成一个成分。但是海勒（Hale，1973：311）指出，瓦尔皮里语（Warlpiri）语序自由，其主要句子成分次序不由其语法功能决定，而是由语用因素决定的，比如话题（已知信息）和焦点（新信息或重要信息）。唯一限制是助词 ka 必须是句子的第二个成分。因此，一个句子的成分可以有各种语序，所有排列都同样有效，因此瓦尔皮里主语和宾语的范畴就不能从结构来定义。

另外，瓦语的格标记也不能识别英语中那样的主语和英语。瓦语的通格等同于英语中的主格，标记及物小句的行事 PSA/ 行事和不及物小句的唯一论元（行事或历事）。因此瓦语的作格 —— 通格标记不能像英语主宾格标记那样区分主语和宾语。

（27）瓦语动词一致规则：

1）第一集合：交叉参照语义逻辑结构在行事—历事等级上的最高级直接核心论元；

2）第二集合：交叉参照了第二高级直接核心论元。

（28）瓦语格指派规则：

a. 给最低级宏观角色论元指派通格；

b. 给其他宏观角色论元指派作格；

c. 给非宏观角色论元（默认）指派与格。

这样，瓦语 -karra 和 -kurra 的 SR 规则也可以就宏观角色功能界定。

（29）瓦语的 SR 标记规则：

1）当主控小句行事论元与从句行事论元形成同指，标记为 -karra；

2）当主控小句历事论元与从句行事论元形成同指，标记为 -kurra；

3）当主控小句的行事＝历事（反身先行词）论元与从句行事论元形成同指，标记为 -rlajinta；

4）当主控小句行事论元与从句非宏观角色旁格论元形成同指，标记为 -rlarni。

第 5 节，分析指称性与句间指称转换 SR 的关系，考察人称与数等语法范畴以及生命度这样的语义特征与 SR 系统互动的方式。

第一点，研究人称和数范畴。人称与数范畴互动的性质是由从句与主控小句之间的同指、非同指及指称交叠等不同方式的运用决定的，见（30）：

（30）从句与主控小句之间指称性的多种运用方式：

a. RPd ＝ RPc 从句的优先句法论元（以下简称“PSA”）所指和主句的 PSA 相同；

b. RPd ≠ RPc 从句 PSA 所指和主句的 PSA 不同；

c. RPd⊃RPc 主句的 PSA（多个）所指应包含于从句 PSA 所指集合之中；

d. RPd⊂RPc 从句的 PSA（多个）所指应包含于主句 PSA 所指集合之中；

e. RPd ∩ RPc 从句 PSA 所指与主句 PSA 所指交集，d 表示从句的 PSA 所指，c 表示主句的 PSA 所指。

利森克（Reesink，1983）表示，对很多有 SR 系统的巴布亚语言来说，有各种强制同主语和异主语（SS/DS）标记，在指称交叠时，经常要选择某种 SS/DS 标记。阿拉姆布拉卡语就是这样一种所指称交叠情况下都要标记 SS 的语言（30c，d，e）。阿拉姆布拉卡语指称交叠的规则因此如下所示。

（31）阿语 SR 指称交叠规则：

在 RPd ⊃RPc 或 RPd⊂RPc 或 RPd ∩ RPc 情况下，默认（缺省）运用同指规则（22）。

对于滑语来说，海曼（1980：378-382）研究称，对于所有指称交叠情况（30c，d，e）这种语言都仅标 DS。因此这与阿拉姆布拉卡等语言完全相反。任何指称交叠都能触发 DS 标记，如（32）所示：

（32）滑语 SR 指称交叠现象规则：

在 RPd ⊃RPc 或 RPd ⊂RPc or RPd ∩ RPc 情况下，在依存动词上标记 DS。

下面作者依此方法分析了一系列语言的指称交叠规则：

（33）阿梅勒语 SR 指称交叠规则：

在 RPd⊃RPc 且 RPc（主句指称短语）数量少于 RPd（从句指称短语）情况下，默认运用同指规则（9）。

在 RPd⊂RPc 且 RPd（从句指称短语）数量少于 RPd（主句指称短语）情况下，在依存动词上标记 DS。

（34）克瓦语（Kewa）SR 指称交叠规则：

在 RPd⊃RPc 和 RPd⊂RPc 情况下，RPd 和 RPc 之间有数量差异，则标记 DS。

如果 RPd 和 RPc 都是第一人称，则可选择标记 SS。

（35）科邦语（Kobon）SR 指称交叠规则：

在 RPd⊃RPc 情况下，默认运用同指规则。

在 RPd⊂RPc 情况下，RPd 和 RPc 的数量有差别时，标记 DS。

如果 RPd 和 RPc 都是第一人称，则标记 SS。

（36）阿梅勒语 SR 指称交叠规则：

在 RPd⊃RPc 情况下，且 RPc 数量少于 RPd 数量，默认运用同指规则（9）。

在 RPd⊂RPc 情况下，且 RPd 数量少于 RPc，在依存动词上标记 DS。

在 RPd ∩ RPc 情况下，且 RPd 和 RPc 都包含第一人称，标记 RP，否则默认运用同指规则（24）。

看来文献里报告的每个典型 SR 系统都给所有人称标记 SS/DS。然而，只有第三人称标记 SR 的语言也有报告，包括中部尤皮克爱斯基摩语（Yupik Eskimo）、戈卡纳语（Gokana）以及凯恩刚语（Kaingang）。但是前两个不像是标准的 SR 系统：爱斯基摩语有除指（obviation），果卡纳系统则有间引回代（logophoricity）。

关于数范畴和 SR，韦斯曼（1982：55）曾提出了（37）所列的跨语言蕴涵等级。

（37）同指 SS 标记的蕴涵等级：

（RPd = RPc）>（RPd ⊃RPc）>（RPd ⊂RPc）

这就是说，在所有语言中，当 PSA 指称集扩及同空间（coextensive）时使用 SS 标记，而没有一种语言的情况是当主句中有依存 PSA 指称集合时，标记 SS，如果情况反之则不一定。

第二点，研究指称不足的主语和不规则的 SS/DS 标记。

斯德灵（1993：60-98）讨论了一些 SS 标记不指示同指主语的情况，包括因巴布拉奎楚亚语（Imbabura Quechua）和阿梅勒语的非人称结构，其中依存动词上的 SS 标记并不与非人称动词主语形成同指。在（38a）中从句主语是第一人称单数，而非人称小句的主语是第三人称单数。非人称句中的 Ñuka（我）与动词形成互相参照，做动词宾语。依存动词上的 SS 不指示同指主语。但是（38a）中的不规则 SS 标记可以得到解释，如果假设 ñukata 具有中枢 PSA 特征，umata 具有主控者 PSA 特征，当非人称构式是主控小句时，SR 系统追踪中枢同指。（38b）可以支持这种分析，因为 umaka 被标记为主句中枢。在这种情况下，umaka 就不与从句中枢 ñ uka 同指，因此 DS 标记在从句里的动词上。

（38）非人称结构的不规则 SS 标记

因巴布拉奎楚亚语（斯德灵，1993：75）

a. ñuka chagra-pi trabaja-shpa ñuka-ta uma-ta nana-wa-n-mi.
I field-in work-SS I-ACC head-ACC hurt-1sg-3-EVI
b. ñuka chagra-pi trabaja-jpi uma-ka ñuka-ta nana-wa-n-mi.
I field-in work-DS head-TOP I-ACC hurt-1sg-3-EVI
'When I work in the field, my head hurts me.'(当我在地里干活时,我头痛。)

斯德灵还提及，不可分割的领属名词（39a）、天气名词和咒骂语都是指称不足的主语，会激发不规则的 SS 标记。如（39a）中 ami（我的眼睛）被识解为照应 ija（我），因此用 SS 标记。如果涉及其他人的眼睛（39b），则用 DS 标记。

（39）不可分割的领属名词主语的不规则 SS 标记
阿梅勒语（罗伯茨（Roberts），1987：300）
a. Ija ta-taw-ig am-i wal-d-oi-a.
1sg DUR-stand-1sg. SU. SS. SIM. R eye（s）-1sg. PSR spin-3sg. DO-3sg. SU-tTODP
'As I stood my eye（s）spun（i. e., I became dizzy）.'［我站着时，我的眼睛转（即“我晕了”）］。
b. Ija ta-taw-emin am-eg wal-d-oi-a.
1sg DUR-stand-1sg. SU. DS. SIM. R eye（s）-3sg. PSR spin-3sg. DO-3sg. SU-TODP
'As I stood his eye（s）spun（i. e., he became dizzy）.'［我站着时，他的眼睛转（即“他晕了”）］。

第三点研究被动主语的不规则 SS/DS 标记。

被动结构的主语也用不规则 SS/DS 标记。在（40a）例的塞里语（Seri）中，ʔap（鹿）既是句首主动小句的主语，又是后面被动小句的主语（用 paʔ标记），但是在主动小句上标记 DS。在（40b）中，ši: Xipi（某物）是句首被动小句的主语，而“我”是后面主动小句的主语，SS 仍然标记在被动小句上。

（40）塞里语（Seri）
a. ʔap kiʔ toXi ma yopaʔit.
deer the it died DS it was eaten
'Whenever a deer died, it was eaten（by them）.'（每当一只鹿死掉，它就被（他们）吃了。）
b. koi ši:Xipi šo tompaʔit kʷiko:pis ak iʔyomke:pe.
still thing a it has not been eaten one's s moking the I don't like it

'I don't like to smoke before I eat something.'（字面上 'While something has not yet been eaten（by me）, I don't like one's smoking.'）（我不喜欢在吃东西之前吸烟。）（字面义：东西没被我吃之前，我不喜欢某人吸烟。）

（41）"吃"｛主动达成体｝的语义逻辑结构：

do′（x, [eat′（x, y）]）& [ingr consumed′（y）]

x 是行事论元，y 是历事论元。

塞里语被动结构的 SR 规则可以形式化如（42）。

（42）塞里语 SR 被动结构规则①：

1）当主句是被动句，从句是主动句，核对主动句的 PSA 与被动句行事论元的同指性。如果指称相同，则标 SS，如果不同，则标 DS。

2）当主句是主动句，从句是被动句，核对被动句的行事论元与主动句 PSA 的同指性。如果指称相同，则标 SS，如果不同，则标 DS。

第 6 节，讨论了 SR 的语用功能。

据研究发现，在某些语言中 SR 系统还有延伸到句法之外的语用功能。例如，在（44a）基奥瓦语（Kiowa）句子中，尽管第一个祈使小句的主语和最后一个小句的主语同指，第一个小句仍然标记为 DS。在这句中，DS 标记表明两个不同命令或事件。与此相反的是，在（44b）中，虽然采用了 SS 标记，但第一个和最后一个小句的主语是非同指的，其蕴涵意义是说这些信是一起写的，一起实现统一目的。如果用 DS 标记则表明信是彼此独立写的。

（43）基奥瓦语

a. ma-hé:be gɔ co′y ma′-thọ：

2du-enter. IMP DS coffee 2du. su:sg. o-drink. IMP

'Come in and have some coffee.'（进来喝些咖啡吧。）

b. Kathryn gya-gu′t gɔ/ nɔ Esther-al gya-gu′ t

Kathryn 3sg. su:pl. o-write SS DS Esther-too 3sg. SU: pl. o-write. PERF

'Kathryn wrote a letter and Esther wrote one too.'（凯瑟琳写了一封信，伊瑟也写了这封信。）

在某些情况下，一个语言的 SR 系统的功能可能完全是语用的。孟格瓦德拉（Menggwa Dla）的巴布亚语言是在 PNG 和印尼巴布亚边境大约有 200 人所讲的语言，有一个具有标准 SS 和 DS 功能的 SR 系统。然而，在年轻人的言语中，只有当主语互相参照后缀的人称—数—性特征无法消解指称歧义时，才会保留 SS/DS 标记的相应指称追踪功能。在这个话语形式中，

① 塞里语 SR 的两条被动结构规则，可以合并为一条规则：无论被动句在主句还是从句，核对主动句的 PSA 与被动句行事论元的同指性，如果指称相同，则标 SS，如果不同，则标 DS。

同指（SS）动词链形式已经成为无标记的 SR—— 中性形式。当非同指（DS）动词链形式仍然标明小句间主语的非同指关系，DS 动词链形式主要用于表明除参与人非连续之外的某种话语非连续性（比如时间非连续，逻辑非连续等）。所以，年纪较大的说话人还是使用标准 SR 系统，其主要功能是表明参与者连续或非连续性，年轻人使用 SR 系统主要是出于语用目的。

第 7 节，回顾并评价了关于 SR 的三种理论研究，分别阐述了其理论观点和存在的问题。

首先是句法角度。从句法角度研究 SR 现象的最佳代表是范纳（Finer，1985a，1985b）。他认为 SR 是一个句内句法手段，可以用乔姆斯基《管约论》（1981，1982）中的约束理论来解释。范纳在分析了有 SR 在主从句之间操作的美洲印第安语言和澳洲语言基础上，提出 SR 主要是一种和回指与代词很相似的受制于约束论的句法关系。特别是，他将 SR 看作是奥恩（Aoun，1985，1986）意义上 Ā - 约束的例子。

但是，范纳的分析有一些问题：①约束理论是在结构性句法框架内设立的，不能用于非结构性句法的语言，比如瓦尔皮里语，除非要把结构性句法强加于这种语言。②正如罗伯茨（1988a）所指出的，范纳解释的一个关键推断是 SR 主要是一项主从句之间的句法关系特征。这也许能说明他所研究的北美和澳洲语言情况，但不能用于巴布亚语言，因为那些语言中的 SR 是发生在平行关系的小句链中的。③范纳的分析预测 SS/DS 是严格由局部决定的，但是从强加在约束理论上的局部条件（locality condition）而来的。然而，SR 标记跳过紧邻小句而照应其旁边小句的情况也是常见的。④范纳的分析假定 SR 是一种仅在主语指称短语 RP 间存在的句法关系。但是，研究显示，SR 关系在非人称动词结构、不定式小句和被动结构中的主语 RP 间和非主语 RP 间都会存在。在非结构性语言中强加主语概念也是个问题。范纳如何处理涉及指称交叠关系的 SR 也不清楚。

第二是语义角度。斯德灵（1993）提出用话语表征理论（Discourse Representation Theory，简称"DRT"）来解释 SR 现象，运用了像论元性（argumenthood）、施事性（agency）与事态性（entuality）这些概念。斯德灵认为，SR 追踪事态性，每个事态性都有一个结构标引，如（47）所示。SR 系统能根据可能性差异机制来判断所比较的事态相同还是不同。

（44）斯德灵结构化事态性标引概念

将一个可能性标引作为一个三方关系＜识别号，体，参数＞，如下：

1）Id 是唯一可识别整数 1，2，3，...*n*；

2）体是一个筛选后事态性变量，从 e（事件）、s（状态）、a（不定体事态性）以及其他可能有的项目中筛选而来；

3）参数是一个参数列表＜主角，现实，处所＞，主要就是从 {x1，x2，x3，…，xn} 集合中挑选出来的一个个体话语标记；现状是 { 事实的，非事实的 } 集合中的一个值；而地点则是从 {l1，l2，l3，…，ln} 集合中选出来的一个筛选后话语标记。

然而，斯德灵的 DRT 理论也有两方面不足。首先，这个理论没有决定小句里哪个 RP 代表主角的机制。比如，在非人称动词结构中，非主语历事 RP 的功能是做 SR 目的的主角，在被动结构中，非主语行事 RP 的功能是做 SR 目的的主角。其次，阿梅勒语有事件量化范畴，比如用后缀表示一个多次事件，即分散事件发生多次，或者是描述了一个人群聚焦的单一事件。在阿梅勒语中，SR 系统追踪的是跨小句间参与者的同指性，而非事件的同指性。

第三是语用角度。黄衍（2000：301-302）基于新格莱斯主义理论对 SR 现象进行了语用分析。在某 SR 语言的语法条件下，任何想连续表达涉及指称可能性的说话人都会采用 SS，否则他或她就将违反格莱斯的合作沟通原则。另一方面，如果没用 SS 标记而用了 DS 标记，则会产生 Q（数量）含义，也即无法保持（某些方面的）可能性的连续性。在这种情况下，就需要基于 I（信息）原则的更多推理。默认或偏好的 I 解释就是存在指称转换。如果并非如此，则使用 DS 标记可能是反映某个其他参数的可能性变化，比如时间、地点和 / 或世界。黄衍认为，这看来正是东部波莫语和兰纳克尔阿梅勒等语言所实际使用的阐释策略。

黄衍这一思路的主要问题在于，没有解决一个典型 SR 系统的句法或语法要求问题，比如要追踪小句中哪个论元，或者同指或非同指的构成问题。这也仅是一个解释模型，并不能说明说话人在造句过程中使用 SS 或 DS 标记的基础是什么。

最后小节是结论。本章描述并讨论了美洲、澳大利亚及太平洋地区和其他地区的 SR 现象。由于篇幅所限，并不进行全面综述，只集中于展示 SR 主要是一个追踪话语参数者的句法手段。笔者运用了 RRG 理论，因为在非结构语言和带平行小句链的语言中无法使用一种结构性方法。SR 是一个有趣的类型学现象。

三、简　　评

本文选评《剑桥语言类型学手册》（2017）的两章《间接引语回指称代》和《句间指称转换类型学》，这两章都是关于语篇指称追踪的类型学研究综论，是语篇类型学研究的开拓性成果，给我们带来一些启发和思考，主要有三点：

第一，句法和语篇的叠合。指称是小句的重要内容，会涉及诸多的指称分类，比如，有指和无指，定指和不定指，专指和通指，等等。在语篇的层面，不仅同样会出现这些指称类型，而且还会有前后文中指称成分的联系和差异，比如预指和回指，同指和异指。间引回代，从句法上，可以看作是动宾结构中间接引语充当宾语，但是反映了句内外的指称关系，关涉到说话人与信息来源的同异，也在语义上消除二者是否同一的歧义，而且也有话语传信策略、对信息源的态度等主观性和交互主观性。句间指称转换，在前后小句内部，指称成分有句法成分和语义角色的承载，但是小句之间是否有指称同异的标志以及标注的方式，则不限于结构性的规则，还会有语义、语用的功能和动因。因此，从指称的角度，可以发现，句内和语篇的语法规律有各自层级的特点，但是也存在着层级之间的相互牵连和制约。

第二，理论和事实的互动。这两章，不仅体现了作者深厚的语言学功底，也充分展现了语言学研究的理论和事实的往返互动。首先是观察和注意到某个特殊的语言现象，于是创造出一个术语，并界定该术语的内涵外延，然后尝试运用某种理论进行描写、分析和解释。但是随着新现象的不断发现，以及事实的不断挖掘，范畴越来越大，已超出了术语所指的范围，也显示了所用理论的局限性，随后，重新修改术语的内涵外延，并发展和完善所用的理论。然后，进入下一轮的事实验证与理论修正。这两章的研究，都充分展现了理论和事实的循环往复、互动发展的景象。比如句间指称转换，最早是雅各布森（1967）造的，局限于句间句法主语之间的结构性指称转换，但是非结构性的指称转换，不能用句法分析来解决，因为涉及了论元角色以及与性、数等范畴的互动，还有语用功能类的言语行为和事态的同一性。虽然句法学家、语义学家、语用学家从不同角度提出了各自的解释方案，但都不能含括句间指称转换的所有现象，解释并不充分。因此，对于类型学中跨越形态、句法和篇法的多层级，兼有句法、语义、语用、认知和文化等多层面，需走多理论整合之路。

第三，类型学与文化。类型学研究，一般认为是寻找语言的共性和特性，或者从形式出发，或者从语义功能范畴出发。间引回代现象则引出了一个新视角，即类型学与文化的联系。正如该文所说：只有注意从历史传承与区域接触、意义和各种文化实践角度来看待语言的形式和历史，才能真正理解语法和跨语言类型学。

参考文献

[1] Aikhenvald, A. Y. Evidentiality[M]. Oxford: Oxford University Press, 2004.

[2] Aikhenvald, A. Y. Semi-direct speech: Manambu and beyond[J]. Language Sciences, 2008, 30(4): 383-422.

[3] Aoun, J. A Grammar of Anaphora[M]. Cambridge, MA: MIT Press, 1985.

[4] Aoun, J. Generalized Binding[M]. Dordrecht: Foris, 1986.

[5] Clements, G. N. The logophoric pronoun in Ewe: Its role in discourse[J]. The Journal of West African Languages, 1975, 10: 141-177.

[6] Comrie, B. Some general properties of reference-tracking systems[C]// In Arnold et al. (eds.). Essays on Grammatical Theory and Universal Grammar. Oxford: Oxford University Press, 1989: 37-51.

[7] Comrie, B. Switch-reference in Huichol: A typological study[M]// In Haiman & Munro (eds.). Switch Reference and Universal Grammar. Amsterdam and Philadelphia: John Benjamins Publishing Company,1983: 17-37.

[8] Culy, C. A note on logophoricity in Dogon[J]. Journal of African Languages and Linguistics, 1994b, 15(2): 113-125.

[9] Culy, C. Aspects of logophoric marking[J]. Linguistics, 1994a, 32(6): 1055-1094.

[10] Culy, C. Logophoric pronouns and point of view[J]. Linguistics, 1997,35(5): 845-859.

[11] Curnow, T. J. & Dimmendaal, G. J. Logophoric marking and represented speech in African languages as evidential hedging strategies[J]. Australian Journal of Linguistics, 2001, 21(1): 131-157.

[12] Curnow, T. J. Three types of verbal logophoricity in African languages[J]. Studies in African Linguistics, 2002, 31(1/2): 1-26.

[13] Finer, D. The Formal Grammar of Switch-Reference[M]. New York: Garland, 1985a.

[14] Finer, D. The syntax of switch-reference[J]. Linguistic Inquiry, 1985b, 16(1): 35-55.

[15] Foley, W. A. & Van ValinJr., R. Functional Syntax and Universal Grammar[M]. Cambridge: Cambridge University Press, 1984.

[16] Goffman, E. Forms of Talk[M]. Oxford: Basil Blackwell, 1981.

[17] Goffman, E. Frame Analysis: An Essay on the Organization of Experience[M]. Cambridge, MA: Harvard University Press, 1974.

[18] Hagège, C. Les Pronoms Logophoriques[M]. Paris: Bulletin de la Société Linguistique de Paris, 1974: 287-310.

[19] Haiman, J. & Munro, P. (eds.）. Switch-Reference and Universal Grammar [M]. Amsterdam and Philadelphia: John Benjamins Publishing Company, 1983.

[20] Haiman, J. Hua: A Papuan language of the Eastern Highlands of New Guinea[M]. Amsterdam and Philadelphia: John Benjamins Publishing Company, 1980.

[21] Hale, K. Person marking in Warlbiri[C]// In Kiparsky, P. & Anderson, S. R. (eds.）. A Festschrift for Morris Halle. New York: Rinehart & Winston, 1973: 308-344.

[22] Hill, J. H. & Judith, T. Irvine: Introduction[C]// In Jane H. Hill and Judith T. Irvine (eds.）. Responsibility and Evidence in Oral Discourse. Cambridge: Cambridge University Press, 1992: 1-23.

[23] Huang, Y. Anaphora: A Cross-Linguistic Approach[M]. Oxford: Oxford University Press, 2000.

[24] Hyman, L. M. & Comrie, B. Logophoric reference in Gokana[J]. Journal of African Languages and Linguistics, 1981, 3(1): 19-37.

[25] Jacobsen, W. H. Switch-reference in Hokan-Coahuiltecan[C]// In Hymes & Bittle (eds.）. Studies in Southwestern Ethnolinguistics. The Hague: Mouton De Gruyter, 1967: 238-263.

[26] Jakobson, R. Shifters, categories, and the Russian verb[C]// In Jakobson, R. (ed.）. Selected Writings: Word and Language. The Hague and Paris: Mouton De Gruyter, 1971/1990: 130-153.

[27] Kibrik, A. A. Reference in Discourse[M]. London : Oxford University Press, 2011.

[28] Nikitina, T. Logophoric discourse and first person reporting in Wan(West Africa) [J]. Anthropological Linguistics, 2012, 54(3): 280-301.

[29] Reesink, G. P. Switch-reference and topicality hierarchies[J]. Studies in Language, 1983, 7(2): 215-246.

[30] Roberts, J. R. Amele switch-reference and the theory of grammar[J]. Linguistic Inquiry, 1988, 19(1): 45-63.

[31] Roberts, J. R. Amele[M]. London: Croom Helm, 1987.

[32] Stirling, L. Switch-Reference and Discourse Representation[M]. Cambridge: Cambridge University Press, 1993.

[33] Westermann, D. Grammatik der Ewe-Sprache. Berlin: Reimer. A Study of the Ewe Language[M]. Oxford: Oxford University Press, 1907/1930.

[34] Wiesemann, U. A model for the study of reported speech in African languages[J]. The Journal of West African Languages,1990, 20(2): 75-80.

[35] Wiesemann, U. (ed.）. Pronominal Systems[M]. Tübingen: Gunter Narr Verlag Tubingen, 1986.

[36] Wiesemann, U. Switch-reference in Bantu languages[J]. Journal of West African Languages, 1982, 12(2): 42-57.

《复句信息结构与指称追踪》述评

李鹏枭　朱　斌

李鹏枭，马德里康普顿斯大学　文学院；朱　斌，华中师范大学　文学院

引　言

《复句信息结构与指称追踪》（*Information Structure and Reference Tracking in Complex Sentences*）是由荷兰约翰·本杰明出版公司（John Benjamins Publishing Company）2014 年出版的一本论文集，是《语言类型学研究》（*Typological Studies in Language*，*TSL*）第 105 卷，由五位学者联合主编，包括苏黎世大学（University of Zürich）的里克·范·金（Rik van Gijn），马克斯–普朗克心理语言学研究所（Max Planck Institute for Psycholinguistics）的杰里米·哈蒙德（Jeremy Hammond）、德扬·马蒂奇（Dejan Matić）和萨斯齐亚·范·皮腾（Saskia van Putten），以及帕拉恩施·艾米利奥·歌迪博物馆——巴西科技创新部[①]（Museu Paraense Emilio Goeldi-MCTI）的安娜·维拉奇·加卢西奥（Ana Vilacy Galucio）。《复句信息结构与指称追踪》由奈梅亨 2011 年 4 月举办的“南美及其他地区语言信息结构与从属句工作坊”会议论文编辑成册，共 415 页。

《复句信息结构与指称追踪》收录了 13 篇论文，开篇是《复句信息结构与指称追踪概述》，主体内容分为两大部分：2—7 篇是第一部分，紧密围绕复句信息结构展开；8—13 篇是第二部分，研究复句指称追踪现象。下面先介绍《复句信息结构与指称追踪概述》，然后逐篇简要叙述，最后进行简评。

一、《复句信息结构与指称追踪概述》介绍

《复句信息结构与指称追踪概述》（“Information structure and reference tracking in complex sentences: An overview”，以下简称《概述》，第 1—41 页）是全书总纲，由马蒂奇、

① 该单位中文译名由曾俊敏提供。

金和范瓦林[①]三位学者联合撰写。文章梳理了相关语言学基本概念，全面介绍了人类语言信息处理概貌，并将全书各篇主要论点置于信息处理和复句语法研究的整体知识框架下进行讨论。

《概述》开篇即强调信息处理（information processing）研究是复句研究的重要方面。信息处理包括信息结构（information structure）和指称追踪（reference tracking）两大组成部分（第1页）。信息结构和指称追踪的共同点主要在于两者均扎根于共同背景之上，即取决于交谈各方对当下共同背景的评估。共同背景概念指与谈话各方均接受的句义相兼容的各语义世界（第2页）。同时，信息结构和指称追踪均以语用分析、语言符号解码相结合为基础。例如，在很多语言中，当直接宾语带焦点标记时，焦点解读既可以在宾语上也可以在动词短语上。语法手段往往对信息结构和指称追踪起制约作用，而信息结构解码则通常是语用问题。但在某些情况下信息结构和指称追踪仅取决于语法手段（第3页）。信息结构和指称追踪之间也存在互动。

《概述》随后介绍了复句的分类标准和语法特点，指出传统语法将复句分为从属句和并列句，但划分的结果并非二元对立，而是连续统（第5页）。并列句并非必须带有连词，很多语言中存在着寄生性并列关系，即两个短语或句子并置（juxtaposition）（第5页）。从属句按照语法特点可分为子从属句（daughter subordination）和附加从属句（ad-subordination），子从属句即充当论元的从句，附加从属句即状语从句和关系从句。附加从属句充当主句的附加修饰语，并不直接内嵌在主句之内。《概述》提到宾语从句和动名词的分布特点与名词短语论元的分布特点吻合，由此将该分布特点归纳为子从属关系的主要特点。接着《概述》用此结论研究了不定式的语法特点，指出不定式不能被动化，也不能用分裂式强调句焦点化，这是因为它不能分析为直接宾语，因此它与前面的动词不是子从属关系，也就是说，依存关系并不总是意味着子从属关系。

《概述》指出附加从属句常带有显性的标句词，常包含在附加语之内。很多语言中附加从属句的一大特征是它可以位于其所修饰的主句之前或之后。子从属句和附加从属句的最大区别在于子从属句在句法结构上必须内嵌在主句之内，在语义上也并入主句句义之内。子从属句和主句合并后得到一个统一的复句整体，其信息结构与各成分的预设性等挂钩。附加从属句则不然，它通过连词附加在主句之上，并不与主句合并为一个复合命题（complex proposition）。

《概述》在复句句法结构与信息结构之间的互动层面对后者进行了有趣的分类。一方面，复句本身可以作为信息结构的分析单位，复句各部件为该单位的信息模块，即将复句类比单句进行信息结构分析，《概述》称其为“外部信息结构（external information structure）”；另一方面，复句的从属句本身也是信息结构的分析单位，它们有着独特的信息及认知地位，《概述》称其为“内部信息结构（internal information structure）”。《复句信息结构与指称追踪》研究外部信息结构的篇目主要包括詹尼克·范·德尔·瓦尔（Jenneke van del Wal）和欧文·R. 科门

① 范瓦林简介，参看本卷的《范瓦林的子句联结理论述评》。

（Erwin R. Komen）的论文，而研究内部信息结构的篇目包括帕奇·拉斯库拉因·依巴卢赛阿（Patxi Laskurain Ibarluzea）、马蒂奇、露茜安娜·R. 斯托尔托（Luciana R. Storto）和皮腾等学者的论文。

接着《概述》通过外部视角与内部视角、子从属句与附加从属句这两组参数将复句的信息结构划分为四种类型，并探讨了每种类型的语言学规律。例如，子从属句外部视角方面，话题性子从属句常常带有专门的信息标记，比如现代希腊语的话题性子从属句通常带有定冠词，从而名词化（第 10 页），匈牙利语宾语从句能够通过在动词前的焦点位置使用虚设指示代词复指来实现焦点化（第 11 页）。再如，英语研究证明，如果 V1 为非事实性动词的复句的主断言（main assertion）落在宾语从句上，那么主句不仅在信息结构上处于边缘化地位，而且在句法结构上类同于插入语（参见德赫和维克曼（Dehé & Wichmann），2010）。附加从属句外部视角方面，隶属于通古斯语族埃文语的话题标记能够附加在时间从句、原因从句和目的从句上，这些话题化的附加从属句通常具有舞台设置功能（第 12 页）。关系从句作为附加从属句的一种，可整体焦点化，焦点化后的关系从句往往是对比性的，这些特点和焦点化的普通定语类同（第 13 页）。《复句信息结构与指称追踪》科门所写篇证明了车臣语关系从句的句法位置能够影响它所修饰名词的信息功能。复句从属句内部成分的信息结构地位往往取决于从属句外部信息结构及句法结构、词汇和语篇因素。马蒂奇和海曼、波林斯基（Hyman & Polinsky，2010：219）发现一些语言［北尤卡吉尔语（Tundra Yukaghir）、亚罕语（Aghem）］的从属句不管是何种类型或处于何种语境都不能带有焦点标记。卡利吉亚纳语（Karitiana）和阿瓦蒂梅语（Avatime）的信息结构标记则完全可以出现在从属句中（第 14 页）。如果主句的语义和语用分量通过否定或者采用事实性动词而得以提升，那么信息结构逆反（information reversal）及从句内部采用信息结构标记的可能性就会降低，这是从属句的预设性所导致的。除非在极端情况下（如反问句等），否则预设性从属句不可能获得主断言（main assertion）的地位（第 15 页）。当补语从句焦点化时，既可以从句内部某些成分窄焦点化，也可以整句宽焦点化（第 16 页）。相较而言，附加从属句通常是预设性成分，其断言性也和补语从句的不同。附加从属句的内部信息结构更难通过显性手段呈现。《概述》引述罗斯（Ross，1967）的观点，附加从属句呈现孤岛效应。孤岛效应和从句缺乏内部信息结构密切相关。限定性关系从句作为句法单位其内断言不能够得到正确编码，比如说，它们通常不能担任句子焦点（第 17 页）[①]。限定性关系从句没有内部信息结构，因此其内部成分不能用疑问提取。

《概述》用汉语和北尤卡吉尔语的例子证明了当某种语言具备特殊的语言学手段时，那么限定性关系从句的内部信息结构限制便不是绝对的，但仍会受到词汇及语篇层面限制（第 18

① 《复句信息结构与指称追踪》第 13 页认为关系从句可以整体焦点化。我们把这种矛盾的说法理解为行文疏漏。

页）。然后，罗列了限定性关系从句缺乏内部信息结构这一论点所存在的反例，《复句信息结构与指称追踪》斯托尔托篇描述的卡利吉亚纳语，中心语居从句内部的关系从句通常带有和焦点标记同形的标记。

尤其值得汉语学者重视的是，《概述》探讨了依存非从属成分（dependent non-subordinate elements）的信息结构问题。所谓依存非从属成分和汉语语言学所说的论元共享型连动式十分近似。尼日尔 - 刚果语系的洛格巴语（Logba）例证显示，依存非从属结构共享论元进行焦点化不受任何限制。由此提出，依存非从属结构在句法上为扁平结构（flat structure），在语义上融进一个单独命题（a single proposition）之内，因此它更加类同于单句，而非复句。

指称追踪（reference tracking）是《复句信息结构与指称追踪》的另一研究点。该体系在汉语界受到的关注较少，乃至相关术语缺少固定译法，就连语法描写较为全面的经典译著《语法调查研究手册》也未对此有所涉及。指称追踪和回指（anaphora）现象有些类似，但前者覆盖面更广[①]，呈现出显著的多样性，有些现象与特定语言的形态句法（morphosyntax）关系更为密切，下面我们会一一介绍。

《概述》认为复句指称追踪系统值得研究的前提是其语法环境内的指称选择自由（第 20 页），指出助动词、控制动词构成的动词链中不可能存在类型学意义的指称追踪系统，随后着重介绍了连动结构（serial verb construction）在论元选择上不自由的特性[②]，因此指称追踪系统在连动结构中也同样受限。

《概述》使用以下四个参数对复句指称追踪系统进行了类型学划分：①语法编码策略（encoding strategy）；②指称支配领域；③标记位置；④支配词和被支配词的本质属性（第 20 页）。

指称追踪系统的语法编码策略主要包括：①删除策略；②保留策略；③添加策略。

删除策略除复句外也包括独立句中通常必需的指称性成分的省略。删除策略主要发生在不同小句论元出现同指时。例如英语并列句中仅当第二句主语和第一句主语完全相同时第二句主语才能省略（第 21 页）。

保留策略指把指称成分保持为没有上下文语境的形式，通常是名词短语形式。例如，当主语和前句主语不一致时，英语并列结构名词短语可采用保留策略。

介于保留策略和删除策略之间还有一种策略，即代词化策略，它在关系句和并列句中较为常见。关系句和并列句中重复的同指名词短语往往标记化程度非常高，有时甚至不被接受，因此通常采用删除策略或代词化策略。

添加策略指的是向复句的从属句或主句的论元上添加一个成分（通常为依存关系标记）的

① 按照我们的理解，指称追踪现象是回指现象的上位概念。

② 汉语学界在对国外语言连动结构研究的介绍上尚存在较大空白。

语法手段，被标记的论元与其他小句的某论元同指或异指。

删除策略和半删除策略（例如并列句谓语动词缺省（gapping）和代词化）通常在同指关系中使用。而保留策略通常在论元非同指时使用。添加策略则既可以出现在同指关系中也可以出现在非同指关系中（第 22 页）。

指称支配领域参数指的是某指称性成分的解释是否取决于同句另一小句的某个论元所指。该参数的本质在于所涉及的指称追踪现象是否是局部的（local）。例如并列句谓语动词省略和代词化是非局部的，因为它们的解释取决于另一小句的某个论元所指。

管约论认为，照应语在管辖语域内受约束，即反身代词必须与动词外论元同指，因此常规的反身现象是局部的。但是某些语言如汉语[①]允许长距离反身指代，即从属句的一个论元采用反身代词形式用来反身指代主句某论元。该长距离反身指代现象则为非局部现象。

间接引语回指称代系统（logophoric system，简称间引回代系统）中告知动词（verba dicendi）的宾语从句第三人称主语可在同指间引代词与非同指代词之间进行选择。其中，同指间引代词是有标记的，而非同指代词是无标记的。间引回代系统多见于非洲语言，代表为尼日尔 - 刚果语系伊博语（第 23 页）。

《概述》介绍了一个和间引回代系统近似并在《复句信息结构与指称追踪》中颇受重视的信息追踪系统，即句间指称转换系统（switch-reference system）。《概述》引用了海曼和芒罗（Haiman & Munro，1983：ix）的定义，认为通常的句间指称转换是动词的一个形态范畴，该范畴指明一个小句动词的主语是否与先前小句动词的主语同指。

斯特林（Stirling，1993：52-56）详细讨论了间引回代系统与句间指称转换系统之间的差异，将其总结为以下六条：

（1）间引回代系统的同指通常作用于代词范畴，而句间指称转换的同指通常不作用于代词范畴；

（2）间引回代的代词出现的语境更加受限；

（3）间引回代管辖性成分在语义上常解读为话语、思想或情感的来源，这与它扮演的句法角色关系不太大；

（4）间引回代名词短语倾向于局限在第三人称；

（5）间引回代系统中同指通常是有标记的，而句间指称转换的同指多为无标记的；

（6）句间指称转换经常把两小句中的包含指（inclusive reference）和叠加指（overlapping reference）处理成同指，而间引回代系统则通常没有这么灵活。

此外，远距离反身指（long-distance reflexivity）不可能是句间指称转换。《概论》关注这两个系统之间是否有相互演变的可能（第 26 页）。

---

① 《概述》引用了科尔和黄正德（Cole & Huang，2001：xiv）的汉语例子：张三认为李四知道王五喜欢自己。

指称追踪系统的第三个参数是标记的位置，指依存于其他成分的指代性成分的句法位置，该参数仅适用于非局部从属系统。罗斯（Ross，1967：1670-1671）认为依存性指代性成分可以出现在前置的依存句里，却不能出现在前置的主句里。例如：

a. Whether he_i plans to leave wasn't made clear by the $mayor_i$.（市长还没有决定清楚是否要离职。）

b. *He_i didn't make clear whether the $mayor_i$ plans to leave.（意图表达：市长还没有决定清楚是否要离职。）

后来的管约论 C 原则也建立在对此类语言现象的观察、剖析之上。

标记位置参数也能区分出两种不同类型的省略，即承前省略（elipsis）和蒙后省略（catalipsis）。蒙后省略的例证（哈斯普玛特（Haspelmath），2007：40）如下：

Birds eat [x] and flies avoid [long-legged spiders].（鸟儿吃苍蝇躲那些长腿蜘蛛。）

《概论》认为蒙后省略往往比承前省略受到更多限制，但对蒙后省略的跨语言研究至今仍十分缺乏，尚未形成理论体系。

最后一个参数是支配词（controller）和被支配词（pivot）的本质属性。这也是研究指称追踪现象最重要却最难理清的一个参数。它关涉特定的指称追踪现象是句法现象（如管辖理论所涉及的现象），还是语义语用现象（如话题性导致的代词化或省略现象）。《概论》的相关论述富有启发（第 27—32 页）。

《概论》认为复句、信息结构与指称追踪三者之间的互动有着巨大的发掘价值，现有研究仅仅触及表面。《复句信息结构与指称追踪》所研究的对象以非西方语言为主，这项研究能为更好地理解复句、信息结构与指称追踪之间的关系做出贡献（第 37 页）。

二、各篇述要

第 2 篇题为《马库阿语从属句与排他焦点》（“Subordinate clauses and exclusive focus in Makhuwa”）（第 45—69 页），作者瓦尔是莱顿大学研究员。《马库阿语从属句与排他焦点》分析了马库阿语（班图语）的两种互补动词形式的用法，即合式（conjoint form）和离式（disjoint form），指出当名词或简单副词位于动词后充当排他焦点时，动词使用合式（第 46 页）。合式的使用与其后的排他焦点为动词论元还是附加语无关。当动词后接状语从句时，若该从句为排他焦点，那么主句动词仍然采用合式。若动词后接宾语从句（宾语从句通常不能整体充当排他焦点），那么动词既可以采用合式也可以采用离式，语义上无明显差异。《马库阿语从属句与排他焦点》指出，状语从句与宾语从句在主句动词合式及离式选择上的差异应归因于状语从句没有内部信息结构而宾语从句具有内部信息结构。由于宾语从句有内部信息结构，它便不能作为一个整体在主句中充当信息结构单位。

第 3 篇《阿瓦蒂梅语（克瓦语支）左移位与从属句》［“Left dislocation and subordination in Avatime（Kwa）”］（第 71—98 页）由主编之一皮腾撰写，以阿瓦蒂梅语非常规句首成分为研究对象。该语言左移位话题有两个功能：①表示集合中的子项；②向语篇中引入新的话题。左移位话题既可以出现在主句中也可以出现在从句中。语料显示，含有左移位话题的从句多为补语从句，但也可能为状语从句，尤其是在目的句、原因句、时间句和条件句中较为常见。《阿瓦蒂梅语（克瓦语支）左移位与从属句》支持左移位话题不能出现在预设性从句的论断，证明阿瓦蒂梅语的左移位话题仅出现在有断言（assertion）的从句中。

第 4 篇题为《车臣语外置移位是一种信息整合策略》（“Chechen extraposition as an information ordering strategy”）（第 99—126 页），作者是科门。《车臣语外置移位是一种信息整合策略》研究了车臣语（Chechen）外置关系从句和窄焦点之间的关系。作者指出，车臣语外置关系从句既可以是限定性的，也可以是非限定性的；关系从句先行词既可以是论元也可以是附加语。非限定性外置关系从句的先行词可能出现在从句任何一个位置，而限定性外置关系从句的先行词只能出现在从句动词前的窄焦点位，该窄焦点通常在语篇中有明确的对比对象。

第 5 篇是由主编之一马蒂奇撰写的《北尤卡吉尔语疑问句与句法孤岛》（“Questions and syntactic islands in Tundra Yukaghir”）（第 127—161 页），着重探讨了北尤卡吉尔语信息结构与疑问孤岛（即疑问短语所构成的孤岛）之间的关系。马蒂奇发现北尤卡吉尔语关系句孤岛和附加语从句孤岛中不能有任何成分携带焦点标记，该语言焦点标记仅出现在主句层面。关系句孤岛和附加语孤岛作为一个整体可以充当主句层面的焦点，类似于特殊疑问简单句中疑问词的分布。疑问孤岛能够整体焦点化，此时被疑问的并非仅仅疑问词本身，而是整个疑问孤岛（第 156 页）。

第 6 篇由圣保罗大学语言学系（Departamento de Linguística，Universidade de Sao Paulo）斯托尔托撰写，题为《卡利吉亚纳语语序与信息结构》（“Constituent order and information structure in Karitiana”）（第 163—191 页）。《卡利吉亚纳语语序与信息结构》分析了卡利吉亚纳语的焦点特征，证明了该语言的左缘结构上有一个焦点位置。所有作主语或宾语的名词短语及介词短语均可焦点化。若焦点化成分为宾语，那么动词便会携带焦点标记。焦点标记的形式取决于动词所在小句的类型：若小句为陈述句，焦点标记采用“a-”形式；若小句不是陈述句，则焦点标记采用“ti-”形式。作者认为“a-”源自被动前缀标记，而“ti-”则可能由宾语从句名词化标记演变而来（第 188 页）。作者通过对语料中不同从属句的分析，得出从属句中可以有结构化的焦点这一结论。当主语切换为新话题时，卡利吉亚纳语会通过句末重复主语的方式来标记话题切换。

第 7 篇是第一部分最后一篇，是《复句信息结构与指称追踪》中唯一把西方语言作为研究对象的论文，题为《西班牙语否定句的补语从句语气选择》（“Mood selection in the complement of negation matrices in Spanish”）（第 193—227 页），作者拉斯库拉因任教于伊利诺亚州立大学。《西班牙语否定句的补语从句语气选择》提出西班牙语被否定的补语从句中虚拟式的使用主要取决于从句的外部信息结构而并非像传统观点所认为的那样取决于从句的非断言性（non-assertion）或真值。具体而言，虚拟式的使用取决于“激活的指示对象（referent）与否定之间的关系”（第 203 页），即当从句已预先处于激活状态时，动词用虚拟式；而当从句处于非激活状态时，动词使用陈述式[①]，通过陈述式所表达的断言（assertion）将其激活（第 212 页）。使用虚拟式意味着说话人和听话人均已将从属句句义置于脑海中（第 204 页）。这与主语动词表达主观看法时补语从句动词使用虚拟式的情况类似。双重否定环境下补语从句动词既可以采用陈述式也可以采用虚拟式，使用虚拟式意味着说话人认为听话人对从句命题意义已了然于心，而使用陈述式意味着说话人并不认为听话人已知从句命题意义。

《西班牙语否定句的补语从句语气选择》思想并未脱离前人的研究基础。诚如作者所言，将西班牙语从句虚拟式与其外部信息结构挂钩最早可追溯到梅西亚斯 - 比坎迪（Mejías-Bikandi，1998）。此外，《西班牙语新语法》（*Nueva gramática de la lengua Española*）也有部分（25.3r、25.4i、25.4m、25.5i、25.6e 至 25.6g、25.6i 至 25.6j、25.7c 至 25.7n、25.13i、25.13p、25.14d）阐述与之不谋而合。《西班牙语新语法》指出，当西班牙语主语从句充当主题（tema）时，从句动词倾向于使用虚拟式；当主语从句传递新信息时，从句动词则使用陈述式。《西班牙语否定句的补语从句语气选择》独到之处在于，将兰布雷希特（Lambrecht）信息激活理论引入从句虚拟式的分析之中，通过语料库手段用翔实例句可信地分析、证明了该理论对于否定句虚拟式选择的适用性，并对以往信息结构分析法无法解释的虚拟式选择现象进行了解释、说明。《西班牙语否定句的补语从句语气选择》的不足之处主要体现在理论的适用面上，传统上解释西班牙语从句虚拟式的预设性论或非断言性论通常覆盖所有名词性从句，而《西班牙语否定句的补语从句语气选择》理论仅适用于否定句。因此，具有相同信息结构的肯定句与否定句在虚拟式选择上的差异需要解释。

a. No creo que vayan a casarse.（我不认为他们会结婚。）
b. ?Sí creo que vayan a casarse.（我真的确实认为他们会结婚。）
c. *Creo que vayan a casarse.（我认为他们会结婚。）

即便 b 句焦点落在主句上且从句语义明显带有语篇旧信息（discourse-old）色彩，从句虚拟式动词 vayan（将要）的使用仍然是不自然的、有标记的，但好于不加强调副词 sí 的情况（c 句）；

① 指代对象激活理论来自兰布雷希特（Lambrecht，1994，2001）。

否定句 a 句中的虚拟式则完全自然。该现象成因是信息结构使然还是断言性使然，抑或是不同因素协调作用的结果，抑或有更深层次的成因蕴含其中？这都有待进一步研究发掘。

第 8 篇题为《巴布亚语言之乌桑语的话题管理与小句整合》（“Topic management and clause combination in the Papuan language Usan”）（第 231—261 页）。作者热尔 • 里辛克（Ger Reesink）任教于欧洲公共法律中心和奈梅亨马克斯 – 普朗克心理语言学研究所（EPLC & MPI for Psycholinguistics Nijmegen）。《巴布亚语言之乌桑语的话题管理与小句整合》研究了乌桑语（Usan）话题化成分的指称追踪方式。乌桑语具有句间指称转换系统，同时具有小句链结构（clause chaining structures）。在小句链结构中，一连串动词连接成链后仅最后一个动词有时体语气标记。里辛克观察到当名词性话题成分作为新话题引入语篇时通常带有不定冠词“ger”；非新引入的名词性话题成分则带有“eng（that）”标记。然而，一旦说话人认为一个话题已经稳固建立在听话人的脑海之中，话题的表达仅通过动词的指称转换屈折变化进行。主语性（subjecthood）和话题性（topichood）在指称转换标记选择方面均扮演一定角色；当语篇中存在多重话题时，指称转换标记仅能指向其中一个成分（第 242 页）。该章节还指出乌桑语的从属句已经名词化了，不管是名词短语还是从属句，当被“eng”所限定时，均为已知信息。

第 9 篇由主编之一哈蒙德撰写，题为《怀特桑兹语（大洋洲语言）句间指称转换先行语与从属句》［“Switch-reference antecedence and subordination in Whitesands（Oceanic）”］（第 263—290 页）。《怀特桑兹语（大洋洲语言）句间指称转换先行语与从属句》以怀特桑兹语（Whitesands）的句间指称转换系统为研究对象，指出该语言句间指称转换系统的独特性在于充当主谓词（main predicate）的是小句链的第一个小句（而非乌桑语的语篇最凸显小句），其他小句是采用同指（co-reference）形式还是异指（disjoint reference）形式均以该小句为参照。主谓词必须进行人称变位，以管辖整个小句链的时态及言外语力（inarticulatary force）。同指标记为前缀“m-”，该前缀与动词的人称时态词缀对立分布。而异指标记标在完全变位的动词上。语义方面，同指标记永远表达该句主语与前句主语一致。此外，怀特桑兹语的句间指称转换系统不能用于关系句和补语从句。

第 10 篇题为《尤拉卡雷语重复依存句》（“Repeated dependent clauses in Yurakaré”）（第 291—308 页），作者是该书主编之一范 • 金博士。《尤拉卡雷语重复依存句》分析了尤拉卡雷语（Yurakaré）的两种信息追踪模式：“尾 – 首连接（tail-head linkage）”和“重复引述结构（repeated citation constructions）”。“尾 – 首连接”有四种类型：①字面照搬型，往往只重复动词，这与该语言论元话题化省略有关；②指示指称型，这是最常用的一种“尾 – 首连接”方式，尤拉卡雷语有一些直证动词如“achuta（像那样是 / 做 / 说）”“achama（像那样做）”；③换述型，后链首句用另一种说法重述前链尾句的意思；④意联型，后链小句建立在前链小句事件的某个要素上，这种结构常与异主语标记“＝ ti”共用。《尤拉卡雷语重复依存句》认为“尾 – 首连接”构建的事件构域和交叠程度呈连续统：（＋）verbatim（字面照搬型）-deictic reference（指示指称）-paraphrase（换述）-associated（意联）-no overlap（无交叠）（－）。“重复引述结构”与“尾－首连接”的相同点是都包含依存形式中谓语重复，不同的是前者使用同主语标记“＝ya”（非真实）和“＝ja”（真实），后者使用依存标记“＝ja”（同主语，真实）和“＝ti”（异主语），作者认为这是尤拉卡雷语的独特性质。

《尤拉卡雷语重复依存句》从形式和功能的角度总结了两种信息追踪模式。在功能上，“尾－首连接”是主题衔接，“重复引述结构”是事件序列。在形式上两者也有些共性：①包含重复；②使用依存小句重复；③包含（部分）句间指称转换系统。这些形式上的共性也是两种模式的功能驱动使然。重复上，两种指称追踪模式都具有文本功能，也就是事件连贯功能，建立话语关联，使得同一事件兼有叙事主干和背景的双重功能。依存小句方面，“尾－首连接”的从句属于非断定信息，只提供背景，而“重复引述结构”则兼有断定和背景功能。句间指称转换形式主要取决于两个因素：①主语是否同指；②主语同指时小句句义是否倾向为真（real）。“尾－首连接”只使用部分的真实序列，从而不使用非真实的同主语标记。

第 11 篇由詹姆斯库克大学（James Cook University）西蒙•E. 欧弗洛尔（Simon E. Overall）所著《阿瓜鲁纳语（希瓦罗语系）小句链、句间指称转换及名词化》（“Clause chaining, switch reference and nominalisations in Aguaruna（Jivaroan）”）（第 309—340 页）。《阿瓜鲁纳语（希瓦罗语系）小句链、句间指称转换及名词化》研究了亚马逊语言阿瓜鲁纳语（Aguaruna）的句间指称追踪系统，指出该语言为小句链语言，认为该语言指称追踪信息由从属句、“尾－首连接”和一些名词化小句共同协作标记（第 309 页），指称追踪形式标记出现在动词上而非名词上；句间指称转换既与指称对象的句法功能有关又与小句的外部信息结构有关。欧弗洛尔提出，阿瓜鲁纳语的非限制性关系句可被重新分析成小句链结构，其名词化标记可看成指称转换标记。

第 12 篇研究对象是印第安语言埃塞埃加语（Ese Ejja），题为《埃塞埃加语从属句的复合同指系统》（“The multiple coreference systems in the Ese Ejja subordinate clauses”）（第 341—371 页），作者马林・乌烈梅特（Marine Vuillermet）是奈梅亨大学（拉堡德堡大学）研究员。《埃塞埃加语从属句的复合同指系统》研究了埃塞埃加语句间指称转换系统。与常规的“相同主语/不同主语”二分的句间指称转换体系不同，埃塞埃加语具有两套各三分的指称转换系统。第一套系统体现在原因句、条件句和表示主句动作之前的时间句中，指代形式取决于是否与主句主语同指，同时取决于主句主语所扮演的语义角色。第二套系统仅在除表示主语动作之前以外的其他时间句中体现。指代形式既取决于小句是否为依存句（dependent clause），又取决于依存子句中与主句主语同指的论元所充当的句法角色。

第 13 篇是《复句信息结构与指称追踪》的最后一篇，由主编之一加卢西奥所著，题名为

《梅肯斯语论元标记与指称追踪》（“Argument marking and reference tracking in Mekens”）（第373—396页）。《梅肯斯语论元标记与指称追踪》从介绍梅肯斯语（Mekens）主要语法特点出发，描写了该语言的两套指称追踪系统。第一套系统中，若主从句主语同指，则其中一个主语可以省略；若不同指，则两个主语均带显性标记。第二套指称追踪系统则用于不及物动词和助动词，通过动词与主语的一致性关系表达。加卢西奥认为梅肯斯语指称追踪系统取决于主语的定义（第374页），主导该系统的语言学范畴是主语而非话题（第384—386页），该系统具有句间指称转换系统和间引回代系统均不具备的语言学特征。

三、简　　评

《复句信息结构与指称追踪》是迄今为止我们见到的唯一一部研究复句、信息结构及指称追踪三者互动的学术专著。

《复句信息结构与指称追踪》以南美语言等语言为研究对象，跨语言地研究了相关方面的语言共性和特点，突破了印欧语视角的局限，丰富了学术研究中语言现象的多样性，特别是在相关语言事实基础上，有许多新的规律发现和理论建树。

正是这种超越印欧语眼光的研究，对汉语的研究也就更显得具有启发意义。比如，《概述》《马库阿语从属句与排他焦点》《北尤卡吉尔语疑问句与句法孤岛》认为孤岛效应和从句缺乏内部信息结构密切相关。这种提法较为新颖，且能够解释其中描写的语言事实。这一规律对于汉语而言也适用吗？众所周知，汉语孤岛限制远小于以英语为代表的印欧语，却被认为是“话题优先型语言”（李讷和汤普森（Li & Thompson），1976）。从这个角度看，《复句信息结构与指称追踪》中的提法似乎和汉语的概况是吻合的。但具体语言现象应如何分析？如何解释疑问副词和疑问代词从关系孤岛中提取所呈现出的不对称现象（蔡维天，2008）？这些问题有待进一步研究。

再如，《概述》对一些语言的连动结构进行了形态描写，将其同复句和单句进行多层面比较，从而得出连动结构是单句的结论。但是汉语除了论元共享型连动式外，还有非论元共享型连动式，这些更接近复句的连动式的信息结构与指称追踪特点是怎样的？非汉藏语系是否也有类似结构？这些问题同样能引发研究的兴趣。

《复句信息结构与指称追踪》是《语言类型学研究》中的一卷。《语言类型学研究》丛书以语言类型描写为主要目标，以功能派语言学理论作为主要理论[①]。然而，我们发现《复句信息结构与指称追踪》多数篇目均带有一定形式派色彩，由此可见，国外语言学界功能派与形式派在走向融通，不同语言学流派之间的相互借鉴和吸收，必将有助于语言学研究的新进展。

① 《语言类型学研究》丛书的详细介绍见官方网站：https：//benjamins. com/#catalog/books/tsl/main。

参考文献

[1] 蔡维天 . 比较句法理论与汉语疑问、量化结构研究 [J]. 当代语言学和汉语研究，2008：26-41.

[2] 刘丹青 . 语法调查研究手册 [M]. 上海：上海教育出版社，2008.

[3] 邢福义 . 汉语复句研究 [M]. 北京：商务印书馆，2001.

[4] 朱斌 . 汉语复句句序和焦点研究 [M]. 广州：世界图书出版广东有限公司，2013.

[5] Aoun, J. A grammar of anaphora[J]. Linguistic Inquiry Monographs, 1985 (11): 1-190.

[6] Austin, P. Switch-reference in Australia[J]. Language, 1981, 57(2): 309-334.

[7] Bickel, B. Belhare subordination and the theory of topic[C]// In Ebert K. H. (ed.）. Studies in Clause Linkage. Papers from the First Köln-Zürich Workshop. Zürich, 1993: 23-55.

[8] Camacho, J. On case concord: The syntax of switch-reference clauses[J]. Natural Language & Linguistic Theory, 2010, 28(2): 239-274.

[9] Cole, P., Hermon, G. & Huang, C. -T. J. Introduction: Long-distance reflexives: The state of the art[J]. Syntax and Semantics, 2001, 33: xiii-xlvii.

[10] Cruickshanks, A. Review: Discourse Analysis; Syntax; Typology: van Gijn, Hammond, Matić, van Putten (2014)[EB/OL][R]. (2014-10-16) [2017-11-05]. https://linguistlist. org/issues/26-1401.html.

[11] Dehé, N. & Wichmann, A. Sentence-initial I think (that) and I believe (that): Prosodic evidence for uses as main clause, comment clause and discourse marker[J]. Studies in Language. International Journal sponsored by the Foundation “Foundations of Language”, 2010, 34(1): 36-74.

[12] Erteschik-Shir, N. On the nature of island constraints[D]. Ph.D. diss., Massachusetts Institute of Technology, Cambridge, 1973.

[13] Española, R. A. & Asociación de Academias de la Lengua Española. Nueva Gramática De La Lengua Española[M]. Madrid: Espasa Libros, 2009: 1882-1952.

[14] Georgi, D. Switch-reference by movement[C]// In WeisserP. (ed.）. Perspectives on Switch-Reference: Local Modeling and Empirical Distribution. Vol. 89 of Linguistische Arbeitsberichte, Leipzig, 2012: 1-40.

[15] Givón ,T. Topic continuity in discourse: the functional domain of switch reference[C]// In Haiman, J. & Munro, P. (eds.）. Switch Reference and Universal Grammar. Amsterdam: John Benjamins Publishing Company, 1983: 51-82.

[16] Haiman, J. Conditionals are topics[J]. Language, 1978, 54(3): 564-589.

[17] Haiman, J. & Munro, P. Introduction. Switch Reference and Universal Grammar: Proceedings of a Symposium on Switch Reference and Universal Grammar, Winnipeg, May 1981[M].

Amsterdam: John Benjamins Publishing Company, 1983.

[18] Haspelmath, M. Coordination[C]// In Shopen, T. (ed.）. Language Typology and Syntactic Description(Vol. II): Complex Constructions. Cambridge: Cambridge University Press, 2007: 1-51.

[19] Hyman, L. & Polinsky, M. Focus in Aghem[C]// In Downing, L. & Zerbian, S. (eds.）. Information Structure: Theoretical, Typological, and Experimental Perspectives. Oxford: Oxford University Press, 2010: 206-233.

[20] Lambrecht, K. When subjects behave like objects: An analysis of the merging of S and O in sentence-focus constructions across languages[J]. Studies in Language. International Journal sponsored by the Foundation "Foundations of Language", 2000, 24(3): 611-682.

[21] Lambrecht, K. Information Structure and Sentence Form: Topic, Focus, and the Mental Representations of Discourse Referents[M]. Cambridge: Cambridge University Press, 1994: 71.

[22] Li, C. N. & Thompson, S. A. Subject and Topic: A New Typology of Language in Subject and Topic[C]// InLi, C. N. (ed.）. Subject and Topic. New York: Academic Press,1976.

[23] Mejías-Bikandi, E. Pragmatic presupposition and old information in the use of the subjunctive mood in Spanish[J]. Hispania, 1998, 81(4): 941-948.

[24] Nonato, R. Clause chaining, switch reference and coordination[D]. Ph.D. diss., Massachusetts Institute of Technology, Cambridge, 2014.

[25] Ross, J. R. On the cyclic nature of English pronominalization[C]// To Honor Roman Jakobson: Essays on the occasion of his seventieth birthday (Vol. III). The Hague: Mouton de Gruyter, 1967: 1669-1682.

[26] Stirling, L. Switch-Reference and Discourse Representation[M]. Cambridge: Cambridge University Press, 1993: 52-56.

[27] Van Gijn, R. et al. (eds.）. Information Structure and Reference Tracking in Complex Sentences[C]. Amsterdam: John Benjamins Publishing Company, 2014.

系统研究汉语复句句序和焦点的首部力作

——评《汉语复句句序和焦点研究》

高增霞

中国人民大学　文学院

复句，上连篇章，下含小句，同时具有句法、语义和语用多方面的属性，是语法研究的热点，历来受到学者的广泛关注。朱斌担纲撰写的《汉语复句句序和焦点研究》，2013 年 5 月由世界图书出版广东有限公司出版，将研究内容集中在汉语复句的句序和焦点问题上，不仅打通了复句和句群，而且将句法、语义、语用研究有机地结合在一起，是系统研究汉语复句句序和焦点的首部力作。

一、系统全面地考察了各种复句句序的配列规律

汉语缺乏严格意义上的形态标志和形态变化，语序就成为一种非常重要的语法手段。语序既包括词与词之间的词序，也包括小句与小句、句子与句子之间的句序。如果可以说“汉语的句法全部是词序”（赵元任，1968），那么，说汉语的章法关键是句序也并不夸张。汉语研究中对于词序的研究已经很重视也很深入，但是对于句序的研究并没有达到那个程度，这是因为这方面的研究已经超过了“句”的范畴，涉及篇章、认知等更多、更复杂的因素。而《汉语复句句序和焦点研究》却勇于攻坚，全面、系统考察了各种复句句序的配列规律，并取得了丰硕的成果。

第一，既考察了汉语复句的常规句序，又考察了变异句序。在汉语复句研究中，不可避免地会涉及各类复句中分句的排列顺序。因为研究复句不可避免地会涉及其标志性词语——关联词语，在总结各种关联模式的时候，分句的排列顺序自然被归纳出来。尤其是那些不符合常规的排列形式，即变异句序，更会吸引研究者的目光。但现有的研究中，或者是将句序包含在复句类型及其关联词的研究中，或者只是关注某一种复句的变异句序，但在《汉语复句句序和焦点研究》中，作者不仅关注到变异句序，也关注到常规句序。例如研究“为了”目的句的句

序，既考察了“为了”句在前的类型，也考察了“为了”句在后的类型；研究然否复句，既有先肯定再否定的考察，也有先否定再肯定的考察。既研究常规配列的配列规律，又探讨了变异句序的类型和认知基础。

第二，全面考察了并列类、因果类、转折类关系复句的句序。邢福义先生在《汉语复句研究》（2001）中把复句分为并列类、因果类和转折类三种关系类型。《汉语复句句序和焦点研究》分为上下两编，上编研究句序，下编研究焦点，无论研究哪个内容，都照顾到三种类型。具体到某种角度的研究，如从分句的语气类型考察，从肯定、否定的语用类型考察，都从并列、因果、转折三个方向去观察，分析在这三个纬度上有何体现。可以说，照顾到了现代汉语复句的所有类型。

第三，不仅考察了单重复句句序，还考察了多重复句或套层复句的句序。语言是个层级系统，在复句中也表现出层级性。《汉语复句句序和焦点研究》认为，复句是分句按照一定层次和关系联结而成的，有的有一层关系（单重复句），有的会有两层或两层以上的关系（多重复句）（第 138 页）。这种观点，不仅正确反映了语言的套合机制，还打通了复句和句群的关系，简化了语言规律的研究。书中重点考察了说明性因果关系与转折性关系的二重套层，考察了复句前后分句的配置以及前后分句的套层能力，并统计出了各种套层模式的频次序列，非常全面细致。

第四，不仅考察了复句的逻辑语义类型，还考察了复句的语用类型。传统的复句类型如联合关系、递进关系、因果关系、转折关系等等，都是从逻辑角度观察的，《汉语复句句序和焦点研究》不仅从分句的逻辑语义角度观察，还善于从分句的语气、语用功能角度进行观察。例如，书中详细考察了“陈述”“祈使”分句在复句中的使用情况，总结了“陈述”“祈使”的句序类型。认为，不同句序的分句句类配列，复句关系的类型也会有差异，比如“陈述＋祈使”句序几乎能形成各种类型的复句关系，但是“祈使＋陈述”句式只能形成有限的几种复句关系，表现了分句语气类型的句序和复句关系类型之间的互选和制约规律。尽管以往研究中也注意到过复句的语气问题（如邢福义《汉语复句研究》），但是从语气角度研究复句，笔者认为，本部分的研究成果还是初次。同样，关于肯定、否定分句的排列顺序，也是作者的创见。

因此，关于汉语复句的句序研究，该书可以称得上全面、系统。

二、系统全面地考察了复句的焦点问题

焦点是信息结构研究中的一个重要领域，是对句中信息分布和组织的一种结构描写，反映了句中各信息成分之间的关系。在汉语研究中，焦点理论为汉语语序研究提供了一个新角度。但以往的研究主要是研究句内各信息结构之间的关系。《汉语复句句序和焦点研究》作者认为：

“焦点既然是交际表达的重心和要旨所在，就不只限于单句，复句、句群、话语篇章等都应该有焦点域和焦点核。”（第 12 页）这是一个大胆的应用，因为目前还没有对复句的焦点进行研究的有效的方法、手段和标准。同时，这也意味着，作者的每一步努力都在填补空白。

作者选择了递进复句、因果复句、假设复句的焦点结构进行研究，还考察了然否对照的焦点情况和复句层构上的焦点投射。其中，通过疑问法、否定法等方法测试出六种顺递句焦点结构、四种反逼性递进句焦点结构、四种反转性递进句；通过添加“否则”的方法，以及观察其他焦点标记词的方法，考察了“因—果”式和“果—因”式因果复句以及假设复句的焦点分布情况。另外，作者还对“因为 p，否则 q”各种复句格式的层次关系与“否则”的焦点投射情况进行了细致的观察和探索。

在考察中，作者提出了从“否则”切入考察复句焦点的有效方法。作者认为，“否则”具有焦点投射功能，不仅能测定复句的焦点结构和焦点分布，而且还能使复句的句法语义格式发生变化和焦点结构。这一发现，不仅为本书中焦点结构的判断提供了有效依据，而且为汉语焦点研究的后续工作提供了一种可操作的、可行性方法。

尤其值得指出的是，书中将焦点与句序有机地结合起来，认为：复句格式能自然显示或强调凸现焦点；复句句型由分句句型按序组配，具有焦点配列功能；复句关系标记具有话题述题或预设焦点的标记功能；复句层构的焦点分布呈层构态势；复句的句序和焦点都受制于主观视点和认知策略……这些结论都具有创新性，对于复句的深入研究必定有极大的影响。

从以上研究内容上看，《汉语复句句序和焦点研究》一书对于汉语复句语序和焦点的研究是具有开创性意义的，可以说是汉语复句句序和焦点研究的首部力作。

三、深入挖掘语言事实，深化语言理论

《汉语复句句序和焦点研究》一书的写作，给人印象最深刻的，莫过于理论与事实紧密结合，一方面有翔实、深入的事实挖掘，一方面又有深入、敏锐的语言规律、语言理论的提炼。具体表现为：

一是例句多。书中呈现出大量的、翔实的、丰富的语言事实。书中每一节所使用的例句，至少也有十几例，多的达到二百余例，整本书所使用的例句近千例。不仅如此，作者还对各类复句类型进行了细致的定量统计，几乎每章都能看到统计表格。

二是内容全。由于作者关注语言事实，所以能看到别人所忽略的东西。例如在以往的复句研究中，大家一般比较关注分句间的结构和语义关系，一般比较关注句子的句型，但是对于分句的句类，则有所忽略。《汉语复句句序和焦点研究》正是从事实出发，才关注到分句的语气类型，并进行了细致的分析和研究，共挖掘、整理出十五种“陈述＋祈使”型复句，八种“祈

使＋陈述”型复句。同时，在分析语言事实的时候，作者注意多角度、全方位的分析。对每类复句类型，作者都注意从语义、句法、语用、语篇、认知多方面，共时、历时多角度进行考察。

三是观点新、深。正因为作者占据了丰富的语言事实，所以能发现新的规律。例如通过对属于不同句类的分句的排列组合，作者提炼出“语气是重要的关联手段”的重要结论。其他新观点还有：“否则”具有焦点投射功能，可以作为句子（包括单句、复句）焦点的检测手段；句序不单是句法和语义问题，更是语用和认知问题；语言线性序列具有层构性，这种层构性基于焦点层构性，等等。这些研究和发现都大大推进了现代汉语复句的研究。

汉语语法学一向重视语言事实的描写和解释。事实是科学研究的起点，但是，仅仅把研究局限在事实上，不重视理论的建构，研究就会流于经验。反过来说，如果过于重视理论构建，罔顾语言事实，研究就会流于空谈，经不起时间和实践的检验。在如今学风浮躁的现实下，《汉语复句句序和焦点研究》的作者还能够脚踏实地地认真挖掘整理语言事实，是值得称道的。同时，作者并没有拘泥于事实，而是立足语言事实，又高于语言事实，努力从语言事实中提炼出反映本质的语言规律，建立起符合汉语语言事实的理论和方法。这种理论的建构，完全不同于对外来理论的盲目引进及削足适履，而是真正地建立起适合于汉语、反映汉语本质的语言理论和方法。

《汉语复句句序和焦点研究》全面、系统地考察、描写、分析和解释了现代汉语复句的句序和焦点，力求做到形式与意义、归纳与演绎、描写与解释相结合，这是汉语复句研究的又一次成功的实践。作者首次构建了汉语复句句序和焦点框架，这对于完善汉语复句研究系统有积极的意义，有助于深化复句问题的研究。

参考文献

[1] 吴锋文．新时期以来汉语复句基础研究综观 [J]. 信阳师范学院学报（哲学社会科学版），2013（1）：78-84.

[2] 邢福义．汉语复句研究 [M]. 北京：商务印书馆，2001.

《英语史上的连接词》述评

冯　莉

黑龙江大学　应用外语学院

一、内容概况

《英语史上的连接词》（*Connectives in the History of English*）是维也纳大学 2004 年召开的第 13 届英语历史语言学国际会议论文集（第 283 卷），主编是德国慕尼黑大学（University of Munich）的厄休拉·莱茵克（Ursula Lenker）和芬兰赫尔辛基大学（University of Helsinki）的安纳利·默尔曼·索林（Anneli Meurman-Solin）两位学者。该书被收入《阿姆斯特丹语言学理论与历史研究》丛书，作为第四个系列《当代语言学理论研究》成果，2007 年由本杰明（John Benjamins）公司出版。

论文集聚焦英语史上的小句连接词发展演变，运用古英语、中古英语和近现代英语的传世文献语料库，从多个理论视角分析了句子和语篇层面的连接词来源、演变、英语史各期表现及变化动因等。本论文集由序言和 12 篇专题研究论文构成。由两位主编撰写的序言回顾了连接词研究的多种理论与方法视角。接下来的 12 篇论文排序具有系统性，第 1 篇和第 2 篇研究了相对具有概括性的方面。第 3—9 篇分别研究某个（或某些）连接词及其语义角色。第 10—12 篇则从语篇组织角度研究了某些连接词的语篇组织维度，特别是连接词与体裁和文本类型之间的关系。

序言全面回顾了连接词研究在当代语言学中的地位与问题，并准确评价了 12 篇专题论文的研究价值与特色，因此本文首先将详细介绍序言内容，以使读者更好把握各专题研究中采用的理论与方法。接下来将依次介绍专题研究论文中的主要内容与结论，并适当评述。最后就汉语研究如何借鉴本书成果提了几点建议。

二、《序言》介绍

序言由两位主编执笔，是理解与评价本论文集关于连接词研究背景和价值的重要基础和框架。其主要内容如下：

1. 连接词与当代语言学研究

小句连接是使用中的语言最关键的构建模块之一，因此也是各种句法、语义、语用和认知现象交汇的领域。当代构建大型电子数据库的技术使语料库语言学方法有了长足的进步，也令研究者对联接小句或更大文本块的特征历史更添兴趣。然而，在近来面向类型学的研究中，英语和其他欧洲语言的小句衔接手段描述库仍然是运用像词典和语法书这样的二手资源建立起来的。所以，跨学科的基于语料库的分析与连词体系和类型的重建是完全有整合空间的，前者能够检测到以前语料代表性不足的数据所未曾识别出来的变异与演变的复杂模式。

本论文集将基于语料库的个体连词的历史、共现模式、系统内外的变异与演变模式的分析，与各种研究方法工具相结合，其中包括语法分析的复杂方法、语用学分析、语篇语言学和话语分析。这些研究建立在质与量都有所提升的数据基础上，从各种新的理论视角重建了英语连词的历史。

本论文集的优势是建立在当代语言学的各种发展基础上。

第一，研究受益于这样一个事实，即平衡语料库推动了英语历史各期文本的扎实分析，如ARCHER，或大型单体裁语料库，如CEEC（早期英语信函语料库）。

第二，研究展示了语用学与语篇语言学领域近期发展如何丰富了英语连接手段的历时研究，比如追溯新的连词从口头话语词形（token）发展为口头话语形式类（type），再发展到规约化为编码意义的历程。这样的研究，只有将语料库语言学的量化方法与文本微观细致分析相结合才得以实现。换言之，尽管有量化分析方法，但大量成果还是来自于对语境中个体例子的详细分析。这种将语料库发现与上下文和语境细致分析相结合的研究，能有力促进将信息处理研究成果运用于连词历史的研究。

第三，这种从小句、句子和语篇等各层面研究句间连接的视角，要求考察功能关联的系统性特征。因此，关系词的特定用法是在句子层面的回指照应变异模式下进行分析的，而不是在英语传统语法范畴下来分析。由共现模式构成的系统是构建连词特征的核心，这是由本论文集作者之一托马斯·科宁（Thomas Kohnen）创建的新式分析工具，用于测量各种文本与体裁中口语性与书面性的变化程度。

2. 连接词：小句连接的连续统

语言学文献经常忽略连接词研究，因为很多语法理论将句子作为最高分析层面。因此，已有标准主要是有关由并列连词 and，or 之类构建起来的联合句构成，或者分析复合句中并列与从属的区分及其相关连词。然而，连接词的概念不仅包括创建小句间结构关系，还包括更大文本单位之间关系的特征。仅仅或主要在整体层面发挥功能的连接词，也即连接话语块的连接词，几乎从未得到过细致研究。这也适用于零实现（zero-realization）—— 英语连接系统历史变异与演变中都能观察到的一种反复出现的重要模式。

在小句、句子、话语和文本各层面无数不同类型的连接手段之间，存在着类型学相关性——只有当我们接受了这个整体设想，才能够进行连接词的变异类型学研究。本论文集反映了这样一种观点：传统的形态—句法标准以及之后传统范畴下的连词分类，如副词、从属连词或并列连词，都不足以揭示出相关构式或模式。

本论文集运用语料库研究的本质特征在于，历时发展可以运用一个基于包含所有具有连词潜能变体的词库而形成的连续统来描写。因此，为建立一个能有效考察变异的词库，必须穷尽所有成员，包括从高度细化的表达到压缩形式，甚至到零形式的所有连接形式。

莱曼（Lehmann，1988）提出的小句连接普遍参数已经为建立这样一个词库提供了一个框架，这个参数体系就是从他对世界语言复杂句构成最重要的若干方面的类型学调查中得出来的。他的广泛调查设定了有若干参数的连续统，从一端是最细化的有定式动词无句法嵌入的并列小句（作者称为联交关系，relation of sociation），到另一端是单个小句，不带人称、时体、语气屈折标记，也没有标句词和标志嵌入成分的简化嵌入式谓语（依存关系 relations of dependency）。这个范围涵盖从一端的最细化状态到另一端的最压缩状态，是用以下 6 个参数之一的连续统形式实现的：①从属句层级下降（从弱平行关系到强嵌入关系）；②从句的主句句法层面（从高层面的句子到低层面的词）；③从句的去句化（从弱小句到强名词）；④主要动词的语法化（从弱词汇动词到强语法词缀）；⑤两小句的交界（从弱小句附加语到强小句交叠）；⑥连接的外显性（从最强接合到最弱接合）（syndesis）。莱曼的类型学研究对于本集中好几篇论文都起到关键作用，读者请看关于 lest，to 不定式和 albeit 的专题研究。

3. 域（domain）：类型学的发现

其他论文研究基本保持稳定的连词，是说这些连词在所考察的英语历史各期都起连接词功能。它们中的多数都由早期的形容词或副词发展而来，表现出高度的语义和句法多功能性。但是在古英语时期之后，特别是中古英语期间就衰落了。这些研究证明了科特曼（Kortmann，1997）类型学研究的另一项成果，即句间关系与其认知基础性或人类推理的中心性，及其认知复杂性和特定性有标记性区别。根据科特曼，高度语法化的，特别是单形态化或单词化的历时频繁稳定使用的连词表明了其“认知基础性”（词汇要义编码认知要义）。确实，大多数基本关系也表现出了较低程度的复杂性，但认知基础性和认知复杂性却是分开的，因为，比如让步关系，表现出“高度的认知复杂性，却又明显属于认知基本关系的核心集合”。这些参数产出一套核心的12种基本关系（因果关系，条件关系，让步关系（这三者即CCC），结果关系，目的关系，同时交叠关系，同时持续关系，先后关系，及时先后关系，结论关系，地点关系和相似关系）以及多个日益边缘化的层次关系。总体来说，上述关系可以归入四个网络：时间关系，CCC关系，情态关系和处所关系。

科特曼继续指出，超越网络的演变一般来说是单向的，因此我们能够区分出来源（处所和情态）和目的（CCC）域。CCCC或4C关系（对比现在成为了普遍的第4个域）构成了目的网络原型，即超越网络的语义演变终端。跨语言的多义模式也显示，时间关系与4C网络间存在最近关系，从而使原来的时间连接词经常发展出4C意义。

这些类型学发现与频率研究结果也反映在本论文集中，读者可以参看关于oþ如何为till ‘till, until’所取代和{any，each，every} time的演变这两篇论文。

4. 语 法 化

这些过程普遍暗示着主观化增强，因而也被视为语法化的原型例子。文献中多次提及这类情况，但在本论文集中，一方面运用平衡语料库频率模式的更广视角来分析，另一方面则精确分析了决定性的桥接语境。以变异类型学视角分析连词，是将其置于一个呈现其多功能性和模糊性本质的变异空间来观察。比如，在分析形态句法特征基础上对albeit历史进行研究，就可以直接得出一个语法化的案例。从大范围数字化资源得出的范畴模糊性与多功能性的证据表明，连词的历史最好从两个平行的过程来描写，即从属连词的发展和话语标记的发展。基于语料库的历时研究也使得我们可以考察语法化vs词汇化的模式。读者请参看本论文集中对where和whereas的研究。

5. 共现模式

本论文集强调语义与语用的维度，特别是在小句和句子层面之上的证据，体现在科宁对从属连词和并列连词语言特征的共现模式分析中，这个分析方法可以看作是一个确定文本或体裁连词特征的诊断性工具。科宁和克拉里奇将语料库语言学与历史文体学结合起来，从体裁与文本类型角度分析了语料库数据。他们对判断一般文体趋势感兴趣，或将其对特定历史时期的考察置于早期现代英语文本书面语如何发展的更广框架中，或考察跨度很长的时期内两种迥异体裁的发展。

6. 语言接触

最后，考察来自中古英语和早期现代英语时期的数据，对语言接触引发的语言演变的影响也提出了问题，这加强了当代连词研究的类型学导向。本集中，洛佩斯-科索（Lopez-Couso）讨论了 lest 作为从属连词和标句词发展过程中从拉丁语中借用句法的作用，并且提出了“从古法语的表达中造出短语 all be it（that），后来发展为原子连词”的假设。拉丁语的影响是很复杂的，作者提出，运用多体裁的语料库（包括拉丁语译本），从比较视角考察共享文本结构特定功能的语言特征的变异范式，将会有新的发现。

7. 理论与方法的协同作用

论文集背后的理据可以用理论与方法的协同效应来说明，这对深入理解小句组合手段的复杂历史具有相关性和必要性，无论从单语内部视角还是从比较方法，包括语言接触现象来看，都是如此。理论方面，特别是在以下领域可以识别出协同作用：运用语料库语言学工具细化历史语用学、历史篇章语言学、历史文体学和历史类型学的研究；运用变异原则进行语言特征与系统的共时与历时解释；整合语音、结构、句法和语义特征信息以及话语功能微观层面分析所获得的信息，特别是有关语法化和主观化理论的框架。

方法方面，之所以能够对英语历史上的小句组合手段研究提供新信息，是因为有了足够大和有代表性的历时语料库。历时语料仍然存在重要空缺，尤其是晚期现代英语，由于语料汇编原则与实践之间存在差异，使得来自不同语料库的数据很难比较，甚至无法比较。在本论文集中，像 HC、HCOS、COPC 和 BNC 这样的标准语料库仍然采用最早构建的版本（生语料库），但采用这些数据库某些部分的标注分词版（熟语料库）也是显而易见的，比如纽约—多伦多—赫尔辛基古英语散文语料库。除了使用一些新的在线词典之外，多数论文都采用了广泛的语料来源，并且从 DOEC、MEC、LION 和牛津词典引文语料库中补充了数据。

下面列出本论文集采用的所有语料库信息：

（1）ARCHER-2 = A Representative Corpus of Historical English Registers 2 历史英语语域代表语料库 2

（2）BROWN = A Standard Corpus of Present-Day Edited American English 当代美国英语编辑标准语料库

（3）BNC = the British National Corpus 英语国家语料库

（4）CEECS = Corpus of Early English Correspondence Sampler 早期英语信函样本语料库

（5）CH-D = English Drama. 英语戏剧语料库

（6）CH-P = Early English Prose Fiction: 1500-1700（1997）早期英语散文小说语料库

（7）CME = Corpus of Middle English Prose and Verse 中古英语散文韵文语料库

（8）COPC = the Century of Prose Corpus 散文世纪语料库

（9）CSC = Corpus of Scottish Correspondence 苏格兰信函语料库

（10）DOEC = Toronto Dictionary of Old English Corpus 多伦多古英语词典语料库

（11）DSL = Dictionary of the Scots Language 苏格兰语言语料库

（12）FLOB = Freiburg-LOB Corpus of British English 弗雷堡-LOB 英国英语语料库

（13）FROWN = Freiburg-Brown Corpus of American English 弗雷堡 - 布朗美国英语语料库

（14）HC = Helsinki Corpus of English Texts 赫尔辛基英语文本语料库

（15）HCOS = the Helsinki Corpus of Older Scots 赫尔辛基古苏格兰语料库

（16）KCIE = Kolhapur Corpus of Indian English 戈尔哈布尔印度英语语料库

（17）LLC = London-Lund Corpus of Spoken English 伦敦 - 隆德英语口语语料库

（18）LOB = Lancaster-Oslo/Bergen Corpus of British English 兰卡斯特 - 奥斯陆 / 伯根英国英语语料库

（19）MEC = the Middle English Compendium 中古英语概略

（20）LION = the Literature Online database 文学在线数据库

（21）MED = Middle English Dictionary（2002）中古英语词典

（22）PPCME = Penn-Helsinki Parsed Corpus of Middle English 奔宁 - 赫尔辛基中古英语标注语料库

（23）OED = Oxford English Dictionary（2000- ）牛津英语词典

（24）quotations corpus of the Oxford English Dictionary（OED）牛津英语词典的引文语料库

（25）Strathy = Strathy Corpus of Canadian English 斯特塞加拿大英语语料库

（26）York-Toronto-Helsinki Parsed Corpus of Old English Prose 纽约 - 多伦多 - 赫尔辛基古英语散文标注语料库

（27）UofV = University of Virginia, Electronic Text Center. Modern English Collection 维也纳大学电子文本中心当代英语汇编库

（28）ICAME Collection of English Language Corpora 英语语料库汇编

（29）Lampeter Corpus of Early Modern English Tracts［克劳迪娅•克拉里奇（Claudia Claridge）］早期现代英语文本段语料库

（30）ACE = Australian Corpus of English 澳大利亚英语语料库

（31）Newdigate Newsletters 纽迪吉特奖时事通讯语料库

（32）Wellman = Wellington Corpus of Written New Zealand English 新西兰书面英语威灵顿语料库

然而，作者也指出，采用篇章语言学方法而非形态句法方法，暴露出计算机处理数据的一

些问题。语料库编制者越来越意识到，采用编辑原则处理后的历史文本已经失去了研究有效性。其中法律文件和信函一类的文本处理问题尤其突出。这类文本原本主要由历史学家来阅读。其原稿与计算机处理后的文本差异很大，尤其是其小句结构已经被破坏，因为其标点和大写字母经过现代化处理后无法再现原文模式。话语结构的整体标记层面还有些其他非语言特征，比如空格或段落结构之类的特征在计算机处理数据后全部丢失。由于电子语料库的标注还是在形态句法层面，所以本论文集主要提取了语义、语用和文本语言特征。这使得作者能够识别出转换时期反映语言演变的例子，能够追踪一段较长时期内的平行发展和持续变异。

三、各篇述要

第一篇专题研究论文题目为《状语从属关系内外副词性连接词：lest 的历史》（“Adverbial connectives within and beyond adverbial subordination”），作者是西班牙圣地亚哥联合大学（University of Santiago de Compostela）的洛佩兹 - 科索（María José López-Couso）。该文开篇指出，句法与语义多功能性经常被看作很多副词性连接词的跨语言特征之一。副词性连接词不但在状语从属范畴内部呈现多样性，而且还发展出范畴之外的多功能性。作者追溯了 lest 从古英语的副词性从属连接词发展为现代英语标句词（补语连词）的历史。从属连词 lest 源于古英语的连接短语（字面意义为 by-that less that）。随时间推移，原来的多词从属性让位于现代英语中的单形态连词 lest。

作者识别出了 lest 的两大功能：①副词性从属连词，引出负面义小句，相当于 so that... not，for fear that ... ②标句词 lest，替代直陈标句词 that 或者零形式，也即表示反面目的和仅做补语。该词表示的负面义目的关系和其他负面关系一样，是一个认知复杂的关系，处于状语从属领域的边缘。其概念空间认知复杂性决定跨语言都用复杂短语表达，也即词汇化程度低。lest 小句本质上表达的是害怕、担忧、焦虑、危险和恐惧某种情境发生，而主句描述的是用什么步骤来避免这种情况。其扩展功能是基于语义相关性，第一功能会限制第二功能选词。虽说 lest 的两个构式语义上相近，但其句法功能相距甚远。状语小句表达的是卫星关系，属于句子的边缘结构，而补语小句是作为谓词的论元，与主句更为融合。表示担忧义在前者中是一种语境照应，而在后者中则在 lest 小句之前的语境中已经表现为一个谓词。这是一种语用意义上的突显。

本文关于 lest 功能扩展的研究，验证了科夫曼研究欧洲语言的类型学结论，即有表示负面目的从属连词的语言，也有表示负面条件的从属连词，但反之则不行，负面目的比负面条件要复杂。论文最后以拉丁语和古英语做比较。古英语与拉丁语平行，并非是拉丁语影响了古英语，而是一种语言历时演变的共性。另外，可以看出，历时语料检索可以实现三个研究目的：现象何时演变、从什么现象演变为什么现象、什么因素影响演变。

第二篇题目为《英语史上作为连词的to》（“To as a connective in the history of English”），作者是荷兰奈梅亨大学（Radboud Universiteit Nijmegen）的贝特罗·洛斯（Bettelou Los）。该文研究内容之一是研究不定式标志to的语法化，其二是比较了不定式to和介词短语中的to。一般认为to从介词去范畴化为不定式标记是中古英语时期发生的，而作者认为，to不定式在古英语时已属于动词范畴，具有小句地位。以历时比较观察目的介词短语和虚拟小句表明，中古英语时表达目的就默认使用to不定式。to不定式的目的附加语重新分析为目的补语。本文勾画出to范畴在史前时代发生变化的过程，并指出其原因是形态构成的重新分析：一个名词化派生后缀与其他后缀相竞争成功，使得几乎任何动词都可以代入。这就使后续的学习者都将之分析为屈折变化，而非派生形式。这就是to不定式从介词短语分离开来转变为小句的节点。其分布也不再是介词短语的分布，而转为与之竞争的虚拟小句的分布。

作者运用了大量语料证据反驳了前人观点。如：首先，关于古英语to不定式的范畴身份问题。作者主张to不定式不是介词短语。第二点，有些研究结论说，中古英语的to比现代英语更多像名词，那古英语时就应当更像名词使用了。还有证据说中古时不定式写为te，从完整发音到央化，是语法化的典型伴随结果。因为词汇内容丢失会导致重音丢失，但作者提出，实际上古英语也偶有见到te。古英语时西萨克逊语言的书写一致性比英语方言强，中古英语很可能是因此丧失了正字法地位，而非表示to不定式有变化。第三点，有证据说to是介词短语是因为古英语to后呈现出与格词尾，但作者认为，不定式to和词尾不与介词及其词尾的表现相同。两个介词短语并列时，第二个介词不必重复出现。并列结构中第二项可省用介词，格不变，而to不定式并列时则不能省第二项，否则词尾会失掉。这是因为辖域不同。to do只管后面紧邻的do。to与do是不能分开的。

作者试图验证莱曼的小句衔接参数。他用这个两端分别是最详尽和最压缩的补语量尺来定位三个结构——to不定式，虚拟小句和to介词短语。各种参数构成的连续体与语法化连续体仅在一定的投射轨迹上相重合。拉丁语光杆不定式作为动词补语，这是量尺一端最压缩形式的原型，并非在历史上从整句派生而来，而是从名词化而来，这是句子压缩形式的极端例子，甚至在去句化连续体上走得更远（莱曼，1988）。同样，去句化参数将古英语的to不定式定位于to介词短语与虚拟小句之间的位置，但这不意味着to不定式自身已经去句化。正相反，它代表to介词短语的句化形式，在量尺上更靠向句化那一端，而非其所脱离的名词化那端。作者认为，这表示莱曼的连续体说不直接与语法化路径相一致，特别是在动词与名词相接触的点上。

第三篇题目是《从oþ到till：一个早期从属连词的失踪》（“From oþ to till: Early loss of an adverbial subordinator”），作者是芬兰赫尔辛基大学（University of Helsinki）的玛蒂·里萨宁（Matti Rissanen）。本文描述了在英语形成早期，副词性连词如何依次发展为介词和从属连词。oþ 与古英语其他副词性连词共享一些特征；介词与从属性连词共存一时，从属连词或者是 oþ 的简单形式，或者是 oþ þæt 短语。短语形式在古英语早期文本和中英语韵文诗歌中比简单形式更常见。这意味着短语形式比多数其他追溯到介词短语的从属连词经历了更早的语法化，或者可能是有不同的起源。till 取代 oþ 的一个影响因素就是 til/CVC/ 在语音上比 oþ /VC/ 更重，特别是 oþ 短语的语音弱化导致了与 oþþe ‘or’ 和 oþe ‘on the’ 的同音异义。中古英语时期明显看出，oþ 已经完全被弃用，由 til 取而代之。这与 til 早在古英语时期就作为方言介词变体存在的事实是分不开的。斯堪的纳维亚语言接触也能解释这一过程的早期变化。

此项研究值得注意的一点是语音层面因素的分析。

第四篇题目是《副词性连词（any，each，every）time 的崛起》（“Rise of the adverbial conjunctions {any，each，every} time”），作者是加拿大不列颠哥伦比亚大学（University of British Columbia）的劳雷尔·布林顿（Laurel J. Brinton）。作者总结了英语史上 any time，each time， every time 这三个表达的演变特征，并且分析了两种发展模式的决定性证据。所有带 -time 的关系化结构都很罕见，而且在英语史上出现很晚，都能有力反驳第一种起源观点，即来源于紧缩关系小句的核心名词（删掉了 that）。第二种观点认为其起源是介词短语，则与所考察的数据年代发展相符合。在所考察的三个案例中，PP 都在 Adv 之前，而 Adv 又在 AdvConj 之前。另外，这个派生的两个步骤与众所周知的语法化过程的演变也是相一致的。英语其他形式也有类似的两个步骤的发展：PP ＞ Adv，Adv ＞ AdvConj。从 PP 到 Adv 的演变涉及 time 从词汇中心词 N 到功能中心词 Adv 的功能演变。还涉及去范畴化，或者说是丧失了原来范畴的特征，吸收了新的特征，也即，time 失去了被作为名词修饰的能力（请注意 any more time，each short time，every long time 不被作为副词接受），而是在动词性复杂句中占据了一个位置。功能转变和去范畴化对语法化来说都居于中心地位。从 Adv ＞ AdvConj 的转变过程中，作者也发现了语法化的很多演变特征［请参看霍珀（Hopper，1991），莱曼（1995），霍珀和特劳戈特（Hopper & Traugott，2003）］，包括：

（1）形式限于小句句首位置（即句法固定）；

（2）从副词到连词的功能重新分析（较主要的＞较次要的词类，副词居于主要与次要词类之中间地位）；

（3）去范畴化，特别是丢掉了与副词相关的句法移动能力；

（4）从“在任何时间 / 每时每刻”的语义演变为表示“任何时候”的时间连接词；

（5）分向发展（霍珀，1991），三个副词持续存在；any time，each time，every time 都持续使用；而 PP at any time 也一直在使用中（虽然 at every time 和 at each time 都被弃用）；

（6）分层次（霍珀，1991），和其较早的形式 whenever 一直共存（后者自中古英语始就作为 AdvConj 使用）。

作者想强调的是，带 -time 形式后来的融合或者单词化，并非是语法化的标准，也不表明形成其正式的词汇化。

总的来说，本文追溯了英语史上三个表达同时重合的副词性连词的崛起过程。当这三个短语的共时形式和话语功能指向其小句连词地位，而非压缩关系小句副词性中心名词时，正是其历时发展证明了它们的连词地位。本文的语料库数据也证明了其语法化路径。

第五篇题目《中世纪英语 since 的演变》（“The evolution of since in medieval English”），作者是波兰西里西亚大学（University of Silesia）的拉佛·莫兰吉（Rafał Molencki）。该文描述了从古英语到早期现代英语时期 since 的发展过程。

Since（＜ siþþan）是从由副词 sīþ 和中性指示代词 þæt 的工具格形式 þon 所构成的早期短语经过史前古英语期的语法化过程合二为一发展而来。古英语中的 siþþan 多数时用作副词和连词，也可能边缘性用作介词。这个连词有三个基本时间意义，对应现代的“之后（先前），从那时起（期间）和当时（同时）”。有些古英语用法也允许做小句的解释。Subsequentto that 最早是古英语中的一个副词，表达“在 XX 之后，当 XX 时，从那时以后”。前两个意义在中古英语时代就消失了。同时，表达原因义的连词 since 使用频率增加了。古英语中 since（＜ siþþan）已经语法化为副词和连词。中古英语发生了语义专门化过程，演变为“期间（duration）”之义。作为“因为”和“让步”义的连词义也出现了，作者将此语义演变解释为从时间到原因的主观化，主观化也能解释其他使语义变得更抽象的例子，同时这也是语法化的清晰例子。

作者试图以历时考察的结果验证前人的理论观点。作者指出，在中古英语期间，从古英语 siþþan 经历各种语音和形态过程派生而来的多种形式都在副词、连词和新介词的功能中得以体现。但是时间连词的多个语义理解却减少了，这也证实了科特曼（1997：346-347）关于中古英语副词性从属连词语义多功能性降低的假设。因而，中古英语的时间连词 sithe（n）不再表达同时性，让位于 after，使其成为表达前后关系的主要从属连词，只保留了从那时起的“期间”之意。同时，该词作为引导原因状语从句的使用大幅减少，偶尔作为让步连词使用。这些更抽象的意义也与特劳戈特（1989，1995）的主观化理论相一致。从主要词类向次要词类的演变与此相似，经历中世纪英语各期语音弱化的几个独立过程，都是语法化的清晰证据，后来影响了 since 之前的 siþ þon 短语。这个演变与同源的德语有一些平行发展过程。

第六篇题目为《语法化和句法多功能性：albeit 个案研究》（“Grammaticalization and syntactic polyfunctionality: The case of albeit”），作者是芬兰赫尔辛基大学（University of Helsinki）的叶林娜·索瓦（Elina Sorva）。该文主要研究 all be it（that）如何从中古英语回指从属小句 al be it that 发展为让步连词 albeit。这个连词的频率在早期现代英语开端时期达到顶峰，而后却几乎完全淡出了使用。现代语料库数据显示，这个词的用法开始复兴。但是，在早期现代英语中，这个词多数带上定式小句补语，而现代用法中却发现带的是无动词补语（如名词短语）。在分析了各种历时与共时语料基础上，发现 albeit 不但作连词，还可以作副词和介词。词频分析峰值是早期现代英语中作为连词引出定式小句，但在 18—20 世纪，降为句法模式：albeit（）＋非定式或无动词小句。

作者详细描述了其发展过程：all ＋倒装模式，也即 all 后面是倒装语序，是在 13 世纪的英语中出现的。可能是通过增强副词 all 后面加上简单倒装的重新分析而来，并且还是模仿古法语的 tout ＋倒装模式而造的。连接性短语 all be it（that）是 14 世纪出现的，在 all ＋倒装模式基础上发展而来，并且也仿造了古法语的 tout soit il/ce que 短语，而后者也是从 tout ＋倒装模式发展而来。all ＋倒装模式有过各种实现方式，包括［all be it so（that），all were it，（so）（that），all be（that）］，但是只有 all be it（that）沿用下来，经过单形化（univerbation）过程，最后在早期现代英语时间形成单一词形的让步连词 albeit。

早期现代英语也是 albeit 使用最频繁的时期。此后，其使用频率大幅降低，到 18 世纪时已经很边缘化了。显然，albeit 在当代英语中的使用比起其全盛时期的早期现代英语而言也是如此。不过，在 19 世纪其使用有所复苏，20 世纪使用频率不断提高。从 albeit 整个演变史来看，最常用作连词，有时也当副词使用，偶尔也当作介词来用。在连词用法中，整个中古英语时都和标句词 that 连用，但从早期现代英语时期开始就不出现标句词了。虽然很难在 all ＋倒装和 albeit 带补语而非其他定式小句之间画出清晰界限，仍能看出，从早期现代英语一开始，albeit 就有时和非定式小句和无动词补语一起使用。这就使 all ＋倒装模式有了直接发展为 albeit ＋非定式和无动词小句的可能性，其中既涉及重新分析也涉及单形化。

直到 19 世纪，albeit ＋非定式和无动词小句才开始普遍使用，只有到了 20 世纪，这个用法才伴随着 albeit 使用频率提高而成为这个词最常用的句式。因此，似乎 albeit ＋非定式和无动词小句是在 albeit 确立其单形连词地位之后发展出来的，这种情况，从 all ＋倒装发展到 albeit 就没有重新分析，只涉及单形化。

第七篇题目为《状语小句连词的主观化：while 小句发展中的语义语用因素》（“On the subjectification of adverbial clause connectives: Semantic and pragmatic considerations in the development of while-clauses”），作者是西班牙圣地亚哥联合大学（University of Santiago de Compostela）的冈萨莱兹 - 克鲁兹（Ana I. González-Cruz）。此文描述了 while 从中古晚期 20 世纪的语义和语用演变。While 从一个表示同时性的标记演变为一个既表示让步又表示对比的连词，作者展示了从基于内容的时间意义发展为抽象化解释的过程中的主观化操作。While 最常用的意义就是同时性。在早期现代英语中，对比意义的出现略早于让步意义，但在频率上仍然无法与同时性相提并论。主观化是在言语行为小句构式中得以达到峰值的，在这里，while 不是用于建立基于真实世界的事件之间联系的，甚至也不用于建立命题之间的逻辑连接，而只用于给言语者有意选择的言外行为找一个正当理由。

作者在全篇都强调了一点：初始意义全部丢失并不常见。同时性意义提供了更多推理的可能，所以只能期待同时性某些成分在新意义的语义配置部分中得以保留。词的形式发展是伴随着由语义类型决定的状语从句命题专门化进行的。这种专门化在让步、对比和递进小句中更为明显，表对比和表让步的while小句的句法位置具有相反的倾向。让步小句倾向于在句首，而对比小句更经常出现在句尾。最后，这个词在发展中的粘着性逐渐降低，也使人质疑语法化的单向化。作者按特拉戈特和戴舍（Traugott & Dasher，2002）的说法，提出关于方向性的观点运用于主观化一直在日益增强的语义单向性更好。

第八篇题目为《小句连词历史上事件的关联理论视角》（“A relevance-theoretic view on issues in the history of clausal connectives”），作者是德国伍珀塔尔大学（University of Wuppertal）的卡斯滕•布勒尔（Carsten Breul）。该文讨论了小句连词史上语义演变的语用解释，回顾了会话含义规约化过程下的信息性原则问题后，运用了关联理论来研究了表示对比的where和whereas，在17世纪末前者例子少见，而后者已经规范化了。语用推理会影响小句连词的历史演变。如where，whereas的语义演变。关注前者，是出于分离问题（detachment problem）。信息原则无法解释新意义如何从旧定义中剥离出来，仍有争议。作者认为，信息原则与关联理论也不见得有根本不同。语法化成分一般要经历一个多义共存的阶段。比如whereas同时具有处所和对比之义。现代用法中该词已经失去处所之义，表示两个意义随时间推移必然会有分离之时。作者认为一语习得是之前共存之义分离的时间段。

作者认为，在其他同等条件下，更具体因此也更具有信息性的命题内容也更有关联性。这也就是为何小句连接的语义历时发展研究经常是沿着I原理所建议的线索从增强的具体性或信息性角度进行。例如，一个典型的因果关系的概念化，即一个可能性被视为能引发另一个事件，比纯粹是可能性的时间关系包括更多信息。但是，除了信息性外，还有其他方面因素使解释更相关，这样关联性在某种意义上来说由信息性构成，但又不仅仅是信息性。在关联理论框架下，由特定小句连词编码的意义程序性维度就构成了关联性与信息性最基本和最重要的差异。本文通过考察连词where和whereas的语义历时发展提出了这一点，并且提出了充分理由证明，将关联理论视角引入历史语言学话题中是具有价值的。

第九篇题目为《英语小句连接的直指转换：because》（“Forhwi ‘because’: Shifting deictics in the history of English causal connection”），作者是本书主编之一莱茵克。该文描述了古英语forby（because）同时表示因果的多功能性。古英语中forby引发指代义。在德语中演变为现代用法。本文研究古英语代词连接词词汇化的丢失，以及中古英语小句连词系统的重建，并将中古英语代词连接词体系的影响因素与其他有相似类型的语言进行平行比较。形式与功能演变的信息丰富可信。

作者认为，本文的研究意义在于通过分析因果连词，揭示了英语史上小句连词形式巨大的系统性变化：英语在历史发展进程中，失掉了一种特定的连词形成模式，即所谓的“代词性连词”，这种模式构成了显性指示，即代词性成分，比如指示词形式。古英语实际上只有一个万用连词——代词性连词 forþæm（þe），当代讲英语者却能用大量语言项目来标记因果的各种语义关系。在与英语有类似类型发展史的其他语言中（比如，基于法语的加勒比海克里奥尔语 pas 一词的法语 parce que 就失掉了指示成分）也验证了一种发展倾向，中古英语 forþæm（þe）也失去了其指示值，并且在整个中古英语和早期现代英语时期都主要是被用作某种修辞意义上的文本结构连词 for。然而，这也意味着 for 不再是具体指原因的各种语义语用功能，这样就需要造出新的小句连接词来避免歧义，促进信息加工。这些新连词最早是用古英语代词性连词模式或者运用时间或空间指示词造出来的，在早期中古英语时期经历了一段试用期。但在这些经历试用模式形成的连词中，只有 therefore 得以存活下来，而对当代英语使用者而言，甚至 therefore 也没有明显的空间指示功能。这就不同于自中古英语末期以后兴起的连词。像 hence 和 after all 这样的副词性连词，其指示功能还是明显的，因为它们仍然可以用作其原始的空间或时间意义附加语。比如，“Go from hence.”。

然而，从中古英语末期兴起的另一组连词，英语现在已经几乎完全放弃了连词原始结构模式——由指示词构成的代词性连词的显性模式，或固有的通过时间空间指示来标记指示的方式。英语现在主要是通过词汇手段来显示小句连接：比如像 consequently 或 accordingly 这样的副词性连词，特别是高频的 because（其压缩形式是 cos/coz）。由于词汇手段集中使用，英语再次呈现脱离当代德语中仍然活跃的日耳曼语体系的迹象。

第十篇题目为《早期现代英语的条件句》（“Conditionals in Early Modern English texts”），作者是德国基尔大学（University of Kiel）的克拉里奇。本文以英语科技与政治文本为研究语料对象，考察了条件句的话语功能——如何在早期现代英语中用于论证和互动的目的，并分析了决定条件从句位置的因素，证明了条件句突出角色是论辩和互动目的。

本研究展示了条件句用于论辩和互动目的的方式，有时在同一个例子中还是互相关联的。首先，论辩是由与内容相关的条件句表现的（大多数情况下），用于呈现意见或选择，或者突出因果关联，实际上也是由对作者或他者得出结论的过程进行外在评论来补充的。另外，条件句通过鼓励读者就条件从句提出的问题形成自己的结论，而允许读者融入到论辩过程中，即使作者在语境中已经清晰表明立场，也仍然鼓励读者参与，而只有运用 if 之外的某个连词才能改变这一切。句首或插入句中的条件从句（也有一些置于句末的特殊例子）和带有潜在中性时态与语气用法的条件句最适合给读者一个用来思考的停顿。另一方面，后置的和部分插入的小句，也给了作者以导向性解释或淡化条件的机会，以便更清晰地服务于作者的论辩需求而非读者的需求。

作者认为，上述分析必然提及读者，这就触及了互动性或者参与性创作的话题。另外，所有条件句的非实质使用都明确增加了参与 / 互动的层面，无论是作者使用（通过评价他们自己的决定、行动或疑问），还是读者使用（通过直接称呼），或者也暗示所有人使用（通过攻击和引用对立面的作者）。某些条件句的特征，比如评价性词汇或心理过程词汇，问题嵌套现象，以及主句中的祈使语气，也能使读者更多直接参与。无须说，条件句还有其他功能。其中一个重要方面当然就是最广义上的语篇连贯。条件句位置的选择至少可以归因于文本衔接的需要。然而作为主题（已知信息）的条件句概念是有问题的，因为它不适合于插入或后置的条件句，对句首条件句来说也不够充分。

这是典型的语篇分析视角下的研究成果。

第十一篇题目为《作为句子层面连接词的关系词》（“Relatives as sentence-level connectives”），其作者是本书主编之一索林，研究连接词的语篇功能。语料源于“苏格兰信函语料库”，不受句子结构编辑现代化的影响。由于没有标点与大写的一致性，需要补充手段来标明小句关系和语篇结构，证明关系词是 17 世纪苏格兰英文的衔接手段。关系代词在句子层面用作连接词，因在同句中有先行词，这些成分就能建立语段间句际连接。其中现代英语中这个例子非常好：which brings me to my next point。关系连接词有文本组织功能，比如引出一个封闭序列、引语，或评价前文叙事。

本研究也是典型的语篇分析视角。以实例展示了信件原稿的使用，特别是可视韵律特征的分析，会影响重建这些文本中句子与小句结构及其之间的关联，因为这些文本中标点与大小写处理方法太模糊，前后不一致，以至于无法识别这些结构。本文还提到要求有其他补充信息来描述小句组合和其他衔接手段，比如照应指示词，并且建议有必要考虑作者个人的思维风格与文体书面特征，这些特征与信函作为文本的构建规约知识，以及这些手段如何作为固定模式用于符合当代文体期待的知识应当建立关联。

在从书信文章语料库提取的证据基础上，这项研究提出关联性连词范畴可由一定数量的标准建立起来，每一条标准都能识别一个趋势，而非一个实践规律或规则：①有量化证据表明，wh- 关系词频繁出现在离其先行词相当远的位置上。另外，语料中有的例子并没有以特定句法成分 —— 短语或小句作为先行词或锚词（anchor）。②针对传统书信体策略的文本结构分析有助于识别语境，发现更偏好关系连接词的使用而非其他组织手段。其中之一就是信函结尾模式的序列，时间关系代词在这个位置的使用尤其频繁。这些例子中的关系代词经常作为结构手段连接另一个交际功能的命题，比如说，叙事段落后面紧接着引入愿望的关系词。③像 whereupon 和 whereas 这样具有文本结构组织功能的连词明显出现在有间接话语的叙事语篇中。

早期的信函，是非专业作家所写的信函，语言使用呈现无准备和未编辑的倾向。这可能就是数据中高度显性使用照应指示和小句联接的一个原因。没有功能融合的关系词又被同指人称代词或者更复杂的名词短语或名词性小句所占据了，从回指照应系统后来发展的角度来看，显得冗余了。

最后，在当代英语偏好于NP或人称代词和指示代词的情况下，关系连词却一直频繁使用。为了彻底理解关系连词的范畴独立性，更需要将它们作为英语史上回指照应体系中一个不可分割的部分来考察，其中也包括当代英语（特别是口语）。

第十二篇题目是《英语文本史上连词情况：口语与书面语》（“‘Connective profiles’ in the history of English texts: Aspects of orality and literacy”），作者是德国科隆大学（University of Cologne）的科宁。本文研究口头话语和书面话语中英语小句连词的频率和分布，语料对象是口语语篇布道词，考察了其并列与从属连词的词频，及其特定类符与形符的分布，对布道词和法令作为口语和书面语进行了共时与历时的比较，证明连词情况研究是有用的工具，还可用于分析文本类型的演变。本文研究了并列和口语体、从属和书面语体的关系。不出所料，15—16世纪并列句开始衰落，书面语体逐渐增强。

本文突出价值是其方法论。本文作者提出了一个用于分析英语史上小句层面并列连词与从属连词的新工具——连词描述库（profile，评注：即连词使用实情考察数据库），也即描述文本或文本类型中主要的并列连词或从属连词的分布、频率和比例模式的数据库。这些模式可以与其他文本或文本类型的模式以及与早期或晚期的同类型文本分别对比。

根据作者描述，在初始研究中，从一个文本类型的历时发展和两个文本类型的对比分析中都描述出不同的连词特征。比如，晚期中古英语和早期现代英语布道词在小句层面的并列连词（特别是and）、名词性从属关系和标记条件和让步的从属连词的频率方面呈现出了不同模式。总的来说，布道词中的连词描述可以说反映了早期现代英语出现口语程度下降、书面语程度增强的模式，在20世纪后期的布道词却出现了相反的发展模式。17世纪布道词与法令连词描述对比分析显示，并列连词与从属连词的总体频率和所用的形式或形式类型异质性方面存在相当大的差异。

这些初始研究的结果只是临时性的，还有待后续研究确认。但作者意识到各种文本与文本类型的连词描述概念在英语并列连词和从属连词的历时分析中是一个有用的工具。多数小句层面连词的历时研究往往都集中在个别词的起源问题、特定时代可找到的连词词库以及它们在语言系统中的位置等问题上，而这种方法可以记录连词的实际使用和跨文本类型的分布。因此，它可以追溯连词跨文本类型的演变、传播和衰落，可以检测到（可能是特定文本类型）其上升、下降或演变的功能动因（比如，在晚期中古英语布道词中as引导的小句的程式化使用，或者早期现代英语布道词中的原因和让步小句地位的上升）。

作者还指出，连词描述库概念作为一个有用的工具，不但可以用于比较文本类型，也可以追溯几个世纪文本类型的演变。特别是本次初始研究显示出，连词描述可以作为口语或书面语言的文本和文本类型示例的可信度指标。另一方面，布道词与法令的比较也提示我们需要扩展描述的项目（应当增加非定式小句，也许还可以包括关系小句）。后续研究应当寻求建立一个更大的数据库，包括更广泛的文本类型，以探索由不同连词描述覆盖的“文体空间”。因此，连词描述库应当成为英语史上小句连接词描写的重要部分。

四、总　评

近年来国内引进了关于英语史的若干著作，但这些著作都较少论及小句之上的层面，对连接词的演变罕有专门论述。同时，囿于研究资源较少，国内对英语史上连接词发展演变的研究成果也较少。这部论文集因而对国内相关研究领域具有重要启发与借鉴意义。这部代表英语历时语言学研究的作品集提供了大量实证研究的知识及其操作指南，其基础是连词历史演变及语法化一般原理、句子及语篇层面的功能，以及运用大型文本语料库开展的实证研究。其价值可以从如下方面分析：

首先，此书中专题研究论文全部采用历史语料库语言学研究方法，运用了基于珍贵传世文献建立的语料库数据，向世人展现了大时间跨度范围下丰富的历时英语语料库资源。语料库方法本身不是特别的创新，但难得一见的是，关于英语历时语言研究不但建有古英语、中古英语和近现代英语等断代语料库，还建立了基于国别和历史体裁的专用语料库，这些资源的挖掘和电子化加工处理为英语历史语言学多角度研究提供了充足论据，并开拓了巨大的发展空间。显然，中国历代文献如此丰富，如果在语料采集、语料库建立、分类、数据挖掘与加工方面能够加大力度，将为汉语历史语言学研究提供无穷宝藏，特别会为汉语小句之上层面的研究带来强劲发展动力。

其次，这是一项面向英语史的实证研究；不但有语料库数据作为实证研究基础，而且每一篇文献都充分运用了量化统计与质化分析的实证研究方法，其中量化分析设计严谨，质化分析重在微观语境下的语义与语用分析，两者结合得出结论，大大提升了其研究效度和信度。这种实证研究的方法论意义很应当为我国学者所重视。

再次，本书研究主题主要是连接词语法化，从各种理论视角详细展示了语法化过程考察的新发现，不但分析了形态演变、语音变异、结构分析、句法分布、词频等常见考察要素，而且从语篇层面的语义与语用角度加以分析和解释，比如关联理论的运用和语篇类型特征的分析。其结构主义与功能主义融合的视角，充分展示了跨领域跨层次研究连接词的价值与必要性。合理借鉴多角度融合的分析方法，将可能带来汉语复句研究领域的突破点与增长点。

另外，多篇论文作者勇于运用扎实数据验证或反驳前人观点，以严谨作风和合理分析在继承和批判中推进该领域研究，其学术精神也值得学习。

若说不足，根据序言和多篇专题论文所述，理论上，前人基础是类型学著作，而此论文集以单语历史语料研究成果构成了对前人的挑战。但是各专题论文都寻求英语单一语言现象的解释，并无意追求其类型学意义上的目标，所以此书序言中所展示的类型学视野并未在论文中得到充分回应。

参考文献

[1] Hilpert, M. Book review: Connectives in the History of English[J]. Corpus Linguistics & Linguistic Theory, 2008, 4 (1): 113-117.

[2] Hopper, P. J. On some principles of grammaticization[C]// In Traugott & Heine (eds.). Approaches to Grammaticalization(Vol. Ⅰ). : Focus on Theoretical and Methodological Issues. (Typological Studies in Language,19:1). Amsterdam: John Benjamins Publishing Company, 1991(1): 17-35.

[3] Hopper, P. J. & Traugott, E. C. Grammaticalization(2nd)[M]. Cambridge: Cambridge University Press, 2003.

[4] König, E. Book review: Connectives in the History of English[J]. English Language & Linguistics, 2009, 13 (1): 526-630.

[5] Kortmann, B. Adverbial Subordination: A Typology and History of Adverbial Subordinators Based on European Languages[M]. Berlin: Mouton de Gruyter, 1997.

[6] Lehmann, C. Towards a typology of clause linkage[C]// In Haiman & Thompson (eds.). Clause Combining in Grammar and Discourse (Typological Studies in Language, 18). Amsterdam: John Benjamins Publishing Company, 1988: 181-225.

[7] Lehmann, C. Thoughts on Grammaticalization[M]. Munich: Lincom Europa, 1995 [1982].

[8] Lenker, U. & Meurman-Solin, A. (eds.). Connectives in the History of English(CILT 283)[C]. Amsterdam and Philadelphia: John Benjamins Publishing Company, 2007.

[9] Traugott, E. C. Subjectification in grammaticalization[C]// In Stein D. &Wright S. (eds.). Subjectivity and Subjectivisation in Language. Cambridge: Cambridge University Press, 1995: 31-54.

[10] Traugott, E. C. & Richard, B. Dasher. Regularity in Semantic Change[M]. Cambridge: Cambridge University Press, 2002.

《牛津语法化手册》“从属关系的语法化”与“并列句连词的语法化”述评[①]

朱　斌　王玉红

华中师范大学　文学院

牛津大学出版社2011年出版的《牛津语法化手册》（*The Oxford Handbook of Grammaticalization*，以下简称《手册》）呈现了当代语法化研究的最新成果。该书主编为贝尔恩德·海涅（Bernd Heine）和海科·纳罗格（Heiko Narrog）。海涅是德国科隆大学名誉资深教授，目前主要研究语法化理论，非洲濒危语言和篇章语法；纳罗格为日本东北大学副教授，主要研究历史语言学和类型学。全书几乎囊括了语法化研究领域的全部论题，共xxxvi＋896页，除前言、参考文献、名称索引、语言索引、主题索引外，共65章，内容分五部分：①语法化和语言理论；②方法论问题；③语法化的领域；④各种形式与范畴的语法化；⑤语际语法化的不同面貌。前两部分致力于语法化的理论研究和方法论研究；第三、四部分致力于语言领域、类型和范畴的语法化研究；第五部分是不同语言中语法化的案例分析。

《手册》第52章是《从属关系的语法化》（“The grammaticalization of subrdination”，第636—645页），作者是东京大学语言与信息科学教授大堀（Toshio Ohori）。第54章是《并列句连词的语法化》（“The grammaticalization of interclausal connectives”，第656—667页），作者是意大利帕维亚大学的语言学教授拉马（Anna Giacalone Ramat）和意大利帕维亚大学的博士后莫尔（Caterina Maurl）。下面分别简述两章内容，并做个简评。

一、从属关系的语法化

《从属关系的语法化》主要研究了从属关系的语法化及相关问题。文章分析了从属关系语法化的普遍趋势，回顾了从属关系三种结构类型的发展历程，并分别加以例证。

① 【基金项目】教育部人文社科重点研究基地重大项目“现代汉语因果表达的多层级研究”（15JJD740011）；湖北省社科基金一般项目“现代汉语常用段位数词多维研究”（2015045）；2017年度教育部哲学社会科学研究后期资助（一般）项目（17JHQ054）。

作者指出，从属关系之所以在语法化研究中占据重要位置，是因为复杂结构总是产生于简单结构。因此，从属结构的起源和发展可以重构为并列关系的语法化（米森（Mithun），1988）。

在前言中，作者指出，从属是一种语法关系，从句的功能与简单句中词的功能对等。如果一个从句作为另一个句子的主语或宾语，这种从属就叫作补足语从句（complement clause）；如果从句被用来像形容词一样修饰名词，这种从属就叫作关系从句（relative clause）；如果一个从句占据附属位置修饰另一个小句，这种从属就叫作状语从句（adverbial clause）。这三种从属关系中，状语从句在结构和语义上与其他两种尤为不同，状语从属与状语并列之间的边界被视为连续统现象，由副动词（converbs）和从句链（clause-chaining）等类似的结构决定是哪一个。

1. 从属关系语法化的普遍趋势

本部分，作者主要评述了从属关系语法化的几种普遍趋势。

首先，关于语素的语义范畴，海涅等（1991）提出了语法化等级：人＞物＞过程＞空间＞时间＞性质；此外，他们也确定了语法化的路径：空间＞语篇。这种语法化等级体现了通过隐喻延伸（metaphorical extension）获得的语义发展；特劳戈特（Traugott，1982）提出了受隐喻和语境诱发的语义变化：命题性＞语篇性＞人际性。作者举了一个典型的例子：英语中的while。这个词从表达同时性的时间标志发展到了为主句提供语用背景的单语素标记，又发展到表达让步的标记。

作者认为，这种语义 / 语用的变化一定是语法化的研究课题，因为完全可以从更宽泛的领域来看待语法，认为语法以交互作用为中心。

其次，从结构的层面来看，从属关系的语法化中占主导地位的普遍趋势是“由少到多的从句整合”（less to more clause integration）。比如，莱曼（Lehmann，1988）的类型学框架提供了一些标杆，比如从属从句的降级（downgrading）、句法级别（syntactic level）、非句子化（desententialization）、主要动词的语法化、交错（interlacing）以及连接的明确性（explicitness of linking）。这一切都解释了小句整合度（the degree of clause integration）（吉冯（Givón），1995）。这样一来，一个宽松的、并置的并列连接就可能变为不对称的从属；一个从句层次的连接就可能变成核心层次的连接（比如 VP 从属）；一个从属从句可能会被名词化，失去时、体等特征；一个明显是短语级别的连接表达可能被压缩成一个简单的语素词（比如 while），然后被虚化为零。

2. 补足语从句的语法化

本部分探讨了补足语从句语法化的源头（source）。海涅和库特夫（Heine & Kuteva，2002）认为补足语从句标记有以下源头：向格（Allative），指示词（Demonstrative），事情

（Matter），特殊疑问词（W-question），关系词（Relative），像（Resemble），说（Say）和事物（Thing）。在上述源头中，最为有名的一个就是在诸多印欧语言中都能见到的指示词，比如英语中的 that。还有一个是 say，原本是动词，后来发展成了标句词（complementizer）。

根据洛德（Lord，1993），语素 bé 原本的意思 to say（说），在引用结果中是强制存在的，也可以不用于报告语言中。比如 bé 可以用在埃维语（Ewe）中充当要求宾语的标记词，比如（第 639 页）：

（1）me-dí　bé　má-fle　awua　dewó
I-want（say）I.sbv-buy　dress
I want to buy some dresses.（我想买些连衣裙。）

此外，具有动词意义的 say 还可能演变成为其他的相关语法范畴，比如汉语中的“的话”从故事连接词演变成为表示情况的连接词。

本部分还讨论了补足语从句的走势：一个是源头“像”（Resemble）和“事情”（Matter）如何演变为标句词；再一个是补足语结构本身是如何进入语法化的历程：可能作为独立的句子，演变为话语末尾的语用助词；可能演变成为情态标记，比如汤普森和穆拉克（Thompson & Mulac，1991）根据英语口语中搜集到的大量语料，认为宾语补足语从句的主句 *I think* 开始呈现认知语义。这种功能上的变迁，往往伴随形式上的变化，并且在很多语言中都很常见。

3. 关系从句的语法化

本部分主要探讨了关系从句的语法化。作者认为，比起补足语从句的语法化，关系从句的语法化源头在范围上要窄得多。根据海涅和库特夫（2002），关系从句标记比较常见的源头有：指示词（Demonstrative），这儿（Here）和特指疑问词（W-question）。

作者认为，同样的语素词既可以用在关系从句中，也可以用在补足语从句中，比如英语中的指示词 that 和法语中的特殊疑问词 que。但是在有些语言中，主要的关系从句结构在句头内，关系从句和补足语从句看起来一样，形式上都是名词化的从句。古日语就是这种类型：关系从句和补足语从句形式相同，唯一的不同就在于主谓语的语义。作者提议在这种情况下，虽然说句头内的关系从句在多大程度上可以成为关系从句需要继续探究，但完全可以添加名物化标记（nominalizer）作为关系从句的直接源头。古汉语中，名物化标记（nominalizer）就被用作关系化策略，比如主语的名物化标记“者”以及宾语的名物化标记“所”。“者”原本表示“人”；而“所”原本表示地方。比如“鸟兽之害人者消”和“叟之所知也”（第 641 页）。作者还提到了关系从句标记的另一个源头是联想（Associative）标记。

作者认为，补足语从句语法化的最初动因是概念语义，因为事件作为实体的识解是这种结构的本质，而关系从句语法化的动因中有很大一部分来自于话语语用：除了理解两个从句单位之间的定语关系以外，关系化还涉及到一个句子中两个 NP 的同指关系。关系从句不需要把事件识解为实体。这样一来，关系化势必牵涉到概念的重新范畴化，这可能也能解释关系从句语法化的直接源头为什么很少见：指示词（Demonstrative）和"这儿"（Here）本身就明确意有所指，特指疑问词（W-question）也有不定所指的特质，但关系从句提供了把不定所指的所指剔除的途径。在允许空主语的语言中，名物化标记非常普遍。在这类语言中，同指不需要任何外在的所指表述作为标记。联想（Associative）可能是唯一的具有明确概念语义基础的源头。而关系从句语法化的走势也很有限，只有"关系词＞标句词"。

4. 状语从句的语法化

作者在本部分指出，状语本身就是一个非常独特的范畴。在从本质上定义状语从句之前，作者罗列了被广泛认可的几种语义类型：时间、地点、原因 / 结果。状语从句的产生可能有两种路径：一是直接使用表示这些关系的名词，再加上补足语从句；二是使用格标记（特别是旁格标记）作为从句连接词。

第一种途径相对明确。但在有些语言中，会产生有趣的语义变迁。比如在日语中，kuse 原本是"坏习惯"，后来成为让步标记。英语中的（de）spite 也是一样，因为名词如果带有否定评价义，就会形成让步标记或转折标记。

第二种路径，也就是格标记的功能延伸，在很多语言中都很常见。比较凸显的几种是：向格＞原因；向格＞目的；与格＞目的；处所格＞环境（Circumstance）/ 条件；工具格＞原因；作格＞原因；伴随格＞环境（Circumstance）。作者特意举例说明了作格 / 工具格＞原因以及离格＞条件。

在本部分，作者还详细讨论了条件状语从句和目的状语从句的语法化。除了格标记以外，条件状语从句语法化的源头还有很多：比如情态（Modality），系词（Copula），给予（Given），疑问（Interrogative），时间（Temporal）和原因（Causal）。此外，从英语中否定条件标记的语法化（带有"如果不"的意义）中可以窥见非常有趣的格的历史。目的状语从句语法化的源头也有很多：比如向格，受益格，来（Come to），标句词，给予（Given），去（Go to），事情（Matter）和说（Say）。其中，向格、来和去是由事件结构的处所模式（localist model）激发的：目的被概念化为空间目标。事情（Matter）和说（Say）本身并没有发展成为目的的语义因素，但是 say 的语法化的语用动因可能是说话本身的大众认知模式（folk model），说话人让自己实现说话，话语就被看成是目的的表述（休伊特（Hewitt），1987：27）。

二、并列句连词的语法化

《并列句连词的语法化》主要讨论了小句之间并列标记的产生和语法化历程。并列标记指的是并列连词、析取连词和转折连词。文章首先探讨了这些连词在个体语言内变异、更新以及借用层面的区别；其次，作者从词源学的角度探讨了并列连接词在历时过程中反复出现的语法化源头；最后，作者以语法化的传统标准为标准，研究了并列连词语法化变化的历史源头与路径，及其在形态句法、语义变化中的渐进性。

1. 并列句连词的定义

本部分主要探讨了并列句连词的产生与语法化。作者认为，两个小句可以通过简单并置或者通过明显的连接机制形成大量的迥然相异的语义关系。简单并置与明显的连接机制之间的区别可以看作是无连接词的结构（asyndetic construction）与有连接词的结构（syndetic construction）之间的对立。汉语中也能找到类似的例子：

（2）我们每天学习生词，写汉字，做练习。①

（3）他会说英语，还会说一点儿汉语。

并列句连词是连接机制类属下的一种次类。并列句连词的特点在于其在两个小句间单独建立并列关系的能力（换言之，这些并列成分是选择性的，不是强制性的）。如果两个小句之间的关系功能对等、具有同样的语义功能、可以通过一定的言外之力进行解释等，就可以认定这两个小句是并列关系。

作者回顾了确定并列连词的标准。目前的主流标准是迪克（Dik，1968：34-37）提出的，他认为“两个个体之间的并列关系永远不能被多于一个的连词相连”。作者认为这种观点在个体语言内部和跨语言层面都有局限，因为并列句连词在每种语言中表现出来的特点并不一样，并且并列标记语法化的程度也各不相同。作者认为，并列连词的范畴可能没有明显的边界，提倡从“渐变”或“连续统”的角度描述并列连词。因此，本部分所讨论的并列标记是以功能为依据的，而不是依据其形态句法特征和分布特征。

2. 并列句连词的语法化：普遍趋势

本部分主要讨论了两个问题。

第一，并列句连词在语言内部的变异、更新与借用。

事情的两种并列状态有很多种概念关系，其中最重要的就是：并列连接（and）、析取连接（or）和转折连接（but）。这三种关系区别很大，但仍然可以把并列和析取看成一组，把转折分到另一组。

首先，相比并列连词和析取连词，转折连词在语言内部的变异程度更高。换言之，在一种语言内部，我们可以发现大量的转折连词，他们可能在功能上有所重叠，相对而言并列连词和析取连词的数量就很少见。比如法语中只有 et 表示并列关系，ou（ou bien）表示析取关系，却有相当数量的转折连词，比如 toutefois，mais，par contre，alors que，pourtant 等等。

① 本例转引自刘月华. 实用现代汉语语法 [M]. 北京：商务印书馆，2010：869.

其次，相比并列连词和析取连词，转折连词的更新更快更容易，有些更新甚至发生在近代。比如，罗曼语族（Romance Languages）保留了拉丁语中的 et 表示并列，aut 表示析取，但拉丁语中的转折连词都没有存活。

最后，相比并列连词和析取连词，转折连词更容易被借用。马特拉（Matras，1998）提出了一个级度表：but ＞ or ＞ and。这个极度表反映了说话人在多大强度上干涉听话人建立并列、选择或对立关系的思维处理活动。关系的对立性越强，说话人的权威性就越强。作者认为，这种解释很好地指向了转折连词的主体间性功能，也很可能激发了并列连词和析取连词语法化之间的不同。转折连词对说话人的表达潜能很重要，说话人需要持续不断地寻求新的、有表达力的方式去表达对立，也就促使了转折连词在语言内部更容易变异和更快地得到更新。反之亦然。

第二，并列句连词的文献记录与研究方法。

并列连词、析取连词和转折连词之间的区别决定了文献记录和研究方法的不同。在文献资料保存完好的印欧语系中，我们能够更好地从历时的角度考察转折连词的语法化，包括明确转折连词在历时变化过程中的连续阶段。而并列连词和析取连词的历时研究就只能局限在词源学的考察了，根本没有办法去考察它们在历时文献中的语法化步骤。因此，要想明确这类对象在历时进程中的关键语境和功能，最好的办法就是采用已经证实的共时变异。

3. 变化的历时源头与路径

本部分讨论了三个问题。

第一，句间并列连词反复出现的历时源头。

文章用了三个表格罗列了并列连词、析取连词和转折连词在不同语言中反复出现的历时源头，并为每一条历时路径提供了例证与参考引用。

反复发生的并列连词的源头有 6 类：①一般发展于空间—时间副词和介词，原型意义上表达的是时间“前、后”的线性序列或空间“前、旁边”的线性组构。这种历时路径牵涉到从具体到更为抽象的逻辑概念的隐喻化过程（特劳戈特，1986）；②焦点添加助词“also、too”，这是并列连词更远一点的历时源头；③段落连接机制，助词、副词或话语标记“besides，moreover，and then”等；④伴随标记；⑤叙述语境中“go，being”的动词语义；⑥代词词根。

作者还分析了焦点添加助词与段落连接、话语标记之间的区别，前者的语法化路径开始于作为 NPs 之间的连词，而后者的语法化路径开始于作为小句之间的连词。

反复发生的析取连词的历时源头有 6 类：①远指意义成分“that，other”，这类词语通过自身的二重性和排他性获取了析取义；②疑问助词；③自由选择动词；④怀疑助词 perhaps；⑤否定助词；⑥否定条件从句“if not”，“if it is not”。

反复发生的转折连词的历时源头有 6 类：①距离（分离）、封闭（同一个地方）或对立的空间义；②重叠、同时性 while 的时间义；③连续性 always 的建议；④原因（和结果）意义；

⑤ more 和 bigger 的比较意义；⑥第二个小句的强调。

第二，传统标准下并列连词的语法化。

文章指出，并列连词的语法化过程表现出了一些反复发生的特征。比如，已经证实了的在语法化早期的语音脱落和单词化（univerbation）。作者指出，在描写并列连词发展的过程中，莱曼（Lehmann，1995）提出了很多辨认并列连词的标准，其中有三个标准有问题：强制化（obligatorificaition）、范例化（paradigmaticization）和范围缩减（scope reduction）。这些标准不能用作并列句连词语法化程度的指标。

作者还指出了并列句连词的语法化的其他一些特征：抽象化增加，更多从具有具体指称的副词、动词、名词、介词短语和助词等发展出关系义和语法义。

第三，并列句连词语法化过程中的诱发因素和形态句法、语义变化中的渐进性。

并列句连词的语法化路径呈现出了对整个语法化历程都很重要的共同因素。作者以意大利语转折连词语法化的语料库研究为基础，讨论了一些语法化的理论思考。

在语法化过程中，语法形式所处的语境至关重要，因此，要想研究语法化的历史过程，就不得不研究语法化所发生的语境类型。并列连词的语法化往往始发于原有意义和链接角色之间在句法上语义上的多解性，用迪瓦尔德（Diewald）的话来说，就是关键语境（critical context）。既定语言形式出现在关键语境中，并不是语法化变化的充足条件。另一个必需的因素就是关键语境在频率上的显著增加。在关键期后，会出现一个原有义与新的连接义并存的阶段，句法上呈互补分布状态。然后会出现句法和语义特殊化的阶段，语法形式位于迪瓦尔德所讲的孤立语境中，孤立语境与原有意义之间互不相容。这就意味着形式—功能的重新分析已经开始。如果语法化的源头已经是并列句连词，句法特殊化的阶段就不会产生，而只是出现一些语义变迁。

在语法化的过程中，诱发的因素包括由语境激发的语用干涉、使用频率、特定的句法分布，这些其实都体现出了并列句连词在语法化过程中的渐进性。

三、简　评

本文简述的文章是《牛津语法化手册》的第 52 章《从属关系的语法化》和第 54 章《并列句连词的语法化》。这两章分别讨论了从属关系和并列句连词的语法化定义、语法化普遍趋势以及语法化的源头和过程，虽是综论性的文章，但仍给我们以启发和思考，主要有三点：

第一，语法观与语法化。有什么样的语法观，就会有什么样的语法化认识。狭义的语法，包括句法和词法，语法化主要研究实词虚化，以及虚词更虚化，比如霍珀和特劳戈特（Hopper & Traugott，1993：7）认为语法化的一般过程是：实词＞虚词＞附着形式＞屈折形式（词缀）。而广义的语法不仅包含词法和句法，还包括形态音位法、篇法。比如吉冯（Givón，1994）谈到语法化循环性，涉及四级语法成分：章法成分＞句法成分＞词法成分＞形态音位成分＞零形式（→章法成分）（王寅，严辰松，2005：3）。再比如特劳戈特（1982）将韩礼德的语法三功能排出语法化序列：概念功能＞语篇功能＞人际功能。狭义的语法观，语法化研究几乎不会关注复句的语法化，而广义的语法观，则把复句纳入语法化的体系之中。吉冯（Givón，1979）提出把分句的整合过程纳入语法化的可能性。（邓云华，2004：31）霍珀和特劳戈特（1993）提出复句的语法化过程：意合连接＞形合连接＞主从关系。这个语法化过程更适宜分为两个语法化过程：意合＞形合，并列＞主从。

第二，共时与历时的结合。共时的形式、意义和功能的范畴化是语法化的根基，语法化的历史来源和演变过程反映和印证范畴的分类。比如，海涅等（1991：157）总结出认知域的抽象化顺序：人＞物＞过程＞空间＞时间＞性质。霍珀和特劳戈特（1993：104）提出词类范畴的语法化：主要范畴（名词、动词）＞（形容词、副词）＞次要范畴（介词、连词、助动词、代词、指示词）。对于复句的结构类型，一般二分为并列和主从，或者三分为并列、主从，以及二者的混合体，还有的认为并列向主从是连续统。从语法化的角度，能验证复句结构的并列向主从是渐进的。再如，从属关系，三分为补足语从句、关系从句和状语从句，其中，补足语从句和关系从句为名词性成分，状语从句是副词性成分，有基本的对立。从语法化的来源看，补足语从句标记和关系从句标记有一些相同的源头，比如指示词（Demonstrative）和特殊疑问词（W-question）。再如，三种并列结构中，并列与析取一组，转折是另一组，具有主体间性功能。从语法化的源头看，三类并列连词都有时空类，而并列连词和析取连词有动词和助词的源头，转折连词有因果、度量级差和强调等源头。

第三，句子结构的非线性轨层与语法化方向。句子的结构呈现非线性的轨层布局，句子范畴成分层的分布大致是：

[[[[命题或事态 [[[[谓词＋论元角色]＋饰补]＋时体]＋语态]＋情态]＋语气]＋关联]＋话语]

命题或情态是句子的基本层，内含四层：论元结构、饰补、时体和语态；外裹四层：情态、语气、关联和话语。句子的基本层是命题或事态，核心内层是论元结构，由谓词和论元构成；论元结构的谓词或论元会有一些修饰限制、补充说明的成分；时体层表现事态及观察者的时间和状态；语态层是动词的语法形式，表现论元角色与动词之间的施受关系，在句中也能反映动作方向的观察视角。命题或事态的外两层是情态层和语气层，属于主观和交互主观层，情态表达说话者的主观态度和情感，语气表现交际者之间的态度和情感。关联层表现命题或事态之间的逻辑语义关系和语篇关系。句子的最外层是话语层，表达句子的话语来源和方式等。例如：

（2）照他的话说，你要不努力读书，就只有被他牵着走了。

“照他的话说”是话语成分，说明话语来源。“要……就”表示假设关系。假设的前提分句“你要不努力读书”中，“你读书”是论元结构，“读”是二价动词，“你”是施事，“书”是受事；“不”表示否定，兼有意愿情态，“努力”表示性状修饰。假设的结论分句“就只有被他牵着走了”中，论元结构是“他牵着你走”，使用被动语态并省略受事“你”，而成为“被他牵着走”；“只有”唯一量限制事态；“了”用于后分句句末，也是复句的句末，兼具有完成体和陈述语气的功能。

句子结构的非线性轨层，由内向外大致是语法化的方向。比如英语 have 的语法化，经历了“实义动词”—“抽象动词”—“情态动词”—“完成体”—“关联”的语法化过程（王寅，严辰松，2005：2）。再如“while”，从名词充任句法成分，到具有时间性的连接词，再到具有对比和转折的意义，体现了命题内功能—命题间功能—话语功能的语法化趋向。再如汉语的“要”，经历了“动词”—“助动词”—“连词”的语法化历程（古川裕，2006），反映了从内层的谓词核心，到中层的时体、情态、语气，再到外层的关联功能的演化过程。

复句是语法化的境场，是语法化的层阶之一，复句的语法化，值得重视和研究。

参考文献

[1] 邓云华．英汉跨分句结构的语法化对比研究 [J]. 外语与外语教学，2004（2）：31-33.

[2] 范丽娜．分句结合方式的语法化研究 [D]. 西南师范大学硕士学位论文，2005.

[3] 古川裕．关于“要”类词的认知解释——论“要”由动词到连词的语法化途径 [J]. 世界汉语教学，2006（1）：18-28.

[4] 刘月华．实用现代汉语语法 [M]. 北京：商务印书馆，2010.

[5] 王寅，严辰松．语法化的特征、动因和机制——认知语言学视野中的语法化研究 [J]. 解放军外国语学院学报，2005（4）：1-5.

[6] Diewald, G. A model for relevant types of contexts in grammaticalization[C]// In Wischer & G. Diewald (eds.). New Reflections on Grammaticalization. Amsterdam: John Benjamins Publishing Company, 2002: 102-120.

[7] Dik, S. Coordination: Its Implications for the Theory of General Linguistics[M]. Amsterdam: North-Holland Publishing Company, 1968.

[8] Givón, T. Isomophism in the grammatical code: Cognitive and biological considerations[C]// In Simone, R. (ed.). Iconicity in Language. Amsterndam: John Benjamins Publishing Company, 1994.

[9] Heine, B. & Kuteva, T. World Lexicon of Grammaticalization[M]. Cambridge: Cambridge University Press, 2002.

[10] Heine, B., Ulrike Claudi U. & Hünnemeyer, F. Grammaticalization: A Conceptual

Framework[M]. Chicago: University of Chicago Press, 1991.

[11] Hewitt, B. G. The Typology of Subordination in Georgia and Abkhaz[M]. Berlin: Mouton de Gruyter, 1987: 27.

[12] Hopper, P. & Elizabeth, C. T. Grammaticalization[M]. Cambridge: Cambridge University Press, 1993.

[13] Lehmann, C. Thoughts on Grammaticalization[M]. Muchen, Lincom Europa, 1995.

[14] Lehmann, C. Towards a typology of clause linkage[C]// In Haiman &Thompson（eds.）. Clause Combining in Grammar and Discourse (Typological Studies in Language, 18). Amsterdam: John Benjamins Publishing Company, 1988: 181-225.

[15] Lord, C. Historical Change in Serial Verb Constructions[M]. Amsterndam: John Benjamins Publishing Company, 1993.

[16] Matras, Y. Utterance modifiers and universals of grammatical borrowing[J]. Linguistics, 1998, 36(2): 281-331.

[17] Mithun, M. The grammaticalization of coordination[C]// In Haiman & Thompson（eds.）. Clause Combining in Grammar and Discourse (Typological Studies in Language, 18). Amsterdam: John Benjamins Publishing Company, 1988: 331-359.

[18] Ohori, T. The grammaticalization of subordination[C]// In Heine, B. & Kuteva, T. (eds.). The Oxford Handbook of Grammaticalization. Oxford: OxfordUniversity Press, 2011: 656-667.

[19] Ramat, A. G. & Mauri, C. The grammaticalization of coordinating interclausal connectives[C]// In Heine, B. & Kuteva, T. (eds.). The Oxford Handbook of Grammaticalization. Oxford: OxfordUniversity Press, 2011: 636-645.

[20] Traugott, E. C. On the origins of “and” and “but” connectives in English[J]. Studies in Language, 1986: 137-150.